Stefan Blessin
Die Romane Goethes

Stefan Blessin

Die Romane Goethes

Athenäum
1979

CIP-Kurztitelaufnahme der Deutschen Bibliothek

Blessin, Stefan:
Die Romane Goethes / Stefan Blessin. – König=
stein/Ts. : Athenäum, 1979.
ISBN 3–7610–8048–4

Gesamtherstellung: Friedrich Pustet, Regensburg
Printed in Germany
ISBN 3-7610-8048-4

Inhalt

Einleitung

Gegenstand der Untersuchung ist Goethes Romanwerk. Sein Leben lang war er damit beschäftigt, es aufzusetzen, umzuarbeiten und fertigzustellen. Es umfaßt das Jugendwerk so gut wie das Spätwerk. Zwischen 1774, als er vierundzwanzigjährig den *Werther* in einem Zug niederschrieb, und 1828, da der fast Achtzigjährige an die *Wanderjahre* letzte Hand anlegte, verging kein Jahrzehnt, in dem er nicht an einem seiner vier großen Romane gearbeitet hätte. Diese Romane bilden einen Zusammenhang. Er sei durch mehr nicht angedeutet als durch die Folge von Aspekten, unter denen ein immer selbständigeres Bürgertum zur Darstellung kommt: erst das Bürgertum in Verwaltung und landesfürstlichen Diensten, mit den *Lehrjahren* der Händler- und Kaufmannsstand, schließlich die Sphäre der Produktion und Organisation der Arbeit.

Goethes Thema in den Romanen ist die bürgerliche Gesellschaft.[1] Sie ist es in einem Umfang, in einer Grundsätzlichkeit, mit einer Intensität in der Durchdringung ihrer geschichtlichen Fundamente und ihrer Zukunftsaussichten, wie wohl selten wieder.[2] Dabei kommt Goethe ein besonderer historischer Standort zugute. Er ist nicht nur der Sohn aus einem begüterten Frankfurter Patrizierhaus, nicht nur der Bürgerliche am Weimarer Hof, der, obgleich er mit seinen politischen Plänen zur schrittweisen Liberalisierung des regionalen Verkehrs scheitert, in seiner Person Erfolg hat, er ist vor allem einer der ersten, der eine umfassende literarische Darstellung und erkenntnisorientierte Aufarbeitung des Phänomens der bürgerlichen Gesellschaft in Deutschland unternimmt. Dabei muß er sich seinen Blickwinkel nicht freikämpfen wie die von unten Aufsteigenden, wie Lenz oder Herder.[3] Er knüpft auch nicht von vornherein wie die Generation Hegels an die inzwischen vorliegenden Schriften englischer Nationalökonomen an. Die Französische Revolution bricht erst aus, als Goethe im vierzigsten Lebensjahr steht und seit seiner emphatischen Parteinahme für das bürgerliche Individuum schon eine halbe Generation vergangen ist. Natürlich wäre es abwegig und verkehrt, eine voraussetzungslose Situation zu unterstellen. Aber daß das Jahrhundert mit ihm geboren worden sei, dieses vielzitierte Wort Goethes läßt sich auch besonders für die bürgerliche Epoche und ihr in der Entwicklung begriffenes Selbstverständnis in Anspruch nehmen.

Entscheidend ist, daß Goethe die bürgerliche Gesellschaft nicht – wie noch Lessing vor ihm – von der Seite ihrer moralischen Überlegenheit über den Hofadel begreift. Die moralische Indifferenz, die den Zeitgenossen aus Goethes Werk unmittelbar entgegensprang, die aber für uns, nachdem er zu einem Nationaldenkmal geworden ist, nicht mehr sogleich wahrnehmbar ist, ist seit dem

Werther, hier auch am deutlichsten, ein Gestaltungsprinzip. Dahinter verbirgt sich nichts geringeres als die erste grundlegende Einsicht in den Wirkungszusammenhang der bürgerlichen Gesellschaft: in ihren ökonomischen Charakter. Die bürgerliche Gesellschaft beruht nicht in erster Linie darauf, was in den Köpfen an grundsätzlichen Absichten und erbaulichen Gedanken vorgeht. Das sagen wir gegen die hohe Bedeutung, die den Idealen Werthers und Wilhelms, den Erneuerungsabsichten Charlottes und Eduards und auch dem Pathos des Neuanfangs zukommt, das wir erst von Lothario, dann von Lenardo kennen. Der Widerspruch, auf den wir damit hinlenken wollen, ist das andere, wesentlich neue Element in dem Darstellungsansatz Goethes. Zum ersten Mal, schon vom *Werther* ab und noch vor der Philosophie des Deutschen Idealismus, wird die bürgerliche Gesellschaft durch den Widerspruch eindringlich charakterisiert.

Unsere ganze Aufmerksamkeit gilt denn auch der Darlegung und Deutung solcher antagonistischen Strukturen. Dabei lassen wir uns das Interpretationsmuster nicht von der marxistischen Gesellschaftstheorie vorgeben. Wir schließen auch nicht von dem, was man die Deutsche Misere nennt, vorschnell darauf, daß sich sozialgeschichtlich unaufgelöste Gegensätze zwangsläufig in das Werk hinein verlängern.[4] Die Widersprüche, die bei der Analyse der Romane hervortreten, begreifen wir so, daß sie von Goethe selber gestaltet sind und daß er durch sie das Zusammenleben der Menschen in seiner Zeit gedeutet sieht. Denn das interessiert uns vor allem und zur Beantwortung dieser Frage ist die Abhandlung verfaßt: Welches Verständnis hat Goethe von der bürgerlichen Gesellschaft und wie stellt er sie dar? Was Marx darunter verstanden hat, wie er die Krisenstruktur des Kapitalismus freigelegt und den sozialistischen Fortschritt wissenschaftlich mit dessen notwendigem Scheitern begründet hat, ist hinlänglich bekannt. Natürlich kann man den Standpunkt vertreten – und die „kritische Literaturwissenschaft" der letzten Jahre teilt ihn weitgehend –, daß jene krisengeschüttelte Übergangsepoche, die die bürgerliche heißt, erkannt und beschrieben ist. Dagegen stellen wir lakonisch fest, daß die bürgerliche Gesellschaft nach wie vor erklärungsbedürftig ist. Ungeachtet der Motive, die sich dafür aus den verschiedensten aktuellen Anlässen beibringen ließen, sei hier eine Einstellung hervorgehoben, die wir, um unseren Gegenstand recht erklärungs- und aussagefähig zu machen, obendrein noch methodisch forciert haben. Wir haben so getan, als müßten wir das Verständnis der bürgerlichen Gesellschaft so vollständig wie möglich anhand von Goethes Romanen rekonstruieren. Das begründet das fast monomane Insistieren auf den Werken als Erkenntnisquellen. Aber auch deren eigene Anlage, deren weitausgreifende Konzeption, die den forschenden und tätigen Menschen als Individuum und Gattung zur Darstellung bringt, trägt ihren Teil dazu bei, daß wir die Texte wie gebannt zu entziffern suchen und zur Quelle einer universell ausgerichteten Geschichtsauffassung machen. Denn unser Augenmerk gilt ebenso entschieden der Frage: Wie läßt sich unter dem Begriff der bürgerlichen Gesellschaft, in der die Interessen eingestandenermaßen partikular sind, ein universalistisches Menschenbild entwickeln? Was ist der integrative Mechanismus, der die widersprüchlichen Elemente, die divergierendsten Bereiche wie Arbeit und Kunst, Geschichte und Natur aufeinander bezieht? Einfach gefragt: Was macht Goethe zum Klassiker?

Die Beschäftigung mit Goethe entspringt dem Wunsch, das Verständnis der bürgerlichen Gesellschaft kennenzulernen, das diese von sich selber ausbildet, als sie mit unwiederholbar großartiger Gelassenheit ihren historischen Standpunkt für den allgemeinsten hält. Wann immer, ob im klassischen Griechenland, in der italienischen Renaissance oder in der dialektischen Philosophie des deutschen Idealismus und Materialismus, Vergleichbares geschieht, bietet sich das Werk als eine Totalität dar. Empirisch korrespondiert damit, was mit wachsendem Zeitabstand seine Unverbrauchtheit und schöpferische Regenerationsfähigkeit genannt wird. Doch wie dem sei, wir beziehen uns darauf lediglich, insofern ein solches Werk sich als ein Zusammenhang setzt, der zu den greifbaren Zeitereignissen, seien diese nun biographischer oder sozialgeschichtlicher Art, in einem Verhältnis echter Konkurrenz steht. Das heißt mehr nicht, als daß das Werk sich gegenüber seiner Zeit behauptet und auf sie platterdings nicht reduzierbar ist.[5] Generelle Schlüsse ziehen wir daraus nicht. Es ist für uns allem voran eine Erfahrungstatsache, die sich im Laufe der Arbeit mehr und mehr bestätigt hat, daß die Einbettung in die historisch nächsten und allernächsten Umstände im Falle Goethes weniger Erkenntnisse vermittelt und dem verbreiteten Vorurteil seines hofgebundenen Aristokratismus[6] eher applaudiert als das extensive Ausschreiten des mit dem Romanwerk entfalteten Handlungsraumes. Die Vernachlässigung von Biographie und Zeitbezug als eine Methode zu rechtfertigen, ist auf jeden Fall verkehrt. Sie ist hier in eben dem Maße sachlich geboten, wie die Darstellung der bürgerlichen Gesellschaft das Verhältnis von Allgemeinem und Besonderem auf eine Weise problematisiert, daß es einen Rückfall dahinter zurück bedeutet, wenn man die einem späteren Theoriekontext entnommene prinzipielle Beschränktheit des bürgerlichen Klassenstandpunkts zum Vorwand nimmt, um sich nicht einmal der in den Werken entfalteten Dialektik zu stellen. Zu den mehr angedeuteten als ausgeführten Gründen tritt dann noch ein forschungsgeschichtlicher. Die Rückständigkeit der Entwicklung in Deutschland und insbesondere die Übersiedlung Goethes an den Weimarer Hof haben sich zu solchen die Interpretation präjudizierenden Fakten ausgewachsen, daß es schon ein pragmatisches Erfordernis genannt werden kann, demgegenüber den Standpunkt des distanziert Beobachtenden – auch für Goethe selbst – zurückzugewinnen. Im übrigen heben wir hervor: Zwar steht der Vorsatz, hart an den Werken dranzubleiben, aber das schließt nirgendwo den Bezug zu den tatsächlich epochalen Ereignissen aus. Im Gegenteil, die Ablösung der Feudalgesellschaft durch mittelbare Verkehrsformen, die revolutionäre Erneuerung, deren historisches Muster die Französische Revolution ist, und die mit der Arbeitsteilung wachsende Gefährdung des Menschen sind die zentralen Themen. In diesen Dimensionen ist Goethes Romanwerk realistisch; wenn denn die Einheit von Leben und Erkennen noch einen anderen Wert als einen momentan situativen hat.

Wie es trotz allgemeiner Reflexionen in den Romanen keine Endsätze gibt, die als vorzeigbare Resultate das Ganze resümieren, so gibt es auch aus Goethes Tagebüchern, Briefen und Gesprächen keine Bemerkungen, die mehr als perspektivisch Licht auf dieses oder jenes in den Erzählungen werfen. Das ist keine Aussage zur Methode, sondern über die Romane selber und den darin verhandelten komplexen Begriff der bürgerlichen Gesellschaft. Zur genaueren Profilierung unseres eigenen Vorgehens sei hier eine jüngere Veröffentlichung zitiert, die von Goethes lebensgeschichtlichen Umständen herkommend, die Rahmenbedingungen der Kunstproduktion und -rezeption untersucht und dabei zu Ergebnissen gelangt, die zu dem speziellen Gegenstand – das dramatische Werk bis zur *Iphigenie* – nicht unbedingt neu sind, die aber in ihrer methodischen Darlegung und in der Einarbeitung von Belegmaterial eine selten erreichte Schlüssigkeit zeigen.[7] Christa Bürger geht davon aus, daß in der Anfangsphase einer sich konstituierenden bürgerlichen Öffentlichkeit die „bürgerlich-aufklärerische" Kunst[8] lebenspraktisch war und zur Selbstverständigung des Bürgertums im Kampf gegen den Spätabsolutismus gedient habe. Auch Goethe sei mit *Götz* und *Werther* auf dieser Seite gewesen, bis er durch die Anstellung im Fürstendienst, durch seine Integration in die Weimarische Hofgesellschaft, die bürgerlich-emanzipatorischen Impulse seiner Kunst um den Preis ästhetischer Autonomie in das Theaterschaffen für einen elitären Kreis von Privilegierten überführt hätte. Die literatursoziologische Untersuchung befördert das Verständnis des klassischen Goethe ineins mit der für das Bürgertum des 19. Jahrhunderts charakteristischen Trennung von Kunst und Leben. Goethe wird dadurch gleichsam für die moderne Erbsünde, die Entfremdung der Kunst von ihrer lebenspraktischen Funktion, in Anspruch genommen. Und tatsächlich tritt uns in der gut dokumentierten Beteiligung Goethes an höfischer Unterhaltung und Repräsentation ein Zeremonienmeister entgegen, dessen anachronistische Stellung durch die behutsame, im Detail verständnisvolle Behandlung der Autorin nur umso deutlicher, ja, unerträglich wird. Gewissermaßen als Einwand gegen die methodisch überaus schlüssigen Folgerungen steht mehrfach dahin, ob ihm nicht selber Zweifel an der Rolle eines „directeur des plaisirs"[9] gekommen seien. Daß die Distanzierungsversuche Goethes so schwach ausgefallen sind, läßt zuletzt das Faktum einer realitätsfernen Kunst der Klassik übergewichtig dastehn.

Was anhand des bearbeiteten Materials eine Darstellung der ersten Weimarer Jahrzehnte ist, ist nach Maßgabe des dem Gegenstand unterstellten exemplarischen Charakters ein Beitrag zum Goethe- und bürgerlichen Kunstverständnis überhaupt. Wie es im Obertitel heißt, geht es um die „Institution Kunst", und Kunst hat Goethe auch später gemacht, erst recht eine, die auf spontane Anteilnahme nicht mehr rechnen konnte. Christa Bürger hebt hervor, daß sich mit der Übersiedlung nach Weimar das Publikum mehr und mehr von seinen Werken ab- und zur mythisierten Aura seiner Person hinwendet; eine Tendenz, die sie dann sogar zum Beweis dafür nimmt, daß die Trennung von Kultur und Arbeit dem Bürgertum nur aufgezwungen sei und daß es sich dem zunächst nach Kräften zu verweigern gesucht habe, indem es durch die Auratisierung der Künstlerperson an der ursprünglich lebenspraktischen Intention festhalten wollte.[10] Gegen diese Argumentation, die – ernstgenommen – eine großräumige historische Fehlentwicklung auf die Botmäßigkeit eines Autors zurückführt, stehen die Romane und die Feststellung, daß in ihnen die Themen „Arbeit und Arbeitsteilung" nicht ausgespart sind. Ja, für einen Roman wie die *Lehrjahre* ist die prekäre Funktion, die in einer arbeitsteiligen Marktgesellschaft das handlungsorientierte Bewußtsein des Bürgers hat, von zentraler Bedeutung. „Daß (...) die Verwirklichung von Humanität nur im Rückgriff auf aristokratische Lebensformen denkbar sei",[11] diese für Goethe beanspruchte These von der „Vorbildlichkeit der aristokratischen Lebensform",[12] zu deren Stützung das literatursoziologische Material ausgebreitet wird, läßt sich nach einer Analyse eben jenes Romanes nicht kritiklos halten. Wenn es in den *Lehrjahren* heißt, daß eine „personelle Ausbildung" nur „dem Edelmann" möglich sei,[13] so ist das kein Bekenntnis des Autors Goethe, gleichsam ein Stück authentischer Lebenserfahrung, sondern das vorgängige Selbstverständnis der Figur Wilhelm. Als solches wird es in der Erzählung erprobt und biographisch wie historisch seiner irrtümlichen Voraussetzungen überführt.[14]

Darin sehen wir die Hauptgefahr: Ausgehend von der faktengesättigten Beobachtung, daß sich das Persönlichkeitsideal der bürgerlich-klassischen Literaturbewegung offenbar dem Rückgriff auf das adlige Vorbild verdankt,[15] werden schließlich auch die Werke und einzelne Sätze in ihnen als abrufbare Belege dem empirischen Material einfach zugeschlagen,[16] statt daß die Werke der ihr inhärenten Reflexivität nach zur Sprache kommen. Für den Roman als Gattung würde aus einem derart überlegenen Vorgehen obendrein folgen, daß er – wie eine unserer Thesen zur Ästhetik lautet – die dramatische „Naturform" und den unmittelbar-spektakulären Sinnenschein in sich zurücknimmt. Was die Autonomie der Kunst angeht, die der Klassiker Goethe schon lange als Etikett mit sich führt und die auch nicht erst neuerdings auf die bürgerliche Institution Kunst ausgedehnt wird, so geben die Romane zur Stützung dieser landläufigen Ansicht am wenigsten her. Der für Goethe behauptete Vorrang des Erziehungsgedankens und des Geistigen überhaupt, der hinter dem Autonomiebegriff steckt, weicht hier einer Analyse des Verhältnisses von Basis und Überbau, in der materielle und fundamentale Lebensbedingungen die dialektische Fortschrittskonzeption tragen.

Auch von einer anderen Seite her sei unser Unternehmen, das eher aus der Sicht der Romane die goethesche Sozialbiographie neu schreiben als jene aus dieser erklären würde, entschuldigt. Heinz Hamm hat ein wichtiges, den literarischen wie den naturwissenschaftlichen Autor erfassendes Buch über den „Theoretiker Goethe" geschrieben. Dabei kommt es ihm darauf an zu zeigen, wie dieser zu seinem – wie er sagt – „notwendig idealistischen Denkansatz"[17] gefunden und zeitlebens daran festgehalten habe. Holbach und sein atheistisches „System der Natur" sei Goethe zu mechanisch materialistisch gewesen. Dagegen bezieht er sich auf Spinoza, über diesen sogleich hinausgehend, wenn er die theistische Auffassung von der Verderbtheit des Kosmos überwindet und zu einer grundsätzlichen Bejahung alles innerweltlichen Lebens gelangt. Der Gedanke, daß diese irdische Welt ein wie auch immer geordnetes Ganzes bildet, verbindet Goethe mit der Aufklärung. Daß er sich jedoch nicht zum Materialisten fortentwickeln konnte, sondern trotz wachsender Einsicht in die bewegende Kraft der Widersprüche Idealist blieb, weist H. Hamm an Goethes nachitalienischen Schriften, insbesondere an seinen naturwissenschaftlichen Studien nach. Mit seiner Organismusanalyse kehrt sich Goethe und mit ihm seine Zeit gegen die mechanistische Betrachtungsweise, die nur quantitative Wechselverhältnisse gelten läßt und Entwicklungsprozesse folglich als die verschiedenartigen Aggregationen nur äußerlich aufeinander bezogener Teile erklärt.[18] Vom Organismus sprechen wir dagegen aufgrund des je besonderen qualitativen Verhältnisses zwischen Teilen und Ganzem. Nun wendet Hamm die Argumentation so, daß Goethe, weil er den Organismus als eine spezifisch lebendige Einheit und nicht mehr nur als Relation von Stoffteilchen erfaßt, vor der Schwierigkeit steht, erklären zu müssen, welchen „besonderen Grund" es für Veränderungen, genauer: „für das Zustandekommen der organischen Einheit" gibt.[19] „Die unlösbare Einheit der Teile des Organismus muß aus einem besonderen Prinzipium, einer besonderen organisierenden Kraft, einem Quellpunkt usw. hervorgegangen sein, sie muß auf eine besondere Ursache zurückgehen".[20] Diese Frage nach dem Grund des organischen Lebens und seiner geschichtlichen Veränderlichkeit habe Goethe nur idealistisch, im Rückgriff auf ein Nichtstoffliches, beantworten können.[21]

Dagegen merken wir kritisch an, daß es unseres Erachtens verkehrt ist, Goethe zu unterlegen, er habe Entwicklung in der organischen Natur oder im gesellschaftlichen Leben nach dem Verhältnis von Ursache und Wirkung oder – mit größerer Nähe zum goetheschen Sprachgebrauch, wie Hamm meint – von Bedingendem und Bedingtem begreifen wollen. Goethe hielt bekanntlich von Kausalität wenig. In einem der zitierten Belege, in dessen Kontext Goethe die „konsequente Folge" der empirischen Erscheinungen diskutiert, heißt es denn auch ausdrücklich: „Denn hier wird nicht nach Ursachen gefragt, sondern nach Bedingungen, unter welchen die Phänomene erscheinen."[22] Dennoch wird der unüberwindliche Idealismus Goethes gerade davon abhängig gemacht, daß er für sein Geschichtsverständnis nicht habe darauf verzichten können, „innerhalb des Wirklichen wieder ein Bewirkungsverhältnis, ein Verhältnis zwischen Grund (Ursache) und Folge (Wirkung) anzunehmen".[23] Wenn wir fragen, was denn Hamm dazu treibt, unbeirrt auf der Eruierung eines Kausalzusammenhangs zu bestehen, so geschieht es in der Absicht, unser eigenes methodisches Vorgehen zu rechtfertigen und dafür zu werben, daß eine hart an den Werken erarbeitete und ihrer inneren Dialektik folgende Fragestellung in der Sache Vorteile hat. Es ist unsere Meinung, daß das Konstruktionsprinzip, mit dem Hamm den „notwendig idealistischen Denkansatz" des Theoretikers Goethe nachvollzieht, der Philosophiegeschichte entlehnt ist.

Letztlich wird die Abhandlung über Goethe von einer Problemstellung dominiert, wie sie charakteristisch für eine in der Perspektive von Marx freigelegte geschichtsphilosophische Entwicklungslinie ist. Denn allein für Marx gilt, daß er den mechanischen Materialismus ebenso überwunden hat wie den Idealismus mit seiner „Grundannahme, daß die Dinge der Wirklichkeit nicht aus sich heraus bestehen, sondern aus einem Unbedingten".[24] Erst Marx hat den Menschen als den Grund und die tatsächliche Quelle seiner Geschichte entdeckt. Von daher kommend, scheint es denn nur konsequent, wenn Hamm dieses vollständig immanente Kausalverhältnis zum Maßstab auch für Goethe macht.[25] Wie es unter solchen Voraussetzungen auch nur zwingend ist, daß Goethe in dieser Richtung nicht weiter gelangen kann als Hegel, ja, daß Goethe und Hegel in ihren grundsätzlichen Positionen übereinstimmen, indem beide die Darstellung einer innerweltlichen Totalität dadurch kompensieren, daß sie diese aus einem „Unbedingten" entspringen lassen.[26] Im Gegensatz zu dieser Annäherung Goethes an Hegel, die übrigens auf großer Breite durchgeführt ist,[27] sieht es unsere Untersuchung darauf ab, die Unterschiede zwischen beiden mehr und mehr hervorzukehren und für den älteren Goethe eine eigenständig materialistische und dialektische Geschichtskonzeption zu behaupten. Wenn Goethe – zumeist aphoristisch-bündig – vom Absoluten, Unbedingten, von Gott und göttlicher Natur, gar vom Weltgeist spricht, so lasse man sich nicht täuschen. Er folgt nicht wie Hegel einer Hypostasierung des Geistes, der sich die wirkliche Geschichte zu beugen hat, um als vernünftige wieder erhoben zu werden. Daß es nicht so ist, dafür steht eher als jede theoretische, ins Allgemeine gezogene Äußerung

Goethes sein erzählerisches Werk. Wie wir denn auch die Meinung aussprechen, daß sich die Romane am ehesten als der progressive Teil der goetheschen Schriften erschließen lassen. Hier führt wie nirgends sonst in dem umfangreichen Lebenswerk jedes Wort seinen Kontext mit sich; und manches, was mit absolutem Anspruch auftritt, rückt – absichtsvoll gegeneinander bewegt – in eine historische Perspektive ein.

Schlagwortartig in Formeln zusammengezogen, läuft die Kritik an Goethe darauf hinaus: Er habe den Klassenkompromiß mit dem Adel gesucht; in Verherrlichung aristokratischer Lebensform sei er für ein Persönlichkeitsideal eingetreten, das er auf dem Wege der erzieherischen Unterweisung – mithilfe einer antikisierenden, das Rein-Menschliche ungeschichtlich abbildenden Kunst – verwirklicht wissen wollte. Eine solche Kritik, sonst mehr in polemischer Absicht zur Profilierung eines Lessing,[28] Jean Paul[29] oder Forster geäußert,[30] nimmt heute das Format monographischer Arbeiten an. Sofern sich dahinter generell der Einwand erhebt, Goethe habe der Autonomie des Geistes und einem idealistischen Geschichtsbild das Wort geredet, setzen wir uns damit ausführlich auseinander.

Wovon lassen sich unsere Analysen und Interpretationen der goetheschen Romane leiten? Trotz emphatischer Parteinahme für das durchorganisierte Werk verfahren wir nicht werkimmanent. Jener Ansatz, der sich sozialgeschichtlich nannte, erschien uns in dem besonderen Fall zu stark vorbelastet durch einen verbreiteten Begriff von Kunstautonomie, der zuletzt auch die Romane und perspektivische Äußerungen in ihnen nur als empirisches Beweismaterial unter sich faßt. Gegen die Deutung Goethes aus dem Umkreis seiner theoretischen Schriften haben wir den Einwand gemacht, daß sie uns, da sie das Selbstverständnis des Theoretikers mit dem des poetischen Autors nicht kritisch ins Verhältnis setzt, den fortschrittlichen, über den Idealismus hinausweisenden Aufklärer schuldig bleibt. Es ist nicht der Materialismus und nicht die dialektische Geschichtsauffassung, die Goethe von Marx trennen, sondern der politische Begriff der Klasse und der politisch radikalisierte Klassenstandpunkt. Das vorausgesetzt, haben wir keine anderen Einschränkungen gelten lassen, vor allem nicht solche, die uns die Wirkungsgeschichte nahelegt oder die sich daraus ergeben, daß die bürgerliche Gesellschaft und der bürgerliche Autor als ein historisch ausgedeutetes Phänomen genommen werden. Statt Material für ein vorgegebenes Geschichtsbild zu erheben, allenfalls dessen besseres, noch differenzierteres Binnenverständnis befördernd, untersuchen wir Goethes Romane unter dem Blickwinkel, daß wir uns erst eine Auffassung von der Geschichte und der prozessualen Verschränkung von Individuation und Sozialisation zu erarbeiten haben. Dabei lassen wir uns im weitesten Sinne leiten durch die Theoriediskussion der letzten Jahre, die sich wesentlich um einen marxistischen Gesellschaftsbegriff und die Psychoanalyse Freuds drehte. Keineswegs geht es darum, die Vorläuferschaft Goethes beckmesserisch zu regeln. Was auch immer in dieser doppelten Perspektive aus dem goetheschen Werk herausgezogen wird, es geschieht unter den Voraussetzungen eines gemeinsamen Traditionszusammenhangs, innerhalb dessen das sachhaltige Wissen des einen und der explizit theoriegesteuerte Begriff des anderen, ohne geradezu identisch zu sein, sich gegenseitig erschließen helfen. Diese prekäre Gegenseitigkeit beherrscht die ganze Abhandlung: hier die literarische Konkretisierung, bildmächtig noch im Grundsätzlichen, dort die zuweilen bis zur Selbstgefälligkeit aufreizende Theoriesprache. Wir halten nichts von dem Irrationalismus derer, die zurückgezogen hinter der Unaussprechlichkeit des dichterischen Symbols, ihre eigene Unmündigkeit feiern. Aber es sei doch auch nicht die Scham verschwiegen, die wir manchmal darüber empfanden, uns des bildhaften Ausdrucks so theoretisch zu bemächtigen.

Mit der zusammenhängenden Darstellung der vier Goetheromane führen wir ein Unternehmen aus, zu dem Lukács nicht kam, weil der Krieg ihn daran hinderte oder auch weil ihm die *Wahlverwandtschaften* widerstanden.[31] Lukács, der in Abgrenzung gegen die idealistische Philosophie Goethe einen Realdialektiker nennt, war wohl zu spezialisiert auf die zwischen Hegel und Marx ausgespannten Verbindungslinien, als daß er diese an sich treffende Charakteristik mehr denn programmatisch formuliert hätte.[32] Wir sehen in der Überprüfung dieses prospektiven Urteils nach wie vor eine lohnende Aufgabe. Dabei folgen wir in den einzelnen Romanen vor allem solchen Erzählpartien, die unsere Argumentation voranzutragen imstande sind. Teile der Werke, die im Sinne des Vorhabens weniger sprechend sind oder die das Dargelegte bloß auf eine breitere Grundlage stellen, bleiben ausgespart oder werden nur kursorisch erwähnt. In der Absicht, dem zunehmend universelleren Deutungsanspruch Goethes gerecht zu werden, haben wir ein begriffliches Instrumentarium ausgebildet, das sich in der Konzentration auf die entscheidenden Zusammenhänge in den Werken wie auch zwischen ihnen bewährt. Eine entstehungsgeschichtliche Behandlung der Romane, die Erforschung ihres schrittweisen Zustandekommens hat sich dem weitgehend untergeordnet. Frühfassungen und Vorarbeiten, wie sie in der *Theatralischen Sendung* oder in der Erstveröffentlichung der *Wanderjahre* vorliegen, bleiben außer acht. Wir fangen an mit den *Lehrjahren,* weil in diesem Roman, obwohl der umfangreichste, die dialektische Organisation am bündigsten zu erfassen ist. Der Diskussion über den *Werther* wagen wir kaum etwas hinzuzufügen, es sei denn rückschauend aus der Sicht des Alterswerks.

ERSTES KAPITEL

Die radikal-liberale Konzeption von *Wilhelm Meisters Lehrjahren*

I. Analyse im Überblick

Auf den ersten Blick unterscheiden sich die *Lehrjahre* vom *Werther* oder von den großen psychologischen Romanen des 19. Jahrhunderts durch die labyrinthisch verschlungene, immer mehr Lebensläufe in sich aufnehmende Fabel. Es ist zu einem Gemeinplatz geworden, daß der äußere Verlauf der Handlung nur eine unzureichende Vorstellung von der Bedeutungsvielfalt dieses Romans gibt. Aber bereits die kontinuierliche Rekonstruktion der Fabel wirft Schwierigkeiten auf, die den verwirren und auch entmutigen, der sich bei der sogenannten Inhaltsangabe nur erst im Vorfeld eines angemessenen Werkverständnisses glaubt.

Es ist das Verwirrspiel des Zufalls, in seiner desorientierenden Wirkung noch potenziert durch eine nicht abreißende Kette von Verwechslungen und unvermutet aufgehellten Irrtümern, wodurch der Roman einem rezipierenden Gedächtnis so inkommensurabel erscheint. Auch die Forschung hat sich nach einer langen Reihe organologischer Harmonisierungsversuche wieder an dem kontingenten Lebenszusammenhang Wilhelms gerieben. Die dominierende Rolle des Zufalls ließ sich nach immer detaillierteren Analysen der Handlungsverknüpfung nicht mehr unterschlagen.[1] So liegt es nahe, den Zufall, wenn ihm in der Interpretation der *Lehrjahre* nicht das letzte Wort überlassen werden sollte, auf dem Wege der Anerkennung im Rahmen eines Erklärungsmodells zu integrieren, das im Blick auf das ganze Werk von zwei Voraussetzungen ausgeht, die aber eigentlich nur hypothetischen Charakter haben. Doch wer hätte – außer Goethe selber[2] – dem Roman darin widersprochen, daß er Wilhelm ein erfolgreiches und glückliches Ende wenigstens in den greifbaren äußeren Lebensumständen bereitet, indem er ihm mit Natalie die erwünschte Ehefrau zuführt, ihn mit Juwelen und Zierat beschenkt und in die Sozietät des Turms einschließt? Diesen glücklich erreichten Höhepunkt in Wilhelms Leben einmal vorausgesetzt, wird auch sein umständlicher Weg dorthin, der ihn aus der Theaterleidenschaft herausführt, nicht das Stigma sinnloser Willkür, sondern die Zeichen einer nach Prinzipien geordneten Entwicklung tragen.

Es bietet sich an, solche seinen biographischen Werdegang organisierenden

Prinzipien vor allem bei Wilhelm selber zu suchen. Denn obgleich er rückblikkend keine Gelegenheit ausläßt, das Schicksal für Erfolg und Mißerfolg verantwortlich zu machen, ist es doch immer wieder er, der Bedürfnisse und Wünsche artikuliert, Vorsätze faßt, Mittel und Wege vorsieht, alles zu einem Plan zusammenzieht und auf eine Entscheidung drängt. Aber Wilhelms Lebensweg verläuft nicht in den Bahnen seines vorausschauenden Bewußtseins. Sein ausdrücklicher Wille wird durch zufällige Umstände korrumpiert; nicht nur dann, wenn er eine gemeinsame Zukunft mit Mariane ins Auge faßt oder wenn er mit der Schauspielerei seinen Berufswunsch verwirklichen will, sondern stets wieder und unablässig in allen Entscheidungssituationen. Aber obgleich eine bewußte Lebensführung an dem in vielerlei Gestalt dazwischentretenden Zufall scheitert, obgleich seine von Erfahrung gelenkte Willensbildung von Fall zu Fall als Irrtum depraviert wird, kommt Wilhelm zu der wesentlichen Folgerung, daß er „das Ziel aller (s)einer Wünsche"[3] erreicht habe. Das ist ein erstaunlicher Schluß und zumal eine durchgreifende Widersprüchlichkeit, deren Auflösung bei keiner das Schicksal spielenden Instanz, vor allem nicht bei der Gesellschaft des Turms,[4] zu suchen ist.

Diese den Roman beherrschende Diskrepanz von Absicht und Folge läßt sich unter der Bedingung, daß Wilhelms subjektive Lebenspläne von Zufällen durchkreuzt, dennoch auf das von ihm gewollte Ziel sich hinentwickeln, am besten dadurch erklären, daß der Zufall selber das Medium seines sich realisierenden Lebensglücks ist. Weit davon entfernt, nur ein privatistisches „Glück im Winkel" zu sein, stellt dieses der Dialektik des Zufalls sich verdankende Entwicklungsziel mit seiner dreifachen Wunscherfüllung, der Heirat der geliebten Frau, dem Wohlstand und der sozialen Anerkennung, einen objektiven gesellschaftlichen Wert dar. Daß sich die willkürliche Irreführung handlungsbestimmender Vorsätze aus der Perspektive des Romanschlusses dennoch als sinnvolle Entwicklung zu erkennen gibt, daß eine teleologische Vernunft durch die Kontingenz des Lebens vermittelt wird, nennen wir die Ironie der *Lehrjahre.*

In dieser gerafften Analyse des Romans lassen sich jene die Geschichtsphilosophie um 1800 bewegenden Fragestellungen, vor allem aber die Gesellschaftskonstruktion der zeitgenössischen klassischen Nationalökonomie wiedererkennen.[5] Die Geschichtsphilosophie seit Kant versuchte die Autonomie des Individuums und eine harmonisch funktionierende Gesellschaftsordnung zusammenzudenken und stieß dabei auf die Schwierigkeit, daß die unbedingte Selbstbestimmung der Individuen eine von Beliebigkeit und Willkür beherrschte chaotische Gesellschaftsverfassung herbeiführen müßte, die wiederum den einzelnen in die Unfreiheit zurückwerfen würde. Wenn die Idee des autonom handelnden Individuums ebenso unverzichtbar war wie die einer gerechten Gesellschaftsordnung, die dem einzelnen und der Geschichte im ganzen eine planvoll-gesetzmäßige Entfaltung erlaubt, dann mußte eine synthetisierende Kraft gesucht und gefunden werden, die den Antagonismus zwischen dem Besonderen und Allgemeinen auflöst. Hegel hat die Aufhebung dieses Widerspruchs vom Prozeß der vollständigen Ausbildung der Besonderheit abhängig gemacht. Die „List der Vernunft“ in der Rolle einer zielgerichteten Synthese kommt bei ihm dadurch ins Spiel, daß er die Individuen als mündige Subjekte ihres eigenen Tuns einer uneingeschränkten Selbständigkeit versichert und daß er sie zugleich – ihnen unbewußt – als Mittel einer sich objektivierenden Vernunft der Gesellschaft und Geschichte in deren Dienst stellt.

In wesentlichen Momenten konvergiert Hegels Theorie mit der Gesellschaftskonstruktion der klassischen Nationalökonomie. Auch Adam Smith hat die soziale Integration und den Fortschritt innerhalb einer gerechten Gesellschaftsordnung von der weitestgehenden Entfaltung partikularer Interessen erwartet. Der nationale Reichtum würde sich durch die Konkurrenz ebenso egoistischer wie natürlicher Einzelbestrebungen autonomer Wirtschaftssubjekte vermehren, war seine These. Dabei ließ er sich leiten von dem grundlegenden ökonomischen Faktum der Arbeitsteilung, dem er die Interpretation gab, daß durch die notwendige Verschränkung aufeinander bezogener Tätigkeiten jedes Einzelinteresse sich nur dadurch realisieren könnte, daß es den Vorteil anderer mitbewirkt. „Meinen Zweck befördernd, befördere ich das Allgemeine, und dieses befördert wiederum meinen Zweck“, stellt Hegel in seiner Analyse der „bürgerlichen Gesellschaft“ fest. Doch wie dieser die Gegenseitigkeit von „subjektiver Selbstsucht“ und allgemeiner Bedürfnisbefriedigung nur als ein letztlich inkalkulables „Umschlagen“[6] zu erfassen vermag, so auch beruft Adam Smith sich auf das Wirken einer „unsichtbaren Hand,“ die das egoistische Erfolgsstreben einzelner stets wieder in das Wohl des Ganzen und den sozialen Fortschritt einmünden läßt. Dahinter steckt die Absicht, die vernünftige Entwicklung der Geschichte und die Ausbildung einer prosperierenden und gerechten Gesellschaftsordnung mit der Autonomie des Individuums zu vereinbaren. Dabei wird dem einzelnen, weil er das objektive Entwicklungsziel mit Bewußtsein zu planen nicht in der Lage ist, eine Doppelrolle zuerkannt: einerseits als das frei seine besonderen Zwecke verfolgende Subjekt und andererseits als das Werkzeug einer durch es hindurch sich mittelbar entfaltenden Vernunft, die ihm wiederum zum Vorteil ausschlägt. Diese Dialektik ist auch für den Wilhelm Meister der *Lehrjahre* charakteristisch.

Die *Lehrjahre* stellen diesen widerspruchsvollen Prozeß nicht aus der übergeordneten Sicht des Philosophen oder Nationalökonomen dar, der die partikularen Wechselbeziehungen im einzelnen wie im ganzen überschaut, sondern aus der Perspektive des handelnden Subjekts Wilhelm. Wo bei Smith die Willkür der entfesselten Konkurrenzgesellschaft die egoistische Artikulation besonderer

Interessen in die Schranken weist, da behauptet im Roman der Zufall gegenüber Wilhelms subjektivem Willen seine Rechte. Doch auch Wilhelms vorsätzliche Handlungen werden durch den Zufall mit den Unternehmungen anderer Romanfiguren so verschränkt, daß daraus weder ein persönliches noch ein allgemeines Chaos entsteht, sondern eine, gemessen an den glücklichen Resultaten, sinnvolle Gesamtentwicklung. Die Ironie des Zufalls führt das Sich-widersprechende zusammen: Der Held des Romans strebt mehr oder minder entschieden seinen besonderen Zielen nach, die im Spiegel der mit ihm interagierenden Gesellschaft als Irrtümer disqualifiziert werden; aber aus der Sicht der objektiven Erfüllungssituation am Schluß des Werkes sind es gerade diese Irrtümer, die durch die Kontingenz der äußeren Umstände Wilhelms Biographie zu einem sinnhaften Ganzen verketten, das ihm sowohl persönliche Selbstverwirklichung als auch die erwünschte soziale Integration einräumt. Für Wilhelm selber bedeutet dies, daß er als ein Exponent der bürgerlichen Gesellschaft seine Besonderheit entfalten, seine selbstgesetzten Zwecke verfolgen kann, daß sich aber – da er prinzipiell seinen Lebensweg im ganzen nicht bewußt planend zu bestimmen vermag – zugleich eine durchgreifende Synthese seiner egoistischen Handlungen bedient und als produktive Elemente eines durch ihn hindurch sich realisierenden allgemeinen Zwecks sich einverleibt. Wilhelm ist zumal Autor und mittelbares Organ seines eigenen Lebensromans.

Mit dieser Interpretation haben wir die vom Zufall dirigierte Handlungsmasse des Werkes in den Griff genommen und auf das Interaktionsmodell des Liberalismus, das in der zeitgenössischen Staatsökonomie und Philosophie Eingang fand, zurückgeführt.[7] Es ist die Frage, ob damit dem Roman Gewalt angetan wird, indem um einer vielleicht erzwungenen Aktualisierung willen Ökonomisches einbezogen wird. Denn eigentlich handle es sich doch um einen Theaterroman, der sich auch gegen Ende, wenn er die Bühne verlassen zu haben scheint, mit der umständlichen Doppelheirat wieder der alten Verwechslungskomödie annähert. Ist die behauptete Strukturhomologie nur leere Metaphorik, die das erklärte Ziel einer gesellschaftlichen und ökonomischen Grundlegung des Romans verfehlt, weil sie, von den weltanschaulichen Einzelzügen und der lebendigen Vielfalt des Werkes absehend, es für diese gerade nicht zu leisten scheint und sich stattdessen wie zum Ersatz auf der Ebene abstrakter Gesetzmäßigkeiten hält? Wenn das Gegenteil zu zeigen sein wird, wenn hier die Materialisierung von Wilhelms theatralischer Laufbahn zur Diskussion steht, dann steckt dahinter mehr nicht als die Behauptung: Der Autor der *Lehrjahre* habe im Rahmen eines Überbauphänomens – und ein solches ist auch die Nationalökonomie von Adam Smith – die das Individuum bewegenden Kräfte von der gesellschaftlich-ökonomischen Basis her zu bestimmen und von dort aus den Zusammenhang mit seinen ideellen und ästhetischen Bestrebungen durchsichtig zu machen versucht.

II. Zur Interpretation

Die hergebrachte literatursoziologische Deutung des Romans stellt Wilhelms Engagement für die Schaubühne und die Gründung eines Nationaltheaters ins Zentrum ihrer Aussage. Daran macht sie die Interpretation fest, Goethe habe zeigen wollen, daß dem Bürgersohn Wilhelm „die vollkommene Entfaltung seiner menschlichen Fähigkeiten unter den gegebenen gesellschaftlichen Bedingungen (...) nur durch das Theater ermöglicht werden könne."[8] „Das Theater allein bietet dem Menschen die Möglichkeit, die ihm die Gesellschaft sonst verweigert."[9] Diese Auslegungen halten wir wenigstens den dahinter stehenden Implikationen nach für falsch. Denn sie will sagen, daß den *Lehrjahren* eine aggressive Kritik an der „deutschen Misere" wesentlich sei, eben daran, daß in der zweiten Hälfte des 18. Jahrhunderts die Herrschaft des Adels dem erstarkenden Bürgertum keine wirkliche Beteiligung an den Regierungsgeschäften erlaubt und daß deshalb das Theater eine ideologische Ersatzfunktion habe. Das Theater sei die „Zufluchtstätte,"[10] wo der selbstbewußtere Bürger seine Bevormundung durch den Adel abschütteln und sich entsprechend seiner tatsächlichen gesellschaftsbildenden Funktion kompensatorisch ausagieren könne.

Diese Deutung beruft sich auf den bekannten Brief Wilhelms (V, 3), in dem er an Werner schreibt, daß ihm die allseitige Entwicklung seiner Persönlichkeit, die „harmonische Ausbildung (s)einer Natur" ein „unerläßliches Bedürfnis"[11] sei, daß aber „in Deutschland (...) nur dem Edelmann eine gewisse allgemeine, (...) personelle Ausbildung"[12] möglich sei. Nur „er ist eine öffentliche Person."[13] Daraus zieht Wilhelm für seine Berufswahl, für sein künftiges Leben die Folgerung:

> „Nun leugne ich Dir nicht, daß mein Trieb täglich unüberwindlicher wird, eine öffentliche Person zu sein, und in einem weitern Kreise zu gefallen und zu wirken. Dazu kommt meine Neigung zur Dichtkunst und zu allem, was mit ihr in Verbindung steht (...). Du siehst wohl, daß das alles für mich nur auf dem Theater zu finden ist, und daß ich mich in diesem einzigen Elemente nach Wunsch rühren und ausbilden kann. Auf den Brettern erscheint der gebildete Mensch so gut persönlich in seinem Glanz als in den obern Klassen."[14]

Man hat zustimmend konstatiert,[15] mit welcher Klarheit Wilhelm den Unterschied zwischen Adel und Bürger erfaßt, zwischen dem Edelmann, der „durch die Darstellung seiner Person alles gibt,"[16] und dem Bürger, der sich spezialisieren und einzelne nützliche Fähigkeiten ausbilden muß und der deshalb „in seinem Wesen keine Harmonie"[17] und im ganzen sich zu keiner Persönlichkeit entwickeln kann. Man hat bei einer dergestalt hellsichtigen Analyse seiner gesellschaftlichen Stellung geglaubt, folgern zu können, daß Wilhelm nur in der Wahl seiner Mittel irrt, weil er irren muß, weil die „Verfassung der Gesellschaft“[18] ihn dahin drängt, zu dem richtigen Zweck seiner Persönlichkeitsentfaltung sich eines Surrogats, des Theaters, zu bedienen. Dabei wird übersehen, daß nicht erst die praktische Durchführung „abwegig“ ist, sondern daß Wilhelm gewissermaßen schon auf der Ebene interpretierter Wunschvorstellungen und bei der Formulierung seiner handlungsleitenden Grundsätze irreführenden Äquivokationen aufsitzt. Das fängt mit der Bestimmung seines Lebenszwecks an, dem der allseitig gebildeten Persönlichkeit. Die Forschung zu den *Lehrjahren* ist sich einig darüber, daß in diesem Begriff die großen Ziele der bürgerlichen Aufklärungsbewegung aufgenommen und fortgesetzt werden. Aber Wilhelm sieht diese Idee überwiegend in der Tradition des Spätabsolutismus und eines adligen Repräsentationsstils. Persönlichkeit führt er zurück auf „öffentliche Person.“ Gerade weil diese Bezeichnung im ausgehenden 18. Jahrhundert die demokratische Bedeutung einer Beteiligung an der öffentlichen Gewalt annimmt, ist auffallend, daß Wilhelm daran vorbeizielt und in Anpassung an die zurückgebliebenen Verhältnisse in Deutschland eine „öffentliche Person“ mit der repräsentativen Erscheinung eines Adligen identifiziert, der seinen gesellschaftlichen Anspruch auf eine des „gemeinen Leben(s)“[19] überhobene Bildung allein durch seine Geburt legitimiert. Wilhelm will dieses vom Bild des Edelmannes inspirierte Lebensziel, da es ihm durch die „Geburt versagt“[20] ist, mit Hilfe einer „öffentliche(n) Erscheinung,“[21] des Theaters, verwirklichen. Aber gerade beim Theater ist wie bei keiner öffentlichen Institution sonst die Verbürgerlichung am weitesten fortgeschritten.

Wenn Goethe Kritik an Wilhelms theatralischer Laufbahn artikuliert, dann sicher nicht daran, daß er das Theater mit dem Feudalismus schlechthin gleichsetzt, und auch nicht daran, daß die Bühne für den aufgeklärten Bürger in der Rolle eines Revolutionsersatzes fungiert. Vielmehr wird ironisiert, daß Wilhelm sich einer progressiven Institution mit einem regressiven Bewußtsein bedient. Das gilt vor allem für sein Bildungsideal, das, obgleich Leitbild einer bürgerlichen Emanzipationsbewegung, in einer arbeitsteilig produzierenden Gesellschaft sich so nicht realisieren läßt, wie Wilhelm es sich denkt. Die allseitig gebildete Persönlichkeit verkommt, wenn sie in Anknüpfung an das Auftreten des Adels als eine fixe Summe vornehmer Eigenschaften quasi öffentlich und andauernd zur Erscheinung gebracht wird, im umgangssprachlichen Wortsinne zum bloßen Theater. Auch gibt das auf seine materiellen Substrate reduzierte tatsächliche Entwicklungsziel Wilhelms am Ende des Romans darüber Auskunft, daß Bildung nicht einmal als gesicherter Besitz von Kenntnissen und Fähigkeiten greifbar ist. Die in den *Wanderjahren* an dem Ideal einer „vielseitige(n) Bildung“[22] geübte Kritik ist den *Lehrjahren* insofern schon implizit, als Wilhelms Leitgedanke einer „harmonischen Ausbildung,“ in der „Geist und

Körper (. . .) gleichen Schritt gehen,“[23] desavouiert wird. Der Bürger kann „in seinem Wesen keine Harmonie“[24] erlangen, weil Bildung – in den Kategorien der Eigentumsbeschaffung – sich nicht akkumulieren und als erworbener Besitz sich nicht auf Dauer stellen läßt. In den *Lehrjahren* ist Bildung der durch Vereinseitigungen gesteuerte Prozeß der sukzessiven Entfaltung von Wilhelms Besonderheit.

Wilhelm gibt der bürgerlichen Idee der sich entwickelnden Persönlichkeit eine sozialgeschichtlich rückschrittliche Interpretation, indem er sie unter dem Aspekt der „harmonischen Ausbildung“ nur in der Tradition des Adels mit Hilfe der ebenso mißverstandenen Institution des Theaters glaubt realisieren zu können. Dieser Irrtum wird im Roman auch nach seiner sozialpsychologischen Seite hin entfaltet. Denn die Theaterleidenschaft Wilhelms wird in ihrer drängenden Dynamik durch eine frühkindliche Identifikation, durch das verinnerlichte Vaterimago gelenkt. Die Figur des Vaters wird bei der schwierigen Deutung des *Hamlet* ausdrücklich zum Schlüssel für das richtige Verständnis;[25] er ist es auch für Wilhelms Lebensroman. Freilich ist das zunächst überraschend. Denn wird nicht von Anfang an der Sohn in jugendlicher Opposition zum Vater dargestellt, dessen Erwerbsstreben ihn gleichgültig läßt? Begeistert er sich nicht gegen dessen Willen zuerst fürs Puppenspiel, dann fürs Theater? Unter der Oberfläche eines von Wilhelm übrigens niemals zum offenen Konflikt gesteigerten Antagonismus zieht sich jedoch das Band einer gemeinsamen Neigung zur dekorativen und prachtvollen Repräsentation. Wilhelm, der „von seines Vaters Prunkliebe einen Teil geerbt hatte,“[26] schafft diesem väterlichen Bedürfnis gewissermaßen erst volle Befriedigung, indem er den Schritt zum Theater wagt, das vor seinen illusionären Augen wie „von allen fremden Zusätzen“[27] gereinigtes Silber glänzt. Der Vater versagt sich gleichsam dieses Abenteuer und baut stattdessen sein bürgerliches Haus in eine „stattliche Prunkwöhnung“[28] um; während Wilhelm darin zurecht schon nichts anderes als den aufwendigen Pomp und Putz einer Theaterdekoration sehen kann.[29] Mit seinem Entschluß zur Theaterlaufbahn setzt der Sohn die vom Vater zurückgestaute und nur ersatzweise kompensierte Neigung in die Wirklichkeit um. Der alte Meister richtet dagegen seine ganze väterliche Autorität daran auf, daß auch der Sohn die eigene Wunscherfüllung ebenso wie er tabuisiere. Und obwohl es charakteristischerweise zwischen beiden darüber zu keiner Aussprache kommt, wird Wilhelm, gefangen in den autoritären Zwängen der patriarchalisch-bürgerlichen Familie, seiner „unwiderstehliche(n) Neigung“[30] mit einem ‚schlechten Gewissen‘ folgen.

Diese Psychologisierung wäre nicht so aufschlußreich, wenn sie der Autor der *Lehrjahre* nicht auf ökonomische Strukturen zurückbezogen hätte. Die „Neigung zum Prächtigen,“[31] der der Vater frönt, indem er „jährlich einen ansehnlichen Teil seines Handelsgewinnes zur Verschönerung der Zimmer“[32] ausgibt, kontrastiert mit der Lebensweise seines Freundes und Kompagnons, dem Vater Werners, der, ohne auf den Genuß guter Speisen und Weine zu verzichten, sein Kapital beweglich hält und die Profite reinvestiert, weil alles, auch die „geringste Ware“, die „Zirkulation vermehrt“[33] und den Wohlstand hebt. Gemessen an diesem Händler und Kapitalisten ist der alte Meister eine zwiespältige bürgerliche Erscheinung. Selbst nicht Kaufmann genug, gibt er einen Teil seines Vermögens dem erfolgreich spekulierenden Freund und seine eigene Aufgabe scheint er darin zu sehen, das Geld, welches aus diesem Geschäft wieder zu ihm zurückfließt, in häuslichen Luxusgütern stillzustellen. Vom Standpunkt profitabler Kapitalverwertung aus ist dieses Engagement für immobile, unproduktive Prachtentfaltung unkaufmännisch. Der Prunk einer nach außen gewendeten Lebensführung, dem der alte Meister den Vorzug gibt, bedeutet die Anlehnung des Bürgers an den überkommenen Repräsentationsstil des Adels.

Damit ist wieder die Brücke zu Wilhelms theatralischer Sendung geschlagen, der ähnlich wie sein Vater durch den Schritt zur Schaubühne glaubt, an die Sphäre des Adels herangeführt zu werden. Nicht erst Wilhelms Zielsetzung, die harmonische Persönlichkeitsentfaltung, zeigt jene widerspruchsvolle Verschränkung von bürgerlicher Idee und adliger Tradition, sondern bereits seine im Rahmen der patriarchalisch-bürgerlichen Familie in der heimlichen Identifikation mit der Vaterautorität sich entwickelnden Bedürfnisdispositionen, die Wilhelm seine ureigenste Neigung und Natur zu nennen nicht müde wird. Wichtig ist aber vor allem, daß Goethe die Verwirrung in der handlungsbestimmenden Motivationsstruktur von Vater und Sohn auf eine ökonomische Erscheinung zurückführt. Das inkonsequente Schwanken zwischen Bürger und Edelmann resultiert nicht aus einem offenen oder versteckten Konflikt zwischen den beiden Ständen, sondern hat seine Ursache in der bürgerlichen Verfassung selbst, wo diese, ihr wesentlich ökonomisches Fundament mißverstehend, sich der „großen Zirkulation,“[34] dem „notwendigen Kreislauf“ des „Geldes und Wohlbefindens“[35] verweigert. Das ist der Fall, wenn der alte Meister „einen ansehnlichen Teil seines Handelsgewinnes“[36] zu Repräsentationszwecken stillegt, und wenn der jugendliche Meister in seiner Kindheit, befreit von dem Zwang, sich die materiellen Subsistenzmittel selber zu sichern, auf den Wunsch verfällt, auch weiterhin „ein Leben fortzusetzen (. . .), das ihm die Verhältnisse der bürgerlichen Welt nicht gestatteten.“[37] Beidesmal hat die Absonderung von dem „notwendigen Kreislauf“ des Warenverkehrs als der Grundlage einer bürgerlich tätigen Existenz zur Folge, daß auf der Ebene des Überbaus eine mindestens teilweise Regression auf eine vorbürgerliche Entwicklungsstufe stattfindet.

In den *Lehrjahren* wird die besitzbürgerliche Familie vom Typ des alten Meister, die in ihrer sozialpsychologischen Funktion einer Agentur der Kindererziehung erstaunlich viele Gemeinsamkeiten auch noch mit späteren Familienstrukturen zeigt, tendenziell als ein Rückschritt in Richtung auf feudalistische Lebenshaltung dargestellt. Wenn das bürgerliche System der sich wechselseitig befriedigenden Bedürfnisse für den einzelnen seine Logik darin hat, daß er sich in die Zirkulation des Warentausches einschaltet und – mit einem Wort Goethes – Besitz an sich reißend, diesen wieder gewinnbringend veräußert, dann ist die Erbschaft, die Ansammlung und Erhaltung von Eigentum sogar über Generationen hinweg, ein dysfunktionales Moment. So ist es denn auch das Erbe, dieses inmitten der kapitalistischen Zirkulationssphäre sich immer auch reproduzierende ökonomische Grundfaktum des Adels, durch das Wilhelm droht, gleichsam aus der bürgerlichen Gesellschaft herausgeführt zu werden. Denn mit Rükkendeckung des väterlichen Wohlstands und einer künftigen Erbschaft – der alte Meister wünschte nichts so sehr, als „seinen Kindern Güter zu hinterlassen, auf deren Besitz er den größten Wert legte“[38] – richtet sich Wilhelm ein Leben in der Kunst ein, das er mit dem vom Erwerb weitgehend unabhängigen Dasein des Adels verwechselt. Auch in der Dimension zielbestimmender Bedürfnisinterpretationen tritt Wilhelm – wie wir gezeigt haben – unter der Oberfläche eines ausdrücklichen Protests gegen den väterlichen Kaufmannsberuf eine Erbschaft an, die ihn nicht weniger als die materielle an ein entwicklungsgeschichtlich älteres Bildungsideal zurückbindet. Interessant daran ist, daß Goethe, der die patriarchalische Bürgerfamilie Freuds als Erziehungsinstitution unter ihren ökonomischen Voraussetzungen reflektiert,[39] in der Identifikation mit dem Vatervorbild nicht nur ein handlungsleitendes, sondern nachdrücklicher als Freud selber auch ein regressives Element sieht. Wenn es in der Lebensgeschichte Wilhelms zu einer Ablösung vom Adel kommt, dann wird das als eine Distanzierung von jenem ihn hemmenden Erbteil, zumal vom Vater geschehen.

Die Überwindung des Feudalismus wird im Roman nicht als aggressiver Konflikt zwischen Bürgertum und Adel ausgetragen. Ein der Französischen Revolution nur entfernt entsprechendes Ereignis ist im Werk nicht dargestellt. Nach den bisherigen Ausführungen läßt sich so viel sagen, daß ein Konflikt inmitten der in sich zwiespältigen bürgerlichen Gesellschaft angelegt ist, insofern diese in einzelnen ihrer Vertreter dazu verführt wird, sich mißzuverstehen und zu einer quasi adligen Lebensgestaltung zu tendieren. Dieser Irrtum auf der Ebene des in ästhetischen und kulturellen Schemata sich ausdrückenden Selbstverständnisses hat seine ökonomische Wurzel in dem die bürgerliche Gesellschaft bewegenden Widerspruch von Besitz und Warenzirkulation. Ein Widerspruch ist das insofern, als in der Tauschgesellschaft, in welcher der Kreislauf der „wechselseitig zur Notdurft gewordenen" „natürlichen und künstlichen Produkte"[40] den Wohlstand der vielen und dem einzelnen den Vorteil bringt, die Ware immer auch „in Besitz genommen" wird. Zum „Besitz befestigt,"[41] ist aber die Ware nicht länger Gegenstand des Zirkulationsprozesses, sondern dessen Hemmnis und so lange eine Gefährdung für die nutzbringend miteinander verschränkte Interessenabhängigkeit, bis sie wieder in geldvermittelter Form in den „notwendigen Kreislauf" zurückkehrt. Erst recht droht die Akkumulation von dauerhaft angeeignetem und nicht mehr in den produktiven Tausch zurückfließendem Besitz, obwohl dem System inhärent, dieses zu zerstören und das gesellschaftliche Leben wieder auf die Stufe des Feudalismus herabzudrücken. Der alte und der junge Meister, wenn auch mit charakteristischen Unterschieden, sind Exponenten dieses mitten in der bürgerlichen Gesellschaft latenten Widerspruchs. In Verkennung ihrer tragenden ökonomischen Basis geraten sie als Bürgerliche mit sich selber in Zwiespalt und mißverstehen sich, wenn sie, jeder auf seine Weise, den adligen Lebensstil oder das „Air des Hofmannes"[42] glauben erstreben zu müssen. Auf diesem Irrtum beruht das den Roman durchgreifend beherrschende Darstellungsprinzip der Verwechslung.

Die Auseinandersetzung um das väterliche Erbe ist in den *Lehrjahren* verknüpft mit Wilhelms theatralischer Laufbahn, genauer, mit der eingehend erzählten Vorgeschichte und Aufführung von Shakespeares *Hamlet*. Folgende Handlungsfakten treffen zusammen: der Tod des Vaters, die Verfügung über das Erbe, Wilhelms Entscheidung, den Beruf des Schauspielers zu ergreifen und in der Rolle des Hamlet zu debütieren. Dieses Drama glaubte man aus der Sicht Goethes richtig zu interpretieren, wenn es als ein Revolutionsschauspiel gedeutet wird, in dem ein junger Fürstensohn die Maximen der Feudalgesellschaft nicht mehr fraglos zu übernehmen imstande ist.[43] Sicher ist das ein wichtiger Aspekt. Wenn aber daraus gefolgert wird, daß die Reformen der Adelsherrschaft, die die deutsche Realität verweigert, nun auf dem Theater ersatzweise stattfinden, dann wird übersehen, daß der durch Wilhelm verkörperte Hamlet entgegen der Problematik des Stückes eine einseitig konservative Aktualisierung erfährt. Denn obgleich Wilhelm in seiner eigenen Analyse der Titelfigur richtig erkennt, daß Hamlet wenig gemein hat mit einem „jungen Helden, der nach Rache schnaubt,"[44] als er von seines Vaters Ermordung hört, obgleich Wilhelm zurecht an dem Prinzen „die sinnliche Stärke"[45] des dramatischen Helden vermißt und ihn stattdessen als einen melancholischen Zauderer, als eine „retardierende Person"[46] ganz in die Nähe einer Romanfigur rückt, betreibt er selber die Dramatisierung des Werkes mit jedem Schritt, der ihn über die bloße Interpretation hinaus an die tatsächliche Aufführung heranträgt. Als eine seiner ersten Aufgaben übernimmt Wilhelm, nachdem er die Rolle des Theaterenthusiasten mit dem Beruf des Schauspielers getauscht hat, die bühnenwirksame

Bearbeitung des *Hamlet.* Er trennt alle „zufälligen Begebenheiten,“[47] die das Theaterstück romanhaft in die Breite führen, heraus bis auf jene Unruhen in dem ersteroberten Norwegen, die am meisten einer theatralischen Haupt- und Staatsaktion entsprechen. Nicht untypisch ist ferner, daß Wilhelm mit der Bemerkung, daß er dem blonden und „wohlbeleibten Prinzen“[48] physiognomisch nicht ähnlich sei und deshalb auf keine Wirkung in dieser Rolle hoffen könne, bei Aurelie die Antwort provoziert, er solle keinen „fetten Hamlet“[49] darstellen, sondern – so wird man ihre sympathisierende Geste auslegen dürfen – sich selber als theatralischen Helden, der „uns reizt,“ der „uns rührt“.[50] Tatsächlich bringt Wilhelm bei der Premiere des Stückes eine mitreißend dramatische Wirkung hervor, als er in der Rolle des Hamlet schaudernd dem Geist seines Vaters begegnet und in auffälliger Überschneidung von Theater und Wirklichkeit sich selber spielt.

In dem Zusammentreffen mit dem Geist des Vaters erreicht die Auseinandersetzung mit dem lebensleitenden Erbe den spektakulären Höhepunkt. Wiederum läßt sich dessen psychologische Dimension, die geheime Wirkung des Vatervorbildes in dem Wunsch, durch die Kunst „geadelt“ zu werden, nicht von den ökonomischen Voraussetzungen trennen. Denn nicht nur gleicht Wilhelm dem Hamlet darin, daß er wie dieser einen Vater verloren hat; auch das, was beiden als ein selbstverständlich ererbtes Privileg einen gleichsam müßiggängerischen Lebenswandel ermöglichte, ist jäh der Gefahr ausgesetzt. Wie Hamlet bis zu seines Vaters Tod nicht den Abstand zwischen einem König und seinen Untertanen wahrnimmt und erst jetzt erkennt, daß die Krone nicht erblich ist,[51] sondern erworben, im Rachefeldzug gegen den Usurpator des väterlichen Rechts erkämpft werden muß, so bleibt auch Wilhelm aus der Position elterlichen Schutzes und bürgerlicher Sicherheit heraus die Anstrengung derer verborgen, die sich erst durch Arbeit, durch Beteiligung am Marktgeschehen, den Besitz als Erwerb verdienen müssen. Wenn daher sein Freund Werner, durch die Heirat der Schwester dazu berechtigt, das väterliche Erbe kapitalisiert, das „große Haus“, samt seiner „kostbaren Einrichtung“ zu Geld macht, das „hundertfältige Zinsen tragen“[52] soll, und in diesem Zirkulationsprozeß des sich vermehrenden Kapitals für Wilhelm den Arbeitsplatz eines Verwalters von Feldgütern reserviert, dann sieht dieser sich, seinem theatralischen Rollenvorbild ähnlich, aus der feudalen Stellung eines quasi adligen Rentiers, als welcher er bisher den väterlichen Wohlstand nutzte, auf ein bürgerlich tätiges Leben zurückverwiesen. Wilhelm lehnt das in einem Schreiben an Werner ab und teilt stattdessen die Schauspielerei als seinen Berufswunsch mit. Auf der Bühne wird er sogleich in die Lage versetzt, seine private Entscheidung öffentlich zu bekräftigen. Denn das ist der ironische Sinn der Begegnung zwischen Hamlet alias Wilhelm und dem Geist des Vaters, daß er, wirklich von Entsetzen gepackt und im

Glauben, die „Stimme seines Vaters“[53] zu vernehmen, einen Schwur leistet, der im Kontext seiner eigenen Biographie bedeutet, daß er die Kapitalisierung des väterlichen Eigentums und Erbteils rächen werde.[54]

Auch in der Rolle des Hamlet dient Wilhelm das Theater dazu, seine wesentlich bürgerliche Existenz zu leugnen und sein Vorurteil von adliger Repräsentation auf der Grundlage eines dem Markt verweigerten Eigentums, dem auch der Vater frönte, zu wiederholen. Wilhelm realisiert das Shakespearsche Stück auf diese rückschrittliche Weise, obgleich der *Hamlet* um 1800 mit Sicherheit als bürgerliches Emanzipationsdrama verstanden wurde, weil darin das dynastische Prinzip in Frage gestellt wird. In der Auseinandersetzung um das Erbe stellt sich jedoch Wilhelm auch unter dem Druck zufälliger Umstände, da er nicht weiß, wer den abgeschiedenen Vater spielt, auf eine veraltete Deutung ein und konkretisiert das Theaterstück im Sinne seiner stets wiederholten Selbsterfahrung als Schicksalsdrama. „Nun ging das Stück unaufhaltsam seinen Gang fort“ – wie es im Anschluß an den Schwur heißt –, bis die „vier fürstlichen Leichen“[55] am Boden liegen. Auch bei der Aufführung eines anderen Dramas durch die Serlo-Truppe wiederholt sich die gleiche Konstellation: Gegeben wird das bürgerliche Trauerspiel *Emilia Galotti*, aber Wilhelm stellt in der Person des Prinzen die Verkörperung höfischer Willkür dar und zerbricht sich den Kopf, wie er in der Rolle erfolgreich sein könne, wenn er, um „vornehm zu scheinen, wirklich vornehm sein müsse“.[56] Das Resümee seiner theatralischen Laufbahn kann nur mehr lauten: In dem durch Wilhelm verlebendigten Theater finden die sozialen Umwälzungen, gegen die sich die realen deutschen Verhältnisse sperren, nicht statt, – auch nicht als ein in den Überbau abgedrängter Revolutionsersatz. Wohl kommen emanzipatorische Stücke eines sich entwickelnden deutschen Nationaltheaters zur Aufführung, aber Wilhelm verharrt gegenüber den darin ausgesprochenen Einsichten auf einem regressiven Standpunkt.

Das *Hamlet*-Schauspiel wirkt in den *Lehrjahren* in wenigstens drei Interpretationen. Neben die im Gespräch mit Serlo entfaltete Auslegung, die in dem Oszillieren zwischen Zufall und Schicksal, zwischen der Planlosigkeit des Helden und dem notwendigen Zusammenhang des Ganzen wesentliche Gemeinsamkeiten mit der Tiefenstruktur des *Wilhelm Meister* ausspricht, und neben Wilhelms einseitiger Aktualisierung des Stücks als Schicksalsdrama tritt als eine weitere Realisation jene Ausdeutung, die das Schauspiel nach seiner eigentlichen Bühnenaufführung durch den Handlungsfortgang selber erfährt. Denn in den *Lehrjahren* endet das Theaterstück nicht als Drama, sondern als Roman. Die „vier fürstlichen Leichen“, eben noch tödlich zerstritten, „sprangen behend in die Höhe und umarmten sich vor Freuden“.[57] Ohne die Kostüme abzulegen, wird ein Fest zwischen Dekorationen anberaumt, das sich bis zur Ausgelassenheit steigert, nachdem deutlich ist, daß die Premiere viel Geld eingespielt hat.

Wenn Wilhelm sich schließlich in den Armen Philines – ohne es zu wissen – wiederfindet und wenn er desweiteren der Aufforderung, die der „Geist" mit dem Schleier zurückgelassen hat, Folge leistet, indem er sich, durch Zufälle und erwünschte Umstände gedrängt, von der zur Oper heruntergekommenen Theatertruppe später zurückzieht, dann ist als die langfristige Wirkung von Wilhelms Hamlet-Darbietung zu konstatieren, daß das Gegenteil dessen eintritt, was er ursprünglich mit der Schauspielerei verband. Besonders die Lebensmaximen Werners, von Wilhelm unter vielfachem Beifall der Sekundärliteratur als spießbürgerlich abgelehnt, verwirklichen sich für ihn unter der Hand zu den endlichen Resultaten seiner Theaterleidenschaft. In der Aufmerksamkeit, die man der „schwere(n) Kasse"[58] zollt, und dem ständigen Bemühen, auf Kosten der künstlerischen Qualität rücksichtslos die Einnahmen zu steigern, fällt es nicht schwer, als eine der profanen Quellen des Theaterwesens das Streben nach einem „unbeschränkten Besitz"[59] wiederzuerkennen. Die andere, nicht weniger abfällig beurteilte Lebensmaxime teilt sich Wilhelm direkt mit. Denn sein Erfolg als Hamlet läuft in Philines nächtlicher Liebkosung buchstäblich „auf eine leichte, lustige Art zu genießen hinaus."[60] Zuletzt bricht er auch den Schwur, den ihm der Geist des Vaters unter starken theatralischen Effekten entlockt hat. In einem Handelsgeschäft zwischen der Turmgesellschaft und seinem Schwager Werner, das sich auf jenes ihm zur Verwaltung angetragene Landgut bezieht, betätigt sich Wilhelm erfolgreich als kaufmännische „Mittelsperson".[61] So vollstreckt er selber die Kapitalisierung des väterlichen Besitzes, die zu verhindern, er pathetisch auf seinem Eid genommen hatte. Die Auseinandersetzung um das Erbe wird durch den Gang der Ereignisse gegen Wilhelms früher beschworene Intention auf zweifache Weise gelöst: er verzichtet auf eine Theaterlaufbahn und er schaltet sich als Händler in den nach allen Seiten hin Nutzen austeilenden Zirkulationsprozeß der Waren ein. Was Wilhelm, geleitet durch die väterliche Autorität, mit der Absicht unternimmt, in die Sphäre des Adels vorzustoßen, das führt ihn erst recht einer bürgerlichen Existenz zu.

Wie ist es möglich, daß Wilhelm es der bürgerlichen Gesellschaft und ihren Leitideen, der Unterordnung unter das Marktgeschehen und der Anerkennung sinnlichen Genusses,[62] recht macht, obgleich er sich doch mit Bewußtsein dagegen stemmt und auf dem Theater die mit der Arbeitsteilung gesetzten Grenzen des Bürgers zu sprengen versucht? Befragt man das Zusammenspiel romanhafter Ereignisse daraufhin, so trifft man – wie stets in den *Lehrjahren* – auf eine Kette zufälliger Begebenheiten und Begegnungen: Daß Wilhelm den Beruf des Schauspielers ergreift, hängt auch davon ab, daß Serlo sein Theater reorganisiert, als jener sich nach dem Tod des Vaters just „in einem Augenblick frei"[63] sieht. Daß die Begegnung mit der „entleibten," aber um so stärker vergeistigten Vaterautorität eine entgegengesetzte Wirkung hat, liegt nicht zuletzt daran, daß der Abbé gerade in dieser Rolle tätig sein kann und daß gerade für ihn am Premiereabend ein Seitenzugang zur Bühne offensteht usw. usw. Der Zufall ist überall im Spiel. Doch sind wir jetzt nach den allgemeinen Bemerkungen in der Überblicksanalyse besser in der Lage, die Kontingenz von Wilhelms Lebensweg zu durchschauen und konkreter zu fassen, wie sich durch sie hindurch ein vernünftiges Telos verwirklichen kann. Die Zufälle, die Wilhelm gegen seinen ausdrücklichen Willen in der bürgerlichen Gesellschaft halten und die ihn erst als ein vollgültiges Mitglied im Rahmen ihrer handlungsleitenden Prinzipien ganz zur Entfaltung kommen lassen, können in allen Fällen zurückgeführt werden auf die ungebrochene Wirksamkeit der bürgerlichen Institutionen selber. Im Zusammenhang der hier von uns überblickten Textpartien ist das Theater als eine solche liberal-bürgerliche Einrichtung tätig, und das keineswegs nur durch seinen progressiven, gegen Moral und Herrschaft des Adels kritisch gerichteten Spielplan. Das Theater ist nach seiner inneren Organisationsstruktur und in der Art, wie die Schauspieler untereinander zusammenhängen, ein funktionierendes Modell dieser neuen Gesellschaft. So beschreibt es Wilhelm gegenüber Jarno, freilich mit demselben Widerwillen, mit dem er vormals Werners Handlungsweise disqualifizierte, und immer noch in dem Glauben, das Theater sei der Ort, wo sich der Bürger das aneignen könne, was der Adel von Geburt und Natur aus habe. Wilhelm klagt die Schauspieler an:

„Mit welcher Heftigkeit wirken sie gegeneinander! und nur die kleinlichste Eigenliebe, der beschränkteste Eigennutz macht, daß sie sich miteinander verbinden. (. . .) Immer bedürftig und immer ohne Zutrauen, scheint es, als wenn sie sich vor nichts so sehr fürchteten als vor Vernunft und gutem Geschmack, und nichts so sehr zu erhalten suchten als das Majestätsrecht ihrer persönlichen Willkür.“[64]

Jarno entgegnet darauf, indem er die bürgerliche Gesellschaft als ein unbeschränkt wirksames Faktum antizipiert, daß Wilhelm „nicht das Theater, sondern die Welt beschrieben“[65] habe. Mit der anstößigen Aufrichtigkeit eines Hobbes entlarvt Jarno die Gesellschaft als die Konkurrenz egoistischer Einzelinteressen, die allein deshalb einen Zusammenhang bilden, weil sie aufeinander angewiesen sind. Der einzelne kann nur vermittels der in jedem Gegenspieler personifizierten Willkür und Zufälligkeit seinen eigenen Vorteil anstreben. Der Zufall bedeutet in der vollentfalteten Marktgesellschaft nicht das Chaos, sondern in ihm wird positiv anerkannt, daß der eine über den anderen keine absolute Macht hat, vielmehr ihn „nehmen“ muß, wie er ist. In der Situation einer unkalkulierbaren Vielfalt von Interessen ermöglichen allein die kontingenten Umstände, daß diese sich auch einmal zu ihrem wechselweisen Nutzen ergreifen können. Der Zufall ist der Inbegriff des Marktes und aller Institutionen der bürgerlichen Gesellschaft. In dieser Funktion wird er zu einem unablässig tätigen und schöpferischen Element.

Als ein für den einzelnen Inkommensurables wird der Zufall im ganzen der bürgerlichen Gesellschaft gesteuert durch eine in soziologischen Kategorien beschreibbare Bewegung an der Basis gesellschaftlicher Verhältnisse. Das Geld entfaltet auf diese Weise im 2. Buch der *Lehrjahre* eine handlungsbestimmende Dynamik. Es schafft folgenreiche Fakten, wo Leidenschaft die treibende Kraft zu sein scheint. Denn nicht die Neigung zu Philine bindet Wilhelm auf längere Sicht an das von Melina ins Leben gerufene Theater, sondern das Kapital, das er diesem zum Kauf der Theaterrequisiten in einem Augenblick vorstreckt, da er auf den Spuren des reizenden Mädchens nicht gestört sein will und sich durch ein rasches Zugeständnis „freikauft".[66] Treffend entwickelt die Szene das Wesen des Geldes nach liberalistischer Auffassung: Das der Sache nach Nichtidentische, die kollidierenden Interessen Wilhelms und Melinas werden in dem Tauschmittel Geld momentan als äquivalente Größen zusammengeführt. Doch Willkür und Zufall schlagen jedem zu seinem Vorteil aus; der eine wird Theaterbesitzer, dem anderen liefert es mit dem kaufmännischen Vorwand, den Schuldner nicht aus den Augen zu lassen, schließlich eine willkommene Gelegenheit, dem Theater nahe zu bleiben. Dabei hat es zunächst den Anschein, als werde Wilhelm in einen rein mentalen Zwiespalt hineingezogen. Doch während nach bekanntem Muster ein innerseelischer Konflikt zwischen Pflicht und Neigung entbrennt und erst dadurch entschieden wird, daß Philine ihn „hintergeht", handelt anstatt seiner das Geld, das sich nicht hintergehen läßt. Als Wilhelm vor seinem Verstand endlich jeden Grund verloren hat, sich dem Theater zur Verfügung zu halten, da verselbständigt sich gegenüber seinem ausdrücklichen Willen das investierte Kapital und reißt ihn in dessen Zirkulationsbewegung hinein[67] – hier zumal in die Arme des von ihm finanzierten Theaters.

Nicht das offene oder verborgene Ringen im Geiste, nicht der Widerstreit zwischen bewußt gesetzten Zielen und dazwischentretender Leidenschaft, nicht die willentlich gefaßten Vorsätze bestimmen und lenken Wilhelm, sondern die sozialen Einrichtungen und deren nicht hintergehbare Faktizität. Darin sind die *Lehrjahre* radikal, daß in ihnen die Unterscheidung von Bewußtsein und gesellschaftlichem Sein vollzogen ist und daß die sozial-ökonomische Basis, von der das Bewußtsein des Romanhelden als ein sekundäres Phänomen abgehoben ist, die Lebensentwicklung Wilhelms entschieden leitet.

Bis zum Ende des Werkes ändert sich nichts daran, daß Wilhelm seine Lage falsch interpretiert. Noch in der Schlußphase jener Heiratskomödie, die mit der Eheschließung zwischen Bürgerlichen und Adligen die Ständeschranken beseitigt und den Prinzipien einer offenen, liberalen Gesellschaft zum Siege verhilft, beharrt er auf seinem Fatalismus.[68] "Wilhelm mußte sich's in theatralische Terminologie übersetzen, wenn er etwas davon verstehen wollte."[69] Diese Bemerkung, in der die Bildung des Bewußtseins ausdrücklich ein Übersetzungsvorgang genannt wird, charakterisiert Wilhelm durchgängig und besonders auch dann, wenn er, vom Theater längst entfernt, an seiner Interpretation des Lebens als eines Schicksalsdramas festhält. Mit seinem Bewußtsein regrediert er auf eine entwicklungsgeschichtlich ältere Bildungsstufe, der des Feudalismus – wie wir gezeigt haben –; während seine im Rahmen bürgerlicher Institutionen gesteuerte, in konkreten folgenreichen Handlungen sich materialisierende Tätigkeit ihn die Vorteile einer fortschrittlicheren Gesellschaft genießen läßt.

Wer hätte vor Marx dem gesellschaftlichen Sein so konsequent die Priorität vor den mystifizierenden Leistungen des Verstandes eingeräumt wie der Autor der *Lehrjahre*? Selbst das was man Wilhelms „falsches Bewußtsein" nennen möchte, wird im Roman auf eine ökonomische Grundtatsache zurückgeführt. Denn mit der Akkumulation von Eigentum und der dadurch ermöglichten teilweisen Freistellung vom „notwendigen Kreislauf" der Waren bahnt sich inmitten der bürgerlichen Tauschgesellschaft eine Tendenz zur Refeudalisierung an, die ihren adäquaten geistigen Ausdruck in dem Wunsch nach adliger Selbstrepräsentation und einem harmonisch abgeschlossenen Persönlichkeitsbild findet.[70] Dennoch ist die Konzeption der goethischen Romanfigur von Marx' Ansatz so entfernt, daß es nicht treffend wäre, von einer Ideologie Wilhelms zu sprechen. Wilhelm hat kein „falsches Bewußtsein," weil die *Lehrjahre* die Restitution eines „richtigen" nicht zwingend erforderlich machen. Es ist dem Werk inhärent, daß die Irrtümer und Verwechslungen seines Helden, die ihm die Einsicht in die sein Leben wirklich bewegenden Kräfte verdunkeln, nicht als Ideologie entlarvt werden müssen, weil diese Fehleinschätzungen ihn auch nicht von der gelungenen Integration in die „vorteilhafteste" aller Gesellschaftsordnungen abhalten können. Insofern der Zufall und mit ihm alle irrtümlich angelegten Äquivokationen als ein institutionalisiertes Prinzip dieser Marktgesellschaft einverleibt sind, zeichnet sich die radikale Schlußfolgerung ab, daß es tendenziell gleichgültig ist, mit welchen Einstellungen sich einer in den Marktmechanismus einschaltet, wenn er nur nicht gegen die Natur handelt und seine egoistischen Interessen wahrzunehmen versucht. Damit ist das Bewußtsein der tätigen Subjekte virtuell von der sozio-ökonomischen Basis abgekoppelt, deren uneingeschränkte Wirksamkeit auch die quasi feudalistischen Ausschweifungen eines jungen Mannes zu kompensieren vermag. Goethe hat hiermit aus den liberalen Theoremen seiner Zeit Konsequenzen gezogen und in seinem Roman sichtbar gemacht, die ihn von Hegel trotz vieler Gemeinsamkeiten, die sie in der Nachfolge von Adam Smith miteinander teilen, grundsätzlich trennen und in einen deutlichen Gegensatz zu seiner Philosophie des sich zur Wirklichkeit entfaltenden Geistes bringen.

Die Aneignung und Verfestigung der Ware zum Besitz ist ein dem Zirkulationsprozeß und der Interessenverschränkung implizites und zugleich ihnen widersprechendes Moment. Doch wie sich am Beispiel des Erbes im Wechsel der Generationen zeigte, geht die Tauschgesellschaft an der in ihrer Mitte aufbrechenden Refeudalisierung nicht zugrunde. Vielmehr wird diese gegen ihre Intention stets erneut gerade zu dem Mittel umgeschaffen, durch das sich die alle ihre Glieder belebende Kreisbewegung der bürgerlichen Gesellschaft erhält. Hier beginnt sich der Liberalismus als ein sich selbst regulierendes System so zu verselbständigen, daß die Einzelexistenzen in den Funktionszusammenhang nicht mehr sinnvoll planend und bewußt verändernd eingreifen können. Das durch die selbstproduzierten Krisen sich erfolgreich regenerierende System bedarf des Entscheidungswillens der darin tätigen Subjekte nicht. Oder aus deren Perspektive formuliert: Wo die einzelnen die Krisen – und das ist der Normalzustand – mit berechnendem Verstand, mit einer Analyse der Situation und ihrer eigenen Erfahrungen selber zu m e i s t e r n versuchen, da bleibt das Geschehen im ganzen diesen bewußten Lenkungsabsichten gegenüber indifferent.

Diese abstrakt zugespitzten, gleichwohl am Roman folgerecht entfalteten Schlüsse haben auch für die Teile des Werkes Konsequenzen, die hier nicht genauer in den Blick genommen wurden. Erstens ist jetzt verständlich, daß die *Lehrjahre* ein Bildungsroman sind, dessen Held nichts lernt, obgleich er mit der gesicherten sozialen Integration und glücklichen Selbstverwirklichung sein Wunschziel erreicht. Wilhelm macht wohl Erfahrungen, die der prallen Fülle seines Lebens unverwechselbare Konturen geben, aber er kommt zu keinen handlungsleitenden Erkenntnissen, weil es in dem Sinne nichts zu lernen gibt, daß irgendeine Erfahrung, auf den Begriff gebracht, sich mit praxisrelevanten Folgen wirklich verallgemeinern ließe. Aus diesem Grund sind die *Lehrjahre* ein Entwicklungsroman, ohne daß sich nach dem Bild einer aufsteigenden Lebensbahn eine in Endsätzen kognitiv faßbare Entwicklung vollzöge. Aus der Vorrangstellung, die das gesellschaftliche Sein gegenüber dem Bewußtsein der Akteure behauptet, ergibt sich zweitens, daß auch diejenige Instanz, der am ehesten zuzutrauen wäre, daß sie Wilhelms Leben planvoll lenkt, die Turmgesellschaft, diese Rolle einer bewußten Führungskraft nicht wirklich innehat. Drittens hat es auch für die Ästhetik, zumal für die Rezeptionseinstellungen des Romans wesentliche Konsequenzen, wenn das Selbstverständnis des Helden, obgleich mit seinen Bedürfnis und Zielinterpretationen ein subjektiv unerläßliches Moment der bürgerlichen Gesellschaft, objektiv ohne lebensbestimmenden Einfluß bleibt. Doch dazu später mehr.

In der Deutung der Turmgesellschaft schließen wir uns der Analyse von H.-E. Hass an, der „jene geheimnisvollen Mächte des Turms“[71] selber noch in die Dialektik von Zufall und Notwendigkeit verstrickt sieht. Zwar erhebt der Turm in einem seiner markantesten Vertreter den Anspruch, ein Schicksal nicht anzuerkennen, aber wenn Jarno gegenüber Wilhelm stets wieder auf der Entmystifikation einer transzendentalen Macht besteht, so heißt das nicht schon, daß er den Zufall durch Planung und Lenkung auszuschließen vermag. Der Zufall, der sich leicht mit dem Schicksal verwechseln läßt und von Wilhelm auch stets fatalistisch gedeutet wird, unterscheidet sich von diesem dadurch, daß er den einzelnen nicht von vornherein der willkürlichen Fremdbestimmung aussetzt, sondern ihm auch die Chance freistellt, die kontingenten Umstände zu seinen Gunsten zu gebrauchen. In diesem Sinne wird auch der Zufall, der sich prinzipiell nicht ausschalten läßt, durch die Turmgesellschaft genutzt. Das läuft nicht auf eine bewußte Beherrschung des Weltgangs hinaus, sondern auf die Ausbildung einer Reihe von Lebensklugheiten, z. B. der, abwarten zu können, Informationen zu koordinieren, eine Möglichkeit abzupassen, eine gelegentliche Interessenüberschneidung zu erkennen und zu nutzen. Ihr Ziel ist letztlich die gekonnte Anpassung an das, was ist. Wenn damit der Turm wieder sehr in die Nähe von Wilhelms eigener Selbstdarstellung, gegen die er doch opponiert, gerückt wird, so ist das ein Reflex auf die sozio-ökonomischen Bewegkräfte, denen gegenüber beide Einstellungen tendenziell gleichberechtigt oder – wie man will – fast auch gleich inadäquat sind. Daß – in abstracto – der Marktmechanismus der bürgerlichen Gesellschaft sich nicht betrügen läßt und, Zufälle und Irrtümer hervorbringend, sich durch diese gerade erhält, ist der rationale Kern der Erziehungsmaxime des Abbés: „der Irrtum könne nur durch das Irren geheilt werden.“[72] Als Erziehungsroman verweigern die *Lehrjahre* eine präzise Abgrenzung zwischen einer pädagogischen Instanz und der Rolle des Zöglings; wie es denn auch keine Lehre gibt, deren paradoxe Begrifflichkeit sich anders als durch das Leben selber verständlich machen ließe. Die Theorie ist die Praxis: Das will noch einmal die Erzählung sagen, die in die Fortsetzung des Lehrbriefs, gleichsam in Konkurrenz mit den allgemeinen Grundsätzen des Turms, eingeflochten ist und aus der hervorgeht, daß im Streit der vermeintlichen Pädagogen auch dem klügsten Eingreifen nur durch die zufälligen Umstände zum Erfolg verholfen werden kann.[73]

Der Turm ist nicht die „utopisch erfaßte Keimzelle einer planenden und leitenden Gesellschaft“[74] – wie Edith Braemer es sieht –, weil auch er der Kontingenz des Lebens unterworfen ist und das anerkennt. Die *Lehrjahre* entfalten keine Elemente einer nachbürgerlichen Sozialverfassung; wo es gleichwohl den Anschein hat, läßt es sich stets auf die radikal-liberalen Implikationen des Werkes zurückführen. Hinlänglich bekannt ist das bei den sozialen Einrichtungen, zu denen sich die Mitglieder des Turms ausdrücklich bekennen. Deren Ziel ist, die Warenzirkulation auszuweiten und gegen eine Revolution zu sichern. Auf nationaler Ebene soll der Staat den Charakter eines Herrschaftsinstruments verlieren und den uneingeschränkten Marktverkehr durch die Erhebung einer gleichmäßigen Steuer garantieren, die einerseits das Lehnswesen aufhebt und den agrarischen Adelsbesitz kapitalisiert und die andererseits der bäuerlichen Bevölkerung durch diese Gleichstellung jeden Vorwand nimmt, einen Aufstand zu machen.[75] Internationalität liegt in der Konsequenz einer freien Tauschgesellschaft. Jarno will deshalb nach Amerika, der Abbé nach Rußland gehen. Der Staat als Sicherheitsgarant gegen revolutionäre Störungen muß dabei ersetzt werden durch die Gründung einer Assekuranz. Vorgeschlagen wird die Vergesellschaftung des in alle Teile der Welt ausgebreiteten Besitzes in einer Sozietät, die, obgleich eine von Eigentümern, die Erhaltung des Eigentums nur durch Partizipation an dem Besitz anderer verwirklichen kann.[76]

Mit solchen Vorhaben stehen die Mitglieder des Turms fest auf dem Boden der bürgerlichen Gesellschaft. Wie sind sie als Adlige dorthin gelangt? Die Prinzipien, nach denen sich im Roman die Verbürgerlichung des Adels vollzieht, werden am Beispiel Lotharios kurz dargestellt. Lothario hat am Nordamerikanischen Freiheitskrieg teilgenommen. Dadurch steht er in einer bürgerlich-demokratischen Unabhängigkeitsbewegung, die zugleich mit dem für das kommende Jahrhundert typischen Nationalstaatsgedanken verknüpft ist. Wie sich jedoch in Wilhelms Idee einer harmonischen Persönlichkeitsbildung adlige und bürgerliche Traditionen überschneiden, so ist auch die fortschrittliche Gesinnung Lotharios durchsetzt von Elementen einer älteren heroischen Zeit, da er den „amerikanische(n) Feldzug“[77] vor allem „von der Seite der Tapferkeit“[78] angeht. Das überseeische Abenteuer endet für Lothario, obgleich in Begeisterung für nationale Unabhängigkeit von der englischen Krone begonnen, in einer Zwangslage, wie sie für den ruinierten Adligen typisch ist: Seine Güter sind verschuldet, er ist wieder abhängig von der Familie, der Oheim kann ihm seine persönlichen Verhältnisse diktieren.[79] Wie auch im Falle Wilhelms, aber mit entgegengesetztem Resultat, kann auch hier der entschieden geäußerte Wille nichts gegen die ökonomischen Grundtatsachen ausrichten. Diese bestimmen die Bedingungen, unter denen Lothario als ein an der Warenzirkulation nicht direkt Beteiligter nach ritterlichem Vorbild seine Person für eine „gute Sache“ zur Verfügung stellt; diese wirken ferner auf die Bildung der Motivation zurück, insofern er sich durch eine „unüberwindliche Neigung zum Soldatenstande“[80] angetrieben fühlt; sie schlagen sich zuletzt in dem Ergebnis nieder, daß Lothario wieder an den gefährlichen Zeitvertreib seiner Amouren gefesselt ist.

Eine davon verbindet ihn mit Aurelie. In dieser spannungsreichen Beziehung stellt Goethe den Nationalismus als eine scheindemokratische Massenbewegung mit letalem Ausgang dar. Lothario wird aus der Perspektive Aurelies als eine patriotische Führerpersönlichkeit gezeichnet, die mitreißend genug ist, einer Nation voranzugehen. Sie selber in ihrem Beruf einer Schauspielerin gibt ein Beispiel dafür, daß ihr das deutsche Theaterpublikum zunächst als eine „verworrene Menge“[81] erschienen sei, die an ihr „herumtätschelte,“[82] „als wenn die ganze Nation sich recht vorsätzlich bei (sc. ihr) durch ihre Abgesandten habe prostituieren wollen".[83] Erst im Spiegel ihres geliebten Lothario, im Blick auf seine heroische Erscheinung als „Anführer"[84] gewinnt für sie die amorphe Masse des Publikums die einheitliche Gestalt einer „ganzen Nation".[85] Das ist in der Tat eine hellsichtige Schilderung des sich erst noch steigernden Nationalismus in seiner ideologischen Funktion totaler Verblendung. Nationalbewegungen entstehen nicht von selber, sie werden auch nicht durch einen Führer allein gebildet, sondern durch die vielen einzelnen, die aus ihrer Mitte einen als „Anführer" herausstellen und sich gleichsam im Gehorsam, in blinder Liebe zu ihm als Nation, bzw. als das produktive und erhobene Glied dieser Nation erfahren. Unter dem Titel „Die Verliebtheit in den Führer" stellt Mitscherlich dar, welche Folgen es hat, wenn dieses Führer-Idol sich gewaltsam entzieht: Es kommt „zur Trauer über einen selbst und in Verbindung mit ausgeprägter Gefühlsambivalenz zum Selbsthaß der Melancholie".[86] Das ist eine treffende Erklärung für Aurelies selbstmörderische Todessehnsucht, nachdem sie glaubt, daß Lothario sich von ihr ganz getrennt hat. In einem Akt der Selbstzerfleischung erkennt Aurelie in sich den Nationalcharakter wieder: „Ich muß es eben bezahlen, daß ich eine Deutsche bin."[87]

Obgleich persönlich ohne direktes Verschulden, wird Lothario allein durch seine aristokratische Existenz in diese zwiespältige Lage gebracht. Nicht nur was er „um einer Idee willen"[88] tut, auch was er willentlich zu tun unterläßt, hängt in seinen Resultaten ab von seinen Lebensbedingungen als Edelmann. Das demonstrieren auch die konventionellen Umstände, die ihm das Duell um eine Frau aufzwingen, die ihm gleichgültig geworden ist. Als er daraufhin vom Bett aus liberale Veränderungen auf seinen ländlichen Besitztümern, wahrscheinlich die Verpachtung von eigenen Ländereien, vorbereiten will, soll er das aufschieben, weil seine Güter durch den amerikanischen Feldzug noch verschuldet sind.[89] Es scheint, als könne Lothario dem Schicksal seines Standes nicht entrinnen, als sei er trotz entgegengesetzter Gesinnung an den Feudalismus gefesselt.

Die Einbeziehung Lotharios in eine fortschrittlichere Gesellschaft, seine Verbürgerlichung, können wir hier nicht detailliert nachvollziehen. Es muß genügen – mit dem Hinweis auf die systematischere Behandlung an früherer Stelle –, daran zu erinnern, daß der Autor der *Lehrjahre* das Feudalprinzip in der alles umfassenden bürgerlichen Gesellschaft als nur eines ihrer Momente aufgehoben sieht. So kann es nicht ausbleiben, daß Lothario in der zufälligen Begegnung mit dem Bürgersohn Wilhelm und nachdem er ein Labyrinth nicht abreißender Verwechslungen durchlaufen hat, sein bürgerliches Glück an der Seite Thereses findet, die erst in dem Augenblick für ihn „heiratsfähig" ist, da ihre nicht-adlige Herkunft aufgedeckt wird. Das 7. Buch, in dem Wilhelm sich dazu verwenden läßt, von Lothario die Geliebte, Lydie, fernzuhalten, ist ein Lehrbeispiel auf den liberalen Grundsatz, daß einer sich als „Werkzeug“[90] benutzen, ja ausbeuten lassen kann (wenn man die Peinlichkeiten bedenkt, denen der Romanheld seitens des geprellten Mädchens ausgesetzt ist) und daß er dabei zuletzt doch seines eigenen Glückes Schmied ist. Denn durch Lydie gerät Wilhelm an Therese und durch sie zu seiner Amazone Natalie. Umgekehrt gilt für Lothario, diesen heroischen Aktivisten, sich von entgegengesetzter Seite in dasselbe Prinzip zu finden, daß wir nämlich nicht „wirklich Herren über die Mittel zu unseren Zwecken sind“.[91]

Auch die adlige Natalie bleibt nicht die gleiche bis zu ihrer Heirat mit Wilhelm, obwohl er sie irrtümlicherweise dafür hält. Nach Aussage ihres Bruders „hat Natalie sich entwickelt“.[92] Diese Entwicklung vollzieht sich als Anpassung an die liberalen Marktverhältnisse. Sie selber spricht vom „Geld,“ das sie „nur mit Mühe und spät als ein Mittel, die Bedürfnisse zu befriedigen, ansehen konnte“.[93] Früher war es für ihre hilfreiche Art charakteristisch, daß sie ständig einen harmonischen Ausgleich herzustellen versuchte, indem sie einen Mangel bei anderen dadurch kompensierte, daß sie das Fehlende direkt „in Naturalien“,[94] also ohne Geldmittel, ersetzte. Das ist eine feudalistische Art, Mangel zu beseitigen, weil sie, ohne wirklich Veränderungen zu begünstigen, den Bedürftigen in die „Verlegenheit“[95] eines untätigen Almosenempfängers setzt. Dieser falsche Begriff einer nicht durch den Markt und durch das Zusammenspiel antagonistischer Interessen, kurz, einer nicht geldvermittelten Identität kennzeichnet auch ihre Tante, die Schöne Seele. „Das Wort Aufopferung,“[96] das ihrer sittlichen Natur treffend Ausdruck verleiht, wird durch ein gezieltes Mißverständnis in ökonomische Kategorien „übersetzt“.[97] „Man kann die Ware und das Geld nicht zugleich haben.“[98] Deshalb müsse man „eins für das andere hingeben“.[99] Scheinbar als Erklärung angefügt, handelt es sich doch um das genaue Gegenteil. Denn nach liberalistischer Auffassung wird in der Tauschgesellschaft Identität gerade nicht direkt erzwungen. Vielmehr ermöglicht das Geld in der Rolle eines Dritten, daß das an sich Unvergleichliche miteinander vermittelbar ist, ohne daß das eine gegen das andere seine unverwechselbare Eigenart aufopfern müßte. Das Geld wirkt als ein demokratisches Prinzip, indem es verhindert, daß das, was in ein Verhältnis tritt, unmittelbar miteinander konfrontiert, an dem Ungleichartigen gemessen wird und so in seinem Selbstwert sich erniedrigt fühlen kann.[100] Die Einstellung des Märtyrers, der in einem Akt der Selbstbezichtigung „das Geringere“ „einer höheren Absicht“[101] zum Opfer darbringt, wird einer überwundenen Stufe gesellschaftlicher Entwicklung zugeordnet.

Nach dem, was wir über Wilhelm wissen, überrascht es nicht, daß er in der verwickelten Schlußsituation, als er glaubt, auf die geliebte Frau verzichten zu müssen, sich als Opfer bezeichnet.[102] Dagegen löst sich Natalie von ihrem Vorbild, der Tante, indem sie, anstatt sie nachzuahmen, ihr nachstrebt[103] und sich gerade nicht als „Supplement irgendeiner Existenz"[104] hingibt. Sie springt nicht für Felix ein, um für den Fall, daß das Kind an einer Vergiftung stirbt, dem Vater Wilhelm mit ihrer Person, sich selber opfernd, das Verlorene zu ersetzen. Nicht genug, daß damit der Altruismus in seiner christlichen Gestalt als eine für die bürgerliche Gesellschaft unzeitgemäße Tugend disqualifiziert wird, Natalie bricht auch noch ein Gelübde, um sich in den Besitz des geliebten Mannes zu setzen.[105] Ein Wort ist so gut wie das andere, wenn es gilt, das eigene Glück zu machen. Mit dieser starken Hervorhebung der Ereignisse, die schließlich in der Heirat von Wilhelm und Natalie die Aufhebung des Ständegegensatzes besiegelt, sei noch einmal die latente Immoralität eines konsequent entfalteten Liberalismus angezeigt.

Die *Lehrjahre* sind ein Roman des sozialen Wandels. Die Überwindung des Feudalismus wird dargestellt vom Standpunkt einer voll ausgebildeten liberalbürgerlichen Gesellschaft. Die Irrtümer, die den Romanhelden durchs Leben begleiten, haben ihre ökonomische Basis darin, daß das Bürgertum sich stets wieder durch das der Warenzirkulation inhärente Prinzip der Besitzakkumulation zu refeudalisieren im Begriff ist, bzw. sich in Schemata selber interpretiert, die dem feudalistischen Überbau entstammen. Doch die rückschrittliche Selbstauslegung nach dem Bild des Adels kann den bürgerlichen Eskapisten nicht aus dem „notwendigen Kreislauf" der uneingeschränkten Marktgesellschaft herausführen, weil er in seinen konkreten Handlungen sich stets nur bürgerlicher Institutionen bedienen kann. In dieser Funktion eines durch liberale Grundsätze zusammengehaltenen Bundes wirkt auch die Turmgesellschaft inzwischen verbürgerlichter Adliger, in deren Kreis Wilhelm eintritt, auf ihn zurück. Als Bürger wird dem Romanhelden das größte Glück zuteil in einem Augenblick, da er sich in der Ehe mit seinem adligen Traumbild am Ziel aller seiner Wünsche glaubt.

III. Freiheit von Gewalt

Mit dieser Konzeption hat Goethe ein Romanwerk geschaffen, das in Übereinstimmung mit den Zielen der Französischen Revolution, einer von Fremdherrschaft freien bürgerlichen Gesellschaft, sich von dieser wesentlich dadurch unterscheidet, daß es den sozialen Wandel ohne revolutionäre Gewalt darstellt. Fest auf dem Boden eines liberalen Gesellschaftsmodells stehend, heißt für den Autor der *Lehrjahre* die Alternative nicht: ancien régime oder Französische Revolution, wie H. Mayer es jüngst wieder nahelegt,[106] sondern die Verwirklichung bürgerlicher Freiheiten mit oder ohne Gewalt.

In dieser Frage hat sich Goethe für eine liberale Tradition entschieden, die das Marktprinzip mit Gewaltlosigkeit identifiziert. Damit steht er in dieser Phase seines Schaffens auch in einem Gegensatz zu Hobbes, der zwar die Eigentumsmarktgesellschaft in ihre vollen Rechte einsetzt,[107] aber die zentrifugalen Kräfte auf dem Markt, das Bestreben der einzelnen nach immer mehr Eigentum und damit nach Macht über andere, für so anarchisch hält, daß die bürgerliche Gesellschaft durch Inthronisierung einer souveränen Gewalt vor sich selbst geschützt werden muß. Gewaltfrei trotz antagonistischer Interessen und trotz eines entfalteten Wettbewerbs kann der Markt nur unter Bedingungen funktionieren, wie sie etwa Adam Smith im Blick auf die Arbeitsteilung und die Vermehrung des nationalen Reichtums ausgesprochen hat. Die Objektivität des Marktes, der alle ihre Gleichheit untereinander verdanken, besteht nämlich darin, daß jeder nur so großen Vorteil aus den Handlungen anderer zieht wie diese anderen aus den seinen, bzw. daß niemand auf Kosten anderer reich wird, ohne diese auch zu bereichern. Das 7. und 8. Buch der *Lehrjahre* mit den sich überkreuzenden Beziehungen auf dem „Heiratsmarkt" sind die erzählerische Inszenierung dieses human-liberalen Grundsatzes. Allerdings ist die ausgleichende Gerechtigkeit des Marktes an Voraussetzungen geknüpft, die der realen Wirksamkeit dieses Modells Grenzen setzen.

A. Smith geht in seinen Überlegungen zur liberalen Marktwirtschaft bekanntlich von Kleinwarenproduzenten aus, die durch eigenen Besitz an Produktionsmitteln von diesen noch nicht getrennt sind. Auch in den *Lehrjahren* ist von der einseitigen Abhängigkeit der Lohnarbeiter nicht die Rede. Der Roman handelt unter berufsständischem Aspekt hauptsächlich von Kaufleuten, zu denen auch die Gutsbesitzer gezählt werden müssen, weil ihr Land als Kapital verwertbar wird. Gleich zu Anfang des Werks heißt es, daß die „Großen dieser Welt sich der Erde bemächtiget"[108] haben. Allein die immer differenzierteren Bedürfnisse sind überallhin verstreut, und so gibt es jetzt keinen „rechtmäßigeren Erwerb (...) als den Handel".[109] Für den Autor der *Lehrjahre* verkörpert der Kaufmann das Marktprinzip so sinnfällig, weil in seiner Rolle einer „Mittelsperson" der Tauschvorgang als Nehmen und Geben, als wechselseitige Beförderung der entgegengesetzten Zwecke am vollkommensten ist. Mit der Beschränkung auf den Handel verstellt sich Goethe zwar ähnlich wie Smith mit seinen Kleinwarenproduzenten die Einsicht in die tatsächliche marktverzerrende Funktion des Kapitalisten als eines Eigentümers an den Produktionsmitteln und der zur Ware gewordenen menschlichen Arbeitskraft,[110] aber es ermöglicht ihm, im Sinne seiner Intention die Prinzipien des Marktes absolut zu setzen.

Die *Lehrjahre* ziehen aus dem ökonomischen Grundsatz, daß die marktvermittelte Abhängigkeit aller die Freiheit des einzelnen ist, Konsequenzen, die den

Roman nicht nur der Tradition Hobbes' entheben, sondern auch der eines John Locke. W. Euchner sagt von den politischen Theorien der beiden englischen Philosophen, daß in ihnen die zwei „idealtypischen Konstellationen von Herrschaft" vorgezeichnet sind, die „in der bürgerlichen Gesellschaft noch heute maßgebend"[111] sind. „Die Hobbessche Theorie habe die autoritäre Herrschaft über das Bürgertum zu dessen Gunsten"[112] zu legitimieren versucht, insofern – cum grano salis – nur eine technokratische Elite verhindern kann, daß die dysfunktionalen Elemente des Marktsystems dieses zerstören. Dagegen hat der Ansatz von Locke zu seinem Inhalt, daß das Bürgertum mit Hilfe des Staates sich selbst regieren kann und daß sich alle Konflikte, die sich aus der autonomen Verfügung über das Privateigentum in einer bürgerlichen Gesellschaft ergeben können, auf demokratischem Wege im Parlament auflösen lassen. Die den *Lehrjahren* zugrunde liegende Konzeption folgt weder der einen noch der anderen Seite, weil in ihr genaugenommen überhaupt kein Platz für eine dem Marktgeschehen übergeordnete öffentliche Gewalt ist.

Allerdings ist im Roman an einigen Stellen vom Staat die Rede. So bemerkt Lothario, daß der Staat die Gleichheit aller untereinander sichern solle durch die gleichmäßige Erhebung von Steuern auch auf die Ländereien des Adels. Aber genaugenommen dient der Staat hier nur als Mittel, das rückschrittliche Lehnswesen aufzuheben. Ist einmal der adlige Grund und Boden kapitalisiert, so wird die Gleichheit auf der Basis frei verwertbaren Eigentums weniger durch den Staat als durch den Markt selber garantiert. Anderswo heißt es im Zusammenhang mit der Würdigung des Kaufmannsstandes, daß „die Fürsten dieser Welt die Flüsse, die Wege, die Häfen in ihrer Gewalt"[113] haben, und es hat den Anschein, als könne mit deren Herrschaft nur der Händler sich gewinnbringend arrangieren. Doch im Blick auf das ganze Werk wird das Verhältnis von Staatsgewalt und Gesellschaft in der Vorgeschichte, die zur Ehe der Melinas führt, geradezu programmatisch in einem anderen Sinne behandelt. Der junge Melina, der mit seiner Geliebten aus deren elterlichen Hause flieht, wird von der Polizei gestellt. Deren Eingreifen ruft bei allen Beteiligten nur peinliche Beklemmung hervor; und wie zum Beweis, daß die öffentliche Gewalt in privaten Belangen unzuständig, ja überflüssig sei, löst die betroffene Familie den Fall schließlich selber, indem alle Seiten ihren Willen durchsetzen können. Die ökonomischen Interessen der Eltern (keine Mitgift, Einbehaltung von Zinsen aus einem nur verwalteten Vermögen) und die Eifersucht des Vaters gegen den potentiellen Nebenbuhler werden vermarktet gegen die Einwilligung in die Ehe des jungen Paares.[114] Man täusche sich nicht über die angewiderte Miene, mit der Wilhelm diesem Tauschhandel egoistischer Einzelinteressen folgt, es ist die Welt der *Lehrjahre*, in der alles durch den Markt, nichts durch öffentliche Einrichtungen des Staates geschieht.

Doch es ist nicht nur die Faktizität des äußeren Handlungsverlaufs, die darauf schließen läßt, daß Goethe in seinem Roman die Unterscheidung von öffentlich und privat getilgt hat und daß er jegliche gesellschaftlichen Beziehungen in einer alles umfassenden Privatsphäre aufgehen läßt. Die Auflösung von Herrschaft, die in den *Lehrjahren* radikalisiert wird, ist auch in der Tradition von Locke gedacht worden. In seiner Analyse der Öffentlichkeit als einer Kategorie der bürgerlichen Gesellschaft deckt Habermas die Tendenz auf, daß sich auch das Parlament in der Funktion eines Teils der breiteren Öffentlichkeit nicht als „Gewalt" versteht, da es durch rationalen Konsensus in öffentlicher Diskussion die Vernunft gewaltlos freizusetzen intendiert.[115] Die Freiheit von Gewalt durch Herrschaft der Öffentlichkeit beruht hier auf der allgemeinen Anerkennung von Organen, die das ungehinderte Gegeneinander von Argumenten ermöglichen und die schließlich auch garantieren, daß die freie Ermittlung eines vernünftigen Konsensus durch ein Stützwerk von Gesetzen auf Dauer gestellt werden kann. Davon ist in den *Lehrjahren* nicht die Spur zu finden. Nicht daß ausdrücklich von parlamentarischen Clearingstellen oder vom Zeitungswesen die Rede sein müßte, es ist vielmehr die Struktur des Werkes im ganzen, die der Idee einer rationalen Übereinkunft partikularer Interessen widerspricht. Denn obgleich im Roman eine Fülle von allgemeinen Bemerkungen und Lebensmaximen formuliert wird, verweigert die Erzählung jeden Metasatz, der das komplexe Werk auf eine für den Verstand faßliche Weise zusammenzieht und eine bündige Interpretation – nicht nur seitens der Figuren – wirklich legitimieren könnte. Für den Verstand ist die in Wilhelms Lebenslauf sich objektivierende Vernunft durchaus inkommensurabel. Entgegen dem Anschein, daß die sententiösen Bemerkungen die Autorität von Gesetzen entfalten könnten, ist daran festzuhalten, daß die Artikulation eines allgemeinen Willens, der seit John Locke den Rechtsstaat legitimiert, in den *Lehrjahren* unterlaufen wird durch die unumschränkte Wirksamkeit des Marktes. Auf dem Markt gibt es nur die „Gleichheit der Unsicherheit",[116] im Roman dargestellt einerseits durch das nicht kalkulierbare Spiel des Zufalls, andererseits durch die Unmöglichkeit, sich auf handlungsstabilisierende Verbindlichkeiten erfolgreich zu einigen.[117]

Gewaltlosigkeit in den *Lehrjahren* hat die zweifache Dimension: sozialer Wandel ohne revolutionären Umsturz und ein Zusammenleben der Menschen als Summe privater Beziehungen ohne eine Kontrolle durch die Öffentlichkeit.[118] Die Freiheit von Gewalt läßt sich auch als Herrschaft des Marktes interpretieren. Tatsächlich ist Wilhelm auch nicht das seiner selbst bewußte Subjekt der eigenen Lebensgeschichte, sondern vor allem das Mittel eines durch seine Person hindurch sich realisierenden vernünftigen Lebensglücks. Die Entfremdung als das Resultat eines sich selbst regulierenden Marktsystems hat die Kritik dem Liberalismus häufig vorgehalten. Ohne diesen grundsätzlich richtigen Einwand hier weiter zu verfolgen, sei umgekehrt darauf verwiesen, daß diese Konzeption ebenso impliziert, daß Wilhelm seine eigenen Neigungen und Absichten gleichwohl durchzusetzen vermag. Goethe hat bereits unterschieden zwischen Bedürfnissen als quasi motorischem Antriebspotential und der Interpretation von Bedürfnissen. So ist es in einem bürgerlich-emanzipatorischen Sinne völlig zeitgemäß, daß Wilhelm sich zu einer Persönlichkeit ausbilden will, aber er interpretiert – wie wir gezeigt haben – diesen Wunsch nach adligem Vorbild falsch. Wenn er dennoch letztlich auf eine individuelle und unverwechselbare Biographie zurückblicken kann, so haben die Irrtümer und Fehleinschätzungen nur deshalb produktiv gewirkt, weil ihnen ein prinzipiell richtiges Bedürfnis zugrunde lag. Dasselbe gilt für die Verwechslungen, denen die begehrten Frauen, Mariane und Natalie, in der Perspektive Weilhelms ausgesetzt sind. In Mariane verliebt er sich, als sie in der Verkleidung eines adligen Offiziers auf der Bühne steht, und Natalie raubt ihm die Sinne in dem virilen Aufzug einer reitenden Amazone. Seine Neigung zum anderen Geschlecht wird von Wilhelm in einer Phase noch nicht ganz ausdifferenzierter Heterosexualität als Liebe zum männlichen Ideal, das hier obendrein in Verbindung mit den Insignien des Edelmannes auftritt, mißverstanden.

Diese durch alle Irrtümer, Verwechslungen, Verkleidungen durchgehaltene Positivität eines ursprünglichen Bedürfnisses weist zurück auf einen Begriff von Natur, der auch das Zeitgemäße im Sinne einer Anpassung an die bürgerliche Gesellschaft umfaßt. Wenn aber gegen die natürlichen Triebkräfte der Marktgesellschaft, gegen die egoistischen Einzelinteressen verstoßen wird, wenn nicht nur die vitalen Bedürfnisse falsch interpretiert, sondern überhaupt gegen sie gehandelt wird, dann werden diese auf eine verhängnisvoll zerstörerische Weise gewalttätig. Das ist bei Mignon der Fall und bereits in der Vorgeschichte ihrer Eltern. Die inzestuöse Verbindung zwischen Augustin, dem Harfner, und seiner Schwester Sperata, aus der das Zwitterwesen Mignon hervorgeht, ist die Folge einer widernatürlichen Handlung. Der Vater entscheidet sich zugleich gegen Natur und Gesellschaft, als er die „gesetzmäßige Frucht“[119] einer späten, aber ehelichen Liebe den Vorurteilen seiner Nachbarschaft gleichsam zum Opfer bringt und, die Geschwister voneinander trennend, das Neugeborene Zieheltern übergibt. Dagegen ist in der Vorgeschichte Thereses ein glückliches Ende schon angelegt. Hier verletzen die Eltern tatsächlich die Moral. Der Vater geht fremd und zeugt mit der Hausangestellten ein Kind. Die Ehefrau, die kinderlos geblieben ist, nutzt die Chance, noch vor dem frühen Tod der Mutter ihre Stellung im Haus zu festigen und Gerüchten zuvorzukommen, indem sie das Kind Therese als ihr eigenes ausgibt. „Man befand sich, bürgerlich genommen, zu wohl,“[120] heißt es als Begründung dafür, daß diese Interessenverschränkung jenseits der Moral zustande kommt. Gemessen an dem späteren Eheglück Thereses und im

Vergleich zu Mignon, ist die Quintessenz dieser Erzählung, daß man sich über das moralische Selbstverständnis der Gesellschaft hinwegsetzen darf, nicht aber über die eigenen partikularen und selbstsüchtigen Bedürfnisse, wenn nicht die Natur pervertieren und an sich selber zugrunde gehen soll.

Die Triebstruktur des Menschen erlaubt uneingeschränkt viele Einzelinterpretationen, die auf der Ebene des handlungslegitimierenden Überbaus solange auch als Irrtümer, sogar als illegale Verstöße produktiv bleiben, wie sie nicht mit der Selbsterhaltung als anthropologischer Konstante und dem Egoismus als dem eigentlich sozialen Ferment in Widerspruch geraten. Ist das aber der Fall, dann scheidet die bürgerliche Gesellschaft solche selbstzerstörerischen Naturen aus. Selbstmord oder physische Auszehrung sind die in den *Lehrjahren* geschilderten Formen der Existenzvernichtung, die ohne Gewalt im Sinne der Fremdeinwirkung eine Selbstrestriktion der Natur darstellen. Unschwer ist darin die Auflösung der unmittelbaren, noch direkt an die Person und den Leib gebundenen Beziehungen des Feudalismus und älterer, mit ihm identifizierter Entwicklungsstufen wiederzuerkennen. An substantieller Selbstentäußerung gehen in der einen oder anderen Weise Mignon, der Harfner, Aurelie und Mariane zugrunde. Sei es die selbstvergessene Hingabe an den bacchantischen Tanz, an die Musik, den Aberglauben oder sei es die rückhaltlose Identifikation mit einer Theaterrolle, die freiwillige Unterwerfung unter den aristokratischen Nationalheros oder die erzwungene Prostitution unter den Willen einer Kupplerin, stets bedeutet das personale Verhältnis eine Entselbstung, die mit den Verkehrsformen der bürgerlichen Gesellschaft unvereinbar ist. Denn nach liberalistischem Verständnis schaltet sich der Markt oder das Geld in die Interaktion so ein, daß über diese Dritte die beiden Gegenseiten kommensurabel sind und sich doch zugleich auch als das erhalten können, was sie jeweils von sich aus sind. In einem streng philosophischen Sinne ist der Markt die Bedingung, unter der Individualität sich erst bilden und behaupten kann.

Daß etwas in Besitz zu haben, nicht auch heißt, Gewalt über es zu besitzen, ist ebenso ein zentrales Motiv im letzten Buch der *Lehrjahre* wie die Umkehrung dieses Satzes: Denn auch sich in jemandes Gewalt, sich ihm völlig hinzugeben („Ich bin die Ihre (. . .). Ich nenne Sie den Meinen.“[121]), bedeutet unter bürgerlichen Verhältnissen nicht, kein Selbst mehr zu haben. Der Liberalismus wird in der Regel als Eigentumsideologie kritisiert. Es zählt zu den „wichtigsten Prämissen des Besitzindividualismus, daß der Mensch aufgrund des alleinigen Eigentums an seiner Person frei und menschlich ist“.[122] Obwohl mit diesem Grundsatz jedem die gleichen Rechte und gleichen Chancen eingeräumt werden und die Marktgesellschaft dadurch gerechtfertigt scheint, bringt sie Klassenunterschiede hervor, die ihre Voraussetzungen zunichte machen. Denn der auf dem Markt herrschende Wettbewerb hat zur Folge, daß einzelne „mehr Nutzen aus den Fähigkeiten anderer ziehen können als diese aus den ihren".[123] So kommt es zu einer Spaltung der Gesellschaft in diejenigen, die nur ihre Arbeitskraft als Ware verkaufen können, und in diejenigen, die das Kapital haben, diese Arbeitskräfte anzuwerben und durch sie einen Mehrwert zu erwirtschaften. Der Autor der *Lehrjahre* hat mit Sicherheit nicht die vollen Konsequenzen übersehen, die der von den frühbürgerlichen Philosophen Englands ebenso wie der von Hegel wiederholte Grundsatz hat, daß das Eigentum die Freiheit des Individuums begründe. Aber Goethe hat doch erkannt – ohne dadurch ausdrücklich zum Kritiker am Kapitalismus zu werden –, daß die Gewalt über andere, „daß Macht eine Funktion des Eigentums sei".[124]

Wir haben hier nicht die Zeit, detaillierter zu verfolgen, wie schließlich der Knoten gelöst wird, der Wilhelm und Natalie, Lothario und Therese daran hindert, sich früher denn nach zähen Verwechslungen als Paare wiederzufinden. Aber es wird der Hinweis genügen, daß die Verwicklungen sich erst beseitigen lassen, als ein Tausch zustande kommt, ein Tausch, in dem die Personen als Eigentümer von etwas auftreten, das sie sich wechselseitig übereignen. Es ist nicht nur Werner, der der Meinung deutlich Ausdruck gibt, Heiraten sei ein Geschäft,[125] auch die Hauptfiguren belegen ihre Beziehungen zu den Geliebten mit den ökonomischen Kategorien des Besitzes[126] und Tausches.[127] An diese Terminologie anknüpfend, läßt sich die Erzählung folgendermaßen resümieren: Der vermeintlich sichere, brieflich besiegelte Besitz garantiert nicht die Freiheit der eigenen Person. Im Gegenteil, Wilhelm wird von dem Versprechen Thereses, daß sie die seinige sein und ihm angehören wolle, in einem Augenblick erreicht, als er Natalie begegnet und sich, da er plötzlich im Besitz der falschen Braut ist, in Unfreiheit gestürzt sieht.[128] Richtig befreit und wirklich im Besitz des geliebten Wesens kann Wilhelm sich erst fühlen, als unter allen Beteiligten sich ein Tausch arrangieren läßt. Damit ist deutlich, daß der Besitz und die Beseitigung der Unfreiheit, die darin liegt, sich etwas nicht aneignen zu können,[129] an den Tausch gebunden ist. Man muß tauschen können, wenn man besitzen will. Im Tauschvorgang muß ich aber, um meinen Vorteil zu bewirken, mich meines Eigentums entäußern und damit einem anderen nützen. „Das unüberwindliche Verlangen des Besitzes,"[130] ja die Aneignung selber lassen sich nur unter der Voraussetzung erfüllen, auch fremde Bedürfnisse zu befriedigen.

Dadurch ist nicht länger die Macht eine Funktion des Eigentums, sondern, umgekehrt, muß sich derjenige zugunsten anderer teilweise entmächtigen lassen, der einen Besitz an sich ziehen will. Diese Entmächtigung wird an Wilhelm drastisch dadurch demonstriert, daß er in größte Hilflosigkeit gerät, als er, im Besitz eines ihm ergebenen Wesens, dieses Glück gegen Natalie tauschen möchte. Freilich reflektiert er die Erfahrung, daß er über das Erwünschte und damit auch über sich selber keine Gewalt hat, seinem falschen Selbstverständnis entsprechend als Entsagung, Resignation und Aufopferung.[131]

Als hätte der Autor der *Lehrjahre* wissen können, daß Hegel in der Realphilosophie den freien Willen darauf zurückführt, daß „Ich etwas in meiner selbst äußeren Gewalt habe"[132] und daß Ich dadurch das „erste Dasein"[133] meiner Freiheit erlange –, als hätte Goethe schon das identitätsphilosophische Argument durchschaut, daß nämlich das Individuum sich erst durch das Privateigentum Realität gebe, bezieht er mit Hinweis auf genau diesen Begründungszusammenhang die Gegenposition. Im Medium des Erzählers kann Wilhelm der sicher übertriebenen, aber im Kern richtigen Erfahrung Ausdruck geben, daß das Eigentum allein in Abhängigkeit vom Markt existiere und daß durch diese Bindung an die Tauschsphäre das sich vergegenständlichende Subjekt nur eine unsichere, schwankende Realität habe:

> Er verlor sich so weit in diesen sonderbaren und traurigen Betrachtungen, daß er sich selbst manchmal wie ein Geist vorkam und, selbst wenn er die Dinge außer sich befühlte und betastete, sich kaum des Zweifels erwehren konnte, ob er denn auch wirklich lebe und da sei.[134]

Der gefährdete Realitätsbezug, bzw. die Identitätskrise resultieren daraus, daß die Inbesitznahme auf der Grundlage des Tausches stets auch an eine partielle Selbstentmächtigung geknüpft ist. Was von Wilhelm im Blick auf die zirkulierende Kunstsammlung des Großvaters, diese „Besitztümer ohne den Besitzer,"[135] gefolgert wird, ist nicht weniger als die Umkehrung des liberalen Grundsatzes. Denn als ein spezieller Modus des Marktes, als nur ein Moment im Tauschvorgang ist der Besitz nicht geeignet, dem Individuum, das sich in seinem Eigentum gegenständlich werden will, eine freie und feste Existenz zu sichern. Damit stehen die *Lehrjahre* in einer Opposition zu den meisten politischen Theorien in der liberalen Tradition von Hobbes bis Hegel. Gleichwohl haben sie den Boden des Liberalismus nicht verlassen. Denn während jene in ihren Gesellschaftskonstruktionen in der Regel von dem einzelnen Wirtschaftssubjekt ausgehen und zu einer Begründung des Staatsapparates fortschreiten etwa durch die Konstituierung eines dem Vertrag zugrunde liegenden gemeinsamen Willens, schlagen die *Lehrjahre* den umgekehrten Weg ein. In ihnen wird das Individuum aus der Perspektive marktvermittelter Interaktion gedeutet. Dadurch tritt radikaler, als es sonst im Liberalismus der Fall ist, die Idee hervor, daß der Besitz, insofern er nur relativ zur Tauschsphäre ist, und es auf dem Markt nur die „Gleichheit der Unsicherheit" gibt, unmöglich die Freiheit des einzelnen und damit einen Gesellschaftsvertrag begründen kann. Dahinter steht in den *Lehrjahren* die Absicht, daß es keine auf dem Privateigentum gegründete Gewalt geben soll, keine öffentliche und keine angemaßte.

Daß ein falscher Begriff von Eigentum, in dem die autonome Verfügungsgewalt und die Freiheit der Person behauptet werden (wie in dem Hegelschen und dem des Besitzindividualismus überhaupt), zu Gewalttätigkeit, zu Zerstörung, fast zu Mord führt, ist in der Geschichte des Harfners und der vermeintlichen Vergiftung von Felix nachzulesen. Die wesentliche Aussage des Harfners, in der er zugibt, sich Opium angeeignet zu haben, lautet: „Ich danke diesem Besitz die Wiederkehr meiner Vernunft.“[136] Tatsächlich ist der Harfner der Meinung, daß er einen klaren Verstand, ja die Freiheit wiedererlangt habe, seitdem er in seinem Besitz, in seiner Verfügungsgewalt das Mittel weiß, das ihm sein Leben von sich aus zu beenden erlaubt, wie er will. Doch dieses übrigens nicht auf dem Markt, sondern durch Diebstahl erworbene Eigentum kann ihn weder zur Vernunft noch ihm „Unabhängigkeit“[137] bringen. Er endet nach einer Reihe destruktiver Zufälle im Wahnsinn und hätte fast noch Felix mit in den Tod gerissen. Den privaten Besitz zur Grundlage unbedingter persönlicher Freiheit zu erheben, führt – wie die Geschichte zeigen will – zur Bedrohung des sozialen Lebens.

Als Ergebnis der Analyse halten wir fest, daß dem Lebensweg Wilhelms bürgerlich-liberale Prinzipien zugrunde liegen. Seine Biographie gewinnt unverwechselbare Konturen durch das Zusammenwirken aller beteiligten Kräfte. „Nur alle Menschen machen die Menschheit aus, nur alle Kräfte zusammengenommen die Welt. Diese sind unter sich oft im Widerstreit, und indem sie sich zu zerstören suchen, hält sie die Natur zusammen und bringt sie wieder hervor.“[138] Als Wechselbeziehung antagonistischer und sich zugleich gegenseitig fördernder Interessen wird in den *Lehrjahren* das Marktgeschehen seinen innersten Implikationen nach radikal entfaltet. Das hat drei Konsequenzen.

Erstens führt die uneingeschränkte Wirksamkeit des Marktmechanismus dazu, daß die willentlichen und bewußten Handlungen Wilhelms, selbst wenn sie als Irrtümer gegenüber der sozioökonomischen Basis sich zu verselbständigen intendieren, von dieser so abhängig bleiben, daß sich die bürgerliche Gesellschaft durch diese dysfunktionalen Momente sogar erhält. Individualität verdankt sich gerade auch jenem Einzelwillen, der sich durch charakteristische Irrtümer und Fehleinschätzungen von der Basis gesellschaftlichen Seins abzuheben vorgibt. Die Unterscheidung zwischen einer bestimmenden ökonomischen Basis und einem handlungslegitimierenden moralischen und ästhetischen Überbau ist in den *Lehrjahren* überraschend konsequent durchgeführt. Es kann nicht ohne Folgen für die Basis-Überbau-Diskussion bleiben, wenn sich für den orthodoxen Standpunkt herausstellt, daß er radikal-liberalen Ursprungs ist. Goethe selber hat in seinen späteren Romanen diese Position nicht aufrechterhalten.[139]

Wenn – zweitens – der einzelne bei Durchsetzung seines Willens auf eine natürliche Beschränkung stößt in den ihm entgegengesetzten Zwecken, die zu fördern er nicht umhin kann, dann ist zur Wahrung eines sozialen Gleichgewichts keine öffentliche Gewalt notwendig. Ebenso entbehrlich ist Gewaltanwendung in der Dimension des gesellschaftlichen Wandels. Wie sich am Beispiel von Wilhelms Erbschaft zeigen ließ, kehren solche Elemente feudalistischer Lebenshaltung im Wechsel der Generationen notwendig in die Zirkulationssphäre zurück. Überhaupt wird das Marktprinzip so umfassend wirksam vorgestellt, daß der Feudalismus als eine vergängliche Phase in dem sich durch Widersprüche erhaltenden System aufgehoben ist, und die Verbürgerlichung des Adels eine Frage der Zeit scheint. Es sei denn, daß er im Reiche der Innerlichkeit ein abgeschiedenes Dasein weiterfristen will.[140]

Drittens ist die Tendenz, die Trennung von öffentlich und privat und somit Herrschaft überhaupt zu tilgen, auch damit verknüpft, daß die *Lehrjahre* die Prämisse des Besitzindividualismus in Frage stellen. Das Eigentum kann nicht zur Grundlage persönlicher Freiheit dienen und keine Vertragsfähigkeit sichern. Denn insofern Besitz, um sich als Eigentum zu behaupten und zu vermehren, immer wieder in den Tauschvorgang eingebracht werden muß, hat der Eigentümer nicht wirklich Gewalt darüber, verfügt er darüber nicht frei, sondern bleibt abhängig vom Markt und seiner Unberechenbarkeit unterworfen.[141] Nur subjektiv und irrtümlich kann sich die Meinung einstellen, daß mit dem glücklich erworbenen Besitz auch die Freiheit gegenüber dem Markt erlangt sei. Das ist der Fall bei Wilhelm, der, weil er nichts gelernt hat, den Roman mit den Worten beenden kann: „ich weiß, daß ich ein Glück erlangt habe, (. . .) das ich mit nichts in der Welt vertauschen möchte." Natalie, auf die sich der Satz bezieht, wird nach der Konzeption der *Wanderjahre* wieder von Wilhelm getrennt, so daß er ein ruhiges Leben in der Ehe gegen ein anderes, unruhiges, tauscht.

Es ist bezeichnend, daß die *Lehrjahre* mit ihren handgreiflichen Resultaten im Widerspruch zu dem enden, was im Werk auf radikal-liberaler Grundlage entfaltet ist. Denn obendrein erhält Wilhelm, anstatt Geld zu verdienen, in der Form feudalistischer Danksagung Edelsteine und Zierat zum Geschenk. Ebenso ist seine Aufnahme in die Turmgesellschaft auf die kritische Bemerkung zu reduzieren, daß der Markt eigentlich keine Sonderabsprachen erlaubt. Wenn dadurch die Aussage des Werkes dennoch im ganzen nicht relativiert wird, so liegt es daran, daß die Marktgesellschaft, die durch die *Lehrjahre* in ihre uneingeschränkten Rechte eingesetzt wird, sich durch ihr implizites Gegenteil, über die Vorstufen des Feudalismus, reproduziert. Das entzieht den Roman auch modernen Ansätzen der Systemkritik.

IV. Ästhetik des Marktes

Eine Untersuchung zur Ästhetik der *Lehrjahre* hat, auch wenn sie sich – wie hier – auf weniges beschränkt, auszugehen von der unangefochtenen Überlegenheit des Marktprinzips und der daraus folgenden Unterscheidung von Basis und Überbau. Wenn der Held des Romans auf eine ältere, vorbürgerliche Stufe moralischer und ästhetischer Bildung regrediert und dennoch unaufgeklärt, wie er ist und bleibt, beispielhaft seinen Weg in einer fortschrittlicheren Gesellschaft macht, wie interpretiert dann das Werk im ganzen seine eigene Position gegenüber den sozio-ökonomischen Bewegkräften? Verzichtet es darauf, emanzipatorisch zu wirken? Entschlägt es sich von vornherein der Absicht, sein Lesepublikum aufzuklären, wie es sich ja auch darin zurückhält, seinen Helden zum Bewußtsein seiner bedingten Freiheiten kommen zu lassen? Begnügt sich – kurz gesagt – der Roman damit, nicht klüger sein zu wollen, als das System miteinander verschränkter und sich wechselseitig befriedigender Bedürfnisse ist? Sicher ist es übertrieben, mit dem Blick auf das theatralische Selbstmißverständnis Wilhelms zu folgern, daß sich der Roman als ein Phänomen des Überbaus selber depotenziere. Denn es wäre falsch, die in den *Lehrjahren* entfalteten Einsichten mit dem Erkenntnisstand ihres Helden zu identifizieren. Es gilt jedoch auch gleichsam als obere Begrenzung für die Reflexivität des Werkes wie aller seiner Figuren, daß die Vernunft des Marktes sich nicht überbieten läßt.

Was diese prononcierte Folgerung für die Ästhetik der *Lehrjahre* bedeutet, wird der liberalistischen Auffassung entsprechend dargelegt. Es heißt nicht, wie Serlo es lakonisch ausdrückt im Gespräch über die Auswahl und Wirkung von Theaterstücken: „Wer das Geld bringt, kann die Ware nach seinem Sinne verlangen.“[142] Die Ware Kunst, die sich ganz nach dem zahlenden Publikum und seinem Geschmack richtet, ist ein kapitalistisch entstelltes Trivialprodukt wie, in der Metaphorik der *Lehrjahre,* das zum opernhafte Singspiel heruntergekommene Theater. Auf dem idealen, durch einseitige Parteilichkeiten noch unverzerrten Markt hat weder der Abnehmer über den Anbieter noch dieser über jenen effektiv Macht. Die Kunst unterliegt nicht länger dem Willen des Mäzens (wie im Dritten Buch) und auch nicht dem Diktat eines nur mit seinem Geld identifizierten Publikums, welches das feudalistische Erbe in neuerer Zeit weiterführt. Der Künstler ist jedoch, obwohl jetzt unabhängig von einem persönlichen Geldgeber und in Distanz zu einem depersonalisierten Massenpublikum, auch nicht frei, sich im Vollzug der ästhetischen Produktion seiner vermeintlich unbegrenzten Subjektivität nach hemmungslos zu verströmen. Das würde ihn wieder auf die Entwicklungsstufe person- und leibgebundener Verhältnisse zurückwerfen wie Mignon und den Harfner in ihre quasi familiäre Stellung zu Wilhelm. In der bürgerlichen Gesellschaft verhält sich der Künstler zu seinem Werk wie der Produzent zu einer Ware. Die Kunst als Ware – in dem zuvor entfalteten, wohlverstandenen Sinne – organisiert sich nach Bedingungen des Marktes. Sie wird nicht nur über den Markt vermittelt, sondern wird selber unter den Voraussetzungen des Marktes ein Kommunikationszusammenhang.

Das hat zur Folge, daß sich der Autor als Produzent im Werk nicht unmittelbar und direkt als die Person, die er ist, ausspricht. Oder positiv gewendet: er schiebt anstatt seiner einen oder mehrere Erzähler vor. Er verwandelt sich in eine Figur. Dadurch kann er in der Rolle des Erzählers Meinungen äußern, Beurteilungen von sich geben, die sich von den seinigen unterscheiden und ihrem relationalen Charakter nach vorläufig sind. Das wiederum heißt, daß der Literaturproduzent nicht persönlich schuldig wird für Wirkungen, die sein Werk zeitigt. Goethe demonstriert gerade an der vorbürgerlichen Kunst und der für sie charakteristischen Allegorie, daß der hohe Grad von Allgemeinheit, der das Bedeutende mit dem Bedeuteten verknüpft, eine Art von willkürlicher Zweideutigkeit hervorbringt, die wie bei Odoardo in den *Wanderjahren* ganz intime Schuldverstrickungen herbeiführen kann.[143]

Schuldig an dem falschen Werkverständnis eines Rezipienten ist der Autor vor allem deshalb nicht, weil das Kunstwerk, das zur Ware geworden ist, seine Wirklichkeit in einem Tauschvorgang entfaltet, in dem keine Seite eigenmächtig tätig wird, sondern immer in Abhängigkeit von ihrem Gegenüber. Für den Kommunikationszusammenhang, den das literarische Werk darstellt, heißt das konkret, daß der Autor keine Interpretation vorschreibt, und daß der Leser bei jeder Deutung, die er dem Text entnimmt und die er nicht anders denn als die dem Autor eigene Intention sich anzueignen vermag, seinen Teil dazu beiträgt. Ein Werk lesen und auslegen heißt, sich auch dem eigenen Selbstverständnis nach daran zu entäußern. Es ist diesen Rezeptionsbedingungen implizit, daß die Selbstentäußerung so übertrieben werden kann, daß eine durchgängige Identifikation des Lesers mit dem Werk und seiner vermeintlich auktorialen Perspektive die Folge ist. Ein solcher Rezipient, der sich wieder ganz in die Abhängigkeit persongebundener Verhältnisse zurückbegibt, kündigt jedoch Freiheiten auf, die ihm das in eine Ware verwandelte Kunstprodukt gerade einräumt.

Denn indem Leser und Autor über den Markt miteinander kommunizieren, tritt das literarische Werk als ein Drittes so dazwischen, daß sie, ohne sich wechselseitig aufzuopfern, gegeneinander ihre Selbstidentität erhalten und jede Seite zugleich etwas hinzuerwerben kann, was sie vorher nicht hatte. Das Werk erneuert sich in der Aktualisierung durch einen Leser, während dieser in Erfahrung bringen kann, was er bisher nicht wußte. Der Rezeptionsvorgang wird dabei als eine Tauschbeziehung vorgestellt, in der die interpretatorische Aneignung des Werkes durch einen Leser daran geknüpft ist, daß dieser sich seinem vorgängigen und in der Regel vorläufigen Verständnis nach daran auch entäußert. Interpretation nimmt die Gestalt von Lernprozessen an, in denen der Leser, ohne derselbe zu bleiben, sich als mit sich identisch behaupten kann. Denn er entäußert sich gerade in dem Maße mit seinem vorläufigen Selbstverständnis an das Werk, wie er selber auch in die Lage versetzt wird, es gegen ein neues, besseres Verständnis des Werkes und seiner selbst wieder zu tauschen.

Auf diese Weise läßt sich das Verhältnis von literarischer Produktion und Rezeption auf eine Marktbeziehung zurückführen. Wenn wir uns auch bewußt sind, mit der Betonung des aufklärerischen, didaktischen Aspektes einen Vorgriff zu leisten auf das, was in dieser Konsequenz erst für die *Wahlverwandtschaften* zutreffend scheint, so ist es doch den *Lehrjahren* und ihrer Erzähltechnik schon implizit, der Relation von Erzähler und Leser ebenso wie der für den Roman charakteristischen Form der Spiegelung. Goethe hat diese ökonomische Grundlegung der Ästhetik nicht erfunden. Englische Romanautoren von Fielding bis Sterne hatten auf dem Boden frühbürgerlicher Marktprinzipien schon bedeutende Werke hervorgebracht. Doch ist es Goethes Leistung, die sozioökonomischen Voraussetzungen der modernen Erzählkunst durchschaut und in einem Maße für die Romankunst produktiv gemacht zu haben, wie es selten geschehen ist. Der Verfasser ist – wie in größeren Zusammenhängen nachzuweisen wäre – der Meinung, daß auf diesen radikal-liberalen Prämissen die neueren Erzähltraditionen bis heute wesentlich beruhen. Dem liegt zugrunde, daß das Kunstwerk in der bürgerlichen Gesellschaft die ursprünglich positiven Implikationen der Warenform aufnimmt. Denn wie die in der Warenform sich versachlichenden Beziehungen zur Folge haben, daß sich die Menschen in der Vermittlung durch den Markt nicht direkt aneinander messen, sich nicht gegenseitig auf ein identisches Maß herunterbringen, sich also auch nicht länger Gewalt antun bzw. einem fremden Willen unterwerfen, so auch ist es die Intention des marktvermittelten Kunstwerks, daß die am ästhetischen Prozeß Beteiligten ihre Integrität wechselseitig erhalten können. Diese gewaltfreie Anerkennung der Selbstidentität untereinander ist dann die Voraussetzung dafür, daß die Wirkung literarischer Werke nicht mehr unabhängig vom rezipierenden Subjekt, sondern unter produktiver Beteiligung des Lesers als ein Prozeß schrittweiser Aufklärung realisiert wird. Damit hat sich der für die moderne Erzählkunst zentrale Begriff der Interpretation eine qualitativ neue Dimension erschlossen.

Indem Goethe den Roman unter sozioökonomischen Bedingungen reflektiert und von daher bis ins einzelne durchkonstruiert, hat er nur noch wenig Anteil an der erfolgreichen europäischen Romantradition im 19. Jahrhundert, als deren „Publikumslieblinge" die französischen Desillusionsromane gelten können. Ihnen stand er noch nahe in der *Theatralischen Sendung* und auch in den ersten drei Büchern der *Lehrjahre,* aber mit der Fortsetzung des Werkes löste er sich davon ganz. Eine in die Erzählung eingeflochtene Selbstauslegung, die es durch den Gestus der Ernüchterung dem Leser leicht macht, sich über die Bühnenleidenschaft Wilhelms zu erheben, indem er in die unaufgeräumte Theatergarderobe Marianes geführt wird, ist in den späteren Büchern kaum denkbar:

„Wie sehr stutzte er daher anfangs, wenn er sich bei seiner Geliebten befand und durch den glücklichen Nebel, der ihn umgab, nebenaus auf Tisch, Stühle und Boden sah. Die Trümmer eines augenblicklichen, leichten und falschen Putzes lagen, wie das glänzende Kleid eines abgeschuppten Fisches, zerstreut in wilder Unordnung durcheinander."[144]

Der Gleichklang von Erzählerurteil, Figurenperspektive und Mitteilung an den Leser wird künftig nur noch als Fiktion behauptet, genauer, als die Fiktion einer vertraglichen Übereinkunft autonomer Personen, wie sie dem System des modernen Rechtsstaats zugrunde liegt. Die vorgeschobene Erzählerfigur tritt in ein Verhältnis zum Leser, das diesen zunächst in dem Selbstverständnis bestärkt, er sei ein freier Mensch, dessen Autonomie auf dem Eigentum an seiner Person, seinen Fähigkeiten und vor allem an seinen Meinungen beruhe. Diese Bestimmung der Erzähler-Leser-Relation ist so allgemein und wird in den Romanen des 18. Jahrhunderts bereits so selbstverständlich vorausgesetzt, daß es – trotz eines Laurence Sterne – Goethe vorbehalten blieb, ihre Affinität zum liberalen Marktprinzip zu erkennen und diesen Implikationen nach auf die Spitze zu treiben. Erzählen ist ja weder ein Abbilden der Wirklichkeit noch ein einseitiges Diktat von Fakten. Es ist wesentlich Darstellung von Personen, Zuständen, Vorgängen und die in die Darstellung stets mit einfließende Beurteilung und Interpretation dieser Personen, Zustände und Vorgänge. Dieser Doppelung entgeht in einer Erzählung nichts. Gerade auch dann, wenn es den Anschein hat, daß nur Personen und Umstände genannt werden und es dem Leser vorläufig unmöglich ist, bei diesen sachlichen Feststellungen einen vom Autor abweichenden Erzählerstandpunkt zu unterscheiden, wird nicht Faktum neben Faktum gesetzt, sondern es wird in die Darstellung auch eine Deutung mit eingebracht und darüber ein Einvernehmen zwischen einem Leser und einem Erzähler hergestellt.

Goethe macht das am deutlichsten in dem bekannten ersten Satz der *Wahlverwandtschaften,* die sich auch hierin gegenüber den *Lehrjahren* exponieren: „Eduard – so nennen wir einen reichen Baron im besten Mannesalter – Eduard hatte (. . .)."[145] Selbst die Nennung des Namens der Hauptfigur, dieser scheinbar ganz ohne Beteiligung des Lesers vollzogene Akt, stellt eine Übereinkunft zwischen einem Erzähler und Leser dar. Jenes „wir" ist kein konziliantер Schnörkel, sondern Signatur eines Vertrags, in dem sich zwei selbständige Personen auf einen „gemeinsamen Text" einigen. Daß hier eine Vereinbarung zugrunde liegt, merkt der Leser freilich erst, als sie gebrochen wird. Denn es stellt sich heraus, daß die männliche Hauptfigur gar nicht beliebig mit diesem Namen

Eduard bezeichnet wird, sondern daß er sich selber Eduard nennt, als ihm sein richtiger Name Otto nicht mehr zusagt. Die Fiktion, daß die Figur gegenüber ihrem Schöpfer absolute Autonomie behaupte, dient – obgleich sie ebenso die Verwirrung perfekt machen könnte – dazu, dem Leser vor Augen zu führen, daß er hier nur die Meinung eines Erzählers geteilt hat, einer Figur, die durch den Autor genauso manipulierbar ist wie er selber. Damit wird die unterstellte Freiheit des Lesers, die darin bestand, den vom Autor festgelegten Namen als dessen Setzung anzuerkennen und so freiwillig die Verpflichtung zu übernehmen, mit diesem Namen den einer Hauptfigur zu verbinden, auf eben die Freiheit reduziert, sich nur in eine Meinung, zumal in eine vorläufige, geschickt zu haben; und das bedeutet für den Leser, seiner eigenen Unfreiheit überführt zu sein. Erzählen heißt in neuerer Zeit: unter Vorspiegelung einer zwischen Erzähler und Leser gegenseitig zugestandenen Autonomie Meinungen und Deutungen über narrative Gegenstände so zu vereinbaren, daß mit dem Bruch solcher Übereinkommen sowohl der darin behauptete identische Wille als auch das entlarvt wird, was dem zugrunde liegt, die Freiheit der Person des Lesers als eines Privateigentümers an seinen Fähigkeiten, Kenntnissen und Meinungen.

Besonders die ironische Literatur hat bis heute diesen radikal-liberalen Grundzug bewahrt und hält durch ihr teils schon anarchistisches Vexierspiel mit dem Leser die Erinnerung daran wach, welchen Verzerrungen das Marktgeschehen unter dem Titel der Vertragsfreiheit ausgesetzt ist. Bei der Lektüre wird ein Leser ins Werk hineingerufen und ist gehalten, in Ansichten und Deutungen einzustimmen, die mit dem Autor zu teilen, ihm nicht schwerfällt, weil es zumeist schon seine eigenen sind. Es wird sodann ein Bruch dieses scheinbar auf Freiwilligkeit und Einstimmigkeit gegründeten Verhältnisses provoziert, indem sich der Autor von der Erzählerperspektive als einer Fiktion distanziert. Damit wird auch jenen vorgängigen Interpretationen des Lesers der Boden entzogen, die er solange als sein privates Eigentum ansehen konnte, wie er in dem Glauben noch bestärkt wurde, darüber autonom zu verfügen und sie freiwillig in das Werk zu dessen Verständnis einzubringen. Was sich dann als der interpretatorische Versuch des Lesers, das Werk neu zu verstehen, anschließt, ist im Prinzip ein Tauschvorgang, in dem die Aneignung einer besseren Deutung von der Entäußerung eines Teils seiner selbst abhängig gemacht wird. Hier tritt das Verfahren der wechselseitigen Spiegelung als eine der Zirkulationssphäre direkt nachgebildete Erzähltechnik in ihre Rechte ein.

Der Autor der *Lehrjahre* ist weiter als Autoren vor oder nach ihm darin gegangen, Harmonie und Übereinstimmung mit dem vorgängigen Urteil des Lesers vorzutäuschen. Das hat ihm den Ruf eines Versöhnlers eingetragen, der bis heute von dem des Klassikers nicht mehr zu trennen ist. Doch statt eines versöhnlichen Ausgleichs, den ein Bürgerlicher mit den Mächtigen seiner Zeit sucht, steckt dahinter die Fiktion eines Vertragsverhältnisses, das, noch bevor das Bürgertum in dessen Namen seine politische Herrschaft nach innen und außen wirklich errichtet, den zweifelhaften Voraussetzungen nach grundsätzlich in Frage gestellt wird. Mit dem Ziel, Aufschluß über das Spiegelverfahren zu geben und überhaupt zu demonstrieren, wie der Roman zu lesen ist, sei das an der Figur Lotharios und seiner Beziehung zu Therese noch einmal verdeutlicht.

Lothario ist eine Figur, über die sich der Leser ein Urteil bilden kann und tatsächlich auch schon gebildet hat, bevor sie selber richtig in Erscheinung tritt. Diese Urteilsbildung wird nicht durch die fiktive Persönlichkeit eines Erzählers gesteuert, wie es in den *Wahlverwandtschaften* eher der Fall wäre, sondern durch ein Arrangement von Figurenperspektiven, hinter dem freilich der Erzähler als ein Anonymus nicht weniger tätig steht. Das Urteil über Lothario nimmt so die Gestalt einer Verabredung an zwischen den Figuren des Romans. Der Leser ist eingeladen, deren Meinung zu teilen, und das umso mehr, als sich keine begründete Gegenstimme hören läßt. Zuerst ist es Philine, die ziemlich eindeutig zu verstehen gibt, daß Lothario ein Edelmann ist, „der ein prächtiger Mensch sein muß, und den (sie) selbst wohl einmal sehen möchte.“[146] Dann ist es aber vor allem Aurelie, die ihn als ein Vorbild an Tapferkeit, Männlichkeit, Patriotismus, Lauterkeit, Einfühlsamkeit usw. schildert. Diese Meinung wird durch Wilhelm eher noch bekräftigt, als er nach Aurelies Tod die „sonderbar wichtige Idee“[147] faßt, ihn als Schuldigen bloßzustellen. Sobald dies als ein Mißverständnis aufgeklärt ist, steht Lothario, dem Wilhelm jetzt die Freundschaft andient, strahlender und tadelloser denn je vor den Augen des Lesers. Die einschlägige Sekundärliteratur[148] bezeugt fast einhellig, daß sie sich durch diese positiven Urteile so majorisiert und wie durch Vertrag gebunden fühlt, daß sie sie von den Schlußpartien des Romans, in denen sie allerdings berechtigt sind,[149] vollends auf die früheren Teile des Werkes ausdehnt.

Vorher haben wir schon an der Patina dieses „zweiten Helden“ neben Wilhelm etwas gekratzt. Es zeigte sich, in welche Verwicklungen eine adlige Existenz durch ihre bürgerlichen Ideale gestürzt wird, wenn sie sich nicht an ihren ökonomischen Fundamenten zuerst verändert. Doch diese materialistische Grundlegung der Kritik ist dadurch erschwert und fast auch verstellt, daß der Leser „den edlen Lothario“[150] vor allem an dem Bild seiner äußeren Erscheinung mißt, das alle gleichermaßen besticht. Das ist auch in seiner Beziehung zu Therese der Fall. Wer könnte Lothario einen Vorwurf machen, daß er das Heiratsversprechen gegenüber Therese zurücknimmt, wenn deren Mutter sich als eine rücksichtslose, alle familiären Bindungen mißachtende Lebedame erweist, die, dem Glück ihres Kindes immer im Wege stehend, auch noch in ihrer Abwesenheit durch ein lasterhaft ausschweifendes Leben die Hoffnung der Tochter auf eine Ehe mit dem geliebten Mann zerstört? Therese, die hier in der Rolle der Erzählerin dieses Bild einer vergnügungssüchtigen Adligen ausmalt, erhebt gegen Lotharios Rückzug keinen Einwand und der Leser, der ganz im Banne dieser Erzählperspektive steht, auch nicht. Kritik, wenn überhaupt, kann sich nur artikulieren, indem es dem Leser gelingt, zwischen der Erzählhaltung und dem narrativen Gegenstand zu unterscheiden, kurz, die Perspektive eines Erzählers in ihren Grenzen zu bestimmen.

Die Literatur des 19. Jahrhunderts hat eine große Zahl von Möglichkeiten entwickelt, diese Differenzierung ihrem Lesepublikum zugänglich zu machen, sei es durch Übertreibung, Verfremdung, Humor, mit den Mitteln der erlebten Rede oder durch die zahlreichen Abstufungen der Ironie. Goethe bedient sich in dem Fall eines Verfahrens, das wie die genannten weder auf einer Verdoppelung noch auf einer Überblendung von Perspektiven beruht, sondern das den Gegenstand aus der Perspektive seiner Darstellung dadurch herauszulösen erlaubt, daß ihm ähnliche, vergleichbare zur Seite gestellt werden. Dafür hat sich der Begriff der Spiegelung durchgesetzt. Diese Erzähltechnik ist zunächst einmal dadurch charakterisiert, daß ein Leser, der sich der Bevormundung durch eine Erzählperspektive entzieht, sich nicht einer anderen sogleich überantworten muß. Der darin angedeutete Vorbehalt, daß die Führung des Lesers nur an eine nächste, im Text wie auch immer personifizierte Erzählerinstanz übertragen wird, trifft jedenfalls nicht zu für das Verfahren gegenseitiger Spiegelung. Es stellt den Leser weitestgehend auf sich selber.

Im Zusammenhang des zwischen Lothario und Therese aufgehobenen Eheversprechens heißt das: Ohne den dirigistischen Hinweis eines auktorialen Erzählers ist der Leser gehalten, einen ähnlich gelagerten Fall zum Vergleich heranzuziehen. Die Spiegelung wird dadurch begünstigt, daß der Roman im 7. und 8. Buch zunehmend in gegeneinander abgegrenzte Erzähleinheiten aufgelöst ist, – eine Tendenz, die sich in den „Wanderjahren“ verstärkt. Durch das Arrangement der Erzählung stößt an Thereses Lebensgeschichte ein Bericht Lotharios an, in dem er die Wiederbegegnung mit einer Jugendliebe erzählt. Er schildert darin, daß er seine frühere Geliebte, jetzt mehrfache Mutter, mit ihrer Nichte und sogar mit ihrer eigenen Tochter verwechselt habe. So vollkommen hätten sie sich geglichen.[151] Die Episode, die von Beginn an, da von Verjüngung, von der Erneuerung der Lebenssäfte nach der Krankheit die Rede ist, eine erotisch-vitale Tendenz hat, gipfelt darin, daß Lothario die Gegenwart von Mutter und Mädchen mit einem Orangenwald vergleicht, „wo in einem kleinen Bezirk Blüten und Früchte stufenweis nebeneinander leben“.[152] Wiewohl vor seinen beifällig gestimmten Zuhörern wieder einmal völlig entschuldigt, heißt dies in prosaischen Worten, daß Lothario sich gut vorstellen könne, die reifen Früchte zusammen mit den Blüten, die reizende Mutter zugleich mit dem Mädchen, zu genießen.

Moralisieren wäre kleinmütig, wenn nicht Lothario in einem ganz ähnlichen Fall sich zum Moralisten aufgespielt hätte. Er selber hat den Maßstab gesetzt, an dem gemessen zu werden, er sich jetzt gefallen lassen muß. Denn er hat ein Heiratsversprechen rückgängig gemacht, weil er mit der Mutter seiner Auserwählten früher einmal ein Verhältnis eingegangen war und nun, obgleich das Abenteuer längst beigelegt ist, sich so daran gebunden fühlt, daß er überzeugt ist, Therese nicht heiraten zu dürfen. Er hegt die übertriebene Vorstellung, und Therese unterwirft sich der Ansicht bedingungslos, daß er durch diesen „Jugendfehler mit (sc. ihr) verwandt ist".[153] Der fluchtartige Rückzug von ihr geschieht aus Angst vor dem Inzest. Wo Lothario, ohne realistisch die Umstände zu überblicken, aber auch ohne die unschuldige Therese im mindesten zu schonen, sich in eine widernatürliche Moral versteigt und von der falschen Furcht, ein Tabu zu verletzen, in Bann geschlagen ist, da wird dem Mönch Augustin, der mit Sperata wirklich eine inzestuöse Verbindung eingeht und Mignon zeugt, immer wieder bedeutet, daß er seine nächste Verwandte, seine Schwester liebe, ohne daß er sich davon abhalten ließe. Unversehens wird Lothario vor den Spiegel gezogen, und man kann – mit der charakteristischen Seitenvertauschung – in seinem Bild die Gestalt des Harfners wiedererkennen. Ebenso stellt Therese in einer Hinsicht das Spiegelbild Speratas dar. Denn wie diese, gleichsam um den Inzest ungeschehen zu machen, mit dem Gefühl streitet, „daß dieses Kind (Mignon) nicht da sein sollte",[154] so wäre – umgekehrt – Therese fast an Mutterstelle zu einem Kind, nämlich zu Felix, gekommen, von dem es lange hieß, er sei ein Sohn Lotharios. Wir brechen diese Parallelisierung hier ab. Genug, wenn das Prinzip seitenverkehrter Spiegelung deutlich geworden ist. Mit dem Hinweis auf einen nicht zu unterschätzenden Aufwand an interpretatorischer Verbalisierung wäre so jede Figur mit jeder vergleichbar.

Zurück zu Lothario und dem Bild vom Orangenbaum. In diesem Gleichnis läßt er es sich gefallen, daß ihm die Natur selber ein Exempel gibt, wie sich die Liebe zur ausgereiften Frucht und die Liebe zur Blüte der Jugend nicht ausschließen. Offenbar herrscht hier eine doppelte Moral: was für die Liebe gut ist, taugt nicht auch zur Ehe. Welche Vorstellungen hat Lothario, dieser in zahllose Amouren verstrickte Liebling der Frauen, von der Ehe? Im Gespräch mit Therese bezieht er dazu entschieden Stellung. Die Ehe beruht auf einem Vertrag, in dem Mann und Frau den gemeinsamen Kreis ihrer Tätigkeiten so miteinander aufteilen, daß die Frau „das Regiment des Hauses"[155] übernimmt, damit der Mann in den „äußern Verhältnissen"[156] mit Übersicht und Entschlossenheit wirken kann. Man vergegenwärtige sich, welchen Fortschritt diese Auffassung bedeutet gegenüber der gerade geschilderten Ehe von Thereses Eltern. Der Kontrast zu dieser Zweckgemeinschaft, in der die diktatorische Lebensgier der Mutter mit der unterwürfigen Nachgiebigkeit des Vaters eine trübe Verbindung eingeht, ist so lebendig, daß die Ehekonzeption Lotharios, der Therese vollkommen zustimmt, des Beifalls gewiß sein kann. Hier sind die Beziehungen klar geordnet. Die Emanzipation der Frau beruht darauf, daß sie dem Mann nach außen gebieterisch tätig zu werden ermöglicht, indem sie die „innere Herrschaft“[157] an sich zieht.

„So ist sie von niemand abhängig und verschafft ihrem Manne die wahre Unabhängigkeit, die häusliche, die innere; das, was er besitzt, sieht er gesichert, das, was er erwirbt, gut benutzt, und so kann er sein Gemüt nach großen Gegenständen wenden und, wenn das Glück gut ist, das dem Staate sein, was seiner Gattin zu Hause so wohl ansteht.“[158]

Diese unter den Eheleuten gegenseitig zugestandene Freiheit auf der Grundlage einer Trennung von Haus- und „Staatsverwaltung“,[159] von Privatsphäre und öffentlicher Tätigkeit ist das Kernstück einer modernen bürgerlichen Ehe. Obgleich diese Sozialverfassung innerhalb des nächsten Kontextes unwidersprochen bleibt, obgleich das vorgängige Verständnis eines Lesers so geführt wird, ist im Spiegel vergleichbarer Ereignisse diese bürgerliche Institution der Ehe unnachgiebig der Kritik ausgesetzt. Denn der Bruch des Eheversprechens, diese jähe und einseitige Kündigung eines mündlichen Vorvertrags durch Lothario enthüllt, was die Ehe als dieses bürgerliche Vertrags- und Rechtsverhältnis wirklich ist: eine ungleiche Herrschaftsbeziehung. Der harmonische Machtausgleich zwischen einer „inneren Herrschaft“ und einer nach außen gewendeten, politischen ist nur Schein. Die Unterscheidung von „öffentlich“ und „privat“ setzt sich im Innern der Privatsphäre fort und zerreißt diese so in zwei Teile, daß die Verfügungsgewalt über die Subsistenzmittel beim Manne bleibt und ihn tatsächlich „zum Herrn“ macht,[160] während die Frau das nur vortäuschen, simulieren kann. So nützt es Therese nichts, sich in „Mannskleider“[161] zu werfen und „wie ein Falke das Gesinde zu beobachten,“[162] zu beherrschen; sie selber kann nicht umhin, die mit der scheinbaren Gewaltenteilung inaugurierte doppelte Moral anzuerkennen, eben jene, die Lothario für eine Liebesbeziehung doppelt empfänglich, zur Ehe aber vorläufig unwillig macht. Auf das ständige intime Verhältnis zwischen Lothario und Lydie angesprochen, „äußerte sie oft, daß eine Frau, die das Hauswesen recht zusammenhalte, ihrem Manne jede kleine Phantasie nachsehen und von seiner Rückkehr jederzeit gewiß sein könne“.[163]

Die Emanzipation der Frau durch Ausgrenzung eines eigenen Machtbereichs scheitert, weil es illusorisch ist, daß Herrschaft sich freiwillig teilen lasse, solange das Eigentum in einer Hand bleibt. Therese, selber mittellos, da von einer Erbschaft vorerst ausgeschlossen, will ihre bürgerliche Haushaltung auf die Befehlsgewalt übers Gesinde stützen: „man fürchtete mich überall“.[164] So hält sie nicht anders als Lothario bei dem Versuch, die Ehe zu modernisieren, an feudalistischen Voraussetzungen fest. Noch einmal zeigt der Autor der „Lehrjahre", daß eine dann historisch verwirklichte Form bürgerlicher Herrschaft auf einen an der Basis nicht überwundenen Feudalismus zurückzuführen ist.

Was der Roman desweiteren über Ehe und Familie mitteilt, ist durch die tatsächliche Entwicklung der bürgerlichen Gesellschaft und ihrer Institutionen, als deren grundsätzlicher Kritiker sich Goethe erweist, so verhüllt, daß es, obwohl im Text greifbar, fast unbegreiflich ist. Wir beschränken uns auf Andeutungen und Anregungen. Goethe löst die Familie in ihre beweglichen Teile auf. Ihr liegt keine Liebes- und Treueideologie zugrunde, sondern sie stellt eine um das Kind gruppierte Zweckgemeinschaft dar. Von der Treue heißt es abgründig und so, daß man den ökonomischen Hintersinn realisieren soll: „sie macht das Hauptkapital unsers Reichtums aus."[165] Das Kind ist substantieller Inhalt der Ehe, aber nicht in dem juristischen Sinne, daß Mann und Frau zum Zweck der Kinderzeugung und -erziehung einen Ehevertrag schließen. Der Sexus wird nicht der gesetzlich geschützten Fortpflanzung der Gattung unterworfen. Vielmehr wird ein Kind gezeugt, es kommt zur Welt, ist da – wir denken an Felix –, und nun müssen sowohl ein Vater als auch eine Mutter für das Kind gefunden werden. In der Austauschbarkeit der elterlichen Partner setzt sich das unbeschränkt wirkende Marktprinzip so durch, daß sich die Beziehung zum Kind niemals zu einem starren Besitz- und Eigentumsverhältnis, also zu keiner autoritätsfixierten Bindung verfestigen kann. Felix hat wenigstens vier Mütter! Die *Lehrjahre* gehen, um die für die bürgerlich-patriarchalische Kleinfamilie charakteristischen Herrschaftsbeziehungen auszuräumen, so weit, daß das Kind Felix mittelbar selber bestimmt, welche Person, nämlich Natalie und nicht Therese, schließlich seine Mutter wird. Daß Felix durch eine „Ungezogenheit", indem er anstatt aus dem vergifteten Glase natürlicherweise aus der Flasche trinkt, gerade jene Situation herbeiführt, die Natalie und Wilhelm die Ehe ermöglicht, erinnert nur noch von Ferne an die antiautoritäre Kindererziehung. Diese ist als ein halbherziges Unternehmen auf der Strecke geblieben.

Die Frage „wer ist der Vater? Wilhelm oder Norbert?" führt direkt zurück zu Problemen der Erzähltechnik, die hier nach wie vor im Vordergrund stehen. In der Erzählung der alten Barbara von den unglücklichen Lebensverhältnissen Marianes ist als eine zweite Erzählung das Mißtrauen Wilhelms gegen eben diese Erzählung der Alten so eingelagert, daß der Zweifel an der Echtheit seiner Vaterschaft widergespiegelt wird in dem Zweifel an der Authentizität ihres Berichtes. Die Ungewißheit der Vaterschaft ist also zugleich Folie, vor der die Frage behandelt wird, ob der Erzähler wirklich der Autor sei und als solcher für die Wahrheit des Gesagten bürgen könne oder ob der Erzähler nur eine fiktive Gestalt sei und in dieser Eigenschaft Lügen auf Lügen türme. Die Erzähltechnik der Spiegelung macht sich diese fundamentale poetologische Zweideutigkeit auf eine besondere Weise zueigen. Einerseits zeigt sie schon in den *Lehrjahren* die Tendenz, die Figur des auktorialen Erzählers so aufzulösen, daß er als ein Arrangeur von einzelnen Geschichten hinter dem Autor verschwindet. Ihm kann deshalb der Leser immer weniger abmerken, inwieweit Sach- und Wahrheitsgehalt des Erzählten übereinstimmen. Andererseits beginnt sich der Erzähler in den Romanfiguren selber zu personifizieren.[166] Auf diese Weise entledigt sich das Werk der über die Darstellung hinausschießenden und sie direkt in Frage stellenden Kommentare und Selbstinterpretationen, zu denen wir die Formen der unmittelbaren Ironie, der Verfremdung usw. rechnen. Die Erzählabschnitte erhalten eine ganz eigenständige und im nächsten Kontext unangefochtene Bedeutung, wie jeder bei der Lektüre von Thereses Lebensgeschichte, der Erzählung Lotharios und besonders den Exequien Mignons zunächst bezeugen wird. Ebensowenig dient irgendein Erzählteil dazu, bloß Vehikel eines über es hinausweisenden Sinnes zu sein. Damit sind die Voraussetzungen geschaffen, das in den *Lehrjahren* entwickelte Spiegelverfahren resümierend zu behandeln:

1. Diese Darstellungstechnik ermöglicht, daß sich die einzelnen Teile der Erzählung gegeneinander weitestgehend als das erhalten, was sie sind und wie sie sich zeigen. Das heißt, sie werden nicht noch innerhalb desselben Darstellungsvorgangs einer Hierarchie von Erzählperspektiven so untergeordnet, daß sie zugleich eingeführt und wieder relativiert werden.

2. Dadurch kann auch die einzelne Romanfigur, in deren Perspektive sich immer häufiger der Erzählgegenstand dem Leser präsentiert, durchgängig eine besondere Eigenständigkeit behaupten. Therese und Lothario sind den Roman hindurch geachtete Personen; keine anzügliche Ironie bemächtigt sich ihrer Lebensmaximen.

3. Ebenso wird auch der Leser, der die Erzählung in allen ihren Teilen als das nimmt, wofür diese sich geben, nicht platterdings irregeführt. Die beiden verbreitetsten Interpretationen, eine vermeintlich stufenweise Höherentwicklung Wilhelms und die ernstgenommene Verklärung Mignons, werden nirgendwo vordergründig ihrer Legitimation beraubt.

4. Die Spiegelung als ein interpretatorisches Verfahren stellt in einem bis heute nicht erkannten Umfang den Leser auf sich selber, indem es, ohne den Dirigismus einer desillusionierenden Erzählerpersönlichkeit, die Teile der Erzählung nach Maßgabe ihrer Ähnlichkeit und Vergleichbarkeit aufeinander zu und gegeneinander in Bewegung hält. Diese Versachlichung der Interpretation hat zur Folge, daß der Leser gehalten ist, selbsttätig produktiv zu werden. Seine Beteiligung an der Sinnkonstitution des Werkes nimmt in dem Maße zu, wie er

sich gegen die persongebundene Erzählperspektive im Sinne der „Sache" selbst entscheidet.

5. Aus ihrer jeweiligen Sicht haben – wie unsere „Leseprobe" zeigte – sowohl Lothario als auch Therese auf ihre Weise recht: Der eine verjüngt sich in der Wiederbegegnung mit der zur Mutter gewordenen Jugendgeliebten und ihrer Tochter; die andere willigt in eine unglückliche Zukunft ein, indem sie als die Tochter ihrer lebensfrohen Mutter wiedererkannt wird. Erst die latente Gleichartigkeit der Fälle löst diese aus ihrer je besonderen Perspektive. Die wechselseitige Spiegelung des einen Ereignisses in dem anderen impliziert zugleich die interpretatorische Anstrengung, die vom konkreten Einzelfall zur abstrakten Begrifflichkeit führt. Die Ähnlichkeit in der Sache bringt den Begriff als ein Mittel zur Unterscheidung und die Differenzierung als eine Voraussetzung für Kritik hervor.[167]

6. Diese Kritik, die wir unter dem Oberbegriff einer doppelten Moral infolge ungleicher Eigentumsverteilung formuliert haben, ist jedoch nicht vernichtend. Wie das Geld auf dem liberalen Markt die Tauschpartner nicht auf ein identisches Maß reduziert, weil es als ein vermittelndes Drittes ihnen erlaubt, noch im Tauschvorgang ihre Selbstidentität gegeneinander zu behaupten, so auch lassen sich die konkreten Einzelfälle durch das Spiegelverfahren nicht einfach auf den gemeinsamen Begriff bringen und diesem subsumieren. Der Begriff schaltet sich vielmehr zwischen die spiegelbildlich aufeinander bezogenen Teile der Erzählung so ein, daß sowohl diese gegenseitig als auch die Erzählung im ganzen gegenüber ihrer kritischen Rezeption jeweils ihre Integrität wahren können.

7. Das heißt: neben einer kritischen Rezeptionseinstellung steht in den *Lehrjahren* weitestgehend gleichberechtigt eine vorkritische. Ein Leser, der im Spiegel vorgelebter Deutungen seinem vorgängigen Selbstverständnis nach sich ans Werk entäußert und z. B. in die „Trefflichkeit Lotharios"[168] schon von Anfang an einstimmt, wird prinzipiell nicht zurückgesetzt. Wie umgekehrt derjenige Leser vor diesem keinen Vorrang behaupten kann, wenn er im Maße seiner an Vorurteilen festgemachten Selbstentäußerung sich ein anderes, kritisches Verständnis des Werkes und seiner selbst aneignet. Dasselbe gilt für einen Leser, der in seiner Person beide Rezeptionsphasen nacheinander durchläuft. Er wird nicht nachhaltig in eine Identitätskrise gestürzt, weil er, frei von auktorialer Bevormundung und durch das Verfahren der Spiegelung ganz auf sich gestellt, selber es sein wird, der eine vorläufige gegen eine reflektiertere Deutung tauscht.

Die *Lehrjahre* sind mit Hilfe der Spiegeltechnik dem liberalen Marktprinzip so nachgebildet, daß sie mit ihm auch die gleiche Indifferenz gegenüber den besonderen Einstellungen teilen, mit denen sich die einzelnen in den Zirkulationsprozeß der bürgerlichen Gesellschaft schicken. Wie Wilhelm nichts lernt und bis zum Schluß in sein theatralisches Selbstmißverständnis verstrickt bleibt, so sind auch große Teile der Wirkungs- und Rezeptionsgeschichte dieses Romans ein fortwährendes Mißverstehen. Aber während der Held des Werkes, subjektiv auf eine ältere Bildungsstufe regredierend, objektiv sein Glück in einer fortschrittlicheren Gesellschaft macht, hat das irrtümliche Verständnis der *Lehrjahre* handlungsbestimmende Weltbilder zu legitimieren mitgeholfen, die solche mit dem radikalen Liberalismus Goethes unvereinbare Fakten geschaffen haben. Hier hat Kritik an diesem Roman anzusetzen.

Es klingt wie die spöttische Rehabilitation seiner Wirkungsgeschichte: Dieses in einer langen Tradition geistesgeschichtlicher Deutungen stehende Werk ist in seiner Konzeption zu einseitig materialistisch angelegt. Wie sich schon in der Dimension seines Inhalts zeigte, setzt der Roman die ökonomischen Grundtatsachen als so umfassend wirksam voraus, daß Moral und Kunst, diese Phänomene des Überbaus, hinter der nicht zu überbietenden Vernunft des Marktes von Fall zu Fall als deren individuelle Vereinseitigungen zurückbleiben. Wilhelms Odyssee durch die Sphären des Theaters und der Gesellschaft ist allerdings unerläßliche Voraussetzung seiner Individuation. Doch seine Individualität, durch die das feudalistische Erbe stets auch wiederauflebt, ist an das Ganze der bürgerlichen Gesellschaft so geknüpft, daß diese gerade in ihrer verkehrten Gestalt, über die Vorstufen des Feudalismus, den „notwendigen Kreislauf“ des Waren- und Tauschverkehrs in Bewegung hält. Ebenso hat unsere Untersuchung zur Erzähltechnik der *Lehrjahre* ergeben, daß die Ästhetik des Werks grundsätzlich dem Marktprinzip folgt, indem sie durch das Spiegelverfahren die Kunst als eine Ware der Tauschsphäre angleicht. Damit ist das ästhetische Werk im ganzen vollkommen auf der Höhe der bürgerlichen Gesellschaft. Aber es entschlägt sich ihr gegenüber zugleich substantieller Freiheiten. Es verzichtet als ein Phänomen des Überbaus darauf, die vermeintliche ökonomische Basis selber der Kritik zu unterziehen, einer Kritik, die wir angesichts unserer historischen Erfahrung von der radikal-liberalen Gesellschaftskonstruktion Goethes nicht mehr zurückhalten können. Freilich holen seine späteren Romane wesentliche Momente dieser Kritik von sich aus ein.

Der Autor der *Lehrjahre* hat, obwohl er der Ausbildung von Wilhelms Besonderheit so große Freiheiten einräumt, das Verhältnis von Basis und Überbau letztenendes undialektisch konzipiert. „Die ökonomische Natur ist die wahre, übrigbleibende.“[169] Dem liegt unausgesprochen die Auffassung zugrunde, daß ein jegliches kulturelles Selbstverständnis, wie nachdrücklich es sich auch von den sozio-ökonomischen Grundlagen abzulösen und zu verselbständigen vorgibt, gegen diese in den realen Auswirkungen auf die Dauer sich nicht wird sperren können. Doch das dem Leser strukturell zugestandene Höchstmaß an Toleranz, sich ein Urteil selber zu bilden, wurde historisch realisiert als die Gleichgültigkeit eines Werkes, das mit sich vieles geschehen läßt. Einerseits nimmt dieses kapitale Werk gegen Ende immer mehr die Scheingestalt einer mittelmäßigen Komödienhandlung an. Diese Tendenz hat besonders Schiller hervorgehoben, indem er im Blick auf das Spiel des Zufalls zu bedenken gab, „daß das Interesse des Lesers sich konsumiert, Rätsel aufzulösen.“[170] Tatsächlich wird den *Lehrjahren* auf diese Weise zuteil, was in dem Maße sonst die Trivialliteratur ereilt: sie sind aus der Mode. Andererseits leistet der Roman Mystifikationen Vorschub, denen gegenüber es uns heute ebensowenig leicht fällt, die Intentionen des Autors zu billigen. Denn deren fast undurchdringliche Hermetik korrespondiert mit der Annahme, daß die Eigenbewegung der bürgerlichen Gesellschaft quasi von selber auf ihre Entlarvung und Depotenzierung zusteuern würde.

Die Exequien Mignons dienen dazu, abschließend einige Bemerkungen über den Roman als die wesentliche bürgerliche Kunstform zu machen. Mignons Totenfeier ist, gerade weil sie die katholische Liturgie in säkularisierter Gestalt wiederaufleben läßt, eine Demonstration für den scheinbar unvergänglichen Glauben, daß sich ein Fortleben nach dem Tode und eine leibhaftige Wiederauferstehung nicht ausschließen lassen. Die Profanierung dieses heiligen Rituals ist nur Vorwand, seine Glaubwürdigkeit vor der Lesergemeinde zu steigern. Mignons Verklärung und mit ihr die romantische Reminiszenz an die leib- und persongebundenen Beziehungen während der Feudalzeit sind folgerecht durch die Sekundärliteratur vielfach belegt. Unsere Interpretation beschränken wir zunächst auf eine Feststellung Jarnos, die über die gewöhnlichen Praktiken der Turmgesellschaft Aufschluß gibt:

> „Alle diese, die nicht a u f i h r e F ü ß e gestellt sein wollten, wurden mit Mystifikationen und anderm Hokuspokus teils aufgehalten, teils beiseitegebracht.“[171]

Der Form nach sind Mignons Exequien die Darstellung eines Gesamtkunstwerks. An ihm sind beteiligt erstens die ursprüngliche Art der Erzählung mit dem persönlichen Kontakt zwischen Vortragendem und Hörerschaft, zweitens durch die Präparation des Leichnams und die Ausschmückung des Grabes die bildende Kunst und drittens die Musik in Gestalt jenes Wechselgesangs zwischen Chor und Knaben. Diese Form der ästhetischen Bestattung geht auf den Oheim zurück, der sie seiner Anschauung von den einzelnen Künsten entsprechend eingerichtet hat. Sein Kunstverständnis ist eigenartig. Die Musik will er nur hören, nicht sehen.[172] „Hier spricht nur ein Organ zum Organe.“ Die „mechanischen Bemühungen“ der Instrumentenspieler sollen vor dem Auge ebenso verschwinden wie „das eingeschränkte Individuum“ eines Sängers.[173] Um nicht den „reinen Effekt jener Allgemeinheit“ zu stören, läßt sich Musik nur genießen, wenn der Anschein ihrer Vermittlung ausgeschlossen ist. Also bleibt auch der Chor während der Totenfeier unsichtbar. Ganz entgegengesetzt wirkt dagegen die bildende Kunst. Hier eröffnet sich „eine tausendfältige Welt zum Auge".[174] Das Besondere ist ihm unmittelbar gegeben. So ist es nur konsequent, wenn der Chirurgus seine plastische Kunst dazu verwendet, die höchst persönliche, individuelle Erscheinung Mignons zu erhalten. Das gesprochene Wort, der erzählende Vortrag stellt eine Verbindung der beiden Künste dar. Das allgemeinste, der reine Ausdruck des Geistes, kann nicht verzichten auf die Bestätigung durch das, was das Auge sieht. Mit deren harmonischer Übereinstimmung steht und fällt die Glaubwürdigkeit, ja die Wahrheit der Erzählung. „Ich will jeden sehen, mit dem ich reden soll, denn es ist ein einzelner Mensch, dessen Gestalt und Charakter die Rede wert oder unwert macht."[175]

Das sind die Kunstanschauungen des Oheims, aus denen als ein „Hokuspokus" ohnegleichen die Exequien Mignons hervorgehen. Denn der Oheim will das Unmögliche: das Allgemeine soll sich unvermittelt und das Besondere als das Allgemeine zeigen, während die Erzählkunst dazu bestellt ist, deren Zusammenwirken als ein harmonisches Ganzes zu besiegeln. Die Musik des Chors tönt vom „Kranz der Unsterblichkeit."[176] Die plastische Kunst bringt in dem präparierten Leichnam Mignons direkt und leibhaftig einen „Himmel zum Menschen".[177] Nicht umgekehrt! Denn wer auf diese Weise das Höchste und Ganze unmittelbar genießen will, der modelt die Kunst nur nach seinem Bedürfnis um, zumal nach dem, das am wenigsten befriedigt und deshalb am zudringlichsten ist, dem Wunsch nach einem ewigen Leben bei unbestimmter Geschlechtsidentität. Es ist der Roman, der das Gesamtkunstwerk aus der Zeit des Feudalismus aus der für es typischen Zweideutigkeit von direkter Bedürfnisbefriedigung und idealer Verklärung gewissermaßen erlöst.

Der Roman des bürgerlichen Zeitalters konstituiert sich als ein Vermittlungszusammenhang. In ihm sind die Künste selber als ein Mittleres aufgehoben. Das Ohr und das Auge, diese beiden der Musik und Bildnerei entsprechenden Sinnesorgane, vereinigen sich solange zu einer falschen Totalität, wie sie das Ganze zugleich und auf einmal vorstellen wollen: Das Ohr, indem es mit dem „allgemeinsten" korrespondierend, den ins einzelne gehenden Vermittlungsprozeß unterschlägt, und das Auge, indem es das besondere Einzelne, das es wahrnimmt, geradewegs als die Allgemeinheit ausweist. Die neuere Erzählkunst stimmt jedoch nicht länger in diese Scheinharmonie von sinnlicher Wahrnehmung und unvermittelter Kenntnis des Ganzen und Letzten ein. Denn mit dem Buchdruck und der raumzeitlichen Trennung von Erzähler und Hörerschaft ist sie aus der Verpflichtung entlassen, die vermeintlich vollkommene Einheit des Gehörten und Gesehenen nachdrücklich zu bezeugen. Der neuzeitliche Roman, der seine Entstehung der marktbedingten Auflösung ursprünglich personaler Beziehungen verdankt, verfolgt desweiteren auch von sich aus „die Art von Absonderung, die der Mensch in sich selber bewirken muß, wenn er sich überhaupt bilden will".[178] Er nimmt die einzelnen Künste in sich auf, indem er sie auf seine Weise voneinander scheidet, und dringt so zu einer Arbeitsteilung der Sinnesorgane vor. Denn wie der Markt den bürgerlichen Teilnehmer dazu anhält, „mannigfaltige Organe an sich gleichsam unabhängig voneinander auszubilden",[179] so auch entwickelt der Roman die den einzelnen Künsten analogen Sinnesorgane und schärft sie je nach ihrer besonderen Funktion. Der Roman bedient sich in der symbolischen Darstellung des Bildes. Dieses entfaltet die Tendenz, den augenfälligen, äußeren Anschein für die Sache selbst auszugeben. Zugleich hat am Roman die diskursive Sprache einen wesentlichen Anteil. Deren Ziel, zusammengesetzte Sachverhalte auf den Begriff zu bringen, ist auch für die allgemeinen Reflexionen in der Erzählung bestimmend. Ihre vollendete Gestalt erreichen sie in den Sentenzen und Spruchwahrheiten, die mit der Musik gemeinsam haben, daß sie den umständlichen Prozeß ihrer Vermittlung durch den besonderen Einzelfall vergessen lassen. In den Formen des Symbols und der Spruchwahrheit partizipieren am modernen Roman die gleichen Künste, die auch am Gesamtkunstwerk der vorbürgerlichen Zeit mitwirken. Aber während sich in diesem das Übersinnliche als das Sinnliche leibhaftig manifestierte, betreibt der Roman das nur zu Schein. Zwar läßt auch er – auf seine Weise – die Sinnesorgane sich ihrer unterschiedlichen Bestimmungen nach vollkommen entfalten, aber in der Scheinrepräsentanz des Symbols und der unspezifischen Allgemeinheit sentenziöser Urteile überführt er sie jener Einseitigkeit, die für jede der Künste charakteristisch ist. Deren je eigene Besonderheit spiegelt das Ganze falsch wider. Erst durch den Roman, durch die neuere Erzählkunst werden sie aus ihrer Einseitigkeit dadurch befreit, daß sie, sich gegenseitig aneinander abarbeitend, in jenes Vermittlungsgeschehen zurückkehren, das sie jeweils für sich nur verkürzt vorstellen.

Die bürgerliche Kunstform des Romans stellt einen Kommunikationszusammenhang dar, in dem das Gesamtkunstwerk der Feudalzeit und entsprechend die verklärende Sinnestäuschung und direkte Bedürfnisbefriedigung als nur einzelne, vorläufige Momente aufgehoben sind. Auf diese Weise erhalten die Exequien Mignons ein besonderes Gewicht. Denn erst indem sie als „Mystifikationen", als „Hokuspokus" in das Werk zurückgenommen werden, bringen sie den Roman als solchen hervor. Aber gerade das kann die Wirkungsgeschichte der *Lehrjahre* nicht oder nur zögernd belegen. Schiller hat offensichtlich recht behalten, wenn er davor warnte, daß „das Interesse des Lesers", anstatt substantiell und handlungsbestimmend zu werden, „sich konsumiert", d. h. sich in dem Genuß verzehrt, Rätsel so aufzulösen, wie es den eingelebten Bedürfnisinterpretationen zupaß kommt. Erst die *Wahlverwandtschaften,* die einen ähnlichen Vorgang sinnfälliger Heiligenverklärung erzählen, provozieren nachdrücklich das Interesse des Lesers, als Zeitgenosse eines neuen wissenschaftlichen Jahrhunderts ernstgenommen zu werden. Sie lassen den Roman, nicht nur das Schicksal einer seiner Nebenfiguren, vollends in einer unglaublichen Mystifikation aufgipfeln. Auf diese Weise nehmen die *Wahlverwandtschaften* aber auch Abstand von jener Hypostasierung des Marktes in den *Lehrjahren* als einer unumschränkt wirksamen, sich stets durch die eigenen Widersprüche wie von selbst erneuernden Vernunft der Gesellschaft und Geschichte.

ZWEITES KAPITEL

Die Wahlverwandtschaften: „sociale Verhältnisse und die Conflicte derselben symbolisch gefaßt“

für Leela

I. In der Perspektive der Figuren

Die *Wahlverwandtschaften* stehen als ein Roman von mäßigem Umfang zwischen den beiden großen Werken des *Wilhelm Meister.* 1809 publiziert, gingen sie aus dem Material hervor, das Goethe bald nach Abschluß der *Lehrjahre* für eine Fortführung des Werkes unter dem Titel der *Wanderjahre* zu ordnen versuchte. Die Niederschrift des Romans, auf wenige Monate vor seinem Erscheinen zusammengedrängt, fällt in die Zeit nach den Napoleonischen Kriegen, als die deutschen Großmächte entscheidend geschwächt sind und es vorübergehend zu einer Stärkung der mittelstaatlichen Gewalten kommt.

Während sich niemand in Deutschland der Auseinandersetzung mit den Ereignissen der Französischen Revolution, gleichgültig von welchem Standpunkt aus, ganz entziehen konnte, ist bald nach 1800 die Zeit danach, daß sich in einzelnen Landesteilen, vielleicht begünstigt durch die geographische Lage, ein von Kriegen und dem politischen Zeitgeschehen unberührtes Dasein in selbstgewählter Abgeschiedenheit fortführen ließ. Das ist der zeitgeschichtliche Hintergrund jenes zurückgezogenen und wenig aufwendigen Landlebens, das in den *Wahlverwandtschaften* am Beispiel eines adligen Ehepaars fortgeschrittenen Alters geschildert wird. Die sozialen Privilegien dieses Adels sind noch weitestgehend unangefochten trotz der Auflösung des alten Reiches, trotz der teils rigorosen territorialen Neugestaltung Deutschlands durch Napoleon und der damit verbundenen verwaltungstechnischen Modernisierungen. Genaugenommen hat diese gegen die Miniaturstaaten ebenso wie gegen die deutschen Großmächte gerichtete „Revolution von oben“ die partikularen Herrschaften gefestigt.[1] Sie hat sie geradezu ermuntert, nun auch von sich aus in einem Akt gouvernementaler Reformwilligkeit dahin zu wirken, das allgemeine Leben zu erneuern im Sinne einer Effektivierung wirtschaftlicher Leistungen.

Soweit das den einzelnen Grundbesitzer betraf, stand er in wachsendem Maße vor der Entscheidung, seine ökonomisch verwertbaren Besitztümer nicht länger nur in direktem Bezug zur Steigerung seines eigenen gegenwärtigen Lebensgenusses zu nutzen. Die von oben verfügte Bauernbefreiung hatte zum Beispiel die paradoxe Wirkung, daß sie dem Grundherrn ermöglichte, durch die Verdinglichung bäuerlicher Tätigkeiten zum Unternehmer zu werden und mit agrarischen Rationalisierungsmaßnahmen einen kapitalintensiven Wirtschaftsbetrieb heranzubilden.[2] Am Vorabend dieser Entwicklung, die erst mit der gesteuerten Revolutionierung der Landwirtschaft nach 1810 massiv und nicht überall gleichmäßig einsetzte, spielen die *Wahlverwandtschaften*. Auch in diesem Roman teilen sich dem herrschaftlichen Paar die modernen Tendenzen mit, auch Charlotte und Eduard werden vor dem Hintergrund ihrer gesicherten sozialen Stellung erfaßt von dem Wunsch nach einer Erneuerung des Lebens. Die Vermessung des eigenen Landgutes zielt schon auf eine bessere Nutzung. Aber während die Zeichen der Zeit noch entschiedener auf eine Anpassung an bürgerliche Wirtschaftspraktiken gestellt sind, ist für den Baron und seine Frau die Absicht, die eigenen Lebensverhältnisse zu regenerieren, vorwiegend mit der Befriedigung solcher Bedürfnisse verknüpft, die unmittelbar dem persönlichen Wohlbefinden allein und zu zweit dienen. Auf eine andere Weise steckt freilich in diesem Bestreben, die ehelichen Beziehungen abseits vom Hofleben wieder stärker zu intensivieren, auch eine Anerkennung der neuen bürgerlich-intimen Lebensform.

Entgegen den zahlreichen Versuchen, aus der Kenntis des tödlichen Romanschlusses den Wirkungskreis um das ländliche Schloß und seine Bewohner von vornherein als eine „Hadeswelt“[3] zu rekonstruieren, in der sich „Stillstand“,[4] eine Tendenz zum Erstarrten, ja, ein „Todestrieb“[5] bekunden, sei hier der mehr oder minder ausdrückliche Wille aller Figuren hervorgehoben, im Sinne einer Erneuerung tätig zu werden. Der Roman beginnt damit, daß Eduard „frisch erhaltene Pfropfreiser auf junge Stämme“[6] setzt und daß Charlotte gerade die Arbeit an den „neuen Anlagen“[7] beendet. Ihre „neue Schöpfung“[8] ist eine Mooshütte, die auf einem nahen Felsen errichtet ist, und in der sich das Paar bei einer vortrefflichen Aussicht in angenehmer Distanz zum alten Schloß weiß. Man ist damit befaßt, in die alten überkommenen Verhältnisse innovierend einzugreifen, und die Frage ist nur, in welchen Grenzen dies geschehen soll. Darüber entspinnt sich eine Auseinandersetzung zwischen den Eheleuten. Eduard unterbreitet den Vorschlag, einen Jugendfreund, der in einer Situation erzwungener Beschäftigungslosigkeit ein unwürdiges Dasein fristet, zu sich heranzuziehen und ihm eine wünschenswerte Tätigkeit anzutragen. Er begründet seine Hilfe damit, daß durch die Gegenwart des Hauptmanns auch ihre Ehe, ihr „beiderseitiges Zusammensein“[9] nicht gestört, sondern „neu belebt“[10] würde. Charlotte, die das zunächst anzweifelt und ihr ganz auf Gegenseitigkeit abgestimmtes Eheleben gefährdet glaubt, muß zugeben, daß sie eine ähnliche Sorge habe. Ihr Pflegekind Ottilie befinde sich in „drückenden Verhältnissen“[11], die neu zu gestalten, ihr sehr am Herzen liege. In dieser für beide „ähnlichen Lage“[12] bahnt sich auf Umwegen, die jetzt nicht näher untersucht werden, ein Kompromiß an, der nacheinander erst den Hauptmann und dann Ottilie in den kleinen Kreis einzuführen erlaubt.

Es besteht kein Grund, in der Auseinandersetzung der Ehepartner und darin, daß anstelle eines harmonischen Gesprächs eine Diskussion aufkommt, in der sich die unterschiedlichen Standpunkte aneinander reiben, die Katastrophe am Ende des Romans prädisponiert zu sehen. Diese ist in der Meinungsverschiedenheit sowenig schon angelegt wie in der bloßen Tatsache, daß man sich die begrenzte Welt um das Schloß und seine Anlage nun nicht mehr allein zu zweit, sondern zu viert teilt. Zwar lassen Charlotte und Eduard konträre Charakterzüge erkennen – sie ist eher mäßigend, mehr abwägend und rational, er dagegen spontan und in seinen Entscheidungen stärker emotional beeinflußt –, aber die Ereignisse nach Eintreffen der beiden Gäste sind dadurch nicht determiniert.[13] Die neue Situation kommt freilich jedem der beiden auch gelegen, weil man sich wieder stärker auf sich und die eigenen Wünsche besinnt. In der Person des Hauptmanns findet sich ein früherer Verehrer Charlottes und mit Ottilie ein sehr schönes, zur ersten Jugend herangereiftes Mädchen ein. Das ist Anlaß genug, um bei Charlotte und Eduard eine Annäherung an die neuen und sogleich sympathischen Mitglieder des kleinen Zirkels herbeizuführen. Der Hauptmann arbeitet, nachdem er die ländlichen Besitztümer sorgfältig vermessen und neu katalogisiert hat, gemeinsam mit Charlotte an den Parkanlagen. Und indem sie in dieser Tätigkeit sich gegenseitig aufeinander abstimmen, entwickelt sich zwischen beiden ein Zutrauen, das schließlich in eine entschiedene Neigung übergeht. Es ist kennzeichnend für die paradoxe Entfaltung dieser Beziehung „übers Kreuz“[14], daß Charlotte, obgleich sie ihre Sympathien immer zu kontrollieren versteht, in dieser frühen Phase aufkeimender Liebe ihrem Ehemann vorangeht, ihm gleichsam ein ermunterndes Beispiel gebend. Eduard vollzieht so in seinen wachsenden Verhältnissen zu Ottilie, wenngleich in leidenschaftlicher Steigerung, vorerst nur nach, was ihm vorgemacht wird. Dabei ergänzen sich die neu zusammentretenden Paare auch untereinander aufs Beste. Man stiftet sich gegenseitig dazu an, in der Umgebung des Schlosses Erneuerungen teils zu planen, teils wirklich durchzuführen. Dem gemeinschaftlichen Leben soll in einem projektierten Gebäude auf der höchsten Erhebung ein neuer Anfang gesetzt werden; aber auch das Dorf, das am Fuße des Schloßbergs liegt, wird als Schutz gegen einen unberechenbaren Bach in den Nutzen einer dammartigen Mauer gelangen.

Die lebhafte Stimmung eines Aufbruchs zu einem geselligeren und angenehmeren Leben erreicht ihren Höhepunkt mit der Grundsteinlegung zu jenem „Lusthaus“.[15] Wie jedoch mit einem besonderen Denkstein in dieses auf „ewige Dauer“[16] angelegte Vorhaben schon Vorkehrungen einbezogen sind, die eine

Zerstörung des Neubaus einplanen, so auch sind die wechselseitigen Neigungen unter den vier Hauptfiguren, kaum angebahnt, bereits wieder in gewaltsamer Auflösung begriffen. Ein befreundetes Paar, das sich zufällig einstellt und selber in einer nicht legalisierten Verbindung lebt, will dem Hauptmann und Ottilie andernorts Tätigkeiten vermitteln. Die bevorstehende Trennung bringt ans Licht, wie sehr die neuen Verhältnisse wahlverwandschaftlicher Zuneigung schon gefestigt und für die einzelnen nur unter Schmerzen wieder auflösbar sind. Charlottte wird sich schlagartig „einer Leidenschaft, einer Verzweiflung, von deren Möglichkeit sie vorher auch nicht die leiseste Ahnung gehabt",[17] bewußt. In dieser Situation, in der sich die Einbildungskraft schon ausmalt, was durch die Gegenwart nicht bestätigt ist, treibt es Eduard halb zufällig in die Schlafkammer seiner Frau. Während in dieser Nacht – wie sich später zeigt – ein Kind gezeugt wird, vereinigen sich beide in ihrer Phantasie mit den Geliebten: er mit Ottilie, sie mit dem Hauptmann. Der nächste Tag scheint dann wirklich zu erfüllen, was der heimliche ehebrecherische Wunsch schon vorweggenommen hat. Charlotte wechselt nach einem Rettungsmanöver, bei dem sie sich dem Schutz des Hauptmanns ganz überlassen muß, „einen lebhaften Kuß"[18] mit ihrem Kavalier. Eduard glaubt sich im Besitz untrüglicher Beweise, daß Ottilie ihn liebe. Aber hinter dem Rücken dieser zum ersten Mal frei und entschieden geäußerten Zuneigung bahnt sich schon an, was die Paare voneinander losreißt.

Es ist Charlotte, die sich zu fassen versucht und entsagt. Mit Billigung des Hauptmanns unterstützt sie das Angebot jenes Grafen, der bei seinem Besuch eine angemessene Beschäftigung für den tätigen Mann zu besorgen versprach. Während der Hauptmann noch bemüht ist, durch Vorbereitung des Richtfestes und Zusammenlegung der drei Teiche zu einem großen See den Geburtstag Ottilies feierlich zu gestalten, ist es schon entschieden, daß er den kleinen Kreis verlassen wird. Die Disziplinierung eines tiefen Bedürfnisses, der sich Charlotte unterwirft, teilt sich auch Eduard mit als die noch unausgesprochene Forderung, auch seinerseits Verzicht auf Ottilie zu leisten. Doch steigert das nur sein Liebesverlangen und „treibt ihn ins Unendliche".[19] Die „freundliche Geselligkeit"[20] früherer Stunden verliert sich schnell. Man ist jetzt Partei und belauert sich gegenseitig. Nicht einmal Ottilie ist davon ausgeschlossen. Es heißt, sie „entfremdete sich einigermaßen von Charlotte und dem Hauptmann".[21] Als dieser dann wirklich die neue Stellung antretend, sich vom Schloß entfernt, wird der Zustand zwischen den Eheleuten unerträglich. Es kommt zu einer Aussprache, in der Eduard die vorgeplante Absicht seiner Frau, Ottilie eine standesgemäße Erziehung bei einer Freundin in der Stadt zukommen zu lassen, nur dadurch vereiteln kann, daß er sich Hals über Kopf auf ein entferntes Gut zurückzieht. Er gibt vor, es der Zeit überlassen zu wollen, ob sich ihm eine Genesung von seiner Leidenschaft anbiete. Doch wie ihn die Mitteilung erreicht, daß Charlotte ein

Kind erwartet, kann er sich selber nichts vormachen. Eine Scheidung von seiner Frau und eine Verbindung mit Ottilie scheint unmöglich. Er entschließt sich, an einem Feldzug teilzunehmen und stellt dem Krieg die Entscheidung über sein Leben anheim. Die beiden Frauen überläßt er auf dem Schloß sich selber.

Für sich betrachtet, stellt der Erste Teil der *Wahlverwandtschaften* die Eskalation eines Ehekonflikts dar. Die Ehe bildet umso mehr das zentrale Problem dieser weitgehend symmetrisch entfalteten Doppelbeziehung, als die hinzutretenden Personen, ohne selber zu reizen und zu drängen, allein durch ihre Gegenwart diese soziale Einrichtung einer schweren Prüfung aussetzen. Es scheint die bloße Anwesenheit Ottilies und des Hauptmanns zu genügen, um die gegenseitige Entfremdung der Eheleute unwillkürlich zu beschleunigen. Dennoch halten wir es für eine unzulässige Vereinseitigung, wenn die im Roman angebotene Analogie zu naturgesetzlichen Vorgängen[22] vorschnell dazu benutzt wird, die wahlverwandtschaftlichen Wechselbeziehungen als von vornherein und im ganzen determiniert anzusehen. Aus der Perspektive der Figuren stellt sich das Geschehen zunächst als eine Folge von Entscheidungssituationen dar. Das beginnt mit der ausführlichen Diskussion der Frage, ob man die selbstgenügsame Ehegemeinschaft um eine Person erweitern dürfe. Wie hier endlich ein Entschluß gefaßt, ausdrücklich ein „Versuch" gemacht wird,[23] so verabredet man später zu viert, welche Veränderungen in den Parkanlagen durchzuführen seien. Und wenn auch die Liebe über Kreuz sich wie von selber zu entwickeln scheint, so beschwört sie doch eine Situation herauf, in der Entscheidungen, vorsätzliche oder halb aufgenötigte, unausweichlich sind. Weder Charlotte noch Eduard lassen sich einfach treiben. Und wenn die eine, weil sie ein unbedingtes Interesse an der Erhaltung der Ehe hat, sich resoluter zeigt, dann ist sie trotz einer unverkennbar persönlichen Handlungsweise prinzipiell nicht unterschieden von ihrer anderen Ehehälfte. Denn daß Eduard sein künftiges Leben gleichsam willenlos dem Kriegsglück überantwortet, wird noch im Roman als eine Art von Entscheidung reflektiert.

Ohne hier genauer zu differenzieren, worin und auf welche Weise jeder einzelne seinen Willen hat, sei darauf verwiesen, daß die Entscheidungen überwiegend durch den Wunsch gesteuert sind, in bestehende oder eingetretene Verhältnisse dadurch erneuernd einzugreifen, daß man die Natur wieder in ihre Rechte einzusetzen versucht. Die Erneuerungen im Ersten Teil der *Wahlverwandtschaften* sind Rückbesinnungen auf die Natur und darauf, wie eine ins Stocken geratene Entwicklung sich an ihrem natürlichen Ursprung regenerieren lasse. Das geht auch aus der zentralen Konstellation der Handlung hervor: hier eine mehrjährige eheliche Gemeinschaft, eine im Leben gereifte Frau, ein Mann in den besten Jahren; dort ein ebenso junges wie schönes Mädchen. Wie erwähnt, fehlt es nicht an Bildern, die das sprechend machen. Eduard propft gleich zu Anfang die Zweige einer älteren Kultur „auf junge Stämme".[24] Die Veränderungen in dem Park richten sich insgesamt danach, es wieder der Natur recht zu machen. Am deutlichsten wird es vielleicht daran, daß die drei Teiche, die vorzeiten einen einzigen Bergsee bildeten, wieder zu einem zusammenhängenden Gewässer vereinigt werden. Aber auch die Verlegung des geselligen Aufenthaltes vom Schloß zuerst in die Mooshütte und dann in das neugerichtete Haus auf der Höhe ist von dem Willen getragen, die überlieferten künstlichen Umgrenzungen abzuschütteln und der Natur wieder näher zu sein. Ottilie, die im Ersten Teil nur sehr selten ihre entschiedene Absicht kundtut, findet die Zustimmung aller mit dem Vorschlag, das „Lusthaus" dort zu bauen, wo das Schloß hinter einem Wäldchen und „zugleich das Dorf und alle Wohnungen verborgen wären".[25] Selber eine Art Naturwesen, das in der Pensionsschule zu verkümmern droht und erst wieder in familiärer Umgebung zu sich kommmt, scheint Ottilie den sehr viel älteren Eduard noch einmal zu verjüngen. Und auch die Beziehungen zwischen Eduard und Charlotte bleiben davon nicht ausgeschlossen. Denn wirkt nicht die Gegenwart der Geliebten ebenso stimulierend auf ihre eheliche Verbindung? Was daraus entsteht, ist auf seine Weise auch eine Wiederbelebung durch die Natur. Charlotte scheint es in Erwartung des Kindes das natürlichste, daß diese Frucht ihres Leibes und der Liebe als „ein neues Band"[26] die Ehe zusammenhalten werde. Mittler sagt es in seinem selbstgefälligen Ton geradeheraus: „Glücklicherweise hilft sich hier die Sache von selbst."[27] Das Kind dient ihm zum Beweis, daß sich die Ehe an ihren natürlichen Grundlagen regneriere.

Um Mißverständnissen vorzubeugen: es geht nicht um eine radikale Rückkehr zum Naturzustand, als wollte man der Zivilisation überhaupt entfliehen. Kontrovers ist vielmehr die Erneuerung „sociale(r) Verhältnisse"[28] durch Wiederannäherung an deren natürliche Grundbedingungen. In dieser die Eheproblematik verallgemeinernden Formulierung läßt sich unschwer die zeitgenössische Naturrechtsbewegung in der Epoche gesellschaftlichen Umbruchs wiedererkennen. Dabei kommt es dem Autor der *Wahlverwandtschaften* darauf an, den Konflikt anders anzulegen, als er sich üblicherweise darstellt. Denn der Gegensatz entsteht nicht dadurch, daß die Ehe als eine künstlich aufrechterhaltene Zwangseinrichtung mit einer Liebe konfrontiert wird, die wie eine Naturmacht ihr eigenes ursprüngliches Recht fordert. Statt dessen steht durch jene nächtlich-intime Vereinigung einer spontanen Liebesbeziehung mit den Gewohnheiten der Ehe gewissermaßen Natur gegen Natur: das naturhaft sympathetische Verhältnis zwischen Eduard und Ottilie gegen die natürliche Frucht ehelichen Verkehrs. Es ist dies eine der Äquivokationen, die das Verständnis des Romans so unerhört komplizieren.

Die Interpretation der *Wahlverwandtschaften* im Zweiten Teil steht zunächst vor der Frage: Lassen sich die überkommenen Formen sozialen Lebens wie zum Beispiel die Ehe dadurch erhalten, daß sie wieder auf ihren natürlichen Ursprung zurückgeführt werden? Die Natur als eine Quelle der Erneuerung tritt schon auf der Ebene des Ereignisfortgangs in Erscheinung. Denn durch die Verzögerung des dramatischen Geschehens, die der abwesende Eduard in den folgenden elf Kapiteln erzwingt, wird die Zeit selber als eine Naturelement eingeführt. Goethe ist durchaus der Meinung, daß die Zeit wie auch das Wasser oder die bloße Gegenwart eines Menschen als eine natürliche Kraft wirksam ist und in eben dem Sinne Entscheidungen „zeitigt", daß sie, wie es volkstümlich heißt, Wunden heilen kann. Das ist unter anderem der Sinn jener vielgerügten Retardation, die nach Meinung mancher Interpreten die Spannung des Lesers ebenso künstlich zerdehne wie sie die novellistische Handlungsführung zum gedankenträchtigen Roman umständlich ausweite.[29]

Die Jahreszeit gewinnt fühlbar Macht über die zurückgelassenen Frauen. Die „stillen, langwierigen Stunden"[30] des Winters scheinen dazu angetan, sie wie auf einem Strom des Vergessens, von dem leidenschaftlichen Aufruhr früherer Tage zu entfernen. Charlotte hat am meisten Ursache, sich dem natürlichen Verlauf der Zeit zu überlassen: sie ist „guter Hoffnung".[31] Ottilie kann sich in der winterlichen Abgeschiedenheit nicht den Abwechslungen entziehen, die ihr durch den Architekten und eine Reihe von Schloßgästen zuteil werden. Mit den Restaurationsarbeiten in den Innenräumen einer alten Kapelle wird auch inhaltlich wieder an das Thema der Erneuerung angeknüpft.[32] Die Deckenmalereien sind fast vollständig der Zeit anheimgefallen, als der Architekt den Versuch wagt, sie vor der endgültigen Zerstörung zu retten. Doch indem er die verblaßten Heiligenfiguren nach und nach wieder zum Leben erweckt, werden die Gesichter dem Porträt Ottilies immer ähnlicher, bis diese sie schließlich in natura vorzustellen scheinen. Hier glückt offensichtlich die Erneuerung eines schon Hinfälligen dadurch, daß das Halbzerstörte wieder behutsam an die lebendige Gegenwart herangeführt wird. Freilich, welchen Anteil hat an dieser Wiederbelebung eines alten Zustands die Natur und welchen die Kunst? Ist es nicht ebenso berechtigt, hier von einem äußerst künstlichen Unternehmen zu sprechen, wenn das, was natürlicherweise ein Opfer der Zeit ist, mit artistischen Mitteln am Leben erhalten wird? Und wird der ursprünglichen Beschaffenheit jener sakralen Malereien nicht Gewalt angetan, indem der Architekt seine Kunst dazu aufbietet, sie naturalistisch nach dem verehrten Ebenbild Ottilies zu modeln? Ist diese Verwandlung eines jungen Mädchens in eine Heilige überhaupt etwas anderes als der verschwiegene Kunstgriff eines Liebenden, der das angebetete Wesen unendlich erhöht, um sich vor ihm zu erniedrigen und zugleich der Erhebung würdig zu werden? Stellt hier nicht der Architekt seine Kunstfertigkeit in den

Dienst einer sehr natürlichen Regung? Und schließlich: Ist es wirklich Ottilies natürliche Bestimmung, dergestalt unerreichbar in den Himmel gehoben zu werden?

Unter der Hand verkehren sich die Begriffe in ihr Gegenteil. Was ist hier Natur und was Kunst? Um jene überkommenen Formen vor dem drohenden Verfall zu retten, sind sie wieder in ihren „vorigen Zustand“[33] zu überführen. Dazu bedarf es allerdings kunstvoller Eingriffe. Die Kunst der Restauration kann sich jedoch nicht vollständig verschließen gegen die Bedürfnisse der Gegenwart und ihren natürlichen Einfluß, so daß mit der Wiederherstellung eines ursprünglichen Zustands eine wirkliche Erneuerung, die gewaltsame Veränderung früherer Verhältnisse nicht ausgeschlossen, untrennbar verbunden ist. Denn schließlich scheinen die künstlichen Anstrengungen nur dazu zu dienen, der Natur wieder zu ihrem Recht zu verhelfen. Aber was heißt hier Natur? Wer diese Äquivokationen mit der Absicht, ein überschaubares Gleichgewicht herzustellen, in Gedanken auseinanderdividieren will, steht vor einem ähnlich unlösbaren Fall wie jener vielgereiste englische Schloßbesucher, der die fertiggestellten Parkanlagen würdigen möchte. Von ihm wird die wohlmeinende, aber auch hilflose Bemerkung berichtet, daß er das, „was man daran getan, von dem, was die Natur geliefert, kaum zu unterscheiden wußte“.[34]

Diese Variationen über das Thema der Erneuerung sind trotz augenscheinlicher Esoterik auf den zeitgeschichtlichen Hintergrund zu beziehen. Was in den handlungsarmen Anfangskapiteln der Zweiten Teils vorgetragen wird, als gelte es, die Zeit selber mit Kunststücken zu vertreiben, ist mit den historischen Bewegungen der Epoche verknüpft. Die Naturrechtsdiskussion leitet die Französische Revolution ein. Erneuerung der überkommenen, von Erstarrung bedrohten Lebensverhältnisse heißt die alles beherrschende Tendenz, die auch der Adel sich zu eigen gemacht hat, nachdem der Schrecken der Revolution verflogen und die Gefahr eines radikalen Umsturzes gebannt ist. Der Adel, der in Deutschland von seinen Privilegien kaum etwas eingebüßt hat, erkennt aus eigenem Antrieb die Notwendigkeit begrenzter Reformen, wie sie dann vor allem in Preußen von oben dekretiert werden. Man ist weniger auf Druck des Bürgertums als aus eigener Erfahrung und ökonomischer Einsicht bereit, wesentliche Elemente der alten Verfassung als einengendes Hindernis, als lästige Beschränkung zu empfinden. Wie sich dann wenige Jahre später mit der sogenannten Bauernbefreiung und ihren Folgen zeigen wird, ist es das greifbare Interesse des Adels, die eigene superiore Stellung dadurch zu erneuern und zu halten, daß die künstlichen Fesseln patrimonialer Herrschaft abgestreift und die Bauern von solchen noch an dem Leib haftenden Zwängen und Lasten befreit werden, die einer stärker an Rentabilität orientierten agrarischen Bewirtschaftung im Wege stehen.[35] Diese vom Adel in eigener Regie durchgeführte Erneuerung beschäftigt weniger in der Sache als in der Tendenz auch schon die ländliche Adelsgesellschaft in den *Wahlverwandtschaften*. Deshalb trifft Charlotte in dem Bewußtsein, hierin dem Zug der Zeit zu folgen, die Feststellung: „an Kunst, an Zwang soll nichts erinnern; wir wollen völlig frei und unbedingt Atem schöpfen."[36] Die äußeren Bedingungen adliger Existenz werden mehr denn je auch vom eigenen Stand für überlebt, ja, widernatürlich gehalten. Dabei entspricht es dem Selbstverständnis des deutschen Adels nach der Wende zum 19. Jahrhundert, wenn er meint, es stünde vollkommen in seinem Willen, die Verhältnisse von sich aus zu regenerieren, und es könnte keine andere Klasse der Gesellschaft ihm dabei gewaltsam Konkurrenz oder überhaupt das Recht dazu streitig machen. Denn – so resümiert Charlotte, als hätte es die Französische Revolution nicht gegeben, ihr gegenwärtiges Geschichtsbild – „der allgemeine Friede sei befestigt und das goldne Zeitalter vor der Tür".[37]

Äußerst verhalten kreist der Roman in scheinbar abseitigen Einzelthemen die Kernfrage ein: Ist denn der Adelsstand wirklich noch in der Lage, seine hergebrachten Lebensformen wieder so an die natürlichen Grundlagen der modernen gesellschaftlichen Entwicklung heranzuführen, daß er sich erneuern und überleben kann. Begriff und Funktion der Natur werden dabei in die widersprüchlichen Elemente ihres zeitgenössischen Verständnisses zerlegt. Denn einerseits ist mit dieser Widerannäherung an den natürlichen Ursprung die Restauration eines „vorigen Zustands" gemeint. Kunst fällt dabei die uneigennützige Aufgabe zu, ein der Zeit und dem Vergessen Anheimgefallenes wieder deutlich sichtbar hervortreten zu lassen. Andererseits ist der Begriff der Natur aber selber ein historischer. Was heute als Natur wiederentdeckt oder freigelegt wird, muß nicht mit der Wiederbelebung eines ursprünglichen Zustands identisch sein, sondern kann – wie bei den Ausbesserungsarbeiten des Architekten – im Lichte der Gegenwart und aktueller Bedürfnisse etwas Neues und von der Überlieferung Abweichendes hervorbringen. Entsprechend ändert sich auch der Begriff der restaurierenden Kunst – heute würden wir sagen: der Reform – qualitativ. Denn was vorher eine aufopferungsvolle und selbstvergessene Beschäftigung war, verwandelt sich in eine gegenwartsbezogene, innovatorische Tätigkeit. Die Erneuerung wird tendenziell zu einem umwälzenden Akt.

Diese gegensätzliche Verwendung von Begriffen, die sich bei der Interpretation bestimmter, durch den Roman herbeigeführter Ereigniskonstellationen immer stärker aufdrängt, ist – wie ich meine – ferngesteuert durch die seit der Französischen Revolution doppelte und in sich widersprüchliche Berufung auf das Naturrecht. Wie man auch heute terminologisch zu unterscheiden weiß, trat im Laufe des 18. Jahrhunderts neben das klassische Naturrecht, dem sich selbst die Amerikanische Revolution noch verpflichtet fühlte,[38] eine moderne Naturrechtsauffassung, die auch revolutionäre Umwälzungen wie in Frankreich einschloß. Das klassische Naturrecht kennt nur die Restauration eines zeitweise unterbrochenen Traditionszusammenhanges, und auch die Anwendung von Gewalt steht im Dienst der Wiederherstellung eines alten Rechtszustands. Insofern die amerikanischen Kolonisten bei ihrer Institutuionalisierung der Menschenrechte nur einen vorstaatlichen, von der natürlichen Gesetzen des Handels und Verkehrs schon geprägten Zustand dauerhaft erhalten wollten, konnten auch sie an die klassische Naturrechtslehre anknüpfen. Dagegen muß eine Veränderung erzielende Gewalt dort aufgeboten werden, wo die Verwirklichung der Naturrechte, wie auf dem europäischen Kontinent, am Widerstand absolutistisch regierter Staaten und durchgehend depravierter Gesellschaften zu scheitern droht. Hier hat die Berufung auf die Rechte der Natur den Charakter einer umstürzlerischen Erneuerung. Denn dadurch werden tradierte Legitimationen grundsätzlich in Frage gestellt.[39] Es ist charakteristisch für die *Wahlverwandtschaften*, daß sie solche Fälle – man muß sagen – konstruieren, in denen durch die Berufung auf die Natur die Widersprüche zwischen klassischer und moderner Auffassung, zwischen Restauration und Revolution, hervorgetrieben werden.

Die zentrale Forderung der Menschenrechte, die nach der „endlichen allgemeinen Gleichheit"[40] der Menschen untereinander, wird ausgerechnet am Beispiel der Toten und gelegentlich der Frage, wie ihre Grabmäler zu behandeln seien, erhoben. Es ist Charlotte, die in Übereinstimmung mit den innovatorischen Impulsen dieses naturrechtlichen Grundsatzes einen aufklärerischen Standpunkt zu vertreten scheint. Sie findet „nichts natürlicher und reinlicher, als daß man die zufällig entstandenen, nach und nach zusammensinkenden Hügel ungesäumt vergleiche und so die Decke, indem sie alle tragen, einem jeden leichter gemacht werde".[41] In verkehrter Gestalt, anläßlich der verschieden hohen Grabhügel, wird hier das Thema der sozialen Ungleichheit, der zufälligen, geburtsbedingten Erhöhung des einen über den anderen zur Sprache gebracht. Doch nicht genug dieser Verwicklungen; Charlotte, die sich aus dieser verqueren Perspektive zur Verfechterin eines natürlichen Gleichheitsprinzips aufwirft, sieht sich unversehens in die Rolle derjenigen gedrängt, die gegen Natur und tradierte Sitten revoltiert, insbesondere gegen die natürliche Anhänglichkeit, mit der die Hinterbliebenen „im Grabhügel"[42] das persönliche Andenken, ja, die „Gegenwart"[43] des Verstorbenen pflegen. Sie muß sich sogar sagen lassen, daß ihr Vorschlag, die Erinnerung an die Toten von den Gräbern mehr auf die Denkmäler und Merksteine zu lenken, wieder nur die „Begüterte(n)" bevorzuge, die das Geld haben, „einen Stein aufzurichten, der für mehrere Generationen zu dauern verspricht".[44]

Die „eine Natur",[45] von der Goethe in der Vorankündigung des Romans verheißungsvoll spricht, fällt in unvereinbare Gegensätze auseinander. Charlotte, die nicht in dem Verdacht steht, revolutionär zu sein, will sich auf ihre Weise, indem sie das „starre Fortsetzen unserer (. . .) Lebensverhältnisse“[46] über das irdische Maß hinaus ablehnt, an die moderne Naturrechtsbewegung gleichsam anpassen. Aber als „Urheberin dieser Veränderung“[47] wird sie mit einer Auffassung von Natur konfrontiert, die ihr nahelegt, alles wieder beim Alten zu lassen. Das ist die paradoxe Situation jener Adelsgesellschaft und derer, die sich durch sie angezogen fühlen: Ihre im Namen der Natur unternommenen Erneuerungsversuche schlagen als Restauration und als tatsächliche Veränderung jeweils entgegengesetzte Richtungen ein. Dabei hat das in restaurativer Absicht Durchgeführte einen innovatorischen Effekt; alle angestrebten Innovationen münden dagegen wieder in die „alten Gleise“.[48] auf diese Weise wird man stets durch das Unvorhergesehene überrascht. Ottilie ist betroffen, als sie in den Dekkenmalerien der gerade fertiggestellten Kapelle sich selber wiedererkennt.[49] Charlotte wird bei der Aufführung „lebender Bilder“ und in der Erwartung, ein Altbekanntes wiederzusehen, in Erstaunen darüber versetzt, daß die „Wirklichkeit als Bild ihre besonderen Vorzüge“ habe.[50] Die Verlebendigung alter Kunst nach Maßgabe dessen, was gegenwärtige Umstände gerade ermöglichen, diese „natürliche Bildnerei“[51] ist vollends dazu aufgeboten, die Grenze zwischen Restauration und wirklicher Erneuerung nach entgegengesetzten Richtungen zu überschreiten.

Wenn Eduard endlich von seinem Feldzug zurückkehrt, und, an die vorjährigen Ereignisse anknüpfend, seine Ehe mit Charlotte wieder zum Hauptthema macht, dann entfaltet auch der Roman in der Gestalt des neugeborenen Kindes jenen doppelten Begriff von Natur in seiner ganzen Zwiespältigkeit. Denn nach wie vor will Eduard die Scheidung. Aber nun ist das Kind im Wege; ein auf den Namen Otto getaufter Sohn, der unglücklicherweise mit einer zweifachen Ähnlichkeit sowohl zu den leiblichen als auch zu den eingebildeten Eltern geschlagen ist. „Um dieses Wesens willen“ soll er es schuldig sein, mit Charlotte „vereint zu leben“.[52] Eduard lehnt ab und beruft sich statt dessen auf seine durch Zeit und räumliche Trennung unwandelbare Liebe zu Ottilie. Er will sie heiraten. Damit entscheidet er sich in der Frage, ob denn die Liebe oder ein gemeinsames Kind der natürliche Grund der Ehe sei. Aus einem Messias,[53] aus einem Sendboten Gottes und der Natur zumal, der nach Charlottes eigenem Verständnis den „gesetzlichen Bund“[54] mit ihrem Manne regenerieren soll, verwandelt sich das Kind unter den Augen Eduards in den lebendigen Beweis, daß es selber durch sein verräterisches Äußeres für eine natürliche Erneuerung der Ehe mit der geliebten Ottilie „zeuge“.[55] Durch die „doppelte Ähnlichkeit“[56] hat sich der Gestalt des Kindes direkt physiognomisch mitgeteilt, was in der Berufung auf die natürliche Grudlage der Ehe die widersprüchlichen Auffassungen hervorbringt. Wo wir – nicht erst heute – einen Verstoß gegen die Naturgesetze der

Genetik und das willkürliche Produkt dichterischer Phantasie zu sehen genötigt sind, da nimmt der Roman die mit sich selber zerfallene Natur beim Wort und spiegelt sie gleichsam naturalistisch als das wider, was sie ist: als widernatürliches Kunstprodukt, das nicht wirklich am Leben zu halten ist.

Das Kind stirbt in dem See. Ottilie gibt sich die Schuld an seinem Tod. Das Unglück hat „ihr die Augen geöffnet".[57] Sie glaubt zu erkennen, sie sei in ein Verbrechen verstrickt und durch sie würde das eheliche Band zwischen Eduard und seiner Frau immer mehr zerstört. Daß Charlotte, von dem Tod ihres Kindes fürchterlich getroffen, die Beziehung zu ihrem Mann ganz verändert sieht und in die Scheidung jetzt einwilligt, nimmt Ottilie zum Anlaß, unter Androhung von Selbstmord darauf zu bestehen, daß die Ehe erhalten bleibe. Sie selber wolle Eduard entsagen und habe sich „eine neue Bahn vorgezeichnet".[58]

Mit dem Unfall des Kindes kehrt sich die Situation im Roman völlig um. War das Kind für Charlotte ein Zeichen dafür, daß sich ihre Ehe wiederherstellen werde, so zeigt ihr jetzt sein gewaltsamer Tod an, daß die alten Verhältnisse nicht wiederkommen. Sie ist bereit, sich auf die veränderte Situation einzustellen. Dagegen verschärft sich für Eduard der vorige unerträgliche Zustand. Er soll sich jetzt von der Geliebten – auf ihr Verlangen hin – trennen. Denn es ist vor allem Ottilies Entschluß, der alles auf den Kopf stellt. Sie stimmt einer Aufhebung der Ehe nicht zu und will auf den geliebten Mann verzichten. Von dem Augenblick an, da sie bewußt über ihr Leben zu entscheiden sich vornimmt, ist nicht länger die Ehe die thematische Mitte des Werkes, sondern ihr willentliches und selbstauferlegtes Entsagungsopfer. Der Eheroman verwandelt sich in die Geschichte Ottilies. Es ist die Geschichte einer von ihren schuldhaften Verfehlungen überzeugten jungen Frau, die mit Vorsatz und Absicht aus einer verhängnisvollen Lage, die sie ihrer Meinung nach hätte schon früher bereinigen müssen, jetzt sich endgültig befreien will. Diese von Ottilie so nachdrücklich durchgesetzte Entscheidung entfaltet im Roman auch retrospektiv durch die Selbstauslegung, die ihr implizit ist, eine besondere Wirkung. Denn nun stellt sich die Frage, inwieweit Ottilie tatsächlich schuld sei an der gegenseitigen Entfremdung der Ehepartner. Hat sie sich an der schrittweisen Zerstörung einer Ehe beteiligt, vielleicht sogar bewußt es so weit kommen lassen? Wenn nicht mit ihrer Unterstützung, so doch mit ihrer Billigung? Für den Fall, daß man dies verneint, weil das „schöne Kind" denn doch zu wenig fordernd und zu selbstlos scheint, drängt sich die andere, noch schwierigere Frage auf, ob jemand in ihrer Lage, als das begehrte Ziel eines verheirateten Mannes, sich so weltvergessen nur den Neigungen überlassen kann, ohne auch die Folge einer zerbrechenden Ehe mitzubedenken. Das ist umso unwahrscheinlicher, als offenbar zwischen Ottilie und Eduard die Rede davon war, daß beider Glück von einer Scheidung abhinge. Sollte Ottilie von Scheidung wissend, dennoch nicht imstande gewesen sein, bewußt realisieren zu können, was das für Charlotte, was dieser Einbruch in die familiäre Intimsphäre für die abgezirkelte Welt des in seinem moralischen Selbstverständnis schon halb bürgerlichen Adels bedeuten würde?

Wir werfen uns nicht zum Moralisten auf, ohne daß Ottilie uns darin entschieden voranginge. Das Gewissen, das sich ihrer nach dem Tod des Kindes bemächtigt, zwingt dazu, auch ihr früheres, gleichsam in selbstverlorener Unschuld zugebrachtes Leben daran zu messen. Der Begriff der Unschuld, der komplementär zu dem einer von der Gesellschaft noch unverbildeten Natur annähernd identisch ist mit kindlicher Unwissenheit und Ahnungslosigkeit, will jedoch ebensowenig auf Ottilie ganz passen wie die Unterstellung einer vorsätzlichen ehebrecherischen Absicht. Die Entscheidung darüber wird von der neueren Sekundärliteratur denn auch weitgehend davon abhängig gemacht, ob es Ottilie tatsächlich gelinge, einer Verbindung mit Eduard zu entsagen.[59] Es scheint ungleich leichter zu sein, dem „himmlische(n) Kind"[60] Verfehlungen und ein in dem mitverschuldeten Todesfall gipfelndes Vergehen vorzuhalten, wenn am Ende „das Sittliche seinen Triumph"[61] feiert, und auf diese Weise die Erniedrigung durch die verführbaren Sinne, der Sündenfall, offenbar dazu aufgeboten ist, die Erhöhung der „geweihte(n) Person"[62] Ottilies, sogar bis zur Heiligenverklärung, umso eindrucksvoller zu steigern. Aus einer solchen Perspektive nimmt sich ihre bedenkenlose Hinwendung zu dem verheirateten Mann als eine Phase der Selbstentfremdung aus, in der sie zeitweise und unter dem Druck einer zerfallenden Ehe sich mit ihrer eigenen Natur entzweit habe.[63] Die ursprüngliche Natur Ottilies stelle sich erst nach einer ebenso entsagungsvollen wie selbstgewollten Entwicklung wieder her, auf deren Gipfel sie, den höchsten moralischen Ansprüchen genügend, zu erkennen gebe, daß sie nicht von dieser Welt sei.

Die stark idealisierende Deutung, die wir paraphrasiert haben, ist freilich in dieser Zuspitzung erst ein Produkt unseres Jahrhunderts.[64] Je mehr wir uns wieder der Zeit Goethes nähern, desto hörbarer schallt jener Affront zurück, den man darin sah, daß einer „Ehebrecherin", wenn auch nach einer schmerzhaften Entsühnung, eine unerhörte Glorifizierung zuteil wird. Goethe selber mußte den Roman und seine Zentralfigur gegen den Vorwurf der Sittenlosigkeit in Schutz nehmen.[65] Tatsächlich liegt in einer Hinsicht in dem bitteren, teil würdelosen Tod, dem Madame Bovary und Anna Karenina, die berühmten Ehebrecherinnen in der Literatur des 19. Jahrhunderts, geopfert werden, ein viel größeres, emotional gestimmtes Einverständnis mit der Institution der Ehe, als das in den *Wahlverwandtschaften* der Fall ist. Dort rächt sich zur lustvollen Befriedigung des bürgerlichen Publikums noch in diesem Leben – und ein anderes gibt es nicht –, was in den *Wahlverwandtschaften* im Blick auf das Jenseits als Erfüllung einer hier nicht zu verwirklichenden Liebe verheißen wird. Denn daß es Goethe ernst mit der unbedingten Erhöhung Ottilies und ihrer alle irdischen Konventionen übersteigenden Anhänglichkeit sei, daran haben schon die früheren Interpreten sowenig gezweifelt wie die heutigen, die diesen prekären Höhepunkt des Werkes unwidersprochen lassen, indem sie ihn eher ratlos ausklammern.[66]

Die Verwandlung Ottilies in eine moralische Person und dann ihre Erhebung nach dem legendären Vorbild der heiligen Odilie verstehen wir, unsere eigene Interpretation fortsetzend, als den Versuch, das beschädigte Dasein von Grund auf zu erneuern. Sie selber ist entschlossen, die „neue Bahn", die sie sich vorgeschrieben hat, gegen alle Anfechtungen zu beschreiten. Wieder ist der Wunsch, sich und die „Gesetze"[67] des eigenen Lebens wiederherzustellen, damit verbunden, daß Ottilie sich ursprünglicher Verhältnisse zurückerinnert. Schon einmal hat sie, wie jetzt wieder, „als kleines Kind", mit dem Kopf auf Charlottes Knien ruhend, ihre „abhängige Lage"[68] sich bewußt gemacht und danach ihre Zukunft vorgezeichnet. Ottilie ist sich in Wiederanknüpfung an diese frühkindlichen Erfahrungen ihres jetzigen Neubeginns so sicher, daß sie mit Charlotte einen Bund schließt. Sie verspricht ihr, einer Verbindung mit Eduard nicht nur zu entsagen, sondern sich mit ihm in überhaupt keine Begegnung mehr einzulassen. Sie fühlt sich zur Erzieherin berufen und will, ohne den Geliebten noch einmal zu sehen, zur Pension abreisen. Da treffen unterwegs, unter verwickelten Umständen, Eduard und Ottilie in einem Wirtshaus zusammen. Die überraschte Ottilie ist zu keinem entgegenkommenden Wort bereit. Sie läßt jedoch ihren Vorsatz, ihre Pläne fallen und kehrt mit Eduard zum Schloß zurück. Obgleich sie, dort eintreffend, „mit Eifer und Gewalt"[69] die Hände der Ehegatten ineinanderlegt und ihren Zusammenhalt gewissermaßen noch einmal besiegelt, ist sie als die moralische Person, die mit Absicht und Bewußtsein neuerlich ihr Leben selbst bestimmen will, gescheitert.

Entsagung, freiwillige Sühne für ein Vergehen, selbstgewählter Opfertod, diese hohen Worte kreisen um den einen Begriff der Willensfreiheit, der allein der überlebenden Sittlichkeit die Würde eines Triumphes verleihen kann. Eben diese Wille ist aber in Ottilie gebrochen. Die Wiederbegegnung im Wirtshaus bringt die Wende. Die Phase der absichtsvollen, vorgeplanten Erneuerung, die mit der Rückkehr auf das Schloß vorzeitig beendet ist, wird abgelöst von der Anpassung an das, was einfach stärker ist. Abermals treten die vier Hauptfiguren zueinander. Restaurative Rückkehr zu dem häuslichen Zirkel früherer Tage ist der stille Wunsch aller. Als eine Art Naturzwang wird zwischen Eduard und Ottilie eine „Anziehungskraft"[70] wirksam, die es keinem erlaubt, sich von dem anderen zu entfernen. Wie sich die spontan sympathetische Anhänglichkeit nur desto stärker behauptet, so kehren die alten Verhältnisse, aber „als ein Scheinbild des vorigen Lebens"[71] zurück: Der Herbst kommt wieder, man ist wieder unter einem Dach vereint, auch das gemeinsame Musikspiel wiederholt sich. Allem entzieht sich Ottilie nicht. Sie paßt sich dem an, was mächtiger ist als ihr „ganz rein" gefaßter Vorsatz, „Eduard zu entsagen".[72] Sogar ihre Wünsche, nicht länger reden und nur noch wenig essen zu müssen, tragen nicht mehr den Charakter von Entscheidungen. Zwar schickt sie sich auf diese Weise in ein „strenges Ordensgelübde",[73] aber wo dieses der zudringlichen Natur Grenzen setzen soll, da kommt es in Ottilies Fall gerade ihrem natürlichen Bedürfnis entgegen, so daß sie es eher „zufällig, vom Gefühl gedrungen"[74] auf sich nimmt. Ein mäßiger Gebrauch von Reden und Speisen ist ihr seit jeher eigen. Einschränkung ihrer selbst, bis an den Rand des Todes, ist ihr das Natürlichste.

Was für andere Zwang und Selbstdisziplinierung ist, vermag ihrer Natur ganz zu entsprechen. Darauf baut die Zweideutigkeit des Romanschlusses auf. Denn einerseits scheint Ottilie, ohne einen eigenen Willen und ganz auf die Bindung an den Geliebten fixiert, einer sich selbst zerstörenden Natur Gewalt über sich einzuräumen. Sie verhungert. Selbst wenn sie sterbend noch einmal von sich aus einen Willen verlauten läßt, jenen letzten, der Eduard dazu verpflichten soll, weiterhin zu leben, bleibt dieser nicht unwidersprochen. Eduard stirbt kurz darauf.

Andererseits erscheint jener aber als der höhere Wille, der sich aus der Opposition zu den Mächten der Natur lösend, nichts lieber als sie selber verwirklichen will. Es bezeichnet den Gipfel der Willensfreiheit, wenn sie, ohne sich die Überwindung anmerken zu lassen, darin aufgeht, der Natur zu ihrem vollen Recht zu verhelfen. Denn von alters her nennt man den einen Heiligen, der nicht nur Bedürfnisse aufschiebend, krampfhaft Verzicht leistet, sondern der darin alles Zwanghafte, alles Selbstquälerische vergessen läßt und auf diese Weise die Freiheit des sich bezwingenden Menschen als seine göttliche Natur sichtbar macht. Das ist der Weg, auf dem Ottilie im Roman vor aller Augen und gleichsam in Erfüllung ihrer ureigensten Natur zur Heiligen erhöht wird. Es suchen zuletzt die Kranken und Bedürftigen an ihrer Grabstätte Genesung.[75]

Wir folgen dieser Deutung nicht. Auch nicht ihrer aktuelleren Version, die sich von der katholischen Verbrämung distanziert, darin eine Annäherung an den romantischen Zeitgeschmack sehen will,[76] ansonsten aber an einer metaphorischen Bedeutung festhält und die alten Bilder einer entstehenden Heiligenlegende im idealistischen Vokabular der unbedingt siegreichen Moralität wiederaufleben läßt. Ottilies Ableben ist entgegen allem Anschein durch keine positiven Werte zu kompensieren. Sie stirbt den Tod der armen Kreatur, die sich schließlich unter der Last des Lebens so wenig zu erheben vermag, daß sie davon erdrückt wird. Was als Selbstbeschränkung noch den Schein der Freiwilligkeit aufrechtzuerhalten erlaubt, geht nach Ottilies gescheitertem Erneuerungsversuch in eine Phase substantieller Auszehrung über, die dann rein physisch das Ende unausweichlich macht. Nicht Entsagung chrakterisiert sie, nicht der Glorienschein „der heitern Vernunftfreiheit",[77] sondern hilflose Anpassung an das, woran man sich ganz nie anpassen kann, weil es zum Leben selbst im Widerspruch steht und diesen Widerspruch noch mit den letzten Atemzügen provoziert, bis in jenes scheidend an Eduard gerichtete Wort: „Versprich mir zu leben!"[78] Selber einen Vorsatz brechend, indem sie keinem Gelübde anders als zufällig Macht über sich einräumen wollte, versucht Ottilie – freilich vergebens –, noch einmal durch ein Versprechen dieser Welt sich willentlich zu verbinden und Eduard am Leben sowie die Ehe unversehrt zu erhalten.

Es gibt außer den bisher entwickelten noch andere Gründe, weshalb der so beredt ins Bild gesetzten Heiligenverklärung Ottilies zu mißtrauen ist – und nicht nur der, sondern überhaupt ihrem moralischen Vorbildcharakter. Denn darin, daß Ottilie hier als das unbeschönigte Gegenbild dessen, wofür sie die Erzählung ausgibt, ernstgenommen wird, geht diese Interpretation auch noch über die Benjamins hinaus. Benjamin hat fast als einziger die moralische Dignität des katastrophalen Endes in Frage gestellt und den Romanschluß in dem auch hier vertretenen Sinne als untragisch bezeichnet.[79] Aber er hat sich denn doch von der schönen Erscheinung Ottilies blenden lassen und die *Wahlverwandtschaften* darin so beim Wort genommen, daß er ihrer unverletzlichen Schönheit sich bedienen zu können glaubte, um seinen hohen Begriff von Kunstkritik daran zu erproben.[80] In der Tradition des amoralischen Ästhetizismus kompensiert freilich die Wertschätzung des schönen Scheins vollkommen, was ihm mit der pathetischen Geste des Nihilismus an moralischer Substanz zuvor abgesprochen wurde. Dagegen meinen wir, daß in der Schönheit Ottilies die Vollkommenheit nur dem Anschein nach und als der unerfüllbare Wunsch nach Unsterblichkeit überlebt. Denn indem diese Schönheit den unverweslich scheinenden Leichnam zu einem Ausstellungsobjekt im Glassarg macht, baut sie jener „Vermischung des Heiligen zu und mit dem Sinnlichen" vor,[81] die den Bedürftigen ein verheißungsvoller Trost sein soll. „Jedes Bedürfnis, dessen wirkliche Befriedigung versagt ist, nötigt zum Glauben."[82]

Nicht um die moralische Integrität Ottilies, ihre Opferwilligkeit und Heiligsprechung wirklich zu bestätigen, ist die „fromme Kunstmummerei"[83] aufgeboten, sondern um zu zeigen, daß sich ein Bedürfnis danach hartnäckig am Leben erhält, wenn eine jegliche Erfüllung im Diesseits sich zu versagen scheint. Dieses sich stets erneuernde Bedürfnis nach einer ausgleichenden Gerechtigkeit ist auf die Augenzeugen, die sich um Ottilies Leichnam versammeln, so wenig beschränkt, daß sich bis heute die ununterbrochene Reihe der Interpreten fortsetzt, die der hinscheidenden Kreatur den höchsten Ausgleich zukommen lassen. Ja, man überbietet sich darin geradezu.[84] Denn wie Riemer aus einem Gespräch mit Goethe mitteilt, setzt dieser voraus, es sei der unabweisbare Wunsch des Publikums, daß „irgendein Moment dem Sinnlichen", jener Bindung an den natürlichen Teil des Menschen, das Übergewicht geben müsse; „und dieses Moment gibt der Zuschauer gerade nicht zu, sondern verlangt ein noch schlagenderes, das der Dritte immer wieder eludiert, je sittlicher er selbst ist".[85] So eskaliert die Vorbildhaftigkeit Ottilies.

Der moralische Rigorismus ist aber nur die eine, offenbar von Goethe vorgeplante Sichtweise auf den Roman. Denn ebenso wie alles darauf hinzuweisen scheint, daß Ottilies Leben sich erst im Opfertod der geweihten Märtyrerin vollenden werde, lassen sich die Vorausdeutungen auch auf entgegengesetzte, profane Weise auflösen. Wenn Eduard sagt, Ottilie „hat sich über mich weggehoben",[86] so zielt das außer auf ihre Erhebung zum Tugendmuster auch buchstäblich darauf, daß ihre Porträtbilder vom Gewölbehimmel jener restaurierten Kapelle auf ihn herabschauen. Diese dem Ebenbild Ottilies nachgeschaffenen Heiligendarstellungen, die als heimliche Liebeserklärungen vorderhand einem weltlichen Zweck dienten, sind mit demselben Recht, mit dem sie zu metaphysischen Spekulationen Anlaß geben, auch einmal wörtlich zu nehmen. Wenn es bedeutungsvoll heißt, daß „alles Vollkommene (. . .) über seine Art hinausgehe" und etwas „Unvergleichbares werden"[87] müsse, so impliziert das, auf jene Heiligenfigurationen übertragen, auch: Ottilie geht nicht über ihre Art, über ihresgleichen hinaus, weil sie, statt etwas „Unvergleichbares" zu werden, selber diejenige ist, nach deren Bild die Sakralgestalten gemodelt sind. Scheinbar als Heilige über sich hinauswachsend, bleibt sie – auf eine zwiespältige Weise – sich selber gleich.

Es gibt in den *Wahlverwandtschaften* kein vorausdeutendes Gleichnis, kein symbolisches Zeichen, dem nicht unter dem Anschein, daß es sich in dem präfigurierten Sinne tatsächlich erfülle, der Einspruch dagegen eingeschrieben wäre.[88] Wie sollte auch hier die Wiederherstellung eines „vorigen Zustands", die Erneuerung einer Legende gelingen, wenn der Roman, ähnliche Versuche vielfach thematisierend, immer wieder deren Scheitern zeigt? Denn um einen Akt der Restauration, der Wiederbelebung eines Vergangenen handelt es sich bei der Erhebung Ottilies nach dem Vorbild der heiligen Odilie ebenso wie in allen Fällen, in denen unter Berufung auf eine naturgewollte Bestimmung ursprüngliche Verhältnisse wiederhergestellt werden sollen. Nur daß durch die Apotheose am Schluß des Werkes auch der Leser nachdrücklicher denn je in die Erzählung hineingerufen wird und gehalten ist, diese halb legendäre, halb religiöse Reminiszenz wieder ins Leben zurückzuholen. Und nicht nur das soll er beglaubigen: Es ist der volltönende Dreiklang des Guten, Wahren und Schönen im Sinne der klassizistischen Harmonieideals, der im Leser Widerhall sucht. Doch die Figur der Ottilie, an deren Glorifikation das Publikum teilzunehmen eingeladen ist, kann all das nicht tragen. Sie, die nach jenem legendären Vorbild den Bedürftigen eine Hilfe ist und besonders den Blinden ein „Augentrost",[89] sie wird gegen Ende hin in den Vergleich mit dem alten geblendeten General Belisar hineingerufen, der auch der Sage nach auf der Höhe des Lebens zu Fall kommt, der aber nun mit Blindheit geschlagen, selber ein Gegenstand des Erbarmens wird und anstatt Trost zu spenden, für sein trauriges Geschick nur noch Mitleid heischen kann.[90] In dieser Spiegelung ist das bedrückende Lebensende Ottilies treffender eingefangen als in dem Bild der rein entsagenden Märtyrerin.

Es ist die erklärte Absicht, Ottilie gleichsam vom Himmel wieder auf die Erde zurückzuholen. Dazu vollziehen wir im einzelnen nach, was Goethe unternimmt, um sie vor den Augen des Lesers so unvergleichlich zu entrücken. Die figurative Darstellungsweise, durch die die Geschichte dem Verhältnis von Verheißung und Erfüllung gehorcht, ist ein Mittel neben anderen. Ein weiteres Mittel sehen wir darin, daß Ottilie so erscheint, als hebe sie sich nicht nur über Eduard, sondern über einen jeden hinweg. Dabei konstatieren wir zunächst wieder nur, daß Ottilie – wie die anderen auch – der Perspektive folgt, sich durch Wiederannäherung an das, was sie ihre Natur nennt, zu erneuern. Unterscheidet sich Ottilie darin von den anderen, die auf ihre Weise das gleiche wollen? Allen gemeinsam ist, daß sie in dem vielfältigen Vorsatz, das Leben wieder an seinen natürlichen Grundlagen zu regenerieren, von unerwarteten Ereignissen, von plötzlich dazwischentretenden Konstellationen überrascht werden. Es ist aufschlußreich, wie sie auf diese Zufälle reagieren. Es läßt sich die Beobachtung machen, daß sie den Zufall, wie unverhofft er sich auch dazwischendrängt, in ihre Wünsche, in ihre Pläne einbeziehen, indem sie ihn zum Anwalt des Schicksals machen und sich selber zu seinem bereitwilligen Werkzeug. Auf diese Weise alle Spuren des Inkommensurablen tilgend, wird der Zufall zu dem Wink einer höheren Schicksalsmacht umstilisiert und als Beweis dafür gewertet, daß der eigene Wille nichts Singuläres, bloß Willkürliches sei, sondern sich in Übereinstimmung mit dem artikuliere, was als „Fügung“,[91] „Geschick“,[92] „Bestimmung“[93] im Roman vielfach beschworen ist. Diese handlungslegitimierende Kraft entfaltet der Zufall bei allen im Prinzip gleichermaßen, ohne daß in Abrede zu stellen wäre, mit welch unterschiedlichen Rechten sie von solchen Selbstbestätigungen Gebrauch machen.

Es bedeutet einen Rückfall in die Zeit des Aberglaubens und der Unmündigkeit, wenn Eduard die Entscheidung, ob er sich mit der Geliebten doch noch verbinden könne, den Geschicken des Krieges überantwortet. Es grenzt an Selbstbetrug, wenn er schon vorher die Initialen auf dem zufällig unzerstört gebliebenen Kelchglas in dem Sinne umdeutet, daß er darin eine unzerstörbare Gemeinschaft mit Ottilie prophezeit findet. Wieviel größer ist dagegen die Berechtigung, mit der Charlotte die sich unerwartet ankündigende Mutterschaft als „eine Fügung des Himmels“[94] begrüßt. In dem Moment, da ihre Ehe zu zerbrechen droht, muß sie glauben, daß sich auf diesem natürlichen Wege die alten Verhältnisse neu wiederherstellen werden. Sie ist „guter Hoffnung",[95] der Volksmund selbst bestärkt sie in ihrem Zutrauen. Und doch ist diese Zuversicht der „Sache"[96] nach nicht begründet und – wie sich dann zeigt – ebensogut ein Irrtum wie jegliche sich exponierende Schicksalsgläubigkeit überhaupt. Davon ist nicht einmal der Hauptmann ausgenommen, dieser am nüchternsten gezeichnete Charakter. Denn nachdem das Kind tot ist und gleichsam die Rolle eines Messias, eines Heilsbringers ausgespielt hat, deutet er diesen Unfall als das Eingreifen höherer Mächte: „Ein solcher Unfall schien ihm nötig zu ihrem allseitigen Glück".[97] Wie so oft im Roman ist hier ein unvorhergesehenes Ereignis eingetreten, dessen spontane Interpretation dadurch gelenkt wird, daß es mit einem heimlichen Wunsch, mit einem nicht zu unterdrückenden Bedürfnis koinzidiert. Auf diese Weise erhält, was – für sich genommen – nur eine singuläre Willensäußerung oder ein bloßer Zufall wäre, den Anschein einer höheren Notwendigkeit.

Auch Ottilie sucht in den kontingenten äußeren Begebenheiten eine Art höhere Legitimation dafür, daß sie nach dem Unfalltod des Kindes den Entschluß faßt, ihr Leben neu zu beginnen. Auch für sie hat der begründete Vorsatz allein keine hinreichende Überzeugungskraft. Erst die Konstellation gewisser, wie sie meint, keineswegs zufälliger Umstände gibt ihr das Recht dazu, mit den eigenen Absichten nicht nur einen subjektiven Wunsch, sondern den Willen eines vorbestimmten Schicksals zu verwirklichen. Die Tatsache, daß Ottilie, schon einmal aus einer ähnlichen Ohnmacht erwachend, sich mit dem Kopf an Charlottes Knien ruhend wiedergefunden habe, dient ihr als Beweis für die Richtigkeit ihres Vorhabens. „Zum zweitenmal – so begann das herrliche Kind mit einem unüberwindlichen, anmutigen Ernst – zum zweitenmal widerfährt mir dasselbige."[98]

So wie hier die Koinzidenz außerordentlicher Ereignisse unter dem Anschein, es wiederhole sich schicksalhaft dasselbe, eine höhere Identität von Willensfreiheit und Naturnotwendigkeit stiftet, so auch nehmen die anderen Figuren den Zufall in die eigene Regie. Sie haben zwar untereinander – man denke an Eduards eigensinnige Manipulation mit dem Glas – nicht die gleiche Berechtigung dazu. Aber im Resultat sind die Bemühungen eines jeden, sich in Übereinstimmung mit den oberen Mächten handlungslegitimierende Deutungen vorgeben zu lassen, gleichermaßen zum Scheitern verurteilt. An den Auswirkungen zeigt sich allemal der Irrtum. Und wenn Ottilie nach der ungewollten Wiederbegegnung mit Eduard daraus scheinbar gelernt hat und sich nur noch dem Zufall als solchem anpassen will, ohne ihm „buchstäblich"[99] die Deutung des Schicksals zu geben, dann entspringt auch das dem Bedürfnis, keiner Fremdbestimmung über sich Gewalt einzuräumen. Indem sie jenes Ordensgelübde „zufällig, vom Gefühl gedrungen"[100] auf sich nimmt, bedient sie sich als eines äußersten Mittels noch des Zufalls, um deutlich zu machen, daß auch die künstlichste Selbstbeschränkung ihrer Natur entspreche und ihr helfe, sich selber wiederzufinden. Auf diese Weise teilt sich dann ihrem gewaltsamen Tod der Schein der Freiwilligkeit mit.

Aus der Perspektive der Figuren ist der Wunsch nach Erneuerung das zentrale Thema der *Wahlverwandtschaften.* Unablässig wiederholt sich der „Versuch", die destruktiven Folgen des Zufalls abzuwehren und sich gegen die Kontingenz des Lebens zu behaupten. Dabei wird der Zufall oft genug als ein Beweis dafür beansprucht, daß sich gerade durch ihn die Freiheit des eigenen Wollens im Lichte einer höheren Notwendigkeit zeige. „Eigentlich will das Schicksal meinen eigenen Wunsch, meinen eigenen Vorsatz (. . .) wieder in den Weg bringen."[101] Einer naturgewollten oder schicksalhaften Bestimmung gleich, wird der Zufall selber zum Prinzp der Erneuerung erhoben. Aber was auf diese Weise als Geschick, als Fügung oder Natur in den Kontext eigener Handlungen integriert wird, erweist sich ein über das andere Mal als Fehlinterpretation. Darin sind sich die Hauptfiguren des Romans ähnlicher als es ihre Unterschiede im Charakter je vermuten ließen. Zugleich markiert das die Grenze all jener Auslegungen, die sich vorwiegend auf eine differenzierte Charakteranalyse stützen.[102] Aus der Sicht eines solchen Werkverständnisses muß die außerordentliche Erscheinung Ottilies zu einem sich überbietenden Moralismus und zu metaphysischen Spekulationen Anlaß geben. Dagegen steht als das Ergebnis dieser Untersuchung, daß Ottilie mit den anderen das Unvermögen teilt, in die eigenen Lebensverhältnisse wirklich erneuernd einzugreifen. Die zerstörerische Gewalt der Negation, die Willen und Vorsatz aller durchkreuzt, macht vor ihr nicht halt. Der „Geist des Widerspruchs", [103] der sich auch ihres letzten Lebenswillens noch bemächtigt, erlaubt es nicht, dem scheinbar auf tragische Versöhnung gestimmten Romanschluß das letzte Wort zu lassen.

II. Auf der Grenze zwischen ontologischem und dialektischem Begriff der Natur

Wie sind die *Wahlverwandtschaften* zu verstehen, wenn die Gestalt der Ottilie, auf das irdische Maß der übrigen reduziert, das katastrophale Ende nicht mehr zu verklären und zu beschönigen hilft? Der destruktive Grundzug des Werkes tritt deutlich hervor. Und so aufschlußreich es zunächst erscheint, bei dem Begriff des Dämonischen Zuflucht zu suchen, sowenig können doch die wesentlichen Fragen dadurch erklärend beantwortet werden: Warum mißlingt den Figuren in diesem Roman alles? Und wie ist zu verstehen, daß sich dieses Mißlingen, über Schuld und Unschuld hinwegsetzend, zu einer fast antiken und archaischen Größe auswächst? Denn wie es der Roman auch wendet, alle Anstrengungen sich zu erneueren, sich zu erhalten, sind zum Scheitern verurteilt. Charlotte will ihre Ehe retten – bis zum Tod des Kindes; dann willigt sie in die Scheidung. Aber dieses führt sowenig zum Erfolg wie jenes. Ottilie, unentschieden zwischen Verzicht und Zuversicht, ist solange bereit, doch noch auf eine Verbindung mit Eduard zu hoffen, bis – nach dem Unfall – die Einwilligung Charlottes zwar da ist, sie aber nicht mehr die Ehe will – unter keinen Umständen. Jetzt entscheidet sie sich für unbedingte Entsagung. Aber auch das mißlingt so gründlich, daß Ottilie schließlich die Gegenwart des Geliebten wieder aufsucht.

„Nur die nächste Nähe konnte sie beruhigen, aber auch völlig beruhigen, und diese Nähe war genug; (. . .) Das Leben war ihnen ein Rätsel, dessen Auflösung sie nur miteinander fanden.“[104]

Ist der Roman als das Denkmal dieser elementaren Zuneigung, dieser „unbeschreibliche(n), fast magische(n) Anziehungskraft“[105] konzipiert? Sollte es Goethes Absicht sein, das großartige Bild einer Liebe zu beschwören, die sich ihrer ganzen Natur nach als unvereinbar mit der sozialen Verfassung menschlichen Zusammenlebens überhaupt erweist?

Es hat sehr den Anschein, daß sich die *Wahlverwandtschaften* mit einer solchen Verarbeitung der Liebesthematik in einen Gegensatz zu progressiven Traditionen des europäischen Romans stellen. Denn in wie vielen Fällen ist es nicht gerade eine Leidenschaft, die, sich am Widerstand überkommener Gesellschäftsformen reibend, auf die Erneuerung sozialer Verhältnisse drängt. Unter Berufung auf einen emanzipatorischen Begriff von Natur ist es immer wieder eine spontane Liebesbeziehung, die verkrustete Herrschaftsstrukturen sprengt; und wo es ihr nicht gelingt, in den Prozeß gesellschaftlichen Wandels innovierend einzugreifen, läßt sie noch im Scheitern ihre natürlichen Rechte umso deutlicher hervortreten. Nichts davon ist den *Wahlverwandtschaften* wiederzuerkennen.

Was in diesem Roman als die unwandelbare Natur der Liebe erscheint, ist eine Elementarkraft, die Eduard und Ottilie – teils gegen ihren eigenen Willen – vollkommen aneinanderbindet. So restlos bemächtigt sie sich ihrer, daß weniger der Gegensatz zu einer intoleranten Gesellschaftsordnung zum Problem wird als vielmehr die Unbedingtheit, die diese Liebe daran hindert, ihrerseits auf das Angebot einer anpassungsfähigen Sozietät einzugehen. Denn es unterscheidet die *Wahlverwandtschaften* von vergleichbaren Werken, daß hier ein Kreis von Personen dargestellt wird, der zu guter Letzt entgegenkommend genug wäre, sich auch mit der nicht alltäglichen Neigung eines älteren Ehemanns mit einem jungen Mädchen zu arrangieren.

Allein, in diesem Roman sind die resistenten Kräfte der Gesellschaft nicht bloß als ein äußeres Hindernis präsent, sondern mehr noch als verinnerlichte Wertvorstellung, als Gewissen. Es ist Ottilie, die von Skrupeln ergriffen, mit einemmal darauf besteht, daß eine Scheidung nicht vollzogen werde. Sie macht sich, die sanktionierte Handlungsnorm mehr als bestätigend, rückhaltlos einen Begriff von Moralität zueigen, der ihr auferlegt, der unwiderstehlichen, naturgewollten Anhänglichkeit zum Trotz auf eine Legalisierung ihres „reinen Zusammenseins" mit dem Geliebten zu verzichten. Daraus ergibt sich eine ungewöhnliche Konstellation: Denn in der Gestalt Ottilies finden die gleichen gesellschaftlichen Verhältnisse, die ihr das wirkliche Lebensglück versagen, ebenso uneingeschränkt Anerkennung wie die archaisch anmutende Elementargewalt einer Liebe, die damit unversöhnbar ist. Das freilich wäre die rückschrittliche, ganz und gar unzeitgemäße Konzeption eines Liebeskonflikts.

Die Liebe würde als ein biographisch und sozialgeschichtlich nicht weiter herleitbares Naturphänomen mit der prinzipiellen Unvollkommenheit irdischen Zusammenseins konfrontiert. Nicht die Gesellschaft auf der Wende zum 19. Jahrhundert, nicht die durch ihre Zeit bestimmten Lebensläufe hätten sich dafür zu verantworten, daß die spontane und innige Verbundenheit zweier Liebenden unvollkommen bleibt. Es wären die ontologischen Grundwidersprüche im Leben der Menschen selbst. Das vorausgesetzt, müßte sich zuletzt der Leser mit dem Erzähler in den hoffnungsvollen Glauben schicken, daß den Liebenden im Jenseits Gerechtigkeit widerfahre, „wenn sie dereinst wieder zusammen erwachen".[106]

Es ist die Frage, ob die *Wahlverwandtschaften* so reaktionär sind, wie es den Anschein hat. Der Versuch, den Begriff der Natur für diesen Roman dialektisch zu fassen, wird darüber entscheiden.

Was ist ihrer Natur nach jene sympathetische Beziehung, die Eduard und Ottilie unwiderruflich aneinanderbindet? Der Roman nennt sie die „Liebenden";[107] und so ist auch der Leser aufgerufen, für Liebe zu halten, was die Natur selber nach Kräften gefördert hat. Das es wesentlich die Natur ist, die diese innige Zuneigung gestiftet hat, legt auch der Vergleich mit bestimmten chemischen Vorgängen nahe, bei denen sich Elemente gegenseitig ergreifen und in ein wahlverwandtschaftliches Wechselverhältnis eintreten. Aber der Begriff der Wahl ist im engeren Gegenstandsbereich der Naturwissenschaften ein Anthropomorphismus und genaugenommen unzutreffend, weil es sich um gesetzmäßig ablaufende Reaktionen handelt. Die in Regeln faßbare Zwangsläufigkeit läßt wiederum diesen Begriff der Natur für die Darstellung menschlicher Sozietät, wo alles auf Freiheit beruhen soll, unbrauchbar erscheinen. Doch in dem einen besonderen Fall wechselseitig erwiderter Liebe konvergieren Natur und Freiheit glücklich miteinander. Ja, wir sind es gewohnt, anstatt von Liebe von einseitiger Abhängigkeit oder sogar von Nötigung zu sprechen, wenn nicht als der ursprüngliche Quellgrund ausgetauschter Sympathien die Natur selber gilt. So sind denn auch die zahlreichen Hinweise, daß das Verhältnis von Eduard und Ottilie ein natürliches sei und von erdhaften Regungen und elementaren Kräften getragen werde, eher eine Bestätigung dafür, daß trotz des Unterschiedes im Alter und in der sozialen Stellung von keiner Seite Zwang ausgeübt wird.

Die Liebe ist in den *Wahlverwandtschaften* offenbar aufgeboten, den ursprünglichen Zusammenhang des Menschen mit der Natur widerherzustellen. Auch wenn die Intensität, mit der die Liebenden aneinanderhängen, selber wieder zwanghafte Züge annimmt, so scheint sich darin doch als das Gegenteil einer tatsächlichen Freiheitsberaubung die Sehnsucht auszusprechen, mit der jeder erst in der „nächsten Nähe" des anderen seine Identität mit sich selber wiedererlangen kann. Diese elementare Verbundenheit zeige Eduard und Ottilie an, was gegenüber einer Welt sozialer Integrationsverpflichtungen wirklich Freiheit sei. So hat es den Anschein, als wollte Goethe am Beispiel der wahlverwandtschaftlichen Liebesbeziehung eine epochale Frage auf ebenso grundsätzliche wie endgültige Art behandeln: Sind die überkommenen Verhältnisse des Menschen, die institutionalisierten Formen seines gesellschaftlichen Zusammenlebens überhaupt geeignet, sich an der Natur zu regenerieren? Als der natürliche Grund der Geschlechterbeziehung wird die Liebe zum Paradigma der sozialen Erneuerung im weitesten Sinne. Von der Restitution der natürlichen Rechte des einzelnen, von der Positivierung des Naturrechts gehen auf der Wende zum 19. Jahrhundert die stärksten Impulse auf die neuzeitliche Freiheitsbewegung aus.

Aber der Begriff der Natur, der im Zeitalter der Revolution seine emanzipatorische Sprengkraft entfaltet, ist nicht identisch mit dem, was in den *Wahlverwandtschaften* als die Elementargewalt der Liebe die Bedingungen irdischen Daseins schlechthin zu sprengen vorgibt. Er bezeichnet genau das Gegenteil. Denn die „magische Anziehungskraft", die Eduard und Ottilie wie von höherer Hand zusammenführt, ist nicht die spontane Wiederbelebung einer noch unverfälschten Natur, sondern selber ein Abgeleitetes: das Resultat lebensgeschichtlicher Entwicklungsprozesse. In dieser Sicht wird der kritischen Analyse zugänglich, was der Roman von sich aus als den natürlichen Ursprung der Erneuerung, als ein positives und nicht weiter hinterfragbares Faktum absolut zu setzen scheint. Weder ist jene Liebe, die da in den Himmel gehoben wird, eine überirdische Macht noch spiegelt sich darin die gelungene Aussöhnung mit dem natürlichen Erbteil des Menschen wider.

III. Analytische Aufarbeitung der Lebensgeschichten

Von den Interpretationsmodellen, die Fehlentwicklungen in der Lebensgeschichte des einzelnen unter dem Aspekt eines sich zwanghaft wiederholenden und zur zweiten Natur verhärteten Beziehungsverhaltens erklären, ist keine so erfolgreich wie die psychoanalytische Theorie. Wer sich ihrer zur Ausdeutung von Texten bedient, muß in seiner literarischen Vorlage einen Zusammenhang zwischen familiären Sozialisationsbedingungen in der Zeit der frühen Kindheit und später inszenierten Handlungsmustern wiedererkennen. Besonders das Triebschicksal in der ödipalen Phase ist von außerordentlich prägender Wirkung für das weitere Leben. Auf den ersten Blick enthält der Roman nur spärliche Informationen über die frühkindliche Vorgeschichte der beiden Hauptfiguren Eduard und Ottilie. So scheint es denn näher zu liegen, im Rückgriff auf die *Lehrjahre* die hervorragende Bedeutung des Inzestmotivs auch für die *Wahlverwandtschaften* zu konstatieren. Tatsächlich ist ja die inzestuöse Verbindung, der Mignon entspringt, nur der extreme Fall, der sich, stark verallgemeinert, in vergleichbarer Weise überall dort wiederholt, wo die Schwierigkeiten beim Ablösungsprozeß von den elterlichen Bezugspersonen und dem von ihnen repräsentierten sozialgeschichtlichen Erbe dargestellt werden.[108] Daß Goethe bei der Verknüpfung sich ineinander abspiegelnder Lebensläufe als den einen äußersten Pol den Inzest geradezu Realität werden läßt, ist ein deutlicher Vorgriff auf eine zentrale These Freuds. Nach Freud ist jener Entwicklungsabschnitt bestimmend, in dem das Kind in dem gegengeschlechtlichen Elternteil sein erstes Liebesobjekt sucht. Der Inzestwunsch hat einen in der Phantasie des Kindes ausgelebten Konflikt zur Folge. Beim Knaben gipfelt er einerseits in Haßgefühlen gegen den Vater als den gleichgeschlechtlichen Konkurrenten um die Gunst der Mutter und andererseits in einer auf die eigene Geschlechtlichkeit bezogenen Schulderfahrung. Normalerweise soll sich der Ödipus-Komplex so auflösen, daß mit Aufgabe der verbotenen libidinösen Besetzungen, also mit der Abkehr vom Inzestwunsch, die Bildung von Gewissen und Moral anhebt. Es kann allerdings in dieser entscheidenden Phase zu Störungen kommen, die bewirken, daß der Betroffene an den ödipalen Bindungen der Kindheit festhält und in seinem späteren Leben immer nur das infantile Beziehungsverhalten zu seinem gegengeschlechtlichen Elternteil reproduzieren kann.[109]

Die *Wahlverwandtschaften* machen es nicht schwer, in dem Verhältnis der Liebenden eine Vater-Tochter-Beziehung wiederzuerkennen. Denn Ottilie tritt in der Rolle eines „Kindes“[110] vor die Eheleute. An der Seite der mütterlich-verantwortungsvollen Charlotte nimmt Eduard zunächst für die Neuangekommene die Stelle eines Vaterersatzes ein. In der Anwendung psychoanalytischer Interpretationshilfen auf den Roman sind wir in der günstigen Lage, die Studie eines ausgebildeten Analytikers für unsere Zwecke nutzbar machen zu können.[111] Ohne ihr in allen Punkten zu folgen, ohne auch die Figur Eduards ebenso nachdrücklich ins Zentrum des Interesses zu rücken, erlaubt uns dieser ausführliche Deutungsvorschlag, die eigene Darstellung des Liebesverhältnisses aus psychoanalytischer Sicht kurz zu halten.

Für Eduard hebt Dettmering zurecht hervor, daß seine leidenschaftliche Zuneigung zu Ottilie ihn endlich von der frühkindlichen Fixierung auf die Mutter befreien soll. Die Mutter-Kind-Beziehung hat Eduard zutiefst beeinflußt, wie der Roman an prägnanten Stellen zu verstehen gibt. Als das „einzige, verzogene Kind reicher Eltern"[112] war er lange der Mittelpunkt übertrieben mütterlicher Sorge.[113] Daran änderte sich nichts, als er eine noch von den Eltern gestiftete Ehe mit „einer viel älteren Frau" einging.[114] „Von dieser auch auf alle Weise verzärtelt",[115] überlebte er das „Mütterchen" schon nach einigen Jahren und fand sich „im Besitz eines großen Vermögens".[116] Jetzt erst nimmt Eduard die Gelegenheit wahr, um die Frau ernstlich zu werben, die er schon in seiner Jugend liebte und mit der er früher als „das schönste Paar bei Hof" galt.[117] Doch seitdem sind zehn Jahre vergangen. Charlotte, die nach einer halb aufgenötigten Ehe ebenfalls wieder frei ist, glaubt sich stärker gealtert als der Mann in den gleichen Jahren. Wenn zuerst die Leidenschaft nicht mächtig genug war, sich gegen die elterliche Bevormundung durchzusetzen, so hat Eduard diesmal mit einer fast kindlichen „Eigensinnigkeit" Erfolg. Wie eine nachgiebige Mutter dem beharrlich drängenden Kind auf die Dauer nicht „versagen" kann, was es für sein „einziges Glück"[118] hält, so willigt Charlotte in die Ehe. Aus dem „wahrhaft prädestinierte(n) Paar"[119] der Jugendzeit ist bei Beginn der Romanhandlung eine Beziehung geworden, in der sich für Eduard die vertraute Situation früherer Geborgenheit wiederholt. Charlotte, inzwischen zu einer die äußeren Verhältnisse souverän ordnenden Frau gereift, schenkt ihm die ersehnte Sicherheit ungestörter Zweisamkeit. Sogar die eigene Tochter entfernt sie in eine Pension.

Doch so sehr Eduard der ungeteilten Zuwendung bedarf, so gewaltsam drängt es ihn zugleich aus dieser durch sein ganzes Leben hindurch tradierten Mutterbindung heraus. Er strebt nach männlicher Autonomie,[120] ohne daß er sich darum ganz aus freien Stücken bemühte. Denn in der ödipalen Phase führt der starke Wunsch, die Mutter für sich allein zu beanspruchen, einen Konflikt mit dem Vater herauf, in dem dieser mit Bestrafung droht. Es gibt im Roman eine Stelle, wo besonders deutlich wird, welches Vaterbild Eduard immer wieder zu antizipieren gezwungen ist. Es ist die Vorstellung vom verletzenden, zerstörenden Vater, die sich seiner bemächtigt, als er Ottilie im unwegsamen Gelände schon als das Opfer eines Unfalls sieht. Er fürchtet, daß sie das aus Metall und

Glas gearbeitete Miniaturbild ihres Vaters, das sie um den Hals trägt, im Falle eines Sturzes beschädigen könnte.[121] Die vom Vater ausgehende Gefahr für das erste Liebesobjekt überträgt Eduard spontan auf sein Verhältnis zu Ottilie. Darin zeigt sich, daß er einerseits Liebesbeziehungen nur nach dem Schema der für ihn charakteristischen Verarbeitung des Ödipuskonflikts inszenieren kann. Andererseits ist jedoch die Bedrohung durch den Vater, die nach einer Erkenntnis Freuds einer tief verwurzelten Kastrationsangst aufsitzt,[122] ein starker Antrieb, sich doch noch von der mütterlichen Objektwahl zu lösen und zu einer freieren Entfaltung genitaler Triebwünsche vorzudringen. Als es Eduard gelingt, Ottilie zu bewegen, die väterliche Miniatur von ihrer Brust zu entfernen, fühlt er sich dem näher als je zuvor. „Ihm war, als wenn ihm ein Stein vom Herzen gefallen wäre, als wenn sich eine Scheidewand zwischen ihm und Ottilie niedergelegt hätte."[123]

Eduard ist durch sein frühkindliches Triebschicksal – das geht aus den verstreuten Rückblendungen hervor – dazu disponiert, sowohl auf die Stufe einer infantilen Mutterbindung zu regredieren als auch, dagegen aufgebracht, seine männliche Autonomie zu beweisen. Es ist also keineswegs von ungefähr, daß er aus der Geborgenheit der Ehe auszubrechen sucht und sich für ein junges Mädchen begeistert, als hätte er „noch nie geliebt",[124] als wäre sein bisheriges Leben „nur ein Vorspiel, nur Hinhalten, nur Zeitvertreib, nur Zeitverderb".[125] In seinem Verhältnis zu Ottilie muß sich für ihn entscheiden, ob die in der ödipalen Phase eingetretenen Fixierungen wieder auflösbar sind, ob er sich von dem Trauma des strafenden Vaters befreien und zu ungebrochener Virilität finden kann. Der Roman ist in einer Hinsicht die Darstellung dieses Konflikts. Ottilie macht es ihm dabei zunächst nicht leicht, in seiner Beziehung zu ihr anderes als die alte Anhänglichkeit an die mütterliche Fürsorge wiederzufinden. Denn sie drängt Charlotte gleichsam aus ihrer hausfraulichen Rolle und wird so „völlig Herrin des Haushalts",[126] daß sie Eduard auch den geringsten Wunsch abmerkt und sogleich erfüllt.

Eine der auffälligsten Eigenschaften, die Eduard verstärkt in sein Verhältnis zu dem geliebten Mädchen einbringt, ist sein Narzißmus. „Der Mensch ist ein wahrer Narziß; er bespiegelt sich überall gern selbst, er legt sich als Folie der ganzen Welt unter", gesteht er einmal.[127] Dieser Narzißmus zeigt an, daß die Versagung, die von den ersten Liebesobjekten auszugehen hat, nicht wirklich geleistet ist. So kommt es, daß Eduard späterhin an einer Art magischem Weltbild festhält, in dem das Ich und die eigenen Bedürfnisse mit omnipotenten Kräften ausgestattet sind.[128] Es ist unter solchen Voraussetzungen gerade kein Zufall, daß er auf die wunderbare Übereinstimmung von Ottilies Geburtstag und dem verjährten Pflanztag seines Baumbestands stößt. Wenn ihm hier noch die Fakten recht zu geben scheinen, so wird eine kindliche Selbstüberschätzung darin deutlich, daß er auch ganz willkürliche Vorfälle seinem Wunschdenken einverleibt. Die Sicherstellung und Umdeutung jenes Glases mit den Initialen E und O oder die Herausforderung des Schicksals, als er das Kriegsglück auf sich persönlich beziehen will, sind Anzeichen für die Regression auf eine Entwicklungsstufe, auf der der Mensch den eigenen Willen, die Subjektivität des Wunsches, sogleich als Vergegenständlichung der äußeren Welt wahrhaben möchte.

Der gleiche übertriebene Narzißmus hindert Eduard auch daran, Schuldgefühle gegenüber Charlotte oder anderen zu objektivieren. Denn die Gewissensbildung ist aufs engste mit dem ‚Untergang des Ödipuskomplexes' verknüpft.[129] Wo aber die Inzestwünsche niemals ganz aufgegeben werden und wo sich das narzißtisch besetzte Ich nicht nach dem Vorbild des Vaters in eine selbstkritische Instanz verwandelt, da bleibt die Realitätswahrnehmung weitgehend beschränkt auf die Unterscheidung von Lust und Unlust. Eduard fällt einer extremen Polarisierung anheim. Einerseits projiziert er Ottilie stark lustbetont als die „reine Idee";[130] andererseits ist er sich zu vergegenwärtigen gezwungen, daß sie ihn peinigt und ihm Schmerzen bereitet. „Manchmal neckt sie mich ganz gegen ihre Art und quält mich."[131] Diese Bereitschaft, sich von der geliebten Person, mit der er sich zu vereinigen wünscht, auch quälen zu lassen, zeigt sich bei Eduard nicht zum ersten Mal. Charlotte bedient sich dessen schon in der frühen Zeit ihrer Bekanntschaft, indem sie „ihn leicht zu den unglücklichen Entschluß drängen konnte, zu reisen, sich zu entfernen, sich von ihr zu entwöhnen".[132] Dahinter verbirgt sich die für Eduard bestimmende Erfahrung, daß jede Beziehung zum anderen Geschlecht genau wie die ursprünglich mit dem Inzestverbot belegte Liebe zur Mutter allen prägenitalen Befriedigungen zum Trotz mit einem schmerzlichen Triebverzicht verknüpft ist. Es scheint, daß die in der ödipalen Phase nicht richtig bewältigte Versagung inzestuöser Wünsche auch noch sein Verhältnis zu Ottilie überschattet. Entgegen seinen Autonomiebestrebungen und der drängenden Absicht, aus der Bindung an Charlotte auszubrechen, zeichnet sich deutlich ab, daß Eduard eine Erneuerung seiner Persönlichkeit jenseits einer Fixierung auf die Mutter und den strafenden Vater schwerlich gelingen kann.

Auch für Ottilie entscheidet die eigene Vorgeschichte darüber, welche Verhaltensweisen sie zu realisieren vermag. Sie wurde frühzeitig Waise. Die elterlichen Bezugspersonen fehlen ihr, wenn nicht seit ihrer Kindheit, so doch seit frühester Jugend. Der Aufenthalt in einer Pension mit schulischem Leistungsdruck bietet keinen Ersatz. Im Gegenteil, das Bedürfnis, die Eltern-Kind-Beziehung wiederherzustellen, ist so mächtig, daß sie nach ihrer Rückkehr aus der Pensionsanstalt spontan Charlotte und Eduard die entsprechenden Rollen zuweist. Fast an der Grenze zur Übertreibung und stärker als das unmündige Kind selber seine Anhänglichkeit zum Ausdruck bringen kann, demütigt sie sich vor ihren Ersatzeltern, indem sie vor Charlotte auf die Knie fällt und Eduard später jedes Bedürfnis, jede Vorliebe, sei's beim Musikspiel oder in der Gartengestaltung, sogleich abmerkt und zu erfüllen sucht. Wie sie an der Idealisierung einer herrschaftlichen Vaterfigur festzuhalten genötigt ist, zeigt ihre kleine Beispielerzählung von Karl dem Ersten. Wo die königliche Autorität schon entmächtigt und vor ihren Richter gestellt ist, da beharrt Ottilie auf der Anerkennung angestammter Autorität – geradeso, als ging sie ihr über alles und als hätte sie den natürlichen Ablösungsprozeß von den Eltern beizeiten nicht vollziehen können.

Ottilie scheint auf der Suche nach einem Vater. In dieser vorgeprägten Bahn entwickelt sich die Beziehung zu dem um viele Jahre älteren Eduard. Als sie ihm auf dem Spaziergang das Medaillon mit dem Bildnis ihres verstorbenen Vaters überläßt, glaubt sie, einen wirklichen wiedergefunden zu haben. Hier kündigt sich das folgenschwere Mißverständnis an. Denn Eduard, dessen Wunsch Ottilie entgegenzukommen meint, verfolgt mit der Entfernung des Bildes gerade das Gegenteil. Er will die Figur des Vaters nicht nur nicht selber verkörpern, sondern aus seinem Verhältnis zu dem geliebten Mädchen überhaupt getilgt wissen. Ohne dieses gegenseitigen Irrtums gewahr zu werden, fühlen sich beide in dem Glauben, eines Sinnes zu sein, nur umso stärker zueinander hingezogen. Ottilie holt an der Seite Eduards gleichsam die allzu früh unterbrochene Vaterbeziehung nach. Wenn daraus auch immer deutlicher eine erotische Zuneigung entsteht, so ist doch auffällig, daß Ottilie jegliches Bewußtsein abgeht, eine ehebrecherische Verbindung anzuknüpfen. Sie scheint in ihrer Sympathie für den verheirateten Mann nur das unschuldige Verlangen des Kindes zu seinem ersten gegengeschlechtlichen Liebesobjekt zu aktualisieren. Wie das kleine Kind in der ödipalen Phase für seine inzestuösen Phantasien nicht verantwortlich zu machen ist, so lenkt Ottilie, gleichsam noch unbelastet von den Vorhaltungen eines ausgebildeten Gewissens, mit natürlicher Zielsicherheit die eigenen Triebregungen auf den väterlichen Freund. Ebenso folgerecht erkennt sie in Charlotte die Rivalin um die Gunst des Mannes. Sie entwickelt zu ihr ein ambivalentes Verhältnis, in dem die Eifersuchtsgefühle nur aus Achtung vor ihrer schutzspendenden Person in Grenzen gehalten werden.

Es wiederholt sich die für die frühkindliche Entwicklung charakteristische Familiensituation, daß ein Mädchen, zwischen den Elternteilen stehend, auf der Suche nach seiner sexuellen Identität einerseits Rivalitätsgefühle und andererseits gegengeschlechtliche Triebwünsche ausschickt. Doch was in der Zeit der sexuellen Frühblüte auch aufgrund biologischer Gegebenheiten in einen normalen Ablösungsprozeß – insbesondere vom Vater – einmündet, beschwört im Alter Ottilies fast unlösbare Probleme herauf. Der verspätet erlebte Ödipuskomplex konfrontiert sie wirklich mit den ihm innewohnenden genitalen

Konsequenzen. Als Eduard von seinem Feldzug zurückkehrt und dem geliebten Mädchen unter leidenschaftlichen Küssen die Notwendigkeit einer baldigen Verbindung wieder vor Augen führt, ereignet sich der tödliche Wasserunfall des Kindes. Es ist schon häufiger bemerkt worden, daß die unglückliche Kahnfahrt allen Zufälligkeiten zum Trotz von einer heimlichen Tötungsabsicht gesteuert wird. Das mühsam zurückgestaute und von Eduard desto heftiger wiedererweckte Bedürfnis, sich mit dem Geliebten zu vereinigen, vergegenständlicht sich spontan darin, alle Hindernisse wegzuschaffen. Das Kind, das Eduard an die Ehe mit Charlotte fesseln soll, ist ein solches Hindernis und wird gleichsam beseitigt. Doch Ottilie will damit nicht nur das Band zwischen Vater und Mutter sprengen, sie scheint darüber hinaus in dem Kind ihr eigenes Ebenbild[133] zu töten, d. h., sich selber in ihrem Verhältnis als Kind zum Vater. Auch das stellt einen Versuch dar, für die genitale Vereinigung mit dem Manne frei zu werden.

Angesichts der Folgen der ihr selber bis dahin unbewußten inzestuösen Triebwünsche erleidet Ottilie einen Schock. „Die kalten Glieder des unglücklichen Geschöpfs verkälten ihren Busen bis ins Herz.“[134] Vergeblich drückt sie den Leichnam an ihre entblößte jungfräuliche Brust, „die an Weiße und leider auch an Kälte dem Marmor gleicht“.[135] Sie fällt in eine Ohnmacht, aus der sie als eine andere erwacht. Die bedingungslose Abwehr der eigenen Triebregungen bestimmt fortan ihr Handeln. Denn die vitalen Ansprüche ihrer heranreifenden Weiblichkeit kann sie von nun an nur als zerstörerische Anmaßung, als Verbrechen, objektivieren.[136] Da sie, frühzeitig verwaist, die normale, zum sexuellen Partner führende Ablösung von den Eltern nicht verwirklichen konnte, bleibt Ottilie darauf festgelegt, in ihren Liebesbeziehungen die Besetzung einer Vaterimago nachholen zu müssen. In ihrer Lage trifft das Inzestverbot jedoch mit unvermittelter Schärfe. Unter dem Titel der Entsagung flüchtet sie sich in die Triebabwehr. Alle ihre Kräfte macht sie diesem Kampf dienstbar. Aus Angst vor der Realisierung der eigenen genitalen Wünsche will sie die Ehe zwischen Charlotte und Eduard retten. Sie sucht Schutz bei einem rigorosen Moralismus, wie er in der Anfangsphase der Pubertät bei Jugendlichen beobachtet wird, die die zudringliche Triebgefahr zeitweise dadurch bannen, daß sie eine „Überbesetzung der Über-Ich-Inhalte“ vornehmen.[137] In dieses Bild von der Entfesselung aller gegen die volle Geschlechtsreife gerichteten Abwehrmechanismen paßt auch Ottilies Hinwendung zur klösterlichen Askese und ihre Tendenz zur Vereinsamung, wie sie einschneidender als in dem selbstgewählten Redeverbot nicht zum Ausdruck kommen kann. Auch für das altruistische Ideal der Pädagogin entscheidet sich Ottilie nicht, weil ihr die Integration der Triebwünsche auf eine erzieherisch beispielhafte Weise gelungen ist, sondern weil sie die kräfteraubende Wachsamkeit über die eigenen Triebvorgänge auf Dauer stellen und gewissermaßen durch Institutionalisierung für sich erleichtern will.

Als ihr das mißlingt, stirbt sie den Hungertod. Der nicht zu unterdrückende Wunsch, die Braut Eduards zu werden,[138] muß sich ihr als Inzest, als Überschreitung eines Tabus, darstellen. Die Triebangst, die davon ausgeht, drängt sie zur Selbstauslöschung. In der medizinischen Literatur wird die Verweigerung der Nahrungsaufnahme mit dem verborgenen Ziel, den weiblichen Reifeprozeß, das Frauwerden, aufzuhalten oder zu unterdrücken, als eine psychosomatische Krankheit beschrieben: die Anorexia nervosa.[139] Suizidgedanken sind für das Krankheitsbild typisch. Die Magersüchtige stirbt schließlich daran, daß sie in der oralen Befriedigung durch den Eßvorgang nur noch die ihr streng verbotene Trieberfüllung wahrzunehmen vermag. Der ärztliche Hausfreund läßt der völlig Ausgezehrten „etwas Kraftbrühe bringen; Ottilie weist sie mit Abscheu weg, ja sie fällt fast in Zuckungen, als man die Tasse dem Munde nähert".[140]

Im Unterschied zu Dettmering sehen wir in Ottilie nicht die Geopferte. Sie geht nicht daran zugrunde, daß Eduard sie überfordert, indem er seine unerfüllbaren Autonomiebestrebungen auf sie projiziert.[141] Eine solche Deutung ließe die tragische Verklärung der weiblichen Hauptfigur zumindest noch offen. Dagegen wird hier hervorgehoben, daß jeder der Liebenden aufgrund des eigenen frühkindlichen Triebschicksals den sexuellen Partner auf seine Weise verfehlt: Ottilie, weil sie auf ein infantiles Vaterbild festgelegt ist und vom Inzestverbot zu einem selbstmörderischen Triebverzicht gedrängt wird. Eduard, weil er unter dem Druck einer starken Mutterfixierung seine Männlichkeit zu beweisen gezwungen ist und aus dem Schutz der Ehe in das Verhältnis zu einem Mädchen flieht, das er doch wieder nur nach dem Vorbild der unerreichbaren Mutter, die eigenen Triebwünsche opfernd, idealisieren kann. Wie Eduard bei der Geliebten die Errettung seiner bedrohten Genitalität vergeblich suchen muß, so läßt Ottilie in ihrer Neigung zu Eduard die inzestuöse Vaterbeziehung wiederaufleben.

So nimmt sich aus psychoanalytischer Sicht eine Interpretation aus, die das „reine Zusammensein"[142] der Liebenden nicht ebenso glorifiziert, wie es der Roman vorgibt. Eduard und Ottilie scheinen füreinander wie geschaffen. Tatsächlich greifen ihre Lebensgeschichten aber so zusammen, daß jeder den anderen als das zu verkennen genötigt ist, was dieser ihm gerade nicht sein kann. Die Apotheose der Liebe, die in den *Wahlverwandtschaften* Mann und Frau, der sozialen Realitäten ungeachtet, harmonisch einander zugesellt, ist ein Trugbild. Die sympathetischen Kräfte sind weder eine unerklärliche Himmelsmacht noch transzendieren sie als ein kosmisches Naturphänomen die Bedingtheit menschlichen Zusammenlebens. Sie bieten auch nicht, wie es der Romanschluß mit dem Hinweis auf die ewige Verbundenheit der Liebenden glauben machen will, eine Kompensation für die Versagungen im Diesseits. Jene merkwürdige „Anziehungskraft", durch die Eduard und Ottilie zeitweise wie „Ein Mensch, im bewußtlosen, vollkommenen Behagen, mit sich selbst zufrieden" leben,[143] ist gleichbedeutend mit der erzwungenen Regression auf eine infantile Stufe fehlgeleiteter Triebentwicklung. Beide ergänzen sich darin vollkommen, daß sie darauf fixiert sind, in ihrem Beziehungsverhalten die nicht-überwundene Eltern-Kind-Beziehung zu wiederholen. Daraus resultiert der Eindruck natürlicher, fast kindlicher Unschuld. Aber was sich den Anschein ursprünglicher Natur gibt, ist das zur zweiten Natur geronnene Sozialisationsschicksal.

Die Natur, auf der Wende vom 18. zum 19. Jahrhundert Inbegriff der gesellschaftlichen Erneuerung, verwandelt sich in den *Wahlverwandtschaften* in das Gegenteil. In ihrer verkehrten Gestalt determiniert sie die Biographie zweier Menschen bis zum katastrophalen Ende. Damit ist von einer der zentralen Mystifikationen des Werkes der Schleier gehoben. Denn als das Resultat einer bis in die frühe Kindheit zurückzuverfolgenden Fehlentwicklung kann nicht länger für sich den Anspruch unverfälschter Natur aufrechterhalten, was der Roman vorderhand die reine und spontane Zuneigung der Liebenden nennt. Zwar wollen die *Wahlverwandtschaften* durchaus den Eindruck erwecken, als rühre sich inmitten der sittlichen Menschenwelt eine elementare Naturkraft – und die Liebe sei von dieser Natur –, die mit der Verfassung sozialen Lebens schlechthin unvereinbar sei. Aber die fragmentarischen Vorgeschichten Eduards und Ottilies rekonstruierend, erfahren wir, daß diese Elementarkraft, die die menschliche Sozietät und ihre Fähigkeit, sich zu erneuern, übersteigt, nicht ursprünglich ein Teil der Natur ist, sondern selber erst aus dem Prozeß der Vergesellschaftung hervorgeht. Sie ist das Ergebnis einer im frühen Entwicklungsstadium verfehlten Sozialisation. Als solche gibt sie sich den Anschein der Natur, weil sie, der individuellen Selbstreflexion entzogen, mit gleichsam uranfänglicher Gewalt den Handlungsspielraum der Romanfiguren vorbestimmt.

Die *Wahlverwandtschaften* fordern ihren Interpreten die „Umwertung aller Werte" ab. Auf diese Weise wollen sie vor ihren offenkundig reaktionären Tendenzen bewahrt sein. Das interpretatorische Verfahren folgt dabei einem analytischen Muster. Es ist in den historischen, lebensgeschichtlichen und sozialen Zusammenhang zurückzuholen, was als ein Absolutum die Bedingtheit irdischen Daseins zu übersteigen vorgibt. So sehen wir die volkstümliche Heiligenverklärung am Schluß des Romans darin begründet, daß es für den Menschen ein unstillbares Bedürfnis sei, auf diesem Wege die Versagungen auszugleichen, die ihm durch seine körperliche Versehrbarkeit auferlegt sind. Als eine Vorbedingung für die Erhöhung Ottilies zu einer Heiligen hebt das Werk ihre moralische Integrität hervor. Diese Vorbildlichkeit ist aber darauf zurückzuführen, daß Ottilie das Sakrament der Ehe und darüber hinaus alles, was eine Vereinigung mit Eduard verhindert, zum Anlaß nimmt, um die eigenen Triebwünsche abzuwehren, die sie seit dem Tod des Kindes als Verbrechen zu objektivieren gezwungen ist. Um sich selber zu erhalten, um sich gegen die vitalen Bedürfnisse ihrer Weiblichkeit, die sie nur als widernatürlich erfahren kann, zu behaupten, flüchtet Ottilie in das sittliche Kulturideal. Auf diese Weise ist ihre Entsagung das Gegenteil von Selbstüberwindung und Uneigennützigkeit: der verzweifelte, ganz ichbezogene Versuch, die eigene Person zu bewahren. Das ist der verborgene Angelpunkt aller das Verständnis der *Wahlverwandtschaft* irritierenden Äquivokationen. Was als kindliche Unschuld, ihre Jungfräulichkeit noch überbietend, Ottilie besonders dazu disponiert, eine Heilige zu werden, das ist eine Folge ihrer unveräußerbaren lebensgeschichtlichen Erfahrungen. Sie erlegen ihr auf, ein frühkindliches Beziehungsverhalten auch späterhin zu reproduzieren. Ebenso löst sich der Anschein von Freiwilligkeit auf, der ihr Entsagungsopfer – wie es heißt – höheren Weihen zugänglich macht.[144] Wenn Triebverzicht, Askese, Sprechverbot, kurz alles, was anderen eine Qual ist, ihrer Natur vollkommen zu entsprechen scheint, dann hat diese schon die Grenze zum Pathologischen überschritten. In Selbstzerstörung läßt Goethe die mit sich zerfallenen Naturen enden.

Einer weitverbreiteten Auslegung zufolge bestätigt der Roman, wenn auch aus der Perspektive des tragischen Untergangs, erneut das klassizistische Harmonieideal des Guten, Wahren und Schönen. Daß aber nicht einmal die ästhetisierende Verklärung der Schönheit, die Ottilie vollends zu entrücken scheint, der kritischen Umdeutung entzogen ist, geht aus unserem Ansatz schon hervor. Unserer Meinung nach ist ihre an Unsterblichkeit grenzende Schönheit ganz aus der Perspektive des Liebenden gestaltet. Ottilie ist „den Männern", insbesondere aber Eduard „ein wahrer Augentrost".[145] Unschwer ist darin das dem Roman zugrunde liegende Motiv jener legendären Odilie wiederzuerkennen, die als eine lichtspendende Schutzheilige der Blinden bekannt war. Auf die nämliche Weise strahlt auch Ottilie eine „Heilkraft" aus.[146] Als „ein freundlicher Schutzgeist"[147] öffnet sie Eduard wieder die Augen für das weibliche Geschlecht – in dem Sinne, wie Luther das phallische Liebesverlangen des Mannes aus der Sprache des Alten Testaments ins Deutsche übersetzt: „Ein Weib erkennen". Für Eduard ist das Bedürfnis, sich mit der Geliebten zu vereinigen, mit dieser Augenmetaphorik fortan eng verknüpft. Das „durchsichtige Glas", ein dem Auge verbleichbares Medium, wird zum Symbol seiner genitalen Triebwünsche.[148]

Eduard hält das Glas mit den ineinander verschlungenen Initialen E und O als ein äußerst zerbrechliches Schicksalszeichen in seinem Gewahrsam. Daß er die herbeigesehnte Vereinigung mit Ottilie in dem Bild dieses von Anfang an durch Zerstörung bedrohten Gegenstands symbolisiert sieht, ist aus der Sicht der Psychoanalyse kein Zufall. Wenn es richtig ist, daß Eduard, zeitlebens auf eine Mutterbindung fixiert, um die ungebrochene Entfaltung seiner Triebregungen fürchten muß, dann spiegelt sich in der Sorge um die Zerbrechlichkeit des Glases die Angst vor dem strafenden Vater. Freud hat die Kastrationsangst direkt bezogen auf die häufig in Träumen geäußerte Befürchtung, das Augenlicht einzubüßen.[149] Stellvertretend setzt der Roman dafür die Verletzlichkeit des Glases. Goethe selber scheint der Zusammenhang von Augenangst und Kastrationsangst nicht unbekannt gewesen zu sein, wie aus der eingeschobenen Novelle von den „Wunderlichen Nachbarskindern" deutlicher noch hervorgeht. Er schöpft offenbar aus dem gleichen Bilderfundus wie Freud, wenn er die vorläufige Trennung des füreinander bestimmten Paares in die Zeit der Kindheit verlegt und damit begründet, daß sich der Knabe, „um seine Augen zu erhalten",[150] gegen die Spielgefährtin zur Wehr setzen muß. Wichtig ist, daß das Mädchen in der männlichen Rolle eines kriegspielenden Kindes als sein Rivale ihn zu beschädigen, ihn seines Augenlichts zu berauben droht.[151]

Nicht mehr sehen zu können, ist gleichbedeutend mit dem Verlust der Genitalität. Eduard fürchtet nach dem Dahinscheiden Ottilies nichts so sehr, wie ihre lebendige Erscheinung aus den Augen zu verlieren. Ein Begräbnis in einer dunklen Erdkammer lehnt er ab. Gegen Ende hin verwandelt sich sein Kampf um die Durchsetzung genitaler Triebwünsche immer mehr in das Bemühen, sich von der Geliebten ein vollkommenes Bild zu erhalten. Der verborgene Zwang, Ottilie direkt zu sehen, sie anzuschauen und ihr nicht durch die Vermittlung eines Dritten, einer Petschaft, entgegenzutreten, enthebt bereits die Wiederbegegnung im Wirtshaus aller Zufälligkeit. Hinfort wird ihm der Anblick Ottilies zum Ersatz für die tatsächliche Befriedigung seines Begehrens. Wie er Ottilie schon zu ihren Lebzeiten durch kostbare Stoffe zu schmücken, zu erhöhen hoffte, so macht er sie im Tode endgültig zur unerreichbaren und überirdischen Schönheit. Auf seine „Einwilligung"[152] wird sie in einem „offenen Sarg", nur „mit einem Glasdeckel zugedeckt", in der Kapelle aufgebahrt.[153] Eine „immerbrennende Lampe" wirft Licht auf sie. Auf diese Weise scheint „der fortdauernd schöne, mehr schlaf- als todähnliche Zustand Ottilies" anzuzeigen,[154] daß sie „noch immer unter den Lebendigen" sei.[155] Die zur Unvergänglichkeit erhobene Schönheit stellt für Eduard den letzten Versuch dar, an dem eigenen Triebverlangen festzuhalten und zugleich auf seine Verwirklichung zu verzichten. Auf diesen prekären Kompromiß läuft sein Leben hinaus. Denn unter dem Druck der Kastrationsdrohung ist er gezwungen, die genitalen Wünsche in einer Gestalt zu objektivieren, die ihre Befriedigung unmöglich macht. Die Ästhetisierung Ottilies in dem Bild der unsterblichen Schönheit dient als ein äußerstes Mittel dazu, das Bedürfnis nach einer wirklichen Vereinigung so abzuwandeln, daß im Medium des schönen Scheins wenigstens die Hoffnung darauf unendlich prolongiert wird. Dieses Kunststück gelingt gleichwohl nicht auf Dauer. Das Glas geht in Scherben. Eduard bleibt das stets Befürchtete nicht verborgen. Seine unablässig gefährdete Virilität scheint endgültig gebrochen. Er stirbt.

Während der Roman darstellt, wie in der ästhetisierenden Entrückung zum unerreichbaren Ideal das andere Geschlecht verfehlt wird, gestaltet die Novelle das wechselseitige Sich-Finden von Mann und Frau als einen Erkenntnisvorgang. Am Beispiel zweier Nachbarskinder wird geschildert, wie ein heranwachsendes Mädchen nach seiner sexuellen Identität sucht. In einer Art Haßliebe ist es seinem ersten gegengeschlechtlichen Spielpartner verbunden. Das Mädchen will ihm in jeder Hinsicht ebenbürtig sein. Scheinbar im Unterschied zu Freud geht Goethe bei seiner Schilderung des männlichen und weiblichen Reifeprozesses davon aus, daß das Kind eine Polarisierung in Geschlechterrollen zunächst nicht wahrhaben will. Das schließt das „gewaltsame Verkennen“[156] des anderen ebenso wie des eigenen biologisch vorgegebenen Geschlechts ein. Das Mädchen in der Novelle will ein angriffslustiges männliches Wesen sein und zugleich den Knaben um das berauben, was ihn von es unterscheidet. Es scheint, als wehre es sich gegen die Auftrennung einer ursprünglich als Einheit erfahrenen polymorphen Sexualität. Diesen knappen Bemerkungen zufolge unterscheiden sich Goethe und Freud darin, daß dieser die Mann- bzw. Frauwerdung davon abhängig macht, daß das Kind an dem gegengeschlechtlichen Elternteil seine sexuellen Ansprüche genauer artikulieren lernt. Dagegen läßt Goethe die noch unspezifizierte Geschlechtlichkeit erst nach einer von gewaltsamen Irrtümern begleiteten Suche zum vollen Verständnis der je eigenen sexuellen Besonderheit kommen.[157] Freilich ergibt sich aus dieser Unterscheidung kein trennender Gegensatz. Es ist eher so, daß der vom Standpunkt der Theorie weniger explizite Sprachgebrauch der erzählenden Darstellung solche Differenzierungen nahelegt. Goethe wäre obendrein zugute zu halten, daß er die gelungene Vereinigung der Geschlechter, beispielhaft an jenen Nachbarskindern gezeigt, als einen Erkenntnisvorgang zu begreifen erlaubt. Denn ausführlicher als wir das bei Freud finden können, bindet er sie an die Identitätsbildung und das „Anerkennen“[158] des eigenen und des anderen Geschlechts zurück. Nicht wirklich im Leben den Geliebten erkannt zu haben, ist das Schicksal Eduards und Ottilies.

IV. „sociale Verhältnisse“

Im einzelnen mag man sich zu den vorgetragenen psychoanalytischen Interpretationsvorschlägen stellen, wie man will. Der Verfasser ist sich bewußt, daß die Untersuchungsergebnisse Freuds in den Händen des Laien häufig unkontrolliert zu wuchern beginnen und eine übertriebene Anpassungsfähigkeit an Sachverhalte zeigen, die viele Jahrzehnte vor die Ausarbeitung der Psychoanalyse fallen.

Entscheidender scheint uns jedoch die Frage, ob es zulässig ist, den Lebensroman Eduards und Ottilies um die Vorgeschichte zu erweitern, die wir aus verstreuten Hinweisen, Andeutungen und Anspielungen zusammengetragen haben. Daß es Goethe nicht unbekannt ist, eine Geschichte gewissermaßen chronologisch zu entfalten und den Blick zugleich so zurückzulenken, daß das im engeren Sinne nicht zur Fabel Dazugehörige den Schlüssel für das Verständnis des Ganzen enthält, wissen wir aus den *Lehrjahren*, insbesondere seiner Hamletinterpretation. Aber auch das kann die Zweifel nicht beseitigen, die die Literaturwissenschaft grundsätzlich gegen die Psychoanalyse als Erklärungshilfe hegt. Gewichtig sind die Vorbehalte gegen ihre Leistungsfähigkeit, die besonders schwer in einer Zeit wiegen, die literarische Texte wieder stärker auf die Sozialgeschichte zurückzubeziehen versucht. Der psychoanalytische Ansatz erweist sich oft als unhistorisch, wenn er Lebensgeschichten auf den Zusammenhang eines Familiendramas reduziert. Die Kernfamilie als Erziehungsagentur und unerschöpflicher Quellgrund weit auseinanderstrebender Einzel- und Sonderschicksale verhält sich oftmals indifferent gegenüber einer genaueren sozialgeschichtlichen Positionsbestimmung. Im Zentralbegriff des Ödipuskomplexes werde gar eine bestimmte Familienkonstellation als ein scheinbar mythisches Universal festgeschrieben.

Wie diese Kritik eher auf einem Vorurteil gegenüber der Psychoanalyse beruht, so ist sie erst recht den goetheschen Romanen gegenüber unzutreffend. Geothe verfügte mit Sicherheit über keine dem psychoanalytischen Modell vergleichbare Theorie, die nur ähnlich detailliert ausgeführt und auf den ödipalen Konflikt ebenso ausdrücklich konzentriert wäre. Er besaß offensichtlich gewisse analytische Kenntnisse, die in der nachträglichen Präzisierung durch die Arbeiten Freuds als überraschende Vorgriffe innerhalb ein und desselben Traditionszusammenhangs gelten können. Diese unbestimmte Nähe bzw. relative Entfernung zu dem, was später mit naturwissenschaftlichem Anspruch ausgearbeitet wurde, hält den Roman dafür offen, sich zusammen mit der Psychoanalyse auch solchen Deutungsmöglichkeiten zu erschließen, die sich inzwischen in Erkenntnis- und Handlungstheorien einerseits und in Theorien des sozialen Wandels andererseits ausdifferenziert haben. Grundsätzlich ist Literatur nicht dem gleichen Maßstab theoretischer Explizitheit verpflichtet. Umso zwangloser kann sie integrieren, was im arbeitsteiligen Wissenschaftsprozeß längst in verschiedene Sparten auseinandergefallen ist.

Goethe sah die Sozialisation des Menschen eng verknüpft mit dem Wechsel der Generationen. Er hat die Entwicklung des Heranwachsenden als schrittweise Ablösung von den Eltern parallelisiert mit der Ausbildung von Wahrnehmungs- und Handlungsweisen. Sie sind die Grundlage für sozioökonomische Verkehrsformen und desweiteren für den in historischen Dimensionen sich vollziehenden Übergang von dem Feudalismus zur bürgerlichen Marktgesellschaft. Es ist unsere Meinung, daß Goethe sich diese umfassende, die ganze Vielfalt der modernen Gesellschaftswissenschaften umspannende „Konzeption" nach durchgängigen Prinzipien strukturiert dachte. Das würde erklären, wie in den *Wahlverwandtschaften* das scheinbar abseitige Schicksal einiger zurückgezogen lebender Adliger zum Paradigma für den Erneuerungsversuch einer Gesellschaft werden kann. Es würde erklären, warum bestimmte Formen der Wirklichkeitsauffassung wie zum Beispiel der Narzißmus oder die in der Einstellung des Opfers vollzogenen Handlungen eine Annäherung an die bürgerliche Welt unmöglich machen. Soweit es dem Verständnis des Romans dient, sei in Umrissen skizziert, wie der problematische Verlauf individueller Lebensgeschichten solche Konflikte trägt, die auf der Ebene des sozialen Wandels einem historischen Maßstab folgen.

Zunächst kehren wir noch einmal zu dem psychoanalytischen Erklärungsmodell zurück, dem der Roman – wie wir meinen – in so aufschlußreicher Weise zu entsprechen vermag. Als sein wesentliches Kernstück erscheint der Ablösungsprozeß des Kindes von den Eltern. Dieser mündet ein in das ungeteilte Bekenntnis zur eigenen Geschlechtlichkeit als einer Vorbedingung dafür, daß auch das andere Geschlecht als solches erkannt werden kann. Für Freud ist die ödipale Phase entscheidend für die geschlechtsspezifische Entwicklung, auch wenn er die Ausdifferenzierung des Sexus nicht ebenso fundamental als einen Erkenntnisvorgang beschreibt. Den Eltern fällt dabei die Rolle zu, daß sie die ersten natürlichen Liebesobjekte sind, in denen das Kind seine besonderen Triebbedürfnisse, diese an sie herantragend, wiedererkennt. An dem gegengeschlechtlichen Elternteil erfährt es zum ersten Mal, was seine ihm eigentümlichen genitalen Wünsche sind und wie es sich selber und das eigene Wollen zu verstehen hat. Doch so wichtig die Eltern sind, damit das Kind seine sexuelle Identität erfassen kann, so unerläßlich ist es, daß es sich von ihnen wieder losmacht, sie überwindet. Denn in den Eltern begegnet es, weil es sich nicht wirklich mit ihnen vereinigen kann und darf, letztlich nur sich selber. Was Freud den Sieg der Generation über das Individuum nennt, das ist die notwendige Umlenkung der im elterlichen Spiegel entdeckten besonderen Triebwünsche auf einen außerfamiliären Repräsentanten des anderen Geschlechts.

In einer Art Tauschbeziehung stellen die Eltern auf dem Weg zum richtigen Partner jene „Mittelsperson(en)"[159] dar, an die sich das Kind mit seinen Wünschen zuerst entäußernd, als dasjenige mit sich identische Geschlechtssubjekt begreifen lernt, das es erst werden muß, damit es das andere Geschlecht überhaupt wahrhaben und seines „inneren Wertes" entsprechend auch „anerkennen" kann.[160] Ohne die vermittelnde Funktion der Eltern würde eine noch undifferenzierte Geschlechtlichkeit das Liebesobjekt in dem Bedürfnis nach rückhaltloser Aufopferung verfehlen oder in einem Anfall von Feindseligkeit zerstören. Die den Eltern gegenüber unerläßliche Versagung bewahrt jeden frühzeitig davor, sich grenzenlos zu über- oder zu unterschätzen und sich so oder so zu verlieren. Wie in jeder auf Gegenseitigkeit beruhenden Wechselbeziehung, die die bürgerliche Gesellschaft Goethes kennt, ist auch der Verkehr der Geschlechter das Gegenteil einer Unterwerfung unter den identischen Willen. Er ist weder totale Entäußerung der Persönlichkeit noch rohe Überwältigung des anderen, sondern über alle Stufen der Hingabe und Bereicherung hinweg vor allem ein Akt gesteigerter Erhaltung des eigenen und des anderen Selbst.

Diese eher grundsätzliche Argumentation erklärt aus der generellen Sicht bürgerlicher Verkehrsformen noch einmal die wichtige Funktion der Eltern für die Lebensgeschichten Eduards und Ottilies. Jeder von beiden ist auf seine Weise auf die Eltern und ein frühkindliches Beziehungsverhalten fixiert. Deren gelungene Überwindung, die rechtzeitige Distanzierung von ihnen als bloßen „Mittelspersonen", wäre die Voraussetzung dafür, daß die Begegnung mit dem anderen Geschlecht nicht in eine Katastrophe einmündet. So aber müssen Eduard und Ottilie füreinander unerreichbar bleiben, weil keiner in ungebrochener Übereinstimmung mit den eigenen Triebansprüchen dem anderen das sein kann, was diesen erst recht und ganz zu sich selber bringen würde. Die unaufgelöste Bindung an die Eltern – in sozialgeschichtlichen Kategorien: die persönlich, noch nicht versachlichte Abhängigkeit – hindert sie daran, zwischen Selbst- und Objektrepräsentanz richtig zu unterscheiden. Auf der Ebene symbolischer Interaktion wirkt es sich darin aus, daß Eduard zeitlebens einem Narzißmus verhaftet bleibt, der ihn zwingt, die Objektwelt in einen personalen Bezug zu sich zu setzen, sich gleichsam alles einverleibend, was ihm begegnet. Sein Schicksalsglaube, sein Aberglaube entspringt dem Unvermögen, das von ihm Abweichende, ihm Entgegenstehende anders denn als Gefährdung seiner Person zu begreifen. Er muß sein eigenes Verlangen totalisierend, sich alles und allem angleichen. Ebenso wie sich darin eine maßlose Selbstüberschätzung ausdrückt, kann dieser magische Animismus auch in jene übertriebene Anpassungsfähigkeit umschlagen, die sich seiner bemächtigt, als er das Kriegsglück zum Richter über sich erheben und sich in eigener Person „an die Stelle des Glases zum Zeichen machen" will.[161]

Im Prinzip nicht anders steht auch Ottilie unter dem Zwang, alles Trennende, alles, was die Verselbständigung ihrer Person gegenüber den Eigenansprüchen der äußeren Welt bewirken könnte, wieder zu tilgen. Ihre lebensgeschichtlichen Erfahrungen nötigen sie, die befreiende Unterscheidung von Selbst- und Objektrepräsentanz dadurch zu unterlaufen, daß sie, das Selbstopfer nicht scheuend, eine unendliche Bereitschaft zeigt, sich mit dem anderen zu identifizieren. Sie macht sich die Handschrift Eduards ebenso vollkommen zu eigen wie seine willkürliche Behandlung musikalischer Vorlagen. Noch in dem Moment, da es sie das Kind zu beseitigen drängt, kann sie das nur in der Weise und unter der Bedingung, daß sie sich dem Willen Charlottes unterwirft, die – wie sie irrtümlich zu sehen glaubt – auf der Terrasse wartet, sie zur Eile drängt und ihr gewissermaßen die Kahnfahrt zumutet.[162] So wird noch die sinnliche Wahrnehmung der Realität dadurch bestimmt, zwanghaft von der eigenen Person abzusehen. Ottilie meint, sich nur unter der Form des Opfers selber verwirklichen zu können. Entwicklungsgeschichtlich entspricht das einer Stufe, auf der die besonderen Interessen noch nicht so ausdifferenziert sind, daß sie sich ohne Verlust des jeweiligen Selbst mit den antagonistischen Interessen anderer vermitteln ließen. Erst wenn Mittelbarkeit die Beziehung der Menschen untereinander charakterisiert, wenn die Interessen der einzelnen in den besonderen Fähigkeiten und Fertigkeiten substantielle Gestalt annehmen, kann sich jeder, an dieses Dritte entäußernd, als die unverwechselbare Person, die er ist, behaupten und zugleich noch etwas hinzuerwerben. Dagegen ist Ottilie durch ihre Vorgeschichte daran gehindert, sich speziellere Kenntnisse – etwa beim Schulaufenthalt in der Pension – anzueignen. So steht sie auch nicht auf der Stufe der entfalteten bürgerlichen Gesellschaft, deren Mitglieder sich nicht anders als mittelbar und wechselweise ihres jeweiligen Vorteils versichern können.

Ebenso regrediert Eduard auf ein vorbürgerliches Entwicklungsstadium, indem er sich in allem selber bespiegelt. Sogar da, wo er sich eines Mittels bedient, setzt er es nicht seiner inneren Zweckmäßigkeit entsprechend ein, sondern handhabt es nach willkürlichen Eingebungen. Er hält denjenigen in niedrigster persönlicher Abhängigkeit, dem er die vermeintlich größte Freiheit zuteil werden läßt. Eben das wollen jene Vorfälle mit dem Bettler besagen, der einmal gescholten, ein andermal mit einem Goldstück beschenkt und dann wieder unverhältnismäßig beneidet,[163] immer ein Spielball selbstherrlicher Launen ist. In allen Fällen wird der Bedürftige nicht in das richtige Verhältnis zu den Mitteln gesetzt, die ihn eine eigene Würde, ein personales Selbst jenseits seines zeitlosen Schicksals als Bettler zu entwickeln erlaubten. Auf die gleiche Weise ist für Eduard politisches Handeln auch nur in der Form einer direkten Unterstellung unter die Person des Herrschenden denkbar. Dessen Wille ist der allgemeine; und weil dieses „unumschränkte Majestätsrecht“[164] nicht aus einer Vermittlung partikularer Interessen entspringt, setzt es sich sogleich in Befehle um. „Ich mag mit Bürgern und Bauern nichts zu tun haben, wenn ich ihnen nicht geradezu befehlen kann“, läßt sich Eduard einmal vernehmen.[165]

Die bürgerliche Gesellschaft ist dagegen ein Geflecht mittelbarer Beziehungen. Sie tritt an die Stelle leib- und persongebundener Abhängigkeiten. Zwei Voraussetzungen hält Goethe – nach unserer Kenntnis der *Lehrjahre* – für unabdingbar, damit sie nicht wieder auf das Niveau einer feudalistischen Lebensordnung zurückfällt. Jeder muß sich zu seiner natürlichen Besonderheit bekennen können, und es muß eine Vielzahl solcher sich gegeneinander bewegender Einzelinteressen geben. Daraus folgt notwendig, daß sich die Wünsche und Absichten eines jeden nicht direkt verwirklichen lassen. Die nicht weniger egoistischen Bestrebungen der anderen erlegen mir nur insofern keine unüberwindliche Selbstbeschränkung auf, als ich in einer Situation konkurrierender Interessen mich immer wieder eines wechselseitigen Nutzens vergewissere und, den Vorteil des anderen befördernd, mittelbar meinen eigenen voranzutreiben suche. An meinen Zielen und Zwecken halte ich unverrückt fest, aber im Gebrauch der Mittel ist es unerläßlich, sich gegenseitig abzustimmen und zeitweilig zu einer Verschränkung rivalisierender Vorhaben zu kommen. Auf diese Weise den anderen darin zu unterstützen, seine Bedürfnisse zu befriedigen, und dabei zugleich meinen eigenen Zugewinn im Auge zu behalten: das freilich gelingt nur, wenn ich auch weiß, was ich will. Wünsche zu haben, ist das Selbstverständlichste von der Welt. Aber das Richtige zu wollen, ist ungleich schwerer. Das hat zur Bedingung, daß einer sich selber kennt oder – weil das schlechterdings nicht vorauszusetzen ist – daß er nicht schon von vornherein, gleichsam im Ansatz, die ihm eigene natürliche Besonderheit, sein unverwechselbares Selbst, verfehlt.

Wilhelm, der „Held“ der *Lehrjahre,* folgt zwar grundsätzlich den richtigen Wünschen, aber er interpretiert sie falsch. Entgegen seiner besseren Intention mißversteht er sich teilweise selber, indem er ein bürgerliches Bildungsziel nur durch Annäherung an die Sphäre des Adels glaubt erreichen zu können.[166] Das trägt ihm die Odyssee seines Lebens ein. Dagegen weiß die Gesellschaft in den *Wahlverwandtschaften,* was an der Zeit ist; sie bemerkt die neueren Tendenzen und möchte an ihnen teilhaben. Aber sie kann ihnen entgegen der eigenen Absicht nicht gerecht werden, weil jeder mit sich und seinem natürlichen Selbst schon in der Dimension seiner lebensgeschichtlichen Sozialisationsbedingungen zerfallen ist. Weder Eduard noch Ottilie können sich zu ihrer je ungebrochenen Besonderheit befreien und sich ihre realen Triebansprüche bekennen. Das freilich wäre die Voraussetzung dafür, daß sie das ihrer Natur und der Zeit Gemäße auch wirklich wollten. So aber schlägt sie „jenes gewaltsame Verkennen“[167] in Bann. Sie handeln unter dem Zwang, das ihrer Natur Widerstrebende wollen zu müssen. Die früheren Umstände ihrer Biographie sind derart, daß es Eduard und Ottilie zur zweiten Natur wird, ihre vitalen Eigeninteressen zu unterdrücken; während Wilhelm nur auf der Ebene interpretierter Bedürfnisse in Irrtümern befangen ist.

Wollte man das Prinzip rekonstruieren, das die Neue Zeit hervorbringt, so wäre es die aus dem Marktgeschehen sich herleitende Mittelbarkeit in allen zwischenmenschlichen Beziehungen. Wo dieses nicht ausgebildet ist, wo der einzelne sich unmittelbar mit seiner Person, mit seinem Leib, seinem Leben ins

Verhältnis setzt, da ist die Unverhältnismäßigkeit selber zum Prinzip erhoben und eine frühere Entwicklungsstufe, die einseitigen Formen von Herrschaft und Hörigkeit, noch nicht überwunden. Für Goethe wiederholt sich der soziale Wandel von der feudalen zur bürgerlichen Gesellschaft in der Biographie eines jeden. Was in sozialgeschichtlicher Dimension die Überführung des Erbes in den Zirkulationsprozeß der Waren ist, also zum Beispiel die Kapitalisierung grundherrlichen Landes, das ist im lebensgeschichtlichen Zusammenhang des einzelnen seine stufenweise Loslösung von den Eltern. Im Übergang von der Bindung an die Familie zum freien Wechsel der Generationen vollzieht sich die Distanzierung von den elterlichen „Mittelspersonen“ als ein Prozeß, in dessen Verlauf der Heranwachsende das eigene Selbst, seine jeweilige Besonderheit in Unterscheidung zu dem, was er nicht ist, erkennen lernt. Das Vermögen, zwischen Selbst- und Objektrepräsentanz richtig zu trennen, bildet die Voraussetzung dafür, daß die Beziehung zur Mitwelt, auch die zum anderen Geschlecht, die freiere Gestalt eines Wechselverhältnisses annehmen kann. Denn nur im Bewußtsein meines Eigenwertes kann ich mich als Mittel für die Befriedigung der Bedürfnisse anderer so gebrauchen lassen, daß ich dadurch zugleich meine eigenen Zwecke realisiere. Wenn aber der natürliche Egoismus gebrochen ist, wenn lebenslang das Inzestverbot droht und das Bekenntnis zur eigenen Geschlechtlichkeit unterläuft, dann mißrät die Begegnung mit dem anderen ebenso wie alle Versuche, sich mit der bürgerlichen Welt ins richtige Verhältnis zu setzen. Davon erzählen die *Wahlverwandtschaften.*

Der Roman schildert, wie einem Kreis von Adligen trotz aller Anstrengungen, sich nach der Natur zu erneuern, die Annäherung an die neue bürgerliche Zeit mißlingen muß. Bürgerliche Lebens- und Verkehrsformen werden adaptiert, aber sie bleiben diesem Adel äußerlich. Ein Vorwerk wird verkauft, Grund und Boden wird kapitalisiert, sogar Geld wird aufgenommen über die kluge Verrechnung von ausstehenden Zinsen; aber ungewohnt zu haushalten, ist die Kasse bald wieder erschöpft.[168] Bereits die Ausgangssituation ist in dem weiteren Sinne, wie wir es von dem Interaktionsmodell der *Lehrjahre* kennen, ökonomisch motiviert. Zwischen den Eheleuten Eduard und Charlotte gibt es eine Meinungsverschiedenheit. Entgegengesetzte Interessen treffen aufeinander. Zwei Gespräche bringen keine Einigung, obgleich jeder im Verlauf der Auseinandersetzung die Position des anderen auch einmal als seine eigene ausweist. Erst die Kontingenz der äußeren Umstände macht sichtbar, daß die Standpunkte gegeneinander austauschbar und miteinander vereinbar sind. Mittler heißt der wirklich, der zufällig hinzutritt und ungewollt einen Ausgleich herbeiführt, in dem jeder seine eigenen Interessen verwirklicht sehen kann: Eduard zieht den Hauptmann, Charlotte die „geliebte Pflegetochter“ Ottilie zu sich heran. Offenbar liegt hier eine Interessensverschränkung vor, wie sie befriedigender für alle

Seiten in der bürgerlichen, die Gegensätze über den Markt vermittelnden Gesellschaft gar nicht denkbar ist. Aber der Schein trügt. Eduard und Charlotte sind nicht so aufgeklärt, und die Ehe ist keine so fortschrittliche Institution, daß beide in ihr frei wären. Der Zufall, der in der Gestalt Mittlers hinzutritt, schaltet sich nicht wirklich dazwischen, wird als vermittelnder „Dritter“[169] nicht ausdrücklich tätig. Es zeigt sich schon hier, was für den ganzen Roman gilt: Der Zufall ist zwar objektiv das Prinzip der Marktgesellschaft, wie die *Lehrjahre* zu verstehen geben, aber er läßt sich nicht subjektiv dazu machen, er läßt sich nicht vorsätzlich in Handlungskonzepte einbauen, ohne seine produktive Funktion ins Gegenteil zu verkehren. Wenn Eduard daher dem Würfel, dem Los die Entscheidung überlassen will,[170] dann lebt er an den Grundsätzen des Liberalismus ebenso vorbei wie Charlotte, die zuletzt ihre Einwilligung gibt, indem sie recht eigentlich ihrem Ehemann darin folgt, daß sie in allen „neue(n) Verhältnisse(n)“ nur „Wagestücke“, nur eine Art „Blindekuh“-Spiel sehen kann.[171]

Nach sozioökonomischen Grundtatsachen ist auch die zentrale Thematik des Romans gestaltet. Die wahlverwandtschaftliche Viererbeziehung, die sich zu einer Liebe über Kreuz entfaltet, ist dem marktbedingten Tauschverhältnis nachgebildet. Auf dieses Handlungsmodell des klassischen Liberalismus führt Goethe schon im 8. Buch der *Lehrjahre* und in der Novelle *Der Mann von funfzig Jahren* jene Liebeswirren zurück, die dadurch entstehen, daß füreinander bestimmte Partner sich trennen und sich mit den Gliedern eines anderen Paares gegenseitig wieder verbinden.[172] Dem liegt das aus der Ökonomie abgeleitete Prinzip zugrunde, daß Aneignung nur im Maße der Selbstenteignung zu einem allseits befriedigenden Endc führt. Jeder muß, um etwas Neues zu besitzen, sich auch teilweise seines Eigentums und seiner Bindung daran entledigen. Die *Wahlverwandtschaften* und die sich überkreuzenden Verhältnisse der vier Hauptfiguren geben sich zunächst den Anschein, als würden sie diesem natürlichen Tauschprinzip vollkommen entsprechen.

Sogar ein Kind ist da, das wie Felix in den *Lehrjahren* geeignet wäre, zum Vermittler des ins Stocken geratenen Interessenausgleichs zu werden. Wie Felix seinem Vater mittelbar zur Ehefrau und sich selber zu einer neuen Mutter verhilft, so scheint auch das gerade geborene Kind Ottilie mit Eduard zu verbinden, indem die schöne Pflegerin ihm eine zweite Mutter ist. Einer der radikalsten Gedanken aus den *Lehrjahren* setzt sich im Motiv des durch eine „doppelte Ähnlichkeit“ charakterisierten Kindes fort. Die liberale Forderung, daß es nicht länger personengebundene Beziehungen geben solle, kehrt wieder in der Figur des mit seinen leiblichen Eltern nicht eindeutig identifizierbaren Sohnes. Das Kind, früher der fleischgewordene Siegel auf die eheliche Verbindung, ist dadurch in die Lage versetzt, das Band der Ehe lösen und neu knüpfen zu können.

So erscheinen den ganzen Roman hindurch die Tendenzen zur Erneuerung an den natürlichen Grundlagen unvermindert stark. Konstellationen, die in den *Lehrjahren* auf der Basis eines liberalen Ökonomieverständnisses und eines entfalteten Marktgeschehens für ihren „Helden" letztlich den Erfolg bedeuten, kehren in den *Wahlverwandtschaften* wieder. Selbst die Ehe, die sich lange Zeit einer Lebensneugestaltung im Wechsel von Geben und Nehmen widersetzt und die sich mit ihren unmittelbaren Ansprüchen an den anderen wie ein Relikt aus der Feudalzeit ausnimmt, erscheint nach Charlottes Einwilligung auflösbar. Wie überhaupt die geschilderte Sozietät zuletzt aufgeklärt genug ist, mit der Scheidung einen neuen Anfang zu akzeptieren. Sogar Ottilie gibt sich noch einmal den Anschein, als würde sie sich in liberale Prinzipien schicken. Durch keinen Vertrag läßt sich in diesem kontingenten Leben ein Vorsatz und noch viel weniger die Identität besonderer Interessen auf Dauer stellen.[173] Das scheint Ottilie gelernt zu haben, wenn sie, allen Wechselfällen vorgreifend, sich nicht wieder durch ein Gelübde, durch einen Vertrag bindet, sondern sich „zufällig, vom Gefühl gedrungen" in das Mögliche ergibt.[174] Doch wie in allen Fällen öffnet sie sich damit dem ‚natürlichen Weltlauf' nur scheinbar.

Der Kreis adliger Personen in den *Wahlverwandtschaften* sucht Anschluß an die Lebens- und Handlungsweisen einer bürgerlichen Zeit. Noch kurz vor der Katastrophe kehrt man zu Formen der Geselligkeit zurück, von denen es an früherer Stelle hieß, daß sie „den Wohlstand, die Vorteile und das Behagen der bürgerlichen Gesellschaft vermehren".[175] Gleichwohl scheitert die Erneuerung nach der Natur, sie bleibt im Vorstadium bloßer Nachahmung stecken. In unterschiedlicher Annäherung an die natürlichen Prinzipien der Marktgesellschaft werden diese von allen verfehlt. So ist es auch nicht der Fortschritt des Bürgertums, den der Roman in Frage stellt, sondern die Lebensführung desjenigen Adels, der, ohne sich wirklich an seiner Basis zu verändern, in dem Bemühen sich vorwärtszuentwickeln von ihr eingeholt wird. Für diesen Teil des Adels endet es tödlich.

Was dabei unter dem Begriff der Basis zu verstehen ist, hat Goethe im Werk dialektisch entfaltet. Es ist die zwischen dem gesellschaftlichen Sein und der Ausbildung eines natürlichen Selbst ausgespannte Wechselbeziehung. Die Anerkennung der jeweiligen naturgewollten Besonderheit im liberalistischen Gesellschaftsmodell hat der Autor der *Wahlverwandtschaften* fundamental gefaßt und auch das ungebrochene Bekenntnis zu den besonderen sexuellen Triebwünschen darunter begriffen. Die Übernahme der Geschlechtsrolle bzw. die Suche nach der sexuellen Identität ist – wenngleich in der fragmentarischen Form verstreuter Reminiszenzen und Andeutungen, sonst aber an den Folgen ablesbar – als Sozialisationsprozeß im Werk dargestellt. In diesen gehen so elementar-ökonomische Sachverhalte bestimmend ein wie die völlige Mittellosigkeit des Waisenkindes Ottilie und die über alle Maßen reichliche Subsistenzvorsorge für den verzärtelten Erbsohn Eduard. Diese ebenso extremen wie typischen Ausgangssituationen sind kennzeichnend für einen Adel, der entweder nur durch das äußere Band der Standeszugehörigkeit oder durch das feudalistische Grundfaktum des Erbes in seiner materiellen Existenz erhalten wird. Absolute Mittellosigkeit und die Determinierung durch das Erbe sind jedoch in der Dimension biographischer Einzelschicksale nur eine Umschreibung dafür, daß der Vater als Mittelsperson entweder ganz fehlt oder zeitlebens so dominant ist, daß der Prozeß der Selbstfindung gestört ist. Hier liegen die Ursachen für die im Roman sich entwickelnde Katastrophe. Jeder verfehlt, weil er sich selber fremd bleiben muß, den anderen, dessen er doch zu seiner eigenen Rettung bedürfte.

Die Selbstentfremdung ist bei Goethe nicht weniger materialistisch fundiert als bei Marx. Wie überhaupt die vollständige Durchdringung alle Einzelzüge des Romans durch ökonomisch und triebgeschichtlich interpretierbare Grundtatsachen aus der hier gewonnenen Perspektive sichtbar wird. Aber im Unterschied zu Goethe leitet Marx die Entfremdung von den Produktionsverhältnissen und insbesondere davon ab, daß der Arbeiter, der nicht im Besitz der Produktionsmittel ist, seiner eigenen gegenständlichen Tätigkeit fremd gegenübertritt. Es verstieße jedoch gegen ein Axiom goetheschen Geschichtsverständnisses, wenn der soziale Wandel von der Feudalzeit zur bürgerlichen Gesellschaft nicht in jedem individuellen Fall zur Entscheidung stünde und sich nicht auch darin vollendete: als Befreiung oder Selbstzerstörung. Nicht als Klasse, sondern an ihren einzelnen erneuerungsunfähigen Gliedern wird die Feudalgesellschaft absterben, so erzählen es die *Wahlverwandtschaften.*

V. Zur Hervorbringung des Romans

Was bedeutet es für die Ästhetik des Romans, wenn sich als das Ergebnis der Interpretation das Gegenteil von dem einstellt, was die erste Lektüre erwarten läßt; wenn eine andere Deutung herausspringt, als der offenbare Augenschein bestätigt und als selbst das Wort des Erzählers zu beglaubigen scheint? Dieser Frage haben wir schon einmal unsere Aufmerksamkeit zugewandt[176] und sind zu dem Schluß gekommen: Die Umkehrung des Sinnes – beispielhaft gezeigt an Ottilies unversöhlichem Ende – bildet die Gelenkachse eines kommunikativen Prozesses, in dem die Verständigung über das Werk zur Selbstverständigung des Lesers mit sich und seinen Traditionen wird. Gestützt auf eine Reihe wirkungsgeschichtlicher Dokumente gingen wir davon aus, daß der Leser über die Identifikation mit der Hauptfigur Ottilie, besonders mit ihrem traditionell hochbewerteten Entsagungsopfer in das Werk hineingerufen wird. Er kommt darin als einer zur Darstellung, der – „je sittlicher er selbst ist“[177] – das Sinnliche nicht siegreich sehen kann, ohne es moralisch geläutert zu wissen. So läßt er „das Sinnliche Herr werden, aber bestraft durch das Schicksal, das heißt: durch die sittliche Natur, die sich durch den Tod ihre Freiheit salviert“.[178] Diese Mitteilung Riemers nach einem Gespräch mit Goethe ist deshalb so aufschlußreich, weil darin das Inszinatorische der Leserrezeption hervorgehoben wird. In zweierlei Weise plant Goethe sie offenbar ein: sowohl in bezug auf die lebensgeschichtlichen Erfahrungen des Lesers, die ihn veranlassen, an die Lösung von Konflikten bestimmte Erwartungen heranzutragen; als auch hinsichtlich des Werkes selbst, das durch die Art der Gestaltung solchen erlernten Deutungsschemata zu entsprechen vermag. Nicht die Selbstinterpretation des Autors, sondern die erzählerische Inszenierung einer Interpretation durch den moralisierenden Leser wird verhandelt, wenn es um die Erklärung dafür geht, warum „Ottilie karterieren“ muß. „Nun feiert erst das Sittliche seinen Triumph.“[179]

Wir faßten die vorsätzlichen Reflexion auf eingelebte Urteile und die darauf zielende Organisation des Erzählmaterials in dem Begriff der Leserdarstellung zusammen. Dieses Bild eines nach seinem vorgängigen Selbstverständnis sich aussprechenden Lesers kristallisiert sich um die Apotheose Ottilies. Auch wenn die Heiligenverklärung metaphorisch gedeutet wird, die moralische Erhebung – wie Goethe sie als Forderung des im sittlichen Wettstreit sich gegenseitig überbietenden Lesepublikums antizipiert – wird dadurch nur gesteigert. Das Opfer adelt die Liebe, ja, es läßt die Liebe als jene Elementargewalt erscheinen, die sich den Formen gesellschaftlichen Zusammenlebens überhaupt entzieht. Wir haben die dezidiert ahistorischen und antigesellschaftlichen Implikationen einer Deutung hervorgehoben, die unkritisch an der Erhöhung Ottilies zum unerreichbaren Vorbild festhält. Die Rede vom Tragischen, von einem mystischen Naturbegriff, von Schicksal und höherer Bestimmung, die, obgleich für Goethe sonst uncharakteristisch, die Literatur zu den *Wahlverwandtschaften* durchgeistert,[180] hat ihren Grund in der einer vorbürgerlichen Zeit zugehörigen heroisch-sakralen Würde des Opfers.

Es war unsere These, daß ein solcher Leser nicht ins Werk gesetzt ist ohne die Chance, sich davon zu distanzieren.[181] Auf der Grundlage der antinomischen Struktur des Romans haben wir den Nachweis geführt, daß die identifikatorische Vereinnahmung überkommener Rezeptionseinstellungen nur die eine Seite ist, die andere Seite dagegen durch Widersprüche gekennzeichnet ist, die die Selbstdarstellung des Lesers wieder unterlaufen. Bis hinein in den symbolischen Gebrauch der Bilder ließ sich zeigen, daß einerseits die an den Roman herangetragenen Erwartungen bestätigt werden, andererseits aber eine solche vorgängige Bestätigung verkehrten Harmonisierungen aufsitzt.[182] Wir haben diese in das Werk hinein verfolgte zirkelhafte Verstehensstruktur in den kommunikationsästhetischen Ansatz einer Mimesistheorie eingebracht. Der Leser, der sich seinen eingewöhnten Vorurteilen nach im Werk vergegenständlicht, wird durch eben dieses Werk auch dazu angeleitet, von seinen ideologieverdächtigen Positionen selbstkritisch abzurücken.

Es ist nicht unsere Absicht, diese an den *Wahlverwandtschaften* festgemachte Konzeption einer ideologiekritischen Literatur der Moderne zu widerrufen. Wohl aber möchten wir dort, wo wir uns zu stark an Hegel angelehnt haben, Goethes besonderen ästhetischen Standort deutlicher hervortreten lassen. Freilich sind gerade die Widersprüche in den *Wahlverwandtschaften* auf eine Weise zugespitzt, daß sie einer an Hegels „Umkehrung des Bewußtseins" anknüpfenden Methode der Ideologiekritik zugänglicher sind als andere Romane Goethes. Ja, in gewisser Hinsicht stehen sie – wie noch zu zeigen ist – auf der Grenze zu einer Literatur, die sich die Auflösung eingeschliffener Vorurteile zum Ziel setzt. Zu sehr an Hegel orientiert, scheint mir heute die aus der Werkstruktur hergeleitete Formalisierung von Verstehensprozessen, die ich als interpretatorische Entäußerung des Lesers ans Werk und als die Aufhebung dieser werkvermittelten Vergegenständlichung beschrieben habe. Hegelsch ist daran vor allem, daß von Lernprozessen ausgegangen wird, die sich nahezu bewußtseinsimmanent abwickeln. Als ließen sich Veränderungen im historisch-gesellschaftlichen Maßstab erreichen, also kraft der Reflexion. Dagegen begreift Goethe jene Reflexivität des Werkes, die wir, gestützt auf die antinomische Struktur des Romans, unter dem Titel von Hermeneutik und Ideologiekritik verallgemeinert haben,[183] auch sehr konkret und inhaltsbezogen. Das heißt: noch vor einer Stilisierung der reflexiven Werkgestalt zu einem mit dem Erkenntnisfortschritt identifizierten methodischen Verfahren, also zu dem, was wir in ideologiekritischer Absicht Interpretationsarbeit nannten, kommt es darauf an, von der Sache her die den *Wahlverwandtschaften* eingeschriebene Dialektik zu erfassen.

Unser interpretatorisches Vorgehen bewegte sich, darin der Zirkelstruktur des Werkes folgend, in zwei gegenläufigen Richtungen. Zum einen haben wir den Roman „in der Perspektive der Figuren" ausgelegt. Im Vordergrund steht die Absicht, sich durch Wiederannäherung an die Natur zu erneuern; eine Absicht, die ebensooft scheitert, wie sie zuletzt in der Gestalt Ottilies, diesem aus seiner Bahn geworfenen Naturkind, doch noch einen Triumph feiert. Entsagung, Schweigegebot, Nahrungsverweigerung, alles, was anderen wider die Natur wäre, scheint sie so zu verinnerlichen, daß es als ihre wahre Natur hervortritt. Ja, darin kommt das Pathos der Freiheit ganz zu sich selber, daß die Moral jeden äußeren Zwang vergessen läßt und, nach innen gewendet und vollkommen in das Wesen des Menschen hineingenommen, zu seiner Natur wird. In Fällen, in denen das verkörpert ist, sprechen wir von Heiligen. Im Opfer bewahrheitet sich, daß solche Naturen, in einem unvereinbaren Gegensatz zur durchschnittlich akzeptierten Handlungsnorm, dem Irdischen schlechthin entrückt sind. Das ist die eine Auslegung, die gleichsam in der Figurenperspektive nachvollzogene interpretatorische Synthese. Sie ist zentriert um einen ontologischen Begriff der Natur, der, im Kern ungeschichtlich und ungesellschaftlich, die lebenverheißende Erneuerung mit der unmittelbaren Reinszenierung eines vermeintlich Ursprünglichen identifiziert.

Quer zu dieser Synthese, die zuletzt – im Schlußwort des Erzählers – den Tod für das eigentliche Leben ausgibt, steht die Analyse. Unter dem analytischen Blick entfaltet sich das Geschehene zur Geschichte. War Natur ein Synonym für Ursprünglichkeit und Unmittelbarkeit, so wird sie jetzt ihrer historischen Dimension überführt. Das Singuläre, das unmittelbar-sinnfällig beglaubigt ist, verwandelt sich, um seine Vorgeschichte erweitert, in einen mittelbaren Bedingungszusammenhang und wird der Erklärung und Aufklärung zugänglich. Wie das, was wir in der Perspektive von Ottilies moralischer Erhöhung das synthetisierende Interpretieren nennen, auf allen Ebenen der Realitätsbeziehung mit vorbürgerlichen Verkehrsformen korrespondiert, ja, in diese tief eingewurzelt ist, so steht die analytische Aufarbeitung als Methode nicht isoliert. Sie hat ihren tragenden Grund in der für das moderne Individuum und seine Sozialisation charakteristischen Mittelbarkeit der bürgerlichen Gesellschaft. Das heißt: in der Spiegel- und Zirkelstruktur des Romans, in der Verschränkung von Synthese und Analyse ist auf fundamentale Weise der historische Paradigmawechsel von einer vorbürgerlichen zu einer bürgerlichen Zeit gegenwärtig. Er ist es, der die Bedingungen der ästhetischen Produktion und Rezeption steuert. Aussagen über das Formprinzip der *Wahlverwandtschaften* sind deshalb nur möglich auf der Grundlage einer solchen Historisierung des Ästhetischen. Da das umfassend und systematisch aber erst anhand der *Wanderjahre* geleistet wird, beschränken wir uns hier auf eine Sichtung von Material und dessen Auswertung im Anschluß an Beobachtungen zu den *Lehrjahren.*

Die *Lehrjahre* gaben uns mit den Exequien Mignons ein Beispiel für die in eine ältere Zeit zurückweisende Inszenierung eines Gesamtkunstwerks.[184] Daran sind die besonderen Formen der sinnlichen Wahrnehmung und, zusammenhängend damit, die einzelnen Künste ebenso beteiligt wie auf der Ebene literarischer Verarbeitung die symbolische Darstellung und die verallgemeinernde Reflexion. Es war unsere These, daß der Roman des bürgerlichen Zeitalters dadurch hervorgebracht wird, daß das, was im Gesamtkunstwerk auf eine gleichsam noch nicht arbeitsteilige Weise zusammenwirkt und in dem besonderen Falle Mignons ein Leben nach dem Tode evoziert, als Schein, als „Hokuspokus" durchschaut wird. Der Roman bildet sich in der Lektüre als der Vermittlungszusammenhang, der solche Bedürfnisse, die – unerfüllt – zum Glauben nötigen,[185] nicht länger spontan befriedigt. Er konstituiert sich selber als das Mittel, das – statt zu ihrer illusorischen – zu ihrer realen und diesseitigen Befriedigung beiträgt.

Es liegt auf der Hand, daß die Lebensdarstellung Mignons und ihre Totenfeier Ähnlichkeiten zur Geschichte Ottilies zeigen. Allerdings wird in den *Wahlverwandtschaften* die Konstruktion des ganzen Werkes von dem getragen, was in den *Lehrjahren* eher eine Episode ist, wenn auch eine höchst bedeutungsvolle. Im einzelnen ist es so, daß die kunstvolle Präparation von Mignons Leichnam sich vergleichbar an der toten Ottilie wiederholt. „Sie sollte gewartet, gepflegt, als eine Lebende behandelt werden".[186] Wenn sie unter einem Glasdeckel im Lichtschein einer „immerbrennende(n) Lampe"[187] in einem „mehr schlaf- als todähnlichen Zustand" liegt,[188] dann zielt das auf den gleichen Effekt, den wir schon von Mignon her kennen. Das Auge soll durch die ins einzelne gehende Beobachtung das lebendige Ganze bezeugen; das Besondere springt unmittelbar für das Allgemeinste ein. Umgekehrt unterschlägt die sich direkt an das Ohr richtende Kunst gern die besonderen Umstände ihrer Vermittlung. Jedenfalls will es der Oheim aus den *Lehrjahren* so. Wir sehen das darin wiederkehren, wie Goethe in den *Wahlverwandtschaften* die Rolle des Erzählers handhabt. Zuletzt scheint er vollends hinter den Autor zurückzutreten; ein Akt, der aufgeboten ist, die Rede von der Wiederauferstehung der Liebenden als das letzte Wort in der Verständigung über die Leidensgeschichte zu autorisieren.[189]

Schon anläßlich der *Lehrjahre* haben wir festgestellt, daß man in den allgemeinen Sentenzen gern die Autorität Goethes unmittelbar zu vernehmen glaubt. In den *Wahlverwandtschaften* hat das zur Folge, daß sich die Spruchwahrheiten über den konkreten Einzelfall, der doch erst die Probe aufs Exempel wäre, leicht ungeprüft erheben.[190] Ebenso verstärkt sich die Tendenz, in der die Symbole für die Sache selbst stehen.[191] Darin dem Augensinn verwandt, geht das symbolische Handeln, das besondere Ding in einen Fetisch verwandelnd, sogleich aufs Ganze. An anderer Stelle haben wir ein Kapitel darauf verwendet, die Rezeptionseinstellungen auf das Figurenverhalten zurückzubeziehen und die Unterscheidung zwischen klischeebestimmtem und symbolvermitteltem Verstehen für die Interpretation des Romans nutzbar zu machen.[192] Wenn die *Wahlverwandtschaften* in einem Punkt die ästhetischen Grundanschauungen der *Lehrjahre* nicht nur fortführen und radikalisieren, sondern auch erweitern, dann in dem der Gattungsproblematik. Kaum deutet sich in dem komischen Verwechslungsspiel von Wilhelms Brautwerbung an, was dann als ein dramatisches und tragisches Schauspiel den Schluß der *Wahlverwandtschaften* zu beherrschen scheint.

Dem tragischen Drama, untermischt mit Elementen des christlichen Mysterienspiels, ist Ottilies Ende, Untergang und Erhebung, nachgebildet. Daß sich im Untergang des Helden, der sich mit unausweichlicher Strenge vollzieht, die Freiheit des Menschen bewahrheitet, ist antik, und daß dies nicht nur ein wortreiches Versprechen ist, sondern als Wort auch noch Fleisch, d. h., unmittelbar sinnfällig wird in der Darstellung der Himmelfahrt selbst, ist christlichen und legendenhaften Ursprungs. Wie dabei auf der Ebene sinnlicher Wahrnehmung Gesprochenes und Geschautes als selbständige Totalitäten zusammentreten und sich in der Bezeugung dessen, wofür es kein Zeugnis gibt, gegenseitig stützen, wird anhand der *Wanderjahre* wieder aufgegriffen.[193] Dort ist in einer paradoxen Wendung von der „gleiche(n) Nähe des Scheidenden" die Rede.[194] Doch bereits die Umstände von Ottilies Tod nehmen sich als die vollkommene Inszenierung dieses Grundprinzips der Tragödie aus. In den Deckenmalereien, in der Vision Nannys, in den Heilerfolgen bei den Kranken als Abgeschiedene gleichbleibend gegenwärtig, ist Ottilie gewissermaßen das Urbild der tragisch-christlichen Heldin.

Der Roman entsteht mit der Überwindung der Tragödie. Überwunden werden jene tragischen und dem Mysterienspiel nachgebildeten Elemente der Erzählung dadurch, daß sie in den Zusammenhang ihrer Genese, in eine historische Perspektive einrücken. Der von der Sache her gebotene und hier vor allem praktizierte Grundsatz, singuläre Ereignisse dadurch zu erklären, daß sie um ihre Vorgeschichte erweitert werden, gilt auch für die besondere ästhetische Form der *Wahlverwandtschaften.* Historisierung bedeutet nicht nur, daß der Schein der Unmittelbarkeit, wo auch immer die Erzählung und ihr Verständnis davon zehren, gebrochen wird. Historisierung bedeutet vor allem auch, daß sich der Bedingungszusammenhang analytisch erschließt, innerhalb dessen – wie in diesem Fall – der Tragödieneffekt des Romanschlusses in den Grenzen seiner Entstehung und seiner zeitlichen Geltung durchschaubar wird. Solche Fundierung ästhetischer Kategorien führt schon bei Goethe auf die gesellschaftlichen Verhältnisse, genauer: auf die Bedürfnisse im Verhältnis zu den Mitteln, sie zu befriedigen. Wo es unter Bedingungen allgemeiner Mittellosigkeit keine anderen Wege gibt, um dem Wunsch nach Leben und Unversehrtheit zu genügen, da verschafft der tragische Effekt eine wenigstens kompensatorische Befriedigung. Denn im dramatischen Untergang bewahrt das Opfer die Illusion des „persönlich Handelnden"[195] und damit auch den Schein der den Tod überlebenden Freiheit. Von einer solchen Art metaphysischen Dialektik ist übrigens auch das Mädchen in der Novelle *Die wunderlichen Nachbarskinder* ergriffen. Allerdings mit dem Unterschied, daß das Mädchen sich nicht selber zum Opfer entschließt und ins Wasser springt, ohne in dem geliebten Mann gleichsam das Mittel zu seiner Rettung genau zu kalkulieren.[196] Auch hier wird die Novelle, als

Gattung um eben jene „unerhörte Begebenheit" zentriert, in den Roman dadurch hinübergearbeitet, daß die Gründe aufgedeckt werden, unter denen die schon unausweichlich scheinende Tragödie n i c h t stattfindet.

In Fortführung, aber auch in Abwandlung dessen, was wir schon in den *Lehrjahren* bemerkt haben, stellen wir fest, daß die Deutung des Werkes, das Gegeneinander interpretatorischer Einstellungen, auf eine fundamentale Weise mit Positionen der Ästhetik verknüpft ist. Als der bürgerliche Roman bilden sich die *Wahlverwandtschaften* dadurch heran, daß die ästhetischen Formen auf allen Ebenen, auf denen der Gattung, der symbolischen Interaktion, der Wahrnehmung usw. gewissermaßen einer historischen Kritik unterzogen werden. Auf die geschichtliche Perspektive rekurrierend, lösen sich jene spontan sinnlichen Totalisierungen auf, die den Rezipienten zum Parteigänger einer vorbürgerlichen Zeit machen. Das ist zugleich der Punkt, wo uns die *Wahlverwandtschaften* zweideutiger erscheinen als andere Romane Goethes; zweideutig deshalb, weil das Ineinander von Sinnkritik und Kritik der Sinne offenbar auf kommunikative Konzeptionen vorausweist, die heute unter dem Titel Ideologiekritik diskutiert werden.

Auf der einen Seite ist das, was wir die Hervorbringung des Romans, die historische Dimensionierung poetischer „Naturformen"[197] und das Hinüberarbeiten in einen mittelbar zu erschließenden Sinnzusammenhang nennen, tief eingebettet und über alle Stufen verknüpft mit der geschichtlichen Überwindung der Feudalordnung. Es ist als solches integrativer Teil eines alle Lebensäußerungen erfassenden Epochenwechsels, weniger jedoch dessen ausschließliche Bedingung und schon gar nicht das Mittel, jene historische Entwicklung zu bewirken oder in Gang zu bringen. Das heißt: die Kunst erscheint – nicht anders als die Überbauaktivitäten bei Goethe sonst – nicht in der dramatischen Rolle einer geschichtsbewegenden Kraft. Die *Wahlverwandtschaften* intendieren nicht, auf dem Wege kritischer Entlarvung den gesellschaftlichen Fortschritt gezielt herbeizuführen.[198] Andererseits sind in diesem Werk die Widersprüche so zugespitzt, daß es berechtigt erscheint, deren Auflösung auf eine kritische Absicht Goethes, ja, auf Kritik als ein Mittel selbsttätiger Veränderung zurückzubeziehen. Allzu sehr wird der zeitgenössische Leser davon überrascht, daß mitten im protestantischen Deutschland eine Heiligenlegende wieder auflebt. Kaum faßbar ist, wie der gleiche Kreis von Menschen, der sich verständig über naturwissenschaftliche Vorgänge äußert, zuletzt einem mystischen Begriff von Natur, jener „magischen Anziehungskraft", nachgibt. Und das alles nimmt im Gegensatz zu den Exequien Mignons keinen relativ unauffälligen Platz im Werk ein. Die *Wahlverwandtschaften* sind durch die markante Rätselhaftigkeit des Schlusses auf diese Widersprüche hin organisiert. Der Leser, der mit der Präparation von Mignons Leichnam einer merkwürdigen Veranstaltung beiwohnt, ist hier selber, zu seiner nachträglichen Verwunderung, ins Werk hineingerufen. Die Verklärung Ottilies, der schöne Schein wird zum Beweis, daß das Gute auch das Wahre sei. Will er sich dagegen behaupten – und dazu ist er als Zeitgenosse einer wissenschaftlich-aufgeklärten Epoche eigentlich gehalten –, dann muß er sich von dieser seiner Darstellung im Werk wieder distanzieren. Die kritische Auflösung von Identifikationen vollzieht sich in dem Maße, wie sich der Leser darin seinem vorgängigen Selbstverständnis nach ausgesprochen hat, nicht nur als Umdeutung des Romans, sondern auch als Überprüfung lebensgeschichtlich erworbener Erfahrungen, als Bruch mit veralteten Traditionen.

Die *Wahlverwandtschaften* stehen einer solchen an Hegel anknüpfenden Form der Ideologiekritik ungleich näher als die *Lehrjahre.* Die moralische Indifferenz des Marktes erhebt nirgendwo zur Bedingung, daß dem einzelnen Verstand das mittelbar zusammenhängende Ganze kommensurabel sei. Dennoch sind wir zurückhaltend, den *Wahlverwandtschaften* ein ideologiekritisches Konzept zugrunde zu legen, auch wenn die Überwindung eines vorbürgerlichen, die Widersprüche illusionistisch verdeckenden Standpunktes offenbar von der Fähigkeit, zu lernen und lernend sich zu verändern, abhängig ist. Dies aus folgenden Gründen. Was heute im Zusammenhang einer Aufklärung durch Literatur als Ideologiekritik beschrieben wird, vor allem wenn es die Entlarvung von Herrschaftswissen impliziert, ist mehr oder weniger deutlich ein Vorgriff darauf, daß die Geschichte mit Bewußtsein zu machen sei. Die kritischen Kommunikationstheorien haben gar die Tendenz, die Reflexionsfähigkeit an sich schon emanzipatorisch zu nennen. Das aber hätte Goethe kaum akzeptiert. Wie die *Wanderjahre* und die darin beschriebenen Lernprozesse zeigen werden, ist für ihn Kritik – je vor-greifender desto weniger – als Bedingung für den Fortschritt nicht hinreichend. Zeitlebens daran arbeitend, Dialektik im Leben des einzelnen und in der Natur zu fundieren, verhält sich Goethe gegen ihre an Hegel anschließende methodische Verallgemeinerung unter dem Titel der Kritik ebenso skeptisch wie gegen ihre unter der Form der Demokratie durchgeführte Institutionalisierung. So halten wir es denn für richtiger, die *Wahlverwandtschaften* nicht in der Rolle einer gegen die Feudalideologie opponierenden Wegbereiterin des bürgerlichen Menschen zu sehen. Vielmehr ist es so, daß das Werk seinen Ort innerhalb des historischen Paradigmawechsels hat. Dieser vollzieht sich – wie wir hier darzustellen versucht haben – in dem Verhältnis zur Natur, zur eigenen wie äußeren, durchgängig auf allen Stufen und Ebenen. Dabei ist der lebensgeschichtliche Ablösungsprozeß von den Eltern ebenso fundamental wichtig wie die Fähigkeit, sich in die modernen Formen der Arbeitsteilung zu schicken, statt sich lebenslang durch die anfängliche Unbemitteltheit oder durch das elterliche Erbe determinieren zu lassen. In dem gleichen Zusammmenhang, in dem es den Romanfiguren nicht gelingt, die unmittelbar-personalen Lebensbezüge, den

Narzißmus, die Opferhaltung, die Ergebenheit in Zufall und Schicksal zu überwinden, liegt es an uns, die poetische „Naturformen“ und alle sinnkräftigen Generalisierungen so gegeneinander zu führen, daß daraus der Roman einer bürgerlichen Zeit hervorgeht.

DRITTES KAPITEL

Arbeitsteilung und Fortschritt in *Wilhelm Meisters Wanderjahren*

Zur Einführung: Arbeitsteilung und Entsagung

Lassen sich *Wilhelm Meisters Wanderjahre* ohne die sehr spezielle Kenntnis der *Lehrjahre* oder auch der *Wahlverwandtschaften* verstehen? Inhaltlich beginnt dieser späte Roman Goethes, wo die Lebensgeschichte Ottilies endet: mit einem Heiligenbild. Erst recht wird die Entstehung der *Wanderjahre* das verneinen. Denn sie reicht zurück bis in die Gestaltung der letzten Bücher der *Lehrjahre*, setzt dann 1807 konkret ein mit der Niederschrift einiger Novellen und findet nach einer langen Pause einen vorläufigen Abschluß in einer Erstfassung, die schließlich, wieder und wieder umgearbeitet, in den hohen zwanziger Jahren des 19. Jahrhunderts ihre endgültige Gestalt erhält.

Erinnern wir uns an die Konzeption der *Lehrjahre*. Eine mannigfach aufgesplitterte Welt partikularer Interessen wird dadurch zusammengehalten, daß jeder seine Zwecke nur mittelbar durchsetzen kann, indem er auch den anderen zu ihrem Vorteil verhilft. Da es unter der Voraussetzung einer Vielzahl egoistischer Einzelbestrebungen keine dauerhafte oder längerfristig vorhersehbare Übereinstimmung der Interessen geben kann, ist deren wechselweise Verschränkung nicht kalkulierbar, sondern zufällig. Der Zufall führt einander entgegengesetzte Absichten in einer Situation zusammen, in der die äußeren Umstände es nahelegen, daß die handelnden Subjekte zur Erlangung der jeweiligen Ziele sich ihrer gegenseitig bedienen. Nach diesem Interaktionsmodell wäre, konsequent zu Ende gedacht, der Zufall die einzige und unablässig tätige Institution der bürgerlichen Gesellschaft; oder wenigstens wäre damit keine Institution vereinbar, die nicht ebenso der Subjektivität des einzelnen und den kontingenten Wechselbeziehungen aller freies Spiel ließe.[1]

In Verfolgung seiner nächsten Absichten scheitert Wilhelm immer wieder daran, daß Zwischenfälle ihn überraschend daran hindern, seinen Willen direkt zu verwirklichen. Doch anstatt daß daraus ein chaotisches, seinen Wünschen entgegengesetztes Handlungsziel hervorgeht, ist es diese Verkettung von Zufällen, die ihn „an das Ziel aller (seiner) Wünsche führt".[2] Auf diese Weise ist der Zufall dasjenige Mittel, das ihn, seiner vorsätzlichen Intentionen entfremdend, mit diesen im Resultat erst wahrhaft versöhnt. Mit anderen Worten: Jeder ist nur als Mittel für die anderen sich selber Zweck. Dabei exponiert sich der Zufall als die Mitte zwischen des einen und des anderen Willkür dergestalt, daß sich niemand nach dem vollen Umfang seiner Person, wohl aber jeder über diese kontingenten äußeren Umstände in den Dienst von Interessen gestellt sieht, die einstweilen nicht die seinen sind. Um sein Ziel zu realisieren, muß Wilhelm sich gelegentlich zum Werkzeug für die Befriedigung der Bedürfnisse anderer machen.

In den *Lehrjahren* verläuft Wilhelms Biographie so, daß seine subjektive Zwecktätigkeit, obgleich Irrtümern aufsitzend und von Zufällen unablässig korrumpiert, ihn im ganzen zu einem ebenso erwünschten wie anerkannten Lebenserfolg verhilft. Statt in Verwirrung und Unfreiheit einzumünden, wird sein von tausenderlei Zwischenfällen gebrochener Handlungswille zum Statthalter einer sich objektivierenden Vernunft. Die Unfähigkeit, seiner selbst bewußt zu werden, und das Unvermögen, Erfahrungen auf den Begriff zu bringen und in eine Verstetigung der Lebenspraxis umzusetzen, sind – so paradox es scheint – die Bedingungen, unter denen dieses Modell bürgerlicher Gesellschaft dem einzelnen die größtmögliche Freiheit einräumt.

Über diese Konzeption der *Lehrjahre* gehen *Wilhelm Meisters Wanderjahre* hinaus. Der Zufall büßt seine Universalität ein. Als ein unerschöpfliches Reservoir kontingenter Umstände ist er nicht länger der lebendige Quellgrund sozialer Integration. Es bilden sich in den *Wanderjahren* Gesellschaften aus, die Auswandererbünde, die, indem sie der Zufälligkeit entgegenwirken und Vorschriften nicht scheuen, Institutionalisierungen ins Leben rufen, die ungleich weniger widerspruchsvoll die partikularen Interessen zusammenfassen und zu dem Willen einer „Gesamtheit“[3] verbinden.

Wo die Glieder der Menschheit sich nicht über den Zufall aufeinander beziehen, sondern die geteilten Kräfte wissentlich vereinigen, verändern sich auch die die Sozietät beschäftigenden Probleme. In den *Lehrjahren* geht es darum, wie sich das „System der Bedürfnisse“[4] als Ganzes zu erhalten vermag, wenn die einzelnen sich in ihren Wünschen mißverstehen können und ihrem verkehrten Selbstverständnis nach einer früheren Stufe gesellschaftlicher Entwicklung verhaftet sind. Aus der Perspektive des begründeten sozialen Neuanfangs formulieren die *Wanderjahre* dagegen die Frage, ob die Dialektik des Fortschritts, sofern sie nicht überhaupt eine bewußte Planung zulasse, als ein „Naturweg“[5] zu begreifen ist. Zunächst einmal fällt aber als der Hauptunterschied zwischen den beiden Romanen des *Wilhelm Meister* auf, daß der Zufall als das Mittel einer unvorherbestimmbaren gesellschaftlichen Synthese abgelöst wird durch solche Mittel, die sich mit größerem Recht so bezeichnen lassen: durch Werkzeuge, durch Maschinen sowie durch angelernte Kenntnisse und erworbene Fähigkeiten. Die *Wanderjahre* sind der Roman der sich entfaltenden Produktivkräfte. Am Vorabend einer weltweiten Verbreitung der europäischen Technik und eines abendländischen Wissenschaftsbegriffs befaßt sich Goethe mit der sozialen Stellung des Menschen im Verhältnis seiner Mittel und Zwecke.

Dem liegen die historischen Erfahrungen einer sich anbahnenden Industrialisierung zugrunde. Im Gegensatz zum Handel, der in den *Lehrjahren* die Interessen der einzelnen über den Markt vermittelt, setzt das aufkommende „Maschinenwesen" den Lebensunterhalt für die vielen aus und droht dadurch mit neuen Formen erzwungener Abhängigkeit. Dem wird unter dem Titel des Wanderns ein Prinzip kollektiver Beweglichkeit entgegengestellt, von dem zu fragen ist, inwieweit es den Markt als den Inbegriff sowohl der Zufälligkeit als auch der individuellen Freiheit suspendiert. Der Vorsatz des vereinten Wanderns ist untrennbar mit dem Aufbruch in eine neue Welt verbunden. Als verhinderten die verkrusteten Herrschaftsstrukturen Europas eine menschenwürdige und lebenserhaltende Organisation der Arbeit, wird diese zur Grundlage einer „Weltbewegung",[6] die jenseits des Meeres und in den ungenutzten Räumen des alten Kontinents zu verwirklichen ansteht. Deren wichtigste Voraussetzung ist, daß jeder sich spezialisiere und im Austausch mit der Natur an Mittel und Werkzeuge sich entäußere, die ihm, indem sie ihn in eine bestimmte arbeitsteilige Beziehung zu anderen setzen, die Erhaltung des Lebens sichern helfen.

Der Begriff der Entsagung zieht seine besondere, für die *Wanderjahre* titelgebende Bedeutung aus diesem veränderten Verhältnis von Mittel und Zweck. Die entfaltete bürgerliche Gesellschaft der *Lehrjahre* war dadurch charakterisiert, daß jeder in seiner Person auch das Mittel verkörpert zur Befriedigung der mit seinen eigenen Bedürfnissen konkurrierenden anderen. Die Bereitschaft, sich seiner selbst teilweise zu entblößen, stellte eine Vorbedingung für das Tauschprinzip dar. Der Zufall in seiner Funktion als Vermittler sorgt im übrigen dafür, daß es ebenso unmöglich ist, einen unverrückbaren Endzweck geradewegs zu verfolgen, wie es auch unnötig ist, sich den anderen gegen dessen Interessen gewaltsam dienstbar zu machen. Der Zufall verhilft nämlich zu einem momentanen Ausgleich, ohne daß die widerstreitenden besonderen Bedürfnisse, die jedem unverzichtbar sind, beschnitten oder auch einer höheren Allgemeinheit geopfert werden müßten. Auf allen Stufen der Entfremdung seiner selbst als eines Mittels zu ihm widerstrebenden Zwecken behauptet Wilhelm seine unverlierbare Besonderheit. Ja, für deren vollständige Entfaltung in einem erfüllten Leben bilden Irrtum und Zufall erst die Voraussetzung. Sowenig die *Lehrjahre* auf diese Weise schon das Bild einer gereiften, selbstbewußten Persönlichkeit entwerfen, sowenig ist doch auch Entsagung geboten.

Entsagung im Sinne von Selbstbeschränkung wird erst gefordert, wenn der einzelne sich zur Erlangung seiner besonderen Ziele an übertragbare Fertigkeiten entäußert und bestimmte Werkzeuge an seiner Statt sich abarbeiten läßt. Denn jetzt bestimmt sich der mittelbare Zusammenhang zwischen dem handelnden Subjekt und seinen intendierten Lebenszwecken nach Maßgabe der Werkzeuge und ihrer Einbindung in den gesamtgesellschaftlichen Reproduktionsprozeß. Das Faktum der Arbeitsteilung, das Goethe in den *Wanderjahren* gleichsam seiner metaphorischen Bedeutung entkleidet und auf seinen harten Kern zurückführt, läßt dem Zufall von sich aus ungleich weniger Spielraum. An dessen Stelle tritt das aufeinander abgestimmte Verhältnis spezieller, einseitiger Tätigkeiten. Wie es im Roman heißt, „ist jetzo die Zeit der Einseitigkeiten".[7] Nicht länger ist es die subjektive Willkür jedes einzelnen, die „kleinlichste Eigenliebe", durch die sich die vielen „miteinander verbinden".[8] Für die *Wanderjahre* ist die Erkenntnis grundlegend, daß dieser Naturzustand eines tausendfältig aufgesplitterten Egoismus mit der fortschreitenden Entwicklung im 19. Jahrhundert nicht übereinstimmt. Mit zunehmender instrumenteller Verfügung über die Natur sind die partikularen Interessen genötigt, in der Aneignung von Kenntnissen und technischen Fertigkeiten eine substantiellere Gestalt anzunehmen. Wer seine besonderen Bedürfnisse geltend machen will, trifft daher auf Interessen, die immer schon gesellschaftlich vermittelt und in eine von Handwerk und Industrie mitgestaltete Lebenswelt eingegliedert sind. Allein in dem Maße, wie einer sich der zweckmäßig organisierten Bedürfnisbefriedigung der vielen als ein qualifizierter, mit einseitigen Fähigkeiten ausgestatteter einzelner beigesellen kann, partizipiert er an diesem lebenserhaltenden Zusammenhang. Unter der Bedingung einer fortschreitenden Teilung der gesellschaftlichen Arbeit kann der liberale Kernsatz aus den *Lehrjahren,* daß jeder als Mittel für andere sich selber Zweck sei, nur noch mit verändertem Sinn seine Gültigkeit beanspruchen. Denn was Mittelbarkeit heißt, bezieht sich nun nicht mehr allein auf die Person und die zeitweise Aussetzung unmittelbarer Bedürfnisbefriedigung, sondern hängt vor allem von den Produktivkräften und ihrem sozialen Verwendungszusammenhang ab.

I. Der „Brief an Natalie" (II,11) als Leitfaden der Interpretation

1. *Das „Seefahrergleichnis": auf der Grenze zum Positivismus*

Es gibt im Roman ein Gleichnis, welches in allgemeinster Form in das gegenüber den *Lehrjahren* gewandelte Verhältnis von Mittel und Zweck einführt. Wilhelm teilt die kleine Erzählung seiner Frau in einem langen, mehrfach neu einsetzenden Brief mit, in dem er seine Lebensgeschichte aufarbeitet. Der Brief an Natalie (II;11) beginnt mit dem Gleichnis von dem erfolgreichen Werdegang eines jungen Mannes.

„Du hast von dem Jüngling gehört, der, am Ufer des Meeres spazierend, einen Ruderpflock fand; das Interesse, das er daran nahm, bewog ihn, ein Ruder anzuschaffen, als notwendig dazu gehörend. Dies aber war nun auch weiter nichts nütze; er trachtete ernstlich nach einem Kahn und gelangte dazu. Jedoch war Kahn, Ruder und Ruderpflock nicht sonderlich fördernd, er verschaffte sich Segelstangen und Segel und so nach und nach, was zur Schnelligkeit und Bequemlichkeit der Schiffahrt erforderlich ist. Durch zweckmäßiges Bestreben gelangt er zu größerer Fertigkeit und Geschicklichkeit, das Glück begünstigt ihn, er sieht sich endlich als Herr und Patron eines größern Fahrzeugs, und so steigert sich das Gelingen, er gewinnt Wohlhaben, Ansehen und Namen unter den Seefahrern.-"[9]

Das Seefahrergleichnis – so wollen wir den kleinen Text nennen – zeigt das Zusammenwirken von Zufall und Folgerichtigkeit in der lebensgeschichtlichen Entwicklung. Zufällig findet der Jüngling einen Ruderpflock. Daran entzündet sich sein Interesse. Die Entwicklung zum angesehenen Schiffseigner ist dann die folgerechte Ergänzung dieses Mittels zu einem sich schrittweise erweiternden Zweck. Am Anfang war weder Ziel noch Handhabe, vielleicht das unbestimmte Bedürfnis sich zu beschäftigen, jedenfalls kein gezieltes Interesse. Den Anfang macht der Zufall, der dem Jüngling ein Mittel zuspielt. Der Pflock ist nur als Instrument zu einem bestimmten Zweck brauchbar. Die Entfaltung der dem Mittel inhärenten Zweckmäßigkeit gibt dem Tätigen die Richtung vor. Das Interesse bemißt sich nicht nach einem letzten Ziel, sondern ist die durch das Mittel selbst angeregte Aufmerksamkeit, es auf seinen Zweck hin zur Anwendung zu bringen. Das Interesse ist also die subjektive Seite jenes objektiven Sachverhalts, daß das Mittel ein Mittel zu einem Zweck ist. Dieser ist freilich seinem ganzen Umfang nach in dem einzelnen Instrument nicht schon vorgegeben. So erweitert sich das Ziel stufenweise mit der sich steigernden Zusammensetzung der Mittel, von denen eines auf das andere hinweist. Ihr folgerechter Zusammenhang dient dem umsichtig interessierten Mann als Leitfaden.

Das Seefahrergleichnis enthält eine Reihe von Implikationen. Offenbar ist es nicht gleichgültig, welchen Weg einer zu seinem Ziel einschlägt. Denn seines endgültigen Lebenszwecks ist er noch am wenigsten sicher. „Weil (. . .) niemand Zweck und Ziel seines Daseins kennt",[10] kann er auch die Mittel, die er vorfindet, nicht achtlos verbrauchen. Die Mittel und Werkzeuge sind als Träger kollektiver menschlicher Erfahrung allein vorgegeben und unter allen kontingenten Umständen das einzig Verläßliche. Die Menschheit überdauert gewissermaßen in ihren produktiven Mitteln. Der hinzutretende einzelne, der sich zu ihnen in ein Verhältnis setzt, handelt zweckvoll und nützlich, wie kurzfristig auch immer er sich dadurch in einen raschen Genuß zu bringen hofft. Ja, das Leben selber scheint sich nach Maßgabe der Mittel, die zur Befriedigung der Bedürfnisse vieler aufgeboten sind, zu strukturieren. So gewinnen sie eine eigene Würde. Im Maße ihrer Zusammengesetztheit bestimmen und organisieren sie die Biographien künftiger Generationen. Denn wie das Seefahrergleichnis zu erzählen weiß, ist die lebensgeschichtliche Entwicklung die von Interesse getragene Entfaltung einer durch die Mittel objektiv gesetzten Zweckmäßigkeit.

Hinter dieser Wertschätzung der produktiven Werkzeuge scheinen die partikularen Bedürfnisse zurückzubleiben als die endlichen, auf flüchtige Erfüllung dringenden Zwecke. Das erinnert an den von Hegel formulierten Begriff der Arbeit: „Das Mittel (ist) ein Höheres als die endlichen Zwecke der äußeren Zweckmäßigkeit; – der Pflug ist ehrenvoller, als unmittelbar die Genüsse sind, welche durch ihn bereitet werden und die Zwecke sind. Das Werkzeug erhält sich, während die unmittelbaren Genüsse vergehen und vergessen werden. An seinen Werkzeugen besitzt der Mensch die Macht über die äußerliche Natur, wenn er auch nach seinen Zwecken ihr viel mehr unterworfen ist".[11] Die vordergründigen Bedürfnisse sind von untergeordnetem Rang im Verhältnis zu den Werkzeugen, in denen die Menschheit als Ganze sich weiterentwickelt und überlebt. „Die Dialektik der Arbeit hat ihre Pointe darin, daß die subjektiven Zwecke am Ende nur Mittel waren für die in den produktiven Mitteln selbst objektiv gewordene Vernunft".[12] Auf diese Weise behaupten die Werkzeuge durch die Konkretisierung der ihnen eigenen Zweckmäßigkeit die Herrschaft über den, der aus seiner subjektiven Perspektive glaubt, sich ihrer zu seinen eigenen Zielen zu bedienen, in Wahrheit aber selber nur das Instrument eines durch ihn sich mittelbar verwirklichenden Telos ist. Was am Beispiel des Hegelschen Arbeitsbegriffs als Entfremdung bezeichnet wird, das erscheint ebenso manifest in dem Seefahrergleichnis. Denn auch dort ist der Jüngling nicht das mündige und selbstbewußte Subjekt seiner Lebensgeschichte, sondern bis hin zur Artikulation der ihn bewegenden Interessen wird er gesteuert durch jene vorgegebene Zweckbestimmung, die den zu immer höherer Komplexität aufsteigenden Mitteln innewohnt.

Ob allerdings in unserer Zeit eines immens gesteigerten Fortschritts der Technik die Produktivkräfte noch ebenso selbstverständlich als wegweisend und als die das Leben sinnvoll organisierenden Vernunftmittel anzusehen sind, ist sehr zweifelhaft. Solange noch der Mensch, auf seine mechanischen Körperfunktionen reduziert, nur als ein Teil der Maschine tätig ist, solange die industrielle und technische Entwicklung in der katastrophalen Veränderung der Umweltbedingungen und in den globalen Vernichtungswaffen ihr gleichsam naturwüchsiges Ziel verfolgt, erscheinen die Produktivkräfte fest eingefügt in den verkehrten Zusammenhang eines durch entfremdete Arbeit sich reproduzierenden Lebens.

Freilich ist mit dem Seefahrergleichnis die Textgrundlage zu schmal und zu wenig bestimmt, um den Roman in toto zu verdächtigen, zu Beginn der industriellen Revolution solchen Tendenzen das Wort zu reden. Immerhin erinnert uns die Gleichniserzählung und die ebenso lakonische wie mehrdeutige Empfehlung: „mache ein Organ aus dir“,[13] nachdrücklich daran, vor welchem Hintergrund zeitgeschichtlicher Erfahrungen die *Wanderjahre* zu lesen seien. Auf den ersten Blick scheint der Roman jenes Vertrauen in eine technische Rationalität zu teilen, daß mit zunehmender Ausdifferenzierung der Arbeitsteilung auch die Anerkennung des einzelnen nach Maßgabe seiner speziellen Fertigkeiten mit derselben Notwendigkeit gegeben sei, wie das System zweckrationalen Handelns seiner bedarf, um sich im ganzen zu erhalten.[14]

So soll uns denn das Gleichnis auch nur dazu dienen, eine im Maße seiner Allgemeinheit mißverständliche Deutung zu markieren. Wilhelm selber scheint sich von den einseitigen Implikationen eines technologisch vorgegebenen Systemzwecks zu distanzieren, indem ihm dieser gleichnishafte Vorspann bloß „den Weg bahnt“,[15] bedeutenderes mitzuteilen. In seinem Brief an Natalie wechselt er von dem einen Extrem eines operationalen Verhaltensmodells, mit dem er dem Positivismus vorgreift, hinüber zu einem anderen Extrem: zu einer weit zurückliegenden Stufe der Produktivkraftentfaltung. Der anschließende kurze Text, der die Unterscheidung von allgemeinen und besonderen Fähigkeiten, vor allem die „Nachahmungsgabe“[16] behandelt, ist auf den Anfang des Romans und die Darstellung der Josephsfamilie zurückbezogen. Ohne daß Wilhelm es ausdrücklich sagt, resümiert er Erfahrungen, die er dort oben im Gebirge und an sich selber gemacht hat.

2. *Wilhelm in „höheren Regionen“: die Josephsnovelle*

Zu Beginn der *Wanderjahre* begegnet der Leser dem „Helden“ der *Lehrjahre* unterhalb eines Berggipfels wieder, als er die Bekanntschaft mit „Sankt Joseph dem Zweiten“ und dessen wunderbaren Lebensumständen macht. Dieser seltsame Mann ist von früh an dem Vorbild des Heiligen Joseph gefolgt, mit dessen Namen er getauft wurde und dessen Geschichte er aus einer Reihe überlieferter Tafelbilder kennt. Wilhelm, der noch unter dem frischen Eindruck der Begegnung eine enge „Verwandtschaft (. . .) mit ihm fühlte“,[17] kommentiert in dem späteren, uns vorliegenden Brief an Natalie diese Form der imitatio so: Im Gegensatz zu der gezielten Ausbildung besonderer Fähigkeiten ist „die Nachahmungsgabe des Menschen (. . .) allgemein, er will nachahmen, nachbilden, was er sieht, auch ohne die mindesten innern und äußern Mittel zum Zweck. Natürlich ist daher immer, daß er leisten will, was er leisten sieht; das Natürlichste jedoch wäre, daß der Sohn des Vaters Beschäftigung ergriffe".[18] Diese allgemeinen Reflexionen über die Bedeutung der Nachahmung lassen eine mittlerweile kritische Distanz gegenüber einer Lebenseinstellung erkennen, in der Wilhelm einmal zustimmend sein eigenes Schicksal widergespiegelt fand.

Wilhelm gibt zu verstehen, daß ihm in seinen früheren Jahren die „Mittel zum Zweck" ebenso fehlten wie jenem Joseph, für den sich zeitlebens eins aus dem anderen entwickelt. Mehr als den Zufall braucht dieser auch nicht, um sich ein ums andere Mal in dem Besitz der Mittel zu sehen, die ihn seinem Vorbild näherbringen. Wie die Mittel so ist auch der Zweck, den Heiligen wieder ins Leben zu rufen, letztenendes zufällig. Denn in einem allgemeinen Sinne sind die äußeren Bedingungen und die Umgebung, in die wir hineingeboren werden, willkürlich. Wenn daher Joseph der Zweite noch einmal in persona „seinen Heiligen im Leben darstellt",[19] geradeso wie er als Kind mit seinem Bild aufgewachsen ist, dann entspricht diese Angleichung an das Gewesene auch einer nicht mehr zu überbietenden Subordination unter den Zufall. Darauf ist zu bestehen auch gegen den Anschein, daß in der Josephsgeschichte Mittel und Zweck mit höherer Notwendigkeit aufeinander bezogen seien.[20]

Das Dasein unter der Form der imitatio hat die Kontingenz des Lebens zu seiner ersten Voraussetzung. Denn die Nachahmung des Überlieferten ist nicht die Folge lebensgeschichtlich begründeter Erfahrung. Sie beruht allein auf den Umständen der Geburt und den Vorbildern, die mit dem Eintritt ins Leben vorgegeben sind. Zwar scheint es, als wähle Joseph, angetrieben von einer „unausweichliche(n) Neigung (. . .), diesem Heiligen nachzufolgen",[21] die zweckdienlichen Mittel nach und nach aus: erst den Esel, dann den Zimmermannsberuf und sogar als seine Ehefrau eine Maria mit dem Kind. Aber tatsächlich erfordert der Wille zur Nachahmung nicht, über das hinauszugehen, was Joseph natürlicherweise früher oder später zufällt. Denn wie im zyklischen Geschichtsbild die Ziele anschaulich und unmittelbar fertig vorgegeben sind, so sind es auch die Mittel selber. Alles und jedes kann zum Mittel bestimmt werden, ohne geradezu als Mittel zu diesem Zweck geschaffen zu sein. Es erübrigt sich die Ausbildung zweckgerichteter Fertigkeiten, wenn nur der Mensch von seiner „Nachahmungsgabe" als einer „allgemeinen Fähigkeit", der das Nächste und Zufällige gerade recht ist, Gebrauch macht. Die Begegnung mit einer schwangeren Frau, den Esel, der als Lasttier im Gebirge beheimatet ist, alles kann sich Joseph auf seine Weise zunutze machen, um das Bild von der „Heiligen Familie" für sich wirklich werden zu lassen. Selbst das „Arbeitszeug" für das „Zimmerhandwerk" wird einem Gemälde entlehnt.[22]

In dem Maße, wie alles, ja selbst die gemalte, die fiktive Wirklichkeit sich zum Mittel umdeuten läßt, ohne im mindesten als „Mittel zum Zweck" vorgeplant zu sein, kann auch jeder eine Vielzahl von mittelbaren Dienstleistungen in seiner

Person verbinden. Erst wenn das Verhältnis von Mittel und Zweck sich weniger nach den kontingenten Umständen des einzelnen als nach den differenzierten und vorhersehbaren Bedürfnissen der vielen richtet, tritt die Arbeitsteilung in ihre Rechte ein. Jene entfernte Gegend des Hochgebirges, in der Wilhelm dem Nachfolger des Heiligen Joseph begegnet, steht noch nicht auf dieser Stufe der Entwicklung. Dort oben wird noch nicht arbeitsteilig produziert. „Der Arbeiter, der Bote, der Lastträger, alle vereinigen sich in einer Person".[23] Joseph hat neben seinem „frommen Gewerbe"[24] auch die Stelle eines Schaffners inne, der für einen weltlichen Fürsten Abgaben einsammelt. Mit dem Amt, das von dem Vater auf den Sohn vererbt wird, überlebt hoch oben in den Bergen die alte Feudalzeit.

Wilhelm fühlt sich von der Lebensgeschichte des außerordentlichen Mannes sehr angezogen. Er glaubt, „etwas Ähnliches"[25] darin wiederzuerkennen, wie er selber sein Glück gemacht habe. Damit hat er recht. Freilich anders als er meint. Denn die *Lehrjahre* hindurch, erst recht am Ziel seiner Wünsche, befindet sich Wilhelm mit seiner Biographie objektiv auf dem Boden der bürgerlichen Gesellschaft. Aber davon deutlich abgehoben ist die Interpretation, die er selber den verschlungenen Bahnen seines Lebens gibt. Er versteigt sich bis zum Schluß in die Ansicht, daß nur als Schicksalszusammenhang zu begreifen sei, wenn er trotz der Diskrepanz von Absicht und Folge zu seinem „Glück" gelangt ist – unverdient, wie er glaubt.[26] Wo Fortuna nahe ist, ist der antikisierende Fatalismus nicht fern: „Vergebens klagen wir Menschen uns selbst, vergebens das Schicksal an!"[27] Es ist dieses in jeder Hinsicht schicksalsergebene, einer vorbürgerlichen Zeit zugehörige Selbstverständnis Wilhelms, das in der Josephsgeschichte widergespiegelt wird. In dem Wunderbaren, das zu Anfang der *Wanderjahre* vor seinen und des Lesers Augen leibhaftig Gestalt annimmt, begegnet Wilhelm sich selber so wieder, wie ihn die *Lehrjahre* entlassen haben: als einen Mann, dem die Verkettung von Vorsatz und Zufall und die Ungleichartigkeit von Mittel und Zweck aus der Sicht des gelungenen Ganzen auf eine wunderbare Weise folgerecht erscheint.

Inhaltlich sind die Entsprechungen zwischen der Geschichte jenes Zimmermanns und Wilhelms *Lehrjahren* zahlreich. Gemeinsamer Bezugspunkt ist die Vita des „heiligen Pflegevater(s)" Joseph.[28] Auch Wilhelm zweifelt an seiner Vaterschaft. Wie der Joseph aus dem Neuen Testament muß er glauben, daß ihm ein Sohn untergeschoben werde.[29] Er will der Verantwortung für das Kind ausweichen, aber schließlich setzt er sich doch an die Vaterstelle. In der Bibel erscheint dem Joseph „der Engel im Traum"[30] und gibt Aufschluß über die Vaterschaftsverhältnisse. In den *Lehrjahren* übernimmt die Turmgesellschaft diesen Part, und es trägt nicht wenig zu ihrer Mystifikation bei, daß sie dem verunsicherten Wilhelm ohne ein genaueres Zeugnis apodiktisch erklären kann, im

Besitz der Wahrheit zu sein: „Felix ist Ihr Sohn".[31] Wie in der Bibel, aber auch wie in der Josephsnovelle, ist es dann das Kind, das die Verbindung zwischen Mann und Frau, zwischen Wilhelm und Natalie erst vollkommen herstellt. Dem „Lilienstengel" gleich, „der sich auf dem Bilde zwischen Maria und Joseph als Zeuge eines reinen Verhältnisses aus der Erde hebt",[32] liegt der in aller Unschuld schlafende Felix zwischen seinem Vater und der hinzutretenden Natalie. So auch stiftet der neugeborene, „in das weißeste Zeug gewickelt(e)" Knabe[33] den Bund zwischen Joseph dem Zweiten und jener zufälligen Maria.

Die *Wanderjahre* beginnen und enden mit der besonderen Hervorhebung des Sohnes in seinem Verhältnis zum Vater. Wilhelm erklettert in Begleitung von Felix die höheren Gipfel des Gebirges. Er wird auf seiner Wanderschaft von der Absicht geleitet, den Sohn stärker als bisher an seine Person heranzuziehen und ihn „von allen Zufälligkeiten (. . .) einer ungebildeten Gesellschaft"[34] zu befreien. Für sich hofft er, durch die Gegenwart des Kindes und seine frische Neugierde die Welt erst richtig zu entdecken. Felix soll ihm gleichsam die Augen öffnen und sein „Interesse an den Dingen außer sich" wecken.[35] Ihm scheint sogar „die menschliche Natur erst durch die Beobachtung des Kindes deutlich zu werden".[36] Felix wird für ihn zum Mittel, durch das er sich über das Leben endlich in Kenntnis zu setzen beabsichtigt. Noch bevor Montan die Forderung einer neuen Zeit ausspricht: „Mache ein Organ aus dir", heißt es von Wilhelm, der aus den Augen des Kindes, seines Felix, die Welt neu begreifen möchte: Er „sah die Natur durch ein neues Organ".[37] Während aber Montan schon die Erfordernisse der Arbeitsteilung anerkennt, mißversteht sich Wilhelm noch immer nach dem Paradigma einer vorbürgerlichen Epoche.

Wenn der Vater die Erneuerung seines Daseins dem Sohn zu verdanken meint, wenn er ihm gewissermaßen die Führerschaft auf seiner „Wallfahrt" durchs Leben überlassen will, dann ist das zusammen mit den schon genannten Vergleichen zwischen Felix und dem Jesuskind eine deutliche Anspielung darauf, daß Wilhelm dem Vorbild dessen folgt, der sein Schicksal zuerst in die Hand des Menschensohnes legte. Durch Christus darf die Menschheit insgesamt glauben, das Dasein zu einem neuen Sinn wiedergeschenkt zu erhalten und noch einmal von vorn beginnen zu können. Ohne es zu wissen, steht Wilhelm in dieser Tradition. Nur mittelbar und äußerst verhalten weist die Josephsnovelle darauf hin. In diesem Zusammenhang ist aufschlußreich, daß die Bibelnacherzählung gerade dort zur Legende erweitert wird, wo das Jesuskind seinem Vater, dem Zimmermann, hilft, den zu klein geratenen Thron zu richten, damit diesen nicht der Zorn des Königs Herodes treffe.[38] Daß der Menschensohn, der zuerst seinen Vater aus der Not rettet, die ganze Menschheit erlöst, ist der Kern des Neuen Testaments. Der Grundgedanke, durch ein Kind das eigene Leben wiederzugewinnen und der beschränkten Existenz über ihre zeitliche Grenze hinaus Dauer, vielleicht ewige Dauer, zu verschaffen, ist sowohl christlich als auch Teil feudalistischer Lebenspraxis.

Auch Wilhelm bemächtigt sich „um des Knaben willen“[39] der Welt erst recht und aufs neue, indem er den Vorsatz faßt, ein Erbe zusammenzutragen. Durch das Kind erhält sein neues tätiges Dasein erst einen Sinn. So heißt es gegen Ende der *Lehrjahre*: Alles, was er anzulegen gedachte, sollte dem Knaben entgegenwachsen, und alles, was er herstellte, sollte eine Dauer auf einige Geschlechter haben“.[40] Das „Leben im Sohne“ gewinnt für Wilhelm vor allem die ökonomische Bedeutung, Besitztümer anzusammeln, um „den Seinigen den Genuß vorzubereiten“.[41] Es ist die Ironie der *Lehrjahre,* daß Wilhelm – in unbewußter Nachfolge seines Vaters – sich zu den „Tugenden des Bürgers“[42] in einem Augenblick bekennt, als er sich dem ökonomischen Standpunkt des Adels annähert und durch die Befestigung eines vererbbaren Besitzes seine Familie vor der Unsicherheit des Marktes zu schützen sucht.

In der Sorge um das Erbe entäußert sich der einzelne seiner Individualität mit dem Ziel, in den Kindern und Kindeskindern erst wahrhaft zum Leben zu „erwachen“ und so an der Ewigkeit teilzuhaben. Aber wie der Vater, dem der Sohn Zweck und Mittel zugleich ist, sich selber opfert, so auch wird dieses Opfer um der Unsterblichkeit des ganzen Geschlechtes willen wieder vom Sohn verlangt. Darin mag Goethe die Essenz der Leiden Christi und einer vorbürgerlichen, um das Erbe zentrierten Zeit gesehen haben. Die *Wanderjahre* geben das zu erkennen; zugleich erteilen sie dem entschieden die Absage. Felix, den wir um den Preis einer Ware feilschend wiedersehen, wird nicht gekreuzigt. Allerdings kreuzen sich gegen Ende des Werkes die Wege von Vater und Sohn. Im Gegensatz zur biblischen Vorlage wird der Sohn jedoch vom Vater gerettet. Mit dem Chirurgenbesteck und den Kenntnissen des ausgebildeten Wundarztes tritt Wilhelm dem unglücklichen Zufall entgegen, der sich zwar nicht ganz aus der Welt bannen, aber in seinen ungewissen Resultaten vorsorglich korrigieren läßt. Bis freilich in solchem Sinne die christliche Lehre umgedeutet ist, sind die *Wanderjahre* im ganzen zurückzulegen.

Am Anfang des Romans erscheint Wilhelm gleichsam in den höheren Regionen seines Selbstverständnisses. In dem Nachfahren des „heiligen Pflegevaters“ – hoch oben im Gebirge – stößt er auf ein Vorbild, dem auch er, freilich ohne ausdrückliche Kenntnis der Tradition, nachfolgt. Der ihn subjektiv leitende Gedanke, daß sich das eigene Leben erst in dem Sohn und durch ihn erfülle, wird in der Josephsnovelle auf seinen christlich-legendären Ursprung zurückgeführt und seiner immanenten Wahrheit nach als die fortdauernde Wirklichkeit einer vorbürgerlichen Daseinsform in Szene gesetzt.

Das Wunderbare dieser Erzählung koinzidiert mit Wilhelms eigenen Erfahrungen. Für ihn ist der wunderbare, fatalistische Zusammenhang des Lebens zur einzig faßlichen Realität geworden. Denn bis zum Ende der *Lehrjahre* hält Wilhelm daran fest, daß ein Schicksal ihn glücklich leite. In der Begegnung mit Joseph ersteht plastisch vor seinen Augen, welche Art Leben seinem Selbstverständnis tatsächlich entspricht. Doch gelingt ihm die Historisierung jetzt noch nicht. Eine undurchschaute Identifikation, ja, „Verwandtschaft“[43] hindert ihn daran, diese Reinkarnation einer christlich-feudalen Zeit distanziert zu sehen. So tritt Wilhelm seine Wanderschaft an, wie er seine „Lehrjahre“ beendet hat: mit einem Bewußtsein, das hinter der im ersten Meisterroman entfalteten Lebenspraxis der bürgerlichen Gesellschaft zurückgeblieben ist. Er hält jene der Arbeitsteilung vorausgehende, auf den entlegenen Ort und die Familie beschränkte Existenz für höchst beneidenswert. Unausdrücklich heißt er damit gut, daß das Erbe lebensbestimmend sei, daß im weitesten Sinne „das Leblose (. . .) Lebendiges hervorbringe“[44] und das Dasein als Wiederkehr des Gewesenen, als Inszenierung von Bildern der Vergangenheit, die Gestalt der imitatio annehme. Als Fluchtpunkt der eigenen Entwicklung steht das persönliche Opfer aus.

Orthodoxes Christentum, im Roman auch „Hausfrömmigkeit“[45] genannt, und die Verkehrsformen des Feudalismus ergänzen sich darin, daß beide die Erhaltung des Erbes zur Grundlage der materiellen und geistigen Reproduktion des Lebens haben. Das Überleben in den Kindern verheißt um den Preis des Selbstopfers die Ewigkeit. Zugleich wird aber mit dieser rückhaltlosen Entäußerung ans Erbe die Zufälligkeit der Geburt zum beherrschenden Prinzip. Die Zwecke erscheinen mit dem Eintritt ins Erdendasein vorgegeben. Die Nachahmung als die „allgemeine Fähigkeit“, sich dem Gegebenen anzupassen, bedient sich des Nächsten und Besten. Die Beliebigkeit der Mittel hat zur Folge, daß die Produktivkräfte auf einem niedrigen Entwicklungsstand verharren.

Wie alles und jedes, ohne im mindesten „Mittel zum Zweck“, also ohne dazu besonders vorgeplant zu sein, sich dienstbar machen läßt, so gibt sich im ganzen das Handwerk dazu her, die ihm zweckmäßigerweise gesetzten Grenzen zu überschreiten. Es tendiert zur Kunst. Indem es wie das „Zimmerhandwerk“ die Kunstmalerei nachzuahmen versucht, verzehrt es sich darin, sich dem Unerreichbaren anzugleichen.[46] Umgekehrt bewegt sich die Kunst, die ihr Telos darin hat, das Bedeutende für die Wirklichkeit selber auszugeben, auf das Handwerk zu. Beide treffen sich in dem Glauben an die Transsubstantiation, an die Verwandlung des Brotes in Christi Leib. Solange das Kunst-Handwerk einer vorbürgerlichen Zeit die leblose Materie zum Leben selber umzuschaffen vorgibt, steht es einer effektiven Entfaltung der Produktivkräfte im Weg. Denn die Identifizierung des Bedeutenden mit dem Bedeuteten, des kontingenten „äußern Schein(s)“[47] mit dem Sein, läßt es gar nicht erst dazu kommen, daß sich die Mittel als Mittel zum Zweck konstituieren. Sie sind sich unmittelbar selber Zweck.

Dieser magische Naturalismus, der einer technisch-instrumentellen Verfügung über die Naturkräfte vorausgeht, ist auch für Wilhelm charakteristisch.

Wilhelm partizipiert auf seine Weise an jener regressiven Verwechslung von Mittel und Zweck, indem er – noch in den *Lehrjahren* – das Wundarztbesteck fetischisiert. Die Fortsetzung seiner Biographie in den *Wanderjahren* folgt in wesentlichen Zügen der Profanierung dieses Werkzeugs nach Maßgabe der ihm innewohnenden Gebrauchsfähigkeit.

3. *Das Wundarztbesteck. Vom Fetisch zum Gebrauchsgegenstand*

Wilhelm begegnet dem Wundarztbesteck zum ersten Mal, als er, das Opfer eines Überfalls und von seiner Begleitung kaum notdürftig versorgt, verwundet daliegt und die Hilfe eines Chirurgen braucht. Als dieser sich zufällig einstellt, ist ihm zur Seite eine Frau: Natalie. Wilhelm verliebt sich augenblicklich in sie. Unter dem „lebhafte(n) Eindruck ihrer Gegenwart"[48] wird er schon nicht mehr gewahr, wie der Wundarzt sein Instrument ansetzt und eine Kugel aus seinem Körper herausschneidet. Der rettende Eingriff tritt hinter der „heilsame(n) Erscheinung"[49] Natalies zurück. Und so kommt es, daß Wilhelm alles Rettende und Heilende hinfort in ihr verkörpert sieht. Wie er denn auch durch die Schöne, die er sterblich liebt, erst recht fühlt, was sein Leben überhaupt lebenswert macht und was ihn davon trennt. Das Wundarztbesteck, das in diesem besonderen Falle von Verletzlichkeit direkt nichts zu bewirken vermag, wird für Wilhelm zu einem Gegenstand der Erinnerung an die flüchtige Erscheinung und zu dem einzigen Hilfsmittel, das ihn mit der Gesuchten verbindet.

Gegen seine inhärente Zweckbestimmung dient Wilhelm das Besteck dazu, eine Wunde ganz anderer Art zu schließen. Daß er sich mit dem Gebrauchsgegenstand auf eine diesem äußerliche Weise in Beziehung setzt, macht die Erzählung obendrein dadurch sichtbar, daß sie dem Werkzeug ein Futteral, eine Tasche, ein einhüllendes „Band"[50] hinzufügt, das nun die ganze Aufmerksamkeit auf sich zieht. Wilhelm entdeckt es wieder im Kreis der Turmgesellschaft bei einem ihm fremden Chirurgen. Er fragt sogleich: „Wo haben Sie die Tasche her? (. . .) Wem gehörte sie vor Ihnen?"[51] Was ihn in der Absicht, Natalie auf die Spur zu kommen, am meisten interessiert, sind die wechselnden Besitzverhältnisse.

Als er schließlich seine Amazone gefunden hat, aber selber nicht mehr frei ist, will er sich doch in den Besitz dieses auffallend gezeichneten Bandes setzen. „Treten Sie es mir ab!"[52] wendet er sich an den Eigentümer. Die „Instrumententasche"[53] soll ihm ein Andenken an den „schönsten Augenblick (seines) Lebens"[54] sein – und mehr noch: ein Ersatz für die Schöne selber, die ihm nie so unerreichbar schien wie jetzt, da er Therese versprochen ist. Damit ist das buntverzierte Band, ungeachtet seines zu ärztlichen Zwecken bestimmten Inhalts, zum Fetisch geworden, ein „lebloses Wesen", dazu beseelt, die geliebte Frau und alle Hoffnungen auf sie zu verkörpern. Im Akt der Fetischisierung wird einem Ding das Vermögen zuerkannt, ein mit ihm nicht Identisches so zu vergegenwärtigen, daß es vollkommen an dessen Stelle tritt. Seinem Gebrauchswert entfremdet, ist ein solcher fetischisierter Gegenstand nicht länger ein Mittel, sondern wird mit den ihm aufgenötigten Zwecken vollauf ins Gleiche gesetzt.

Ebenso wie hier „die Produkte des menschlichen Kopfes mit eignem Leben begabt" sind, spricht Marx von dem „Fetischcharakter der Warenwelt", weil den Menschen in der Gestalt der Waren der gesellschaftliche Charakter ihrer Arbeit als Natureigenschaften dieser Dinge" zurückgespiegelt wird.[55] Goethe wie Marx gebrauchen den Begriff des „Fetischs",[56] wenn nicht in erster Linie der Gebrauchswert realisiert wird. Doch diese gegenseitige Annäherung täuscht nicht über den wesentlichen Unterschied hinweg: Für Goethe wird ein Produkt zum Fetisch, wenn es nicht zur mittelbaren Befriedigung der weitverstreuten Bedürfnisse in einer arbeitsteiligen Welt weiterverwendet wird, wenn es also gerade nicht auf den Zirkulationsprozeß der Waren zurückbezogen ist, sondern als Besitz einverleibt bleibt. Das ausschließlich an der Person haftende Eigentumsverhältnis, welches einem Gegenstand versagt, daß er als produktives Mittel „die Zirkulation vermehrt",[57] bringt bei Goethe den Fetisch hervor. Der Fetischcharakter entspringt dem dauerhaft personengebundenen Besitz und nicht wie bei Marx der Warenform und einer die aktuelle Bedürfnisbefriedigung übersteigenden Mehrwertproduktion. Für Goethe ist deshalb die Defetischisierung eines Gegenstands gleichbedeutend damit, daß dieser in den „notwendigen Kreislauf" der „wechselweise zur Notdurft geworden(en)" Produkte,[58] also aus der Gewalt personaler Bindung in die arbeitsteilig organisierte Marktgesellschaft zurückkehrt. Wird dagegen das Tauschprinzip einseitig ausgesetzt und das an sich Ungleichartige, anstatt es in seiner jeweiligen Besonderheit zu benutzen, auf eine äquivalente Größe reduziert, d. h., in einem Akt selbstherrlicher Identifikation angeeignet, dann verwandelt sich der Gebrauchsgegenstand in einen Fetisch. Das ist der Fall bei Wilhelm.

Wilhelm projiziert in das Wundarztbesteck ein Bedürfnis, das zu befriedigen dem intentionalen Verwendungszusammenhang dieses Werkzeugs ebenso äußerlich ist, wie es dem Liebenden grenzenlos erstrebenswert erscheint. Immerhin leistet die Projektion soviel, daß sich Wilhelms Wünsche in einem Objekt vergegenständlichen, das im Gegensatz zur Schönen, die offenbar „uneinnehmbar" ist, erworben und vereinnahmt werden kann. Der Fetisch wird in dem Maße, wie er an die Stelle eines Unerreichbaren tritt, zum Gegenstand des uneingeschränktesten Aneignungswillens und Besitzstrebens. Der Fetisch ist die Form des persönlichen Eigentums schlechthin. Man will ihn unbedingt haben und stets „bei sich trage(n)“,[59] wie Wilhelm das Besteck unter seinem Hemd, am „Busen“, mit sich führt. Das Besitzen-wollen zeigt sich im Fetisch von der Seite, daß als dessen Zweck nicht die Befriedigung eines Bedürfnisses durch die richtige Benutzung des Mittels erscheint, sondern die unangefochtene Gewalt über das, was nicht Ich ist, die totale Einverleibung. Auf der anderen Seite resultiert diese Art der rückhaltlosen Inbesitznahme daraus, daß anstatt des ursprünglich Intendierten, der herbeigesehnten Schönen, ein Ding, ein Objekt angeeignet wird, das alles mit sich machen läßt. Der unbedingte Besitz ist also, gerade weil er die Gestalt einer Ersatzbefriedigung hat, ungleich gewalttätiger, als die wirkliche Vereinigung mit der Geliebten je sein könnte. Nicht nur erstreckt sich der Gewaltzusammenhang auf das Objekt, insofern es zu ihm fremden Zwecken mißbraucht wird, sondern auch auf den Besitzenden selber, der die Verdinglichung seines Wollens doch immer „mit seiner Person (...) bezahlen muß“.[60]

Entgegen der Ideologie des Besitzindividualismus, der zufolge meine Freiheit darauf beruht, „daß Ich etwas in meiner selbst äußeren Gewalt habe“,[61] wird in den *Lehrjahren* der Besitz nur insofern positiv begriffen, als er auf den Tausch zurückbezogen ist. Nur insoweit ich mich eines Eigentums auch wieder entäußern kann, realisiere ich meine Freiheit, die mir gerade in dem gegenständlich wird, was ich nicht besitze, dessen ich aber bedarf. Während die *Lehrjahre* also vor allem den in eine Tauschbeziehung zurückkehrenden Besitz gelten lassen und die Aneignung im Maße der Enteignung anerkennen, wird dem Besitz in den *Wanderjahren* statt des Tausches der zweckbestimmte Gebrauch gegenübergestellt. Wilhelm lernt ein unmittelbares, persönliches Besitztum, das Chirurgenbesteck, als Gebrauchsgegenstand zu handhaben. Er wird Wundarzt. Diese „entschlossene Tätigkeit“,[62] seine Spezialisierung, macht ihn zum aktiven Glied einer arbeitsteilig produzierenden Gesellschaft.

Mit der zweckentsprechenden Benutzung wird das Wundarztbesteck davon befreit, nur Fetisch zu sein. Ebenso löst sich Wilhelm von der Fixierung auf den angemaßten Besitz. Die neue Form der Aneignung, d. h., die Entfaltung der dem Werkzeug inhärenten Gebrauchsfähigkeit, läßt die Frage nach dem Besitz überhaupt irrelevant erscheinen. Ist diese Frage in den *Lehrjahren* vor allem mit der Bestecktasche, dem Band verknüpft, so zeigt die schwindende Bedeutung dieser Zierhülle in den *Wanderjahren* an, daß das frühere Eigentumsverhältnis eine qualitative Veränderung erfahren hat. Der persönliche Besitz von Tasche und Besteck schien für Wilhelm die Bedingung zu sein, unter der er sich dem ersehnten Glück seines Lebens, der schönen Amazone, verbunden fühlen konnte. Dagegen folgt in den *Wanderjahren* alles, was ihn dauerhaft ins tätige soziale Leben einbezieht, aus der Überführung dieses Besitzes in einen Gegenstand des zweckmäßigen Gebrauchs. In dem Maße, wie er das selbstherrlich

Vereinnahmte wieder der sachgerechten Benutzung zuführt, verwandelt sich jenes dem Besteck äußerliche „Band“ in das „Band“[63] des Auswandererbundes, in den Zusammenhang einer nach Prinzipien des wechselseitigen Nutzens geordneten Gesellschaft.

Die Sozialintegration Wilhelms ist an die Voraussetzung geknüpft, daß ein an Zufälligkeiten festgemachtes persönliches Besitzverhältnis wieder aufgelöst wird. Dabei scheint es nicht unberechtigt, von der Vergesellschaftung eines Produktionsmittels zu sprechen. Freilich nicht in demselben Sinne, wie sich bei Marx die „Enteignung“ gegen die ungleiche Verteilung der gesamtgesellschaftlichen Produktion richtet. Denn Marx geht von der industriellen Fertigung und der dadurch ermöglichten Erwirtschaftung von Mehrwert aus. Dagegen bezieht sich Goethe – so jedenfalls beim Wundarztbesteck – auf eine weniger entwickelte handwerkliche Stufe der Arbeitsteilung. Nur unter diesen Bedingungen ist die zweckgerechte Nutzung eines einfachen Werkzeugs auch gleichbedeutend mit der Freisetzung der dem Gebrauchsgegenstand selber innewohnenden sozialintegrativen Funktion. Nur in einem solchen Falle handwerklich gegliederter Produktionsverhältnisse verschränken sich die individuelle Verwendung und der allgemeingesellschaftliche Nutzen aufs glücklichste, ist die richtige Handhabe der produktiven Arbeitsmittel identisch mit deren Vergesellschaftung. Wie auch immer diese idealisierten Voraussetzungen der Kritik ausgesetzt werden können, als die Intention Goethes ist zunächst einmal – weil der Roman selber noch auf das „Maschinenwesen“ zu sprechen kommt – festzuhalten: Die in den *Wanderjahren* konzipierte Gesellschaft ist weniger eine von Eigentümern als von selbsttätig Produzierenden. Denn darin unterscheiden sich die Auswandererbünde von der Marktgesellschaft der *Lehrjahre*: Während diese den Besitz als eine Funktion des Tausches anerkennt, hat von Besitz zu sprechen, in den *Wanderjahren* tendenziell nur noch Sinn hinsichtlich der Kenntnisse und instrumentellen Fertigkeiten, die einer sich aneignet und zur Anwendung bringt.

Wilhelm ist im Maße seiner beruflichen Spezialisierung als Wundarzt sinnvoll integriert in den gesellschaftlichen Funktionszusammenhang. Wenn die den Produktionsmitteln implizite Arbeitsteiligkeit zum leitenden Organisationsprinzip seiner lebensgeschichtlichen Entwicklung in den reifen Mannesjahren wird, so erhebt sich allerdings wieder die Frage: Wird ihm durch die vorgegebene Zweckmäßigkeit des Arztbestecks nicht etwas aufgenötigt, das möglicherweise seinen eigenen Anlagen, seinen ursprünglichen Absichten widerspricht? Dem Verdacht, daß Wilhelm durch die vorstrukturierte Arbeitswelt diszipliniert werden könnte, begegnet der Roman, indem er, ergänzend zu den *Lehrjahren,* Teile der Kindheitsgeschichte nachholt.

In jenem Brief an Natalie, von dem unsere Betrachtungen nach wie vor ausgehen, erzählt Wilhelm, wie er schon einmal als Kind durch schmerzliche Erfahrungen zu dem Vorsatz angeregt worden sei, in der Tätigkeit eines Wundarztes seinen „eigentlichen Beruf"[64] zu sehen. Es ist die Geschichte seiner Freundschaft mit jenem Fischerknaben. Das Leben des Jungen hätte gerettet werden können, wenn man ihn rechtzeitig zur „Ader gelassen hätte". Auf diese Weise tief in die eigene Lebensgeschichte verwurzelt, wird Wilhelms Berufswunsch jener Zufälligkeit enthoben, die uns aus dem Seefahrergleichnis entgegensprang. Dort bestimmt ein zufälliger Fund, der angestrandete Ruderpflock, den weiteren Lebensweg. Das sich daran entzündende Interesse war lediglich der subjektive Reflex auf den durch das Instrument objektiv vorgegebenen Verwendungszusammenhang. In dieser Weise den Gegebenheiten sich anpassend und die eigenen Möglichkeiten immer am Vorhandenen messend, ist Erfolg und Ansehen so gut wie sicher. Aber es ist solch einer Existenz auch stets eine Grenze gesetzt durch die als unanzweifelbar vorausgesetzte Positivität des Bestehenden. Dagegen hat schon in der Zielperspektive des Wundarztberufs die Erfahrung von der Verletzlichkeit des Menschen substantielle Gestalt angenommen. Wilhelm trifft eine erfahrungsgesättigte Entscheidung, wo der künftige Schiffseigner nur der in den Produktionsmitteln sich objektivierenden, aber grundsätzlich nicht hinterfragten Rationalität der instrumentellen Naturbeherrschung folgt. Die biographisch begründete Entscheidung für einen Beruf, der die Erhaltung auch des Lebens anderer nicht nur indirekt durch das Prinzip der Arbeitsteilung, sondern programmatisch zum Zweck hat, steht einem Positivismus entgegen, der in den *Wanderjahren* mancherorts hervorscheint.[65]

Zwar ist es nicht so, daß Wilhelm seinem kindlichen Entschluß unangefochten die Treue hält und aus freiem Willen sein Ziel verfolgt. Jene frühe Einsicht gerät ja bei ihm vorübergehend in Vergessenheit. Aber die zufällige Begegnung mit dem Wundarztbesteck steht doch auch nicht – wie in dem Seefahrergleichnis – am Anfang eines Berufsweges, der allein durch die den technischen Mitteln eigene Zweckbestimmung vorgezeichnet ist und höchstens im nachhinein zu verinnerlichen erlaubt, was mit der Anpassung an die Realität als Erfolg funktional vorgegeben ist. Ohne daß Goethe seinen Romanhelden Wilhelm retrospektiv zu einer stets selbstbewußten Person umdeutet, verknüpft er die Entscheidung für den Beruf des Wundarztes mit Einsichten, die bis in die Kindheit zurückreichen. Diese werden zwischendurch, in den *Lehrjahren,* zurückgedrängt und durch andere Ziele überlagert. Aber als solche sind sie doch immer noch so unverlierbar, daß sie zusammen mit der gelegentlichen Wiederentdeckung des Arztbestecks und der Umsetzung des Fetischs in einen Gebrauchsgegenstand in das Bild einer zusammenhängenden Persönlichkeitsentwicklung gehören.

Jenes „Ethos der Tat", das für Goethe vielfach belegt ist und das ihn aus unserer heutigen Sicht in die Nähe eines Positivisten rücken könnte, ist so einseitig nicht auszulegen. Wenn es in den *Lehrjahren* heißt, „das Handeln eigentlich vergleicht uns mit andern",[66] und in den *Wanderjahren* die Rede davon ist, „klug für den Augenblick zu sein"[67] und noch vor Aufschluß über den Sinn des Ganzen erst einmal entschieden tätig zu werden, so ist das nicht die zynische Empfehlung eines Pragmatikers, sich den Gegebenheiten anzugleichen und positiv anzuerkennen, was scheinbar unabänderlich ist. Diese dem Handeln und dann einer speziellen Tätigkeit eingeräumte Priorität entspringt der richtigen Erkenntnis, daß wir uns nicht als einzelne und nicht als Denkende auf uns als den absoluten Anfang alles Lebendigen beziehen. Noch bevor wir uns reflektierend auf uns beziehen, sind wir in gegenseitige Handlungen – freiwillig oder unfreiwillig – verstrickt und in gesellschaftlichen Wechselverhältnissen tätig. Daraus folgt, daß sich die Frage nach dem Sinn des Lebens allein auf der Grundlage einer die singuläre Existenz aufhebenden und in sozialen Handlungsbezügen sich materialisierenden Tätigkeit beantworten läßt. Die eigene Lebensgeschichte, in der sich unsere subjektiven Interessen und alle Versuche, sie zu realisieren, als mit denen der Mitwelt vielfältig verschränkt darstellen, ist das prinzipiell unabgeschlossene Medium eines sich mit jeder Erfahrung neu konstituierenden Sinnes. Auf diese Weise rückt Goethe die Entscheidung über „Zweck und Ziel (unseres) Daseins"[68] in die Immanenz der Geschichte des Menschen. An Wilhelm exemplifiziert, heißt das: Erst vor dem Hintergrund eines tätigen Lebens, das sich in wechselnden Interaktionszusammenhängen gegenständlich wird, auf der Basis beruflich-produktiver Fertigkeiten, ist er in der Lage, über das Vorgefundene hinaus sich auch an Veränderungen zu beteiligen, die er für sinnvoll, ja, lebensnotwendig hält. Die „plastische Anatomie" wird das Gebiet sein, auf dem Wilhelm innovatorisch arbeitet.

4. *Wilhelms Lebensgeschichte in Entwicklungsstufen*

Das Geschäft des Wundarztes, obgleich in einer arbeitsteilig gegliederten Welt nur eine Tätigkeit neben anderen, ist auch ein besonderes. Wie keines befaßt es sich mit dem Menschen in seinem Verhältnis zur Natur. Als Teil der Natur ist der Mensch der Vergänglichkeit und der Gefahr für sein Leben durch zufällig eintretende Umstände unterworfen. Seine Verletzlichkeit ist groß; sie bedroht ihn nicht nur von außen, sondern auch von innen. Es charakterisiert das sexuelle Begehren, daß es subjektiv als ein so einschneidender Mangel begriffen wird, daß wir uns dem Leben erst wieder richtig verbunden fühlen, wenn wir gleichsam von jenem Schmerz erlöst sind. In diesem doppelten Sinne ist der Mensch von Natur aus verletzbar. Die Hilfe des Wundarztes scheint in beiden Fällen Rettung zu versprechen. Jedenfalls sind im Roman über das Arztbesteck die Befriedigung von zweierlei Grundbedürfnissen miteinander verschränkt: der Wunsch nach körperlicher Unversehrtheit und die Erfüllung der Triebwünsche.

Die Kindheitserinnerungen in dem Brief an Natalie erzählen von dem unglücklichen Tod eines Fischerknaben. Wilhelm hatte sich kurz vorher mit ihm angefreundet. „Das Bedürfnis nach Freundschaft und Liebe“[69] regte sich zum ersten Mal, als Wilhelm und der junge Adolf am Ufer eines Flusses Kühlung suchten und sie sich in unschuldiger Nacktheit gegenüberstanden. Das Stadtkind Wilhelm, zwischen „Wällen“ und „ummauerten Gärten (...) ins Freie“ geführt,[70] begegnet der „Originalnatur“.[71] „Jenes erste Aufblühen der Außenwelt“[72] ist im Grunde die Entdeckung, selber ein Teil der Natur zu sein. Mit der Objektivation des eigenen natürlichen Selbst in dem unbekleideten Gegenüber tritt der frühkindliche Narzißmus in eine neue Entwicklungsphase ein, ohne daß die erste ganz überwunden ist. Denn der Knabe erkennt zunächst den Knaben. Ein Mädchen, das in Gestalt einer jungen Blondine zufällig dazwischenkommt, regt ihn bloß dazu an, desto dringlicher den Freund wieder herbeizuwünschen. Diese Sehnsucht nach dem Geliebten, das sich schmerzlich steigernde Gefühl des Getrenntseins, ist der Preis, den der Knabe Wilhelm zahlen muß, sobald ihm die eigene Natur in dem anderen, in der Natur außer ihm, gegenständlich wird. Denn es kann sich keine Selbstidentität bilden, die nicht auf die Entäußerung an das, was nicht Ich ist, bezogen wäre. Der plötzliche Tod des Fischerknaben zeigt uns Wilhelm in einem Zustand, in dem er, erstmals seiner Männlichkeit bewußt und in dem unstillbaren Drang sich mitzuteilen, völlig außer sich gerät, fast so, als ginge es an sein eigenes Leben. Eine selbstzerstörerische Hingabe an den abgeschiedenen Freund reißt ihn hin. Daß er den Leichnam warmreiben, mit dem eigenen Atem wiederbeleben und gesundbeten will, ist das Resultat einer schmerzlich empfundenen Ohnmacht. In seinem Alter steht Wilhelm noch ohne irgendwelche Mittel da. In dieser Situation bietet der Wundarztberuf die Aussicht, durch nützliche Kenntnisse und passendes Werkzeug den gegenwärtig hilflosen, unbemittelten Zustand zu überwinden.[73]

Der Tod des geliebten Knaben in einem Augenblick, da Wilhelm sich selbst in ihm und seine besondere Natur in der schönen Blondine entdeckt, bedeutet das Ende einer selbstvergessenen narzißtischen Ich- und Allgewalt. Eine Phase der Beunruhigung bricht an, in der das natürliche Triebverlangen, zuerst noch unentschieden, sich zunehmend differenziert. Stark ist die Erfahrung ungeschützten Daseins, das Auseinandertreten von Innen- und „Außenwelt“, die Spaltung von Subjekt und Objekt. In der Dimension ästhetischen Erlebens ist die Konfrontation mit dem Tod gleichbedeutend mit der Entdeckung dessen, was schön ist. Schönheit wird erfahren als das Fremde und Andere, das sich entziehend, den schmerzlichen Eindruck meiner Unvollkommenheit zurückläßt. Dieser direkt auf die eigene Person bezogene „Begriff“[74] der Schönheit kann nur ein tragischer sein. Wie denn überhaupt dieses erste Bewußtsein von Selbstbegrenztheit und Bedürftigkeit zu einer „unmittelbare(n) Benutzung"[75] der Natur Anlaß gibt, ohne daß dadurch den Wechselfällen des Lebens dauernd vorzubeugen wäre. In diesen Zusammenhang gehört, daß sich der Tod jenes Knaben in dem Umkreis von Städtern ereignet, die sich wieder der Natur zuwenden. Sie machen einen betont persönlichen Gebrauch von der Natur als Ausflügler, Schrebergärtner oder Heilkräutersammler wie jene „geldgeizige" Tante, die „überall für ihre Bedürfnisse nach Surrogaten" sucht[76] und sie in der Art des Naturalientausches an sich bringt. Es ist bezeichnend für diese Stufe zivilisatorischer Entfremdung, daß sie der einzelne zu kompensieren versucht, indem er sich mit der Natur wieder unmittelbar ins Verhältnis setzt. Doch ähnlich wie in den *Wahlverwandtschaften* steigert sich mit der beliebigen Verwendung des Nächsten und Passenden die Verfallenheit an eine im ganzen unbegriffene Natur. Hier eröffnet der Beruf des Wundarztes die Perspektive, jene anfängliche und obendrein willkürlich potenzierte Abhängigkeit von der Natur zu kontrollieren und teilweise aufzuheben.

Wir haben die auf die erste Phase folgende zweite bereits charakterisiert. Wilhelm ist aus dem lähmenden Zustand der Unbemitteltheit herausgetreten und befindet sich – inzwischen – im Besitz eines Wundarztbestecks. Dieses dient ihm als Fetisch, solange er es zweckentfremdet nur in seiner persönlichen Gewalt hält. Unproduktiv und isolierend, hat der Besitz hier die Gestalt einer ersatzweisen, unvollkommenen Erfüllung von Triebwünschen. Das sexuelle Begehren erscheint in dem Grade, wie es von seiner wirklichen Befriedigung zurückgehalten wird, als ein Streben nach unbedingter Aneignung. Umgekehrt bedeutet die Freisetzung dieses willkürlich Angeeigneten – hier als Aufhebung eines quasi feudalistischen Besitzverhältnisses und als Realisierung des Gebrauchswertes hinreichend beschrieben –, daß die libidinöse Besetzung von dem Gegenstand abgezogen wird. Besteck und Tasche, miteinander symbolisch verbunden wie Penis und Vagina, verwandeln sich in ein Arbeitsinstrument. Mit der zweckentsprechenden Anwendung vollzieht sich im Verhältnis zu dem Wundarztbesteck nicht nur eine Auflösung undurchschauter Symbolisierung und klischeebestimmten Verhaltens, sondern auch im weitesten Sinne ein Prozeß der Desexualisierung.

Praktische Arbeitsausübung und Triebbefriedigung treten auseinander. Das ist der Grund, weshalb Natalie in den *Wanderjahren* nicht mehr selber gegenwärtig ist. Wilhelms Integration in eine arbeitsteilige Gesellschaft als ein selbsttätig produzierendes Glied findet erst statt, nachdem seine Werbung um das andere Geschlecht erfolgreich beendet ist. Ja, es hat den Anschein, als ob sich Berufstätigkeit und Trieberfüllung, Arbeit und Sinnlichkeit, grundsätzlich ausschließen. Die Trennung Wilhelms von Natalie in der Zeit seiner Wanderschaft und beruflichen Spezialisierung legt diesen Schluß nahe. Die Art, wie in der Ehe die Geschlechter voneinander dauerhaft Besitz ergreifen und wie überhaupt die genitalen Triebwünsche einen Totalitätsanspruch behaupten, steht offenbar im Widerspruch zu dem in den *Wanderjahren* proklamierten Prinzipien der Einseitigkeit und Beweglichkeit. Das grenzenlose Verlangen nach direkter, ganz persönlicher Aneignung scheint eher ein Hindernis für die freiere Ausbildung einer arbeitsteiligen Gesellschaft. Montan, der sich allein ins Gebirge zurückgezogen hat und ironischerweise am engagiertesten für eine spezielle Berufsausübung eintritt, bildet hierin das Extrem. – Daß Goethe, selbst wenn er die Triebfeindlichkeit der modernen Arbeitswelt richtig erkannt hat, damit nicht zufrieden war, mag einer der Gründe gewesen sein, weshalb er in den *Wanderjahren* der Lebensgeschichte Wilhelms noch eine andere hinzufügte. Die Geschichte Lenardos behandelt das Verhältnis von Sinnlichkeit und Arbeit unter einem Aspekt, unter dem sich beides nicht ebenso rigoros ausschließt, wie es augenscheinlich bei Wilhelm der Fall ist.

Wilhelms Wundarzttätigkeit ist in einem fundamentalen Sinn auf die Rettung des Menschen gerichtet. Denn für das Überleben besteht ständig eine akute Gefahr. Mehr als die Wunde im Fleische, mehr als die Triebabhängigkeit zeigt der Zufall, wie unvorhersehbar der Mensch auf seine verletzliche Natur zurückgeworfen werden kann. Hier tritt der Wundarztberuf in seine Rechte ein. Es ist die letzte Szene des Romans, in der wir Wilhelm seine Kenntnisse ausüben sehen. Sein Sohn Felix stürzt mit einem Pferd die Uferböschung herab und droht in dem Fluß zu ertrinken. Vorbeifahrende Schiffer ziehen ihn an Land. Unter ihnen ist Wilhelm, der den Halbtoten zur Ader läßt und ins Leben zurückholt.[77]

Die Bedeutung dieser Szene ist komplex. Auffallend ist, daß nach der ersten Phase eines sich auflösenden kindlichen Narzißmus und nach der zweiten genitalen Phase eines uneingeschränkten Aneignungswillens diese dritte Phase weder das Verhältnis zu dem eigenen noch dem anderen Geschlecht wesentlich zum Thema hat, sondern die Beziehung zwischen Vater und Sohn, zwischen den Generationen. Das Geschäft des Wundarztes zielt auf die Rettung des Menschen, insbesondere des „Gesunden",[78] der durch innere oder äußere Umstände in eine Notlage geraten ist. Auf diese Weise erkennt Goethe in den *Wanderjahren* an, was in den *Lehrjahren* und auch in den *Wahlverwandtschaften* prinzipiell ausgeschlossen war: Der Zufall kann in der Wahl der Betroffenen auch blind sein und ist in seiner destruktiven Wirkung nicht eingeschränkt auf diejenigen, die wegen einer gleichsam mißleiteten Naturanlage unfähig sind, die Kontingenz des Lebens zu ihrem Vorteil zu nutzen. Erst jetzt, durch die Dazwischenschaltung eines Mittels, des Wundarztbestecks, wird der Zufall davon befreit, in der Verschränkung der natürlichen Einzelinteressen die Produktivkraft schlechthin darzustellen. Erst in den *Wanderjahren* löst sich der Zufall von der unterstellten Positivität, die ihm das liberale Interaktionsmodell zudiktiert, und entfaltet allseits sein zerstörerisches Potential. Als Produktivkräfte erscheinen nun an seiner Statt die Kenntnisse und Werkzeuge des Wundarztes. Sie sind aufgeboten, den entfesselten Zufall immer wieder unter Kontrolle zu bringen und unvorhergesehene Verletzungen, gegen die auch der Gesündeste nicht gefeit ist, rasch zu beheben. Denn das ist ihrem Wesen nach die Wundarzttätigkeit: Ohne den schädlichen Zufall ganz aus der Welt bannen zu können, hält sie ihm die Waage und kommt von Fall zu Fall der verletzlichen Natur des Menschen zu Hilfe.

Die Einschaltung zweckmäßig angewandter Mittel wirkt der steten Gefährdung unseres Lebens entgegen und befreit uns von dem unfruchtbaren Bezug auf uns selbst. Die speziellen Werkzeuge und ihre praktische Handhabung schaffen unter den Menschen einen lebenserhaltenden Zusammenhang. Doch es wird nicht nur der Einseitigkeit in einem besonderen Beruf, es wird nicht nur der Arbeitsteiligkeit das Wort geredet. Wie am Bild des Vaters abzulesen ist, der als Arzt seinen eigenen Sohn rettet, ist auch das Verhältnis zwischen den Generationen, zwischen alter und neuer Zeit angesprochen. Sie stehen weder abweisend gegeneinander, noch sind sie in einen festgelegten Traditionsverbund eingefügt, der von der jeweils nachwachsenden Generation das Opfer ihrer Individualität fordert, damit sich für den einzelnen in dem bewahrten Erbe das Versprechen überzeitlicher Dauer erfülle.

Die Lebensbahnen von Wilhelm und Felix, die sich gegeneinander zunehmend verselbständigt haben, kreuzen sich in einem Moment, da der eine ungeschützt der Natur anheimzufallen droht und der andere mit dem Tod seines Kindes die Motivation für ein zukunftweisendes Unternehmen, die Auswanderung, verlieren würde. Wir haben gelegentlich der Josephsnovelle schon darauf hingewiesen, daß in der Schlußszene des Werkes auch das Gegenbild zur Kreuzigung Christi eingespielt wird. Der allherrschende Vater, der dem Sohn das Opfer auferlegt, damit das Menschengeschlecht zu ewigem Dasein erlöst werde, ist der Inbegriff einer feudalistischen, auf das Erbe gegründeten Lebenspraxis.[79] Im Gegensatz dazu läßt Goethe seinen Roman darin einmünden, daß der Vater den Sohn ins Leben zurückholt. Zwar kann er ihm als Wundarzt nicht die Unsterblichkeit schenken. Aber er befreit ihn doch davor, sich frühzeitig in sein natürliches Erbteil schicken zu müssen und seiner angeborenen Verletzbarkeit unversehens Tribut zu zollen. Der christliche Glaube an Ewigkeit und Unvergänglichkeit kehrt in abgewandelter Form wieder: als die auf das Diesseits gerichtete, unablässig tätige Wiederherstellung des Lebendigen. Zwischen den überlieferten Alternativen lebenslanger Todesdrohung und paradiesischer Unsterblichkeit treffen Vater und Sohn darin überein, sich wie Brüder die Vorsorge um die Erhaltung dieses ihres Erdendaseins zu teilen. Durch den Vergleich mit dem antiken Freundespaar Kastor und Pollux[80] macht Goethe sichtbar, was er unter Brüderlichkeit, wie sie die „Erklärung der Menschenrechte“ fordert, versteht: die gemeinsame, alle miteinander verbindende Bewältigung der naturgegebenen Lebensnot.

Der nackt auf den Boden hingestreckte Felix, der, ins Leben zurückkehrend, seinen Retter und dieser ihn wiedererkennt, stellt das Gegenbild dar zu jenem Ecce-Homo, dem entblößten Schreckbild des geschundenen und gemarterten Menschensohnes. Nicht die Dornenkrone ist ihm aufs Haupt gedrückt, sondern „braune Locken, schnell getrocknet, rollten sich schon wieder auf“.[81] Der Romanschluß holt gewissermaßen nach, worüber die Pädagogische Provinz „einen Schleier“[82] gezogen hat: die Leiden Christi in einer freien, das „Lehr- und Musterbild‘[83] aktualisierenden Umdeutung. Es liegt durchaus in der Konsequenz der dort geäußerten Erziehungsgrundsätze, wenn als die höchste Lehre das praktische Leben selbst hervortritt. Wird nicht Wilhelm, solange er die Hauptunterrichtsgegenstände, die Darstellungen der ethnischen und philosophischen Religion zu Gesicht bekommt, im Kreise herumgeführt?[84] Wird ihm nicht die Auslegung der in dieser Folge letzten und höchsten Religion, der christlichen, vorenthalten? Und stürmt nicht Felix hoch zu Pferde, als sei er wirklich Herr seiner Triebnatur, über die Grenzen der Pädagogischen Provinz hinaus? Ohne Zweifel, der „wahre Zweck einer vollständigen Ausbildung“[85] verwirklicht sich erst diesseits jenes umfriedeten Erziehungsinstituts. Erst im „freie(n), zufällige(n) Leben“[86] mit seinen Gefahren für den von Natur verwundbaren Menschen bewährt sich „jene letzte Religion“,[87] die christliche, die aus der „Verehrung des Widerwärtigen, Verhaßten“ entspringt.[88] Mit anderen Worten, das christliche Vorbild, das mit der demonstrativen Anerkennung der menschlichen Leiden auch deren Überwindung verspricht, findet seine Erfüllung in einer arbeitsteilig organisierten, das Überleben vorsorglich sichernden Gesellschaft. In diesem Sinne ist die Errettung des Sohnes durch den Vater, seine sachverständige Rückführung ins diesseitige Leben als die zeitgemäße Applikation der Kreuzigung Christi zu verstehen.

Für uns, die wir nicht erst seit Nietzsche die Geistesgeschichte aus deren immanenter Perspektive als eine Folge von Revolutionen zu sehen angehalten werden, mag es überraschend sein, daß Goethe diese vorsätzliche Verkehrung der Nächstenliebe in instrumentales Handeln noch im Namen des Christentums vollzieht. Doch kann es uns auch als Hinweis dienen, wie Goethe die Historie aufgearbeitet und konkretisiert wissen wollte. Geschichte ist das Fundament unseres Lebens: „Jeder Mensch findet sich von den frühesten Momenten seines Lebens an, erst unbewußt, dann halb, endlich ganz bewußt, immerfort bedingt, begrenzt in seiner Stellung“.[89] Nach diesem Grundsatz wiederholt die Ontogenese, für den einzelnen zunächst undurchschaubar, die phylogenetische Gesamtentwicklung. In der gelehrten Unterscheidung von ethnischer und philosophischer Religion wird auf eine Wilhelm immer einsichtigere Weise auf den Begriff gebracht, daß seine eigene Lebensgeschichte in eben diesen Bahnen verlaufen sei. Wie der frühen Menschheit und allen „unmündigen Kindern"[90] wieder ist ihm die Erfahrung der eigenen Ohnmacht nicht erspart geblieben. Auch Wilhelm hat sich in der schmerzlichen Einsicht, dem Tod des geliebten Freundes völlig mittellos gegenüber zu stehen, spontan an einen „Gott da droben" gewendet.[91] In dem darauf folgenden Lebensabschnitt nähert er sich dem „Mittelzustand"[92] des Philosophen, freilich von der verkehrten Seite, so daß er nicht „im kosmischen Sinne allein in der Wahrheit",[93] sondern egozentrisch allein in der Verblendung lebte. Es war jene Zeit, in der er sich durch das Wundarztbesteck mit seinen Wünschen unmittelbar ins Benehmen setzen wollte und – „selbstisch vereinzelt"[94] – einem unproduktiven Besitzfetischismus frönte.

Wie aber ist auf der dritten Stufe der Menschheitsgeschichte, die sich im Bild des Schmerzensmannes und seiner Verklärung kundtut, die geschichtliche Überlieferung auf Wilhelms eigenes und unser jetziges Leben zu beziehen? Dies bleibt einer nur historisch und theoretisch gewendeten Reflexion verborgen. Zwar ist die Geschichte stets der Grund aller in die Gegenwart hineinragenden und über sie hinauszielenden Aktivitäten; aber das kulturelle Erbe läßt sich nicht unverändert übernehmen als das, wofür es sich ausgibt. Sein lebendiger Sinn ist ständig neu hervorzukehren, indem es gleichsam wie die anderen beweglichen Güter auch in der gesellschaftlichen Zirkulationssphäre umgewälzt wird. Die Umdeutung vollzieht sich durch das praktisch-tätige Leben selber, insoweit es die fortschreitende Befreiung vom Naturzwang zum Ziel hat. Eine in diesem Sinne entschlossene Tätigkeit realisiert stets aufs neue den lebensbejahenden Sinn einer durch Traditionsbrüche fortdauernden Überlieferung. So ist es denn auch folgerecht, wenn unter dem Primat vorgängigen Tuns den Handelnden selber, also Wilhelm und Felix, vorläufig noch verhüllt bleibt, auf welche Weise ihr bewegt-geschäftiges Dasein mit den Bildern der Vergangenheit konfiguriert.

Es sollte deutlich geworden sein, daß Wilhelm in den *Wanderjahren* eine Entwicklung macht, die, als Säkularisierung des christlichen Erbes, aus den „Überbau"-Regionen jenes Heiligen Joseph herabführt zu den materiellen Grundlagen gesellschaftlichen Zusammenlebens. Trotz dieser aufklärerischen Intention würde jedoch der Roman, hätte er uns nur den Werdegang zum praktizierenden Wundarzt zu erzählen, hinter den Realitäten einer entfalteten oder auch einer gerade entstehenden Industriegesellschaft zurückbleiben. Gegenüber den *Lehrjahren* hat zwar der Zufall seine Funktion als Produktivkraft individueller Lebensgeschichten eingebüßt. Aber die an seine Stelle getretene gegenständliche Arbeit steht noch auf der Stufe des Handwerks. Nur unter solchen vereinfachenden Voraussetzungen kann der Eindruck entstehen, daß sich über die ausgeübten handwerklichen Fertigkeiten die soziale Integration nahezu zwanglos ergibt.

Die kontingenten Umstände, die in den *Lehrjahren* einen Handlungsspielraum hervorbrachten, der den vitalen Eigennutz eines jeden mittelbar begünstigte, verband sich mit einem Begriff von Natur, der durch und durch positiv war. In der Entäußerung seiner selbst als eines zufälligen Mittels zu ihm fremden Zwecken mußte derjenige sein Glück machen, der an seinen natürlichen Interessen unbeirrt festhielt. Nur in dem außerordentlichen Falle, daß die Natur mit sich selber entzweit ist, daß der Mensch – so besonders in den *Wahlverwandtschaften* – seinen natürlichen Bedürfnissen entfremdet, seine Selbstvernichtung zu wollen genötigt wird, koinzidiert der Zufall mit dem unentrinnbaren Tod. In den *Wanderjahren* wird dagegen grundsätzlich anerkannt, daß der Begriff der Natur auch die Verwundbarkeit des Menschen einschließt, und überhaupt die Tatsache, daß er sterben muß. Daß wir körperlich jederzeit Schaden nehmen können, ist unser natürliches Erbteil. Damit hat sich die Natur, ehemals nur bejahtes Prinzip der Selbsterhaltung, in sich geteilt und verdoppelt: „Sie gewährt unsägliche Freuden; aber unverhältnismäßige Leiden bringt sie“.[95] Unter diesen gewandelten Bedingungen ist der Naur nicht mehr ohne weiteres zu willfahren. Der Zufall, zuvor noch das probate Mittel, durch das sich die natürlichen Egoismen immer wieder gegenseitig ihres Vorteils versicherten, wechselt hinüber auf die Seite der lebensbedrohenden Kräfte, ja, er wird zum Inbegriff destruktiver Naturabhängigkeit. An seiner Statt vermitteln jetzt Werkzeuge den Austausch mit der Natur. Sie wirken dem zerstörerischen Zufall entgegen. Die Sicherung des Lebens wird in den Werkzeugen weitgehend der Zufälligkeit enthoben und auf Dauer gestellt. Wenigstens was den Menschen betrifft, steht dahinter die Intention, die Natur wieder mit sich zu versöhnen.

Auf solche Weise hat Goethe die für die bürgerliche Gesellschaft charakteristische Mittelbarkeit des sozialen Handelns entschieden konkretisiert. Was in den *Lehrjahren* der Markt und als dessen Statthalter in allen zwischenmenschlichen Beziehungen die Kontingenz des Lebens zu leisten hatte, das nimmt in den *Wanderjahren* die festumrissene Gestalt eines technischen Instrumentariums an. Das bedeutet einen Fortschritt in der Einschätzung der Elemente, die für die modernen Gesellschaften tatsächlich konstitutiv sind, insbesondere der Rolle der Produktivkräfte.

Was Goethe jedoch, wäre für ihn die Wundarztthematik somit abgeschlossen, nach wie vor ausgeklammert hätte, ist die Tatsache, daß wir nicht nur als ein Teil der Natur, also von Natur aus, verletzlich sind. Viel stärker als durch den unglücklichen Zufall und durch eine reizbare Triebnatur ist die Menschheit dadurch gefährdet, daß die lebensnotwendigen Güter ungleich verteilt sind. Es genügt ja nicht, eine Tätigkeit zu ergreifen, die ihren Anteil an der Befreiung vom

Naturzwang hat, wenn von dieser Arbeit im Resultat ungleich profitiert wird, so daß durch ein Zwangsverhältnis gesellschaftlicher Art ein Mangelzustand künstlich aufrecht erhalten bleibt. Bis jetzt hat es jedoch den Anschein, als wäre für Goethe, nach dem natürlichen Selbsterhaltungsprinzip der *Lehrjahre,* nunmehr jede Beschäftigung, die mit den Mitteln der Arbeitsteilung auf die Erhaltung des Lebens zielt, eine hinreichende Bedingung dafür, daß eine gerechte Gesellschaftsordnung entsteht.

II. Die „plastische Anatomie“

1. *Die Grenzen des Marktes*

Das Kapitel über die „plastische Anatomie“ im Dritten Buch stellt für die *Wanderjahre* eine gleichsam axiomatische Erweiterung und im Zusammenhang des ganzen Romanwerks fast einen Neuansatz dar. Es ist das Verdienst einer Untersuchung von Klaus Bartels, die „plastische Anatomie“ für eine neue Interpretation des goetheschen Werkes fruchtbar gemacht zu haben.[1] Entsprechend kurz, aber hinreichend bestimmt in unserer eigenen Argumentation, fassen wir uns in diesen Passagen. Erstaunlich genug ist, daß ein Leser des Erzählwerkes so weit vorgedrungen sein muß, bis er hier in dem dritten Kapitel des Dritten Buches, das zudem erst in die Zweitfassung der *Wanderjahre* aufgenommen wurde, erstmals erfährt, daß es in der dargestellten Welt des *Wilhelm Meister* auch so etwas wie vorsätzlichen Mord gibt. Schlagartig wird deutlich, wie gewisse Fakten bisher programmatisch ausgespart wurden. Es handelt sich darum, daß die sezierende Anatomie unter einem Mangel an Leichen leidet und daß deshalb in England Fälle vorgekommen sind, in denen dem „gut bezahlenden Anatomen“[2] solche Gegenstände durch Mord verschafft wurden. Goethe sieht des weiteren voraus, daß der Bedarf an solchen sezierbaren Körpern immer größer wird, weil die Forderung nach besseren anatomischen Kenntnissen wächst und weil – das betrifft „besonders große Städte“[3] – die Zahl derer ständig zunimmt, die dadurch versorgt werden wollen. „Aber in eben dem Maße werden sich die Mittel vermindern; die Gegenstände, die Körper, auf die solche Studien zu gründen sind, sie werden fehlen, seltener, teurer werden“.[4] Die Folge ist ein tödlicher Konflikt, den das Kapital für sich entscheiden wird, während immer mehr Mittellose – im genauen Wortsinn – mit dem Leben bezahlen müssen.

Der historische Vorfall, auf den sich Goethe auch deshalb beruft, weil dadurch der Zusammenhang mit der Wundarztthematik inhaltlich gewahrt ist, läßt sich unterschiedlich aktualisieren. Wenn man davon ausgeht, daß die ärztliche Tätigkeit wie die arbeitsteilige Produktion überhaupt der Existenzsicherung des Menschen dient, und wenn man voraussetzt, daß zu diesem Zweck außer instrumentellen Fertigkeiten auch noch natürliche Hilfsmittel nötig sind, dann ist es nicht abwegig, den menschlichen Leichnam als einen Rohstoff anzusehen. Er wird dazu „weiterverarbeitet", unser anatomisches Wissen im ganzen zu steigern und im einzelnen die schon erworbenen Fähigkeiten des praktizierenden Arztes ständig „vor Geist und Auge zu erneuern".[5] Aus einer solchen Perspektive betrachtet, bezieht sich Goethe in der Schilderung eines akuten Mangels an sezierfähigen Leichen auf einen Fall von Rohstoffknappheit. Daß hierin eine Ursache für Konflikte bis hin zur kriegerischen Auseinandersetzung liegt, ist bekannt.

Eine andere Betrachtungsweise wird in dem Kapitel der „plastischen Anatomie" die Entwicklung der Produktivkräfte thematisiert sehen. Denn das Verfahren, das Goethe zur Behebung der Notlage vorschlägt, wird ausdrücklich eingeführt als eine Alternative zur „wirkliche(n) Zergliederung",[6] die damals überall ausgeübt wurde. Mit der Begründung, daß die Sektion von Leichen den herrschenden Mißstand notwendig heraufbeschwören mußte und immer noch weiter zuspitzen wird, ist allgemein das Problem aufgeworfen, daß nicht alle Maßnahmen, die der Erhaltung des Lebens zugute kommen sollen, ihr Ziel erreichen, daß sie sich vielmehr entgegen ihres ursprünglichen Zwecks in eine Bedrohung für das Leben verwandeln können. Besonders heute werden die Bedingungen, ohne die wir nicht auf Dauer überleben können, unter dem Vorwand zerstört, unsere Lebensmöglichkeiten kurzfristig zu verbessern. In Frage steht also, ob sich der technische Fortschritt planen und lenken läßt. Es bedarf keines Hinweises, wie sehr die entfalteten Industriegesellschaften dieses Problem beschäftigt.

Schon die Fragestellung greift über das hinaus, was bisher als Konzeption des goetheschen Romanwerks umrissen wurde. Die Vermittlung des Besonderen und Allgemeinen, die bis dahin, wenn auch widerspruchsvoll, noch immer gelungen ist, setzt aus. Der Markt und dessen gegenständliches Fundament, die Arbeitsteilung, können die Sozialintegration nicht länger gewährleisten. Der dialektische Widerspruch, der in den *Lehrjahren* die natürlichen Interessen der einzelnen zum Wohle einer Gesamtheit objektiv gegeneinander auszusteuern vermochte und der, subjektiv auf den Begriff gebracht, unter dem Titel der Entsagung in den *Wanderjahren* fortwirkt, erfährt eine qualitative Änderung. Als ein „schlechter" Widerspruch behindert er die vielen zum Vorteil einiger weniger daran, ihre vitalen Bedürfnisse hinlänglich geltend zu machen. Der Markt büßt die Funktion eines integrativen Mediums in dem Augenblick ein, da für Goethe die Einsicht unumgänglich ist, daß sich auf ihm nicht nur die partikularen Interessen als solche begegnen und nicht nur die arbeitsteilig aufeinander bezogenen Berufsdisziplinen. Ein bestimmender Faktor für den Markt sind vor allem auch die Produktionsmittel und die Art ihrer Verteilung. Als ein solches Produktionsmittel hebt das Kapitel über die „plastische Anatomie" den menschlichen Leichnam hervor, einen Rohstoff, der im Bereich ärztlicher Tätigkeit zur Produktion praktisch verwertbaren Wissens gebraucht wird. Die Knappheit dieses natürlichen Produktionsmittels, der „Mangel der Gegenstände",[7] führt zu einer Verzerrung des Marktes. Denn das unterschiedlich vorhandene Geld – der „gut bezahlende Anatom" – eröffnet einen ungleichen Zugang zu dieser Mangelware. In der Beispielerzählung des Romans entsteht daraus direkt Mord und Totschlag, jedenfalls in dem weiterentwickelten England, von wo aus das Übel auch auf Deutschland überzugreifen droht. Die ausgleichende Gerechtigkeit des Marktes verkehrt sich in ein gesellschaftliches Zwangsverhältnis.

Es ist dies der Punkt, wo der *Wilhelm Meister* in den offenen Fragehorizont der politischen Zeitgeschichte eintritt. Goethe ist der Frage nicht weiter nachgegangen, welche politischen Ursachen die ungleiche Verteilung der Produktionsmittel hat; wie denn schon diese prononcierte Formulierung über seine Intention hinauslangt. Statt dessen sind ihm die Mordfälle ein Exempel dafür, daß die Natur selber dem Markt auch Grenzen setzen kann; Grenzen, die mit seinem Wesen als einer uneingeschränkten Vermittlungsinstanz nicht vereinbar sind und die ihn deshalb in den Händen weniger – vorsätzlich oder nicht – zu einem Machtinstrument werden lassen. Eine historische Gewaltbeziehung wird so auf natürliche Ursachen zurückgeführt. Außerhalb der Erwägung bleibt auf diese Weise, ob der Markt sowie das durch ihn verkörperte Gleichheitsprinzip überhaupt nur eine Fiktion sei und als solches von vornherein ein Herrschaftsmittel. Die Aufmerksamkeit wird dagegen von Goethe auf die Natur und das Verhältnis des Menschen zu ihr gerichtet.

Wenn wir heute auf einigen Gebieten effektiv mit der Beschränkung der natürlichen Ressourcen konfrontiert sind, so ist das nicht dasselbe wie der für die Medizin folgenreiche Mangel an sezierfähigen Leichen. Denn obgleich bei wachsender Bevölkerung die Sterbefälle hinter den Geburten zurückbleiben, würde deren Zahl doch immer noch ausreichen, um den anatomischen Studien Material genug zu liefern. Die Knappheit der „Hülfsmittel"[8] ergibt sich denn auch nicht nur aus der wachsenden Nachfrage, geschweige denn aus der Erschöpfung der natürlichen Quellen. Vielmehr verringert sich die „Anzahl der verblichenen Körper",[9] die für die Anatomie freigegeben sind, weil, von Ausnahmen abgesehen, niemand gezwungen werden darf, nach seinem Tode medizinischen Zwecken zugeführt zu werden. Es ist die Rede von dem tiefverwurzelten Empfinden „des Volks, das in sittlicher und religiöser Ansicht seine Persönlichkeit und die Persönlichkeit geliebter Personen nicht aufgeben kann"[10] und deshalb an dem Bild des unversehrten Abgeschiedenen festhält.

Wenn uns auch heute diese Anschauung, obgleich ihr von Gesetzes wegen nach wie vor stattgegeben wird, immer weniger begründet erscheint, so ist doch Goethe offensichtlich der Meinung, daß sie in der Natur selber verankert sei. Es errege den „Widerwillen der Welt“,[11] wenn die Toten der „Zerstückelung“[12] preisgegeben werden. Wo sogar „eine Art von unnatürlichem wissenschaftlichem Hunger“[13] um sich greift und die gleichsam angeborene Rücksicht gegen die Verstorbenen dem ärztlichen Interesse ganz aufgeopfert wird, da ist das „Gefühl der Menschlichkeit ausgelöscht“.[14] Die Pietät gegenüber den wehrlosen Toten gehört zur natürlichen Ausstattung des Menschen. Goethe scheint sich hier auf eine anthropologische Konstante berufen zu wollen, die auf den verschiedenen Entwicklungsstufen in wechselnder Gestalt wiederkehrt. „Unter natürlich gesitteten, wohldenkenden Menschen“[15] ist bis heute ein ursprüngliches Gefühl dafür vorhanden, daß „die wirkliche Zergliederung immer etwas Kannibalisches hat“.[16] Noch die spontane Abneigung Wilhelms, als er den schon abgetrennten Arm einer Selbstmörderin sezieren soll, entspringt der Furcht vor der Verletzung dieses sehr alten Tabus.[17] Auf der untersten Entwicklungsstufe der Menschheit als Kannibalismus verpönt, steigert sich der Wunsch nach Unverletzlichkeit im Christentum zum Wiederauferstehungsglauben. Als solcher lebt er im Volke fort, dessen reges Interesse geweckt wird, wenn es – zynisch genug – „von Auferstehungsmännern erzählen hört“,[18] die die bestatteten Leichen wieder ausgraben. In unserer Zeit wird schließlich die christliche Lehre vom ewigen Leben transformiert in eine instrumentell und technisch abgesicherte Daseinsvorsorge. Entsprechend findet auch der Gedanke, die Natur – soweit irgend möglich – zu erhalten, universelle Verbreitung. Wilhelm eignet sich diese fortgeschrittene Erkenntnis zu. Er schreckt denn auch angesichts des abgetrennten Körperteils weniger davor zurück, daß er als Anatom dem Teufel in die Hände arbeitet; eine Überlegung, die derzeit noch der Gesetzgebung zugrunde lag, wenn sie nur solche Außenseiter dem Seziermesser überließ, die ihr „Individuum in jedem Sinne verwirkt“ haben.[19] Sein natürlicher Widerwille wird vielmehr schon von der Einsicht begleitet, daß die Sektion des „schönste(n) weibliche(n) Arm(es)“ ihn dazu zwingen würde, „dieses herrliche Naturerzeugnis noch weiter zu entstellen“.[20] Auf der höchsten Entwicklungsstufe setzt sich der Grundsatz durch, daß alles von der Natur Hervorgebrachte unzerstört zu lassen ist.

2. *Alternativen der Produktivkraftentfaltung*

Die Natur, die sich um des Lebens willen gewaltsam des Lebens bedient, diese in antagonistische Prinzipien gespaltene Natur kommt im Menschen wieder zur

Aussöhnung. Wenn das Recht auf Selbsterhaltung ein natürliches ist, dann ist auch in der Universalisierung dieses Rechts durch den Menschen, der es gleichermaßen für alles Existierende geltend macht, die Natur selber am Werk. Ebenso natürlich wie der Abscheu, einen Leichnam zu zerschneiden und dieses Naturprodukt weiterzuverwenden, ist deshalb auch der wachsende Mangel an solchen vermeintlich wichtigen Hilfsmitteln und die daraus entspringende Deformation des Marktes. Es widerspricht einer universalistischen Auffassung von Natur, wenn sie, Inbegriff des Lebens, einerseits sich selbst Zweck ist und wenn sie andererseits als Lieferant technisch verwertbarer Rohstoffe zur Aufrechterhaltung von Leben mißbraucht wird. Wir sind in der Tat der Meinung, daß es Goethe nicht nur ablehnt, den natürlichen Menschen als eine Art Rohstoff immer weiter auszubeuten. Wenn er in seiner Beispielerzählung noch die sterblichen Überreste unangetastet wissen möchte, so scheint uns das darauf hinzuweisen, daß die Natur im weitesten Sinne nicht als Mittel zum Zweck zu benutzen sei. Wo es dennoch geschieht, wo die Natur zum Rohstoff herabgewürdigt wird, wo selbst noch das Tote zur Reproduktion des Lebens erforderlich ist und das „Leblose (. . .) Lebendiges hervorbringen" soll,[21] da wird das Gewesene zum alleinbestimmenden Maßstab für die Gegenwart. Der „wahrhafte Konflikt zwischen Lebendigen und Toten",[22] den Goethe daraus entstehen sieht, bedeutet das Zurücksinken in die Feudalzeit. Der extreme, in England eingetretene Fall, daß um des Lebens willen getötet wird, ereignet sich in der noch unabgegoltenen Tradition des geopferten Menschensohnes.

Das Versagen des Marktes und seine Umwandlung in ein Mordinstrument erklärt sich daraus, daß die Unteilbarkeit der Natur zum obersten Grundsatz erhoben wird. Wenn die Natur sich einerseits selber Zweck ist, so läßt sie sich nicht andererseits als Mittel zum Zweck verwenden. Die daraus resultierende, das Leben bedrohende Ungleichheit ist allein dadurch zu vermeiden, daß die Natur von der Vermarktung ausgenommen bleibt. Vor dem Hintergrund dieser prinzipiellen Erwägungen entfaltet der Roman die Frage, wie die Produktivkräfte alternativ zu den bisher praktizierten Verfahren, die die Natur immer nur einseitig instrumentalisiert haben, zu entwickeln seien. Das bedeutet grundsätzlich keine Absage an den Markt und die Arbeitsteilung. Nur, wo die Natur als ein ihren eigenen Zwecken entfremdetes Hilfsmittel am Marktgeschehen beteiligt war, ist sie zu ersetzen.

Der sezierenden Anatomie stellt der Roman die „plastische Anatomie" gegenüber. Wilhelm begegnet bei seinen medizinischen Studien einem Manne, der ihn in sein Haus einführt und mit künstlichen Nachbildungen anatomischer Zergliederungen bekannt macht. Es sind plastische Gebilde aus Wachs, geschnitztem Holz oder anderem Material, die dem sich fortbildenden Arzt oder Studenten den menschlichen Körper ersetzen sollen. Der diese Arbeiten „im tiefsten

Geheimnis“[23] und abseits der Wissenschaften ausgeführt oder angeregt hat, ist ehemals Bildhauer gewesen. Er hat sich dieser praktischen Tätigkeit zugewandt, als es ihm unmöglich gemacht wurde, „die unmittelbare Absicht Gottes in der Natur“[24] künstlerisch zu gestalten. Denn das ist das Charakteristikum der bildenden Kunst: „Der Bildhauer steht unmittelbar an der Seite der Elohim, als sie den unförmlichen, widerwärtigen Ton zu dem herrlichsten Gebilde umzuschaffen wußten“.[25] Sein Ziel ist, die Natur in ihrer reinsten Gestalt, den „Mensch(en) ohne Hülle“, der „eigentlich der Mensch“ ist,[26] wieder hervorzubringen. Aber die Natur kann sich unter den Bedingungen des Marktes, denen in neuerer Zeit auch der bildende Künstler gehorchen muß, nicht direkt und ungebrochen als sie selbst darstellen. Wo – wie in der Bildhauerei – es gleichwohl darauf abzielt, wird sie entstellt und ihr fremden Zwecken unterworfen. Der Markt, die Nachfrage verlangt von dem Künstler, der sich hier Wilhelm eröffnet, daß er „würdige Männer in Schlafröcken und weiten Ärmeln und zahllosen Falten“ produziert.[27] So kommt es, daß er, statt „gegen Überzeugung und Gefühl ein widerwärtiges Handwerk“ zu treiben,[28] sich entschlossen hat, nützlich zu sein und an der plastischen Nachbildung des Menschenkörpers zu arbeiten.

Der Widerspruch zwischen dem Markt und der „bildenden Kunst“[29] – soweit hier diagnostiziert – sollte nicht verallgemeinert werden. Goethe, der die einzelnen Künste genau unterschieden hat, beschränkt seine kritische Feststellung auf den Fall der Bildhauerei, weil nur sie den leibhaftigen Menschen, die „eigentliche Schönheit der unverhüllten Glieder“,[30] unmittelbar zur Erscheinung bringen will. Was in der Antike gelang und in marmornen Figuren zur höchsten Blüte kam, ist in einer Zeit marktvermittelter Beziehungen nicht mehr möglich, weil sich mit zunehmender Differenzierung der Zwecke und Mittel auch der Gegenstand unserer Bearbeitung gewandelt hat. Statt der statuarischen Schönheit den Schein der Unsterblichkeit abzuringen, ist heute das erklärte Ziel, „das schöne Lebendige“ zu erhalten.[31] Schönheit – das lernen wir aus der Schlußszene, als Felix die „schöne Beute“[32] des Todes zu werden droht – ist bezogen auf den wirklich geretteten Menschen, der mit den Mitteln der Arbeitsteilung ins Leben zurückgerufen wird. Als solche erschließt sich Schönheit nicht der kontemplativen Betrachtung, sondern ist Resultat von Arbeit. Daran knüpft Goethe die Empfehlung, daß sich auch der Bildhauer unter den veränderten Bedingungen der Zeit dieser neuen nützlichen Aufgabe stelle.

„Was jetzo Kunst ist, muß Handwerk werden“.[33] Die bildende Kunst liefert ein besonderes Beispiel dafür, daß die „plastische Anatomie“ nicht nur den menschlichen Körper ersetzt, sondern daß schon die Erstellung solcher „Modelle“[34] die Natur unbehelligt lassen kann. Es kommt zwischen Wilhelm und dem ehemaligen Bildhauer das Gespräch darauf, wie die Muskulatur realistisch nachzubilden sei. Nichts läge näher, als einen Leichnam“ von der Epiderm zu entblößen"[35] und wenigstens einmal die Natur direkt zu benutzen, wo es darum geht, sie in zahllosen späteren Fällen zu substituieren. Aber die bildende Kunst bietet die Gelegenheit, anders zu verfahren. Die schöne Statue eines antiken Jünglings wird „in eine bildsame Masse abgegossen",[36] so daß es nicht schwer fällt, „die ideelle Gestalt" unter der Oberfläche wahrzunehmen und gleichsam die Haut beseitigend, das „reale Muskelpräparat" sichtbar zu machen.[37] Die formbare Kopie eines antiken Kunstwerks, das den Menschen vollkommen zur Erscheinung bringt, verwendet der Konstrukteur plastischer Modelle dazu, von außen nach innen sinngemäß vorzudringen und den Körper als das Zusammenwirken einzelner Muskeln freizulegen. Ohne ein „Naturprodukt" zu zerstören oder zu zerschneiden, wird der Mensch in seinem inneren Funktionieren zugänglich. Auf diese Weise vermittelt die Kunst zwischen Natur und Technik. Diese kann sich jener bedienen, ohne ihr Gewalt anzutun.

Freilich scheint nur die Bildhauerei der klassischen Antike dazu geeignet, in dieser Art zum Instrument des technischen Fortschritts zu werden. Die Nachahmung der Natur wird dadurch jedoch nicht zum Maßstab für die Kunst erhoben. Im Gegenteil, es soll heißen: Wo Kunst nach wie vor die Natur unmittelbar zum Gegenstand hat, da muß sie selber zum Mittel werden, wenn sie, anstatt dem trügerischen Schein ewiger Jugend nachzuhängen, einem gesteigerten Begriff von Natur, dem der Erhaltung des Lebens, gerecht werden will. Sich in eine mittelbare Beziehung zur Natur setzend, wird Kunst zum Handwerk. Auf diese Weise ist sie nicht länger sich selber Zweck, sie streift den Anschein der Autonomie von sich ab und wird nützlich. Sie schaltet sich in den lebenserhaltenden Austausch mit der Natur, in die technischen Arbeitsprozesse, so ein, daß diese, nicht mehr zum Rohstoff entwertet, alles mit sich machen lassen muß. Durch die Mittlerrolle der Kunst kann die Technik sogar noch unter dem Aspekt ihrer innovatorischen Weiterentwicklung Distanz zur Natur halten. Sie ersetzt die Natur nicht nur gänzlich, sondern ist auch leistungsfähiger als sie. Denn diesen Vorteil bietet ja die „plastische Anatomie" gegenüber der sezierenden: Das Modell ist vielfach weiterverwendbar, es kann, wie eine Maschine, fast unbeschränkt das gleiche Produkt, hier die medizinische Kenntnis, hervorbringen; während der natürliche Leichnam nur einmal und kurzfristig verwendbar ist.

Die „plastische Anatomie" gibt das Beispiel für eine Entfaltung der Produktivkräfte, die der instrumentellen Beherrschung der Natur, wie sie besonders in Form einer ununterbrochenen Ausbeutung von Rohstoffen bis heute geübt wird, entgegengesetzt ist. Wo „Surrogate"[38] nicht nur die Natur ersetzen, sondern wo das künstliche Modell selber erst noch auf der Grundlage der Natur zu entwikkeln ist, schiebt sich die Kunst als ein Mittel dazwischen, das von der Natur die vollkommenste Vorstellung gibt, ohne daß sie zu diesem Zweck erst demoliert werden müßte. Auf diese Weise verbindet Goethe die Überführung der Kunst in Lebenspraxis mit dem Grundsatz, daß die Natur unzerteilt und unbeschädigt bleiben soll. Während unsere heutige industrielle Entwicklung und das Wachstum technischer Kapazitäten dem Prinzip, die natürlichen Lebensbedingungen zu erhalten, teilweise schon unterstellt wird, läßt sich für die Mittelverwendung der Kunst die goethesche Intention kaum belegen. Unter dem Titel der engagierten Kunst wird zwar diskutiert, wie sie als ein politisches Mittel für den gesellschaftlichen Fortschritt dienstbar zu machen sei. Aber es bedeutet etwas substantiell anderes, wenn Goethe am konkreten Fall der Bildhauerei darstellt, wie durch das Medium der Kunst die Technik sich der Natur bedienen kann, ohne sie sich zu unterwerfen. In der Technik ist gewissermaßen die Möglichkeit angelegt, daß sich darin die Natur ihrem lebendigen Ziel nach vollendet. Damit das aber auch wirklich geschieht und damit nicht dort, wo sich der Mensch als Zweck setzt, die Natur der Preis ist, müssen „Kunst und Technik sich immer gleichsam die Waage halten.“[39] Die Kunst ist das vermittelnde Gegengewicht zur Technik, wann immer diese sich die Natur direkt anmaßt.

Soweit das Programm. Daß es schwer erfüllbar ist, wußte Goethe selber. Wie soll denn auch – um im Bild der medizinischen Wissenschaft zu bleiben – die Oberfläche einer Statue einen Rückschluß darauf erlauben, wie der Kreislauf oder das Nervensystem funktionieren? Goethe läßt deshalb den praktischen Bildhauer das Zugeständnis aussprechen, daß man sich keineswegs ganz „von der Natur ausschließen“[40] werde. Nur soll das Experiment am menschlichen Organismus hinter die Mauern der Gefängnisse verbannt sein.

Am Beispiel der Wundarzttätigkeit hat sich gezeigt, wie durch den gekonnten Einsatz handwerklicher Mittel einem Naturzwang entgegenzuwirken ist, der in Gestalt des Zufalls jederzeit lebensbedrohlich werden kann. Das Kapitel über die „plastische Anatomie“ macht dagegen deutlich, daß bereits die Entwicklung der Produktivkräfte, in der Sprache des Romans: das „unerläßliche Bedürfnis neue Mittel auszuforschen“,[41] nicht der Willkür und Zufälligkeit anheimgegeben bleiben dürfe. Andernfalls verwandelte die Arbeitsteilung sich selber in ein Instrument, das die Naturabhängigkeit des Menschen noch verhängnisvoll steigert.[42] Der exemplarische Vorschlag, wie am plastischen Modell erfolgreich zu lernen und das Gelernte in Tätigkeit umzusetzen ist, zielt auf die ununterbrochene Reproduzierbarkeit von praktisch anwendbarem Wissen. Auf diese Weise kann sich die Medizin von dem Zufall befreien, der ihr zu Fortbildungszwecken die Leichen Straffälliger bisher planlos zuführte. Die fortschreitende Arbeitsteilung soll ihrer naturwüchsigen Voraussetzungen enthoben werden. Aber wie ist eine solche Neuerung gegen den konservativen Wissenschaftsbetrieb der Zeit, ja, gegen den institutionalisierten Zufall selber „durchzusetzen“?[43] Solange sich Wilhelm in eine auf einfachem Niveau vorgegebene arbeitsteilige Berufswelt nur hineinzufinden hatte, stellte sich diese Frage nicht. Jetzt aber, da er, „für eine

Sache eingenommen",[44] sich mit seinen neuen Kenntnissen der Zeit voraus weiß, steht er vor der Schwierigkeit, seine für richtig gehaltenen Auffassungen und vereinzelten Versuche in die allgemeine Lebenspraxis zu überführen.

3. *Substituierung der Natur: eine „Weltangelegenheit"*

„Unser Tun und Leisten muß anerkannt werden als das einzige Mittel in einer entschiedenen Bedrängnis".[45] Das entspricht genau der Situation, in der auch heute das Verhältnis von Theorie und Praxis erörtert wird: Aufgrund der Analyse einer sich vermeintlich zwangsläufig zuspitzenden Gefahr gibt sich nur ein therapeutisches Gegenmittel zu erkennen, das die diagnostizierte Krise beizulegen vermag. Wie kann für seine Anwendung, für die Verbreitung der „plastischen Anatomie" entgegen einer anders gerichteten Interessenslage um Anerkennung geworben werden? Wir heben diese Stelle so besonders hervor, weil Goethe sich hier dem prekären Problem der Vermittlung von Theorie und Praxis von einer Seite nähert, die uns Heutigen ebenso vertraut ist, wie sie das Romanwerk bisher gemieden hatte. Es ist der Fall eingetreten, daß das Bewußtsein, gestützt auf die ersten praktischen Erfahrungen, sich Klarheit verschafft hat, welche historischen Alternativen der Menschheitsentwicklung es gibt und für welche man sich zu entscheiden hat, wenn der „Konflikt (. . .) zwischen Toten und Lebendigen" nicht in eine Katastrophe einmünden soll. Die verkrusteten Institutionen, besonders „die Universitäten aber widerstünden"[46] dem richtig gefaßten Gedanken. Wie läßt er sich trotzdem verwirklichen?

In den *Wanderjahren* wird noch auf jenem Bergfest[47] das Gegeneinander von alternativen Meinungen als ein fruchtloser, ja, bösartiger Gelehrtenstreit karrikiert. In den *Wahlverwandtschaften* sollen gar die Würfel sprechen. Wo immer in Goethes Romanen sich gleichsam die „Geister" scheiden[48] und die Anstrengungen des Verstandes allein dazu verhelfen sollen, den richtigen Lösungsweg auszuwählen und zu realisieren, bildet diese Art bewußter Lebensgestaltung nicht die notwendige Voraussetzung, unter der sich Erfolg einstellt. In den *Lehrjahren* ist – wie wir ausgeführt haben – die Unterscheidung von Basis und Überbau am konsequentesten dargestellt und zum Strukturprinzip des Werkes erhoben. Dort bleibt Wilhelm mit seinem Selbstverständnis hinter den realen gesellschaftlichen Wirkungszusammenhängen zurück, ohne daß er dadurch um eine erfolgreiche Zwischenbilanz seines Lebenswegs gebracht würde; im Gegenteil, die unausgesetzte Fehleinschätzung seiner selbst wird zur Bedingung seiner geglückten Individuation. Im Vergleich dazu hat sich Wilhelms Lage in dem Kapitel über die „plastische Anatomie" umgekehrt. Jetzt verfügt er über die entscheidenden Kenntnisse. Er weiß, was in einem Moment sich zuspitzender

Gefährdung für die Menschheit zu tun und zu lassen sei. Aber die gesellschaftlichen Verhältnisse sind derart, daß sie ihn daran hindern, sein lebenswichtiges Wissen in die Tat umzusetzen und den schon laufenden, aber noch ganz vereinzelten Erprobungsversuchen allgemeine Geltung zu verschaffen. In dieser Situation heißt es kategorisch: „Was im Besonderen geschieht, muß im Allgemeinen möglich werden, und nichts kann sich verbreiten, als was anerkannt ist".[49]

Anerkennung bedeutet, daß sich eine Mehrheit finden lassen muß, die, von der Richtigkeit und Notwendigkeit der „plastischen Anatomie" überzeugt, diese sich zu eigen macht. Wenn auch Wilhelm und sein Lehrer nicht die Absicht haben, ihr dringendes, gegen die sezierende Anatomie gerichtetes Vorhaben zur Abstimmung zu stellen und auf diesem Wege seine allgemeine Verbreitung zu sichern, so ist es hier doch sachlich am Platz, Goethes Einstellung zur Wahl und zum demokratischen Verfahren zu erörtern. Sooft er das Wählen ablehnt, impliziert das eine Ablehnung des Mehrheitsprinzips, des „Majoritätsrechtes".[50] Solange Goethe unter Natur eine in zahllose natürliche Einzelinteressen aufgesplitterte Welt versteht, die gerade durch das, was die einzelnen untereinander trennt – durch ihren Egoismus – zusammengehalten wird, ist es ihm unmöglich, den Fall zu billigen, daß einer gegen seine Natur von den eigenen Interessen grundsätzlich und erklärtermaßen absteht. Es wäre Gewalt, obendrein unnötige, gegen den einzelnen. Das wird aber gefordert, wenn das Mehrheitsprinzip gilt und die Möglichkeit gegeben ist, daß einer sich nicht immer auf der Seite der Majorität befindet oder sich erst durch sie überzeugen lassen muß. Wo die partikularen Interessen das letztbegründende Prinzip darstellen, gibt es jedoch vor dem Verstand keinen Grund, einen mehrheitlichen Konsensus anzuerkennen, der sich auch einmal über das eigene Selbst hinwegsetzen kann. Erst unter der Bedingung, daß der natürliche Egoismus einem Begriff von Natur konfrontiert wird, der, von ungleich größerer Allgemeinheit, zwingend deutlich macht, daß ihm zu widersprechen letztenendes gegen die eigene Natur, gegen sich selber zu handeln hieße, ist die rationale Begründbarkeit eines sich dem Einzelwillen überordnenden Konsensus hergestellt. Diese Universalisierung des Naturbegriffs – das war Quintessenz unserer Ausführungen – findet am Beispiel der „plastischen Anatomie" statt. Hier wird dargestellt, daß die sich über den Markt vermittelnden egoistischen Bestrebungen ihre Grenze dort haben, wo sie sich der Natur als eines Mittels uneingeschränkt bedienen. Denn wie gewisse Vorfälle signalisieren, hat die Unterwerfung der Natur unter die Bedingungen der Arbeitsteilung zur Folge, daß der Markt selber über die Lebenden eine tödliche Gewalt gewinnt. Die Erhaltung all dessen, was die Natur erzeugt hat, ist das oberste Prinzip, das jeder anzuerkennen hat, der im Namen der Selbsterhaltung den Austausch mit der Natur sucht. Dieser universelle Begriff der Natur ist von einer Rationalität, die es ermöglicht, ja, notwendig macht, daß sich unter Verständigen ein Konsensus herstellt, der sich auf demokratischem Wege Geltung verschaffen und mit den Befugnissen der Mehrheit die uneinsichtige Selbstsucht zum Einlenken anhalten kann.

Wilhelm, der für die „plastische Anatomie" allgemeine Anerkennung anstrebt, ist tatsächlich im Begriff, sich demokratischen Verfahren zu nähern. Er versucht, seine Gesprächspartner, Friedrich und Lenardo, zu überzeugen und für seine Sache zu gewinnen. Man vergegenwärtige sich, wie selten im *Meister*-Roman die Stellen sind, wo aus der diskursiven Erörterung eines Problems die handlungsorientierenden Entscheidungen hervorgehen, und man kommt nicht umhin, es außerordentlich zu finden, daß in einer Menschheitsangelegenheit, wie sie der Fortschritt der Medizin darstellt, ein Vortrag, ein Gespräch, eine Diskussion weiterhelfen soll.[51] Freilich gelingt es Wilhelm nicht, an den Verstand appellierend, mit Beispiel und Argument durch die Sache selber zu überzeugen. Friedrich zeigt sich von den Vorzügen der „plastischen Anatomie" unbeeindruckt. Gereizt entgegnet Wilhelm: „Für euch muß erst alles in Tat übergehen, es muß geschehen, (. . .) dann laßt ihr es auch gut sein wie etwas anderes".[52] Der Wechsel zwischen Er- und Ich-Form der Erzählung, der für dieses dritte Kapitel des Dritten Buches charakteristisch ist, signalisiert die Schwierigkeit, Theorie und Praxis anders als durch den gesteigerten Einsatz machtgebietender Subjektivität zu vermitteln. Wilhelm, jedenfalls, erhebt sich schließlich, einem Parlamentarier nicht unähnlich, zum engagierten Fürsprecher, der die Meinung der Öffentlichkeit, der „Zeitungsleser",[53] anrufend und vor den Mitteln journalistischer Indiskretion nicht zurückschreckend, in einer dramatischen Steigerung des Vortrags einen Konsensus in seinem Sinne erwirkt. Friedrich klatscht Beifall und stimmt ihm völlig zu.

Ohne Zweifel, das ist eher eine Parodie auf den Versuch, Rationalität und Demokratie in Relation zu setzen. Denn Friedrich ist nicht durch die Sachlichkeit der Argumente überzeugt, sondern von Wilhelm eingenommen, den erstmals „der Fluß der Rede (. . .) wieder fortgerissen" hat.[54] Dennoch wird dieses Beispiel von „Öffentlichkeitsarbeit" nicht ebenso rigoros abgewertet wie ein ähnlicher Fall in den *Lehrjahren.* Als dort die Schauspielgruppe um Melina nach dem Vorbild „der neuen republikanischen Form"[55] über den künftigen Reiseweg abstimmt und Einigkeit erzielt, wird durch die Unvorhersehbarkeit der nächsten Umstände das „demokratische Lehrexempel" ad absurdum geführt. Hier in den *Wanderjahren* befriedigt immerhin das Ergebnis, das nutzbringend ist. Denn was die „plastische Anatomie" betrifft, so zeichnet sie Friedrich nach dem Gespräch auf, um sie einem größeren Kreis zugänglich zu machen. In diesem Sinne scheint sich Goethe der demokratischen Verfahren und dessen, was seiner Meinung nach daraus von Fall zu Fall wird, als eines taktischen Mittels zu bedienen, wenn es darum geht, für lebensnotwendige Innovationen größere Geltung zu erlangen. In Amerika, wo die „plastische Anatomie" ausdrücklich ihre Zukunft hat, soll denn auch das Mehrheitsprinzip, die „Majorität",[56] unter den Auswanderern, soweit „im notwendigen Weltlauf" unumgänglich,[57] anerkannt sein.

Gleichwohl bleibt für Goethe „die republikanische Form" nur ein Hilfsmittel von beschränkter Reichweite, das sich neben anderen zu behaupten hat. Daß es überhaupt auf dem amerikanischen Kontinent bedingt zugelassen wird und nicht, wie in den *Lehrjahren,* von vornherein abgelehnt wird, hängt mit dem neuerdings problematisierten Verhältnis von Allgemeinem und Besonderem zusammen. In den *Wanderjahren* formt sich ein Begriff von Allgemeinheit, der sich den einzelnen weniger denn je von selber – in den Handlungserfolgen – mitteilt. Solange das tausendfältig verzweigte Marktgeschehen mit der Natur im ganzen identifiziert werden konnte, wie in den *Lehrjahren,* stellt sich die Frage subjektiv nicht, wie einer seinen natürlichen Interessen folgen und dem Wohl einer Gesamtheit dennoch nützen kann. Erst seitdem die Arbeitsteilung substantiell Gestalt angenommen hat, korrespondiert sie mit einer Vereinzelung und Vereinseitigung, die es nach sich zieht, daß jeder einen Begriff davon gewinnt, für eine Gesamtheit und durch „Rück- und Mitwirkung"[58] auch für sich selber tätig zu sein. Erst jetzt ist es erforderlich, einem Notwendig-Allgemeinen auch in den handelnden Subjekten Geltung zu verschaffen, sei es, daß sie sich mit Bewußtsein dahinein schicken oder daß sie durch fest vorgegebene Satzungen daran gebunden werden. Je nachdrücklicher obendrein die Arbeitsteilung an die zwar unerläßliche, aber erst noch überall anzuerkennende Voraussetzung geknüpft wird, daß um der Erhaltung des Lebens willen die Natur selber nicht unbegrenzt geteilt, zerstört und als Mittel zum Zweck verwertet werden dürfe, desto dringlicher und auch „desto schwieriger wird es, das Allgemeine durchzuführen".[59]

III. Auf dem Weg zu einer Weltgesellschaft

1. *Im Verhältnis der Mittel und Zwecke: Makarie und Montan*

Die Beschaffenheit einer Staatsgewalt und das Verhältnis des einzelnen zu ihr nimmt in den *Wanderjahren* keine genau bestimmten Konturen an, wenn bisher auch nicht jede Gelegenheit zur näheren Präzisierung genutzt wurde. Es genügt, daß es sie geben soll, daß sie eingeplant ist – wie die Siedlungsvorhaben in Europa und Amerika beweisen –, um noch einmal den grundsätzlichen Unterschied zu den *Lehrjahren* hervorzukehren. Dort sind ja die Voraussetzungen, die eine öffentliche Gewalt unabdingbar machen, tendenziell getilgt. In den *Lehrjahren* ist das Allgemeine, ohne daß es bewußt gesetzter Zweck wäre, immer schon das tausendfach wirksame Mittel, durch das sich die partikularen Interessen zu realisieren suchen. So erübrigt sich die Einrichtung von Institutionen, die dem Wohl einer Gesamtheit nachdrücklich oder vorsätzlich Anerkennung verschafft. Dagegen treten in den *Wanderjahren* der allgemeine Zweck und die besonderen Mittel auseinander. Zuerst einmal ist es so, daß sich das Mittel gegenüber dem höheren Ziel der Erhaltung des Lebens spezifiziert: es wird zum Werkzeug, zum Wundarztbesteck. Dann aber zeigt sich am Beispiel anatomischer Studien, welche Gefahren es für die Allgemeinheit birgt, wenn die Spezifizierung der Mittel selbst noch dem Zufall überlassen bleibt. Die blind getroffene „Wahl der Mittel (. . .) isoliert",[1] und anstatt dem Lebenszweck zu dienen, folgt daraus Mord und Totschlag. Hier ist der Punkt, an dem sich das Notwendig-Allgemeine als ein Verstandesbegriff abzuheben beginnt von dem mittelbaren Verkehr der einzelnen untereinander. Hier gewinnt als ein Phänomen des Überbaus der Staat eine Bedeutung, die bei hinlänglicher Differenzierung zwar nicht in seine genaue Funktionsbestimmung einmündet, die aber grundsätzlich seine Berechtigung gegenüber den partikularen Willen erkennen läßt. Wie nirgends sonst in Goethes Romanwerk wird hier auch das Problem einer Vermittlung von Theorie und Praxis akut in dem uns geläufigen Sinne, daß ein den realen Gegebenheiten vorauseilendes Bewußtsein es schwer hat, das nach seinen Begriffen Notwendige durchzusetzen. Wie ist dieses Allgemeine, demgegenüber die Besonderheit eine bis zur Vereinzelung disparate Gestalt annehmen kann, zu bewirken? Beziehungsweise – da das Ganze unmittelbar nicht zu haben ist – wie verhalten sich die speziellen Mittel zu den allgemeinen Zwecken?

Gegen all diejenigen, die in dieser Frage Goethe für eine „harmonische Lösung" vereinnahmen, sei darauf verwiesen, wie vielgestaltig, wenn nicht zwiespältig, die Antworten sind. Der Roman ist eine ausholende Paraphrase darauf, daß es hierin Eindeutigkeit im Sinne einer festumrissenen, auf die Gegenwart abzielenden Handlungsanweisung nicht gibt. Einerseits heißt es: „spricht man von Mittel, so kann man kaum zugeben, daß seine Gründlichkeit und Würde irgendeinen Mißbrauch zulasse". Denn gestünde man es ein, „so scheint man die Würde des Mittels selbst anzutasten".[2] Mit anderen Worten: Für alle Mittel und Werkzeuge, die als solche den Namen verdienen, ist der – wenn auch einseitige – Bezug auf den höheren Zweck so substantiell, daß sich jeder getrost an eines dieser Mittel entäußern kann, ohne daß er sich zu irren fürchten muß. Wir haben das als den einen extremen, hart an den Positivismus grenzenden Standort des Romans beschrieben. Andererseits haben wir auch ausführlich den Fall zitiert, daß unter mehreren Alternativen nur eine bestimmte, erst noch allgemein anzuerkennende die Menschheit vor der Selbstvernichtung bewahren kann als „das einzige Mittel in einer entschiedenen Bedrängnis". Wenn in dem ersten Fall sich die Vernunft in den besonderen Mitteln zu objektivieren schien, so ist es jetzt der Verstand, der ausschließlich einen Weg, eine Verfahrensweise, äußerstenfalls sich als das alleinige Mittel gelten läßt. Damit sind die einander entgegengesetzten Positionen bezeichnet, deren jede, sofern sie sich absolut setzt, vom Roman ihrer Unhaltbarkeit überführt wird. Denn weder ist es von lebenspraktischer Bedeutung, wenn das Besondere geradezu das Allgemeine ist, noch ist der Verstand des einzelnen hinlänglich, das Ganze anders als im Gleichnis zu erfassen. Als die Verkörperungen solcher Extreme stehen sich Makarie und Montan gegenüber.

Auf Makarie ist der Aphorismus zu beziehen, daß „der Mensch an sich selbst (. . .) der größte und genaueste physikalische Apparat (ist), den es geben kann".[3] In diesem Sinne erlebt Makarie die Erweiterung ihrer singulären Person zum Weltall. Obendrein durchquert sie auf einer exakten Bahn, den kosmischen Abenteuern unserer Tage nicht unähnlich, das Sonnensystem. Aber indem sie vollständig zu einem Organ wird und dahin gelangt, den geordneten „Weltbau immer mehr zu versinnlichen",[4] ist sie immer weniger in der Lage, das vernünftige Ganze, das sich in ihr verkörpert, auch mitzuteilen, d. h., sich ihrer Sinne und besonderen visionären Fähigkeiten als eines Mittels zu bedienen. Sie hält ihre Anschauungen geheim, ja, sie scheint krank. Selber das vollkommenste Mittel, ist ihr doch die Vernunft, die sich darin darstellt, anders nicht als unmittelbar gegeben. In dieser Zurückgezogenheit kommen ihr als Mittelspersonen Angela und besonders der mathematisch begabte Astronom entgegen. Sie helfen ihr, über sich hinaus in einen größeren Kreis zu wirken. Der Astronom übersetzt das wunderbar Geschaute, die „ätherische Dichtung",[5] in die Sprache der Himmelskunde und entwirft ein aufgeklärtes, um neue Sterne bereichertes Bild des Universums und der Stellung des Menschen in ihm.

Ohne weiteren Implikationen nachzuspüren, die mit der Figur Makaries verknüpft sind, stellen wir fest, daß auch Montan auf solche Mittelsleute nicht verzichten kann. Er hat freilich im Unterschied zu der „würdige(n) Dame"[6] ausdrücklich den Vorsatz gefaßt, sich aus der „täglichen Sozietät"[7] zurückzuziehen und sich gleichsam in die einsame Bergwelt zu vergraben. Dabei läßt er sich von dem Gedanken leiten, daß es eine einheitliche Universalsprache gebe, im Verhältnis zu der unsere besonderen Verlautbarungen „unzulänglich" und überhaupt alles, „was wir mitteilen (. . .) der Mühe gar nicht wert" sei.[8] In der Behauptung: „die Natur hat nur e i n e Schrift",[9] kehrt der Verstand selbst die ihm eigenen Leistungen der Subsumtion und Reduktion, sie verabsolutierend, nach draußen. Wenn auch Montan mit seiner Empfehlung, jeder soll eine einseitige

Tätigkeit ergreifen, der Rationalität einer arbeitsteiligen Gesellschaft gerecht wird, so greift er doch, diese Einsicht generalisierend, für seine Person zu hoch in dem Grundsatz: „der beste, wenn er eins tut, tut er alles".[10] Denn wer sich in einem Beruf spezialisiert, „tut" gerade nicht alles, sondern hat bestenfalls „das Gleichnis von allem".[11] Über diese Diskrepanz gerät Montan selber ins Stolpern. Indem er äußerst einseitig die Menschen, die Sprache, den Buchstaben flieht, beruhigt er sich nicht dabei, in der „leblosen Natur ein Gleichnis"[12] von allem zu haben. Er will dessen wirklich habhaft werden, es besitzen. So wird er zum Hehler, als er mit dem merkwürdigen Kreuzstein vom Altar der St. Josephskirche Diebesgut aus der Hand des Knaben Fitz an sich bringt. So betrügt er zuletzt seine Wirtsleute aus dem Kreis um Makarie, indem er die alleinige Gewalt über eine Person beansprucht, die ihm als Mittel und Medium, als eine Art lebendige „Wünschelrute"[13] zum Aufspüren verborgener Minerale dient. Montan, der Rationalist, begnügt sich nicht damit, daß dem Verstand die vielgestaltige Wirklichkeit nur als ein Analogon kommensurabel ist. Um sich jedoch in Besitz der Mittel zu bringen, die ihm ermöglichen sollen, über das Gleichnis hinaus sich das reale Ganze direkt anzumaßen, braucht er Gewalt. Der sich als Realität setzende Verstand ist die Gewalt selbst. „Verstand und Gewalt"[14] hängen für Goethe zusammen, solange jener, sich zum absoluten Maßstab aufwerfend, an diese als sein einziges Mittel verwiesen ist.

Zwischen den Extremen – hier die im einzelnen vollkommen gegenwärtige, aber mitteilungsunfähige Vernunft, dort der Verstand als das gebieterische Maß aller Dinge – werden in den *Wanderjahren* alle Formen der Vermittlung von Allgemeinem und Besonderem, jede an ihrem Ort, akzeptiert. Wir heben nur hervor, daß zwar die Mitgliedschaft in dem Auswandererbund auf Freiwilligkeit beruht, daß aber für den europäischen Siedlungsplan die Unterstellung unter eine „Obrigkeit",[15] ja, die Unterwerfung unter „Gewalt" ebenso gefordert wird, wie auf dem amerikanischen Kontinent demokratische Verfahren, bei Stimmengleichheit das Losprinzip[16] und die bekannten liberalen Grundsätze gelten sollen: „Trachte jeder, überall sich und anderen zu nutzen!"[17] Hier wäre, um die große Vielfalt zu ordnen, ein Schema am Platze. Wenn der Roman unserer Meinung nach dazu auch hinreichend Anlaß gibt, so sehen wir uns doch hier außerstande, das zu leisten, und versuchen es mit einem Längsschnitt, der dem bisherigen Gang unserer Darstellung folgt. Wir isolieren gewissermaßen innerhalb eines synchronen Zusammenhangs die historische Dimension. Methodisch hat das den Vorteil, daß nicht alle Äußerungen, die sich unter dem Anschein der Gleichzeitigkeit auf das Verhältnis von Besonderem und Allgemeinem beziehen, als das letzte Wort zu diesem Gegenstand aufzufassen sind. In entwicklungsgeschichtlicher Perspektive lassen sie sich vielmehr relativieren. Das nähme mancher offenbar reaktionären Wendung die Spitze.

2. *Die Geschichte der Natur auf der Basis gewaltfreier Arbeitsteilung*

Die Aufarbeitung der historischen Dimension im *Wilhelm Meister* am Leitfaden der Kategorien von Vernunft und Verstand bezieht sich auf drei Stufen: die der *Lehrjahre,* der Wundarzttätigkeit und dessen, was durch die „plastische Anatomie" bezeichnet wird. Individualgeschichtlich entspricht das der Zeit des heranwachsenden Jünglings, des sich spezialisierenden, einseitig einen Beruf ergreifenden Mannes und des für die Zukunft Tätigen. Sozialgeschichtlich bezeichnet das – erstens – den Übergang von der feudalen zur bürgerlichen Gesellschaft, zweitens die sich konkretisierende Arbeitsteilung und drittens deren Verbreitung über den Globus in einer zu antizipierenden Weltgesellschaft. Zu dem letzten sind nur Mutmaßungen und Schlußfolgerungen möglich, weil Goethe keine Utopie formuliert,[18] sondern sich auf das künftig zu Leistende nur durch paradigmatische Einzelfälle bezieht.

In den *Lehrjahren* ist unter der Voraussetzung, daß der einzelne seinen natürlichen Interessen folgt, die Vernunft allgegenwärtig. Sie objektiviert sich spontan in allem und jedem. Es findet – so paradox das ist – eine Universalierung des Zufalls statt mit der Konsequenz, daß der Verstand als eigenständige Planungs- und Handlungsinstanz eine entbehrliche Bedingung für den persönlichen Lebenserfolg darstellt. Er konvergiert mit dem natürlichen Egoismus und ist in diesem aufgehoben. Die Dialektik von Verstand und Vernunft wiederholt sich in den sozialgeschichtlichen Kategorien von Besitz und Tausch, von feudaler und marktgesellschaftlicher Ordnung. Das Funktionieren des Marktes ist an den Besitz qua Negation des Besitzes gebunden.

Auf der zweiten Stufe wird die Arbeitsteilung als das gegenständliche Prinzip einer modernen Gesellschaft inthronisiert. Die Vernunft objektiviert sich in bestimmten, gegeneinander genau unterschiedenen Arbeitsmitteln, und es ist Sache des einzelnen, sich mit Verstand in das vorgegebene Verhältnis von Mittel und Zweck einzufügen. Die Vernunft des Ganzen und der Verstand des einzelnen sind im Produktionsmittel gleichgeschaltet, sofern es seiner inhärenten Bestimmung nach als ein Gegenstand des Gebrauchs zur Anwendung gebracht wird. Diese auf der Grenze zum Positivismus angesiedelte Konzeption wäre perfekt, wenn sie nicht gewisse Folgen implizierte. Denn mit zunehmender Differenzierung der Arbeitsteilung in den Werkzeugen wird die bisher in den partikularen Interessen gegenwärtige und von den *Lehrjahren* in diesem Sinne positiv begriffene Natur zweigeteilt: Einerseits ist sie mit unerhörter Steigerung des Lebenserhaltungsprinzips sich selber Zweck; andererseits wird sie als „eine Welt des Stoffes" Gegenstand der „Bearbeitung"[19] und insofern Mittel zu ihr äußerlichen Zwecken. Die gezielte Unterwerfung der Natur unter die Arbeitsteilung muß, da auch der Mensch als ein Teil der Natur davon bedroht ist, daß er, auf sein natürliches Substrat reduziert,[20] nur Mittel zu ihm fremden Zwecken ist, zu einem tödlichen Konflikt in der Menschheit führen. Der Markt, ehemals Medium des gerechten Ausgleichs und der Vernunft zumal, wird zum Mordinstrument. In der marktkonformen Institution des Geldes verselbständigt sich als ein Herrschaftsmittel der Verstand und schlägt in rohe Gewalt um.

Auf der dritten, weit in die Zukunft vorausweisenden Entwicklungsstufe sind die Konsequenzen daraus zu ziehen, daß die Vergegenständlichung der Vernunft in den vorhandenen Arbeitsmitteln nicht mehr als selbstverständlich vorauszusetzen ist. Die Entfaltung der Produktivkräfte muß in der Weise gelenkt werden, daß im Austausch mit der Natur diese nicht Schaden nimmt, indem sie unmittelbar selber als Instrument in Dienst genommen wird. Das gilt insbesondere für den Menschen, der – seinerseits ein Stück Natur – nicht als bloßes Mittel auszubeuten ist. Er würde sonst, bis auf seine rein körperlichen Funktionen entblößt, in genau dem Sinne, wie es als Folge der sezierenden Anatomie beschrieben wird, ums Leben gebracht. Eine gegenüber dem Menschen und der Natur im ganzen repressionsfreie Arbeitsteilung würde jedoch weder den Markt noch die an jeden gerichtete Forderung, „mache ein Organ aus dir", suspendieren.

Wie das zu verstehen ist, sei noch einmal an Makarie verdeutlicht. Sie ist der außerordentliche Grenzfall und deshalb in mehr als einer Weise sprechend. Indem sie sich ganz zum Organ macht, wird sie „der größte und genaueste physikalische Apparat", der für sich das Sonnensystem als Inbegriff der vernünftigen Weltordnung zur Anschauung bringt – freilich um den Preis, es niemandem mitteilen zu können. Erst dadurch, daß es sich in einem anderen Medium abbildet, das auf seine besondere Weise an dem Ganzen ebenso unmittelbar teilhat, wird es mitteilbar und im weitesten Sinne nützlich. Im Falle Makaries ist dieses Medium die Mathematik, die der Astronom zur Deutung ihrer „Vision"[21] bemüht. Wie hier in der Mathematik als reinster Verstandestätigkeit das spontan geschaute Bild des natürlichen Weltbaus zu einer ausgleichenden Darstellung kommt, so haben wir auch anläßlich der „plastischen Anatomie" gehört, daß sich Kunst und Technik „die Waage halten" sollen. Die Kunst hat das Leben unmittelbar nur als Scheinbild des ewigen Lebens. Die Technik zeigt dagegen die Tendenz, sich die Natur direkt anzumaßen. Wenn sich beide „die Waage halten", heißt das: Die Kunst beginnt sich in dem Maße wirklich auf das Leben zu beziehen, wie die Technik nicht die Natur, sondern das künstlerisch-vollkommene Bild der Natur als Mittel einschaltet. Stärker verallgemeinert, folgt daraus: Alle menschlichen Vermögen partizipieren auf je eigene Weise an dem vernünftigen Ganzen, das die Natur ist. Sich einseitig absolut setzend, ist jedoch dem quantifizierenden Verstand oder dem ästhetischen Schein oder der anmaßenden Technik das Ganze anders nicht als unmittelbar gegeben. Es liefe in der einen oder anderen Weise auf Gewalt hinaus, auf selbstische Isolation oder Herrschaft. Gewalt ist die in ihrer verkehrten Gestalt sich manifestierende Natur. Erst in Wechselwirkung aller menschlichen Vermögen untereinander kann sich dasjenige, was jedem, sofern es sich zum einzigen Organ aufwürfe, stets unmittelbar bliebe, so mitteilen, daß es als Mittel sich auch Zweck wäre: die „eine Natur".[22]

Die Einheit der Natur korreliert mit einer Form von Arbeitsteilung, die so beschaffen ist, daß jene durch diese erst hervorgebracht wird. Das impliziert ein Verständnis von Natur, nach dem sie noch nicht am Ziel, noch nicht fertig und vollendet ist – weder im ganzen noch in ihren Teilen. Wie die Natur, bezogen auf die übrige organische und anorganische Welt, erst im Menschen zu sich selbst kommt, so vollendet sie den eigenen Schöpfungsprozeß auch nicht in ihm als einzelnem, sondern durch das Zusammenwirken aller in der Menschheit angelegten Fähigkeiten und Vermögen, kurz, durch die Kopf und Hand umfassende menschliche Arbeit.

Eine Arbeitsteilung, die einerseits dem Leitsatz von der Unteilbarkeit der Natur verpflichtet ist und andererseits von der Voraussetzung ausgeht, daß durch sie die Einheit der Natur erst herzustellen ist, hat das ‚Kunststück' zu vollbringen, sich auf die Natur in eins als Zweck und Mittel zu beziehen. Damit das nicht bloß Spiegelfechterei ist, wird die Natur so in ihre einzelnen Manifestationen vervielfältigt gedacht, daß sie in der je besonderen Erscheinungsweise ihrer als Ganzes nur mächtig ist, indem dieses durch ein kongeniales Medium entbunden wird. Der mathematische Verstand des Astronomen, der die sinnliche Verkörperung des Universums in Makarie erst zum Sprechen, zu praktischer Wirkung bringt, ist ein solches Medium, das als Arbeitsmittel obendrein die besondere Eigenschaft zeigt, weder den Gegenstand noch sich selber im Akt der Bearbeitung aufzuzehren oder zu verbrauchen. Obgleich eine Art von mittelbarer Tauschbeziehung, findet darin keine gewaltsame Reduktion auf ein maßsetzendes Äquivalent statt. Die Figur der bestimmten Negation, die Hegel am dialektischen Vermittlungsprozeß hervorhebt, ist für das von Goethe in den *Wanderjahren* Intendierte ebensowenig kennzeichnend wie die Auffassung, daß „Arbeit (. . .) uno actu ein Vernichten der Dinge als unmittelbarer und ihre Wiederherstellung als vermittelter" sei.[23]

Die Form gewaltfreier Arbeitsteilung, die den Austausch mit der Natur so regelt, daß sie nicht einseitig instrumentalisiert, geschweige denn zerstört wird, ist im Makarie-Gleichnis antizipiert. Läßt dieses das Ziel ahnen, so ist die „plastische Anatomie" ein praktischer Anfang. Hier wird beispielhaft gezeigt, daß es dem Menschen am wenigsten nützt, wenn die Natur, von der er selber ein Teil ist, als sein Gegensatz aufgefaßt wird. Eine Technik, die in der Naturbeherrschung, äußerstenfalls in der Vernichtung der Menschheit, ihr Ziel zu verfehlen droht, ist an die Kunst zurückverwiesen. Indem die Kunst der Technik das Bild des Menschen in seiner natürlichen und der Natur in ihrer menschlichsten Gestalt vorgibt und indem die Technik dieser scheinhaft vollendeten Einheit des Menschen mit der Natur in der Entfaltung der Produktivkräfte zur Wirklichkeit verhilft, wird jener Prozeß der „Naturalisierung des Menschen und der Humanisierung der Natur“ vorangetragen, von dem der frühe Marx spricht.[24] In der Tat stimmt Goethe darin mit der „geheime(n) Naturspekulation in Marx“ überein,[25] daß er den Menschen nicht der Natur gegenüberstellt, sondern seine gegenständliche Tätigkeit und alle darauf aufbauenden gesellschaftlichen Verhältnisse selber noch als dem Naturzusammenhang zugehörig betrachtet. Mit Marx teilt Goethe dort die Opposition gegen Hegel, wo dieser die äußere Natur als das Andere des Geistes in den Formen des Bewußtseins auflöst und die Aneignung der Natur als den Prozeß des erscheinenden und zu sich selber kommenden Geistes beschreibt. Von Marx wiederum unterscheidet sich Goethe, wenn dieser von seinem in der Kritik an Hegel gewonnenen naturspekulativen Ansatz mehr und mehr abrückt und sich zunehmend einseitiger auf die Natur „unter der Form des Objekts“ bezieht.[26] Das ist in dem Maße offenbar der Fall, wie Marx „die Selbstkonstituierung der Gattung durch Arbeit allein im Hinblick auf die in den Produktivkräften sich akkumulierende Verfügungsgewalt über Naturprozesse“[27] analysiert. Denn daraus folgt, daß die sich selbst erzeugende Menschengattung, umso mehr als sie in der unterdrückten Klasse das eigentliche Subjekt ihrer Geschichte hat, sich mit der unumstößlichen Objektivität von Naturgesetzen den Weg bahnt. Weder hätte Goethe der Annahme zugestimmt, daß sich der historische Fortschritt in einem einzigen Subjekt, auch nicht in dem „als Subjekt gedachten Kollektivsingular“ eine Klasse [28] objektiviere, noch hätte er – was darin impliziert ist – dem Verstand und einem analytischen Wissenschaftsbegriff universelle Rechte eingeräumt. Dagegen scheinen die Intentionen Goethes vollkommen getroffen in einer Formulierung des frühen Marx wie dieser: „Daß das physische und geistige Leben des Menschen mit der Natur zusammenhängt, hat keinen anderen Sinn, als daß die Natur mit sich selbst zusammenhängt, denn der Mensch ist ein Teil der Natur.“[29]

Auch Goethe versteht Natur nicht ontologisch. Wenn die Kritik an dem materialistischen Schelling und an Bloch recht hat, dann ist gegenüber deren Naturspekulation hervorzuheben, daß Goethe nicht von der Materie als dem ersten Naturgrund ausgeht und daß er deshalb auch nicht zu einer „in der Materie als Prinzip begründete(n) Identität von Natur und Gesellschaft, von organischem Leben und historischem Prozeß“ kommt.[30] Der Begriff der Natur erfährt bei Goethe eine charakteristische Wandlung. Zuerst bezeichnet er das Bestreben des Lebendigen, sich am Leben zu erhalten. In den *Lehrjahren* erscheint Natur aufgesplittert in die vielen Einzelinteressen, von denen sich jedes selber zu verwirklichen sucht. Da es auf diesem Wege aber nicht vorangeht, ohne daß derjenige, der seine Zwecke verfolgen will, sich auch zum Mittel der Zwecke anderer macht, wird auch noch der Zufall, der unter der Form des Marktes die Vermittlung aller mit allen herbeiführt, der wirkenden Natur zugerechnet. Wie diese ist er grenzenlos positiv, sofern er das unmittelbare Verhältnis, das jeder zu sich hat, in den Lebenszusammenhang sich wechselseitig befördernder Einzelwillen überführt. Wo aber, wie in den *Wahlverwandtschaften* der Zufall nur der projektiven Erweiterung des eigenen gebrochenen Selbst dient, verkehrt sich die Kontingenz des Lebens in den unentrinnbaren Tod. Dieser negative Begriff des Zufalls wird in den *Wanderjahren* in der Weise verallgemeinert, daß als die eine Seite der Natur die Verfallenheit des einzelnen an die kontingenten Lebensbedingungen, kurz, die Sterblichkeit des Menschen erscheint. Auf der anderen Seite treibt die Natur ihren Schöpfungsprozeß voran, indem sie in der gegenständlichen Tätigkeit des Menschen, durch die Entwicklung produktiver Werkzeuge, den Zufall zu tilgen sucht. Damit menschliche Arbeit das tatsächlich leistet, muß sie von einer Zwieschlächtigkeit befreit werden, die ihr als ein naturhafter Vorgang ebenso anhaftet wie der in sich vervielfältigten Natur überhaupt. Sie darf selber nicht den Zufall zur ersten Voraussetzung haben. Das aber ist solange der Fall, wie die Wahl der Arbeitsmittel zufällig ist oder – was das gleiche bedeutet – wie die Natur selber als Mittel im Arbeitsprozeß mißbraucht wird. Damit ist der Entfaltung der Produktivkräfte und der fortschreitenden Arbeitsteilung der Weg gewiesen, auf dem sich die Natur in den vielen Manifestationen ihrer selbst als das lebendige Ganze, dessen Inbegriff sie ist, noch übertreffen kann. „Wenn man den Tod abschaffen könnte, dagegen hätten wir nichts",[31] sagt Goethe mit unernster Pedanterie in einem seiner Aphorismen. Freilich erscheint dadurch die naturspekulative Aussicht, die auch in unserem Jahrhundert, in Benjamin und anderen, ihre „echten Kompatrioten"[32] hat, vor ihren Kritikern in keinem besseren Licht.[33]

In diesem Zusammenhang ist wichtig, daß der naturale Prozeß, durch den die in die Vielfalt ihrer besonderen Erscheinungen auseinandergetretene Natur sich gleichsam erst vollendet, von Goethe als gegenständliche Tätigkeit begriffen wird. Auf diese Weise fällt er im Vergleich zu denen, die ähnliches intendiert haben, nicht hinter das gesellschaftliche Wesen des Menschen und hinter die Technik insgesamt auf die Stufe reiner Kontemplation zurück. Er bindet obendrein die Arbeit und die Entwicklung der Produktivkräfte an das Ziel einer von Gewalt zunehmend befreiten Arbeitsteilung. Die Natur ist nicht unmittelbar selber dem arbeitsteilig organisierten Markt zu unterwerfen, ihre Verwertung als Rohstoff ist zurückzunehmen. Damit entfernt sich Goethe gleich weit von Idealisten und Materialisten, die aus entgegengesetzten Perspektiven das universelle Ganze „in Mensch und zu bearbeitendes Material entzweit" sehen.[34] Für Goethe ist in dieser Entgegensetzung nur die Tatsache auf Dauer gestellt, daß derjenige, der sich zum Herrn über die Natur macht, auch seinesgleichen als Arbeitsmaterial verbraucht. Dagegen fordert er eine Technik, die anstelle der Naturbeherrschung den höheren Zwecken der Natur folgend, diese immer dann substituiert, wenn sie in der Funktion eines Mittels aufzugehen droht. Allem voran ist der auf seine bloß naturgegebenen Eigenschaften zurückverwiesene Mensch zu ersetzen. Wo er, auf seine naturale Existenz reduziert, auf dem Markt erscheint und als solcher direkt gegen Geld aufgewogen wird, verwandelt sich das Tauschprinzip zuletzt in einen mörderischen Unterdrückungsmechanismus. Was später die Restriktion des Lebens auf ein Quantum Arbeitszeit und die Verwandlung der menschlichen Arbeitskraft in eine Ware genannt wird, hat Goethe eindrucksvoll in das Bild der über den Markt vermittelten Ungleichheit gefaßt: hier der „gut bezahlende Anatom" und dort der nur als physisches Substrat, als entseeltes „Naturerzeugnis" weiterverwendete Mensch.

Aus Goethes historischer Perspektive, zu Beginn der industriellen Revolution, hat die Deformation des Marktes allerdings den Stellenwert einer an Einzelfällen vorerst nur prognostizierbaren allgemeinen Gefahr. So kommt es, daß er sich von einer qualitativen Einflußnahme auf die Entwicklung der Produktivkräfte das versprechen kann, was die radikale Kritik der politischen Ökonomie auf der Grundlage einer quantitativen Unterscheidung von gesellschaftlich notwendiger Arbeit und Surplusarbeit meint, allein auf dem Weg einer Revolutionierung der kapitalistischen Verhältnisse erreichen zu können. Für Goethe gibt es keinen Grund, das Marktprinzip schlechthin anzuzweifeln. Er ist noch nicht in der Erwartung enttäuscht, daß der gesellschaftliche Progreß es zunehmend ermöglichen wird, im Austausch mit der Natur diese immer weniger direkt einzubeziehen. Solange sich jeder zu einem besonderen Organ ausbildet und seinen natürlichen Bedürfnissen nicht als solchen, sondern in der Gestalt spezieller Fertigkeiten zur äußeren Realität verhilft, ist – so Goethe – von den gesellschaftlichen Tauschbeziehungen nicht zu befürchten, daß sie dem einzelnen ein ihm fremdes Maß aufnötigen.

3. *Prinzipien des Wanderns und der Beweglichkeit*

Man kann sagen, daß die in den *Wanderjahren* so nachdrücklich erhobene Forderung nach beruflicher Spezialisierung ihre Spitze darin hat, es gerade nicht zu jener Entblößung der menschlichen Existenz auf eine vom Leben abstrahierende Körperlichkeit und damit auch nicht zu einer Verzerrung des Marktgeschehens kommen zu lassen, die sich in der Ausbauphase der Industrialisierung dann tatsächlich vollzieht. Die unüberhörbare Warnung, daß der Mensch unter einen abstrakten Begriff von Natur, unter den der Arbeitszeit, subsumiert wird, teilt sich noch den Vorbehalten mit, die Goethe im Gegensatz zur gleichbleibend hohen Wertschätzung des Handwerks gegen bestimmte Formen der Industrialisierung hegt.[35]

Der soziale Zusammenhang gegenständlich Produzierender, den Goethe unverrückt im Auge hat, zehrt in sich die Kategorie des Besitzes weitgehend auf. Zwar heißt es: „wird der Besitz von der ganzen Gesellschaft für heilig geachtet, so ist er es dem Besitzer noch mehr".[36] Aber der diesem Satz eingeschriebenen Zirkelstruktur folgend, will das mehr nicht besagen, als daß Heiligkeit und die besonderen Formen damit verbundener Verehrung und Bewahrung nur einer Gesellschaft zukommen, die auf Grundbesitz gegründet ist. In der Perspektive des Individuums und seiner lebensgeschichtlichen Entwicklung in einer modernen Sozietät erscheint diese Verklärung des Besitzes zu etwas Heiligem als Fetischisierung, wie wir am Beispiel Wilhelms und des Wundarztbestecks gezeigt haben. Wenn das auch nicht die gleiche Kritik ist, die dann, systematisch gegen das Privateigentum gewendet, in der Forderung nach seiner Abschaffung gipfelt, so läßt Goethe bei seiner Ablehnung des persönlich angemaßten Besitzes doch keinen Zweifel daran, daß er in der sachfremden Aneignung einen nicht zu rechtfertigenden Herrschaftsanspruch und ein sozial desintegratives Verhalten sieht. Unter diesem Aspekt läßt sich auch die zweckmäßige Wiederbenutzung eines privatistisch verwendeten Arbeitsmittels als ein Akt der Vergesellschaftung deuten. Jedenfalls ist die in den *Wanderjahren* gepriesene „Beweglichkeit", die ständige Überführung dessen, was einseitig „in Besitz genommen, befestigt und verteidigt" wird,[37] in Gegenstände des Gebrauchs, also das Lob der gegenständlichen Arbeit, all dem entgegengesetzt, was als die Mobilität des anlagesuchenden Kapitals mißdeutet werden könnte.

Besitz – im positiven Sinne – heißt im Horizont der Individualgeschichte das, was einem „von der Natur, von dem Schicksal gegönnt ward".[38] Aber ähnlich wie ein angeborenes Talent erst wirklich zu einem Geschenk wird, wenn man es zu einer besonderen Fertigkeit weiterbildet, muß auch jenes Geerbte eigens erworben werden. Auf der Stufe landwirtschaftlicher Reproduktion gebietet der Besitz zugleich Partizipation, denn „er soll sich zum Mittelpunkt machen, von dem das Gemeingut ausgehen kann".[39] Die technisch-instrumentelle Arbeitswelt kennt den Besitz, gleichsam dezentralisiert in den besonderen Werkzeugen, vor allem als den lebenserhaltenden Zusammenhang der Produzierenden. Goethe ist es ernst mit einer Gesellschaft, in der die Würde jedes einzelnen aus seiner Stellung im Produktionsprozeß entspringt; einer Stellung, in der er als ein Naturwesen ebensowenig allein auf sich zurückgeworfen ist, wie er auch nicht durch anderes, das an seiner Statt sich abarbeitet, ganz vertreten werden kann.

Die Idee einer durch die menschliche Arbeit sich nach und nach vollendenden

Schöpfungsgeschichte der Natur trägt in sich den Anspruch auf Universalität. Es ist schwer denkbar, daß sich das Ziel gewaltfreier Arbeitsteilung innerhalb der Grenzen nur eines separaten nationalen Raumes erreichen ließe, während andernorts die Instrumentalisierung des Menschen und der Natur ungehemmt anhält. Der Entfaltung einer auf Beherrschung der Natur abgestellten Technik ist eine Dynamik eigen, die den Schöpfungsprozeß umkehrend, einem „wahrhafte(n) Konflikt zwischen Lebendigen und Toten" zusteuert.[40] So kommt es, daß nur als „Weltbewegung"[41] zu konzipieren ist, was sonst unweigerlich, käme es zu „diese(m) Konflikt", die Menschheit mit ihrem Ende konfrontiert. Erst ein „Weltbund",[42] in dem sich die „durchs bewegte Leben"[43] überallhin Geführten zusammenschließen, kann die Natur und die im Austausch mit der Natur sich reproduzierende Menschheit von der Fixierung auf ihr Gegenteil, die Gewalt, befreien. Dabei hat das kosmopolitische Ziel der *Wanderjahre* die Funktion eines regulativen Prinzips. Auf allen Gebieten, in allen Bereichen, wo es perspektivisch als Fluchtpunkt einer wünschenswerten Geschichte erscheint, bindet es jeden daran, unablässig daraufhin zu wirken. Es ist denn auch nur folgerecht, wenn Goethe die „plastische Anatomie" eine „Weltangelegenheit"[44] nennt. Die alternative Entfaltung der Produktivkräfte, die darin intendiert ist, läßt sich anders nicht als global verwirklichen.

Die ganze Welt als der Ort einer wirklich befreienden Tätigkeit schwebt auch dem Abbé vor, wenn er sich über das Selbstverständnis einer älteren, auf Haus und Familie beschränkten Wirtschaftsverfassung erhebt und anstelle der überkommenen „Hausfrömmigkeit" verlangt: „Wir müssen den Begriff einer Weltfrömmigkeit fassen, unsre redlich menschlichen Gesinnungen in einen praktischen Bezug ins Weite setzen und nicht nur unsre Nächsten fördern, sondern zugleich die ganze Menschheit mitnehmen."[45] Die Familie als das scheinbar zeitlose Gleichnis der sittlichen Weltordnung wird vor der Geschichte relativiert. Nur „in Betracht, daß wir erst anfangen",[46] wird von den Auswandernden die Familie als soziale Grundform übernommen. Für die Kunst soll schon jetzt gelten, daß sie aus ihrer „patriotischen" Enge herausgelöst und an den wissenschaftlich-technischen Fortschritt herangeführt wird,[47] damit sie ebenso „der ganzen Welt an(gehöre)".[48] Dem Begriff der „Weltliteratur"[49] teilt sich das programmatisch mit.

Der Vorgriff auf einen universellen Zusammenhang ist auch dort bestimmend, wo sich der Roman in pädagogischer Absicht zusammenfassend äußert: „Eigentlich aber kommt alles darauf an, zu gleicher Zeit Lehrer und Schüler zu bilden."[50] In dem gleichen Sinne, aber an anderer Stelle heißt es: „Welche Regierung die beste sei? Diejenige, die uns lehrt, uns selbst zu regieren."[51] Was sich mit solcher weitgesteckten Zielsetzung im Horizont der *Wanderjahre* zeigt, steht als das Ergebnis eines historischen Prozesses aus, der hier auf der Basis gegenständlicher Tätigkeit als Selbstverwirklichung der Natur und des Menschen ausholend dargestellt wurde. Wir meinen, daß das zentrale Ereignis der Auswanderung und alle praktischen Maßnahmen, die im Roman zu dem Zweck getroffen werden, auf diese Zielperspektive, auf die zu universeller Bedeutung erhobene menschliche Arbeit zu beziehen sind. Erst im Blick darauf, daß die Natur, allem voran der auf sein natürliches Substrat reduzierte Mensch, nicht länger direkt, als ein bloßes Mittel, der Arbeitsteilung zu unterwerfen ist, läßt sich das Wandererethos und die Art seiner Umsetzung in den geplanten Siedlungsvorhaben richtig einschätzen.

Das Wandern selbst ist ein erster Anfang und überdauert zugleich im Prinzip der gesteigerten Mobilität. Es ist einerseits ein konkretes Vorhaben, das die organisatorische Lösung aktueller Probleme voraussetzt, andererseits ist es als Metapher weit vorgreifend ausdeutbar. Auf keinen Fall aber erschöpfen sich Sinn und Ziel des Wanderns in den Motiven, die unmittelbar denen zugehören, die sich dafür entscheiden. „Übervölkerung“,[52] Arbeits- und „Nahrungslosigkeit“,[53] die Strukturkrise des landschaftsgebundenen Familienbetriebes sind in ihrer Art gute Gründe, doch das Wandern und das, was für die Menschheit zuletzt daraus resultieren soll, geht darin nicht völlig auf. Ebensowenig entspringt es ausschließlich dem Wunsch, die anstehenden sozialen Konflikte auf einem anderen Wege zu lösen als auf dem einer revolutionären Umwälzung der depravierten europäischen Ordnung. Wenngleich als sicher gelten darf, daß Goethe die Auswanderung auch unter dem Aspekt empfiehlt, daß sie die direkte Konfrontation mit den obstinaten Herrschaftsstrukturen auf dem alten Kontinent erspart. Ausdrücklich heißt es: „In der alten Welt ist alles Schlendrian, wo man das Neue immer auf die alte, das Wachsende nach starrer Weise behandeln will.“[54] Wie die Auswanderung nicht allein aus ihrem allernächsten Begründungszusammenhang, nicht aus den expliziten Motiven der Beteiligten heraus zu verstehen ist, so auch sind die Siedlungspläne in den *Wanderjahren* nicht die Quintessenz des Romans und erst recht keine soziale Utopie. Allzu realistisch knüpfen sie an Gegebenheiten an, die es keineswegs schon jetzt ermöglichen, dem Endzweck einer repressionsfreien, die Natur nicht instrumentalisierenden Teilung der Arbeit augenblicklich stattzugeben. Es ist – wie die Auswandernden wissen – so, „daß wir erst anfangen“.[55] Deshalb sind zunächst Verhältnisse aufzusuchen oder herzustellen, unter denen eine solche weltumspannende Entwicklung angebahnt werden kann.

Bekanntlich unterscheidet der Roman zwei Auswandererziele: die Kolonialisierung in Amerika und das europäische Siedlungsvorhaben. Damit diese Unternehmungen, die durch äußere Bedingungen ebenso wie durch die Wandernden selbst gefährdet sind, nicht scheitern, wird dem Leben in den künftigen Kolonien eine bestimmte Verfassung gegeben. Soweit es Amerika angeht, diesen grenzenlosen Kontinent, ist sie liberal zu nennen. Die Bürokratie wird, nicht zuletzt weil man dem Gemeinwesen eine feste Hauptstadt verweigert, so klein wie möglich gehalten. „Einer mutigen Obrigkeit",[56] „die alles lenkt", steht eine durch vorerst „läßliche Gesetze" zusammengehaltene „bürgerliche Gesellschaft" gegenüber.[57] Für eine exekutive Gewalt ist gesorgt; die Strafen sind abgestuft.

Dagegen sind für die Binnenkolonisation auf dem europäischen Festland die Bedingungen derart, daß eine straffe Ordnung unerläßlich ist. Die „Abgeschlossenheit oder Eingeschlossenheit"[58] der Provinz bildet im Gegensatz zur endlosen Weite Amerikas ein Hindernis, das es nicht erlaubt, über einen ausgeglichenen Haushalt hinaus „manches Gute" oder gar „das Wünschenswerteste" zu verwirklichen.[59] Die „Sorge" richtet sich vor allem gegen die „Nachbarn, die nicht mit gleichen Gesinnungen (. . .) ihre Landesteile" verwalten.[60] Selbst als es gelingt, durch eine „allseitige Verbindung"[61] mit den nächsten Nachbarn den Handlungsraum zu erweitern und die Voraussetzungen für eine Kolonialisierung im Sinne der Auswanderer zu verbessern, ist der Druck von außen, von den Nachbarn und offenbar auch die Erfolgskontrolle durch die Fürsten noch so groß, das die „Aufbau"- und Entwicklungsarbeit[62] nach dem Grundsatz erfolgt: „ein einziges Glied, das in einer großen Kette bricht, vernichtet das Ganze."[63] Entsprechend hierarchisch sind die Gewerke gegliedert. „Die Stufen von Lehrling, Gesell und Meister müssen aufs strengste beobachtet werden; auch können in diesen viele Abstufungen gelten, aber Prüfungen können nicht sorgfältig genug sein."[64] Dem europäischen Unternehmen, das augenscheinlich durch das drückende Bewußtsein der ihm gebotenen äußeren Grenzen im Innern gleichsam zum Erfolg gezwungen ist, steht der Satz voran: Es sei „der Mensch durch Gewalt oder Überredung zu nötigen".[65]

Diese Forderung ist krass und zusammen mit der Verszeile „Heil dem Führer! Heil dem Band"[66] ruft sie überdeutlich den Abstand vor Augen, den die *Wanderjahre* in solchen extremen Formulierungen zur demokratischen Idee, aber auch zur radikal-liberalen Konzeption der *Lehrjahre* erreichen, die ja jede Art von Gewalt grundsätzlich zu tilgen suchte. Dennoch wäre es voreilig, ohne die Zielprojektion und die Haupttendenz des ganzen Werkes zu berücksichtigen, von hier aus das Verdikt über den Roman auszusprechen.

Wir finden es im Gegenteil erstaunlich, wie realistisch Goethe die politische Geschichte einschätzt, wenn er die Auswandererbewegung in zwei Gruppierungen auftrennt. Entsprechen nicht – cum grano salis – der Amerikaplan und der tief ins Innere Europas verlegte Landausbau dem doppelten, in sich geteilten Weg in die Modernität, der in diesem Jahrhundert, freilich die Welt in zwei Lager spaltend, Wirklichkeit geworden ist? – Noch eine so beiläufig erzählte Einzelheit wie die, daß durch Philine auf der Grundlage wechselnder Mode und zunehmender Konfektionierung – sie nimmt nicht länger Maß![67] – ein „Monopol“[68] für Textilien angestrebt wird, ist in Amerika treffend plaziert.

Wie sehr wir auch heute an der Idee der Demokratie, die eine Forderung nach mehr Demokratie ist, festhalten, so sehen wir doch in der welthistorischen Entwicklung in diesem Jahrhundert, in wie vielen Fällen der Prozeß der Modernisierung, besonders unter dem Zwang äußerer Verhältnisse, unter Bedingungen der „Eingeschlossenheit“, durch den Verzicht auf liberale Formen teuer erkauft wird. Wenigstens sind sich bei aller Unterschiedlichkeit der Ausgangssituationen der binneneuropäische Siedlungsplan und die Aufbauleistungen in Teilen der heutigen Welt darin ähnlich: Eine Reform, je durchgreifender sie ist, wirft einen Graben zu den Nachbarländern auf, der bedrohlich auf das Modernisierungsvorhaben zurückwirkt, wenn es nicht die Abgrenzung gleichsam für sich selber arbeiten läßt und durch eine Forcierung des gemeinsamen Leistungswillens den eigenen Zwecken nutzbar macht. Es scheint uns nicht unrealistisch, wenn Goethe mit Hinweis auf die prekären nachbarschaftlichen Beziehungen einen besonders straff, ja, autoritär geführten Fortschritt für unabdingbar hält; während in Amerika, wo statt des „Einfachbegrenzte(n)“ das „Grenzenlose“,[69] die schier unendliche Weite, größere Freizügigkeit einräumt, alle obrigkeitlichen Maßnahmen eher die Funktion eines nachgeordneten Regulativs haben.

Die *Wanderjahre* unter dem Aspekt einer erwünschten nationalen Demokratisierung unausgesetzt zu kritisieren,[70] ist wenig einträglich, weil die in ihnen exponierten Ziele derart sind, daß es für sie eine „nationale Lösung“ nicht gibt. Diese Kritik aufrechtzuerhalten, hieße, die mit der Auswandererbewegung verknüpften Intentionen zusammenschrumpfen zu lassen auf die Bewältigung solcher Probleme, die heute als Strukturkrisen der nationalen Wirtschaften bezeichnet werden, also auf die Beseitigung eines Arbeitsplätzemangels oder auf die Auflösung von Hauswirtschaft und Verlagswesen zugunsten einer uneingeschränkten Entfaltung des Kapitalismus. Dagegen war es unsere Absicht, deutlich zu machen, daß es Goethe um Weitreichenderes geht, eben darum, daß die fortschreitende Arbeitsteilung einen anderen Weg nimmt als den einer immer verhängnisvolleren Teilung der Natur und des Menschen. „Verbinden (ist) mehr als Trennen.“[71]

Goethe plant den Fortschritt nicht in der für das 19. Jahrhundert wegweisenden Kategorie einer Konstituierung von Nationalstaaten. In dem Prinzip der „Beweglichkeit“, das Lenardo in der Wanderrede rhapsodisch entfaltet,[72] ist der Begriff der Nation und das Bündel von Problemen, für das in den Augen des Jahrhunderts die Bildung einer Nation die Lösung sein sollte, aufgehoben. Es übersteigt den Nationalstaatsgedanken so entschieden, daß, um dem Vorwurf einer unpatriotischen Gesinnung zuvorzukommen, von Goethe eine neue Definition eingeführt wird. Jetzt heißt es mit Bezug auf den ganzen „Erdball“: „wo ich nütze, ist mein Vaterland!“[73]

Der Plan einer Vereinigung, deren Mitglieder sich erst „durch alle Weltteile zerstreuen“[74] und dann, „wechselseitigen Vorteils eingedenk“,[75] wieder aufeinanderzu bewegen, dieser Plan eines sich nach außen und innen weltweit vergrößernden Bundes, der auch auf die erstarrten Besitzverhältnisse in den dichtbesiedelten Teilen Europas erneuernd zurückwirkt, steht dem historischen Programm einer Vielheit auf Leben und Tod miteinander rivalisierender Nationalstaatsbewegungen gegenüber. Vom Standpunkt nationaler Einheit und einer ökonomisch zuträglichen Demokratisierung in den Grenzen der Nation wird man die *Wanderjahre* weiter konservativ nennen. Aber je mehr menschheitliche Konflikte auftreten, die sich im Horizont nationalstaatlichen Handelns allein nicht lösen lassen, ja, in dem Grade, wie sogar die richtige Einschätzung dieses anwachsenden Konfliktpotentials dadurch verhindert wird, gewinnt das Projekt eines „Weltbundes“ wieder an Aktualität. In der Absicht, hinter den kosmopolitischen Plänen Goethes mehr als nur situationsbezogene Motive sichtbar zu machen, haben wir die „Weltbewegung“ an das Erfordernis einer repressionsfreien Arbeitsteilung und einer alternativen Entwicklung der Produktivkräfte zurückgebunden.[76]

IV. Die Lenardo-Handlung: Naturbeherrschung versus Triebleugnung

1. *Dialektik des Neuanfangs*

Mit Lenardo kehren wir wieder zur Lebensgeschichte einer einzelnen Figur zurück. In ihrem Horizont tauchen Fragen, die uns schon in den vorigen Kapiteln beschäftigt haben, in einem anderen Licht auf. Lenardo ist der Mann des Neuanfangs. Zu den Auswanderern stoßend, geht er ihnen bald voran; er ist Leitfigur des Aufbruchs in die Neue Welt. Wir haben zuvor ausführlich dargestellt, daß dieses „Von vorn beginnen“[1] nicht in dem Sinne zu begreifen ist, wie Revolutionen sich als radikaler Neubeginn, als gewaltsame Befreiung von Herrschaft und als Grundlegung einer allgemeinen Freiheit verstehen. Ein Neuanfang in der revolutionären Absicht, daß darin schon die Bedingungen eines Lebens ohne Zwang frei gesetzt wären, sind weder die Siedlungspläne für Europa noch die für Amerika. Deshalb läßt sich an ihnen auch nicht unmittelbar ablesen, welche Intentionen Goethe mit dem gesellschaftlichen Fortschritt im ganzen verbindet, ebensowenig wie sie dazu benutzt werden können, den Roman in eine einsträngig konservative Tradition abzudrängen. An andere Quellen anknüpfend als an das ziemlich pragmatische Vorgehen der Auswanderer, haben wir die Rekonstruktion der Menschheitsgeschichte als Naturgeschichte fortgesetzt. Aus deren teleologischer Perspektive zeigte sich, daß weder die strenge Unterstellung des einzelnen unter den Willen einer Gesamtheit noch die relative Freizügigkeit im Verhältnis zu einer liberaleren Obrigkeit als Goethes letztes Wort zu diesem Thema aufzufassen ist. Auch die mißverständlichsten Äußerungen sind wir so auszulegen gewillt, daß für Goethe zum Beispiel der Staat nur solange eine von der Gesellschaft getrennte Existenz hat, wie der durch die menschliche Arbeit bewegte Schöpfungsprozeß der Natur nicht von einer Weltgesellschaft getragen wird. Allein im Blick darauf erlangt die staatliche Ordnungsmacht eine – jedoch nie mehr als historisch-relative – Berechtung. Auf diese Weise wäre eine Bemerkung wie die folgende auf die entwicklungsgeschichtliche Dimension der *Wanderjahre* zurückzubeziehen. „Staat und Kirche mögen allenfalls Ursache finden, sich für herrschend zu erklären: denn die haben es mit der widerspenstigen Masse zu tun, und wenn nur Ordnung gehalten wird, so ist es ganz einerlei, durch welche Mittel."[2] Scheinbar zynisch der Masse den Staat entgegenstellend, sehen wir Goethe in dieser Äußerung kein Fazit ziehen, sondern einen Übergang markieren. Nirgends geht aus den *Wanderjahren* hervor, daß sie Verhältnisse sanktionieren, in denen Staat und Kirche als Herrschaftsinstrumente auf Dauer gestellt würden. Im Gegenteil, Lenardos Auftrag ist es, diejenigen hinter sich zu sammeln, die aufgrund einer Veränderung heimatlicher Produktionsbedingungen gleichsam entwurzelt wurden und in eine schwer lösbare Abhängigkeit hineinzugeraten drohen.

Lenardo repräsentiert den Typus des Technikers, der seiner Mittel mächtig sein will, wenn er in eine bessere Zukunft aufbricht. Wie er die arbeitslose Bevölkerung in jenen Gebirgsregionen zur Auswanderung in die Neue Welt bewegt, so ist er seit jeher der Überzeugung, daß man „von vorn anfangen"[3] müsse. Unüberhörbar klingt darin das Pathos der Revolution mit, der französischen zumal, die in völliger Freiheit einen neuen Anfang zu setzen proklamiert hatte. Gemessen daran zeigt aber Lenardos eigenes Leben einen merkwürdig abweichenden Verlauf. Er kann gegenüber bestimmten lebensgeschichtlichen Erfahrungen gerade keinen freien Standpunkt erlangen. Er scheint wie fixiert auf ein zurückliegendes Erlebnis. So kommt es, daß sein Aufbruch zu neuen Zielen zunächst eine Reise in die eigene Vergangenheit ist. Die Lenardo-Erzählung ist vor dem Hintergrund einer revolutionären Konstitution der Freiheit als das besondere Gegenbeispiel zu lesen, an dem deutlich wird, daß es einen unbedingten Neubeginn nicht geben kann, daß jeder Anfang ein vermittelter ist. „Es kann", wie ein Aphorismus sagt, „keine Gesellschaft anders als auf den Begriff der Gleichheit gegründet sein, keineswegs aber auf den Begriff der Freiheit."[4]

Als Lenardo zum ersten Mal mit Wilhelm zusammentrifft, kehrt er eben von einer Bildungsreise zurück, die nicht, wie zu erwarten wäre, als ein deutlicher Fortschritt sein neuerfahrenes Leben gegen sein früheres abhebt. Lenardo ist durch ein Gefühl von Schuld an den Beginn seiner Reise gefesselt, so daß er, statt über das Vergangene energisch hinausgewachsen zu sein, auf eine zugleich befangene und geheimniskrämerische Weise Anschluß an gewisse zurückliegende Umstände sucht. Er glaubt sich gegenüber einem Mädchen schuldig, das er mittelbar durch den Antritt seiner Reise in eine Notlage gestürzt habe. Es ist die Tochter eines Pächters, von dem sein Oheim eine schon lange überfällige Summe Geld gerade zu dem Zweck zurückverlangt, um damit seinen Neffen Lenardo auf Reisen zu schicken. Ohne daß juristisch oder moralisch ein Verschulden dem Oheim oder Lenardo angelastet werden könnte, fühlt dieser doch sein Gewissen zusätzlich dadurch belastet, daß er sich von dem verzweifelten Mädchen das Versprechen abringen ließ, der bedrängten Pächtersfamilie zu helfen. Daß er diese Hilfe nicht leisten kann, ist wiederum Lenardos Schuld sowenig, wie auch dem Oheim persönlich nicht der Vorwurf zu machen ist, daß er, der mit Maßen großzügig ist, bestimmten Prinzipien die Treue hält und endlich von seinen Rechten Gebrauch macht. Mit der Entfernung vom Schauplatz dieser Vorfälle und in Unkenntnis des wirklichen Ausgangs wächst bei Lenardo ein Schuldgefühl, das ihn „mit aller Gewalt“[5] an das Schicksal jenes Mädchens bindet.

Lenardo, der sich „unwiderstehlich nach uranfänglichen Zuständen hingezogen“ fühlt[6] und zu diesem Zweck die Auswanderung in die Neue Welt stets im Auge hat, ist daran gehindert, von vorn zu beginnen. Die Möglichkeit des Neuanfangs ist durch eine unabgegoltene Schuld gleichsam verbaut. An die Stelle jenes revolutionären Ethos, daß der Mensch seine Geschichte selber mache, tritt das Eingeständnis, des eigenen Anfangs nicht mächtig zu sein. Das Gefühl von Fremdbestimmtheit quält den, der von sich sagt, „daß (er) eigentlich auf nichts gerne wirken mag, als auf das, was (er) selbst geschaffen habe“.[7]

Die Schwierigkeit, diesen Zusammenhang richtig zu deuten, besteht darin, daß von einer Schuld, gemessen an der geltenden Moral, keine Rede sein kann. Lenardo hat sich innerhalb der Perspektive herrschender Moralvorstellungen nicht im Ernst vorzuwerfen, seinen Vorteil auf Kosten anderer gemacht zu haben. Was er Schuld nennt, scheint vielmehr eine von ihm vorgeschobene Interpretation zu sein, die ihm vor sich selber verbergen soll, weshalb es ihm tatsächlich unmöglich ist, uneingeschränkt von vorn zu beginnen. Was ist es, das er sich nicht einzugestehen zwingt? Ist es Liebe zu jener Pächterstochter, wie seine Cousinen, durch eine Namensverwechslung aufmerksam gemacht, argwöhnen? Sicher, letztenendes ist es Liebe zu dem Mädchen, wie Lenardo später selber weiß. Aber diese Zuneigung ist nicht immer gleich stark und vor allem gibt sie sich ihm als solche nicht von Anfang an ausdrücklich zu erkennen.

Zunächst einmal ist es eine Art gestörte Selbstliebe. Er, der sich an kein Versprechen binden wollte, der für sich eine unbedingte Freiheit beanspruchte, angeblich weil er von der „Pflicht",[8] ein Versprechen auch wirklich zu halten, eine zu hohe Meinung hatte, als daß er sich durch all die kontingenten Umstände, in die er jederzeit hineinverwickelt und an der Einlösung des Versprechens gehindert werden könnte, aufs Spiel setzen wollte –, dieser Lenardo, der sich durch einen scheinmoralischen Rigorismus seiner Autonomie versichern wollte, fühlt plötzlich sein Wohlergehen vom Schicksal eines fast fremden Menschen abhängen. Die Abwehr dieser Erkenntnis, der Versuch, sein vermeintlich freies Selbst zu erhalten und dem Zufall als dem ersten und einzigen Grund der eigenen Existenz nicht die Herrschaft über sich einzuräumen, sind eins. Was Lenardo als seine Schuld bezeichnet, entspringt der Anstrengung, jene Zufälligkeit, die ihn zur Ausweisung des Pächters und seine Tochter in ein Verhältnis setzt, in einen solchen Zusammenhang zurückzubinden, der es ihm erlaubt, gleichsam ex negativo an seiner Autonomie festzuhalten. Denn wenn er wirklich in einem ursächlichen Zusammenhang mit dem Unglück der Pächtersfamilie stünde, wenn er am Elend ihrer Vertreibung von Haus und Hof schuld wäre, so läge es jetzt an ihm, sein Gewissen zu entlasten und die vermeintliche Freiheit dadurch zurückzugewinnen, daß er den Unglücklichen hilft oder doch wenigstens in Erfahrung bringt, ob sie, besonders aber das Mädchen, immer noch in einer Zwangslage seien. „Ich hoffe", sagt Lenardo, „wenn ich das Mädchen glücklich weiß, bin ich sie los".[9] Mit dieser Absicht, wieder unbedingt frei zu werden, bittet er Wilhelm, jene verschollene Person zuerst unter dem Namen Valerine, dann unter dem Namen Nachodine zu suchen.

Lenardo, der in Verhältnissen, ohne daß sie ihn direkt dazu veranlassen würden, darauf verfällt, eine Schuld auf sich zu nehmen, macht damit den von ihm selbst undurchschauten Versuch, sich mit den äußeren Bedingungen seiner Existenz gerade nicht durch den Zufall, sondern kraft solcher Mittel verbunden zu sehen, die er von sich aus verantworten kann. Das widerspricht allerdings den tatsächlichen Gegebenheiten. Denn die Reise, die Lenardo antritt, finanziert er nicht aus eigenen Mitteln. Unselbständig wie jeder zu Anfang seines Lebens ist, besonders aber der, dem durch die Konventionen des Standes mehr zu wollen zugemutet wird, als er vorerst aus eigenen Kräften leisten kann, muß Lenardo „die Mittel (. . .) billigen",[10] die ihn instand setzen, „die herkömmliche Kreisfahrt durch das gesittete Europa in (seinen) Jünglingsjahren zu bestehen".[11] Das ist eine Situation, in der, unabhängig von den besonderen persönlichen Umständen, strukturell angelegt ist, daß einer nicht Herr seines Beginnens ist und in Verwicklungen hineingerät, die er selber nicht kontrolliert.

Ebenso ist die Organisation, die der Oheim seinen ländlichen Gütern gegeben hat, von der Art, daß sie, ohne den liberalen Mann dem Verdacht auszusetzen, unrecht zu tun, systematisch Willkürhandlungen begünstigt. Goethe konfrontiert hier einen scheinbar progressiven Rechtszustand, in dem sich der Gutsherr in der Rolle des aufgeklärten Fürsten freiwillig an bestimmte Regeln bindet, mit der unvereinbaren Tatsache, daß letztenendes die größere Macht doch in seinen Händen bleibt und nur er sich, ohne die verdinglichten Beziehungen geradezu aufzukündigen, wenigstens zeitweise straflos darüber erheben kann. Es sei dies auch nur zu dem Zweck, um sich gegenüber vertraglichen Verpflichtungen einmal „nachsichtig"[12] zu zeigen. Denn auch Großzügigkeit kann ein Akt der Willkür sein, wenn in einer Sozietät, die die strikte Einhaltung von Verträgen zur Voraussetzung hat, diese Rationalität einseitig ausgesetzt wird und Irrationalismen wieder einen Schein von Berechtigung zurückgewinnen, den sie doch objektiv längst eingebüßt haben. Wo mit der Kapitalisierung von Grund und Boden begonnen wurde, liegt es in der Konsequenz des geldvermittelten Verkehrs, daß mit den Zinsen gerechnet wird. Patrimoniale Milde, die Zahlungsaufschub willkürlich gewähren, aber grundsätzlich diesen gegenständlichen Zusammenhang nicht wieder rückgängig machen kann, erscheint als ein Anachronismus – ebenso wie jene Frömmigkeit, die den Pächter darin lähmt, seinen Vertrag zu erfüllen. Der objektive Zwang zur Sachlichkeit entlarvt jene „Eigenheiten"[13] des Oheims, gerade weil sie jenem stets noch verpflichtet bleiben, als „aristokratische Pedanterie".[14]

Es ist bezeichnend, daß Goethe seine Kritik am aufgeklärten Spätabsolutismus, insbesondere seinen liberaleren Erscheinungsformen, nicht an einen Fall von adligem Machtmißbrauch festmacht. Eine solche Kritik träfe weniger das funktionierende System als vielmehr die Person des Herrschenden, die sich über die selbstgesetzten Bedingungen schon hinweggesetzt hätte. Dagegen treten die Widersprüche des Systems deutlicher hervor, wenn die progressiven Tendenzen zur Versachlichung ökonomischer Beziehungen im Widerstreit mit ihrem personalen Ursprung gezeigt werden. Am Anfang steht die gänzlich ungleiche Verteilung der Mittel. Der uneingeschränkt Besitzende, der seine Mittel an andere überträgt und sie dadurch „seiner absoluten Gewalt gleichsam teilhaft"[15] macht, kann doch nicht bewirken, daß diese Mittel ihren neuen Benutzern anders als äußerlich bleiben, daß sie mit ihren Biographien mehr als willkürlich verknüpft sind. So bleiben die Nutznießer dieser von oben verfügten Liberalisierung im Verhältnis zu dem, was ihre eigene Existenz begründen soll, stets noch depotenziert. Es ist in dieser Hinsicht auch nur konsequent, wenn der Pächter sich der Mittel, d. h., der Ländereien, die ihm unversehens an die Hand gegeben sind, nicht gewachsen zeigt.

Paßt es nicht in den gleichen Zusammenhang, wenn Wilhelm und Felix beim

Eintritt in den Wirkungskreis des Oheims erst einmal entmächtigt werden? Als sie einen Durchschlupf in der Grenzmauer suchen, die das bebaute Land gegen die Umgebung abschirmt, werden sie von niederfallenden Sperrgittern gefangen gesetzt. Wenn auch die gewaltsame Abgrenzung gegen eine zudringliche Mitwelt gerechtfertigt erscheint, so signalisiert es doch, daß der fortgeschrittene Entwicklungsstand, den das liberal verwaltete Landgut des Oheims auf jeden Fall darstellt, nur um den Preis erzwungener Diskontinuität mit den äußeren Bedingungen zusammenhängt. Das aber ist es gerade, was Lenardo für seine Person nicht akzeptiert. Er lehnt es ab, mit seiner äußeren Existenz willkürlich verbunden zu sein. Er will „von vorn beginnen und einen Naturweg einschlagen",[16] d. h., seines Anfangs mächtig sein und nicht unter Voraussetzungen einen Weg antreten, der ihn mit sich selbst entzweit. Das erlegt ihm auf, sich mit instrumentellen Fertigkeiten und technischen Mitteln in einem ungleich höheren Maße einzulassen, als das auf den angestammten Ländereien jemals nötig wäre. Freilich, da er von seinem Oheim abhängig ist, verwickelt ihn schon der Aufbruch zu seiner Lebensreise in Umstände, die er nicht gewollt hat.

Zur Rettung seiner Freiheit „erfindet"[17] Lenardo einen Schuldzusammenhang. Dadurch will er – ihm selber unbewußt – in seine Macht zurückbringen, was tatsächlich außerhalb seiner Entscheidungsfreiheit liegt. Wir müssen ihm glauben, daß sein Bemühen, das Gewissen zu entlasten und das angeblich Verschuldete notfalls wiedergutzumachen, dem Zweck dient, jenes Mädchen und im weiteren Sinne die eigene Vergangenheit, soweit sie „Gewalt"[18] über ihn hat, loszuwerden. Lenardo will die Kontingenz seiner lebensgeschichtlichen Anfänge hinter sich lassen, geradeso wie er für die Zeit der Reise „(seine) Heimat vergessen"[19] möchte, alle brieflichen Kontakte einstellt und statt dessen zum Zeichen seines jeweiligen Aufenthaltes ortsübliche Waren nach Hause übersendet. Vergessen ist eine unerläßliche Bedingung des Neuanfangs. Nicht-vergessen-können ist dagegen ein Symptom, des Gewesenen nicht wirklich Herr zu sein. In dem Maße, wie selbst die Erinnerung gestört ist und die kognitiven Inhalte noch ganz hinter ihrer emotionalen Scheingestalt verborgen sind, ist das Vergessen an die Bedingung geknüpft, erst einmal erfolgreich zu suchen, was sich, wenn es gefunden ist, auch vergessen läßt.

Auf einer solchen Suche sehen wir Lenardo. Wer und wo ist dieses „nußbraune Mädchen"? Zuerst sucht er brieflich Auskunft bei seinen häuslichen Verwandten, dann bedient er sich auf Umwegen der Hilfe Wilhelms. Im Verhältnis zu seinen unbestimmten Zielen sind auch die Nachforschungen selber unsicher, voller Irrtümer, geradezu labyrinthisch. Zwar gesteht er sich das nicht ein, aber die fehlgeschlagenen ersten Versuche überführen ihn: das „nußbraune Mädchen" verwechselt er mit der Tochter eines Gerichtshalters. Er muß erkennen, daß er nicht eine Valerine, sondern Nachodine sucht. Im Moment dieser überaus peinlichen Personenvertauschung erscheint es besonders merkwürdig, daß Lenardo die Erkundigung nicht selber in die Hand genommen hat, daß er andere dazwischenschaltet und an seiner Statt gleichsam als Mittel sich abarbeiten läßt. Es sieht so aus, als wollte er mit diesen „Mitteln" etwas ihnen Entgegengesetztes bezwecken, als sollten sie ihn in die Lage bringen, mit der Gesuchten zwar einen Kontakt herzustellen, aber so, daß sie nicht wirklich schon gefunden und das Verhältnis zu ihr damit schon erledigt sei. Dieser Eindruck verstärkt sich noch, wenn Wilhelm von Lenardo ausdrücklich um Vermittlung gebeten wird und den Auftrag erhält, der Verschollenen nachzuspüren.

Wilhelm findet sie tatsächlich. Sie lebt am Rande des Gebirges als eine tätige Unternehmerin. Er schickt an Lenardo die Botschaft von ihren günstigen, alle seine Befürchtungen und Schuldgefühle ausräumenden Lebensbedingungen. Nach Lenardos eigener Versicherung wäre damit die Fessel, die ihn an die eigene quälende Vergangenheit bindet, gelöst, so daß er jetzt – wie die Freunde meinen – „seine Hauptneigung, ganz von vorn anzufangen"[20], uneingeschränkt verwirklichen könnte.

Doch was sich Lenardo in Gestalt von Alternativen darstellt, schließt einander nicht aus. Der Neubeginn ist nicht an die Voraussetzung einer einmaligen Erledigung des Gewesenen geknüpft. Die konfliktlösende Aufarbeitung der eigenen Vorgeschichte bedeutet nicht, ein für allemal frei zu sein für einen radikal anderen Anfang. Wer nach dem – freilich mißverstandenen – Vorbild der Psychoanalyse mit Wilhelm der Meinung ist, daß die Rekonstruktion des Ursprungskonflikts Lenardo von der Gewalt des Verdrängten und der Fixierung auf unterdrückte Handlungsmotive in der Weise befreien würde, daß er unbeschwert, als sei nichts gewesen, von vorn beginnen könnte, sieht sich getäuscht. Einerseits wird Lenardo, noch während ihm seine Unmündigkeit besonders fühlbar ist, durch Mittel, die er ebenfalls nicht sich selber verdankt, in das Vorhaben der Auswanderer integriert. Besitzungen in Amerika, die ihm der Oheim abtritt, werden mit denen des Bundes vorteilhaft zusammengeschlossen. Andererseits gewinnt auch seine Beziehung zu Nachodine eine Dimension, die sie solange nicht hatte, wie er mit ihr nur durch sein schlechtes Gewissen zusammenhing. In dem Glauben, sie „verletzt"[21] zu haben, mochte er hoffen, mit der Erlösung von seinen Skrupeln auch sie los zu sein. Aber was sich als äußerst reizbare Selbstliebe, als übersteigertes Schuldempfinden ausgab, verwandelt sich in Zuneigung und „Sehnsucht".[22] Jetzt, in der Gewißheit, daß es Nachodine wohlergeht, hat das Schuldgefühl als Vermittler, gewissermaßen als Instrument, ihr auf die Spur zu kommen, ausgedient, und an seine Stelle tritt ein „anmutiges Geheimnis", das „halb verschleiert in die Ferne hindeute(t)",[23] dorthin, wo die Gesuchte vielleicht sein könnte.

Durch ein Geheimnis mit jemandem verknüpft zu sein, bedeutet etwas anderes, als sich an eine Schuld gebunden zu fühlen. Von einer Schuld will man sich befreien, ein Geheimnis drängt nicht ebenso zwanghaft auf eine Lösung. Man kann es auch zeitweise auf sich beruhen lassen. In diesem Sinne behauptet Lenardo, sich um die Aufklärung des „Geheimnisses" nicht zu kümmern, „kein(en) Raum für Betrachtung" zu lassen,[24] sondern nur tätig zu sein und zu „schaffen".[25]

Lenardo trennt vorsätzlich die persönlichen Wünsche und Bedürfnisse von der Objektivität instrumentellen Handelns, so daß seine besonderen Neigungen vollkommen hinter den gesellschaftlichen Zweckzusammenhang zurücktreten. „Die Sehnsucht verschwindet im Tun und Wirken."[26] Pflicht und Arbeit scheinen aufgeboten, um eine Herzensangelegenheit vergessen zu machen. Wie vormals das Schuldgefühl, so wird nun ein entsagungsvoller Begriff rastloser Tätigkeit vorgeschoben, damit Lenardo vor sich selbst einen Grund hat, sich Nachodine nicht nähern zu wollen. Daß es ihm damit ernst sei, läßt der Text wiederum keinen Zweifel. Dennoch bewirkt auch dieses Mittel, das Lenardo gleichsam in der Kommunikation mit sich selber wie mit seinen Freunden dazu dient, für den Aufbruch in die Neue Welt völlig frei zu werden, das seinen intendierten Zwecken Entgegengesetzte. Wie wir im Dritten Buch erfahren, gelangt er gerade durch seine Tätigkeit, in Erfüllung eines „wichtigen Auftrag(es)",[27] den ihn die Auswanderergesellschaft gibt, in die Nähe Nachodines. Es ist seine Aufgabe, „den Zustand der Gebirgsbewohner"[28] daraufhin zu untersuchen, ob sich unter ihnen „brauchbare Wanderlustige" befänden.[29] Unter denen, die schließlich die Gelegenheit ergreifen und Lenardo nach Amerika folgen, wird – obgleich mit Abstand – auch sie sein.

Die Geschichte dieses offenbar ungewollten Suchens und Findens erfahren wir aus Lenardos Tagebuch. Ihm vorangestellt ist eine Bemerkung seines Verfassers, in der er retrospektiv, im Bewußtsein der ins Tagebuch eingegangenen Erlebnisse, ausspricht, daß er schon seit jener ersten Begegnung mit dem „nußbraunen Mädchen" in einem „leidenschaftlichen Zustande"[30] gewesen sei, „verschlungen in das wunderlichste Verlangen, in eine unwiderstehliche Begierde".[31] Wir wollen diese nachträgliche, allzu eindeutige Selbsteinschätzung, die ihre umständliche Genese offenbar vergessen hat, anders nicht verstehen, als daß Lenardo in Gegenwart der Geliebten endlich in der Lage ist, sich zu seinen Gefühlen und Wünschen zu bekennen. Tatsächlich steht er seinen Triebansprüchen ungewöhnlich lange fremd, ja, abwehrend gegenüber. Dagegen hat er für die Entwicklung seiner instrumentellen Fertigkeiten schon als Kind einen aufmerksamen Sinn.

2. *Steigende Komplexität der produktiven Mittel und Probleme des sozialen Wandels*

Von früh an hat sich bei Lenardo „ein gewisser Trieb zum Technischen“[32] hervorgetan. Ausführlich schildert er, wie „auf dem Lande“[33] handwerkliche Improvisation den rasch wechselnden Forderungen gerecht wird. Durch die ungeregelte Anleitung eines „Tausendkünstler(s)“[34] erwirbt er früh Fertigkeiten in einer ganzen Reihe von Gewerken. Es folgt eine Zeit, in der quasi künstlerische Absichten es unerläßlich machen, daß „erst die Werkzeuge erschaffen werden“,[35] derer man sich dann zur „Auszierung der Parkanlagen“, zum Bau von „Knittelbrücken“ usw. bedient.[36] Die Zwecke scheinen in Ansehung der Lust, die allein schon die Zubereitung des Werkzeugs hervorbringt, von untergeordneter Bedeutung. Auf diese weitverbreitete „Krankheit jener Techniker, welche Mittel und Zwecke verwechseln“,[37] folgt die Bekanntschaft mit dem höher spezialisierten Handwerk, das im Kreise der ganzen Familie ausgeübt wird. Lenardo, dessen Neigung diesen familiengebundenen Produktionsverhältnissen gilt, handelt daher nach seinen „eigentliche(n) Interessen“,[38] wenn er im Gebirge die Werkstätten der Spinnerei und Weberei aufsucht.

Unschwer lassen sich in dieser Lebensgeschichte eines technisch begabten Mannes bestimmte Entwicklungsstadien des Menschen wiedererkennen, die dieser als das werkzeugproduzierende Gattungswesen durchlaufen hat. Da ist erstens die von der Arbeitsteilung noch wenig berührte Zeit überwiegend landwirtschaftlicher Produktion, die bei nicht weiter differenzierten Bedürfnissen die lebensnotwendige Nahrung bereitstellt. Es folgt die von der unmittelbaren Sorge um die Beschaffung der Subsistenzmittel befreite Adelsgesellschaft, die dem priviligierten einzelnen im Verhältnis zu seinen technischen Möglichkeiten darin bestärkt, daß es weniger um die Steigerung zweckrationaler Mittelverwendung als um den augenblicklichen Genuß geht. Verändert wird diese Sozialordnung durch eine im wachsenden Maße marktabhängige Produktionsweise, die eine landschaftsgebundene Spezialisierung in Familienbetrieben hervorbringt.

Wenn es richtig ist, daß Lenardo für seine Person einzelne Stadien der Menschheitsgeschichte in charakteristischer Annäherung nachvollzieht, dann ist zu fragen, an welchem Punkt dieser Entwicklung die aktuelle Erzählhandlung fortgesetzt wird. In der Abfolge der zu immer größerer Komplexität aufsteigenden Entfaltung der Produktivkräfte bedeutet die Spinner- und Weberei einen Fortschritt. Lenardo, der aus seiner Vergangenheit berichtet, wie oft ihm bisher zufällige Umstände oder ein kurzweiliges Vergnügen zu gewissen technischen Fertigkeiten verhalfen, sieht sich in jenen Gebirgsregionen in einen „abgeschlossenen Kreis“[39] vollkommen zweckmäßig aufeinander bezogener Tätigkeiten hineinversetzt. Nichts soll bloß dem Zufall überlassen sein; die einzelnen Handgriffe, die Mitwirkung aller Glieder der Familie, die Zusammenarbeit von

Gewerbe, Werkstätten und Transport sind genau aufeinander abgestimmt. „Man lebt in dem reinsten Gefühl eines lebendigen Ganzen.“[40]

In natürlicher Anpassung an die landschaftliche Abgeschiedenheit ist ein Wirtschaftszweig herangereift, der, weitgehend auf sich selber gegründet, nur durch die notwendigsten Verkehrswege regelmäßig mit der übrigen Welt verbunden ist. Hier „bewegt sich ein Kreislauf von Handarbeitenden im reinsten, anfänglichsten Sinne“.[41] So charakterisiert zuerst Wilhelm diese „tätige Gegend“. Und es ist nicht überraschend, daß Lenardo, der sich nach „uranfänglichen Zuständen hingezogen“[42] fühlt, diese Mitteilung über den entfernten Aufenthalt Nachodines wie einen Kompas mit sich führt. Denn ist er nicht seinem Wunschziel einer selbständigen, durch keine willkürlichen Voraussetzungen dauernd fremdbestimmten Existenz denkbar nahe? Die „unmittelbare Handarbeit, wo wir Kraft und Gefühl in Verbindung ausüben“,[43] ist nach seiner Meinung diejenige Produktionsweise, die den Menschen im Verhältnis zu seinen Mitteln und den Erzeugnissen seiner gegenständlichen Tätigkeit davor bewahrt, daß diese mehr Macht über ihn haben als er über sie. Jene schmerzlich erfahrene Selbstentfremdung, die Lenardo dazu antreibt, in der Gestalt des „nußbraunen Mädchens“ den nicht frei verfügten Anfängen seiner selbst gleichsam nachzulaufen, scheint vor einem erlösenden Ende. Alles deutet darauf hin, daß die krisenhafte Umstrukturierung seiner Ich-Identität, die Suche nach dem eigenen Selbst, die eine Suche nach dem gegengeschlechtlichen Partner ist, und seine Weiterbildung als Techniker und Organisator einer „Weltbewegung“ aufs glücklichste in dem Moment konvergieren, da Lenardo in den häuslichen Kreis von spinnenden und webenden Handarbeitern eintritt.

Doch die gelungene Zusammenfassung von Wohn- und Arbeitsstätte, beides unter einem Dach, dieses harmonische „Verhältnis der Pflichten zu den Fähigkeiten und Kräften“[44] ist nur scheinbar. In die geordnete Welt des Textilhandwerks dringt die industrielle Fabrikation, das „Maschinenwesen“[45] ein und bedroht einen Teil der Einwohner mit Arbeitslosigkeit. Die Konsequenz ist, daß jener „häusliche Zustand“, der nach Wilhelms euphemistischen Worten „auf Frömmigkeit gegründet, durch Fleiß und Ordnung belebt“[46] wird, seiner ökonomischen Grundlage beraubt ist und gewaltsam auseinanderzubrechen beginnt. „Das überhandnehmende Maschinenwesen (. . .) wälzt sich heran wie ein Gewitter“[47] und scheint auch Lenardo gerade in dem Moment wieder von Nachodine wegzureißen, als er sie unter dem Namen einer Frau Susanne und in dem Beruf einer erfolgreichen Verlegerin endlich gefunden hat. Vor dem Hintergrund einer offen geäußerten Sympathie für die „unmittelbare Handarbeit“,[48] für die Anmut „schöne(r) Bewegungen“[49] im Umgang mit den einfachen Werkzeugen, nimmt sich diese Beschwörung destruktiver Veränderungen so aus, daß als die treibende Kraft des nahen Übels die Industrialisierung selbst erscheint. Wenn obendrein Frau Susanne – und Lenardo widerspricht ihr nicht

– gegen die Maschine moralisiert und das Bild von arbeitslosen, ihres Lebensunterhalts entblößten Einheimischen ausmalt, dann ist das Verdikt über die industrielle Produktion gefällt. Resignierend sieht sich Susanne vor die Frage gestellt, „selbst Maschinen zu errichten und die Nahrung der Menge an sich zu reißen",[50] das heißt, „diese guten Menschen (zu) plündern".[51] „Hier bleibt nur ein doppelter Weg, einer so traurig wie der andere: entweder selbst das Neue zu ergreifen und das Verderben zu beschleunigen, oder aufzubrechen, die Besten und Würdigsten mit sich fort zu ziehen und ein günstigeres Schicksal jenseits der Meere zu suchen".[52]

Die Alternative zwischen Auswanderung und Anpassung an den technischen Fortschritt mit seinen ruinösen Folgen für die heimischen Werkstätten exponiert den Versuch, woanders von vorn zu beginnen und sich an der Pauperisierung der Gebirgsbewohner nicht zu beteiligen, als das entschieden humanere Vorhaben. Ja, das Wandern erscheint unter diesem Aspekt als die einzige unbedenkliche Alternative zur „drohenden Gefahr"[53] der Industrialisierung. Es ist dies die Stelle im Roman, wo die dem ganzen Werk eingeschriebene Tendenz, dem Handwerk vor der Maschine den Vorzug zu geben, den Höhepunkt erreicht. Die Auswanderung, die die Spezialisierung in einem der Gewerke zur wesentlichen Bedingung macht, scheint im Gegenzug zur industriellen Revolution nur der handwerklichen Tätigkeit eine menschenwürdige Zukunft zu eröffnen. Als wollte Goethe die einseitige Abhängigkeit und wachsende Entfremdung, wie sie die Einrichtung einer maschinellen Produktion augenscheinlich mit sich bringt, gegen das „kleinere Übel" eines zwar nicht mehr bodenständigen, aber durch die neugewonnene Beweglichkeit umso krisenfesteren Handwerks abwägen, erzählt er die Geschichte Lenardos, der dem Ziel seiner Wünsche greifbar nahe, das Glück seines Lebens durch das hereinbrechende „Maschinenwesen" bedroht sieht.

Mit solchem Vertrauen ins Handwerk und einer tiefverwurzelten Skepsis gegen die „Fabrikation"[54] hätte sich Goethe außerhalb der tatsächlichen Entwicklung der Produktivkräfte gestellt. Die *Wanderjahre* wären, obgleich sie wie kein anderes Werk jener Jahre den Menschen im Verhältnis zu seinen Mitteln und Zwecken darstellen, der Roman einer vorindustriellen Zeit; einer Zeit jedenfalls, die sich von der idyllischen Häuslichkeit des Handwerks nur halb, fast widerstrebend löste. Die Maschine bliebe Vorbote einer ungeliebten Zukunft.

Es gibt in den *Wanderjahren* eine Stelle, die es nicht erlaubt, den Roman geradezu in einem Atemzug mit der zeitgenössischen Maschinenstürmerei zu nennen. Dort heißt es, daß es nicht in unserer Macht stünde, „irgendein Maschinenwesen aus der Welt (zu) bannen",[55] wenn es einmal eingeführt sei. Aber diese halbherzige Einwilligung in eine Entwicklung, die doch nicht umkehrbar ist, läßt sich Wilhelm, der hier spricht, gleichsam teuer bezahlen, indem er mit seinen sittlichen Bedenken nicht zurückhält und die Disharmonie beklagt, die sich in unser Verhältnis zur Natur und überhaupt „in die Menschheit eingeschlichen hat".[56] Wird damit immerhin die Maschine insoweit akzeptiert, als sie da ist und zur Erklärung manches Mißstandes dienen kann, so gibt es eine Bemerkung, die darüber hinausgeht und erkennen läßt, daß die Installation von Maschinen nicht notwendig moralisch verwerflich sei. Susanne ist es, die im Blick auf eine freiere Umgebung, vielleicht Amerika, erklärt, sie sehnte sich „in solche Gegenden, wo dasjenige für Pflicht und Recht gelten könnte, was hier ein Verbrechen wäre".[57] Diese Äußerung ist wichtig; denn dadurch bleibt für die Auswanderungspläne nicht prinzipiell ausgeschlossen, daß sie sich unter günstigeren Bedingungen der maschinellen Fabrikation öffnen würden. Doch auch das spricht noch nicht für ein differenzierteres Verständnis des heraufziehenden Industriezeitalters. Erstaunlich wäre allenfalls, wie kritiklos, geradezu beifällig sich der Roman dort zeigt, wo nun tatsächlich „die vollkommene Einrichtung einer neuen Fabrikation",[58] wie in jenem „arbeitslustigen Tal",[59] oder der Bau „einer Möbelfabrik"[60] verwirklicht wird.

Aus den *Wanderjahren* spricht die schmerzliche Erfahrung, daß die Maschine der häuslichen Handarbeit ein Ende bereitet. Dadurch wird auch jener harmonische Gleichklang zwischen körpernahen Fertigkeiten, mäßig entwickelten Bedürfnissen und einer pietistischen Hausfrömmigkeit aufgehoben. Eine ebenso arbeitsame wie friedvolle Zeit geht vorbei. Die Anhänglichkeit an dieses verlorene Glück ist so groß, daß im Verhältnis dazu das „Maschinenwesen", weil es die krisenhaften Veränderungen hervorgebracht hat, mit skeptischer Zurückhaltung beobachtet wird, wie auch immer man sich letztenendes mit ihm zu arrangieren denkt. Es ist stets hervorgehoben worden, daß Goethe in seinem Alterswerk den Blick auch auf das Maschinenzeitalter vorauswirft. Gleichwohl habe er eine grundsätzlich bejahende Einstellung dazu nicht mehr gewinnen können und im Zusammenhang mit einer der zwiespältigen Entwicklung seherisch vorgreifenden Warnung bloß noch das Faktum als solches konstatiert.[61] Wenn dieses weitverbreitete Urteil nicht unwidersprochen bleiben soll, dann auf dem Wege, daß sich die skeptische Einstellung zur industriellen Produktion, die wir hier paraphrasiert haben, als nur e i n e Perspektive des Werkes in den Roman zurücknehmen läßt. Sie ist in Relation zu setzen mit einer dazu gegenläufig entfalteten Einschätzung, die das Wesen der Maschine in einem günstigeren Licht zeigt. Wir meinen, daß Lenardos Lebensweg im ganzen, diese merkwürdig in sich zurücklaufende Doppelbewegung von Fremd- und Selbstbestimmung, die positive Alternative zu einer Industrialisierung darstellt, die im Roman vorderhand gleichgesetzt wird mit den lebensbedrohlichen Folgen der Verdinglichung, mit Arbeits- und „Nahrungslosigkeit". Tatsächlich zeigt ja auch Lenardos bewegtes Leben eine auffallende Ähnlichkeit mit dem, was Schiller unter dem

„Begriff einer Maschinierie" für die *Lehrjahre* – freilich in kritischer Absicht – geltend gemacht hat.[62] Hier wie da sieht es aus, als werde die subjektive Zwecktätigkeit hinterrücks überholt und im nachhinein aufgewertet von der objektiven Zweckmäßigkeit der Mittel.[63]

Daß bei aller Verbundenheit mit der regionalen Hausindustrie, mit den angestammten Formen des Handwerks deren Überwindung nicht nur Anlaß zur Klage ist, geht faktisch schon daraus hervor, daß unter keinen anderen Bedingungen Lenardo noch hätte hoffen können, die Ersehnte und Gefundene, auf die schon ein anderer Mann Anspruch macht, doch noch für sich zu gewinnen. Der beschleunigte Zusammenbruch der heimischen Werkstätten bildet eine wichtige Voraussetzung, unter der eine Verbindung mit Susanne überhaupt nur möglich ist. Wie häufig in Goethes Romanen ist es auch in diesem Falle so, daß erst die Folgen darauf schließen lassen, wie das, was sich im nachhinein als ursächliche Umstände zu erkennen gibt, dem ersten unmittelbaren Anschein zum Trotz zu verstehen sei. Wenn dieses Verfahren geeignet ist, die Hochschätzung des landschaftsgebundenen Handwerks zu relativieren und, seine inneren Widersprüche bloßstellend, die Möglichkeit seiner Auflösung auf einer höheren Entwicklungsstufe der Produktivkräfte wenigstens anzuzeigen, so ist es ein anderer Weg noch mehr. Wir haben bereits angedeutet, daß die in Relation zur eingesessenen Handarbeit fast feindselige Einstellung gegen die Maschine perspektivischen Ursprungs ist. Der Übergang zur Industrialisierung wird aus der Sicht der Betroffenen dargestellt. Susanne gehört zu ihnen, und Lenardo ist aufgrund seiner ländlich-gutsherrlichen Herkunft auch noch als sich weiterbildender Techniker „dem Maschinenwesen weniger günstig als der unmittelbaren Handarbeit".[64] Für ihn verbindet sich mit dem tätigen Kreis von Handwerkern die Vorstellung einer in sich ruhenden und ganz auf sich gegründeten Lebensform. Wir haben bereits dargestellt, in einem wie hohen Grade diese „im reinsten anfänglichen Sinne"[65] harmonische Geschäftigkeit Lenardo selber erstrebenswert erscheint. Noch die eingehende, liebevolle Abschilderung aller Einzelheiten der Spinner-und Weberei gibt in seinem Tagebuch Zeugnis davon, wie ernst es ihm ist, diese Techniken für sich und sein Vorhaben nutzbar zu machen.

„In dem ganzen Zustand einer solchen Weberstube" findet er „Friede, Frömmigkeit, ununterbrochene Tätigkeit" glücklich vereint.[66] Sein früh gefaßtes Ideal eines unabhängig tätigen Lebens ist scheinbar greifbar nahe, als sich mit der „Erinnerung"[67] auch der Gedanke an Nachodine einstellt. Doch wie er die Mitteilung seines Freundes Wilhelm über ihren neuen Aufenthalt mit den gegenwärtigen Verhältnissen vergleicht, wird er der Differenz gewahr, die ihn auch hier noch von ihr und seinen eigenen Vorsätzen trennt. Er vermißt im Kreis der Spinner- und Webertechnik die angezeigte „Wirkung in die Ferne".[68] Diesem Hinweis entnimmt er, daß er noch nicht wirklich am Ziel ist. Genaugenommen gibt ihm die vergegenwärtigte Briefstelle eine Formulierungshilfe. Denn wenn es bis dahin seinem Selbstverständnis entsprach, daß das „einfache Maschinenwerk“,[69] die „unmittelbare Handarbeit“, einer ganz auf sich gestellten Existenz adäquat sei, so wird er jetzt auf die Beschränktheit solcher Produktionsverhältnisse aufmerksam. Übrigens geschieht das entgegen der ursprünglichen Absicht Wilhelms, der mit seiner Botschaft den Freund entschieden anders zu bestimmen hoffte. Aber der Wortlaut des Briefes verwandelt sich gerade in das Mittel, durch das Lenardo in die Lage versetzt wird zu erkennen, daß der Begriff einer stationären, gleichsam bodenständigen Technik hinter seinen eigenen Intentionen zurückbleibt. „Mehr Heiterkeit und Freiheit“[70] wünscht sich Lenardo dort, wo er Nachodine finden will. Es liegt durchaus in der Konsequenz dieser über das ansässige Textilhandwerk hinausdrängenden Erkenntnis, daß Lenardo den Geschirrfasser für den Auswandererbund gewinnen möchte: den Mann, der in dieser in „Hausgeschäften“[71] beengten Gebirgswelt die größte Beweglichkeit und die umfassendste Kenntnis aller technischen Einrichtungen zeigt. Wenn Lenardo auf diese Weise in der umworbenen Person des Geschirrfassers zugleich auf den praktischen Initiator der dortigen Industrialisierung gestoßen ist, so spricht es dafür, wie weit er selber – ohne es schon zu wissen – über den regionalen Stand der Produktivkräfte hinaus ist.

Die Suche nach Nachodine ist für Lenardo verknüpft mit der wachsenden Einsicht in die fortschreitende Leistungsfähigkeit technischer Mittel. Daß sich beide tatsächlich finden und ihre Zuneigung auch nicht unterdrücken müssen, ist objektiv an die Voraussetzung gebunden, daß sich das ansässige Handwerk überlebt hat und neuen Produktionsformen weichen muß. Subjektiv ist für eine erfolgreiche Annäherung unabdingbar, daß Lenardo auf allen Stationen seiner Suche die Inadäquatheit aufgewendeter Mittel – einschließlich seines darin konkretisierten Selbstverständnisses – einsehen lernt. Wie er erfährt, daß die Konstruktion eines Schuldzusammenhangs das ungeeignete Mittel ist, um von Nachodine loszukommen, so muß er schließlich erkennen, daß sie für ihn unter Bedingungen handwerklich-häuslicher Produktion noch nicht erreichbar ist. Die Dynamik seiner lebensgeschichtlichen Entwicklung treibt ihn über die Entwicklungsstufe „unmittelbarer Handarbeit“ hinaus, wie vorbildlich, ja, wünschenswert sie ihm auch zunächst erscheint. Ob freilich die Industrialisierung, der Lenardo einmal sein Glück an der Seite der Geliebten verdanken mag, in dieser Form schon akzeptiert und gutgeheißen wird, ist damit nicht zugleich entschieden.

Für die dramatisch-verwickelte Schlußphase der Lenardo-Geschichte betonen wir, daß hier im Sinne der Beobachtung Schillers „Maschinen“ am Werke scheinen. Schon Lenardos bisheriger Lebensgang ist dadurch charakterisiert, daß er stets wieder Mittel einschaltet, die sich ihm gegenüber verselbständigen. Doch erst jetzt tritt überdeutlich hervor, wie sich in seiner Gegenwart, aber gleichsam abgelöst von seiner Mitwirkung, ein kompliziertes Gebilde ineinander verzahnter Kräfte für ihn abarbeitet. Im Gegensatz zum einfachen Werkzeug, das die Spezifikation eines menschlichen Organs ist und dessen Leistung übertreffend, stets noch in einem körperlich-sinnlichen Bezug zu ihm bleibt, ist das Verhältnis zwischen Maschine und Mensch unüberschaubarer, abstrakter, stärker vermittelt. Die schon in der Frühzeit der Industrialisierung erfahrene Entfremdung reagiert darauf, daß die persönlich verausgabte Arbeit am fertigen Produkt nicht mehr greifbar, fast unkenntlich geworden ist. Es sieht aus, als führe die maschinelle Produktion zunehmend eine Eigenbewegung aus, die schließlich auch den Menschen als einen Teil ihrer selbst integriert.

Genauso scheint im Roman das heraufziehende „Maschinenwesen“ für Lenardo zu arbeiten. Immer inaktiver, immer schweigsamer, aber auch immer besser angepaßt an die für die „Maschinerie“ charakteristische Eigendynamik sieht er mit an, wie eine Reihe ineinander verschlungener Lebensgeschichten zuletzt denn doch seine Angelegenheit voranbringt. Wie von selbst kommt Susanne – so wird Nachodine ja jetzt genannt – durch die „lebhafte Beschreibung vom glücklich vollbrachten Markttage“[72] auf ihren verstorbenen Verlobten zu sprechen, der, aus der Enge des Gebirges nach größerer „Selbständigkeit“ strebend, Lenardos Absichten darin vorarbeitete, daß er den Plan zur Auswanderung schon gefaßt hatte. Immer deutlicher wird Lenardo, daß er in der umsichtig tätigen Verlegerin die Gesuchte endlich gefunden hat. Aber das entscheidende Wort auszusprechen, wird ihm vom Vater, jenem ausgetriebenen Pächter, abgenommen. Dieser betätigt sich ausdrücklich als Förderer ihres beiderseitigen Verhältnisses, wie es erfolgreicher sonst nur noch durch den Faktor geschieht; einen ziemlich undurchsichtigen, heftigen Mann, der Anrechte auf Susanne zu haben glaubt und es augenscheinlich auf ihren Besitz abgesehen hat. Der Mann inszeniert ein intrigenähnliches Spektakel, dessen innerer Mechanismus – ganz entgegen dem äußeren Anschein – darauf abzielt, Susanne zur Auswanderung und gleichzeitig zur Veräußerung ihres Besitztums an ihn, den ehrgeizigen Emporkömmling des neuen Industriezeitalters, zu bewegen. Das jedenfalls sind die Resultate, die zwar Lenardos Wünsche nicht ganz erfüllen, aber doch in seinem Sinne sein müssen, da sie ihn einer Verbindung mit der Geliebten näher denn je bringen und zugleich seinen eigenen Auswanderungszielen entgegenkommen. Am auffallendsten aber ist, wie hier Ereignisse ineinanderarbeiten, die die Intentionen Lenardos ohne sein unmittelbares Zutun befördern.

Nähmen die Verwicklungen keinen günstigen Ausgang, wir müßten Lenardo für ohnmächtig halten. So aber stellt sich nur der Eindruck ein, daß er die Mittel, die ihm im nachhinein zupaß kommen, nicht in seiner Gewalt hat. Wir sehen ihn im Anblick der Gesuchten schwanken,[73] die Entdeckung seines Geheimnisses zaghaft, fast wehleidig umkreisen;[74] wir sehen ihn den eigenen Freund verdammen und denn doch sein tätiges Eingreifen loben;[75] wir sehen ihn vor der alttestamentarischen Segensgebärde des sterbenden Vaters das Knie beugen, als unterwerfe er sich jetzt einem gottgefälligen Schicksal;[76] zuletzt sehen wir ihn, das Gegenteil eines selbstbewußten, unternehmerischen Mannes, dem vehementen Auftritt des energischen Faktors wehr- und hilflos ausgesetzt. Nichts erinnert mehr an den Lenardo, der von vorn anfangen und dazu all seiner Mittel mächtig sein will. Und doch bringt Goethe hier die Geschichte eines Mannes, der sich selbst verwirklicht, zu einem vorläufigen, auf alle Fälle wünschenswerten Abschluß.

Wie läßt sich unter solchen Bedingungen offenbarer Fremdbestimmung ein durch Reifekrisen stimulierter Lernprozeß und die gelungene Ausbildung einer personellen Identität behaupten? Das ist nur möglich, indem das Schweigen Lenardos, scheinbar Inbegriff seiner Handlungslähmung, mit dem günstigen Endresultat konfrontiert, als eine Position der Stärke umgedeutet wird. Wenn Lenardo wort- und tatenlos zusieht, wie der Faktor ultimativ eine Entscheidungssituation erzwingt, dann zeugt sein Nicht- Eingreifen und Schweigen davon, daß er zum ersten Mal der Mittel zu seinem Zweck vollkommen gewachsen ist – und das in einem Moment, da er sie gar nicht selber in der Hand hat. Der Faktor, der jetzt überraschend in der Auswanderung die einzige Möglichkeit sieht, sich vor dem „Maschinenwesen“ zu retten, will die überstürzte Abreise mit oder ohne Susanne erpressen. Wie wir jedoch aus den tatsächlichen Konsequenzen schließen können, liefert er Susanne nur die Argumente, sich von ihm – nicht ohne eine Entschädigung – ganz zu trennen; während er für seine Person unbeirrt daran festhält, sich auf heimischem Boden mit an die Spitze der Industrialisierung zu stellen.[77] Sein Kalkül geht zuletzt ebenso auf, wie die stumme Unaufdringlichkeit Lenardos damit belohnt wird, daß sich Susanne gegen den besitzergreifenden Mann entscheidet.

Für Lenardo ist in der Situation charakteristisch, daß er die Durchsetzung seines eigenen Wollens der inneren Dynamik jener Entscheidungsprozesse anheimstellt, ohne auf sie selber aktiv Einfluß zu nehmen. Das geschieht nicht aus Schwäche, sondern aus der Erkenntnis heraus, daß ihm die forcierte Mißstimmigkeit zwischen dem Faktor und Susanne mittelbar nützen wird. Lenardos wachsende Einsicht in die Leistungsfähigkeit mittelbaren Handelns gibt ihm endlich einen Begriff davon, wie er die unterschiedlichen, mit seinen Interessen teils divergierenden Bestrebungen in ihren jeweiligen lebensgeschichtlichen Entwicklungskontexten so fortwirken lassen kann, daß sie zugleich in seinem Sinne – für ihn – tätig sind. Auf diese Weise setzt sich Lenardo nicht mehr wie früher gewaltsam ins Verhältnis zu den Mitteln, die ihm zu seinen Zwecken unerläßlich erscheinen. Ja, es kann schlechterdings von einer Instrumentalisierung, wie Lenardo sie an dem „nußbraunen Mädchen“ verschuldet zu haben glaubt und wie sie die Beziehung zu seinen Cousinen und zu Wilhelm teils wirklich kennzeichnet, nicht länger die Rede sein. Es ist kein Zufall, daß der Begriff des instrumentellen Handelns in seiner bloß operationalen Bedeutung für Lenardo gerade zu dem Zeitpunkt untypisch wird, da er sich zu seinen Wünschen und Zielen vor sich selber ungebrochen bekennen kann. Die neugewonnene Sicherheit folgt daraus, daß er erstmals begreift, daß sich seine „Hauptneigung“,[78] unter uranfänglichen Bedingungen von vorn zu beginnen, und die leidenschaftliche Sehnsucht nach der Langgesuchten nicht ausschließen.

Freilich die Mittel – wie wir denn doch die in einem indirekten Sinne hilfreichen Umstände nennen wollen –, diese Mittel, die ihm die Erfüllung eines fundamentalen Bedürfnisses und die Durchführung eines projektierten Planes miteinander zu verschränken erlauben, sind Lenardo zuletzt gewissermaßen äußerlich. Er läßt die Industrialisierungsabsicht des Faktors und Susannes Skrupel vor dem drohenden „Maschinenwesen“ für sich arbeiten, ohne hier oder da manipulierend einzugreifen. Es ist die, gemessen an den treibenden Kräften, schweigende Zurückhaltung Lenardos, die uns anzeigt, daß in diesen Mittelsgliedern nicht länger Bedürfnis und Absicht, Trieb und Vorsatz zwanghaft vereinnahmt sind. Eine doppelte Gewalt charakterisierte bis dahin alle Hilfsmittel, deren sich Lenardo auf seinem Lebensweg bediente: Gewalt gegen ihn selber, der stets auch erleben mußte, wie sich die mittelbaren Wirkungen seines instrumentellen Vorgehens gegen seine eigenen Intentionen zu wenden schienen. Zuletzt glaubt er noch seinem Freund Wilhelm vorwerfen zu müssen, daß er Susanne mit einem anderen Mann verkoppelt habe. Gewalt aber auch im Verhältnis zu denen, die sich von Lenardo nur als Mittel zu seinen Zwecken ausgenutzt sehen konnten; wie es sich deutlicher als durch seinen Cousinen nicht aussprechen läßt.[79] Diese zweifach auf Lenardo zurückschlagende Gewalt findet jetzt ein Ende.

Der Grund ist darin zu sehen, daß Lenardo nicht länger sich selber und das, was er will, mißversteht. Wenn es schon immer sein Wunsch war, von vorn anzufangen, so hat er diesem sehr natürlichen Verlangen doch nur instrumentalistisch zu entsprechen versucht. Er hat sich vollkommen der Mittel vergewissern wollen, die zu einem selbständigen Leben nötig sind. Er glaubte, seiner nur sicher zu sein, wenn er diese Mittel „selbst geschaffen habe“.[80] Doch die Befriedigung aller Bedürfnisse läßt sich nach den Prinzipien instrumentalen Handelns nicht erlangen. Die libidinösen Triebwünsche werden als solche überhaupt nicht erkannt, geschweige denn erfüllt, wenn sie ausschließlich aus der Perspektive zweckrationaler Mittelverwendung in den eigenen Erfahrungshorizont eintreten. Das ist aber bei Lenardo der Fall gewesen, der gleichsam zum Techniker geboren, ohne eine Erinnerung daran, daß er als Kind „je gespielt habe",[81] die sexuellen Triebregungen, seine erste emotionale Erschütterung durch das andere Geschlecht, als Fremdbestimmung erfährt. Als ginge es darum, ein Mittel, dessen er in bezug auf sich selber, zur Befriedigung eines drängenden Bedürfnisses, nicht mehr Herr ist, wieder in die Gewalt zu bringen, gibt Lenardo der Begegnung mit jener Pächterstochter die Interpretation, daß er mittelbar an ihr schuldig geworden sei und daß die Befreiung von dieser Schuld nun auch das einzige Mittel sei, sein Gewissen zu entlasten und wieder mit sich ausgesöhnt zu werden. Aber darin mißversteht Lenardo seine vitalen Bedürfnisse: Valerine, Nachodine oder wie sie auch heißt, ist nicht das Mittel, sondern der Zweck seines tätigen Daseins. Die ungeteilte Freiheit in der Verfolgung seiner Selbstverwirklichungspläne ist nicht mittelbar an die Bedingung geknüpft, das Mädchen „loszuwerden". Im Gegenteil. Seine Auswanderungspläne, die Absicht, in einem „uranfänglichen Zustande" neu zu beginnen, und die Zuneigung zur Schönen-Guten, zweckrationales Handeln und die Erfüllung libidinöser Wünsche, widersprechen einander nicht. Freilich, solange Lenardo Mittel und Zweck verwechselt – ein Irrtum, dem er in seiner Entwicklung zum Techniker[82] ebenso unterliegt wie auf seiner lebensgeschichtlichen Suche nach Unbedingtheit und Selbstbestimmung –, mündet sein intentionales Vorgehen immer wieder in Selbstverkennung und Gewalt ein.

Erst seit der Entdeckung, daß das Amerikavorhaben und der Lebensweg der Gefundenen nahe daran sind, miteinander zu konvergieren, kann Lenardo sich zu dem, was er will, unzweideutig bekennen. Seiner Zwecke nicht mehr nur partiell, sondern ihrem vollen Umfang nach gewiß, versteht er auch erstmals, die Mittel dazu richtig zu unterscheiden, so daß nicht mehr wie bisher sie es sind, durch die er in ein Mißverhältnis zu seinen ursprünglichen Absichten gerät. Mit dem neugewonnenen Unterscheidungsvermögen hat sich auch die Qualität der Mittel gewandelt, die Lenardo für sich tätig sein läßt. Sein instrumentales Handeln wechselt gewissermaßen auf eine neue Entwicklungsstufe hinüber. Hat er vorher durch alle mittelbaren Anstrengungen hindurch doch immer seine ganze Person darangesetzt, um das Erwünschte zu bewirken – wie er denn auch nach jedem Mißerfolg persönlich gelitten hat –, so hält er sich jetzt mit seiner Person heraus. Er läßt die Dynamik der durch das „Maschinenwesen" entfesselten Umstrukturierung für sich arbeiten. „Die Leiden vergangener Jahre",[83] die Lenardo rückblickend beklagt, stellen gewissermaßen das Gegenbild dar zu jener sittlich-sinnlichen Anmut arbeitender Frauen, die auf der Stufe „unmittelbarer Handarbeit" aus der Tätigkeit am Spinnrad oder Webstuhl entspringt. In dem Maße, wie sich Lenardo von dieser Produktionsweise und dem Selbstverständnis der darin Tätigen löst, wie er sich gleichsam aus dem Zentrum der bewegten Mechanik zurückzieht, tritt an die Stelle spontan expressiver Beteiligung dieses verhaltene Schweigen; ein Schweigen, das die mittelbar einander zuarbeitenden Kräfte, den Mechanismus ihrer gegenseitigen Übertragung, kennt und zu nutzen weiß. Weder Selbstentmächtigung noch angemaßte Herrschaft, läßt dieses Schweigen einfach wirken. Solche Form des Tätig-sein-Lassens korrespondiert mit einem Begriff von Maschine, der für Goethe den humaneren Fortschritt auf der Grundlage entwickelterer Produktivkräfte bezeichnet haben mag.

Der Roman stellt dem eine Art der Industrialisierung gegenüber, die zwar nicht die überzogenen Befürchtungen der Guten-Schönen bestätigt, die aber doch deutlich als Gegenbild konzipiert ist. „Das arbeitslustige Tal",[84] das aus der Perspektive der dort heimisch gewordenen Susanne ein „hübsche(s), frohe(s) Leben" genießt,[85] wird nicht in die „uralte Einsamkeit zurückfallen".[86] Arbeitslosigkeit und Hunger werden die Bewohner nicht vertreiben. Sie müssen allerdings die Wirtschaftsform des „ganzen Hauses" aufgeben und büßen damit auch den Schein relativer Unabhängigkeit ein. Sie „werden auf eine andere, lebhaftere Weise beschäftigt"[87] als Lohnarbeiter in einer Textilfabrik. Der das für die Gebirgsregionen bewirkt, ist neben dem Geschirrfasser jener Faktor. Dieser wird auf eine Weise zum Promotor der dortigen Industrialisierung, die abgesetzt ist gegen das Auswanderungsvorhaben und die Art, wie Lenardo sein Ziel verfolgt.

Die Industrialisierung, die der Faktor betreibt, beruht auf dem Erwerb von Besitz, der Fusionierung von Kapitalien und der Monopolisierung regionaler Produktion in den Händen eines Familienclans. Legales Mittel bei der Durchsetzung der beiden letzteren Zwecke ist die Einheirat. Lakonisch trägt der Text nach, daß der Faktor „die zweite Tochter jener arbeitsamen Familie"[88] ehelicht, nachdem der Schirrfasser sich schon mit der ersten Tochter, gleichsam das technische Wissen mit dem Eigentum an den Produktionsmitteln, verbunden hat. Mit einem umfangreichen, investitionsfähigen Familienbetrieb im Rücken bildet die Verschwägerung von technologischem know how und kaufmännischem Können eine weitere wesentliche Voraussetzung für das machtvoll auftrumpfende „Maschinenwesen". Aus dieser Zielperspektive ist es auch nicht überraschend, daß der Faktor sich so schnell und selbstbewußt zu einer anderen Heirat entschließt, obgleich es bis dahin aussah, als wollte er alles daransetzen, sogar seine unumstößlichen Pläne opfern, um Susanne zur Frau zu gewinnen. Daß wir ihn um jeden Preis, seinen eigenen Worten folgend, vor der drohenden Maschinengefahr auf der Flucht glauben mußten und nachträglich erfahren, daß derselber Mann Mitintiator eben dieser industriellen Fabrikation geworden ist, läßt die dramatisch hochgespielte Auseinandersetzung mit Susanne als das kalkulierte Glied in einer vorgeplanten Handlungsstrategie erscheinen. Deren ausschließlicher Zweck ist es, ihm bei der Einführung der Maschine den Vorsprung zu sichern. Die Ehe ist ihm Instrument persönlicher Besitz-und Machterweiterung.

Dabei geht es weniger um die Person des Faktors als um die Form, unter der die lokale Industrialisierung Platz greift. Sie setzt, da sie mit einer Umwälzung der örtlichen Produktionsverhältnisse verknüpft ist, die Zusammenfassung aller verfügbaren ökonomischen Mittel voraus. Um das zu erreichen, operiert der Faktor hart am Rande der Legalität. Daß er mit Lieschen eine Hausangestellte bei Susanne spionieren läßt, so daß dienliche Informationen ihm jederzeit hinterbracht werden können, ist das eine. Das andere ist die Art und Weise, wie er sich, gemessen am Standpunkt des Kapitalisten, der rückständigen Moral Susannes bedient, die den gewachsenen, durch Gewöhnung gefestigten Beziehungen Rechte einräumt, die sie juristisch nicht haben. Wie sonst könnte der Gehülfe und Faktor von der selbständigen Verlegerin Susanne geradezu einklagen – „du wirst mir die Mittel dazu nicht versagen“[89] –, daß sie ihm „ihr ganzes Besitztum“ übergibt.[90] „Dadurch wird die Liebenswürdige frei.“[91] In der Tat muß sich Susanne freikaufen. Die Ungleichheit der Tauschbeziehung resultiert daraus, daß der Faktor als die gemeinsame Plattform ihres „Geschäftes“ die Bindung an ein Gewissen suggeriert, das für ihn schon nicht mehr verpflichtend ist.

Was Goethe hier alternativ zu der an Lenardo demonstrierten Höherentwicklung der Produktivkräfte darstellt, ist der Zusammenhang von Industrialisierung und Kapitalismus. Die Vorbehalte, die die *Wanderjahre* gegenüber dem Vordringen der Maschine und der Verdinglichung sozialer Verkehrsformen erheben, ohne daß sie sich auf diese Perspektive einschränken ließen, sind so zu präzisieren: Wenn das „Maschinenwesen“ im Roman kritisiert wird, dann unter den Bedingungen seiner kapitalistischen Verwertung. Goethe hat deutlich gesehen, daß der Übergang von den „einfacheren“ zu den „zusammengesetztere(n)“ Werkzeugen,[92] die Installation von Maschinen in einem „Lokal“,[93] das die Trennung von Wohn- und Arbeitsstätte noch nicht vollzogen hat, mit einer bis dahin nicht gekannten Konzentration von Kapital, Technologie und Marktkenntnis einhergeht. Die Absonderung der Produktions- von den übrigen Lebensmitteln erhebt die Frage nach dem Eigentum zum Kardinalproblem. Darauf hinzeigend, berichtet der Roman den paradigmatischen Fall, wie dieses Eigentum an den industriellen Produktionsmitteln zustande kommt. Hinter der Fassade eines Tauschverhältnisses, unter dem Anschein freigestellter Entscheidung (Susanne soll die Wahl haben!)[94] wird das Zusammenhängende auseinanderdividiert und gegeneinander aufrechenbar: die persönliche Freiheit und die ökonomische Existenz. Das letztere an sich ziehend, kann dem Faktor das andere gleichgültig sein. Susanne ist als Lebenspartnerin für ihn ersetzbar, sobald er ihren Besitz hat. „Verschlossen, den geringsten ergriffenen Besitz festhaltend“,[95] so wird der Faktor beschrieben. Doch erst die Rationalität des aufsteigenden Kapitalismus läßt diesen Charakter sich ganz entfalten.

3. *Perspektivierung der Kapitalismuskritik*

Nun hat Goethe das, was wir heute im Kontext einer Auseinandersetzung mit den Industriegesellschaften als Ansätze einer Kapitalismuskritik bezeichnen, nicht in den gleichen Rahmen hineingestellt. Wie in dem Kapitel über die sezierende und „plastische Anatomie", das sich mit den Alternativen in der Entwicklung der Produktivkräfte grundlegend befaßt, bewegt sich die Kritik Goethes auch in dieser Erzählung, die den sozialen Wandel infolge neueingeführter Produktionsmittel darstellt, zwischen den Gegensätzen einer bürgerlichen und vorbürgerlichen Gesellschaft. Wir haben gezeigt, daß eine nach den Grundsätzen der sezierenden Anatomie fortschreitende medizinische Wissenschaft eine Art von Arbeitsteiligkeit zur Folge hat, die die Naturabhängigkeit des Menschen nur noch steigert. Es charakterisiert die Dialektik dieser verhängnisvollen Entwicklung, daß die Mittel zur Erhaltung des Lebens, zur Sicherung der Gesundheit, unter Voraussetzungen des Todes zustande kommen. „Dieser Konflikt (...) zwischen Toten und Lebendigen"[96] vollzieht sich in der Nachfolge des geopferten Menschensohnes. Kennzeichnend für das im Feudalismus sich reproduzierende Leben ist die Fixierung auf das Erbe, eben darauf, daß „das Leblose (...) Lebendiges hervorbringen" wird.[97] Diese Art der Reproduktion dauert an bis in die neueste Zeit und spitzt sich beispielhaft zu im Falle der Anatomie, die aus „unnatürlichem wissenschaftlichem Hunger",[98] aus dem gewaltsamen Bedürfnis nach sezierfähigen Leichen, den Markt in ein Mordwerkzeug verkehrt. Wie hier – ohne den Zusammenhang im ganzen zu rekapitulieren – entscheidende Elemente der historisch späteren Kapitalismuskritik zurückgebunden werden in die Auseinandersetzung von vorbürgerlicher und bürgerlicher Gesellschaft, so geschieht es auch dort, wo Goethe ältere Produktionsverhältnisse mit den Produktivkräften des Industriezeitalters konfrontiert.

Was wir typisch kapitalistisch nennen, entfaltet der Roman in der Perspektive bis jetzt nicht überwundener, feudaler Verkehrsformen, die unter den veränderten Bedingungen technologischer Umstrukturierung zunehmend einseitiger hervortreten. Diese Rückbeziehung kapitalistischer Bestrebungen auf eine vorbürgerliche, unbewältigte Zeit macht den Begriff der bürgerlichen Gesellschaft, den einzigen von Goethe hier und da verwendeten, frei für solche Entwicklungen, die, von den neueren Gesellschaftstheorien als nachbürgerlich bezeichnet, diesen wenigstens nicht im Wege stehen. Mit anderen Worten: kapitalistisch und bürgerlich wären für Goethe keine Synonyma. Das eine weist zurück auf die bis heute durchgehaltene und unter Voraussetzungen des technischen Fortschritts effektivierten Herrschaftsformen der Feudalzeit; das andere öffnet sich als eine Sammelbezeichnung solchen progressiven Tendenzen, die mit der Steigerung der Produktivität auch eine Erneuerung der Lebensformen verbinden.

Doch eigentlich sagt diese terminologische Unterscheidung weniger über Goethes Romanwerk als über unsere Schwierigkeiten aus, die wir mit der eigenen Begrifflichkeit haben. Goethe spricht nicht von Feudalismus. Und mit bürgerlich bezeichnet er im näheren Kontext der Erzählung meistens den historisch-liberalen Kompromiß, der unter kontingenten Umständen die Öffnung für einen humaneren Fortschritt nicht eben ausschließt. Daß das erklärte Ziel einer gewaltfreien, weder Mensch noch Natur instrumentalisierenden Arbeitsteilung über das hinausgeht, was für eine bürgerliche, erst recht nach Prinzipien des Besitzidividualismus verfaßten Gesellschaft charakteristisch ist, wurde schon an früherer Stelle deutlich. Der Weg von der Makler- und Händlergesellschaft der *Lehrjahre* zu einer Weltgesellschaft, in der die persönliche Würde des einzelnen aus der Partizipation am gegenständlichen Produktionsprozeß entspringt, läßt auch bei einer wohlwollenden Auslegung dessen, was bürgerlich heißen kann, diesen Begriff als Markierung eines historisch begrenzten Zeitraumes hinter sich zurück. Wie das amerikanische Auswandererervorhaben klarstellt, ist die „vollkommenste bürgerliche Einrichtung“[99] mittelbar die Voraussetzung, unter der man von vorn beginnen will, – nicht aber schon das Ziel.

Der Sache dienlicher als diese begriffliche Manipulation wäre eine Darstellung der Sozial- und Entwicklungsgeschichte nach Maßgabe der produktiven Mittel und ihrer unterschiedlichen Verwendungszusammenhänge. Antagonistisch stünden sich bei Goethe solche Reproduktionsformen gegenüber, die entweder ganz durch unmittelbare oder mittelbare Beziehungen charakterisiert wären. Hinter diese Gegenüberstellung hätte die von feudal und bürgerlich zurückzutreten. Eine Differenzierung gesellschaftlicher Strukturen ergäbe sich daraus, daß auf den verschiedenen Stufen der Mittelverwendung Formen unmittelbarer Adaption erhalten blieben oder sich wieder neu bildeten. So gebraucht zum Beispiel schon der Knabe Wilhelm seine Tränen als eine Art Mittel,[100] um dem Körper des toten Freundes die Lebenswärme zurückzugeben. Aber wie zuzeiten magischer Wiederbelebungsrituale wird hier ein Naturalmittel noch ganz überfremdet von dem unmittelbar-persönlichen Wunsch, den Geliebten – mehr Ich als Nicht-Ich – ins Diesseits zurückzurufen. Diese das Mittel zugunsten eines Unmittelbaren transzendierende Benutzung kennzeichnet auf andere Weise die produktive Tätigkeit jenes heiligen Joseph. Er ist zum Zimmerhandwerker ausgebildet. Wie er mit dem „frommen Gewerbe“[101] seinem biblischen Vorbild gleich sein will, so hat auch das Handwerk dieser Entwicklungsstufe noch sein Ziel darin, die Stofflichkeit des Materials vergessen zu machen und als das erscheinen zu lassen, was es nicht ist. Das Christuskind, das den reich geschnitzten Thron des Herodes auseinanderzieht, „als wär' er von Leder“,[102] realisiert mit diesem Wunder die Intentionen eines Handwerks, das sich der Kunst in demselben Grade gleichstellen will wie diese der Natur. Die naturalistische, d. h., „unmittelbare Benutzung"[103] der produktiven Mittel korrespondiert mit solchen direkt an der Person festgemachten Abhängigkeitsverhältnissen.

Den Produktionsmitteln, auch den industriellen und in höherem Maße zusammengesetzten, ist nicht eingeschrieben, in welchen Verwendungszusammenhängen sie tätig werden. Aus jedem Mittel läßt sich ein unmittelbarer Nutzen ziehen, indem in es die Befriedigung anderer Bedürfnisse hineinprojiziert wird als der durch ihren zweckmäßigen Gebrauch realisierbaren. So sah Wilhelm in dem Wundarztbesteck lange Zeit die Erfüllung seiner Triebansprüche, den Besitz Natalies, vorweggenommen. Die Fetischisierung des Arbeitsmittels schlägt jedoch als Verdinglichung seiner libidinösen Wünsche auf ihn zurück. Ohnmächtig sieht er mit an, wie Therese ihm die Erwünschte immer weniger ersetzen kann. Die Befriedigung von vitalen, auf Besitz gerichteten Bedürfnissen nimmt dann unter Bedingungen der maschinellen Produktion eine andere Gestalt an als auf der Stufe des einfachen Handwerks. Hier bleibt es nicht bei der privatistischen Symbolbesetzung und den bloß persönlichen Folgen einer Ersatzbefriedigung. Die auf das „Maschinenwesen" bezogene Privatisierung bedeutet in einem sehr viel größeren Umfang die Verdinglichung derer, die mit ihrem Leben von der Maschine abhängen. Goethe, der das nicht ebenso generalisiert wie Spätere nach ihm, zeigt immerhin, daß die einseitige Aneignung der industriellen Produktionswerkzeuge mit unmittelbar auf die Person zielenden Besitzansprüchen verschränkt ist. Für die *Wanderjahre* gibt es noch kein besseres Beispiel als die Ehe, die auch im Falle des Faktors sanktioniert, daß Beziehungen, die an sich nicht-instrumenteller Art sind, in Kategorien der Besitzstandserweiterung interpretiert werden.

Dagegen ist Lenardo deutlich abgehoben. Er fordert nicht, die geliebte Susanne zu besitzen, und spricht sich nicht einmal darüber aus, ob seine auch über die Trennung hinaus andauernde Verbindung zu ihr jemals unter der Form der Ehe weitergeführt werden soll. Dieses Aussetzen von Wünschen, die sich direkt auf den Besitz an einer Person beziehen, ist die eine Seite eines Verhaltens, das andererseits durch die Abwendung von einer Art der Industrialisierung charakterisiert ist, die – ortsgebunden – die Privatisierung der Produktionsmittel in den Händen weniger Familien zur Voraussetzung hat. Lenardo verkörpert die Auswanderung als bessere Alternative. Sie richtet sich nicht gegen die Industrialisierung schlechthin, sondern gegen die Bedingungen, unter denen sie ein machtverzerrtes, ungleiches Tauschverhältnis auf Dauer stellt. Auswandern bedeutet eo ipso eine Abkehr von verfestigten Eigentumsbeziehungen. Der Fortschritt der Produktivkräfte – dazu gehört die Maschine – verbindet sich mit der Auswanderung „in solche Gegenden, wo dasjenige für Pflicht und Recht gelten könnte, was hier"[104] – die Worte Susannes variierend – einem Verbrechen gleichkommt.

Wir haben gesagt, daß Lenardos Leben, zwischen Fremd- und Selbstbestimmung hin- und herbewegt, die Dialektik der technischen Entwicklung widerspiegelt. Zuletzt sei die Verknüpfung von Ereignissen, die Lenardo scheinbar ganz zum Gegenstand von ihm abgelöster Entscheidungsprozesse macht, geradezu maschinenhaft zu nennen. Auf ähnliche Weise hat schon Schiller im Blick auf den Wilhelm der *Lehrjahre* mehrfach von einer „Maschinerie" gesprochen.[105] Sie halte vor den Augen des Lesers die bewegenden Instanzen verborgen, die dem Helden denn doch erfolgreich den theatralischen Irrweg zurückzulegen erlauben. Diese Kritik vermerkt die vorgängige Selbstentfremdung Wilhelms. Allerdings sind – wie wir gezeigt haben – die *Lehrjahre* auch nicht hinreichend begriffen, wenn die Disproportionalität zwischen einem regressiven Selbstverständnis und den sich in einer bürgerlichen Gesellschaft materialisierenden Handlungserfolgen ausschließlich unter dem Aspekt der Fremdbestimmung beurteilt wird. Doch dessen ungeachtet, die nämlichen Maschinen, die Schiller im ersten Meisterroman wirken sieht, sind in den *Wanderjahren* greifbar Realität geworden. Und wie dort stehen sie in Verdacht, das Handlungssubjekt – hier Lenardo – mit den Resultaten seines tätigen Daseins so zu verknüpfen, daß er zwar nachträglich seinen ursprünglichen Willen darin wiedererkennt, aber auf den unterschiedlichen Stufen seiner Entwicklung an der Diskrepanz von Absicht und Folge geradezu verzweifeln möchte. Tatsächlich legt Lenardo einen Lernprozeß zurück. Das unterscheidet ihn von dem Wilhelm der *Lehrjahre.* Während der sich in Korrespondenz mit der Produktivkraft Zufall fatalistisch als ein Kind Fortunas fühlt, bildet sich Lenardo relativ zur aufsteigenden Komplexität der produktiven Mittel. Zuletzt vollzieht er den Schritt von den „einfachen Werkzeuge(n)" zu den „zusammengesetztere(n)",[106] zu den Maschinen. Nicht daß er schon zum Fabrikanten würde, aber doch in dem Sinne, daß er das herannahende „Maschinenwesen", ohne selber Hand anzulegen, für sich arbeiten läßt. Er nimmt wahr, daß der Zusammenhang des Lebens von sich aus ein Aggregat ganz verschiedenartiger Kräfte darstellt, auch solcher, die durch die eigene Person nicht unmittelbar kontrolliert werden. Das erkennend, kann er sich aus der Distanz den verborgenen Mechanismus ineinander verzahnter Interessen, die Übertragung ihrer jeweiligen Bewegungspotentiale auf eine durchgängige Richtungsachse, zunutze machen. Wie dieser „tätigen" Zurückhaltung in technischer Hinsicht die Äußerlichkeit der Mittel entspricht, so habituell das Schweigen.

Lenardo läßt nicht nur die anderen im Sinne ihrer eigenen Interessen und Gewohnheiten fortagieren, er verzichtet nicht nur darauf, unmittelbar auf sie einzuwirken, sie zu instrumentalisieren. Er enthält sich auch jedes Wortes, sogar sich selber gegenüber – wie wir aus seinem Tagebuch ersehen –, das einer erwünschten Zukunft an der Seite Susannes vorgreifen könnte. Die Dissonanz von Wollen und Beginnen, die ihn zuerst so mitteilsam machte, weicht wachsender Skepsis, sich auszusprechen, zuletzt entschiedenem Schweigen. Dieses Schweigen entspringt der Gewißheit, in der Verfolgung seiner Ziele nicht länger die eigene Natur mißzuverstehen. Das genaue Gegenteil hilflosen Verstummens zeigt es an, daß Lenardo mit sich übereinstimmt und auch in seinen mittelbaren Verhältnissen zur übrigen Welt nicht mehr fürchten muß, wieder nur sich selber zu schaden. Die Selbständigkeit, die er jedem einräumt, allen voran Susanne, die er trotz wachsender Zuneigung nicht bedrängt, sondern für sich selber entscheiden läßt, korrespondiert mit der „Anerkennung einer wunderbaren Lebensfolge";[107] wie umgekehrt die Einsicht in den umständlichen Prozeß seiner Selbst- und Identitätsfindung nicht davon zu trennen ist, daß er die Bindung an die eigenen Triebwünsche, an Susanne, einsehen und „sie anerkennen"[108] lernt.

V. Verschränkung von Individual- und Universalgeschichte

1. *Die konvergierenden Lebensläufe Wilhelms und Lenardos*

Mit einer Bemerkung zu dem wichtigen Begriff der Anerkennung möchten wir die Schlußbetrachtung der Lenardo-Geschichte einleiten. Anerkennung heißt nicht nur die nachträgliche Beglaubigung der Faktizität des Gewordenen, heißt nicht nur die Bejahung ebenso der eigenen lebensgeschichtlichen Entwicklung wie die der anderen. Im Falle Lenardos ist die Anerkennung auch wesentlich Bedingung des Neuanfangs, genauer, Voraussetzung für die Realisierung des Auswanderervorhabens. Wenn es – wie wir behaupten – richtig ist, daß in dem dringenden Wunsch, von vorn zu beginnen, das Hauptmotiv aller Revolutionen ausgesprochen wird, so stellt sich die Frage, was die Erneuerungsabsicht und die Anerkennung des mit der Zeit Entstandenen miteinander verbindet. Schließt sich beides nicht überhaupt aus?

In der Tat zeigte sich hier ein Widerspruch, wollte Goethe sich mit seinem Verständnis gesellschaftlicher Erneuerung nicht gerade absetzen von dem historischen Beispiel der Französischen Revolution. In dem Bestreben, diesem entscheidenden Ereignis seiner Epoche etwas entgegenzustellen, was eine Wiederholung vermeidbar und dieses „Gemisch von Gewalt und Sinnlosigkeit"[1] schlechterdings unnötig macht, verknüpft er den Begriff des Neuanfangs mit dem scheinbar kontradiktorischen, mit dem der Anerkennung. Dabei läßt sich an der Geschichte Lenardos ablesen, daß sowohl die Idee des Neubeginns eine

Veränderung erfährt, wie auch Anerkennung nicht einfach bedeutet, daß das Vorgegebene ratifiziert wird.

Erinnern wir uns, daß Lenardo durch nichts so charakterisiert ist wie durch den Vorsatz, von vorn anzufangen. Und daß er diesen Vorsatz in der Weise versteht, daß er seiner Mittel mächtig sein will. Das heißt, er möchte nur auf das wirken, was er selber hervorgebracht hat. Wir unterscheiden wieder wie bei dem Wilhelm der *Lehrjahre* ein gleichsam natürliches Verlangen von der Interpretation, die er ihm gibt. Wilhelm sagt: „Mich selbst, ganz wie ich da bin, auszubilden, das war dunkel von Jugend auf mein Wunsch".[2] Diesen Trieb mißdeutet er jedoch nach dem Vorbild des Adels als die allseitige Ausbildung einer harmonisch-repräsentativen Persönlichkeit. Für Lenardo hat die natürliche Absicht, sich selbst zu verwirklichen, von vornherein die besondere, nicht weniger mißverständliche Dimension, völlig autonom über alle Mittel zu verfügen, durch die er mit der übrigen Welt verknüpft ist. Der gleiche emanzipatorische Wille, der schon Wilhelm bewegte, nimmt bei Lenardo eine Gestalt an, die für das Selbstverständnis eines technischen Zeitalters kennzeichnend ist. Die Idee eines von fremden Gewalten befreiten Daseins ist dem technischen Fortschritt der Produktivkräfte inhärent, ist gleichsam die ideele Projektion dessen, was sich in der Perspektive wachsender instrumenteller Naturbeherrschung als machbar abzeichnet. Doch in zweierlei Hinsicht eilt das Freiheits- und Revolutionsethos den tatsächlichen Gegebenheiten unvermittelt voraus: Erstens sind die zufälligen Umstände der Geburt, der Klassenzugehörigkeit, des elterlichen Vermögens, der landschaftlichen Bindungen derart beeinflussend, daß ihnen gegenüber absolute Freiheit zu behaupten, eine falsche irreführende Abstraktion bedeutet. Unsere lebensgeschichtlichen Anfänge erlauben vorläufig nur, von unverdienter Gunst oder nicht verschuldeter Gewalt zu sprechen. Zweitens sind wir selber ein Teil der Natur, haben einen Körper und besondere Triebansprüche. Darüber läßt sich nach dem Vorbild instrumentellen Handelns nicht voraussetzungslos frei verfügen. Vor allem sind es die libidinösen Wünsche nach dem anderen Geschlecht, die mit einem überzogenen Begriff männlicher Autonomie kollidieren. Ihre Erfüllung entzieht sich den Strategien zweckrationaler Mittelverwendung. Gerade die erste Entdeckung der eigenen Triebnatur geht mit Erfahrungen der Ohnmacht und persönlichen Entmächtigung einher und steht im Gegensatz zu der erklärten Absicht, nur auf Selbstgemachtes wirken zu wollen.

Die kontingenten Bedingungen unserer sozialen Herkunft und unsere Naturabhängigkeit erlauben es nicht, den Wunsch nach einem uneingeschränkten Neuanfang, Inbegriff eines naturrechtlich-revolutionären Freiheitsbewußtseins, spontan zu verwirklichen. Aber wie stellt sich das Lenardo dar? Auch er macht die Erfahrung, fremdbestimmt zu sein. Es ist die standesgemäße Bildungsreise, die ihn gewahr werden läßt, daß er die Voraussetzungen, unter denen er in die

Welt aufgebrochen ist, nicht selber verfügt hat. Wie werden ihm diese frühen Abhängigkeiten jedoch bewußt? Objektiv folgt die Situation, die sein Leben mit dem der Pächtersfamilie, seinen Vorteil mit deren Unglück verknüpft, aus einem einfachen, fundamentalen Umstand. Lenardo ist, um überhaupt den ersten, noch konventionellen Schritt in die Selbständigkeit unternehmen zu können, auf die Zuwendung fremder Mittel, insbesondere auf das Geld des Oheims angewiesen. Doch anstatt zu erkennen, wie darin strukturell angelegt ist, daß einer seines eigenen Anfangs nicht schon mächtig ist, gibt Lenardo dem zufälligen Verhältnis zu dem „nußbraunen Mädchen" und ihrem Vater eine andere Interpretation. Er besteht darauf, daß er an ihrer Vertreibung von Haus und Hof Schuld habe. Die Fehldeutung geschieht nicht willkürlich. Sie entspringt selber noch dem ausdrücklichen Bedürfnis, sein eigener Herr zu sein.

Zweierlei leistet die Fehleinschätzung. Erstens hält sie vor ihm die objektiven gesellschaftlichen Ursachen verborgen, die seinen Lebensweg ungewollt mit dem des Mädchens verkoppeln. Wo er sich eingestehen müßte, daß er unfrei ist und vorerst gar nicht anders kann, als die Mittel zu akzeptieren, die ihn in die Lage versetzen, auch nur den ersten Schritt zu einer selbständigen Existenz zu tun, da erhält er für sich den Anschein aufrecht, es wäre allein an ihm, das mittelbar Verursachte rückgängig zu machen, wenigstens aber die Folgen zu mildern. Zweitens dient ihm die Konstruktion eines Schuldzusammenhangs dazu, sich auf dem Wege der Entschuldigung auch wieder von allen eingetretenen Bindungen zu befreien. Denn Lenardos Kalkül ist, durch die Entlastung seines Gewissens auch das Bild weiblicher Schutzbedürftigkeit wieder ganz aus dem Gedächtnis zu löschen. Noch die emotionale Erregung, die sich von den Mädchen auf ihn überträgt, faßt er als Fremdbestimmung – also bloß instrumentalistisch – auf.

Lenardo verkennt, daß er mit seiner äußeren Existenz zunächst nur durch den Zufall der Geburt, durch Standeszugehörigkeit usw. zusammenhängt. Das heißt, die ersten Schritte ins Leben verdankt er der Gewalt eines Anfangs, dessen er nicht unmittelbar habhaft ist. Ebenso verkennt er, daß seine Triebansprüche in einem instrumentell überfremdeten Begriff von Männlichkeit nicht aufgehen. Das gewaltsame Mißverstehen wird gesteuert durch die radikalen Interpretation eines Bedürfnisses, das zugleich natürlich und rechtens ist, eben des Wunsches, von vorn anzufangen und auch das eigene Leben durch keine anderen als durch selbstverfügte Mittel zu reproduzieren. Das schließt die Abwehr libidinöser Wünsche ein. Denn ihnen nachzugeben, bedeutet auf jener Stufe der Entwicklung, von der hier die Rede ist, gleichsam das Eingeständnis der eigenen Unvollkommenheit. Lenardo, der sich auch durch diesen Zug hartnäckiger Triebleugnung als Prototyp des neuzeitlich-technischen Menschen erweist, steht im Banne eines Bewußtseins, das seine eigene geschichtliche Herkunft noch nicht weiß und sich deshalb unvermittelt absolut setzt. Der abstrakte Begriff eines voraussetzungslosen Neubeginns, dem Lenardo stattgibt, kommt auf ihn mit doppelter Gewalt zurück. Die kontingenten, bzw. von ihm als äußerlich erfahrenen Bedingungen seines Daseins werden ihm besonders schmerzlich fühlbar. Er widersetzt sich dem. Doch von der Idee beherrscht, diese Fremdbestimmung genauso rasch und endgültig wieder abzuschütteln, wie sie sich ihm in der Erscheinung des hilfesuchenden Mädchens darstellte, sehen wir ihn, sich in immer größere Abhängigkeit verstricken. Die Mittel, deren er sich zu seiner Befreiung bedienen will, potenzieren in einer Hinsicht noch die Gewalt, die das Selbstmißverständnis über ihn hat.

Die mittelbaren Anstrengungen leisten vorderhand das Gegenteil dessen, was sie eigentlich zu bezwecken intendiert sind. Und erst später – rückblickend – gibt sich zu erkennen, daß dieses subjektiv Intendierte, obgleich durch die näheren Umstände korrumpiert, denn doch die Mittel freimacht für die sich im ganzen objektivierende Vernunft. In solchen Widersprüchlichkeiten konvergieren die Lebensläufe Wilhelms und Lenardos.[3] Was sie loswinden soll, bindet sie noch fester: den einen an die bürgerliche Gesellschaft, den anderen an die Bedingungen, die es erst ermöglichen, von vorn zu beginnen. Doch arbeitet die Lenardo-Geschichte nicht bloß Wilhelms Erfahrungen aus den *Lehrjahren* vom Standpunkt eines jungen, technisch begabten Adligen noch einmal auf. Von größerer, weitreichenderer Bedeutung ist, daß jene Dialektik, die den jugendlichen Wilhelm im Verhältnis zu seinem theatralischen Lebensroman in die Rolle des Subjekt-Objekts bannt, sich aufzulösen beginnt. In der Perspektive eines Entwicklungsprozesses, der Individual- und Universalgeschichte miteinander verschränkt, gewinnt das Bewußtsein eine Handlungsfreiheit – freilich unter der Form des Schweigens! –, die es im goetheschen Romanwerk nicht wieder hat.

2. *Am Beispiel Lenardos: die Dialektik Goethes und Hegels im Vergleich*

Der Wilhelm der *Lehrjahre* und die Lebensgeschichte Lenardos weisen wesentliche strukturelle Gemeinsamkeiten auf und unterscheiden sich doch in einem zentralen frühen Punkt: Wo der eine wider Erwarten Schuldgefühle entwickelt, ist der andere von Schuld ganz unbelastet, obgleich er doch für seine Person nicht unbeteiligt daran ist, daß Mariane in jungen Jahren stirbt. Die Artikulation einer Schuld steht offenbar am Anfang eines Prozesses, in dessen Verlauf die Gewalt des Äußeren über das Innere gebrochen wird. Es ist bezeichnend für die *Wanderjahre*, in denen dann auch Wilhelm diese Entwicklung vollzieht, daß sie seinen Berufsweg zum Wundarzt indirekt mit einer Selbstanklage beginnen lassen. Am Tod des Fischerknaben unschuldig, kompensiert Wilhelm den verborgenen Vorwurf, nicht selber schon über die Mittel zur Wiederbelebung zu verfügen, mit dem Vorsatz, künftig „alles zu lernen, was in solchem Falle nötig wäre".[4] Ebenso stellt die Schuldbehauptung Lenardos den noch unbemittelten, aber umso eigenwilligeren Versuch dar, in die persönliche Verantwortung hineinzuziehen, was juristisch, moralisch diesen Tatbestand gar nicht erfüllt. Der lange Prozeß der Verinnerlichung dessen, was anfangs als äußere Gewalt bloß abgewehrt wird, beginnt mit einer Eigenmächtigkeit, die schon bei den alten Völkern und abermals in der lebensgeschichtlichen Wiederholung durch Lenardo – so paradox es klingt – als Schuld vergegenwärtigt wird. Es charakterisiert die Dialektik dieser angemaßten Schuld, daß der selbstquälerische Gestus der Unterwerfung zugleich die Aufhebung dessen einleitet, was bis dahin als Fremdbestimmung erfahren wird. Indem ich für das meiner Macht Entzogene gleichwohl die Schuld übernehme, mache ich von meinem Willen zur Ent-schuldigung abhängig, was ich sonst unverändert als Negation meiner selbst, als blinde Bedrohung wahrnehmen müßte. Obwohl es sich dabei um einen überwiegend mentalen Akt handelt, der die anfängliche Mittellosigkeit zur materiellen Grundlage hat, läßt Goethe hier zurecht die Darstellung von Lenardos Lebensgeschichte beginnen, die die Entwicklung zum Techniker mit der schrittweisen Entfaltung der Produktivkräfte kombiniert. Die Selbstbeschuldigung, in diesem Sinne als ein erstes, eher geistliches Mittel verwendet, ist ambivalent: Sie bricht noch nicht den Bann, den die zufälligen äußeren Umstände über das unentfaltete Selbst haben, sondern verlegt ihn bloß nach innen. Und doch trägt die eigensinnige Verinnerlichung dazu bei, die Gewalt des Anfangs schrittweise so zu transformen, daß am Ende dieses Prozesses die bewußte Handhabe von Mitteln steht, die im Austausch mit der Natur der lebenserhaltenden Daseinsvorsorge dienen.

Indem wir den Eingang der Lenardo-Geschichte noch einmal im Zusammenhang erörtern, eröffnen sich neue Dimensionen der Erklärung und Verallgemeinerung dieser Erzählung. Vergleichbar scheint uns deren Deutungspotential mit Hegels *Phänomenologie des Geistes.* Die Lenardo-Handlung ist zwar nicht wie diese Arbeit Hegels ein „Jugendwerk", sie gehört biographisch dem alten Goethe und historisch dem fortgeschrittenen 19. Jahrhundert an. Aber sie greift doch zugleich vor die Zeit Hegels zurück, indem sie den Lebensroman Wilhelm Meisters – aus der Perspektive eines technisch gewendeten Emanzipationswillens – noch einmal aufrollt. Die Ähnlichkeit mit der *Phänomenologie* sehen wir 1. in der umfassenden Darstellung eines Bildungsprozesses, der im höchsten Grade verallgemeinerungsfähig ist; 2. in der Verschränkung der Sozialisationsvorgänge eines einzelnen mit der Universalgeschichte der Gattung;[5] 3. in der Auflösung der für Kant noch selbstverständlichen Unterscheidung zwischen praktischer und theoretischer Vernunft.[6] Denn die Identität des sich an die gegenständliche Welt entäußernden Subjekts, die bei Hegel auf ihrer höchsten

Entwicklungsstufe das absolute Wissen heißt und die sich bei dem Lenardo der *Wanderjahre* als „Anerkennung einer wunderbaren Lebensfolge" anzeigt, ist eine erarbeitete Identität. Das heißt: in seiner lebensgeschichtlichen Entwicklung arbeitet das Individuum praktisch und theoretisch noch einmal die allgemeinen Erfahrungen der Menschheit auf und weiß sich schließlich als durch diesen universalen Produktionsprozeß hervorgebracht. 4. Dieser Vorgang der Selbsterzeugung beschreibt bei Goethe wie bei Hegel die Figur der Erinnerung. „Die zurücknehmende Bewegung der ‚Entäußerung' durch das Subjekt"[7] nennt Hegel in seiner etymologisierenden Schreibweise Er-innerung. Dem entspricht in den „Wanderjahren", daß Lenardos langwieriger Aufbruch in die Neue Welt einhergeht mit seiner Reise in die eigene Vergangenheit, mit dem Wiederfinden Susannes, jenem langgesuchten „nußbraunen Mädchen".

Die Entsprechungen in den Geschichtskonzeptionen Goethes und Hegels sind schon mehrfach hervorgehoben worden.[8] Hier dienen sie vor allem dazu, über die Gemeinsamkeiten ihrer enzyklopädischen Entwürfe hinaus die folgenreichsten Differenzen sichtbar zu machen. Dabei zeigt sich, daß Goethe, da er nicht dem reflexionsphilosophischen Schema von Bildungsprozessen folgt, erstens konkreter ist als Hegel und insofern über diesen direkt hinausweist auf ein dialektisch-materialistisches Geschichtsverständnis und daß zweitens in seinem Bild der Menschheitsentwicklung fundamental angelegt ist, auf Revolutionen im modernen Wortsinne zu verzichten. Daß sich aus der Sicht von Marx die Hegelsche *Phänomenologie* als eine Philosophie der Revolution, als chiffrierte Aufforderung zum Umsturz interpretieren ließ, ist der wesentliche Unterschied zu Goethe.

Goethe wie Hegel stellen dar, wie das Individuum in charakteristischer Verkürzung noch einmal die Etappen der Gattungsgeschichte durchläuft und für sich hervorbringt. Aber während bei Hegel das Individuum zu Beginn eine Abstraktion ist und in Natur und Gesellschaft der vorgegebenen Außenwelt als dem allgemeinsten konfrontiert ist, läßt Goethe das einzelne Handlungssubjekt in einer historisch und sozial bestimmten Situation anfangen. Dazu hält ihn schon die Erzählpraxis an, die es nicht mit Schemen, nicht mit einem singulären Bewußtsein, sondern mit anschaulichen Figuren und deren Lebensgeschichten zu tun hat. Ließen sich bereits daraus weitreichende Konsequenzen ableiten, so folgt der auffälligste Unterschied daraus, daß Goethe die substantiellen Erfahrungen der Menschheit in deren materieller Produktion, allem voran in den Produktivkräften gespeichert sieht. Die Entwicklung Lenardos vollzieht deshalb beispielhaft den Prozeß der sich entfaltenden Arbeitsteilung nach. Er wächst zwar unter Verhältnissen des spätfeudalen Landadels auf, aber diese besonderen Voraussetzungen haben darauf nur insofern Einfluß, als sie die unerläßliche Wiederholung der Gattungsgeschichte für Lenardo entsprechend modifizieren. Auch er beginnt gleichsam auf einer Stufe vorarbeitsteiliger Produktion. Dem ländlichen Bedürfnis nach einem schnell und überall greifbaren Gesamthandwerker begegnet er zunächst mit einer undifferenzierten Vielseitigkeit in der Anwendung von provisorischen Mitteln. Durch die Vermittlung eines „Tausendkünstlers" kann er dann in einer Reihe von „Handwerkstätigkeiten" Fuß fassen.[9] Die Verwechslung von „Mittel und Zweck",[10] charakteristisch für Produktionsverhältnisse, die noch nicht primär auf den Markt ausgerichtet sind, erfährt er, wie durch seine adlige Herkunft nicht anders zu erwarten, bei der „Auszierung der Parkanlagen".[11] Wir haben die einzelnen Stadien dieser Entwicklung bereits ebenso erörtert wie die folgenden.

Es schließt sich im Maße eines wachsenden Warenverkehrs die Verdinglichung ökonomischer Beziehungen an. Doch während einerseits der Marktmechanismus schon wirksam ist, wird andererseits die Versachlichung noch so autokratisch von oben dirigiert, daß Irrationalismen weiterhin einen Anschein von Berechtigung haben. Lenardo muß sich ähnlich wie sein Oheim auf dieser Vorstufe zum Liberalismus vorhalten lassen, daß er von modernen Prinzipien einen einseitigen Gebrauch macht. Seine Cousinen lassen es sich jedenfalls nur ungern gefallen, wenn er ihr Teilnahme- und Mitteilungsbedürfnis auf einen Transfer von Waren reduziert. Sie sehen sich in dieser Beziehung nicht als gleichberechtigt anerkannt. Das ist denn auch die Ursache dafür, daß sie nicht so „funktionieren", wie Lenardo es in einem vordergründig operationalen Sinne will.[12]

Wenn Lenardo bis dahin die Erfahrung machte, daß die eigenwillige Dazwischenschaltung von Mitteln, besonders die Instrumentalisierung anderer, seiner Cousinen oder Wilhelms, Gewalt erzeugen kann, so scheint sich ihm im Umkreis der „Spinnertechnik"[13] beispielhaft das Gegenteil zu zeigen. Die Bedienung einer einfachen Maschine, des Spinnrads, gestattet einer Arbeiterin, ihre „schlanke Figur" vollkommen darzustellen, ohne „an wahrem Reiz und Anmut zu verlieren".[14] Freilich befindet man sich hier ganz an der Peripherie eines ausgedehnten Fernhandelssystems. Die Verhältnisse sind trotz einer harmonischen, teilweise die ganze Familie erfassenden Tätigkeit einfach und beschränkt. Das gilt auch für das daran anschließende kompliziertere Weberhandwerk. Die mit Fleiß und Frömmigkeit betriebenen „Hausgeschäfte",[15] die Lenardo dort kennenlernt, täuschen ihn nicht darüber hinweg, daß die regionale Enge mit der von ihm ersehnten freieren Betätigung kaum vereinbar ist. Erst auf dem übergeordneten Standpunkt der verlegerischen Geschäfte, im lebendigen Kontakt mit dem nahen Markt, sieht er sich auf der Höhe der neueren Zeit und seiner geplanten Vorhaben. Doch vom Markt her, konkret: in der Gestalt des von dort zurückkehrenden Faktors, drängen sich zugleich die technischen Innovationen auf, die die Produktionsverhältnisse in den alpinen Tälern umwälzen werden. Das gleiche „Maschinenwesen", das in die Idylle der geschlossenen Hauswirtschaft einbricht und den quasi natürlichen Zusammenhang zwischen dem Arbeiter und seinem Produktionsmittel zerreißt, versetzt Lenardo in die Lage, den eigenen Zielen näherzukommen: den Bund der Auswanderer um neue Glieder zu erweitern und auch die Verbindung zu der Ersehnten enger zu knüpfen.

Das ist der Weg, auf dem Lenardo den in den Produktivkräften gespeicherten universalgeschichtlichen Entwicklungsprozeß nachvollzieht. Die Art, wie er zuletzt auch das „Maschinenwesen" für sich arbeiten läßt, ohne jedoch ebenso wie der Faktor irgend jemanden nur als Mittel zum Zweck zu benutzen, spricht unseres Erachtens dafür, daß die Industrialisierung in einer ihrer kapitalistischen Verwertung entgegengesetzten Weise für Lenardo und seine überseeischen Pläne bestimmend werden soll. An dieser Stelle, aber auch schon früher, wird deutlich, daß Goethe die im Fortschritt der Produktivkräfte sich vergegenständlichende Menschheitserfahrung nicht isoliert sieht, sondern stets in Relation zu den Beziehungen der Menschen zueinander und eines jeden zu sich selber. Die wechselnden Produktionsverhältnisse also, die einer agrarischen, einer handwerklichen und zuletzt einer industriellen Zeit, ihre historisch aufeinander folgenden Gestalten liegen dem individualgeschichtlichen Werdegang Lenardos zugrunde. Darin ist Goethe realistischer als Hegel, daß er auf die Formen der Arbeitsteilung und das sich entfaltende System der gesellschaftlichen Arbeit zurückgeht; während Hegel die Menschheitsgeschichte als Selbsterfahrung des Geistes durch die verschiedenen Phasen des erscheinenden Bewußtseins hindurch darstellt.

Individual- und Gattungsgeschichte gehen bei Goethe weder bruchlos ineinander auf noch sind sie durch irgendeinen Automatismus verkoppelt. Das handelnde Subjekt, das durch seine Arbeit das Leben der Gattung reproduziert, ist kein blinder Abklatsch. Wie auch in der *Phänomenologie des Geistes* wird nicht die objektive Genesis der Menschheit schematisch wiedergegeben, sondern die universale Entwicklungsgeschichte im Spiel individueller Tätigkeit. Lenardo arbeitet für sich nacheinander die Stufen gesellschaftlicher Produktion auf, bis diese schließlich in ihm zu sich selber und zugleich auf den Punkt kommt, wo die Machbarkeit der Geschichte durch den Menschen zur Entscheidung steht.

Welche Bedeutung hat der bewußte Wille für Lenardos Lebenslauf im ganzen? Von Hegel ist bekannt, daß in seinem identitätsphilosophischen Ansatz die vorhandene Wirklichkeit ebenso wie die subjektive und objektive Natur den allgemeinen Geist zur ersten und wesentlichen Voraussetzung hat. Das individuelle Bewußtsein ist anfangs gerade dadurch charakterisiert, daß es diesen Zusammenhang nicht durchschaut, so daß ihm das tatsächlich Vorgegebene als fremd und äußerlich erscheint. „Die Bildung in dieser Rücksicht besteht, von der Seite des Individuums aus betrachtet, darin, daß es dies Vorhandene erwerbe, seine unorganische Natur in sich zehre und für sich in Besitz nehme. Dies ist aber von der Seite des allgemeinen Geistes als der Substanz nichts anderes, als daß diese sich ihr Selbstbewußtsein gibt, ihr Werden und ihre Reflexion in sich hervorbringt."[16] Im Verlauf dieses dialektischen Bildungsprozesses erinnert das Bewußtsein, daß die ihm fremd erscheinende „Gegenständlichkeit" das Produkt seiner eigenen „Entäußerung" ist. Die Aufhebung dieser „Entäußerung" ist die Bewegung des sich seines gegenständlichen Wesens vergewissernden Selbstbewußtseins. Eine Umkehrung des Bewußtseins stellt dieser Vorgang deshalb dar, weil das in der „Äußerlichkeit befangene Wissen" eine reflektiertere Einstellung nur gewinnen kann, indem es zugleich mit einer verkehrten Ansicht der Dinge auch mit einem falschen Selbstverständnis bricht. Die „bestimmte Negation" eines gelebten Bewußtseinszustandes schließt sowohl die revolutionäre Ablösung von alten Erfahrungen als auch die durch diese korrumpierten Erfahrungen hindurch sich erneuernde Selbstidentität ein. Diese Art von Bildungsprozeß, die Hegel als Fortschritt der Reflexion konstruiert hat, wird zum Paradigma einer revolutionären Erneuerung überhaupt. Lukács hat gezeigt, wie Marx die zentrale Hegelsche Kategorie der Entäußerung auf den entfalteten Kapitalismus anwendet.[17] Da es Marx nicht mehr darum geht, mit der „Entfremdung" auch die Gegenständlichkeit als solche zu überwinden und den Menschen als „spiritualistisches Wesen" zu sich selber zu bringen, muß sich die Aufhebung der „Entäußerung" durch eine andere Instanz als durch das Bewußtsein vollziehen. Bekanntlich hat Marx in der revolutionären Klasse des Proletariats das Subjekt der künftigen Geschichte gesehen.

Wir deuten bei der Entfaltung eines Begriffs revolutionärer Praxis auf den Zusammenhang zwischen Hegel und Marx nur noch einmal hin, um festzuhalten, daß Goethe in dieser Tradition seinen Platz nicht hat. Hegel konnte zuerst der Meinung sein, daß er die Trennung von theoretischer und praktischer Vernunft hinter sich gelassen habe. Indem er Natur und soziale Realität als die gleichsam vergessenen Rückstände des Geistes auffaßt, hypostasiert er ein absolutes Subjekt, das sich durch alle Etappen seiner unbegriffenen Vorgeschichte zu seinem wahren Selbst emporarbeitet. Wir lassen unentschieden, wieweit auch Marx, obgleich er in Anspruch nimmt, Hegel vom Kopf auf die Füße gestellt zu haben, solchen reflexionsphilosophischen Denkzwängen verhaftet sei.[18] Jedenfalls nimmt es sich aus der Perspektive des von Lukács thematisierten Klassenbewußtseins so aus, als kehre in der marxistischen Theorie auf der Ebene „höherstufiger Subjektivitäten"[19] Hegels identisches Subjekt-Objekt wieder: Die Selbsterkenntnis des Proletariats – heißt es bei Lukács – bedeute „die bewußte Verwirklichung der – objektiven – Entwicklungsziele der Gesellschaft".[20]

Gibt es bei Goethe eine ebensolche Einheit von Denken und Handeln, in der sich der Fortschritt der Geschichte als die wirklichkeitskonstituierende Leistung eines seiner selbst zunehmend bewußteren Subjekts darstellt? Grob schematisch betrachtet, hat es zunächst den Anschein, als könne Lenardo aus den Manifestationen fehlgeschlagenen Handelns nur deshalb auf sich und sein Lebensziel zurückkommen, weil er in dem, was ihm entgegensteht, immer auch schon bei sich ist. Doch im Unterschied zum objektiven Idealismus läßt Goethe die Natur und soziale Lebenswelt nicht aus dem handelnden Subjekt entspringen, das, indem es aus den noch undurchschauten Bedingungen seiner äußeren Existenz zu sich zurückkehrt, diesen erst zur vollen geschichtlichen Realität verhilft.

Für Goethe behaupten sich die gesellschaftlichen und natürlichen Voraussetzungen des Menschen als das gegenüber dem individuellen Bewußtsein Erste und Unaufhebbare. Im Verhältnis zu den kontingenten Anfangsbedingungen jedes einzelnen ist der bewußte Wille zunächst dadurch charakterisiert, daß er diesen, als sei er unbegrenzt frei, weit vorauseilt. Als solcher ist er radikal und spricht die spontanen Ansprüche des noch unbemittelten einzelnen direkt aus. Wilhelm ebenso wie Lenardo sind in ihrem jugendlichen Alter dem abstrakten Begriff am nächsten. Solange beide noch nicht selber für ihren Lebensunterhalt aufkommen müssen, artikulieren sie Erfahrungen, in denen ihre singuläre Natur unmittelbar auf den Begriff gebracht erscheint. Lenardos fester Vorsatz, von vorn anzufangen, ist vor allem auch ein Reflex auf die gleichsam natürliche Spekulation, daß mit seinem Eintritt ins Leben nicht nur dieses, sondern insgesamt die ganze Welt neu beginnen müsse. Wieweit darauf zugleich das epochale Verständnis eines neuen Naturrechts einwirkt, bleibt von Lenardo vorerst undurchschaut. Der abstrakte Wille, der einerseits die natürlichen Rechte des einzelnen gegenüber der Allgemeinheit und der ganzen bisherigen Geschichte am weitestgehenden exponiert, ruht andererseits gesellschaftlich interpretierten Bedürfnissen auf. Im Falle Lenardos ist es der einem technischen Zeitalter inhärente Wunsch, seiner Mittel mächtig zu sein und keiner Fremdbestimmung zu unterliegen.

Der Begriff ist unmittelbar am Ziel, unterschlägt aber den Weg dorthin und die Mittel, derer er dazu bedarf. Das ist seine Unwahrheit. Die Radikalität jugendlichen Wollens resultiert für Lenardo und Wilhelm daraus, daß sie anfangs ausschließlich von dem vorgeschossenen Begriff zehren, den jeder nach Maßgabe des eigenen Standpunktes von dem emanzipatorischen Streben seiner Zeit hat. Dessen ganze Wahrheit entwickelt sich jedoch erst im tätigen Leben unserer Romanhelden; eigentümlicherweise aber so, daß mit Annäherung an das erwünschte Ziel der vorausgeeilte Begriff, die früherklärte Absicht, darin immer weniger vollkommen aufgeht, bzw. als das immer unbestimmtere Allgemeine dahinter zurückbleibt. Darin unterscheidet sich das goethesche Entwicklungsschema von dem Hegels. Bei diesem strebt die vorgegebene Wirklichkeit in dem

Maße, wie sie sich als Substanz in Subjekt verwandelt, zum Begriff als dem Höchsten. Umgekehrt werden für Goethe der Begriff und alle verfaßten Formen des Überbaus zunehmend unangemessener, je mehr das eingangs darunter Subsumierte sich in gelebte Wirklichkeit umsetzt. Goethe ist der Meinung, daß der hohe Begriff, den die Menschheit sich vergibt, jedem sogleich faßlich sei, will sagen, daß „die Menschen wohl über die Zwecke einig werden (...). Denn das wahre Große hebt uns über uns selbst hinaus und leuchtet uns vor wie ein Stern; die Wahl der Mittel aber ruft uns in uns selbst zurück, und da wird der einzelne gerade, wie er war, und fühlt sich ebenso isoliert, als hätt' er vorher nicht ins Ganze gestimmt."[21]

Der unvermittelt vorausspringende Begriff – obgleich von den meisten spontan geteilt – wird selber zu einer gewalterzeugenden Potenz, indem er die partikularen Anstrengungen, die niemandem auf seinem Weg erspart bleiben, unberaten unter sich läßt. Das wird an Lenardo demonstriert, wenn er die Forderung, von vorn zu beginnen, als ein voraussetzungsloses Anfangen mißversteht, gerade so, als könne er immer schon auf Selbsthervorgebrachtes wirken. Wie bei dem Wilhelm der *Lehrjahre* ist ein an sich fortschrittliches Menschheitsethos aus der Perspektive eines einzelnen mißdeutbar. Als ein solches gewaltsames Verkennen entpuppt sich vollends die verabsolutierte Idee uneingeschränkter Selbstbestimmung, wenn Lenardo in der Begegnung mit jenem „nußbraunen Mädchen" die ersten gegengeschlechtlichen Triebwünsche als Entzweiung mit sich erfährt und nach dem Vorbild instrumentellen Handelns, als sei er mittelbar fremdbestimmt, bekämpfen möchte. Die Abwehr des natürlichen, auf das andere Geschlecht zielenden Triebverlangens geht ein paradoxes Bündnis ein mit dem Vorsatz, nur zu akzeptieren, was er selber erschaffen hat. Auf diese Weise seine Triebnatur verkennend und sich zur übrigen Welt ins Mißverhältnis setzend, erzeugt Lenardo mit der Hypostasierung eines Begriffs männlicher Autonomie eine objektiv auf ihn zurückwirkende Gewalt. Was er nachträglich als seine „schweren Leiden" eingestehen lernt,[22] hat in dieser Selbstverkennung seinen Ursprung.

3. *Lenardos Entwicklung in dem zweifachen Verhältnis zur inneren und äußeren Natur*

Nicht die Diskrepanz von Ideal und Wirklichkeit – wie gewöhnlich in der erzählenden Literatur des 19. Jahrhunderts – quält Lenardo, sondern daß er sich im Vorgriff auf das an sich Erstrebenswerte, eben jenen die gegenwärtigen Verhältnisse hinter sich lassenden Neuanfang, selber mißversteht. Darin erweist sich Goethe als Materialist, daß er auch den radikalen Vorsatz, den vorgeschossenen

Begriff, einer fundamentalen Kritik unterzieht und die von ihm ausgehende Spur der Gewalt auf ökonomische und entwicklungsgeschichtliche Ursachen, auf die zugrunde liegende undurchschaute Mittellosigkeit zurückverfolgt. Als heranwachsender Adliger, der, ohne vorläufig eigene Mittel, der Schwierigkeiten der Subsistenzvorsorge überhoben ist und der in dem gleichsam spielerisch-unmittelbaren Gebrauch einfacher Werkzeuge eine vorwiegend narzißtische Befriedigung findet, kann sich Lenardo darüber täuschen, daß es möglich sei, ganz auf sich gestellt, in eine bessere, freigewählte Zukunft aufzubrechen.

Aus dem Selbstmißverständnis entspringt eine Art von Gewalt, die Lenardo vorderhand in eine Kette von Mißerfolgen verwickelt und die ihn dennoch – aufs ganze gesehen – dahin bringt, in der organisierten Auswanderung nach Amerika sein Ziel zu verwirklichen und von vorn anzufangen. Einerseits täuscht er sich über seinen persönlich verschuldeten Anteil an der Austreibung der Pächterfamilie, über die Mittel, um von dieser vermeintlichen Schuld wieder loszukommen, über die Beschwichtigung des eigenen Gewissens in rastlos selbstvergessener Tätigkeit usw. Andererseits verknüpfen sich ihm – unter der Hand – die korrumpierten subjektiven Zwecke zu einem Band, das ihn mit Wilhelm, durch diesen mit den Auswanderern, mit deren überseeischen Besitzungen, mit Susanne und dem Amerikavorhaben im ganzen so zusammenführt, daß er zuletzt selber als dessen lebendige Verkörperung „das Band"[23] genannt wird. Wie ist das möglich? Wie können die Mißgriffe und die Leiden, die er sich „selbst zu schärfen (...) so emsig erwies",[24] Lenardo ans Ziel seiner Wünsche bringen? Es muß ein Bindeglied, ein Korrektiv, eine verborgene Achse geben, wodurch seine Fehlentscheidungen, die Beziehung zum anderen Geschlecht betreffend, in den Prozeß einer stetig wachsenden Kenntnis von technischen Mitteln und Möglichkeiten überführt werden. Wie auch umgekehrt die aufsteigende Komplexität instrumentellen Handelns nicht grundsätzlich von einer sich vital entfaltenden Objektlibido geschieden sein kann. Das vermittelnde Glied ist jene Mißdeutung, die sich Lenardo aufdrängt, wenn er, noch unter dem Einfluß einer narzißtischen Primärbindung, seine gegengeschlechtlichen Triebwünsche als Fremdbestimmung erfährt.

Indem er die Irritation durch das hilfesuchende Mädchen als Entzweiung mit sich auslegt, wird jeder Versuch, die vermeintliche Fremdbestimmung aufzuheben, zur gesteigerten Anstrengung, sich seiner selbst in allen mittelbaren Bezügen zur Welt vollkommen zu vergewissern, d. h. seiner Mittel mächtig zu werden. Die Maßnahmen, die Lenardo trifft, um das Bild schutzloser Weiblichkeit und überhaupt jenes Mädchens loszuwerden, korrespondieren mit einer operativen Einstellung zu Problemen, die wir einnehmen, wenn sich der technischen Beherrschung von Naturkräften Hindernisse in den Weg legen. Das in Schemata instrumentellen Handelns mißdeutete Verhältnis zur eigenen Triebnatur ist der geheime Nerv der Lenardo-Geschichte. Es ist zu fragen, was diese „Verwechslung“ zu leisten imstande ist. Einerseits bildet sich jeder Schritt, den Lenardo auf dem Weg zum Techniker und Organisator zurücklegt, auf der Folie solcher Erfahrungen ab, die er in der Auseinandersetzung mit seinen sich ausdifferenzierenden Triebwünschen macht. Ja, in gewisser Weise steuert dieser Prozeß der geschlechtlichen Selbst- und Objektfindung seine Ausbildung zur Leitfigur der Auswandererbewegung. Denn noch in der Abwehr seines libidinösen Verlangens mit dem Ziel eines radikalen Neuanfangs ist Lenardo seiner subjektiven Natur am nächsten. Andererseits ermöglicht ihm aber auch erst sein Aufstieg in der Stufenfolge immer komplexerer technischer Mittel, daß er, von einem „leidenschaftlichen Zustande“[25] lange genug umhergetrieben, schließlich seine männliche Identität findet. Vordergründig betrachtet, hat es den Anschein eines Tricks, einer willkürlich herbeigeführten Parallellisierung, wenn Goethe den Weg an die Spitze der Entwicklung der Produktivkräfte mit der Suche nach dem „nußbraunen Mädchen“, mit der Wiederentdeckung der Ersehnten, mit dem Selbstbekenntnis zur Liebe verknüpft. Und doch wird hier das, was erwiesen werden soll, nicht beliebig vorausgesetzt. Dreh- und Angelpunkt dieser Verschränkung zweier gegeneinander abgehobener Sphären ist die doppelte Beziehung des Menschen zur Natur: zu seiner eigenen und zu der ihn umgebenden äußeren. Auf diese Weise kann der Austausch mit der äußeren Natur – d. i. instrumentelles Handeln – in den Modi einer Auseinandersetzung mit der inneren Natur erscheinen und umgekehrt.

Das heißt für den Eingang unserer Geschichte: Lenardo mißversteht sich im Verhältnis zu seiner eigenen noch unentfalteten Natur nach dem Vorbild des Stoffwechsels mit der äußeren Natur. Doch verkompliziert sich die Beziehung noch dadurch, daß er auch von dem letzteren einen falschen Begriff hat, insofern er anfangs den instrumentellen Austausch mit der Natur nach Maßgabe seines latenten Narzißmus als unmittelbare Benutzung mißdeutet. Erst diese gedoppelten, gleichsam spiegelbildlich aufeinanderbezogenen Fehleinschätzungen machen erklärlich, daß die Entwicklung Lenardos nicht bloß auf eine bewußte Trennung von innerer und äußerer Natur und entsprechend differenten Verhaltensweisen hinausläuft. Es ist für diese Erzählung der *Wanderjahre* von zentraler Bedeutung, daß in den Dimensionen der männlichen Selbst- und Objektfindung einerseits und der wachsenden technischen Verfügung über Naturkräfte andererseits diese – in Wechselwirkung miteinander – eine qualitative Veränderung erfahren.

Der mittelbare Austausch mit der Natur korrespondiert schließlich mit Prinzipien der reifen Objektlibido. Als Alternative zum kapitalistischen Gebrauch der Maschine zeichnete sich in der Art, wie Lenardo diese „zusammengesetzten Werkzeuge“ für sich arbeiten läßt, eine Umstrukturierung der Produktionsverhältnisse in der Weise ab, daß der Mensch, die Natur – jeder, der seines natürlichen Selbst gewiß ist – nicht länger zu fremden Zwecken instrumentalisiert wird. Umgekehrt wird die erfolgreiche Suche nach der eigenen geschlechtsspezifischen Identität von einem Fortschritt in der Entfaltung der Arbeitsmittel abhängig gemacht. Denn die Anerkennung der je besonderen Triebnatur und die Ausbildung einer zielgerichteten Objektlibido, die die regressiven Stufen unmittelbaren Besitzstrebens bzw. blinder Triebverleugnung hinter sich gelassen haben, sind daran geknüpft, daß Selbst und Objekt unterschieden werden können. Das aber ist für Goethe – in Erweiterung der psychoanalytischen Theorie – nicht vorrangig eine kognitive Leistung. Es ist wesentlich Resultat gegenständlicher Arbeit und folgt aus der Dazwischenschaltung produktiver Mittel, die im Maße wachsender Komplexität Ich und Nicht-Ich, jeweils nach der Seite ihrer ungebrochenen Eigenständigkeit, gegeneinander ausbalancieren helfen.

Eben das will es heißen, wenn Lenardo von der quälenden Suche nach dem „nußbraunen Mädchen" nicht eher als nach Durchlaufen der verschiedenen Produktionsstufen befreit wird. Erst auf der Höhe der modernen Technik wird er von dem Vexierbild weiblicher Mittellosigkeit erlöst. Und hier ist es wiederum nicht die regional gebundene Form der Industrialisierung, sondern deren überseeische, nach dem Prinzip größerer Beweglichkeit organisierte Alternative, die ihn in die Lage versetzt, sich selber einzugestehen, daß die Frau, an die er solange gekettet scheint, auch die ist, die er liebt. Mit diesem Bekenntnis zu seinem natürlichen Selbst verliert für ihn die Verbundenheit mit Susanne zugleich ihren Zwangscharakter. Die Beziehung zu ihr, durch die Abwehr der eigenen Triebnatur lange genug gewaltsam überformt, entspannt sich. Im Gegensatz zum Faktor, den ein angemaßter Erbanspruch auf ihre Person in den unmittelbaren Besitz des „Maschinenwesens" bringen soll, kann Lenardo warten. Seiner Gefühle sicher, ist er jetzt fähig, sich von Susanne zu trennen und zugleich mit der Trennung, das amerikanische Vorhaben realisierend, an ihrem beiderseitigen Verhältnis fortzuwirken. Wenn ihr selbständiges Leben für Lenardo bis dahin nur die negative Seite hatte, daß er darauf fixiert war, sie aus einer vermeintlichen Notlage befreien zu müssen, so ist er jetzt imstande, ihre Eigenständigkeit, d. h. sie als eine Person mit eigener Geschichte und Entscheidungsfreiheit, wirklich anzuerkennen. Die Gleichberechtigung zwischen den Geschlechtern, die Goethe hier – seiner Zeit weit vorgreifend – in den Blick nimmt, hängt ebenso von einer unverzerrten Darstellung der Triebwünsche ab wie auch davon, daß die freiheitschaffende Funktion der produktiven Mittel nicht wieder durch ihren unmittelbaren Gebrauch unterlaufen wird. Dagegen zeigt uns das Beispiel des Faktors, daß die einseitige Aneignung der Produktionsmittel mit einem freieren Verkehr der Menschen untereinander nicht vereinbar ist. Indem bei der Einführung industrieller Produktion ein an sich sachlicher Vorgang „personalisiert“ wird, verfallen selbst genuin menschliche Beziehungen der Verdinglichung.[26]

Vergegenwärtigen wir uns noch einmal den Zusammenhang von individual- und universalgeschichtlicher Entwicklung. Zwei Prozesse sind miteinander verschränkt: einerseits die personale Identitätsfindung, von Goethe elementar verstanden als Ausdifferenzierung der natürlichen Triebwünsche, einmündend in das Bekenntnis zur vitalen Objektlibido, und andererseits die materielle Reproduktion des Lebens, die gegenständliche Arbeit, sich konkretisierend im Fortschritt der Produktivkräfte. In seinem doppelten Verhältnis zur inneren und äußeren Natur wird der Mensch als geschichtliches Wesen bestimmt. Nur in beiden Dimensionen und ihrer wechselseitigen Bezogenheit entwickelt er sich vollkommen. Die Auseinandersetzung mit der inneren Natur ist verwiesen an den Stoffwechsel mit der äußeren Natur. Ohne diesen Bezug verfehlte sie ihr Ziel, eben die Ausbildung eines natürlichen Selbst, das, indem es sich in dem gegengeschlechtlichen Partner erkennt, zugleich dem Individual- und dem Generationsprinzip zu seinem Recht verhilft. Es würde auf eine frühe Stufe der Unmittelbarkeit regredieren, sei's narzistischer Omnipotenzphantasien oder zerstörerischer Triebverleugnung. Umgekehrt ist der instrumentelle Austausch mit der äußeren Natur, die fortschreitende Teilung der Arbeit, auf den Prozeß der Selbst- und Objektfindung bezogen. Denn nur in dem Maße, wie dieses Selbst nach der Seite seiner besonderen Interessen an Bestimmtheit gewinnt, nimmt es davon Abstand, von den Mitteln eine unmittelbare Erfüllung seiner Wünsche zu erwarten. Erst wenn ich nicht mehr meine Natur verkenne, d. h. mich selbst in Hinblick auf das andere Geschlecht, bin ich von dem Zwang befreit, in allen mittelbaren Verhältnissen unmittelbar mich befriedigen zu müssen. Unter dieser Bedingung erst lassen sich die Produktivkräfte als das benutzen, was sie ihren Zwecken entsprechend sind: als Organe, die es meinen Bestrebungen und den partikularen Bedürfnissen der vielen, zwischen diesen die Mitte behauptend, ermöglichen, sich aneinander schadlos zu halten. Die Maschine, dieses in höherem Grade zusammengesetzte Werkzeug, setzt folgerichtig wie kein anderes Mittel voraus, daß die daran Tätigen ihre natürlichen Interessen nicht verfehlen und auch wissen, was sie wollen.

Wie der einzelne nicht als ein fertiges Selbst ins Leben tritt, sondern eine Geschichte hat, in der sich seine natürliche Besonderheit entwickelt, so auch wird die zu Gegenständen menschlicher Bearbeitung objektivierte äußere Natur umgeformt, bis sie nicht länger der „unmittelbare(n) Benutzung“[27] preisgegeben ist. Beide Prozesse sind einander komplementär zugeordnet. Zum besseren Verständnis ihres Zusammenhangs sei hier noch einmal eine grundsätzliche Überlegung eingeschaltet. Die Natur setzt auf der Stufe der Menschwerdung ihr

Gegenteil aus sich heraus. Mit anderen Worten: durch den Menschen tritt sie entschieden in die innere und äußere Natur auseinander. Als Triebnatur ist sie sich Zweck, während sie unter dem Aspekt der Auseinandersetzung mit äußerer Natur, also im Dienst der materiellen Lebenserhaltung, zunächst Mittel ist. Das schließt besonders den mit seiner physischen Gegenwart direkt am Arbeitsprozeß beteiligten Menschen ein. Wie nun die „eine Natur",[28] die sie ja durch alle Vervielfältigungen und Spezifikationen hindurch stets noch ist, ohne Schaden für sich Mittel und Zweck zugleich sein kann, bezeichnet die Problematik ihrer unvollendeten Schöpfungsgeschichte.

Wir haben am Beispiel Lenardos hinlänglich deutlich gemacht, daß Goethe gleichsam als zwei Entwicklungsreihen die genitale Ausdifferenzierung der Triebwünsche[29] und den gegenständlichen Reproduktionsprozeß gegeneinander führt. Beide Entwicklungsreihen sind spiegelbildlich aufeinander bezogen, so daß jede sich in der anderen wiederholt, aber unter entgegengesetztem Aspekt. In Hinsicht auf das vollständige Ganze stehen sie sich als dessen unmittelbare Vereinseitigungen gegenüber, und nur insofern sie durcheinander mittelbar zum Ausgleich kommen, setzen sie jene höhere Einheit frei, als welche die Natur im Menschen zu ihrem gesteigerten Selbst findet. Das Verhältnis von genitalem Reifeprozeß und instrumentellem Stoffwechsel ist ähnlich wie das zwischen Kunst und Technik, von dem Goethe sagt, beide Seiten müßten sich die Waage halten. Die antike Kunst gibt die vollkommenste Darstellung des Menschen, bleibt aber als solche ein Scheinbild des besseren Lebens. Die Technik maßt sich dagegen die Natur unmittelbar an und bedroht auf diese Weise das wieder mit Zerstörung, was sie erhalten soll. Erst wenn sich Kunst und Technik wechselweise ausgleichen (wie in der „plastischen Anatomie"), entbinden sie jeweils an ihrem Gegenteil dasjenige, was jeder zur Erlangung ihres wahren Zwecks abgeht. Mimesis entzieht sich dem Vorwurf, bloß scheinhafte, unfruchtbare Reproduktion der Natur zu sein, in dem Maße, wie sie der materiellen Reproduktion als eine Art Mittel dient, das diese davon befreit, unmittelbaren Gebrauch von der Natur zu machen, d. h. sie zu beherrschen.

Mimetisch – in psychoanalytischer Terminologie: narzißtisch – ist die frühe Phase im geschlechtlichen Reifeprozeß. Das hinsichtlich seiner besonderen Natur noch nicht ausdifferenzierte Selbst bespiegelt sich in allen Dingen der äußeren Welt. Dieser Zustand von Allverbundenheit ist so einnehmend, daß Fremdeinwirkungen geleugnet werden, als gäbe es kein Nicht-Ich. Das bezieht sich auch auf die in ihrer natürlichen Besonderheit langsam hervortretenden Triebwünsche. Sie werden vorläufig abgewehrt. Der Abwehrvorgang zielt darauf, das vermeintlich Fremde, die in dem anderen Geschlecht zu akzeptierenden Grenzen meiner selbst, wieder aus der Welt zu schaffen. Voraussetzung dafür ist freilich, daß das, was gleichsam ungeschehen gemacht werden soll, erst einmal festgestellt, gewissermaßen objektiviert wird. Dem entspricht in unserer Geschichte der scheinbar widersinnige Zusammenhang, daß Lenardo das „nußbraune Mädchen“ suchen lassen muß, um „sie los“ zu werden.[30] Die von der Triebabwehr gespeiste Anstrengung, die innere Natur als etwas Äußeres zu objektivieren, um ihrer Herr zu werden, ist analog jener Anstrengung, mit der wir uns, einem „Trieb zum Technischen“[31] folgend, die äußere Natur unterwerfen wollen. Daß der einzelne seiner besonderen Natur nicht immer gleich nah ist, sondern in einem anfänglichen Stadium sich zu ihr, sie als Fremdeinwirkung nach draußen projizierend, wie gegen die äußere Natur verhält, ist der verborgene Mechanismus, der den Prozeß der Selbstfindung mit der stufenweisen Handhabe immer komplexerer Werkzeuge verschränkt.

Hier hat jene „Verwechslung“ ihren Ursprung, die auf der Ebene des Überbaus als Folge bewußt gefaßter Entscheidungen eine Reihe irrtümlicher Handlungen hervorbringt. Verstärkt wird die Selbsttäuschung dadurch, daß dem prägenitalen Narzißmus eine Einstellung korrespondiert, der die äußeren Gegebenheiten unmittelbar verfügbar scheinen. Der ökonomische Grund ist die dem Heranwachsenden durch die Eltern abgenommene Subsistenzvorsorge, Urbild einer adligen Lebensführung. Nichts muß erst erworben werden; gleichursprünglich mit dem eigenen Dasein ist die in Kategorien des Besitzes persönlich beanspruchte Welt.

Auf diese Weise schieben sich zwei Begriffe von Unmittelbarkeit ineinander, die, obgleich gegeneinander spiegelbildlich abgehoben, jeweils in den ihnen entgegengesetzter Dimension wirksam werden. Der Prozeß der Ich-Bildung vollzieht sich anfangs unter der Form technischer Naturbeherrschung. Umgekehrt bildet sich in dem Verhältnis zur äußeren Natur jene unmittelbare Beziehung ab, als welche sich das noch nicht ausdifferenzierte Selbst in allen Erscheinungen außer ihm abspiegelt. Daraus folgt, daß die Herausbildung einer geschlechtsspezifischen Ichidentität und die mit dem Fortschritt instrumentellen Handelns verknüpften Lernvorgänge sich nicht nur gegenseitig beeinflussen, nicht nur aufeinander wirken. Wesentlich ist vielmehr, daß auch innerhalb der Dimension eines jeden Entwicklungsprozesses dieser sich an seinem Gegenteil abarbeitet. Das andere Geschlecht verfehlt Lenardo solange, wie er sich im Verhältnis zu seiner subjektiven Triebnatur darin täuscht, daß er sie sich wie irgendein Stück äußere Natur untertan machen will. Die Selbst- und Objektfindung schreitet in dem Maße voran, wie die Fixierung auf einen falschen Naturbegriff zerbricht; einen Begriff, der die Natur im ganzen der beliebigen Verfügbarkeit subsumiert. In der gewaltfreien Beziehung zum anderen Geschlecht ist schließlich das Verhältnis von Mittel und Zweck als ein ihr inhärentes Moment getilgt. Das Selbst ist vollkommen sich Zweck, indem es sich in bezug auf den anderen jene Bestimmtheit gibt, die es praktisch nur einlösen kann, wenn es den gegengeschlechtlichen Teil davon freihält, bloß Mittel zu sein, und ihm im Gegenteil einräumt, sich nach der Seite seiner natürlichen Besonderheit ebenso bestimmt auszubilden.

Objektiv ist jedoch der nicht-instrumentelle Verkehr der Geschlechter und überhaupt der Menschen untereinander verwiesen an den Fortschritt in der Entwicklung der Produktionsmittel. In dieser Dimension vollzieht sich der umgekehrte Vorgang. Die materielle Reproduktion des Lebens, im engeren Sinne die Entfaltung technischer Mittel, läuft darauf hinaus, daß für diese, ihrer wachsenden Komplexität entsprechend, der unmittelbare Gebrauch immer weniger konstitutiv ist. In dieser Perspektive ist es konsequent, wenn die Stufe „unmittelbarer Handarbeit", wie wir sie im Falle der „Spinnertechnik" vor uns haben, durch das „Maschinenwesen" abgelöst wird. Erst die Maschine kann den Menschen objektiv davon entlasten, sich in der Arbeit direkt, d. h. seiner eigenen Natur nach, zu verausgaben. Erst auf dieser Stufe der Produktivkraftentwicklung kündigt sich tendenziell an, wie einer dem anderen mittelbar nützen kann, ohne selber als Teil der Natur instrumentalisiert zu werden. Es kommt allerdings darauf an, die Produktionsmittel auch ihrer inhärenten Zweckmäßigkeit nach zu verwenden und sich allein auf ihre Mittelsfunktion im Verkehr zwischen den Menschen einzustellen. Das heißt, ihren gesellschaftlichen Gebrauchswert zu realisieren, anstatt sie unmittelbarer Bedürfnisbefriedigung dienstbar zu machen und auf diese Weise einseitig sich anzueignen, was die Menschheit zu ihrem wechselseitigen Vorteil hervorgebracht hat.

Der mit der genitalen Reife verschränkte Prozeß der Selbst- und Objektfindung verhält sich komplementär zur Abfolge immer höherstufiger Produktionsmittel und den entsprechend wechselnden Verkehrsformen. Was das bedeutet verstehen wir jetzt besser. Ohne daß ein handelndes Subjekt im Verhältnis zu anderen seine besondere Identität wahrhat, kann sich keine Verwendung produktiver Mittel herausbilden, die nicht eine lebensgeschichtlich unaufgelöste Gewaltbeziehung in dem Bereich sozialer Interaktion reproduzierte. Umgekehrt ermöglicht erst der Übergang von den „einfachen Werkzeugen" zu den „zusammengesetzteren", zur Maschine, und damit die Befreiung von andauernd körperlicher Präsenz im Arbeitsprozeß, daß ich mich in Unterscheidung gegen das Nicht-Ich sowohl zu meinem natürlichen Selbst bekenne, als auch den anderen in dieser Beziehung als gleichberechtigt anerkennen kann. Das heißt, erst auf dem fortgeschrittenen Stand der Produktivkräfte bin ich in der Lage, distanziert urteilen und handeln zu können, ohne im Verhältnis zu dem, was sich mir gegenüber behauptet, auf die Stufe persönlicher Inbesitznahme zu regredieren, bzw. mich in kompensatorische Realitätsverleugnung zu flüchten.

Der zweckmäßige, d. h. menschheitliche Gebrauch der Produktionsmittel und die Ausdifferenzierung eines Selbst, das seine besondere Natur nicht verkennt, sind wechselseitig aneinander verwiesen. Dabei läßt sich Goethe von dem Kerngedanken leiten, daß die Natur unmittelbar weder Zweck noch Mittel sei.

Im Verhältnis zur inneren wie zur äußeren Natur hat der Mensch eine Geschichte. Beim Eintritt ins Leben ist er weder seiner bestimmten Triebnatur schon sicher, noch ist er in der Lage, die ihn umgebende Natur und Gesellschaft vorerst anders als in einem persönlichen Bezug zu sich zu gewärtigen. In beiden Dimensionen vollzieht sich eine Entwicklung, in der die eine Natur, die in wechselnder Perspektive mal Subjekt mal Objekt ist, davon entbunden wird, als solche unmittelbar gegeben bzw. beliebig verfügbar zu sein. Innere und äußere Natur sind dabei spiegelbildlich aufeinander bezogen. Was immer in Goethes erzählerischem Werk als wechselseitige Spiegelung hervorgetreten ist, hier liegt seine sachhaltige Begründung. Zugleich ist damit die spezifische Form goethescher Dialektik angesprochen; einer Dialektik, die es darauf anlegt, die Einheit der Gegensätze nicht wieder durch identitätsphilosophische Prämissen zu unterlaufen. Wenn Hegel dem Geist die Natur gegenüberstellt und diese denn doch als das Andere des Geistes bestimmt, sie gleichsam als ein anderes Subjekt in die Selbstbewegung des Geistes zurücknimmt, so finden wir eine vergleichbare, durch das System erzwungene absolute Einheit bei Goethe nicht, auch nicht unter dem entgegengesetzten Aspekt, dem des Menschen als eines Naturwesens.

Die Natur, die, in innere und äußere verdoppelt, auf dem Gipfel ihrer Schöpfungsgeschichte sich in einem bis dahin nicht gekannten Grade verselbständigt, ist in beiden Dimensionen irreduzibel. Die mit der Entdeckung der besonderen Triebnatur verschränkte Identitätsbildung ist ebenso fundamental wie die materielle Reproduktion des Lebens. Beide Entwicklungsreihen stehen nicht nur in einer Wechselbeziehung zueinander, sie bedingen sich nicht nur gegenseitig. Dieser Zusammenhang allein wäre auch kaum dialektisch zu nennen. Wesentlich ist vielmehr, daß noch innerhalb eines jeden Entwicklungsprozesses dieser sich an seinem Gegenteil, an seinem abstrakten Widerpart, abarbeitet. Wir haben, der Lenardo-Erzählung folgend, ausführlich zu zeigen versucht, daß sich dem einzelnen in einer frühen Lebensphase das Verhältnis zu seiner Triebnatur so darstellt, als ließe es sich nach den – zunächst nicht weniger mißverstandenen – Prinzipien instrumentellen Handelns regeln. Erst wenn er zu seiner inneren Natur nicht mehr eine Einstellung hat, zu der er sich der äußeren gegenüber berechtigt glaubt, ist er imstande, sich in dem anderen ganz zu sich selber zu befreien. Auf entsprechende Weise gelangen die der Produktivkraftentwicklung folgenden Lernprozesse ans Ziel, wenn die technischen Mittel nicht mehr einer unmittelbar-narzißtischen Scheinbefriedigung gebeugt werden. Die Partizipation am universalgeschichtlichen Entwicklungsprozeß schreitet in dem Maße voran, wie aus dem Stoffwechsel mit der äußeren Natur alles getilgt wird, was einer Überfremdung dieses mittelbaren Verhältnisses durch die mißverstandene subjektive Natur Vorschub leistet.

An dieser Stelle ist deutlicher zu erkennen, worin, ungeachtet inhaltlicher, die strukturellen Unterschiede zwischen den dialektischen Ansätzen Goethes und Hegels bestehen. Hegel gibt denn doch insgesamt dem Prinzip der Identität den Vorzug vor dem der nicht aufeinander reduzierbaren Gegensätze. Nicht so Goethe. Wenn wir am Beispiel Lenardos konstatiert haben, daß die Entwicklung in jeweils einer Dimension die ihr entgegengesetzte widerspiegelt und diese gewissermaßen in sich zurücknimmt, so wird doch das eine mit dem anderen letztendlich nicht identifiziert. Das Verhältnis zur inneren Natur wird dem zur äußeren nicht wirklich gleichgesetzt und ebensowenig umgekehrt; es erscheint in einem frühen Stadium des Reifeprozesses nur so, wie wenn sich das eine als das andere mißverstehen ließe. Lediglich dem Schein nach sieht es so aus, als ob die subjektive Triebnatur unter Kategorien instrumenteller Naturbeherrschung faßbar sei und als ob sich die produktiven Mittel einem naturalistisch überfremdeten Gebrauch dienstbar erwiesen. Was sich hier als ein und dasselbe darstellt, ist es doch nur in der Perspektive jugendlichen Aufbruchs. Als solches wird es zu einer Quelle von Irrtümern und Verwechslungen. Der abstrakte Begriff kommt der im Verhältnis zur äußeren wie inneren Natur gewaltsam identifikatorischen Anmaßung zupaß. Er ist das Siegel auf die erzwungene Gleichsetzung. Goethe, der seinen Helden in dem Willen antreten läßt, unbedingt von vorn anzufangen, räumt dem Begriff nicht wieder solche Rechte ein, wie in dieser ersten Phase, in der sich das radikale Verständnis männlicher Autonomie darin versteigt, jede Naturabhängigkeit, die besonderen Triebwünsche eingeschlossen, zu leugnen. Wenn Lenardo endlich in die Neue Welt aufbricht, so ist das die lebensvolle Konkretisierung dessen, was sich unter dem Begriff des voraussetzungslosen Neuanfangs vorläufig nur mißverstehen läßt.

Die auf den Begriff gebrachte Verallgemeinerung ist für Goethe ein dialektisches Moment im lebensgeschichtlichen Entwicklungsprozeß, die verkehrt, d. h. abstrakt, vorweggenommene Besonderheit des sein natürliches Selbst erst noch verfehlenden einzelnen. Für Hegel ist dagegen der Begriff das höchste Ziel, das „Zusichselberkommen des in der Natur außer sich seienden Geistes".[31] Gegen die Annahme einer solchen absoluten Identität verwahrt sich die goethesche Dialektik, indem sie dort, wo die Einstellungen zur inneren und zur äußeren Natur zu konvergieren scheinen, dies als eine unvermittelte Generalisierung, als Selbsttäuschung des handelnden Subjekts relativiert. Im ganzen ist die Geschichte der Natur, vor allem des Menschen, dadurch charakterisiert, daß sie, in zwei Entwicklungsstränge polarisiert, einerseits ihre je besonderen Zwecke ausdifferenziert und andererseits im Verhältnis zu den lebenserhaltenden Werkzeugen immer weniger unmittelbar, als bloßes Material, verbraucht wird. In beiden Dimensionen führt der historische Progress zu Resultaten, die zwar spiegelbildlich aufeinander bezogen, aber nicht miteinander identisch sind. Daß die Natur eine Geschichte hat, heißt in der Perspektive des Individuums, daß jeder sich in dem anderen seiner unverwechselbaren Besonderheit nach erkennen lernt. Erkennen hier auch aufgefaßt in seiner elementaren Bedeutung sinnlichen Ergreifens; im Gegensatz zum Verkennen, das dem Paradigma technischer Naturbewältigung und einem überzogenen Freiheitsbegriff einseitig folgt. Wie in Hinsicht seiner natürlichen Bedürfnisse das Individuum über den Standpunkt mittelbarer Scheinbefriedigung hinausgelangt, so ist das Verhältnis zu den produktiven Mitteln in der Weise fortzuentwickeln, daß darin die Natur unmittelbar nicht mehr gegenwärtig ist. Denn in der Perspektive der Gattung und der ihr zugeordneten Produktivkräfte ist die Geschichte der Natur, insbesondere der menschlichen Arbeitskraft als eines Natursubstrates, dadurch gekennzeichnet, daß sie immer weitgehender ersetzt wird.

Damit die Natur, die sich durch den mittelbaren Zusammenhang ihrer lebendigen Teile reproduziert und die zugleich in jedem einzelnen das Recht hat, sich vollkommen Zweck zu sein, nicht als Mittel mißbraucht wird, kommt es darauf an, daß der natürliche Reproduktionsprozeß auf seiner höchsten Entwicklungsstufe, der des neuzeitlichen Menschen, eine Gestalt gewinnt, in der das Verhältnis von Mittel und Zweck die Formen der Gewalt abstreift. Die Voraussetzung dafür sieht Goethe in der Zweidimensionalität der modernen Naturgeschichte, genauer darin, daß in jeder ihrer Entwicklungsreihen die Zweck-Mittel-Relation getilgt wird, also die Natur unmittelbar weder Zweck noch Mittel ist. Für den individuellen Reifeprozeß folgt daraus, daß der einzelne seinem besonderen Naturzweck in dem Maße willfährt, wie er das Verhältnis zu sich und den anderen aufhört nach Maßgabe instrumenteller Verfügung über Naturprozesse mißzuverstehen. In spiegelbildlicher Entsprechung dazu entwickelt sich die in ihren technischen Werkzeugen greifbare Gattungsgeschichte dahin, daß in der aufsteigenden Folge immer komplexerer Produktionsmittel die Natur, allem voran der bloß körperliche Mensch, substituiert wird. Auf dem Gipfel dieser zweipoligen Entwicklung, wenn die sich Zweck seiende Natur den Schein instrumenteller Befriedigung in sich aufgezehrt hat und wenn hinsichtlich der produktiven Mittel die menschliche Natur annähernd ersetzt ist, wird die dem Verhältnis von Mittel und Zweck latent eingeschriebene Gewaltbeziehung überwunden. An ihre Stelle tritt ein nach beiden Seiten ausgewogenes Verhältnis der Mittel und Zwecke. Die gegen das produktive Werkzeug hinreichend unterschiedene Natur findet – wie zum Ausgleich – in denjenigen, die sich seiner bedienen, zu ihrem je besonderen Selbst. Indem sich die Natur davon entlastet, unmittelbar zur Hand zu sein und an ihrer Statt „Surrogate“[32] sich abarbeiten läßt, kann sie sich a l s Mittel wesentlich Zweck sein.

Was das komparative „als“ bedeutet, wird im Rückgriff auf das Beispiel der „plastischen Anatomie“ wiederum verständlicher. Dort war es die vollkommen plastische Darstellung des Menschen in der antiken Bildhauerkunst, die dem

Fortschritt der Wissenschaft als einer Produktivkraft so zu Hilfe kam, daß diese auf die Natur in ihrer nackten, ursprünglichen Gestalt nicht zurückzugreifen gezwungen war. Im Medium der Kunst kann die Natur sich als Mittel gebrauchen lassen, ohne daß sie selbst ausgebeutet, verbraucht wird. Wir erinnern uns, daß es die in Wachs oder ähnlich formbarem Material hervorgebrachten Nachbildungen waren, die den menschlichen Körper ersetzten, aber auch den antiken Kunstwerken erlaubten, unbeschädigt zu bleiben. Dies ist – wie schon an früherer Stelle – ein eindrucksvolles Beispiel dafür, wie im instrumentellen Austausch mit der Natur diese mittelbar eingeschaltet und doch zum Mittel direkt nicht herabgewürdigt wird. In der medialen Spiegelung erscheint die Natur in eine Gestalt transformiert, in der sie als Mittel verwendet, doch nicht daran gehindert wird, sich selber Zweck zu sein. Auf diese Weise hat Goethe versucht, den mittelbaren Reproduktionszusammenhang der sich vervielfältigenden Natur und die natürlichen Rechte jedes einzelnen miteinander zu vereinbaren, ohne einer identitätssetzenden Gewalt das Wort zu reden. Was später unter dem Titel des Äquivalententausches der Kritik unterzogen wird,[33] dem beugt Goethe schon vor, indem er die Verdinglichung, die der Natur von der Seite des Ego wie von der des Alter droht, im Medium wechselseitiger Spiegelung gleichsam auflöst.

Der Gebrauch von Mitteln, bei dem nicht zugleich ihre Abnutzung, ihr Verschleiß, ihre Erniedrigung als Werkzeug für andere impliziert ist, läßt sich annähernd in der Vorstellung komplementärer Medien fassen, die sich ineinander widerspiegeln und erst in dieser Gegenseitigkeit, aus wechselnder Sicht, eine je eigene Art von Stimmigkeit freisetzen. Hier ist an das Verhältnis zwischen Makarie und dem Astronom zu erinnern. Makaries sinnlich konkretisierte, doch ganz auf sie eingeschränkte Wahrnehmung unentdeckter Teile des Universums wird auf der Folie mathematisch-astronomischer Berechnungen so abgebildet, daß das nur in einem einzelnen Fall entschleierte Unsichtbare sich in eine Erkenntnis verwandelt, die allgemein zugänglich ist. Der eine stellt sich mit seinen speziellen Fähigkeiten und Fertigkeiten in dem anderen auf eine Weise dar, daß er sich in dieser spiegelbildlichen Verdoppelung von einer Seite her begegnen und vervollkommnen kann, gegen die er sich sonst um den Preis rückwirkender Gewalt isoliert hätte.

Die Gegenbildlichkeit sichert die „Reziprozität des Füreinander".[34] Im Unterschied zu Hegel, der aus der Verschränkung der Perspektiven, aus der Spiegelung des einen im Bewußtsein des anderen, ein methodisch-dialektisches Prinzip ableitet, ist für Goethe dieses Verhältnis stets ein inhaltliches, nicht zu trennen von den besonderen Tüchtigkeiten einzelner, d. h. nicht sinnvoll verallgemeinerbar. An Makarie und dem Astronom läßt sich ablesen, daß die Komplementarität ihrer Beziehung, die beide aus ihrer jeweils monologischen Situation befreit, mit der Ausdifferenzierung bestimmter Vermögen verknüpft ist.

Für den Mathematiker ist Makarie mit ihren sinnlich-übersinnlichen Eigenschaften ein Organ ebenso wie er auf seine Art für sie. Die leere Universalität seiner Wissenschaft und die Singularität ihrer Erscheinung teilen sich einander mit. Die Pointe in der Deutung des Verhältnisses von Mittel und Zweck nach dem Muster medialer Spiegelung liegt darin, daß es seiner einseitigen Finalität entkleidet und auf Gegenseitigkeit gestellt wird. Wer für wen Mittel und Zweck sei, ist umkehrbar, nach beiden Seiten gleich ausgewogen, ohne daß der Charakter gegenständlich-mittelbaren Zusammenwirkens wieder aufgehoben würde.

4. *Versuch einer materialistischen Rekonstruktion der idealistischen Dialektik*

Vielleicht ist die unterschiedliche Anwendung, die wir von dem Begriff des Mediums auf die Konzeptionen Goethes und Hegels machen, noch am besten geeignet, um die Gegensätzlichkeit ihrer enzyklopädischen Deutungsversuche hervorzukehren, die im übrigen in ihrem Anspruch, die Geschichte der Menschheit und die Stellung des einzelnen in ihr umfassend zu klären, am ehesten vergleichbar sind. Von Hegel heißt es, daß ihn die Grundeinsicht geleitet habe, nicht die einsame Reflexion des seiner selbst Bewußten sei fundamental. Vielmehr bilde sich das Selbstbewußtsein zugleich mit der Erfahrung gegenseitiger Anerkennung, d. h. in dem Grade, wie sich ein Ich mit den Augen eines anderen erkennen lerne.[35] Die Spiegelung meines in dem anderen Ich als anderem enthüllt die Dialektik des Ich, das als dieses einmalig Individuelle sich von anderen unterscheidet und das, von seiner Besonderheit abstrahierend, als Ich überhaupt und in dem Sinne, wie jeder Ich zu sich sagt, allen anderen gleich ist. Die eigentümliche Fähigkeit, auf dem Boden der Gegenseitigkeit, unter Voraussetzung miteinander verschränkter Perspektiven, eine besondere Identität auszubilden, entfaltet das Ich in einem Medium, das Hegel Geist nennt. Im Medium des Geistes als der Einheit des Allgemeinen und Besonderen treffen sich die einzelnen, insofern sie gegeneinander ihre Nichtidentität behaupten, und zugleich kommunizieren sie als diejenigen miteinander, die darin ein Gemeinsames, Objektives verbindet. Auf diese Weise wird die Einheit des Selbstbewußtseins nicht – wie bei Kant – von Anfang an vorausgesetzt. Statt dessen rückt in dem Maße, wie das Ich erst aus dem Zusammenwirken sich gegenseitig anerkennender einzelner hervorgeht, das Medium in den Vordergrund, in dem sich dieser Bildungsprozeß vollzieht und durch das hindurch sich die Einheit von Identität und Differenz erneuert.

Ungeachtet der sehr unterschiedlichen Formen sprachlicher Objektivation – hier Literatur dort Philosophie – glauben wir aus dem Gang unserer bisherigen

Analyse herleiten zu können, daß Goethe die Hegelsche Grundeinsicht in das Ich als dialektischen Urbegriff[36] nicht geteilt hätte. Und das, obgleich Goethe – ebenso wie übrigens im Anschluß an Hölderlin auch der junge Hegel – von der gleichen Erfahrung ausgeht: dem Verhältnis zwischen Liebenden.[37] Daß für Goethe der genitale Reifeprozeß, der in die Vereinigung mit dem anderen Geschlecht einmündet, von zentraler Wichtigkeit ist, bedarf keiner Hervorhebung. Doch ist es gerade dessen besonderes Verständnis, das ihn auf ganz andere Weise darin ein Paradigma für die dialektische Beziehung jedes einzelnen zu sich und den anderen sehen läßt. Hegel geht davon aus, daß die Liebe ein Erkennen ist, in dem ein Ich sich in dem anderen erkennt. Wenn Goethe dieser an einen alten Sprachgebrauch anknüpfenden Formulierung noch zugestimmt hätte, so doch nicht ihrer Auslegung. Denn Hegel bezieht sich auf das Erkennen als solches, auf ein Erkennen, das sich in dem anderen erkennt und das sein Resultat darin hat, daß ich in dem anderen ebenso einen sehe, der Ich zu sich sagt, wie dieser in mir. Offensichtlich zielt Hegel auf die größtmögliche Generalisierbarkeit des Verhältnisses zwischen einem Ich und einem anderen Ich als anderem. Das wird nirgends so deutlich wie dort, wo er folgert, daß ein sich rein auf sich beziehendes Ich, das von seiner Bestimmtheit abstrahiert, zugleich in der Unterscheidung gegen den anderen ein Allgemeines zur Bedingung hat, nämlich das, worin alle Iche gleich sind, indem sie sich jeweils als Ich voneinander unterscheiden. „Jedes ist darin dem Anderen gleich, worin es sich ihm entgegengesetzt hat. Sein Sichunterscheiden vom Anderen ist daher sein Sichgleichsetzen mit ihm und es ist Erkennen ebendarin (. . .), daß ihm für es selbst seine Entgegensetzung in die Gleichheit umschlägt oder dies, wie es im Anderen sich anschaut, als sich selbst weiß.“[38] Über diesen Vergleich reziproker Beziehungen wird nicht die Verschiedenheit als substantielle Differenz, als das, worin der eine dem anderen ersichtlich ungleich ist, eingespielt. Hegel geht es vielmehr um den Vorgang des Sich-Unterscheidens als solchen, insofern er sich bei jedem einzelnen wiederholt und Intersubjektivität verbürgt. Er sieht den anderen unter dem Gesichtspunkt, worin er mit mir identisch ist, wenn er als bloß auf sich bezogenes Ich, sich gegen mich abgrenzend, darin zugleich wiedererkennt, daß er mit mir, der ich mich ebenso gegen ihn als ein Ich behaupte, übereinstimmt. Auf diese Weise dominiert der Begriff einer vom Subjekt gesteuerten Identität auch noch die Kategorie der Verschiedenheit. Die in jeder Ich-Abgrenzung durchgehaltene Gleichheit sichert für Hegel, daß der Akt des Erkennens auf ein Allgemeines geht.

Auch Goethe gestaltet in der Liebe einen Erkenntnisvorgang. Für ihn wie für Hegel ist das Sich-Ergreifen der Liebenden das Ergebnis eines Prozesses, in dem um die wechselseitige Anerkennung erst gerungen werden muß. Aber entschiedener als Hegel hält Goethe, wenn er in der Liebe die Grundlagen des sittlichen Verhältnisses aufdeckt, an der fundamentalen Erfahrung fest, daß es unterschiedliche Geschlechter sind, die zueinander finden. Entsprechend wird auch die auf Gegenseitigkeit gestellte Beziehung auf kein identifikatorisches Prinzip gegründet. Gegenseitigkeit impliziert hier nicht eine im Rückgang auf das abstrakte Ich hergeleitete Gleichheit. Die Komplementarität im Verhältnis sich wechselweise erkennender einzelnder, die Goethe im Auge hat, ist auf deren jeweilige Besonderheit bezogen. Die unverwechselbare Eigenart des einen erfüllt sich erst in der Besonderheit des anderen und *kraft des Unterschiedes*, durch den beide aneinander verwiesen sind. Das Sich-im-anderen-Erkennen hat deshalb für Goethe die Bedeutung, daß ich in dem anderen die besondere und unerläßliche Voraussetzung sehe, durch die ich mich zu mir selber befreien kann und die nicht wahrzuhaben, für mich selber zur Folge hätte, daß ich meine Identität verfehle. Es ist deutlich, in welch hohem Maße Goethe an die physiologische Verschiedenheit der Geschlechter anknüpft und daran, daß sich mit dem Grad der Ausdifferenzierung ihre wechselseitige Bezogenheit intensiviert. Nicht die in der Liebe sich einig wissenden Geister, sondern die in die gegengeschlechtliche Polarität auseinandertretende Natur steuert sein Verständnis von einer im Prozeß gegenseitiger Anerkennung sich bildenden unverkennbaren Einheit der Person.

Bevor wir die unterschiedlichen Konsequenzen weiterverfolgen, sei noch einmal die eigentümliche Nähe zwischen Goethe und Hegel als Dialektiker hervorgehoben. Beide rekurrieren auf die Liebe, auf dieses grundlegende Beispiel einer Vereinigung gegeneinander unterschiedener einzelner, wenn sie das Verhältnis von Allgemeinem und Besonderem ursprünglich zu erhellen versuchen. Sie gehen beide davon aus, daß sich eine persönliche Identität nicht durch die Beziehung auf sich selber konstituiert, sondern abhängig von der Reziprozität untereinander agierender Individuen. Für Hegel wie für Goethe gleichermaßen zentral ist also, daß einer in dem Maße zu sich findet, wie er im Spiegel des anderen sich erkennt. Bei der Gleichartigkeit ihrer dialektischen Ansätze wird man den Unterschied zwischen beiden dort zu suchen haben, wo sie das Verfahren der Spiegelung dazu benutzen, in dem Wechsel von Identität und Differenz dieser oder jener gleichsam das Übergewicht zu geben. Von Hegel meinen wir, daß er das Moment der Identität extensiv auslegt, während Goethe in der Differenz den substantiellen Zusammenhang ausmacht, demgegenüber Identifizierung und Verallgemeinerung einen Akt der Gewalt bedeuten.

Der Begriff des mit sich identischen Ich, in dem Hegel den Kerngedanken seiner Dialektik zusammengefaßt hat, beinhaltet ein doppeltes Verständnis von Einheit:[39] Einheit als das, worin sich ein besonderes Ich im Unterschied zu allen anderen als es selber weiß, – und eine davon abgehobene Einheit, worin die anderen in bezug auf mein Ich identisch sind, indem sie gleichfalls Ich zu sich sagen. Diese aus dem Ich entspringende doppelte Identität ermöglicht zweierlei: erstens, daß ich den anderen unter dem Aspekt eines anderen Ich sehe und – zweitens – daß ich in diesem Rückgang auf die reine Selbstbezogenheit die Leistung meines sich seiner konkreten Individualität entäußernden Ich begreife. Grundlage des Hegelschen Sich-Erkennens-im-anderen ist also eine Verallgemeinerung meines und des anderen Ich zu einem Ich überhaupt und die Entdeckung, daß mir diese im Verhältnis zu meinen besonderen Eigenschaften unbestimmte Allgemeinheit nicht äußerlich ist, sondern, im Gegenteil, das Resultat meiner, von mir persönlich abstrahierenden Tätigkeit. Auf diese Weise in dem, was mich mit dem anderen verbindet, mich selber im Akt der Entäußerung gewahrend, begreife ich das zusammenfassende Allgemeine als meine eigene Hervorbringung. Dadurch ist dieses nicht länger nur Negation meines konkreten Selbst. Indem ich meinen produktiven Anteil daran wiedererkenne, kehre ich aus der Entäußerung zu mir zurück. Ich hebe sie auf und weiß mich zugleich in dieser neugewonnenen Identität als durch den anderen bestimmt.

Dreh- und Angelpunkt dieser dialektischen Figur scheint uns zu sein, daß in meiner Hinwendung zum anderen ein Allgemeines eingespielt wird; eben das bei aller Verschiedenheit vorgängige Identische, auf das ich stoße, wenn ich von mir als Individuum absehe und mich ganz auf mich als abstraktes, mit jedem vergleichbares Ich beziehe. Wie ich mich nach der Seite meiner konkreten Persönlichkeit an eine indifferente Allgemeinheit zu verlieren drohe, so finde ich andererseits erst vollkommen zu mir selber zurück, indem ich in dieser Verallgemeinerung meine eigene produktive Leistung und darin zugleich meine Bestimmtheit durch den anderen aufdecke. Die Ich-Identität, die Hegel aus der Spiegelung des einen im Bewußtsein des anderen immer neu hervorgehen läßt, vereinigt Elemente begrifflich-wissenschaftlichen Erkennens mit der Bewegung der Reflexion. Einerseits wird in der Unterscheidung, durch die sich jeder gegen jeden als ein Ich behauptet, das allen Gemeinsame, die Einheit, festgehalten. Andererseits wird diese Einheit, die doch nur als jenes negative Verhalten eines jeden gegen seine bestimmte Besonderheit Einheit ist, als eine synthetisierende Anstrengung des Subjekts erinnert. Auf diese Weise tritt das Allgemeine, wie es für den systematischen Aufriß der Hegelschen Geschichtskonzeption charakteristisch ist, in seinem vollen Doppelsinn hervor: als Substanz und Subjekt. Es ist das in der unendlichen Reihe von Entgegensetzungen grundlegende Identische, das in der Entzweiung verbindlich Gegebene. In bezug auf den konkreten einzelnen ist es zugleich auch Resultat seiner Selbstentäußerung, so daß zur Rettung seiner Besonderheit es wesentlich darauf ankommt, daß er das Allgemeine sowohl als objektiv wie auch als durch ihn selber hervorgebracht erkennt. Nach zwei Seiten hat das diese Konsequenzen: Einmal führt es durch Hegel zu einer Bestätigung dessen, was ist, insbesondere dessen, was eine identitätsbildende Wirkung zeitigt, sei es die Abfolge epochaler historischer Objektivationen, die

Institution des Staates, vor allem des preußischen, das Privateigentum, oder sei es, als Quintessenz der bewußten Aneignung, der Begriff selber und seine zusammenfassende, einheitstiftende Funktion.

Zum anderen gelingt es Hegel, die gesamte Weltgeschichte, die Gesellschaft, ja die Natur, alles, demgegenüber sich der einzelne vorläufig im Zustand der Entfremdung erfährt, unter dem Aspekt einer Hervorbringung des seiner selbst zunehmend bewußteren Menschen zu erfassen. Der Geist ist das Medium, in dem das singuläre Ich sich zur Objektivität eines Allgemeinen emporarbeitet. Der Bildungsprozeß durchläuft die verschiedenen Gestalten des Bewußtseins. Nach dem Muster der bestimmten Negation wiederholt sich die Umkehrung eines Bewußtseins, das jeweils in seinem Gegenteil die Entzweiung mit sich aufhebt. Hier schlägt sich das epochale Ereignis der Französischen Revolution in Hegels Philosophie nieder. Denn die Bewegung der Reflexion ist dadurch charakterisiert, daß jeder neue Bewußtseinszustand aus einer revolutionären Überwindung des alten hervorgeht. Dieser wird nicht einfach abgetan, sondern bleibt in der Hinsicht folgenreich, daß sich die neugewonnenen Einsichten gerade der kritischen Aufarbeitung einer Situation verdanken, die als Zwangszusammenhang zu Bewußtsein gekommen ist. Was sich im Moment der Entfremdung als Bedrohung von außen darstellt, löst sich auf, sobald in dieser offenbaren Gewalt der Geist in seiner Äußerlichkeit durchschaut, erinnert und aufgehoben wird. Allen späteren Fürsprachen eines revolutionären Fortschritts liegt zugrunde, daß die Menschen in der Entzweiung mit den historisch-sozialen Gegebenheiten ihrer Zeit, die ihnen zu einer herrschaftlich aufgenötigten Abstraktion geworden sind, ihren genuin produktiven Teil wiedererkennen und sich, die Institutionen verdinglichten Lebens sprengend, auch selber aneignen. Hegel hat zwar die größten Anstrengungen aufgeboten, die Rolle des revolutionären Subjekts nicht konkret zu besetzen, aber mit der dialektischen Figur einer Umkehrung des Bewußtseins hat er die Revolution zum zentralen Thema seiner Philosophie gemacht.[40]

Die Konstruktion eines Bildungsprozesses, in dem auf jeder Stufe das neue Bewußtsein aus einer Revolutionierung des alten hervorgeht, lag Goethe fern. Aus seiner Sicht ließe sich dagegen der Einwand erheben, daß das charakteristische Vermögen einer entwickelten Ich-Identität wie auch – im großen – des Weltgeistes, durch alle preisgegebenen Identifikationen hindurch die je besondere Einheit stets wieder zu erneuern, vom vorgefaßten Ziel her unzulässig generalisiert wird. Daß Hegel den Synthese-Vorgang als solchen, ihn gleichsam nur seinem Umfang nach variierend, voraussetzen kann, obwohl anzunehmen wäre, daß er selber erst das gelungene Resultat der Entwicklung ist, hat seinen Grund darin, daß sich Universal- und Individualgeschichte stets schon im Medium des Geistes vollziehen. Auf diese Weise schiebt sich zwischen den Werdegang des sich naturwüchsig objektivierenden Menschen und seinem bewußten Zusichselberkommen die revolutionäre Aneignung als ein gegenüber der Historie verselbständigter Mechanismus. Wann immer der Menschheit ausschließlich in der Perspektive der Revolution eine Zukunft eröffnet wird, setzt sich diese einer regenerationsfähigen Identität vorgreifende Ontologisierung der Geschichte durch. Sie ist zugleich der Bewegung des Denkens selber abgeschaut. Denn der Fortschritt der Reflexion beruht ja nach Hegel darauf, daß in der abstrakten Allgemeinheit des Begriffs der auf ein konkretes Subjekt zurückverweisende produktive Akt der Verallgemeinerung aufgespürt wird, durch den hindurch dieses mit der vorgängigen Entfremdung bricht und sich wieder seiner Freiheit vergewissert. Goethe hätte darin eine Hypostasierung des Geistes gesehen. Er, der Materialist, zielt im Gegensatz zu Hegel mit seinem Versuch, den Menschen durchgreifend zu historisieren, darauf, das Allgemeine überhaupt auszukreisen.

In den Ergebnissen am sichtbarsten ist das dort, wo Goethe sich dagegen sperrt, als Fluchtpunkte der Entwicklung den Staat, das Privateigentum, die Institution der Familie in ihre Rechte auf Dauer einzusetzen. Was ihn auf diese Weise von Hegel trennt, bringt ihn allenfalls in den Zielen, aber nicht in der Art der Durchführung näher an Marx heran. Denn wenn dieser den herrschenden Institutionen die Anerkennung verweigert, so meint das deren Überwindung in einem revolutionärem Akt, der wesentliche Elemente zu seiner Begründung selber noch aus der Hegelschen Philosophie zieht. Marx geht es darum, daß im Kapitalismus die Masse der Produzenten ihre verallgemeinerungsfähigen Interessen erkennt und sich die von einer Minderheit usurpierten besseren Lebenschancen – gemessen am jeweiligen Stand der Produktivkräfte – wirklich zu eigen macht. Dem Appell an ein historisches Subjekt, seine Geschichte mit Bewußtsein zu machen, mißtraut Goethe, in welcher Gestalt auch immer er ihm begegnet. Er teilt nicht die Ansicht der auf die eine oder andere Weise aus Hegel hervorgehenden Tradition: daß fortschrittliches Handeln projektiv an der grundsätzlich unterstellten, jedoch gewaltsam behinderten Verallgemeinerbarkeit von Interessen zu messen sei. Goethe bindet vielmehr den Fortschritt der Menschheit an die Natur und an die dialektische Bewegung ihrer unvollendeten Geschichte zurück. In diesen Prozeß wird das vor dem Verstand von Fall zu Fall als vernünftig ausgewiesene Allgemeine zurückgenommen, nicht als entbehrlich oder gar hinderlich, aber als ein Moment, das allein nicht entscheidend ist und das nicht ungebrochen zur Geltung kommt. Was das heißt, sei noch einmal zusammenfassend an Lenardos Lebensgeschichte erklärt.

Die Entwicklung Lenardos vollzieht sich in zwei wechselweise aufeinander abgestimmten Dimensionen: in der Auseinandersetzung sowohl mit der inneren wie mit der äußeren Natur. Im Verhältnis zur letzteren ist der vorspringende menschliche Geist in seinem Element. Wie bei Hegel zeigt er die Tendenz, die natürliche und soziale Welt als das Andere seiner selbst auszugeben. Freiheit ist sein erklärtes Ziel. Lenardo, von materiellen Sorgen um seinen Unterhalt entbunden, geht diese Freiheit direkt an, sich über die ihn zufällig begünstigenden Umstände seiner Geburt ebenso hinwegsetzend wie über die elementare Bindung an eine Triebnatur. Er hat den jugendlich-radikalen Vorsatz, ganz auf sich gestellt, von vorn zu beginnen und nur auf das wirken zu wollen, was er selber hervorgebracht hat. In diesem Wunsch, seiner Mittel, überhaupt seiner selbst, unbedingt mächtig zu sein, teilt sich ihm die Leitidee eines neuen technisch-revolutionären Zeitalters mit.

Was jedoch in der Perspektive instrumentellen Fortschritts – immanent betrachtet – als eine konsequente Zielprojektion gelten kann, das nimmt, übertragen auf die Dimension des individuellen Triebschicksals, die Gestalt einer unzulässigen, die frühen libidinösen Wünsche gewaltsam verkennenden Generalisierung an. Wir erinnern uns, wie Lenardo die Begegnung mit dem anderen Geschlecht zunächst als eine Entzweiung mit sich und seinem absoluten Standpunkt wahrnimmt. Er will die Irritation durch das hilfesuchende „nußbraune Mädchen" verdrängen. Der gleiche Anspruch auf Autonomie, den er gegenüber den äußeren Bedingungen seines Daseins behauptet, verleitet ihn dazu, eine geschlechtsbezogene Naturabhängigkeit abzuwehren. Mit Klärung seiner weiteren Lebensumstände hofft er, „das Mädchen" überhaupt loszuwerden. Triebleugnung geht dabei einher mit dem Willen, sich die notwendigen Existenzmittel ganz persönlich anzumaßen. Diese Gleichsetzung, die erzwungene Identifizierung, durch die Lenardo die Beziehung zur inneren Natur in der zur äußeren, diese uneingeschränkt verallgemeinernd, aufgehen lassen will, ruht einem doppelten Mißverstehen auf. Der produktive Gebrauch von Mitteln wird durch einen unbewältigten Narzißmus mißleitet, während – umgekehrt – die subjektive Überfremdung instrumentellen Handelns den Prozeß der geschlechtlichen Selbstfindung verstellt.

Daß das eine in dem anderen sich abbilden und dort wirksam werden kann, daß sich – deutlicher gesagt – Lenardo einerseits seiner Triebnatur gegenüber als Techniker, als Naturbeherrscher verhält und das er andererseits die den produktiven Kräften eigene Zweckmäßigkeit narzißtisch unterläuft, hat seine Ursache in der noch ungebrochen ausgelebten Unmittelbarkeit. Sie ist gewissermaßen die Drehbühne, auf der sich die Verwechslungen, die vorlaufenden Identifikationen und Verallgemeinerungen ereignen, die wieder gewaltsam auf Lenardo zurückschlagen. Denn in seinen anfänglich unmittelbaren Verhältnissen sowohl zu sich selber wie auch zu der ihn umgebenden Welt greifen Anthropomorphismus und Desanthropomorphismus so ineinander, daß sie – erst noch ungeschieden – gegeneinander austauschbar sind. Lenardo ist wie jeder andere auch in den Anfängen seines Lebens sowenig er selbst – der paradigmatische

Prozeß sexueller Ausdifferenzierung hebt ja erst an – wie er auch nicht die äußere Welt als von sich gesondert wahrhaben kann. Er sieht sich ebenso mit Augen, die ihn vor sich selber als ein Stück äußere Natur widerspiegeln, wie ihm auch alles, was Nicht-Ich ist, als Spiegelung seiner selbst erscheint. In der gegenüber Außen- wie Innenperspektive gleich unentschiedenen Einstellung, in dieser jugendlichen Unselbständigkeit – ökonomisch wie triebgeschichtlich – hat für Goethe jede Art von Identifikation ihren Ursprung.

Das heißt: das vor- und zurückgreifende Verallgemeinern, charakteristisch für den aufbrechenden Lenardo, ruht einem Irrtum auf, einer Täuschung, die das Ungleiche identifiziert. In dem Punkt trennen sich die Geschichtskonzeptionen Goethes und Hegels. Denn das Allgemeine ist für Hegel das gegenüber der absoluten Vereinzelung und abstrakten Gleichheit je konkrete Wahre, zu dem ich mich emporarbeite, indem ich zugleich in der Bestimmtheit durch anderes eine Hervorbringung meiner selbst erkenne. Zunächst sei jedoch wieder die Nähe zwischen beiden konstatiert.

Was bei Hegel unter dem Titel der Negation gefaßt wird als jenes abstrahierende Verhalten, durch welches ein von seiner individuellen Persönlichkeit absehendes Ich in die Gleichheit mit sich und dem anderen zusammengeschlossen ist, das nannten wir bei Goethe – die Nähe zur Erzählung haltend – Triebleugnung bzw. Verkennung des eigenen, noch unentfalteten Selbst. Beidesmal handelt es sich um einen Akt der Gewalt, durch den sich ein einzelnes Ich an ein Allgemeines gleichsam zu verlieren droht. Während aber für Hegel die Verallgemeinerung qua Negation auch die konstruktive Seite hat, daß das Ich in dieser Spiegelung seiner selbst in einem anderen die objektiven Bedingungen seiner Subjektivität erkennen kann, hält Goethe daran fest, daß die aus der Spiegelung entspringende Identität Schein sei. Dieser geht von dem anfänglichen Unvermögen aus, zwischen Selbst und Welt zu trennen; ohne ein Selbst zu sein und ohne Welt zu haben, wird das eine unmittelbar für das andere gesetzt. Jener sieht dagegen darin, daß ein Ich in der Selbstentäußerung an eine ihm zunächst fremd erscheinende Allgemeinheit die eigene Leistung er-innern kann, das produktive Vermögen, das als der zu sich selber kommende Geist die Geschichte der Menschheit bewegt. Die Erfahrung des mit seiner Lebenswelt entzweiten Ich steht für Hegel am Anfang. Doch ist diese Entzweiung für ihn ebenso ein gewaltsames Verkennen wie für Goethe die vorgeschossene Verallgemeinerung. Denn Hegel sichert die Identität des Ich immer schon im voraus, indem er die Vorgabe macht, daß das diesem Ich Fremde und Äußerliche die verkehrt erscheinende, nur noch nicht bewußt verkörperte Gestalt seiner selbst sei.

Bei Goethe ist etwas von dem bewahrt, was der im Begriff des Ich entfalteten Dialektik auf dem Weg in die Hegelsche Philosophie verlorengegangen ist. Hinter dem, was Hegel das reine Selbstbewußtsein, das sich nur auf sich beziehende

Ich nennt, das als solches mit allen anderen Ichen gleich ist, wird bei Goethe die Triebleugnung sichtbar, jener gegen die Anerkennung der eigenen natürlichen Besonderheit gerichtete Abwehrvorgang. Was wir dagegen bei Goethe als den unmittelbaren Werkzeuggebrauch, als die persönliche Zweckentfremdung der produktiven Mittel bezeichnet haben, kurz, als den die Menschheit und die Geschichte ihrer kollektiven Selbstbehauptung verkennenden Narzißmus, das kehrt bei Hegel wieder unter dem Titel der absoluten Einzelnheit. Sehen wir darin den anthropologischen Schlüssel zum Verständnis der idealistischen Dialektik, und es ist nicht schwer, – bei aller Nähe zu Hegel – Goethes eigenen Weg zu begreifen. Denn ist einmal die Verallgemeinerung des von seiner Bestimmtheit absehenden Ich zu einem Ich überhaupt als das erkannt, was es für Goethe ist: Abwehr eines natürlichen Selbst nach dem Bild rigider Unterwerfung der äußeren Natur; dann ist klar, daß diese Allgemeinheit nicht – wie bei Hegel – den produktiven Aspekt hat, daß sich darin ein Ich in seinen objektiven Konstitutionsbedingungen wiedererkennen kann.

Goethe geht aus von einem doppelten Verkennen: dem Verkennen meiner selbst als eines anderen und dem Verkennen des anderen nach Maßgabe meiner selbst. Das eine wie das andere entspringt jener anfänglichen Unmittelbarkeit, die – unter dem Schein all-einiger Identität – die Verwechslung einer persönlich beanspruchten Welt mit einem weltlosen Ich einräumt. Was aber führt da heraus? Wie ist ein evolutionärer Prozeß denkbar, der den, der ins Leben tritt, aus diesem zweifachen Mißverständnis entläßt? Aus der Perspektive des einzelnen ist es die – letztlich in den vitalen Lebensantrieben gründende – Unmöglichkeit, dauerhaft wider die Natur zu sein. Goethe meint das in dem grundsätzlich-biologischen Sinne, in dem der Prozeß der geschlechtlichen Ausdifferenzierung Fortschritte macht und die besondere Triebnatur sich nicht ungestraft verkennen läßt. Aus der Sicht der Menschheit führt hingegen jener Widerstand weiter, den die historisch akkumulierten Produktivkräfte, konkreter: die im materiellen Reproduktionsprozeß Zusammengeschlossenen, einem unmittelbar-persönlichen Werkzeuggebrauch entgegensetzen. Hier ist das elementare Bedürfnis nach Selbsterhaltung wirksam, das sich auf den jeweiligen technischen Niveaus unterschiedlich geltend macht. Auf der Stufe des sich ausbreitenden „Maschinenwesens" und einer regional drohenden „Nahrungslosigkeit" zeigt Goethe, wie dieser Wunsch zu überleben die Gestalt kollektiver Beweglichkeit annimmt. Die private Aneignung kehrt zugleich deutlich kapitalistische Züge hervor. Was letztenendes die Entwicklung in der Auseinandersetzung sowohl mit der eigenen wie mit der anderen Natur voranträgt, das ist – in geschichtlich wechselnden Erscheinungsformen – die Natur selber, die als das vielfältig Lebendige sich um dieses Leben und die Erfüllung seiner besonderen Bedürfnisse nicht bringen lassen will.

In der Perspektive des Individuums tritt der Lebenszusammenhang in zwei evolutionäre Dimensionen auseinander, in das Verhältnis zur äußeren und in das zur inneren Natur. Niemand, der sich in dieser Polarisierung von Anfang an als er selbst erhielte. Ohne es besser wissen zu können, sehen wir Lenardo damit beginnen, daß er sich in Beziehung zu Natur und Gesellschaft mißverstehend, dieses Mißverständnis auf seine natürlichen Triebanlagen überträgt. Biographisch ist es die Entlastung des adlig geborenen Sohnes vom unmittelbaren Naturzwang, die ihm die Generalisierung nahelegt, von der Natur überhaupt unabhängig zu sein. Dieses Verkennen seiner selbst und des anderen schlägt jedoch auf Lenardo mit doppelter Gewalt zurück: als Schuldgefühl und als jene Handlungsmißerfolge, die ihm vorerst alle Versuche bereiten, sich davon wieder loszumachen. Es ist die eigentümliche Wirkung dieser Gewalt, daß Lenardo unter ihr nicht erdrückt wird, daß sie ihn allen Peinigungen zum Trotz an das erwünschte Ziel bringt. In der Meinung, daß diese Gewalt ihn fremdbestimme, ja von seinem selbstgefaßten Zweck immer weiter entferne, lenkt sie ihn gleichwohl dorthin, wo er will. Ihn mit sich selber entzweiend, verwandelt sich die Gewalt in die integrierende Kraft, die ihn mehr und mehr zu sich bringt. Es ist das nämliche Paradoxon, das auch den Lebensweg Wilhelm Meisters charakterisiert.

Daß die Natur sich ihrer Unterdrückung erwehren kann, daß sie dynamisch genug ist, sich gegen die Negation ihrer selbst durchzusetzen, ist gewissermaßen Kern der ihr zugeschriebenen Vitalität und deshalb nicht weiter überraschend. Erstaunlicher ist schon, in welch grundsätzlichem Sinne Goethe darauf rekurriert. Denn nicht nur reproduziert der Mensch als ein Naturwesen sein organisches Leben, er hat auch diese seine besondere Triebnatur, die sich ebensowenig unterschlagen läßt. Aber Goethe zielt darüberhinaus auf mehr. Er will auch den Zusammenhang zwischen der Natur und ihrer Verleugnung bzw. Beherrschung und der aus diesem gewaltsamen Verkennen rückwirkenden Gewalt als natürlich verstanden wissen. Das heißt, über ihren dynamischen Anteil hinaus denkt Goethe die Natur so umfassend, daß sie auch den umständlichen Weg, auf dem der evolutionäre Prozeß voranschreitet, im ganzen markiert. Die Natur selber, die vielfältig sich ins Leben teilende Natur soll richtunggebend, wegweisend sein. Goethe nennt Lenardos Aufbruch in eine bessere Zukunft – und es ist der der Menschheit – geradezu einen „Naturweg".[41] Um der darin behaupteten Immanenz gerecht zu werden, hat Goethe – auf der Grundlage der Widerspiegelung – eine Dialektik freigelegt, die seinen originären Beitrag zum modernen Materialismus darstellt. Sie erlaubt ihm, den Prozeß der Menschwerdung als Naturgeschichte zu begreifen, als eine Geschichte der Natur, die ihr Ziel gerade auch durch jene Gewalt hindurch sucht, die in der Perspektive des einzelnen notwendig als Fremdbestimmung erscheint.

Der Prozeß der Menschwerdung vollzieht sich in zwei Dimensionen, entsprechend der doppelten Perspektive auf die Natur, der von innen und der von außen. Es ist dieses Spiegelverhältnis, aus der das spezifisch goethesche Verständnis der Geschichte resultiert. In beiden Perspektiven erscheint die Natur: mal sich selber völlig genug und mal als Gegenstand uneingeschränkter Benutzung; – und doch ist es die e i n e Natur, die in jedem einzelnen Lebendigen nicht nur das Leben, sondern dieses auch freier, von Zwängen entlasteter, kurz, besser will.[42] Das ist die Voraussetzung dafür, daß Goethe nicht bei dem Gegensatz von innerer und äußerer Natur und der Beschreibung ihres jeweiligen Werdeganges stehenbleibt. Vielmehr begreift er ihren dialektischen Zusammenhang: Das Verhältnis zur inneren Natur stellt sich anfangs als ein solches dar, das dem zur äußeren gleicht – und umgekehrt. Dem ersten Anschein nach identisch, korrespondieren der Wille zur Naturbeherrschung und die Verleugnung einer eigenen, erst noch zu entwickelnden natürlichen Besonderheit. Indem aber in jeder die Natur verzerrt widerspiegelnden Perspektive die ihr entgegengesetzte abbildlich wirksam ist, arbeiten sich die beiden entwicklungsgeschichtlichen Reihen so gegeneinander ab, daß jede in ihrem Gegensatz von ihrer einseitig verabsolutierten Beziehung auf die Natur befreit wird. Das sichert der Menschheitsgeschichte jene Immanenz, die sie in den größeren Zusammenhang einer von Metaphysik gereinigten, erst noch zu vollendenden Schöpfungsgeschichte der Natur einbindet.

Die Natur ausschließlich als Objekt instrumenteller Verfügung und die Natur als sich selber vollkommen genug: ein Widerspruch, aber aus der Geschichtsfeindlichkeit des Anfangs heraus, im Vorgriff auf den unbegrenzt disponiblen anderen und im Rückgriff auf das scheinautonome Selbst, sind es zwei einander komplementäre Standpunkte, von denen jeder den anderen zu tragen vorgibt. Die eigene besondere Triebnatur wird nach dem Bild eines strikt operationalen Objektbezuges verkannt, entsprechend bildet sich im Verhältnis zur äußeren Natur jener vorgängige Narzißmus ab. Im Zentrum dieses wechselseitigen Übersetzungsmechanismus ist der Mensch, agierend und reagierend. Was als seine Geschichte daraus hervorgeht, nennen wir die Dialektik des Fortschritts. Im Austausch mit der äußeren Natur wird deren unmittelbar instrumentelle Beherrschung tendenziell überwunden. Das heißt, soweit in der Perspektive materieller Lebenserhaltung sich das verkehrte Verhältnis zur inneren Natur reproduziert, wird dieses gegen den Anschein, das Ich sei immer schon das Maß aller Dinge, seiner Geschichtlichkeit überführt. Umgekehrt wird in der Dimension triebgeschichtlicher Entwicklung die Vorspiegelung einer ausschließlich instrumentell begriffenen Freiheit getilgt und in eine nicht-instrumentelle Beziehung zur Natur, zur eigenen wie anderen, überführt. Es ist diese Verzahnung, die jede Progression in der einen Richtung an eine Bewegung in die andere Richtung koppelt. Auf diese Weise gelingt es Goethe, den Fortschritt gegenständlicher

Arbeit, die Befreiung vom Naturzwang, mit einem Fortschritt in der Sensibilisierung des Menschen als eines sinnlichen Naturwesens zu verknüpfen. Keine Formulierung faßt diese Goethesche Konzeption der Menschheitsgeschichte – gerade wegen ihrer inwendigen Spiegelstruktur – so treffend zusammen wie die von der Naturalisierung des Menschen und der Humanisierung der Natur.

Die Geschichte der Natur – und es ist in einem emphatischen Sinne die des Menschen – schreitet, auch wenn sie hier als der Zusammenhang einer gedoppelten, in gegenläufigen Richtungen sich kreuzenden Bewegung dargestellt wird, nicht mechanistisch oder automatisch fort, aber doch mit einer inneren Notwendigkeit. Das richtet sich auch gegen die Behauptung, daß sich die Geschichte mit Bewußtsein machen ließe oder auch nur – wie bei Hegel – ihr Telos in der Identität von Begriff und seiner Realisierung hätte. Ja, implizite ist damit die Gegenbehauptung ausgesprochen, daß es Geschichte nur gibt, sofern sie bewußt nicht machbar ist, und daß die Geschichte als die ins mannigfaltige Leben sich teilende Natur letztlich dem Begriff überhaupt inkommensurabel ist. Zugleich wird aber auch nicht einem dialektischen Kreislauf das Wort geredet, der uns zu Gefangenen unseres bewußtlosen Tuns und dieses zu unserer ontologischen Bestimmung macht. Wenn Hegel die Dialektik der Arbeit so faßt, daß die Vermittlung – nach Marx: die entfremdete Produktion – über den zu Vermittelnden herrscht, dann deckt sich das mit den Intentionen Goethes selbst dort nicht, wo es hinter dem Rücken der handelnden Subjekte in die Bestätigung menschlicher Freiheit umschlägt. Jener berühmte Hegelsche Satz läßt den Unterschied deutlich hervortreten: „An seinen Werkzeugen besitzt der Mensch die Macht über die äußerliche Natur, wenn er auch nach seinen Zwecken ihr viel mehr unterworfen ist.“[43] In Ansehung der Natur teilt Hegel den Menschen in einen über die Natur Herrschenden und in einen von der Natur Beherrschten. Diese Aufspaltung ist für ihn so fundamental, daß er, um überhaupt eine Versöhnung denken zu können, diese nicht im Zusammenhang einer Geschichte der Natur, sondern des Geistes herbeiführt, der sich der Natur im ganzen gegenüberstellt und sie als sein Anderes in sich aufhebt. Freilich ist damit der durch die Natur hindurchgreifende Riß, sie in Subjekt und Objekt zerteilend, nicht wirklich beseitigt. Er kehrt wieder in dem Gegeneinander von subjektivem Zweck und der Objektivität der Mittel und wird nur kraft jener „List“ zusammengehalten, mit der sich durch die unmittelbaren Genüsse und ihre Befriedigung hindurch, sie zu einem bloß Subjektiven herabwürdigend, die Vernunft objektiviert.

Goethe jedoch rechnet die Herrschaft über Natur nicht dagegen auf, daß der Mensch als ein Naturwesen ihr unterworfen bleibt. Sein Thema ist die Befreiung der Natur gleichermaßen von Ohnmacht und Herrschaft. Dazu begibt er sich nicht – wie Hegel – gleichsam auf exterritoriales Gebiet und setzt nicht aus der

Natur den Geist heraus, zwischen beiden einen hin- und widerlaufenden Prozeß ausspannend, – mit dem Ziel, die Substanz in das Subjekt herüberzuziehen. Zugespitzt könnte man sagen, daß die von Hegel intendierte, aber identitätsphilosophisch unterlaufene Zweiseitigkeit der geschichtlichen Entwicklung durch Goethe verwirklicht ist.

Die Natur wird – einseitig – widergespiegelt unter dem Aspekt ihrer unmittelbaren Benutzung als Mittel. Wir nennen diese Form der Widerspiegelung die der natürlichen Ausdifferenzierung gewaltsam vorgreifende Verallgemeinerung. Dagegen hebt sich jene andere – ebenso einseitige – Form der Widerspiegelung ab, in deren Perspektive sich die partikulare Natur unvermittelt selber Zweck ist. Auf diese Weise werden Anthropomorphismus und Desanthropomorphismus zurückgeführt auf unterschiedliche Beziehungen, die die Natur mit sich eingeht, insofern sie sich im Menschen in eine innere und äußere teilt. Jeder dieser Verhältnisse hat seinen Grund in der Natur selber und gerät zugleich verkehrt, weil es mit der Tendenz zu seiner Verabsolutierung auftritt. Aus der Sicht der materiellen Reproduktion des Lebens, im Vorgriff auf eine absolute Freiheit vom Naturzwang, wird das Verhältnis zur inneren Natur dem zur äußeren subsumiert, d. h. als ein solches verkannt. Umgekehrt wird der gegenständliche Realitätsbezug nach Maßgabe spontaner Selbstbespiegelung mißdeutet. Das ist die verborgene Achse, um die herum sich Individual- und Universalgeschichte bewegen: die innere Natur wird als äußere mißverstanden und die äußere als innere. Von welcher Seite auch immer, die Identität ist eine angemaßte. Jedes willentliche Beginnen, ob es sich in Vorsätzen kundtut oder in Handlungen konkretisiert, ruht deshalb Irrtümern auf. Es ist, als schütze anfangs die Natur in diesen Irrtümern noch einmal ihre Ungeschichtlichkeit vor, sei es, daß sie selbstherrlich am partikularen Ursprung festhält oder daß sie der Geschichte generell vorspringt.

Aber es täuschen – im ganzen gesehen – die Irrtümer auch nicht darüber hinweg, daß sie ebenso eine produktive Kraft sind. Denn unter der Form gewaltsamen Verkennens bahnt sich der Mensch seine Geschichte. Daß er die Bahn nicht grundsätzlich verfehlt, hat seine Ursache darin, daß das Verkennen mittelbar ein Erkennen ist. Durch die Zweidimensionalität der Entwicklung ist das, was in der einen Hinsicht ein Irrtum ist, zum Beispiel das Verkennen der eigenen vitalen Triebnatur, nichts Willkürliches, nichts Regelloses. Vielmehr wird es gesteuert durch die in der Gegenperspektive verabsolutierte Beziehung zur Natur, in diesem Falle durch den Willen zu uneingeschränkter Autonomie. Nicht daß die Absicht, sich von der Natur überhaupt freizumachen, schon die Wahrheit selber sei; die ihr inhärente Anmaßung ist genauso ein Stück Gewalt. Aber indem das Verkennen der eigenen Natürlichkeit als eine gegen die äußere Natur gewendete Gewalt auf den Menschen zurückwirkt – wie übrigens auch umgekehrt –, wird es für ihn erkennbar. Das heißt, erst in diesem Gegenspiegel wird Gewalt realisiert, bleibt sie als solche nicht verborgen, wächst sie sich nicht zu totaler Verblendung aus. Sie wirklich wahrhaben und sich von ihr zu befreien versuchen, ist dann eins. Für Lenardo bedeutet das konkret: Was er sich selber antut, wird ihm fühlbar als das, was ihm von anderen, wiederum nicht ohne sein Zutun, angetan wird. Die Leiden, die er sich – nach seinen eigenen Worten – selber schärft, indem er die Irritation durch das hilfesuchende Mädchen als Fremdbestimmung auslegt, teilen sich ihm mit als die peinlichen Verwicklungen, in die ihn Wilhelm, noch in seinem Auftrag, hineinzieht.

Hegel stellt die Geschichte des Menschen als einen Bildungsprozeß dar, in dem sich das Bewußtsein stets wieder durch seine äußere Konkretion in Natur und Gesellschaft zu sich selber hindurcharbeitet. Goethe geht aus von der Dialektik des Verkennens. Die Produktivität des Irrtums hat für ihn den Stellenwert, den für Hegel die Reflexion besitzt. In der Reflexion kehrt der Geist aus den entfremdeten Gestalten seiner selbst zu sich zurück. Goethe verlegt diese Reflexivität gewissermaßen dorthin zurück, wo sie, noch nicht zu einer Art dialektischem Prinzip verselbständigt, ihren Ursprung hat: in die Natur, die, da sie in eine innere und äußere zweigeteilt erscheint, eine doppelte Geschichte hat, sowohl in der einen wie in der anderen Dimension. Unter den Voraussetzungen einer realen Verdoppelung der geschichtlichen Entwicklung, in die der materiellen Lebenserhaltung und in die der natürlichen Besonderheit, verwandelt sich die Hegelsche Figur der Reflexion zurück in den Zusammenhang der auf die eine oder andere Weise abgespiegelten Natur. Die revolutionäre Bewegung, die bei Hegel Umkehrung des Bewußtseins heißt und die die Entäußerung an ein Fremdes zurückbindet an die Aufhebung dieser Entäußerung in einem erinnerungsfähigen Selbst, stellt sich für Goethe als das Zusammenwirken jener beiden sich ineinander widerspiegelnden Entwicklungsreihen dar. Hinsichtlich der Reproduktion seines organischen Lebens erscheint die Natur für den Menschen direkt als Mittel, während sie in der entgegengesetzten Perspektive, in der seiner Sinnlichkeit, sich völlig Zweck zu sein vorgibt. Dabei ist es so, daß die Verallgemeinerung der Natur zu einem Mittel, also die Befreiung vom Naturzwang, mit der Verleugnung unserer ursprünglichen Lebensbedingungen korrespondiert, die die eines sinnlichen Naturwesens sind. Dagegen findet die narzißtische Selbstherrlichkeit, mit der jeder spontan sich selbst genug ist, in der unmittelbaren Instrumentalisierung der Natur seine Entsprechung. In diesen anfänglichen Abstraktionen, die der Natur so oder so Gewalt antun, hat unserer Meinung nach die Hegelsche Dialektik ihren Grund.[44]

5. *Goethes konzeptionelle Verarbeitung der Revolution*

Heben wir als die besondere Eigenart des goetheschen Selbst- und Weltverständnisses hervor, daß der mit einer Doppelnatur in die Geschichte entlassene Mensch eine Entwicklung in zwei – sich ineinander widerspiegelnden – Dimensionen hat. Mit dieser Konzeption setzt Goethe nicht wie Hegel die Identität eines Ich voraus, das sich durch alle Entzweiungen mit der Natur und Gesellschaft als die geschichtliche Bewegung des zu sich selber kommenden Geistes erhält. Damit entfällt die Voraussetzung für ein Modell von Entwicklungsgeschichte, das nach dem Schema von Bildungsprozessen funktioniert. Schließlich kann auch für Goethe nicht die Rede von einer Freiheit sein, mit der sich, in das Ich tief eingesenkt, die Einheit von Begriff und Gegenstand realisiert. Mit noch weniger Recht läßt sich für ihn jene Freiheit reklamieren, mit der sich die Theorie durch die Praxis revolutionärer Veränderung ihre Bestätigung verschafft. Die Forderung, die Geschichte mit Bewußtsein zu machen, folgt der Hegelschen Figur der Reflexion darin, daß sie an den produktiven Teil der Menschheit appelliert, in der vorgängigen Entfremdung die Freiheit zu erkennen, die ihm als dem Subjekt der Geschichte schon historisch zugewachsen ist.

Indessen ist der Marx'sche Revolutionsbegriff, der im Zentrum einer als Kette von Klassenkämpfen rekonstruierten Geschichte steht und der bei Hegel in der Umkehrung des Bewußtseins seinen systematischen Ort hat, dem Geschichtsbild Goethes auch nicht äußerlich. Ja, man kann sagen, daß sich die Zeitgenossenschaft Goethes und Hegels darin bewährt, daß sie, jeder in seiner Art, für Deutschland die Revolution gleichsam von der Straße zurückhalten. Hegel geht dabei so vor, daß er den Weltgeist, aufs Ganze gesehen, revolutionär sein läßt, daß er ihm aber als ein ihm selber undurchsichtiges Realitätsprinzip die dialektische Methode zum historischen Partner gibt.[45] Goethe nimmt auf andere Weise die Revolution so fundamental in seine Konzeption von Geschichte hinein, daß die eigentümliche Doppelbewegung des Rückwärts und Vorwärts sie durchgreifend charakterisiert. In einen formelhaften Zusammenhang gefaßt und vorausgesetzt, daß der Mensch in einem zweifachen Sinne ein Naturwesen ist, bedeutet das: Die partikulare Natur, die sich selber unmittelbar Zweck zu sein behauptet, verfehlt ihren besonderen Zweck in dem Maße nicht, wie die Natur aus ihrer Verallgemeinerung zu einem bloßen Mittel zu sich zurückkehrt. Oder anders gewendet: Die fortschreitende Befreiung vom Naturzwang, greifbar in der wachsenden Komplexität instrumentellen Handelns, ist zurückverwiesen daran, daß die Natur davon befreit wird, Mittel zu ihr fremden Zwecken zu sein; d. i. eine Bewegung, der auf der Seite der Sinnlichkeit eine Ausdifferenzierung von Wahrnehmungsorganen entspricht, die sich aus den Fesseln eines instrumentell tingierten Mißverständnisses lösen. Die Wiederherstellung der korrumpierten Natur, der inneren wie äußeren, ist ein in sich zurücklaufender Prozeß, der in dem Grade, wie er – bei Steigerung des technischen Niveaus – zu seinem Ursprung zurückkehrt, dem vielfach Lebendigen den Weg zur Entfaltung seiner je natürlichen Besonderheit eröffnet.

Damit hat Goethe die Revolution im universellen Maßstab zum Bewegungsgesetz der Geschichte gemacht und ihr doch zugleich jene brennende Aktualität genommen, die sie seit 1789 hat. Mit anderen Worten: Goethes Ablehnung der Französischen Revolution wird man nicht gerecht, ohne zu erkennen, daß er die revolutionäre Erneuerung zum Grundprinzip von Geschichte überhaupt vertieft. Das ist die Quintessenz der Lenardo-Erzählung, der Geschichte eines jungen Mannes, der unbedingt von vorn anfangen will und der, als es soweit ist und er nach Amerika aufbricht, an sich selber die Bedingtheit eines Neuanfangs erfahren hat. Wenn die politischen Revolutionen der jüngeren Zeit ihr Wesen in jener Freiheit sehen, mit der ein neuer Anfang radikal gemacht wird, dann ist genau das der Punkt, dem Goethe seine Zustimmung verweigert. Hegel ja auch, indem er das Modell einer revolutionären Weltgeschichte ohne Revolutionäre konstruiert. Aber im Gegensatz zu Hegel, für den die Handelnden, freilich ohne wirkliche Einsicht, immer schon unter Voraussetzungen der Freiheit tätig sind, kennt Goethe ausschließlich die Befreiung als einen in seinem Vor und Zurück sich schrittweise abarbeitenden Prozeß – und Freiheit, wenn überhaupt, als Fluchtpunkt der Gesamtentwicklung. Die tiefere Ursache sehen wir darin, daß er die Geschichte nicht unter Bedingungen einer ebenso oft preisgegebenen wie sich erneuernden Identität fortschreiten sieht. Er teilt nicht die Meinung eines universellen Bildungsprozesses, der dadurch charakterisiert ist, daß der Mensch auf jeder Entwicklungsstufe wieder, aus der äußerlichen Gegenständlichkeit zu sich zurückkehrend, eine unverwechselbare Identität herstellt. Dieser der eigentümlichen Struktur des Geistes entlehnte Zusammenhang von Allgemeinheit und Verallgemeinerung, von Begriff und Reflexion, Ziel und Geschichte wird von Marx zwar materialistisch gewendet, aber an einem Subjekt, das – freilich auf der Grundlage gesellschaftlicher Arbeit – seine Identität stets neu hervorbringt, hält er fest.

Goethe hält dagegen eine solche Identität, die mit einer durch Widersprüche und Umwälzungen voranschreitenden Entwicklung notwendig korreliert, jedenfalls in der Tradition Hegelscher Dialektik, aus der Geschichte heraus; bzw. er läßt sie als ein Moment von Geschichtslosigkeit in diese hineinragen. Als fürchtete er, durch das Hereinnehmen einer erneuerungsfähigen Identität in die Immanenz der Historie die Schlußfolgerung nicht wieder abwenden zu können, daß die Geschichte im ganzen sich aus den Bedingungen heraus verstehen lassen müsse, unter denen diese Synthese sich stets wieder vollzieht, setzt Goethe die Geschichte zu einem identitätserzeugenden Subjekt geradezu in Opposition. Allein auf der Grenze zur Geschichte läßt er Identität historisch gelten als die gewaltsame Verabsolutierung einer einseitigen Widerspiegelung der Natur. So entschieden lehnt er es ab, die Voraussetzung einer geschichtlich bewegten Identität zu machen, daß selbst dort, wo wir im Werk zur Klärung des Sinnes ein Identisches unter dem Begriff der Natur denken müssen, er es mir, dem Interpreten, auszusprechen überläßt; während im Roman davon explizit nicht die Rede ist. Ja, wir können vermuten, daß Goethe sein Selbstverständnis als Künstler daransetzt, daß er es nicht tut.

Ebensowenig zeichnet sich auch aus seiner Sicht als das Telos der Geschichte ein Allgemeines ab, wie es Hegel in der vollständigen Historisierung aller unter dem Begriff zusammengefaßten Bestimmungen sieht oder wie es Marx etwa mit der Aufhebung der Arbeitsteilung ins Auge faßt. Für Goethe, der die Geschichte des Menschen aus der Verdoppelung der Natur und dem Gegeneinander ihrer je verkehrt totalisierten Widerspiegelung hervorgehen sieht, ist es passender, den historischen Fortschritt an der Ausdifferenzierung einer gleichsam zweipoligen Einheit zu messen, in die die sich ins Leben teilende Natur wieder zurückzukehren sucht. Diese gedoppelte Einheit, die wir über das an früherer Stelle Entwickelte hinaus nicht genauer fassen wollen, folgt zwei Paradigmen: Zum einen dem Paradigma eines gegenständlichen Lebenszusammenhangs, in dem die Lebenden unmittelbar nicht Mittel sind oder – wie Goethe sagt – in dem „ein wahrhafter Konflikt zwischen Lebendigen und Toten" beigelegt ist; eine Formulierung,[46] die der marxistischen Entgegensetzung von lebendiger und toter Arbeit vorzugreifen scheint. Zum anderen folgt jene Einheit dem Paradigma der Geschlechtervereinigung. Wir nennen sie eine exzentrische Identität, weil – wie im Falle von Liebenden – jeder die eigene Mitte außerhalb seiner hat und der eine seinem natürlichen Zweck nur in dem Maße willfährt, wie er dem anderen dessen Besonderheit ganz zu entfalten erlaubt. Hier mit Hegel von einem Medium zu sprechen, in dem als einem historisch Objektivierbaren das Allgemeine und Besondere zu einer wechselnden Identität zusammentritt, hat keinen Sinn, außer wenn wir die Besonderheit selber so bezeichnen. Diese wird dann freilich nicht mehr, wie es von Hegel intendiert ist, nach dem Muster einer – wie auch immer prekären – Versöhnung gedacht. Die weitestgehend ausgebildete Besonderheit eines jeden, die Goethe will, verwirklicht sich als die eine und die andere Einheit und als der Zusammenhang beider, so daß die wachsende materielle Lebenssicherung und die Entfaltung der Sinnlichkeit zwei Seiten im Prozeß der Menschwerdung sind. Zutreffender als die Rede von den miteinander versöhnten Gegensätzen, erst recht wenn es auf einen Kompromiß hinausgeht, ist es, sich mit Goethe an das Bild der Waage und an jenes Verhältnis auf Gegenseitigkeit zu erinnern.[47]

Wie aber steht es mit jenem Begriff von Einheit, von dem wir sagten, daß er mit der Aufspaltung der Natur in eine innere und äußere ideell vorgegeben sei?

Setzt Goethe nicht ebenso wie Hegel die Identität dessen voraus, was dann unter Bedingungen der Polarität in der Geschichte wirksam ist? Das ist in der Tat so. Aber im Unterschied zu Hegel ist für Goethe diese unter dem Begriff der Natur gefaßte Mannigfaltigkeit des Seienden nur eine Denknotwendigkeit, d. h. etwas, das zu denken wir nicht umhin können. Als die identifizierbare bzw. als die mit sich identische Natur ist sie jedoch auf die Geschichte nur durch deren Negation bezogen. Hegel dagegen läßt aus der Identität, insofern sie den Zusammenhang zwischen der Allgemeinheit des Resultats und dem dagegen unterschiedenen Akt ihrer konkreten Hervorbringung bildet, die Geschichte selber entspringen.

Doch wie man es wendet, wie man den Materialisten gegen den Idealisten hervorkehrt und ihm zugute hält, daß er in der Identität grundsätzlich die verkehrte Gestalt des Ganzen sieht, zuletzt wird bei Goethe die Zweipoligkeit der geschichtlichen Bewegung an dem Bild der e i n e n Natur orientiert. Wie könnte sonst der historische Fortschritt in der einen Richtung auf den naturgeschichtlichen Entfaltungsprozeß in der anderen Richtung so abgetragen werden, daß beide Entwicklungsreihen ineinandergreifen und sich – mit einem Wort Goethes – gegenseitig abarbeiten? Ohne nach den ausführlichen Abgrenzungen gegen Hegel wieder mißverstanden zu werden, können wir mit dessen Begrifflichkeit die beiden extremen Pole der je einseitig widergespiegelten Natur als Verallgemeinerung und Einzelnsein bezeichnen. Denn wie wir wissen, versteht Goethe die Verallgemeinerung fundamental: Es ist die direkt zu einem Lebensmittel generalisierte Natur, ihre unmittelbare Instrumentalisierung und – aus der Sicht der Individualgeschichte – der dem Leben vorgreifende abstrakte Wille, vollkommen autonom zu sein. Eine andere Gestalt von Unmittelbarkeit ist dagegen das Einzelnsein. So nannten wir die sich selber vollkommen Zweck seiende Natur. Gemeint ist jene scheinautonome Machtvollkommenheit, die das Hegelsche Verständnis von Singularität darin übertrifft, daß sie der Ausbildung einer individuellen, auch geschlechtsspezifischen Persönlichkeit noch vorhergeht und sich auf ein Selbst bezieht, das sich in allem außer ihm bespiegelt. Dieses Einzelnsein und jene Allgemeinheit stellen die Einheit der Natur dar, aber nicht wie zwei Hälften zu einem Ganzen zusammentreten, sondern als deren jeweils verkehrte Totalisierungen. Als solche können sie sich von ihrer Einseitigkeit nicht anders befreien als wechselweise. Die Einheit des Menschen mit der Natur, die auf diese Weise zu einer Funktion der Geschichte wird, impliziert damit auch den Begriff eines notwendigen Zusammenhangs, eines „notwendigen Weltlauf(s)".[48]

Wohl ist richtig, daß mit dieser Notwendigkeit keine bewußte Einsicht, kein Gattungssubjekt im Sinne der marxistischen Theorie korrespondiert, aber der Mensch wird auch nicht entmächtigt zum Spielball ihm willkürlich zusetzender Kräfte. Nicht einmal zum blinden Werkzeug einer historischen Synthese, die sich seiner hinterrücks bedient, wird er depotenziert. Vielmehr liegt in der Spiegelbewegung – wie Goethe die Dialektik des Fortschritts versteht – beschlossen, daß der Mensch deren Autor und Organ zumal sei; ist doch die Geschichte geradezu definiert durch die Verdoppelung der Natur, die, einerseits in jedem einzelnen sich selber Zweck ist, andererseits in ein Verhältnis zu sich tritt, in dem sie die Mittel zum Leben stellt. Mit anderen Worten: Wo der Mensch Autor seiner Geschichte ist, ist er es nicht schon mit Bewußtsein; während er als Organ nicht unbeteiligt, nicht blind, also prinzipiell nicht abgeschnitten ist von jeder Einsicht. Die Erklärung dieses scheinbaren Paradoxons führt auf einen Grundsatz des späten Goethe. Für ihn ist die Leiblichkeit des Menschen, seine verletzbare Sinnlichkeit, ein Erkenntnisorgan,[49] wie er umgekehrt in jenem dem besonderen Leben generell vorgreifenden Willen eine Quelle der Gewalt sieht. Das ist die Wurzel dessen, was man Goethes Pragmatismus nennt.

Der Mensch verkennt sein natürliches Selbst nicht, ohne daß sein Tun, das daraus entspringt, als jene Gewalt auf ihn zurückkäme, die anfangs das Äußere über das Innere, die materielle Bedingtheit über den Willen zu unbedingter Freiheit hat. Eben dieses, daß die Menschheit sich des einen unter der Form des anderen erwehren muß, macht den „notwendigen Weltlauf" aus, so daß Tun und Denken, Denken und Tun gleich unverzichtbar sind. Die Lebensgeschichte Lenardos ist in der Integration dieser widerstrebenden Momente von einer höheren Beweiskraft als die Erzählung von Wilhelm Meisters Werdegang. Zwar liegt beiden Entwicklungsprozessen die nämliche Dialektik von Basis und Überbau zugrunde. Beidesmal schlägt ihnen das undurchschaute Gegen- und Ineinander materieller Abhängigkeit und rückhaltlos beanspruchter Autonomie bzw. Allseitigkeit letztendlich zum Vorteil aus. Aber in der Lenardogeschichte ist der paradigmatische Weg geschlechtlicher Selbstfindung auf eine ungleich elementarere, also stärker sinnerschließende Weise auf den Fortschritt instrumentellen Handelns und die Reproduktion des organischen Lebens bezogen. Doch wiegt am schwersten, daß Goethe in seiner lebenslangen Auseinandersetzung mit der Französischen Revolution diesem erstrangigen Ereignis seiner Zeit, dem er als Epiker nie so pedantisch-schulmeisterlich gegenübertrat wie als Dramatiker,[50] hier eine Interpretation gibt, die die revolutionäre Erneuerung zum Prinzip der Menschwerdung vertieft. Dabei verwandelt sich die lebenskluge Verschränkung von Zufall und erwünschter Gelegenheit, die wir aus den *Lehrjahren* kennen, in den dialektischen Zusammenhang von Sinn und Gewalt; einer Gewalt allerdings, die ihre natürliche Grenze nicht, ohne sinnlos zu werden, über jenes Recht hinaus ausdehnt, das jeder zum Leben, einem besseren insbesondere, hat.

Lenardo ist der Mann des Neuanfangs. Als verwirklichte er geradewegs den früh gefaßten Vorsatz, von vorn zu beginnen, nimmt sich der Aufbruch in die Neue Welt, das organisierte Auswandערervorhaben, aus wie die endliche Konkretisierung eines vorgeschossenen Begriffs. Das ist so richtig, wie es falsch ist.

Denn sowenig der amerikanische Neubeginn ohne den anfangs entworfenen und nie aufgegebenen Plan realisiert wäre, sowenig ist der reale Aufbruch nach Übersee identisch mit dem, was Lenardo ursprünglich unter einem Neuanfang verstand. Nur an eines sei erinnert: Zuerst bedeuteten für Lenardo die „uranfänglichen Zustände", daß er aller Mittel zum Leben, in seiner Person, mächtig sein wollte, weil er „eigentlich auf nichts gerne wirken mag, als auf das, was (er) selbst geschaffen habe".[51] Aber es ist gerade diese im Verhältnis zu den Produktionsmitteln behauptete Unmittelbarkeit, auf einer späteren Stufe ihre persönliche Aneignung, die durch das Prinzip kollektiver Beweglichkeit, also mit der Abfahrt nach Amerika, dem tatsächlichen Neubeginn, überwunden wird. So geht in der Realisierung des einmal gefaßten Begriffs, dessen ursprüngliche Bedeutung, d. h. dieser als abstrakte und einseitige Widerspiegelung der Natur, unter. Wie der Begriff nicht historisiert wird, ohne seine Identität an das Leben selber zu verlieren, das als seine Wahrheit ihm nur ein wortloses Andenken bewahrt, so hüllt sich der Roman zuletzt in Schweigen über den gesellschaftlichen Gebrauch der Produktionsmittel. Genug, daß dieser – und nicht die Hegelsche Rechtfertigung des Privateigentums – in der Perspektive des Werkes erscheint.

Schweigen verbreitet Lenardo auch über seine künftige Beziehung zu Susanne, sobald deren Vorgeschichte, die quälend langwierige Suche, beendet ist. Wie die Umsetzung einer Idee – freilich nur an der Oberfläche – die Bahn des Fortschritts markiert, so stellt sich die Suche nach dem Mädchen der Jugendzeit als eine rückwärts gewandte Bewegung dar. Doch während der vorgefaßte Begriff als Wirklichkeit dessen lautlosen Untergang involviert, läßt die Suche, die erst mit der Zeit ihrer eigentlichen Ursache inne wird, das Ziel immer klarer, zuletzt in größter Allgemeinheit hervortreten. Aus dem „nußbraunen Mädchen" – es fließen darin die Charakteristika des sozial niederen Standes mit der flüchtigen Attraktion des Auges zusammen – wird die „Gute-Schöne", die „Schöne-Gute". Dies ist das Gegenteil gewaltsam vorgreifender Abstraktion. Denn der Suche nach dem Liebesobjekt ist die Figur der Selbstfindung eingeschrieben; jener Entdeckung meines natürlichen Selbst, das endlich seiner sicher, auch dem anderen als dem Inbegriff meines Lebens vollkommen er selber zu sein erlaubt.

Die Menschheitsgeschichte, wie Goethe sie versteht, geht nicht auf in der Selbstbewegung des Begriffs. Als einseitige Widerspiegelung der Natur, deren instrumentelle Ausbeutung dokumentierend, wird der vorspringende Begriff getilgt. Dagegen bildet und befreit er sich zu größter Allgemeinheit in jener Liebesbeziehung, die, das Gegenteil eines instrumentell überformten, auf Besitz und Aneignung gerichteten Verhältnisses, Lenardo schließlich mit der „Guten-Schönen" verbindet. Doch man täusche sich nicht: der Gattungsname, in dem

Lenardo – biologisch gesprochen – das Ziel seiner genitalen Wünsche reflektiert, entspricht der Wortlosigkeit einer besonderen, lebensgeschichtlich gegründeten Intimität.

Schweigen und Verhaltenheit, diese Einstellungen zu dem, was künftig geschehen soll, gewinnt Lenardo zuletzt. Wenn er sich weigert, der Zeit beredt vorzugreifen, so entspringt seine Gelassenheit nicht nur geregeltem Tun, sondern auch der Gewißheit des sicher gegründeten Anfangs. Ein Bewußtsein, das sich den materiellen Bewegkräften des Lebens gewachsen zeigt, ist mit dem rechten Beginnen verknüpft, das zugleich das Gewesene anerkennt und hinter sich läßt. Im Unterschied zum modernen Revolutionsbegriff, der die Idee der Menschheit, also die Freiheit, im Hier und Jetzt antizipiert, sieht Goethe im Neubeginn den Sieg des Individuums über das feudal-reaktionäre Generationsprinzip notwendig, auf immer höherem Niveau, sich wiederholen.

Alle Bewußtseinsstufen, die dem tätigen Schweigen voraufgehen, spiegeln schmerzlich die Disproportionalität von Tun und Denken oder, wie es heute heißt, von Basis und Überbau zurück. Der Kürze halber unterscheiden wir nur noch die Zwischenphase vorsätzlicher Mystifikation und die anfänglichen Selbstbeschuldigungen. Der Wille zum Geheimnis, charakteristisch für den Lenardo der mittleren Zeit, der über das Schicksal der Gesuchten vordergründig beruhigt, in die Arbeit flieht, ist im wesentlichen der Versuch, sich gegen den kaum erst eingesehenen Geschichtsmaterialismus zu behaupten und für das eigene Bewußtsein den Schein der Autonomie zu wahren. Zwar ergreift Lenardo in der rastlosen Tätigkeit Partei für die Basis des historischen Fortschritts, aber auf der Ebene der Selbstrechtfertigung verfällt er gegen sie in einen mystifizierenden Heroismus: „(. . .) wie unübersehbar das Ganze, wie unaussprechlich die Verknüpfung. Tun ohne Reden muß jetzt unsre Losung sein. (. . .) die Sehnsucht verschwindet im Tun und Wirken. (. . .) wo genug zu schaffen ist, bleibt kein Raum für Betrachtung.“[52] Die Fetischisierung der Arbeit, obgleich gegen das eigene Triebverlangen, zur Abtötung des Fleisches aufgeboten, arbeitet dennoch der Erfüllung vitaler Wünsche vor. So vollzieht sich in dieser Übergangsphase die Dialektik von Basis und Überbau einerseits noch unter der Form gewaltsamen Verkennens. Andererseits wird darin doch schon die geschichtsbildende Kraft gegenständlicher Tätigkeit praktisch anerkannt.

Das ist auf der Eingangsstufe noch nicht der Fall. Hier üben unter der elementaren Voraussetzung, daß Lenardo selber noch unbemittelt, jedenfalls abhängig von Zuwendungen ist, die materiellen Bedingungen größte Gewalt über die Gestalten des Bewußtseins aus. Die Idee absoluter Freiheit, ob sie nun im Bild des seiner selbst mächtigen Technikers erscheint oder nach Art der Triebleugnung, ist zunächst ein rein geistiger, durch das Zeitalter mitinterpretierter Reflex auf die ökonomische Mittellosigkeit. Der Wunsch nach persönlicher Omnipotenz ist die abstrakte Umkehrung der tatsächlich wirkenden Abhängigkeit bzw. eigenen Unvollkommenheit. Erst die Schuld, genauer: Lenardos Bereitschaft, sich schuldig zu fühlen, stellt den frühen, noch ganz irrwitzigen Versuch dar, die äußere Gewalt nach innen zu wenden. Das andere, tatsächlich Nicht-Verschuldete wird als das ausgegeben, was durch das eigene Selbst zu verantworten ist. Historisches Vorbild dieses ersten Aktes im Prozeß der Aufklärung ist die antike Tragödie und das alttestamentarische Schuldverständnis. Dabei läßt Goethe keinen Zweifel, daß diese Widerspiegelung gegebener Verhältnisse durch das menschliche Bewußtsein ebenso selbstherrlich verkehrt wie fruchtbar ist. In eben dem Sinne, wie hier, in diesem Falle angemaßter Schuld, das die Natur widerspiegelnde Bewußtsein einseitig ist und durch seine Einseitigkeit doch auch produktiv, möchten wir die späte Maxime Lenardos verstanden wissen: „Der Mensch (...) lerne sich ohne dauernden äußeren Bezug zu d e n k e n (v. Verf.gesp.), er suche das Folgerechte nicht an den Umständen, sondern in sich selbst (...).“[53]

Daß die Verinnerlichung des Äußeren, Fremden nicht zu den identitätsphilosophischen Konsequenzen Hegels führt, hat seine Ursache darin, daß Goethe von einer Polarisierung der Natur in eine innere und äußere ausgeht. Goethe greift den Einsichten des frühen Marx vor und baut ungleich intensiver auf sie, wenn er unter der inneren Natur des Menschen nicht nur seine organischen Grundbedürfnisse, nicht nur seine körperliche Verletzbarkeit versteht, sondern auch die geschichtliche Dimension seiner Sinnlichkeit. Auf diese Weise betrachtet er das menschliche Wesen außer unter dem Aspekt der Arbeit, also im Stoffwechsel mit der äußeren Natur, auch in der Perspektive seines je besonderen Triebschicksals. Arbeit und die Bildung der Sinne sind für Goethes Verständnis der Menschheitsgeschichte fundamental. Damit kehren wir zurück an eine der Wurzeln dessen, was heute unter dem Titel des historischen Materialismus und der Psychoanalyse als zwei schwer miteinander vereinbare Ansätze diskutiert wird. Für Goethe sind Universal- und Individualgeschichte noch substantiell aufeinanderbezogen in jenem Wechselverhältnis, das zwischen dem Prozeß der natürlichen Selbstfindung und dem instrumentellen Austausch mit der Natur ausgespannt ist. Als je einseitige Totalisierungen des Ganzen bilden sie einen Gewaltzusammenhang, der sich in dem Maße löst, wie die Natur schrittweise davon befreit wird, unmittelbar Zweck oder Mittel zu sein. Was das im einzelnen heißt und worauf es hinauswill, haben wir hinreichend zu zeigen versucht. Erinnert sei allein noch einmal an den zentralen Mechanismus, nach dem sich die beiden Entwicklungsreihen ineinander spiegeln. Denn so kommt die vor mir selbst verborgene Gewalt, mit der ich meine besondere Triebnatur zunächst anzuerkennen mich weigere, als diejenige manifeste Gewalt auf mich zurück, mit der die unmittelbar meinen persönlichen Zwecken gebeugte äußere Natur sich mir querstellt. Und ebenso umgekehrt. Der unbedingte Autonomieanspruch gegen die äußere Natur wird mir als Anmaßung erst erfahrbar im Spiegel meiner inneren Natur, die desgleichen als eine beliebig manipulierbare verkannt, nicht dauerhaft um ihre vitalen Wünsche betrogen werden kann. Es ist diese Reflexivität von innerer und äußerer Natur, die die Universalhistorie in die Individualgeschichte zurückschlingt; die in eins Lenardo an die Spitze der Produktivkraftentwicklung vorlaufen und zu Susanne, zu seinem natürlichen Selbst, an die dynamische Quelle seines Lebens, zurückkehren läßt.

Real nennen wir die Dialektik Goethes, weil sie im Gegensatz zur Hegelschen nicht zu einer Methode verselbständigt wird. Auch weil sie nicht in einem System, als der zu sich kommende Geist, gegen ihren wirklichen Ursprung sich selber zum Thema wird. Vor allem aber deshalb, weil für Goethe hinter der Dialektik von Allgemeinheit und Einzelnsein die je einseitige Widerspiegelung der Natur greifbar ist: einerseits der unbedingte Wille zur Naturbeherrschung und andererseits der Schein narzißtischer Selbstvollkommenheit. Auch wenn unter der Form kapitalistischen Besitzstrebens und einer unmittelbaren Naturausbeutung, insbesondere des auf seine abstrakte Zeitlichkeit reduzierten Menschen, der Widerspruch am krassesten hervortritt, lehnt Goethe den Gedanken an ein im ganzen verzerrtes, gar noch systematisch verstelltes Verhältnis zur Natur ab. Sein Individualismus und Humanismus beruht darauf, daß er die Sinnlichkeit, so wenig sie gegen Täuschungen gefeit ist, als ein Organon der Erkenntnis, als eine geschichtsbildende Potenz ernst nimmt – ebenso wie die gegenständliche Arbeit. Davon aber haben sich diejenigen losgesagt, die den Kapitalismus, die ihm inhärente Rationalität, zwar theoretisch als Schein entlarven, jedoch als einen solchen, der sich zu einem geradezu hermetisch abgeschlossenen Verblendungszusammenhang ausgewachsen hat. Auf diese Weise ergreift der dem System unterlegte Zwangszusammenhang von der Sinnlichkeit so vollständig Besitz, daß sie das, was ihr nach Goethe an schöpferischer, produktiver Dynamik eigen ist, an den prekären Begriff einer organisierten Gegengewalt abtritt. Unter diese wird das einzelne Leben selbst als ein notwendiges, allenfalls heroisches Opfer verrechnet; was vollends den goetheschen Intentionen widerspricht.

VI. Historisierung der „Naturformen"

1. *Vollendung der Künste*

Nachdem wir gleichsam einen Längsschnitt durch die *Wanderjahre* gemacht und dieses vielteilige „Aggregat" in sich historisiert haben, wollen wir den gewonnenen Standort dazu benutzen, unsere ästhetischen Erfahrungen mit dem

Roman in einigen Betrachtungen zusammmenzufassen. Wieder wird manches vernachlässigt und nur ausgewählt, was den Fortgang der hier eingeschlagenen Argumentation stützt. Die Auseinandersetzung mit der romantischen Kunsthaltung bleibt ganz unerwähnt, ebenso die problematische Zuordnung von Novelle und romanhafter Rahmenhandlung. Was dagegen interessiert, ist die Stellung des Ästhetischen im materiellen Lebensprozeß, ist der Anteil der verschiedenen Künste und Dichtarten an der Entstehung des Romans. In Frage steht – generell gesagt – das Verhältnis von Mimesis und Arbeitsteilung.

Welche Ästhetik liegt einer literarischen Produktion zugrunde, die den historischen und individuellen Fortschritt so darstellt, daß er weniger durch Ideen, programmatische Absichten oder durch kritische Analysen der Vergangenheit bewegt wird, als vielmehr dadurch, daß auf fundamentale Weise die Triebdynamik und die wachsende technische Verfügung über Naturprozesse miteinander verzahnt sind? Freilich ist der Überbau, zu dem die künstlerische Tätigkeit genauso zählt wie alle reflektierenden Einstellungen, nicht nur ein realitätsfernes Supplement. Wie dargestellt, sind gerade auch die anfänglichen Projektionen, z. B. der Wunsch nach uneingeschränkter Autonomie, auf ökonomische Grundvoraussetzungen bezogen, wenn auch – wie in diesem Fall – als die abstrakte Negation vorläufiger Unselbständigkeit. Um nicht bei einer einseitigen, ja, verkehrten Widerspiegelung zu verharren, um historisch zu werden, muß der vorgeschossene Begriff ebenso wie die Kunst, die nach ihrer Art auch schon am Ziel ist, sich transformieren. Die Wahrheit vor allem auch der ästhetischen Produktion liegt jenseits ihrer selbst.

Für das Praktischwerden von Kunst gibt Goethe im Kapitel über die „plastische Anatomie" das schon mehrfach zitierte Beispiel. Wir erinnern daran, daß die Entwicklung der medizinischen Wissenschaft als einer Produktivkraft an Grenzen stößt, wenn der Mangel an sezierfähigen Leichen nicht durch künstliche Nachbildungen des menschlichen Körpers ausgeglichen wird. Hier soll nun, um für die Anfertigung solcher „Surrogate"[1] nicht wiederum auf die immer knapper werdenden Naturprodukte angewiesen zu sein, die antike Kunst der Plastik sich ins Mittel legen. Das marmorne Kunstbild des vollkommenen Menschen könne der Technik das sein, was ihr sonst unmittelbar die Natur ist. Wenn Goethe davon spricht, daß sich auf diese Weise Kunst und Technik die Waage halten sollen,[2] so zielt das auf eine Benutzung der Natur als Mittel, die ihren Verbrauch, ihren Verschleiß, ihre Zerstörung gerade ausschließt.

Betrachten wir in diesen lebenspraktischen Wechselverhältnissen die Rolle der Kunst. Es ist nicht von ihr im allgemeinsten Sinne die Rede, sondern von einer ihrer besonderen Arten, hier allerdings von ihrer großartigsten: der Marplastik. Durch sie wird nicht nur die Antike zum Kunstvorbild, in dieser

Gipfelleistung ist überhaupt die Bildhauerei schon frühzeitig an ihr Ziel gekommen. Doch weiß Goethe: die Idealisierung des Menschen, diese Darstellung ewiger Jugend ist und bleibt aus Stein, als solche ist und bleibt sie nur Scheinbild eines besseren Lebens. Hier stößt der auf das klassische Griechenland zurückgewendete Ästhetizismus an seine Grenze. Aber Goethe erkennt in der plastischen Kunst nicht nur den durch sie selber nicht mehr einlösbaren, erst durch die Technik der Produktivkraftentwicklung schrittweise zu realisierenden Vorgriff auf den vollkommenen Menschen. Er sieht auch – wie eine schon zitierte Mitteilung Riemers deutlich macht –, daß die Idealisierung im Bild, die scheinhafte Verklärung, eine Art von Triebabwehr ist.[3] Die Erhöhung von Mann und Frau zu ewiger Schönheit heißt, das andere Geschlecht nicht wirklich erkannt zu haben. Die Kritik an der anschaulichsten aller Künste bezieht sich, vom Standpunkt der technischen und natürlichen Reproduktion des Lebens, darauf, daß sie einerseits den allgemeinsten Zweck – was der Mensch sein soll – am reinsten und vollkommensten vorstellt. Während andererseits die nächsten Mittel dazu, wie jenes Ziel zu erreichen sei, unbenannt oder gegeneinander isoliert bleiben, ja, in jedem einzelnen Fall stets wieder verkannt werden, weil man das Ganze unmittelbar will und sich selbst zu besondern weigert. Diese doppelte Kritik an der plastischen Kunst der Antike – Kritik im Kantischen Sinne verstanden – ist implizite die Voraussetzung dafür, daß an sie die Forderung gestellt wird, nützlich zu sein.

Das Nützlichwerden der Kunst versteht Goethe substantiell. Wenn heute die Rede davon ist, daß die Literatur politischen Zwecken als ein Mittel zu dienen habe, daß sie sich zum Organ im Prozeß der öffentlichen Meinungsbildung mache, so ist das gewissermaßen die abgeleitete Bedeutung dessen, was Goethe – vor allem auch in Abwehr dieser aktuellen Konsequenz – fundamental zu begründen sucht, indem er die bildende Kunst im Zusammenhang mit der Produktivkraftentfaltung nützlich sein läßt. Dabei kommt ihm das Beispiel der „plastischen Anatomie" darin entgegen, daß die Kunst als Kunst sich nicht eigens revolutionieren muß. Sie dient sich nicht von sich aus praktischen Zwecken an. Als das notwendige Komplement zur Technik wird die antike Marmorplastik ihrer idealen Intention dadurch gerecht, daß ihr selber der Praxisbezug im genauen Wortsinn äußerlich ist. Gerade weil sie der Natur in ihrer vollkommen „ideelle(n) Gestalt"[4] zur äußeren Erscheinung verhilft, kann sich die Technik der Natur im Abbild bedienen, ohne sie sich direkt anzumaßen. Mit anderen Worten: die plastische Kunst ist nützlich, insofern sie ganz Kunst ist und sich, nach ihrer Art, als die besondere Widerspiegelung der Natur vollständig entwikkelt hat. Goethe bemerkt zu diesem Musterfall eines Zusammenwirkens von Kunst und Technik: der Rückgriff auf die antike Plastik im Dienst eines humaneren Fortschritts ist „ein auffallendes, schönes Beispiel, wie auf diese Weise vorwärts und rückwärts zu arbeiten sei".[5] Und tatsächlich sieht er darin die gelungene Revolutionierung der Kunst, daß sie, ohne vor ihrer eigenen Vollendung unmittelbar und vorzeitig pragmatischen Zielen geopfert zu werden, als eine zweite Natur die Technik davon befreit, die gesteigerte Erhaltung des Lebens, zu der diese eigentlich aufgeboten wird, wieder zu hintertreiben. So balancieren sich Kunst und Technik gegenseitig; jene erfüllt sich in dieser und diese bedarf notwendig jener, wenn nicht – wie es in dem bekannten ausdeutbaren Wort heißt – „ein wahrhafter Konflikt zwischen Lebendigen und Toten" entstehen soll.

Wir haben es hier nicht mit den allgemeinen Bedingungen zu tun, unter denen die Kunst praktisch wird, sondern mit dem besonderen Fall der „bildenden Kunst".[6] Dennoch steht er nicht vereinzelt. Im Blick auf die übrigen Künste ist der Schluß berechtigt, daß Goethe auch deren Vollendung denkt wie Hegel das Ende der Kunst. Aber nicht blickt er von einem Standpunkt, der „das höchste Bedürfnis des Geistes"[7] befriedigt, auf eine Stufe herab, auf der die Kunst unter der Form „sinnlicher Anschauung" der Wahrheit genügen muß. Dieses Überführen der Gestalten des Bewußtseins in die jeweils höhere ist Goethes Sache nicht, so offensichtlich auch hier – rein formell – ein notwendiger Zusammenhang vorliegt, in dem das Frühere durch das Folgende nicht einfach überlebt, sondern in ihm aufgehoben und weiterentwickelt wird. Doch da sich für Goethe die historische Teilhabe an der Menschheitsgeschichte nicht relativ zum absoluten Geist bemißt, stehen bei ihm die Künste gleichberechtigt neben anderen Spiegelungen der Natur, eben denen der Wissenschaft und Technik. Ja, selbst wenn das, was in der Kunst bloß Versprechen ist, durch Wissenschaft und Technik als materielle Lebenssicherung eingelöst werden kann, legt Goethe größtes Gewicht darauf, daß das instrumentelle Handeln von sich aus die Natur auch nur einseitig – unter dem Aspekt beliebiger Verfügbarkeit – widerspiegelt und, aufs Ganze gehend, sie ebenso verfehlen müßte, sofern nicht, wie in dem bestimmten Falle, die Bildhauerkunst hilfreich dazwischengeschaltet wird. Im Vergleich zu solch gegenständlichem Praxisbezug, zu diesem Beispiel handwerklicher Umsetzung eines ästhetischen Ideals nehmen sich die modernen Theorien, die der Kunst eine utopische Funktion als „Vor-schein eines Gelungenen" einräumen,[8] eigentümlich metaphorisch aus. Auch legt es der von Goethe ausgesuchte Musterfall darauf an, den Autonomiebegriff der Kunst noch ganz substantiell zu verstehen. Denn das ist eine weitere Pointe der Gleichniserzählung von der „plastischen Anatomie": Nur insofern die Kunst autonom ist, insofern sie die Natur auf ihre Weise nachahmend, von dieser unterschieden ist, kann sie der Produktivkraftentwicklung so beispringen, wie es zur Rettung von deren eigensten Intentionen unerläßlich ist. Zugleich erlöst das die ästhetische Mimesis davon, nur Schein zu sein.

In der Nachfolge Hegels hat die Theorie vom Ende der Kunst eine zentrale Stellung in den Ästhetiken Benjamins und Adornos.[9] Unter dem Gesichtspunkt einer Vollendung der Künste hat Goethe frühzeitig auf dieselbe Erfahrung reagiert, daß nämlich in einer Zeit zunehmender Industrialisierung, in einer Welt, in der mittelbare Verkehrsformen immer stärker vordringen, mimetische Einstellungen allein unzureichend sind. Es ist nicht unwichtig, daß derjenige, der selber unter dem Titel des Klassikers, des anschaulich-naiven Plastikers rubrifiziert, daß Goethe dem, „was jetzo Kunst ist", allem voran dem sinnlich-plastischen Kunstschaffen, verordnet: es „muß Handwerk werden".[10] Der Vorwurf ist nicht haltbar, Goethe sei bei der Kunst stehengeblieben.[11] Freilich ist es ein Unterschied, ob man die Kunst um des Lebens willen als Kunst sich zu vollenden treibt oder ob man in ihr einen defizienten Modus der Wahrheit erblickt. Es spitzt sich zuletzt darauf zu, daß Goethe die sinnliche Anschauung nicht erst, wie Hegel, im Begriff ganz zu sich kommen läßt, daß er vielmehr die Mimesis der Technik ebenbürtig gegen- und zuordnet, auch wenn – in der Sprache messianischer Geschichtsvorstellungen – diese sich zu jener wie die wirkliche Erfüllung zur Verheißung verhält. Die mimetische Widerspiegelung der Natur befriedigt die vitalen Bedürfnisse zwar nur scheinhaft. Aber gerade durch ihren nicht-instrumentellen Charakter und dadurch, daß sie sich nach ihrer Weise schon am Ziel glaubt, taugt sie zum Korrektiv eines technischen Fortschritts, der seinerseits die Natur auf ein bloßes Herrschaftsmittel zu reduzieren droht. Was der materiellen Sicherung des Lebens dienen soll, hat von sich aus die Tendenz, die Naturverfallenheit des Menschen zu steigern; während das mimetische Verhalten sich darin genug ist, die über das eigene Ich hinauszielende Triebdynamik immer wieder narzißtisch zu absorbieren. Sich gegenseitig aus der Unfruchtbarkeit bzw. einem vorprogrammierten Konflikt herauszuführen, sind Kunst und Technik aneinander verwiesen. Wir entwickeln das hier nur deshalb noch einmal, um exemplarisch zu beleuchten, wie Goethe zu dem steht, was heute unter dem Titel der Kritik ein wesentliches Moment in jedwedem Emanzipationsprozeß darstellt.

Goethe übt in unserem Beispiel an der Kunst keine Kritik im modernen Sinne des Wortes. Erst recht sucht er sie nicht zu retten, indem er sie – wie es heute geschieht – selber zu einer Form von Kritik macht und etwa dadurch rechtfertigt, daß sie reflexiv auf eingelebte Alltagserfahrungen bezogen sei.[12] Er steht aber Kant und seiner kritischen Methode nahe, wenn er die Kunst, auf Mimesis gegründet, in ihren Grenzen erfaßt: nach der Seite ihrer spezifischen Leistungen wie auch hinsichtlich dessen, was jenseits von ihr liegt. Er führt die Bildhauerei, diese sinnlichste Kunst, auf die Nachahmung der sichtbaren Natur zurück. Dem plastischen Sinn am weitesten entgegenkommend, befriedigt sie jedoch dessen wirkliche Bedürfnisse nur zum Schein. Aber als das zur Vollendung getriebene

Scheinbild des ganzen Menschen kehrt die Plastik seine schöne Unversehrtheit so nach außen, daß sie, der vollkommenen Natur zum Verwechseln ähnlich, für sie mittelbar dort eintreten kann, wo diese sonst unmittelbar geopfert würde. Was die bildende Kunst kritisch in die Schranken weist: die uneingelöste Idealität und die kompensatorische Funktion als Lebensersatz, wird einerseits fundamental auf ihren Scheincharakter zurückbezogen. Andererseits ist es gerade diese Radikalisierung ihres mimetischen Grundzugs, die sie in lebenspraktischer Hinsicht nützlich werden läßt, ja, ihre Mittlerrolle überhaupt notwendig macht.

Das ist denn auch Goethes entschiedene Absicht. Er, der als die Signatur der Zeit die Mittelbarkeit der Verkehrsformen herausstellt, will – hier wie überall – das Verhältnis von Mittel und Zweck nicht einseitig und substantiell entleert wissen. Was Mittel ist, soll nicht bloß Vehikel für anderes sein, soll sich nicht darin aufzehren, einem höheren Zweck selbstlos zu dienen. Das gilt auch für die Kunst, von der er fordert, daß sie an dem allgemeinen Prozeß fortschreitender materieller Lebenssicherung teilhat. Sie fällt damit unter die immer komplexeren Gestalten der Arbeitsteilung. Doch selten wieder ist Goethes programmatischer Wille, in den zunehmend arbeitsteiligen Zusammenhängen jedes Partikulare substantiell zu erhalten, so greifbar wie in diesem Falle. Denn statt – wie es heute geschieht – die Kunst, auch die progressive, im Überbau tätig sein zu lassen, verzahnt Goethe die ästhetische Mimesis mit der Produktivkraftentwicklung, also mit den Basiskräften des gesellschaftlichen Fortschritts. Rettung der ästhetischen Mimesis ist hier, auf der Grenze zwischen Bildnerei und gegenständlicher Arbeit, konkret faßbar als Rettung des Menschen durch ästhetische Mimesis. Die Fundierung einer humaneren Menschheitsentwicklung auf die – handwerkliche – Dazwischenschaltung plastischer Artefakte läßt gar nicht erst das vieldiskutierte Problem entstehen: Wie kann sich Kunst zu einem Medium der Kritik ausbilden? Oder genereller: Wie kann Kunst über die Zwischenstufen der Kritik praktisch und emanzipatorisch wirken? Goethe bezieht sich in seinem Beispiel vom Nützlichwerden der Kunst nicht bloß auf ein Überbauphänomen und sein wie auch immer verselbständigtes kritisches Potential. Er knüpft vielmehr praktisch-tätig an die schon materialisierte Außengestalt des vollkommenen Menschen an.

Was für die antike Marmorplastik gilt, läßt sich nicht in gleicher Weise auf die neuere Dichtkunst übertragen. Die literarische Tätigkeit objektiviert sich nicht in Gebilden, die ebenso fundamental in den gegenständlichen Entwicklungszusammenhang eingreifen können. So gilt es denn vor allem, für die erzählende Kunst sinngemäß an den Intentionen festzuhalten, die Goethe in dem Kapitel von der „plastischen Anatomie“ für die einer älteren Zeit angehörende bildende Kunst erkennen läßt. Dabei ist von zentraler Bedeutung, daß die ästhetische Mimesis auf den individuellen und historischen Prozeß der Menschwerdung bezogen ist, ohne doch mit ihm schon identisch zu sein. Die Künste, auch wenn sie von sich aus eine Geschichte haben und sich jeweils mit der Zeit vollenden, sind doch nicht selber schon gleichzusetzen mit der schrittweisen Befreiung von äußerer und innerer Gewalt. Diese ist allein konkret zu verstehen als der materiell gesicherte Fortschritt. Das wird auch deutlich im Falle einer anderen Kunst, der Musik, über die wir hier folgende, am Roman gemachte Beobachtung einrücken.

Wie die Bildhauerei mit den plastischen Sinnen, so korrespondiert die Musik mit dem inneren Sinn. Jene stößt dort an ihre Grenze, wo sie die besondere Natur zwar vollkommen nach außen wendet und als ganz und gegenwärtig darstellt, aber deren wirkliche – also nicht bloß scheinhafte – Verallgemeinerung denn doch der organisierten menschlichen Arbeit überlassen muß. Die Musik zeigt umgekehrt die Tendenz, jedes Partikulare in ein unspezifisch Allgemeines zurückzunehmen. Wir haben schon in den *Lehrjahren,* im Zusammenhang mit den Bestattungsfeierlichkeiten Mignons, bemerkt, daß die Musik den allgemeinsten Effekt hervorbringt, wenn die besonderen Bedingungen ihrer Vermittlung unterschlagen werden.[13] Der Oheim verbirgt vor aller Augen den Chor, der von Unsterblichkeit singt. Auf diese quasi unmittelbare Weise ist neben den plastischen Präparationskünsten des Chirurgen auch die Musik daran beteiligt, die Scheingestalt ewigen Lebens zu evozieren. In den *Wanderjahren* gibt Goethe zwei Beispiele für die einseitige Verabsolutierung musikalischer Kunstübungen. Er geht dabei auf das Wesen der Musik zurück, das nicht in der sinnlichen Vergegenwärtigung liegt, sondern darin, Bewegung darzustellen, also auf der Grundlage des Unterscheidens und Trennens einen Zusammenhang zu schaffen und Sinn zu stiften. Überwiegt nun das Scheiden, wächst es sich zum unüberwindlichen Trennungsschmerz aus, so entsteht jene lyrische Wehklage, die den Bund der Auswanderer in seinem Vorhaben völlig gelähmt hätte, wäre nicht Lenardo beizeiten eingeschritten.[14]

Eine andere Art verkehrter Totalisierung schildert eine Szene aus dem Lago-Maggiore-Kapitel (II,7). Wilhelm und sein Künstler-Freund müssen sich von Hilarie und der schönen Witwe verabschieden. Die angenehme Gesellschaft sorgloser Stunden zu verlassen, fällt nicht leicht. Die beiden Frauen werden mit dem Boot am Ufer abgesetzt. Die Männer rudern zur Mitte des Sees zurück. Da erhebt der Sänger seine Stimme, anfangs noch zur Laute, und läßt den Ton in genauem Verhältnis zur wachsenden Entfernung vom Ufer so anschwellen, daß die Zurückgelassenen den Eindruck haben, „immer die gleiche Nähe des Scheidenden zu hören“,[15] – und dies umso mehr, als bei einbrechender Nacht der sich tatsächlich vergrößernde Abstand auch vor den Augen verborgen wird. Was Goethe hier schildert, ist die Aufhebung der Bewegung durch ein Medium, das sich als die lebendige Bewegung selbst und ihre sinnhafte Verkörperung versteht. Das sich wechselseitig interpretierende Zusammenspiel von Auge und Ohr ausnutzend, wird die Illusion persönlicher Gegenwart gleichbleibend behauptet. Dabei beglaubigt das Ohr unmittelbar, was für das Auge sinnlich schon nicht mehr faßbar ist; jenes schreibt diesem gleichsam vor, was es sicht. Uns will die merkwürdige, ursprünglich in Venedig beobachtete Szene wie die parabolische Darstellung des Zusammenhangs von Musik und tragischem Drama erscheinen. Ohne auf eine gattungstheoretische Erörterung einzugehen, sei bemerkt, daß gerade in der attischen Tragödie durch die Entfernung des Individuums, im persönlichen Untergang des Helden, seine gesteigerte Gegenwart chorisch und wortreich beschworen wird. Bei Nietzsche, der sich hierin auf Schopenhauer beruft, liest sich das so: „Die metaphysische Freude am Tragischen ist eine Übersetzung der instinktiv unbewußten dionysischen Weisheit in die Sprache des Bildes: der Held, die höchste Willenserscheinung, wird zu unserer Lust verneint, weil er doch nur Erscheinung ist, und das ewige Leben des Willens durch seine Vernichtung nicht berührt wird. ‚Wir glauben an das ewige Leben', so ruft die Tragödie; während die Musik die unmittelbare Idee dieses Lebens ist."[16] Hätte Goethe die körperliche Verklärung Mignons ernst gemeint, dies wäre ein passender Text zu solchem Verständnis. So aber sehen wir, wie Goethe aus einer sich forciert einseitig darstellenden Musik den tragischen Effekt entspringen läßt und „die gleiche Nähe des Scheidenden" als eine Täuschung ausmacht. Die ungegenständliche, durch das Ohr allein verbürgte Allgemeinheit des Tons gibt stellvertretend für den plastischen Realitätssinn diesem zu verstehen, was er, ohne es im einzelnen tatsächlich zu sehen, wahrnimmt. Übersetzt in die Sprache des Evangeliums, ist es das auf den Opfertod folgende Wunder der Wiederauferstehung, die Verewigung des irdischen Leibes.

Wie sich für die bildende Kunst und das Epos, die beide eine anschauliche Totalität als schon vollendet hinstellen, diese idealen Intentionen erst mit zunehmender Entfaltung des instrumentellen Fortschritts wirklich erfüllen, so kommt auch die Musik anders nicht als im praktischen Leben ganz zu sich selber. Das gilt auch für die literarischen Formen, in denen die Prinzipien der Musik gesondert wiederkehren, je nachdem ob sich das Trennende als das Verbindende oder das Verbindende als das Trennende gibt. Fürs erstere, für die rein lyrische Form, gibt Goethe das schlagendste Beispiel. Wir erwähnten schon, daß die im Trennungsschmerz verbundenen Auswanderer, bevor sie von Lenardo wieder aus ihrer Paralyse befreit werden, in einen Chor einstimmen, der sich zu einem gereimten Text machtvoll hören läßt. „Beinahe furchtbar schwoll zuletzt die Trauer; ein unmutiger Mut brachte, bei Gewandtheit der Sänger, etwas Fugenhaftes in das Ganze, daß es unserem Freunde wie schauderhaft auffiel. Wirklich schienen alle völlig gleichen Sinnes zu sein und ihr eignes Schicksal eben kurz vor dem Aufbruche zu betrauern. Die wundersamsten Wiederholungen, das öftere Wiederaufleben eines beinahe ermattenden Gesanges schien zuletzt dem Bande selbst gefährlich.“[17] Das gemeinsame Zurücksinken in die Innerlichkeit, diese Handlungslähmung, markiert die eine Grenze, wo die Musik als ein sukzessives Medium sich gleichsam zuwiderläuft und statt das gegeneinander Unterschiedene in Bewegung darzustellen, das Scheiden selbst verewigt.

„Denn die Bande sind zerrissen,
Das Vertrauen ist verletzt;
Kann ich sagen, kann ich wissen,
Welchem Zufall ausgesetzt
Ich nun scheiden, ich nun wandern,
Wie die Witwe trauervoll,
Statt dem einen mit dem andern
Fort und fort mich wenden soll!“[18]

Folglich ist es denn auch die geordnete Wanderbewegung, in der die Musik, ihre immanten Kunstgrenzen überschreitend, so aufgehoben ist, daß sie selber zum praktischen Ordnungsprinzip dieser höchsten Form kollektiver Beweglichkeit wird. Goethe legt Wert darauf, daß der „Wandergesang“,[19] der auf Lenardos Rede hin vielstimmig erschallt, nicht nur Mimesis einer Handlung ist, sondern der wirksame Gliederungsmechanismus der sich ins tätige Leben teilenden Auswanderergruppe.

2. *„Naturformen der Dichtung“*

Doch nun zur Dichtkunst. Steht sie ebenso in einem komplementären Verhältnis zur gegenständlichen Lebenspraxis wie die bildende Kunst zur Entwicklung der Produktivkräfte oder die Musik zu der erweiterten Beweglichkeit neuer Verkehrsformen? Zunächst sei hervorgehoben, worauf schon mehrfach hingedeutet wurde: Die Poesie bildet in sich, mit ihren Mitteln, die Eigentümlichkeiten der Tonkunst und der Skulptur nach. Wie zwischen den verschiedenen Künsten und den Sinnesorganen eine anthropologisch begründete Korrespondenz besteht, so teilen sich die daraus entspringenden Einseitigkeiten auch den besonderen literarischen Formen mit. Weder der innere Sinn noch die äußeren Sinne geben eine Spiegelung der Natur, die vollständig ist. Die heroisch-tragische und die lyrische Darstellung sowie der epische Vorgang sind in ihrer reinsten Gestalt einseitige Totalisierungen. Goethe nimmt im Anhang zum *Westöstlichen Divan* sogar an, daß sich als selbständige Gattung nur das Epos, „das Homerische Heldengedicht“, rein behauptet.[20] An den anderen poetischen Werken partizipiert in unterschiedlicher Verteilung und Gewichtung, was er auch die Naturformen der Dichtung nennt: „die klar erzählende, die enthusiastisch aufgeregte und die persönlich handelnde".[21] So sieht er oftmals das „kleinste Gedicht" durch deren gelungene „Vereinigung im engsten Raume" charakterisiert.[22] Selbst in der Geschichte des griechischen Trauerspiels treten seiner Meinung nach wechselweise epische, lyrische und dramatische Elemente stärker hervor. Das bedeutet, daß auch wir, soweit wir bisher von der Tragödie oder der Lyrik im Sinne autonomer Gattungen redeten, besser mit einer adjektivischen Wendung zum Beispiel von dem tragischen Effekt sprechen. Damit leugnet Goethe nicht die Einteilung in die einzelnen Dichtarten, wohl aber macht er sich davon frei, diese immer mit dem Werk als ganzem zu identifizieren. Jedem literarischen Werk räumt er ein, daß es, ohne seinen vorwaltenden Charakter als Drama, Gedicht oder Erzählung zu verletzen, die poetischen Naturformen auf seine Weise kombiniert. Diese Naturformen sind denn auch nicht schon in sich fertige Gebilde, sondern typische Mitteilungssituationen, in denen Produzent wie Rezipient als sinnliche Wesen beteiligt sind.

Eine Historisierung der elementaren Mitteilungssituationen ist in Goethes theoretischen Äußerungen einerseits angelegt. Andererseits ist nirgends die Absicht ausgesprochen, die reinen Formen des Epos, der Lyrik und des Dramas auf eine ältere Zeit festzulegen. Wenn wir dennoch die Naturformen relativieren und einer früheren, jedoch nicht einfach überlebten Entwicklungsstufe zuordnen, so geschieht es aus der Perspektive des Romanwerks. Dieses verhält sich zu den Naturformen wie die Praxis zur Theorie. Wir haben in den *Lehrjahren* gesehen, wie Wilhelms theatralisches Selbstverständnis in den Roman seines Lebens hinübergearbeitet wird; wie er – nach dem Verlauf der äußeren Handlung – auf dem Theater scheitert und doch auf dem Weg über die Bretter, die die Welt bedeuten, das erreicht, was er immer schon erreichen wollte. Das Drama – so schließen wir auch aus der sich auflösenden Identifikation Wilhelms mit dem tragischen Helden Hamlet – vollendet sich in der „Prosa des Lebens".[23] Zuletzt geht die eingelagerte Tragödie in einer ans Triviale rührenden Verwechslungsposse auf.

Daraus und aus unseren Beobachtungen über die verschiedenen Künste sowie ihrer je besonderen Nähe zu den poetischen Gattungen folgern wir, daß Goethe die Naturformen der Dichtung sowohl historisch als auch individualgeschichtlich einem früheren Entwicklungsniveau zuweist. Resümierend halten wir fest: Die Welt als Drama rückt den Menschen als „persönlich handelnde(n)"[24] ins Zentrumm. Den dramatischen Dichter haben wir uns nach Goethes Verständnis von einem Mimen herzuleiten, „mit einem ungeduldig schauenden und hörenden Kreise umgeben".[25] Für die Handlung folgt daraus, daß „der Dramatiker sie als vollkommen gegenwärtig darstellt".[26] „Der zuschauende Hörer muß von Rechts wegen in einer steten sinnlichen Anstrengung bleiben".[27] Seinen kritischen Höhepunkt erreicht das Drama, wenn der Held mit dem Tod, dieser zudringlichsten

Fremdbestimmmung, konfrontiert wird und sich doch weiter als unmittelbar handelnd zeigen soll. Hier tritt jenes täuschende Zusammenspiel der Sinne ein, das Goethe in der Szene am Lago Maggiore abbildet. Wie sich dort am Beispiel der zurückgelassenen Frauen zeigt, so soll das Publikum durch die Tragödie dahin gebracht werden, daß es „immer die gleiche Nähe des Scheidenden zu hören glaubt". Auf der Grundlage dieses synästhetischen Scheineffektes kann der entschwindende, der untergehende Protagonist seine Gegenwart als handelnde Person ungebrochen behaupten. Wenn Goethe wie immer lakonisch und ohne eine Spur von Kritik sagt, daß auf der Bühne „bei sinnlicher Gegenwart auch sogar der stärkere Eindruck durch einen schwächern vertilgt werden kann",[28] so zielt das auf jenes ersichtliche Scheitern, das den Sieg bedeutet, auf das unmittelbar dem Tod entspringende Leben, kurz, auf die Apotheose des tragischen Helden.

Die heroisch-tragische Wirkung ist ursprünglich in der Organisation unserer Wahrnehmungsorgane mitangelegt. Sie folgt daraus, daß die sich wechselseitig interpretierenden Sinne – der innere oder verallgemeinernde Sinn und die besonderen, plastischen Sinne – noch weniger arbeitsteilig, als vielmehr mimetisch aufeinander bezogen sind. Die Mitteilungssituation, für die das charakteristisch ist, steht nicht isoliert. Sie ist in dem weiteren Zusammenhang solcher Verkehrsformen zu sehen, die – ihrem historischen Kern nach feudal – in dem ökonomischen Reproduktionsmechanismus des Erbes ihre Basis haben. Gegenüber dem von Generation zu Generation weitergereichten Erbe hat das Individuum keine besonderen Ansprüche geltend zu machen. Ja, insofern das Erbe den materiellen Lebenszusammenhang durch eine Folge von Geschlechtern sichert, ist der einzelne stets aufgefordert, zu dessen dauerndem Erhalt seine Besonderheit aufzuopfern. Der Sieg des Generationsprinzips über die Individualität eröffnet jedoch dem persönlichen Opfer zusammen mit dem moralischen Triumph auch den metaphysischen Himmel einer über das Hier und Jetzt hinausgreifenden Existenz. Antike und biblische Traditionen zieht Goethe hier zusammen. Dem leiht die dramatisch-tragische Naturform vollendet Ausdruck. Wir unterlassen es, diese Stichworte zur theatralischen Dichtart weiter miteinander zu verketten und verweisen auf unsere Erörterung der *Lehrjahre,* die von dem Gegeneinander eines theatralischen Bewußtseins und eines prosaischen Lebenslaufs durchgehend bestimmt ist.[29] Genug, wenn die reine Ausgestaltung des dramatischen Effekts auf den ursprünglichen Anteil unserer Sinne und dieser auf die im weitesten Verstande materiellen Voraussetzungen zurückgeführt wird. Damit ist der unbedingt persönlich handelnde Mensch des Dramas in die – stets auch historischen – Grenzen einseitiger Verabsolutierung gewiesen.

Aus einer anderen Richtung herkommend, gibt sich das Epos als eben solch eine einseitige Totalität zu erkennen. Es stellt nicht wie das Drama die Begebenheiten „als vollkommen gegenwärtig“ dar,[30] sondern bildet seine Welt zu einer anschaulichen Vollkommenheit aus, indem er sie als vergangene, Goethe sagt, als „vollkommen Vergangene vorträgt“.[31] Schiller läßt in einem kommentierenden Brief die Nähe zur Plastik anklingen, deren Schönheit wesentlich auf dem statuarischen Charakter beruht, also darauf, daß sie umschritten und von allen Seiten erfaßt werden kann. „Die dramatische Handlung bewegt sich vor mir, um die epische bewege ich mich selbst. (...) So kann ich einen ungleichen Schritt halten, ich kann nach meinem subjektiven Bedürfnis mich länger oder kürzer verweilen, kann Rückschritte machen oder Vorgriffe tun u.s.f. Es stimmt dieses auch sehr gut mit dem Begriffe des Vergangenseins, welches als stillstehend gedacht werden kann.“[32] Schiller, der stärker aus der Sicht des im epischen Werk hin- und herblätternden Lesers argumentiert, und Goethe, für den die Situation des Vortrags entscheidend ist, betonen gleichermaßen die Freiheit der Phantasie, der Einbildungskraft, „die sich ihre Bilder selbst hervorbringt und der es auf einen gewissen Grad gleichgültig ist, was für welche sie aufruft“.[33] Das Epos läßt vor der inneren Vorstellung das plastisch in die Breite geführte Bild einer in allen Teilen sinnlichen Welt erstehen. Damit sind der epischen Darstellung aber auch die Grenzen gesetzt. Denn wo in der Antike die handlungsbestimmenden Zufälle, Schicksale, Phantasien noch die greifbare Gestalt von Göttern oder Orakeln haben, da hat sich „für die Moderne eine besondere Schwierigkeit“ herausgebildet.[34] Der zunehmend mittelbare Zusammenhang, in dem unter immer komplexeren Formen der Arbeitsteilung die Menschen ihr Leben reproduzieren, entzieht sich mehr und mehr dem unmittelbar anschaulichen Begreifen. Wollte man für unsere Zeit die Bedingungen epischer Darstellung behaupten, so müßte man lenkende Mächte namhaft und sichtbar machen: zeitgemäße Vertreter jener alten Götter, für die sich jedoch, „so sehr es zu wünschen wäre, nicht leicht Ersatz finden“ läßt.[35] Die Turmgesellschaft in den *Lehrjahren* ist ein solches episches Vehikel. Mit dem Nachweis ihrer Partikularität, ihres bloß bedingten Einwirkens auf Wilhelms Lebensgang, entsteht der Roman. Woraus an dieser Stelle einmal mehr zu ersehen ist, daß die Intention einer historischen Abfolge für Goethe die – wenn auch zu relativierende – Präsenz des Vergangenen nicht ausschließt.

Das gilt vor allem für den rein lyrischen Ausdruck. Jeder ist zu seiner Zeit, auf seine Weise davon bedroht, daß sich der Schmerz über eine Trennung, über den Zwang zur Besonderung so verallgemeinert, daß er davon total eingenommen ist. Wo sich vollends die „Gemüter hinreißen“[36] lassen und der Eindruck gewaltsam um sich greift: Leben hieße Abschiednehmen, da entsteht paradoxerweise wieder eine Art von Gemeinsamkeit. Das Trennende wird zu dem, was verbindet, aber um den Preis eines gelähmten Handlungswillens. Auch dies ist eine Generalisierung, die, gemessen an der organisierten Gestalt kollektiver Beweglichkeit, als einseitig dahinter zurückbleibt. Dabei zeigt sich gerade am Beispiel der lyrischen Dichtung, wie vorteilhaft es ist, daß Goethe die Naturform nicht mit dem traditionellen Begriff der Gattung zusammenfallen läßt. Denn auf diese Weise kann er der Lyrik eine „enthusiastisch aufgeregte" Mitteilungssituation[37] zugrunde legen, ohns sich daran zu binden, dies für die Gattung und seine Geschichte als ausschließlich konstitutiv anzusehen. Nicht einmal das Gelingen eines einzelnen lyrischen Gebildes – so macht Goethe unmißverständlich klar – hängt davon ab, daß die Naturform rein zur Darstellung gelangt. Vollkommene Gedichte sind auch dadurch entstanden, daß sie sich zu den verschiedenen Naturformen ins Verhältnis setzen und sie in sich hineinnehmen.[38]

Es ist eigentümlich, daß Peter Szondi, der sich in unserer Zeit so intensiv wie niemand mit der Gattungspoetik der „Goethezeit" befaßt hat, für Goethe selbst konstatiert, daß er „das Problem der Vermittlung von historischem Wandel und naturhafter Vorgegebenheit der Dichtungsweisen nicht gelöst" habe.[39] Das liegt wohl daran, daß er die Vollendung der klassischen Ästhetik programmatisch bei Hegel sucht und daß er – was schwerer wiegt – fast nur theoretische Belege für die Erörterung der Gattungsproblematik berücksichtigt. Goethe geht dagegen in seinen vereinzelten poetologische Äußerungen stets schematisierend und in einem eher naturwissenschaftlich-praktischen Sinne klassifizierend vor; während eine historische Belebung dieser lakonisch mitgeteilten Beobachtungen uns nur aus den goetheschen Werken selbst entgegentritt. In der Perspektive seiner Romane und der darin geschilderten Biographien will es uns dann allerdings überzeugend erscheinen, daß die Historisierung der Dichtarten ein wesentliches Aufbauelement seines Geschichtsbildes ist.

Die poetischen Naturformen erweisen sich darin als historisch, daß sich der Mensch in ihnen jeweils von einer Seite vollkommen darstellt. Der unbedingt persönlich Handelnde gehört jedoch sogut einer vorbürgerlichen Entwicklungsstufe an wie sein Gegensatz: der Schmerzbetäubte. Und ebensowenig ist die epische Welt mit ihren anschaulichen, noch ganz und gar personalen Beziehungen schon auf dem Niveau fortgeschrittener Arbeitsteilung. Wie wir gezeigt haben, sieht Goethe diese einseitigen Totalisierungen letztlich in unserem sinnlich-sinnhaften Verhältnis zur Natur begründet. Im Austausch mit der Natur herrschen ebenso noch Formen unmittelbarer Tätigkeit vor wie auch die Sinne untereinander noch nicht arbeitsteilig zusammenwirken. Die äußeren Sinne, die mehr auf das Einzelne und Plastische gehen, sind in ihrem Widerspiegelungsanspruch geradeso absolut wie der innere Sinn, der für eine wechselnde Folge von Momenten stets wieder eine Synthese herstellt. Die relative Unbemitteltheit des Anfangs, der geringe Grad der Spezialisierung und Besonderung führt diese mimetischen und desanthropomorphen Einstellungen zur Natur so gegeneinander, daß sie sich wechselseitig beglaubigen. Das diskursive Wort gibt dem Auge zu verstehen, was es sieht, und dieses bestätigt jenes in seiner vermeintlich lebendigen Bedeutung. Die vollkommene Plastizität des epischen Universums entspringt endlich daraus, daß jene in den technischen Mitteln später tatsächlich wirkenden, in ihrem vielteiligen Zusammenhang dann aber nicht mehr sinnfälligen Kräfte zuerst noch unmittelbar-persönlich zur Anschauung gebracht werden.

Erst mit fortschreitender Arbeitsteilung teilen sich auch die Sinne so in die Welt, daß sie selbständiger werden und – sich aneinander abarbeitend – ihren eigentlichen Gegenstand, den Menschen, aus einer Sphäre des Scheins und der kompensatorischen Befriedigung ins freiere Leben entlassen. Haben wir uns dieses selbst ganz diesseitig, ganz tätig vorzustellen, so sind doch auf dem Weg dorthin erst jene Totalisierungen zu überwinden, die in der noch ungebrochen einseitigen Selbstdarstellung der Sinne ihren Grund haben. Goethe sieht dies tief in die Gegenwart hineinragen. Ja, der mittelbare Lebenszusammenhang arbeitsteilig Produzierender erneuert sich seiner Meinung nach über die frühen Stufen eines unmittelbaren Selbst- und Objektbezuges. Dieser immer neu aufbrechende Widerspruch bildet in jener mittleren Phase der *Lehrjahre,* in der die materiellen Bewegkräfte und das vorgängige Lebensverständnis wie Basis und Überbau auseinandertreten, geradezu die Bedingung, unter der sich die höherspezialisierte Gesellschaft durch die einzelnen Glieder hindurch reproduziert. Daraus leitet sich die relative Berechtigung von Epos, tragischem Drama und lyrischem Hymnus für die Gegenwart her.[40] Wie damit zugleich auch ausgesprochen ist, daß weder der unbedingt persönlich Handelnde, noch der enthusiastisch Aufgeregte, noch der episch-plastische Weltspiegel wirklich auf der Höhe der Zeit ist. Vielmehr erhält diese sich im ganzen dadurch, daß sie jene einseitigen Totalisierungen als besondere und konstitutive Teile in den eher prosaischen Zusammenhang des Lebens zurücknimmt. Das wird im ersten Meisterroman dargestellt: Das theatralische Bewußtsein seines Helden scheitert zwar, gemessen an dem unbedingten Anspruch, gleichwohl hat es an dessen letztendlich erfolgreichen Werdegang als e i n e Antriebsquelle effektiv teil.

In den *Wahlverwandtschaften* – um an ein anderes Beispiel zu erinnern – setzt sich die romanhafte Konzeption durch, indem der novellistische Schluß seine vermeintlich absolute Geltung einbüßt und die dramatische Apotheose Ottilies, der unbedingte Sieg der Moral und die offenbare Verklärung der Heldin über den Tod hinaus, als Schein durchschaut wird. Der tragisch-dramatische Effekt, vernehmlich signalisiert als „die gleiche Nähe des Scheidenden", hat in den *Wahlverwandtschaften* die doppelt greifbare Gestalt: für das Auge unmittelbar durch die Gestalt der Heiligen, die in einem Glassarg unverweslich den Lebenden angehört; und für das Ohr auktorial beglaubigt zuletzt noch durch das Wort des Erzählers, das die Wiederauferstehung ausspricht.[41] Der Roman aber bildet sich damit heran, daß dieser unmittelbare Sinnenschein hinterfragt wird. Auge und Ohr, die sich gegenseitig eines absoluten Wissens versichern, sind gleichsam nach der Seite ihrer Besonderheit zu trennen und arbeitsteilig gegeneinanderzuführen, damit sich das heroisch-tragische Schlußdrama zum Roman entwickelt.

3. *Im Zeichen sinnlicher Darstellung*

Ohne dem Roman unter den Dichtarten eine einzigartige Stellung zu verschaffen, scheint er doch besonders geeignet, die klassischen Formen des Epos, des Dramas und der Lyrik in sich arbeiten zu lassen. Nicht daß diese in ihrer reinen Gestalt darin auftreten könnten; aber wie jede der Künste die übrigen nachahmend wieder hervorbringen kann, so ist auch der Roman, vor allem wegen seiner größeren Ungebundenheit, in der Lage, epische, tragische, lyrische Elemente mit seinen Mitteln aufzubereiten. Ja, unsere These war, daß er überhaupt dadurch hervorgebracht wird, daß er jene als historisch in seinen prosaischen Vermittlungszusammenhang zurücknimmt. Je nach dem Grad der Verarbeitung präsentiert sich das erzählerische Werk seinem Leser auf einer von drei Ebenen, von denen wir die zwei nächsten nach einer in der Pädagogischen Provinz getroffenen Unterscheidung als die der sinnlichen Zeichen und als die des symbolischen Anklangs bezeichnen wollen.[42] Neben die sinnliche und die symbolische Gestalt des Werkes tritt eine dritte, die Goethe unter dem Titel der „oberste(n) Deutung“[43] nicht weiter erläutert, und der wir auch hier nicht vorgreifen wollen.

Zunächst tritt uns der Roman als die „sinnliche Darstellung“ einer Handlung[44] entgegen. So fangen die *Wanderjahre* für den Leser an und so beginnen die Jahre des Wanderns für Wilhelm. Nicht daß ausschließlich der Romaneinstieg dadurch charakterisiert wäre, aber nirgends läßt Goethe die Naturformen von Epos, Lyrik und Drama so sinnfällig zusammenwirken wie in dieser frühen Begegnung Wilhelms mit Sankt Joseph dem Zweiten. Unsere Interpretation dieser Novelle lief darauf hinaus, daß Wilhelm mit seinem vorgängien Selbstverständnis, wie er es aus den *Lehrjahren* in den neuen Roman einbringt, konfrontiert wird. In dem wunderlichen Nachfahren jenes heiligen Joseph trifft Wilhelm auf die lebendige Verkörperung, ja, auf das historisch-legendäre Urbild derjenigen Einstellungen, die ihn im Verhältnis zu seinem eigenen Vater ebenso kennzeichneten, wie er sie auch selber in der Rolle eines Vaters zu seinem Sohn, desweiteren zu seiner familiären Existenz, wiederholt. Was da in den entlegenen Alpenregionen vor Wilhelms Augen und Ohren wieder Wirklichkeit wird, das ist gleichsam die Ursprungsszene einer noch weitgehend an dem Muster einer vorarbeitsteiligen Zeit angelehnten Selbst- und Lebenseinschätzung. Wir sind an früherer Stelle ausführlich auf den Zusammenhang von Nachahmung und Zufall, von väterlichem Gehorsam und persönlichem Opfer eingegangen und haben darin Elemente einer Daseinsform ausgemacht, die sich noch ungebrochen durch das elterliche Erbe und in diesem womöglich über eine Folge von Geschlechtern erhält. Hier stehen aber jetzt ästhetische Fragen im Vordergrund. Und da ist es naheliegend, die Erscheinung eines zweiten Joseph, diese sinnliche Vergegenwärtigung eines „vollkommen Vergangenen" als episch zu bezeichnen. Episch ist die Plastizität, mit der die bekannten Geschichten aus der Bibel Gestalt annehmen und die Wirkung eines „lebendigen Bildes"[45] noch übertreffen. Vor allem aber ist jener ruhig-besonnene Fortgang episch zu nennen, mit dem das schon Bekannte und Vertraute nach und nach vor Augen tritt – sehr zum Erstaunen Wilhelms wie übrigens auch des Lesers. Daß sich zunächst aus einer zufälligen Begegnung, aus einzelnen Beobachtungen und allerlei Koinzidenzien, schließlich aus einer wachsenden Ähnlichkeit heraus tatsächlich die Wiederbelebung der Heiligenlegende entwickelt, läßt an jenes „höhere Wesen"[46] denken, das aus universaler Überschau das Geschehen sicher lenkt und verknüpft. In der ebenso überlegenen wie folgerichtigen Handlungsführung ist es jedenfalls ein Teil der epischen Welt selbst.

Neben der epischen kehrt auch die dramatische Form in der Josephsnovelle wieder. Sie ist an den Part Wilhelms geknüpft. Wir erkennen sie nach den hier erarbeiteten Kriterien daran, daß das dem ersten Augenschein nach einer längst abgeschiedenen Zeit Zugehörige für Wilhelm umso aktueller und für sein gegenwärtiges Selbstverständnis umso sprechender wird, je mehr ihm von der wunderbaren Lebensgeschichte dieses Joseph zu Ohren kommt. Es ist charakteristisch für die verwickelte narrative Struktur der Novelle, daß Wilhelms skeptische Distanz zu dem, was er sieht, immer mehr getilgt wird, bis er sich schließlich selber als der Erzähler der Geschichte zu erkennen gibt und sogar zugeben muß, daß ihm die immer stärker empfundene „Verwandtschaft" mit dem Manne dazu verführt haben mag, ihm teilweise seine eigenen „Gesinnungen" zu unterstellen.[47] Diesen Vorgang zunehmender Identifikation Wilhelms mit dem zweiten Joseph, diese vollkommene Vergegenwärtigung eines zeitlich Entfernten, nennen wir dramatisch. Inwendig eingeschrieben ist ihm ein Prozeß, in dem das Gesehene durch das Gehörte vereinnahmt, die eingesehene Ferne durch das gleichbleibend zudringende Wort kassiert wird.

Wenn die lyrische Naturform aus einer enthusiastisch-aufgeregten Mitteilungssituation entspringt, so paßt das am ehesten auf jene ersten Briefe, die Wilhelm, noch erfüllt von Abschiedsschmerz, an Natalie schreibt. Diese Briefe begleiten kommentierend die Begegnung mit dem frommen Alpenbewohner. Als lyrisch bezeichneten wir die Klage über eine Trennung, die zu einer gefährlichen, das ganze Leben gewaltsam nivellierenden Verallgemeinerung hindrängt. In diesem Sinne hören wir Wilhelm sich beschwörend an Natalie wenden: „Laß mich mein letztes Ach zu dir hinübersenden! Laß meinen letzten Blick zu dir sich noch mit einer unwillkürlichen Träne füllen!“[48] Da Wilhelm mit solchen Worten zugleich Abschied von allen ferneren Schmerzbeteuerungen nimmt, wie es das Gebot der Wanderer vorschreibt, haben wir es obendrein mit einer lyrisch-klagenden Absage an alles weitere Klagen zu tun. „Du sollst keine Klagen mehr von mir hören; du sollst nur hören, was dem Wanderer begegnet.“[49] Und noch der letzte Brief in dieser Reihe ist in der Weise lyrisch, daß er wehleidig die Klage über den Verzicht auf Klage zum Gegenstand der Botschaft macht: „Dagegen darf ich nicht einmal mein Schicksal beklagen, weil ich dir zugesagt habe, zu schweigen und zu dulden (. . .).“[50]

Am Anfang der *Wanderjahre* sehen wir also, wie Wilhelm sich seinem Selbstverständnis entsprechend in einer episch geordneten Welt wiederfindet und wie er sich der dramatischen und lyrischen Naturformen bedient, um sich mitzuteilen. Zugleich haben wir ein Beispiel dafür, was Goethe unter dem Zusammenwirken der verschiedenen Dichtarten innerhalb eines Mediums, hier der Erzählung, versteht. So ist interessant, daß er in dem Wechsel der Erzählperspektive ein narratives Mittel zur Dramatisierung sieht. Wilhelm, der erst in eine nach Raum und Zeit entrückte Welt eintritt, der sich nach Maßgabe seiner eigenen Erfahrungen spontan und enthusiastisch dazu äußert und der schließlich sogar persönlich handelnd gegenwärtig ist, indem er in die Rolle des seine Lebensgeschichte erzählenden Joseph hinüberwechselt, dieser Wilhelm ist gewissermaßen das Spiegelbild des naiven Lesers. Ein solcher Leser kehrt mit dem Aufblättern des Romans in eine fremde Wirklichkeit ein, er nimmt in dem Maße teil, wie er sich darin zustimmend wiedererkennt, in der Identifikation mit dem Helden ist er unmittelbar selber im Werk präsent. Es ist ein Leser, der ganz und gar auf die sinnliche Außengestalt des ästhetischen Produkts bezogen ist. Wobei wir für diese ersten, anfänglichen Rezeptionseinstellungen aus der Figur Wilhelms lernen können, daß sie charakterisiert sind durch die Unfähigkeit zur Distanz. Wilhelm ebenso wie der Leser, dem sich das Werk zunächst von seiner sinnlichen Seite eröffnet, agieren unmittelbar in den Naturformen. Die Welt erscheint in eine Reihe von Bildern auseinandergelegt, gleichsam „nur aus den Augen des Kindes“.[51] Die Sinne, die noch ungeteilt und absolut ihre Geltung behaupten, wirken so zusammen, „daß aus den fremdesten Elementen ein täuschendes Ganze entgegentritt“.[52] Diese Bemerkung, die Goethe zur Bibel und zu der „Sammlung ihrer heiligen Bücher“ macht, paßt genauso auf die *Wanderjahre* und die „sinnliche Darstellung“[53] der darin vereinigten Geschichten. Wie überhaupt das „Buch aller Bücher“ in einem weit höheren Maße, als nach dem landläufigen Urteil über den Klassizisten und Heiden zu vermuten wäre, das Muster abgibt für die im letzten Meisterroman veranstaltete Sammlung von

Erzählungen und Novellen, Dokumentationen und Aphorismen – eigenen, fremden oder auch kollektiven Ursprungs. Daß es Goethe ernst ist mit dem Ur- und Vorbild der Bibel, auch wenn alles darauf zielt, soweit als irgend möglich darüber hinauszugelangen, zeigt denn auch die einleitende Bearbeitung der Josephsnovelle. Als jenes „täuschende Ganze" zieht sie Wilhelm immer tiefer in die biblische Vergangenheit hinein, sie bringt ihn zur sinnlich-faßlichen Darstellung seiner selbst, ohne daß er doch schon imstande wäre, mit wachsender Vergegenwärtigung seiner Geschichte sich selber geschichtlich zu sehen.

4. *Symbol und Gleichnis*

Hier tritt die symbolische Darstellung in ihre Rechte ein. Damit Wilhelm aber in der Begegnung mit dem zweiten Joseph das Symbolische wahrnehmen kann, wäre es notwendig, daß er in dem merkwürdigen Fall jenes Alpenbewohners nicht nur seinen eigenen nachempfände, ja wiederinszinierte. Er müßte auch durch die aufgespürte „Verwandtschaft" hindurch in der Lage sein, den historischen Grund einer solchen Existenz zu erkennen. Die Josephsgeschichte ist so konstruiert, daß sie nicht nur Identifikationen Vorschub leistet, sondern auch deren Ursprung und Genese sichtbar macht. Wilhelm hält mit der Legende vom heiligen Pflegevater und seiner späteren imitatio gleichsam den Schlüssel zum Verständnis seiner eigenen Vergangenheit und gegenwärtigen Selbsteinschätzung in der Hand. Dieser kognitive Zusammenhang erschließt sich ihm jedoch nicht. Erst später, in dem mehrteiligen Brief an Natalie, ist er imstande, über die „Nachahmungsgabe" im besonderen und allgemeinen zu räsonnieren.[54] Solange Wilhelm, von einer spontan wachsenden Sympathie für Joseph ergriffen, dessen Schicksal affektiv zu seinem macht, teilen sich ihm auch die Symbole noch nicht in ihrer wesentlichen Eigenschaft mit: als bewußtseinsfähige Gebilde. Statt die Symbole nach den Seiten ihrer emotionalen und kognitiven Funktion zu unterscheiden, statt ihnen im Verhältnis zu den Affekten, Wünschen, eingelebten Erfahrungsmustern jene Autonomie einzuräumen, die erst ihren zeichenhaften Verweisungscharakter hervortreten läßt, agiert Wilhelm unmittelbar selber in der Szene. Die sinnliche Gegenwart, die ihn in ihren Bann zieht, hält jedoch den aufmerkenden Leser nicht ab, die Begegnung mit Joseph gleichnishaft-symbolisch aufzufassen.

Inhaltlich – das ist hinreichend geklärt – wird wie in einem Spiegel auf die historisch-legendären Quellen zurückverfolgt, was unter jenem Vorsatz zu verstehen sei, den Wilhelm gegen Ende der *Lehrjahre* ausspricht und mit dem er die *Wanderjahre* beginnt. „Alles, was er anzulegen gedachte, sollte dem Knaben entgegenwachsen, und alles, was er herstellte, sollte eine Dauer auf einige

Geschlechter haben".[55] Daß diese mit dem „Gefühl des Vaters" erworbenen „Tugenden des Bürgers", die Bemühungen um Dauer und Erbe, ihre Wurzeln in einer vorbürgerlichen Zeit haben, veranschaulicht sinnbildlich die Josephsgeschichte. Mit der Erschließung ihres symbolischen Sinnes wird die Novelle in den Roman übersetzt.[56] Das ist die gattungstheoretische Implikation des symbolischen Erzählens. Durch das symbolvermittelte Verstehen streift die „unerhörte Begebenheit" die Grenzen der Gattung ab und öffnet sich sowohl den übrigen Teilen des Werkes als auch einer reflektierteren Einstellung des interpretierenden Lesers. Der Roman entfaltet sich als derjenige Vermittlungszusammenhang, in den die sinnfällige Präsenz des Gesehenen und Gehörten kritisch-vergleichend zurückgenommen wird. Die Naturformen, die – wie dargestellt – auf jeweils ihre Weise an der Erzählung partizipieren, treten in der symbolischen Aneignung ihre vordergründig absolute Geltung an den Roman ab. So gibt der Roman einerseits den Naturformen statt, andererseits bildet er sich dadurch heran, daß diese mit zunehmender Perspektivierung der Geschichten historisiert werden. Die besondere Form der *Wanderjahre,* das locker verbundene Beieinander von Novellen, Märchen, Tagebuchaufzeichnungen, Erzählungen und Teilen von Erzählungen, hat letztlich darin ihren Grund. Der Roman, der, den verschiedenen Naturformen Raum gebend, sich sinnvollerweise erst mit ihrem gegenseitigen Zusammenwirken konstituiert, hat folgerecht die Form der *Wanderjahre,* die manchem Interpreten auch heute noch als eine Unform erscheint.

Mit der Auftrennung in eine dynamische und kognitive Funktion haben wir eine wesentliche Struktur der goetheschen Symbolik hervorgehoben.[57] Symbole sind einerseits emotional besetzbare Gebilde, die als Verkörperungen von Wünschen und Hoffnungen eine Rolle im Affekthaushalt spielen. So tritt jene symbolische Gleichniserzählung in ein unmittelbares Verhältnis zu Wilhelm, der sich darin in seinen Glückserwartungen und Sehnsüchten ausgesprochen fühlt. Andererseits sind die Symbole Bedeutungsträger; als solche strukturieren sie Erkenntnisprozesse. Das heißt, in der Distanzierung von seinen dynamischen Anteilen räumt das Symbol die Möglichkeit ein, den vermeintlichen Wahrheitsgehalt an den Sachen selbst zu überprüfen. Wir wollen das am Beispiel des „Kästchen"-Symbols näher erläutern.

Das Kästchen steht zu jeder der Romanfiguren, die damit deutend und handelnd verbunden sind, in einer anderen affektiven Beziehung. Fangen wir bei Felix an, der es in den schwer zugänglichen Teilen einer Gebirgshöhle findet. Felix ist in einem Alter, da ihm Leben und Welt merkwürdig zu werden beginnen und er die Antworten auf alle Fragen wie die sichtbare Lösung eines Rätsels noch unmittelbar vom Vater erwartet. Der Schatz, den er ans Licht zieht, vertieft denn auch die Verbindung zwischen Sohn und Vater. Das Kästchen wird zum Symbol ihrer besonderen Zusammengehörigkeit, einer Zusammengehörigkeit, die alle anderen ausschließt und nur diese beiden in dem Wissen um das von niemandem sonst Gewußte zusammenhält. „Sie versprachen sich beiderseits deshalb ein tiefes Geheimnis.“[58] Wie immer bei Goethe, wenn eine Sache nicht nach ihrer inhärenten Zweckmäßigkeit gebraucht wird und ihre anbefohlene Bestimmung ganz dem persönlichen Zufall verdankt, tritt sie unter der Form des „Besitzes“[59] auf. Was Vater und Sohn mit dem Kästchen „heimlich besitze(n)“[60] und was vor allem dem Knaben augenblicklich Sicherheit gegen die zudringende Fremdheit der Welt verschafft, ist ein Wissen, das zu seinem positiven Inhalt wesentlich nur dies hat, daß es von keinem außer ihnen geteilt wird. Es ist gleichsam die bloß äußere Gestalt des Wissens. Deshalb wird das Kästchen auch an dieser Stelle das „Prachtbüchlein“[61] genannt, völlig uneröffnet und „nicht größer als ein kleiner Oktavband, von prächtigem alten Ansehen“.[62] Übrigens ist Felix an einer Öffnung desinteressiert; wie er denn auch mit der bloßen „Benennung“ und „Bezeichnung“[63] eines unbekannten Dinges zufrieden ist.

In spiegelbildlicher Entsprechung ist das „Prachtbüchlein“, das – märchenhaft genug – aus dem Schoß der Natur geborgen wurde, mit einer Bemerkung Montans verknüpft: „Die Natur hat nur e i n e Schrift“, er kommt nur darauf an, daß man „sie zu entziffern suchte, sie zu Worten bildete und sie fertig zu lesen lernte“.[64] Wir enthalten uns aller weiteren Vergleichungen und Aufschlüsselungen und fassen nur noch einmal zusammen, auf welche Weise das Kästchen affektiv auf Felix bezogen ist. Für Felix stellt das goldglänzende Kästchen äußerst sinnfällig die Befriedigung eines Wunsches dar, nämlich des Wunsches, daß in der Gemeinsamkeit mit dem Vater die Erklärung für alles und jedes liegen möge. Als dieses Symbol, durch das sich eine frühe Form der Welt- und Lebenserkenntnis ausspricht, geht es rein in seiner dynamisch-plastischen Funktion auf, ohne daß Felix schon in der Lage wäre, auf seinen Zeichencharakter zu reflektieren. Die Situation mit dem gefundenen Kästchen im Mittelpunkt nimmt er nicht als symbolisch wahr. Mit anderen Worten, er sieht noch nicht die Grenzen eines in der Identifikation mit dem Vater verbrachten Lebens.

Wilhelm verhält sich zu dem Kästchen anders als sein Sohn. Zwar geht er auf Felix ein, wie dieser um das Kästchen ein Geheimnis macht, aber da er nicht in gleicher Weise emotional beteiligt ist, kennt er kein Hindernis, die sonderbare Kostbarkeit gelegentlich einem Sammler vorzuzeigen. Wilhelm ist das Kästchen auf der Reise einfach lästig. Umso eher läßt er sich darauf ein, es zu einem Prüfstein des Glücks zu machen und solange bei dem Sammler zu deponieren, bis sich einmal der Schlüssel dazu findet.[65] Daß ihm der Vorschlag, für die Zukunft die Bedeutung des Kästchens zu erproben, eigentlich ein willkommener Anlaß ist, es los zu sein, zeigt sich später daran, daß er fast unwillig wird, als der alte Besitz ihn zu verfolgen beginnt. Hersilie, die überraschend an den Schlüssel herankommt, versucht ihn in der Rolle des Kästchenbesitzers zu sich zu locken; er aber weicht aus. Mit dem Desinteresse am Kästchen und seiner Eröffnung, kurz, mit der Gleichgültigkeit gegenüber seinem symbolischen Sinn bringt Wilhelm zum Ausdruck, daß er überhaupt dem Wunsch nach unbedingter Aneignung, nach einem bestimmten, daran geknüpften Besitz entwachsen ist. Biographisch hat es seine Ursachen darin, daß er, schon mit Natalie verheiratet und mittlerweile zum Wundarzt ausgebildet, die Bestätigung seiner Person statt unter der Form des Eigentums in der produktiven Mittelbenutzung sucht.

Dagegen wird an Hersilie der Zusammenhang greifbar zwischen dem ursprünglich erotischen Wunsch, zu besitzen bzw. jemandes Eigentum zu sein, und der Übertragung dieses Wunsches auf einen Gegenstand, der geeignet erscheint, eine stellvertretende, kompensatorische Funktion einzunehmen. In Kästchen und Schlüssel vergegenständlicht sich für Hersilie das Verlangen, mit dem Geliebten verbunden zu sein. Mehr noch, über diese symbolischen Gegenstände kommuniziert sie gleichsam mit ihren eigenen Triebwünschen. Hersilie, auf der Grenze vom Mädchen zur Frau, ist in eine individualgeschichtlich bedeutsame Gefühlsverwirrung darüber geraten, ob sie Wilhelm, den Vater liebt, der obendrein verheiratet ist, oder ob sie nicht vielmehr dem Sohn Felix zugetan ist, der zwar zu jung scheint, aber sie doch leidenschaftlich begehrt. Wenn sie nun darauf dringt, daß der Schlüssel zu dem Kästchen und das Kästchen zu dem Schlüssel kommt, wenn sie die Zusammenfügung beider zu dem Prüfstein ihres künftigen Glücks machen will oder wenigstens darauf hält, „das eine Deutung vorgehe",[66] so hat es den Anschein, als würden jene Gegenstände zu Fetischen. In einer Art magischem Schicksalsglauben scheint Hersilie dem Zufall selbst, wie er in beliebigen Dingen verkörpert sein kann, die Rolle des Richters über sich und ihr Leben einzuräumen.

Tatsächlich ist es aber Hersilie, die die leblosen Gegenstände zu Symbolen macht. Sie ist sich ständig des Unterschiedes bewußt zwischen den Dingen selbst und den Symbolisierungen, die sie mit ihnen vornimmt. Deshalb kann keine Rede davon sein, daß sie dem Zufall blind Macht über sich einräumt. Sie setzt bestimmte symbolische Deutungen im Zusammenhang mit dem Kästchen und Schlüssel gleichsam zur Probe aus, um an ihnen Erfahrungen zu machen; Erfahrungen sowohl über das, was sie will oder glaubt wollen zu müssen, als auch über die Wahl des Partners und seine Reaktionen. Was Hersilie durch die Dazwischenschaltung symbolischer Mittel lernt, ist nicht weniger als die Ablösung ihrer genitalen Wünsche vom Vater auf den jüngeren Felix, also die Überwindung der familiär-inzestuösen, stets von Schuld bedrohten Beziehung. Auch das gehört zu den Vorzügen der symbolischen Mittelverwendung: Nicht nur lassen sich daran Erfahrungen gewinnen, Handlungen überprüfen, es bringt sich dadurch die Person auch nicht unmittelbar zum Opfer dar. Hersilie – wie man sagt – vergibt sich nichts. Sie bedient sich des Kästchens wie eines Reizmittels, wohl wissend, daß in diesem Stellvertreter ihre Weiblichkeit solange wie nötig geschont wird. Felix, der viel zu ungeduldig für diese Art von symbolvermitteltem Probehandeln und Erkennen ist, will Hersilie sofort und ganz. Er bricht den Schlüssel zu dem Kästchen ab und ruft aus: „Ich habe nichts vom Kästchen noch vom Schlüssel! (. . .) dein Herz wünscht' ich zu öffnen (. . .).“[67] Darin ist Felix in der Tat unreifer als seine ältere Freundin, daß er sich unmittelbar selber, sein Leben, zum Unterpfand des Glücks macht: „Gut! (. . .) so reit' ich in die Welt, bis ich umkomme.“[68]

Wie läßt sich die Behauptung begründen, daß Hersilie die Symbole selber erschafft? Ist es nicht vielmehr so, daß sie mit dem Schlüssel einen Gegenstand vorfindet, dessen Bedeutung sie sich fügt? Besteht nicht überhaupt die charakteristische Forderung des Symbols darin, sich in seinen Sinn zu schicken? Das ist die eine Leseart. Ich nehme etwas als symbolisch wahr und richte mich danach. Es gibt aber noch eine andere Lesart. Die geht davon aus, daß der in dem Symbol sinnfälligen Einheit von – sagen wir – Wesen und Erscheinung der Akt des Symbolisierens vorausläuft, in dem sich einer, noch bevor ihm von außen, in den Sachen selbst, quasi die Wahrheit schicksalhaft entgegentritt, hinsichtlich seiner Bedürfnisse und Wünsche ausspricht. Tritt im Symbol – fatal genug – das unabänderliche Wesen in Erscheinung oder ist es „bloß“ die Hervorbringung eines Subjekts? Aus dem Zirkelschluß, in den jede undialektische Antwort hineinführt, hilft die Feststellung heraus, daß das Symbol – isoliert betrachtet – immer auch ein Beweis für das Gegenteil dessen ist, was es sein soll. Daß Hersilie in einem Symbolbildungsprozeß das Kästchen als einen bedeutungsvollen Gegenstand selber stets neu hervorbringt, zeigt sich daran, daß es keine Situation gibt, in der das Symbol nicht das zu bedeuten schuldig bleibt, wofür sie es als Zeichen verstehen möchte. Mit anderen Worten, Hersilie hätte mehrfach Gelegenheit, die Divergenz von Sinn und Sache gegen sich und ihre Wünsche aussagen zu lassen. Statt dessen erneuert sie unter veränderten Umständen die Symbolkraft von Schlüssel und Kästchen.

Dadurch erweist sich Hersilie als lernfähig, daß sie, ihre Zuneigung korrigierend, sich als die Quelle eines symbolvermittelten Entwicklungsprozesses behauptet. Den Dingen mit ihrer unabsehbaren Zufälligkeit räumt sie keine endgültige Gewalt über sich ein. Dem widerspricht auch nicht, daß es wieder ein Zufall ist, dem sie die Entdeckung verdankt, daß der Schlüssel „nicht rauh, sondern glatt“[69] gebrochen sei und dadurch das Kästchen sich noch öffnen ließe, mit einem Wort, daß die wechselvolle Geschichte ihrer Beziehung zu Felix noch nicht zuende sei. Wieder sind Ursache und Wirkung einander nicht eindeutig zugeordnet. Ist die Wiederherstellung des Schlüssels – symbolisch gesehen – der Grund dafür, daß Hersilie den „Bruch“ mit Felix nicht mehr für endgültig, sondern für reparabel hält? Oder ist nicht vielmehr die zufällige Einschaltung jenes Goldschmieds eine Gelegenheit, die ihr zupaß kommt, um ihre nicht zu unterdrückenden Triebwünsche mitteilungsfähig zu machen und den Verständigungsprozeß über sich und ihre Liebe fortzusetzen? Der Brief, den sie eilig an Wilhelm sendet, soll jedenfalls Felix retten helfen, – und das entspringt sowenig bloß fürsorglicher Teilnahme wie der zufälligen Enthüllung, daß das Kästchen doch zu öffnen sei.

Haben wir den Zusammenhang von Symbol und Lebensgeschichte vorwiegend aus der Perspektive Hersilies erklärt, so stellt sich von der Gegenseite her die Frage: Wie kommt es, daß bei der Strukturierung dieser Lernvorgänge Schlüssel und Kästchen so hilfreich mitspielen? Daß die beiden Gegenstände dem verwirrten Mädchen den Weg vom Vater zum Sohn gewissermaßen traumwandlerisch weisen, spricht das nicht doch für die Unveränderlichkeit eines darin beschlossenen Bedeutungssinnes? Es ist die Frage nach dem identischen Wesen, das sich bloß unterschiedlich manifestiert. Tatsächlich liegt eine entscheidende Bedingung für das prozessuale Lernen, hier für die Überwindung der inzestuösen Vaterbindung, in der gegenständlichen Kontinuität von Schlüssel und Kästchen. Als diese Materialien, die unabhängig von allen privatistischen Auslegungen im sozialen Verkehr Wert und Verwendung haben, sind sie geeignet, gleichsam die besondere und die allgemeine Bedeutung wieder konvergieren zu lassen. Was dabei aus der Sicht persönlicher Symbolisierung als überraschende Koinzidenz, als Zufall erscheint, kann unter dem Gesichtspunkt gesellschaftlicher Zweckbestimmung zum Wesen der Sache selbst gehören. In einer Hinsicht verläuft die Odyssee von Kästchen und Schlüssel so, wie es für Gegenstände dieser Art, die als Besitz zugleich exklusiv und verlockend sind, gewöhnlich ist. Wie der lebenspraktische Verwendungszusammenhang zum Korrektiv privatistischer Symbolbedeutung werden kann, zeigt Goethe am Beispiel des Wundarztbestecks. Dort wird ein Fetisch und mit ihm Wilhelm selber nach Maßgabe des nur zeitweise verborgenen Gebrauchswertes in den Produktionsprozeß resozialisiert. Deshalb fällt aber der gleiche Gegenstand unter dem geteilten Aspekt seines öffentlichen Nutzens und einer persönlich angemaßten Bedeutung nicht in das eigentliche Wesen und die uneigentliche Erscheinung auseinander. Gar von einer pathologischen Symbolabspaltung zu sprechen, hat dort seine Grenze, wo das Symbol, obgleich die verkehrte Gestalt des lebendigen Ganzen, die wesentliche und notwendige Bedingung darstellt, unter der zum Beispiel Wilhelm, persönlich und beruflich erfolgreich, seinen Weg macht.

Das führt zurück zu der Beobachtung, daß sich Hersilies Liebesroman, diesmal aus der Sicht der Sache selbst, nicht beliebig in Schlüssel und Kästchen objektiviert. Wo es schließlich um die Vereinigung der Geschlechter geht, verhalten sich die beiden getrennten und doch zusammengehörigen Gegenstände wie das männliche Glied und der weibliche Schoß zueinander. Es wäre deshalb verfehlt, von den Dingen so zu abstrahieren, als hinge ihre Tauglichkeit zu Symbolen allein davon ab, daß sich an ihnen – wie an jedem anderen Vehikel auch – ein Verständigungs- oder Produktionsprozeß konkretisieren kann. Es ist mehr als dieses formale Moment, das Kästchen und Schlüssel für Hersilie symbolfähig macht. Es sind, einmal abgesehen davon, daß das Mädchen darüber mit Vater und Sohn verbunden ist, deren besondere Eigenschaften, zunächst deren äußere Gestalt: ein Gegenstand, der etwas verbirgt, und ein anderer, der Zugang dazu verschafft; wichtig ist sodann, daß der eine nicht da ist, wo der andere ist, und daß sie als Objekte von einem gewissen Wert den Besitzer wechseln; schließlich gehört dazu, daß jedes Teilen und Trennen ein Finden und Wiederzusammenfügen impliziert. Wie aber unser Vorgehen zeigt, läßt sich der symbolische Sinn nicht in die Sache selbst hinein zurückverfolgen, ohne daß sich deren sinnliche Präsenz auflöst und auf dem Wege der Reduktion und Verwesentlichung endlich ganz dem Begriff geopfert wird. „Finden, Wiederfinden, Trennen und Vereinigen",[70] obgleich vom Text selber zur Erklärung der symbolischen Bedeutung von Kästchen und Schlüssel angeboten, sind nur äußerliche Markierungen, zu mehr nicht geeignet, als nach den Regeln begrifflicher Hierarchie neben jede Art kommunikativen Verkehrs auch das Verhältnis der Geschlechter unter sich zu fassen. Es bleibt die Frage, worin Symbol und Sache, die Sache und ihre figurative Bedeutung korrelieren. Das ist nur im Blick auf die Geschichte und auch nur dialektisch zu beantworten. In der besonderen Sache ist gegenständlich vorgegeben, was als deren Geschichte daraus entspringend, mit ihr nicht anders als durch den Widerstand gegen eine bloß symbolische Aneignung identisch ist.

Wer lieber den Dingen auf den Grund geht und darin, in ihrem überzeitlichen Wesen, den symbolischen Sinn aufzudecken versucht, für den hat Goethe die Geschichte von der Herkunft des Kästchens erzählt. Diese Geschichte ist aber eine vorsätzliche Mystifikation. Das Kästchen wird in einer hinteren Felsspalte des „Riesenschlosses"[71] gefunden, in dem der jüngere revolutionäre Basalt und das Urgestein des Granits gemeinsam ein Naturschauspiel bieten. Wir brauchen nicht zu sagen, zu welchen naturmagischen Spekulationen dieser Fundort Anlaß gibt.[72] Genug wenn wir uns erinnern, daß Felix das Kästchen sogleich mit einer Interpretation belegt, als hätte er der Natur selbst ihr Geheimnis entrissen. Ein solches Mysterium mag auch die Leidenschaft Hersilies sein. Und zu welchen Vermutungen auch immer der geheimnisumwitterte Ursprungsort reizt. Wie ist aber das Kästchen wirklich dorthin gekommen? Wir haben keine Beweise, aber hinreichend Indizien, um anzunehmen, daß der etwas verdächtige Spielgefährte von Felix, jener Fitz, absichtlich ein Rätsel in die Welt setzt, das heißt, eine Situation inszeniert, in der ein gewöhnliches Ding anziehend und verlockend erscheint wie ein uneröffnetes Geheimnis. Wir ziehen mit dieser Annahme nur die

Konsequenz aus Goethes Spiegelverfahren. Als der „schelmische Junge“ Fitz[73] mit Montan zusammentrifft, läßt er ihn – wie unabsichtlich – einen Stein sehen,[74] in dem der Kenner sogleich einen Kreuzstein gewahrt, ein Naturmittel, ohne das „kein Schatz (zu) haben“ sei.[75] Wenn Fitz sich anfangs den Anschein gibt, als wüßte er nicht, wie bedeutend sein Fund ist, so wissen wir doch spätestens von dem Moment ab, da er Montan gleichsam in der Rolle des Hehlers zu einer immer größeren Bezahlung provoziert hat, wie raffiniert dieser kleine Gauner vorgeht. Nicht nur zieht er Montan mit der Enthüllung des Fundortes einen Dukaten aus der Tasche, er hat obendrein das Gestein schon weggeschafft und macht dadurch den geheimnisvollen Stoff nur noch kostbarer.[76] Im nachhinein erkennen wir die Strategie von Fitz, der ein Ding, das ihm offenbar wenig, Montan aber alles bedeutet, in seinem Preis Schritt für Schritt hochtreibt. Wir übertragen das nach den Regeln umgekehrter Spiegelung auf Kästchen und Schlüssel und folgern: Fitz ist, eher unrechtmäßig als legal, in den Besitz von Schlüssel und Kästchen gekommen. Sei es, daß er den Inhalt schon entnommen hat oder daß er das Kästchen leer gefunden hat, er möchte jetzt die verbleibenden Gegenstände, so gut es geht, auch noch zu Geld machen. Was wäre dazu geeigneter, als das Kästchen an einem wunderbaren Ort auszusetzen, ja, es selber zu dem Geheimnis zu machen, das nach seiner Aufschlüsselung verlangt, – und sich den wirklichen Schlüssel, der sich natürlich in seinem Gewahrsam befindet, so teuer als möglich abkaufen zu lassen. Für diese Rekonstruktion des Falles spricht, daß der Schlüssel zu dem Kästchen tatsächlich bei Fitz gefunden wird – in seiner Jacke,[77] die er auf der Flucht zurücklassen muß. Außerdem kennen wir schon seine Art der Verstellung: Wenn „er den Gang nach dem Riesenschloß“[78] ausdrücklich abrät, wenn er gar mahnt, sich in die Höhlen „nicht zu tief hineinzulassen“,[79] so spinnt er den Ariadnefaden,[80] der Wilhelm und seinen Sohn aus dem Labyrinth herausführen soll in die umgekehrte Richtung. Das heißt, mit seinen Warnungen markiert er für den abenteuersuchenden Felix den Weg zum Kästchen, letztendlich den Weg, auf dem er selber aus dem Gegenstand Geld zu schlagen hofft. Was wir hier von rückwärts aufrollen, ist – wie Hersilie bemerkt – ein „Kriminalprozeß“,[81] dessen Resultat weniger Aufmerksamkeit verdient durch die mögliche Verurteilung von Fitz und seinen unfreiwilligen Helfershelfern, als vielmehr dadurch, daß als der geheimnisvolle Ursprung von Kästchen und Schlüssel die trickreiche Machenschaft eines geschäftstüchtigen Jungen erscheint.

Die Dinge haben keine Bedeutung an sich, keinen von der Geschichte ihrer besonderen und allgemeinen Verwendung unabhängig feststehenden Sinn. Als die Natur einer symbolisch bedeutsamen Sache hat deshalb dieser Bezug auf ihre Geschichte zu gelten. Das rückt den Prozeß der Symbolerzeugung in den Vordergrund. In den Symbolen nehmen die Wünsche und Einstellungen greifbare

Gestalt an. Es sind affektiv besetzbare Gebilde, die als Träger von Bedeutungen virtuell auch immer gegen ihre emotionale Inbesitznahme unterschieden sind. Aus der Trennung von kognitiver und dynamischer Funktion leitet sich her, daß Symbole geeignet sind, Verständigungsprozesse zu strukturieren. So haben wir an Hersilie gesehen, die sich niemals mit den Dingen selbst schon wirklich und dauerhaft im Besitz des Gewünschten wähnt, wie sie über symbolische, gleichsam zur Probe ausgesetzte Gegenstände sich mit ihren vitalen Triebregungen verständigt, wie sie – mit einem Wort – lernt, was sie will. Generell läßt sich sagen, daß durch Symbolisierungen Geschichte erfahrbar wird.[82]

Das setzt voraus, daß sich die Gegenstände gegen den Prozeß der Hervorbringung ihres symbolischen Sinnes auch behaupten können. Die Auflösung einer rein affektiven Beziehung, jener Vorgang, in dem wir mit einer Fetischisierung brechen und der Selbstberaubung unserer lebendigen Kräfte entgegenwirken, ist geknüpft an das Scheitern einer Symbolisierung. Dieses Scheitern, formal die Nicht-Identität von Sinn und Sache, stellt sich uns dar als ein unvorhergesehener Zufall. Was wir aber aus der Perspektive unserer nächsten Absichten Willkür und Zufall nennen, das ist in Hinsicht auf den Gegenstand und der von seiner eigentlichen Zweckbestimmung abweichenden unmittelbaren Verwendung eine Gewaltsamkeit ganz anderer Qualität. Setzen wir den der Sache inhärenten Zweck zum Maßstab, so ist der gewaltsame Zufall die zu erwartende Folge inadäquater Mittelbenutzung. Das führt uns an jene Dialektik heran, die wir im Falle Lenardos dargestellt haben. Wie in seiner Art Lenardo, so mißversteht auch Hersilie ihre besondere innere Natur nicht, ohne daß dieses Verkennen als der gewaltsame Widerstand der unmittelbar gehandhabten Dinge auf sie zurückkäme. Zwar ist hier die Dialektik im Verhältnis von innerer und äußerer Natur nicht in jenem Grade verallgemeinerungsfähig, aber so viel ist deutlich: Die Symbolisierung ist in Relation zum Gebrauchswert der Sache ein Akt einseitiger Aneignung. Die privatistische Isolierung des Symbols gegen seine lebenspraktische Funktion ist das darin implizite Verkennen. Dieses Verkennen ist aber – wie so häufig bei Goethe – produktiv, weil es, zurückgespiegelt als die Gewalt des Äußeren über das Innere, die besondere Natur dahin bringt, sich nach der Seite ihrer vitalen Bedürfnisse bestimmter zu erklären. Nur von Ferne sei noch einmal der Hauptunterschied zu Hegel berührt: Die Gegenständlichkeit des Symbols, seine Verwendungsfähigkeit, wird für Goethe zum Leitfaden, Lernprozesse so nachzuzeichnen, daß deren kognitive Prozesse sich nicht verselbständigen.

Die Dialektik von Aneignung und gegenständlichem Gebrauch führt ins Zentrum der goetheschen Symbolik, so auch des symbolischen Erzählens. Dabei stellt das Moment der Inbesitznahme eine Privatisierung dessen dar, was mit dem Ganzen, in dem es seines wesentlichen Zwecks nach vollkommen aufginge, nur mehr durch einen Akt der Gewalt verbunden ist. Extrem deutlich wird das am Fetisch. Letztlich ist jede Spiegelung unserer selbst in den Dingen außer uns dadurch charakterisiert. Das gilt auch für die Aneignung eines Bildes, einer Erzählung nach Maßgabe unserer eigenen, emotional getragenen Einstellungen. Wir sprechen uns mit unseren Sinnen, mit unserem Selbstverständnis wie in der äußeren Welt so in einer Geschichte unmittelbar aus und ziehen dadurch – mit dem Ziel, es in Besitz zu nehmen und uns anzugleichen – ins einzelne, was ein allgemeines Gebrauchsgut ist. Übrigens gilt diese auf den Rezipienten gemünzte Feststellung ebenso für den literarischen Produzenten. Auch sein Vortrag von Geschichten, die von seinem Standpunkt aus neu sind, ist mehr nicht als eine Privatisierung jener „Weltgeschichte“,[83] die in den Darstellungen Homers und des Alten Testaments noch ganz darin aufgeht, „was Völkermassen und ihren Gliedern öffentlich begegnet“.[84]

Wenn wir in diesem Zusammenhang von Verinnerlichung, von einseitiger Aneignung, gar von Gewalt sprechen, so ist das nicht abwertend gemeint, wie sich daran zeigt, daß Goethe den nachhomerischen Dichter gleichsam in bester Gesellschaft sieht. Denn auch Christus, den er einen „wahre(n) Philosoph(en)“ nennt, unterscheidet sich seiner Meinung nach von den mythischen Stiftern der „Weltreligion“ dadurch, daß sein Leben schon kein öffentliches mehr ist, sondern ein „Privatleben“ und „seine Lehre eine Lehre für den Einzelnen“.[85] Man hat also in jener Phase, in der das Äußere nach innen geführt wird und in der erst das Verhältnis von Innen und Außen und damit das Problem ihrer Gleichheit und Ungleichheit entsteht, vor allem eine historisch notwendige Stufe der Individual- und Universalgeschichte zu sehen. Mit Christus, der es wagte, sich den „Armen“ und „Kranken“ ebenso wie Gott „gleichzustellen“,[86] läßt Goethe nach der Zeit völkerbewegender Taten und ihrer heroischen Schilderung das Gleichnis und mit dem Gleichnis „eine neue Welt“ hervortreten.[87] Wie wir in der gleichnishaften, symbolischen Darstellung mit dem „Außerordentlichen“ „wie mit unsersgleichen umgehen“[88] und wie darin jenes Moment der Aneignung, bisher unter dem Aspekt gewaltsamer Vereinzelung vorwiegend kritisch beurteilt, nach seiner positiven Seite zu entfalten ist, interessiert jetzt vor allem.

Goethe stellt das Gleichnis neben das Wunder. „Bei dem Gleichnis, bei der Parabel (. . .) ist der Sinn, die Einsicht, der Begriff das Hohe, das Außerordentliche, das Unerreichbare. Wenn dieser sich in einem gemeinen, gewöhnlichen, faßlichen Bilde verkörpert, so daß er uns als lebendig, gegenwärtig, wirklich entgegentritt, daß wir ihn uns zueignen, ergreifen, festhalten, mit ihm wie mit unsersgleichen umgehen können, das ist denn auch eine zweite Art von Wunder.“[89] Ausdrücklich wird hier der Akt der Zueignung und Besitzergreifung gebilligt. Denn – so die Begründung – der Begriff, der Sinn bliebe unerschlossen, wenn er sich nicht im Symbol, im Gleichnis für uns faßbar und zu unserer Aneignung darböte. Mit der Erzeugung eines Symbols, mit der Herstellung eines gleichnishaften Bezuges stellen wir uns – zu Recht wie zu Unrecht – dem gleich, was als das unerreichbar „Hohe" sonst unter der Form gewaltsamer Entbehrung absolute Macht über uns behielte.

Wie wir im symbolischen Gegenstand – ursprünglich – die Vereinigung mit dem Geliebten vorwegnehmen, so geben wir im Gleichnis dem eine bildkräftige Gestalt, was bis dahin allein dem Begriff nach ist. Was ist aber der Begriff, der Sinn, den Goethe als das „Unerreichbare" mit dem Gleichnis korrespondieren läßt? Wir wollen das nicht abstrakt-philosophisch verstehen, etwa in dem Sinne, wie wir die Geschichtlichkeit des Gleichnisses auffassen können als die im Verhältnis zu einem gleichbleibenden Allgemeinen wechselnde Zahl subjektiver Auslegungen. Zwar ist die Ausdeutbarkeit für Goethe ein wichtiges Kriterium, doch das Gleichnis gewinnt seine Würde weniger aus solchem formalen als aus dem dialektischen Zusammenhang, in dem es mit dem Höchsten, dem Außerordentlichen, dem reinen Begriff steht. Zur Erklärung wenden wir uns an die Lenardogeschichte zurück. Dort heißt es, daß Lenardo frühzeitig einen Begriff davon hat, was er will. Ja, dieser an der Wirklichkeit vorläufig unerprobte Wille existiert zuerst nur dem Begriff nach. Solch ein Begriff ist der der Freiheit, von Lenardo in den Ausdruck gefaßt, daß er „von vorn anfangen" und aller Mittel selber mächtig sein wolle. Wir nannten das abstrakt, weil sein Autonomiestreben der Realität, den gegebenen Umständen, unmittelbar vorspringt. Zugleich ist dieser Begriff unbedingter Freiheit so alt wie die Menschheit selber; nichts charakterisiert seine vitale Herkunft besser, als daß er mit jedem einzelnen gleichsam neugeboren wird. Er ist so allgemein wie die wahrhaft großen Zwecke, von denen Goethe sagt, „daß die Menschen wohl über (sie) einig werden".[90] Erst „die Wahl der Mittel (. . .) ruft uns in uns selbst zurück" und läßt jeden wieder „isoliert" erscheinen.[91] Ebenso läuft jeder Versuch, es im Verhältnis zu der absolut begriffenen Freiheit diesem Begriff gleichzutun, ihn uns zuzueignen und – sei's auch nur im Bild – nach Maßgabe unserer selbst mit ihm wie mit unseresgleichen umzugehen, auf eine Verengung und Vereinzelung hinaus. Immerhin ist für Goethe dieser Bezug auf den vollkommenen Begriff der Menschheit so substantiell, daß ihm das Gleichnis stets mehr bedeutet als ein Spiegel subjektiver Auslegungen oder – schlechter noch – eine bequeme Rechtfertigung für beliebige Meinungen. Im Gleichnis treten zwei Momente widerspruchsvoll zusammen: Nach der einen Seite ist die Aneignung und privatistische Einverleibung ein Akt gewaltsamen Verkennens, andererseits ist dieses Sich-gleichstellen mit dem Unvergleichlichen ein notwendiger und weiterführender Brückenschlag, ohne den der Mensch von seinem besseren Selbst nur umso länger getrennt wäre.

Die Mittlerschaft Christi mag als ein Beispiel dienen. Mit Christus, der sich sowohl den Bedürftigen und Erniedrigten wie auch Gott „gleichstellt“,[92] wird die unendliche Differenz überbrückt. Dem Menschen geschieht ein Gleichnis für die ihm selber innewohnende Göttlichkeit. Deren menschheitliche Realisation – nicht denkbar ohne den Ausbau technischer, arbeitsteiliger Mittel – entbindet mehr und mehr von dem Gott der Offenbarung. Indessen zieht sich die ihm persönlich zugeschriebene Omnipotenz als „das Unerreichbare“ in den reinen Begriff zurück. Solche Begriffe, in denen der unbedingte Wille des Anfangs „uns vor(leuchtet) wie ein Stern“,[93] sind der der absoluten Freiheit und Gerechtigkeit, wie auch der der Unverletzlichkeit und Allfähigkeit. Sie gehören dem einzelnen wie der Allgemeinheit an. Als das Absolute, das mit dem in jeder Hinsicht beschränkten Anbeginn nur durch die abstrakte Entgegensetzung verknüpft ist, sind jene hohen Menschheitszwecke dadurch ausgezeichnet, daß der einzelne dem spontan zustimmt. Wie verbindlich ihr Sinn ist, kommt eben darin zur Geltung, daß sie, Inbegriffe menschlicher Vollkommenheit, kollektiv auf einen Gott projiziert werden. Aber von Projektion zu sprechen, heißt schon, über die frühe Entwicklungsstufe hinauszusein, auf der das Innerste in der Gestalt des Äußeren, ohne das Bewußtsein eines Unterschiedes, entgegentritt. Erst mit dem Gleichnis – darunter die Projektion – eröffnet sich „eine neue Welt, ein neues Äußere, anders als das vorige, und ein Inneres, das dort ganz fehlt“.[94] Es ist wie beim Symbol: Im symbolischen Gegenstand greife ich der Vereinigung mit dem anderen vor; aber zugleich damit, daß mir mein innigster Wunsch gegenständlich geworden ist, wendet er sich unter der Form des damit nicht-identischen Gegenstands gegen mich zurück.

Das Symbol vermittelt so zwischen dem libidinösen Wunsch und seiner Verwirklichung, daß das, was auf eine Identifikation, auf eine unbedingte Besitzergreifung hindrängt, diesen Charakter nach und nach abstreift. Geradeso stellt sich auch das Gleichnis zwischen den vorspringenden Begriff und seine Realisation. Nur daß mit jenem Widerstand, den dort die unmittelbar gehandhabten, die fetischisierten Dinge leisten, im Falle des Gleichnisses, der bildhaften Gleichstellung mit dem Unvergleichlichen, kein bestimmter festumrissener Gegenstand korrespondiert, wohl aber die sich mehr und mehr vom Naturzwang befreiende Menschheit im ganzen. Die Dialektik von Aneignung und Gebrauch, die sich am Symbol höchst gegenständlich vollzieht, kehrt deshalb beim Gleichnis in einem eher grundsätzlichen Sinne wieder. Zunächst ist der Begriff als eine gewaltsame Totalität seiner Realisierung entgegengesetzt. Das Gleichnis ermöglicht es kraft seines mimetischen Potentials, diese Polarität noch einmal, jetzt aber sichtbar und für jeden greifbar hervorzubringen. Einerseits das Ergebnis einer Anmaßung, ist also das Gleichnis andererseits die Ursache dafür, daß mit der Herausbildung eines Verhältnisses von Innen und Außen erstmals der

Abstand, der den rein vorgestellten Zweck von seiner Verwirklichung trennt, erkennbar wird. In der Gestalt des subjektiven Wunsches geht die unmittelbare Totalisierung menschlicher Bedürfnisse ein – wie auch immer widerspruchsvolles – Arrangement mit den gegenwärtigen Umständen ein. Oder wie wir auch sagen können: Die mit der absoluten Entgegenstellung gesetzte strukturelle Gewalt wird durch das Gleichnis und seinen Anthropomorphismus in jene konkretere Gewalt überführt, die die Geschichte bewegt. Wesentlich ist, daß für Goethe das Gleichnis selber schon ein Moment der Konkretion darstellt, weil es jenen abstrakten Gegensatz überwinden hilft, der unter dem Titel eines Absoluten der Menschheit die eigenen Fähigkeiten zu entfalten vorenthält.

Gemessen an der Unbedingtheit des Anfangs ist das Gleichnis, die mimetische Einbeziehung der gegenwärtigen Verhältnisse, ein Schritt in Richtung dessen, was unter der Form des vorauslaufenden Begriffs oder einer transzendentalen Allmacht die Geschichte seiner Verweltlichung erst noch vor sich hat. Es ist diese Konstellation einer prekären Mitte zwischen zwei Extremen, der die symbolische, die gleichnishafte Darstellung ihre Schlüsselrolle verdankt. Sie ist für Goethe entscheidend. Wenn jedoch die ästhetische Mimesis ausschließlich in Spannung zur Wirklichkeit gesehen wird, sei es als deren idealisiertes Gegenbild, als kritischer Spiegel oder wie auch immer, dann verliert sie relativ zur beharrenden Macht des Bestehenden. Dann wird in dem Maße, wie die sogenannten herrschenden Verhältnisse als das Monopol repressiver Gewalt erscheinen, die Kunst zu einer Sphäre des bloßen Scheins oder der Kompensation und Realitätsflucht. Wo sie dagegen die Mitte zwischen – wie wir es formelhaft nennen – dem vorspringenden Begriff, der in Gestalt unbedingten Wollens auch eine Quelle der Gewalt ist, und seiner Realisation bildet, da ist die ästhetische Mimesis und allem voran die bewegliche Form des literarischen Gleichnisses selber der Ort, wo die Gegensätze sich aneinander abarbeiten. In dem Sinne sagt Goethe: das Gleichnis „ist das Rechte oder Unrechte unwidersprechlich selbst“.[95] Wie er auch sagt, es sei die „Natur“ des Dichters, daß er „die Mitteilung nötig macht, ja die Mitteilung selbst ist“.[96] Goethe setzt sich damit ab gegen eine Auffassung, die das literarische Verfahren nach dem Vorbild der diskursiven Rede für einen davon unterschiedenen Zweck einseitig instrumentalisieren will. Er wendet sich dagegen, die Kunst in der Weise operational auf das Leben zu beziehen wie den theoretischen Disput, innerhalb dessen alles und jedes zu disponiblen Gegenständen wird, über die sich streiten läßt. Im Gleichnis ist hingegen „die lebendige Lehre ausgesprochen, die Lehre, die keinen Streit erregt; es ist keine Meinung über das, was Recht oder Unrecht ist“.[97] Wie wir aus dem Kapitel über die „plastische Anatomie“ wissen, lehnt Goethe damit nicht ab, daß die Kunst nützlich sei. Aber wie jedes Mittel bei ihm nicht nur Mittel zu einem Zweck ist, also sich nicht darin aufzehren soll, für etwas Hohes und Besseres bloß

Dienstfunktion zu haben, so will er auch die Kunst nur zum Mittel machen, indem sie sich ihrer Substanz nach erhält und bewahrheitet.

Das klingt deutlich nach Hegel. Hat dieser doch den für seine Philosophie programmatischen Satz formuliert: „Die Substanz ist als Subjekt zu bestimmen."[98] Es ist eine These unserer Arbeit, daß jene Dialektik, die Hegel zu einer Methode, zu einer auf unterschiedlichen Entwicklungsniveaus wiederkehrenden Struktur verselbständigt, für Goethe noch in ihrer ursprünglichen Mächtigkeit lebendig ist. Wo Hegel in der Logik der Reflexion das Allgemeine und Besondere, die Einheit und Unterschiedenheit beider zum Prinzip macht, durch das die Geschichte als ein immanentes Geschehen in ihrem stufenweisen und systematischen Aufbau darstellbar wird, da führt Goethe das mimetische Vermögen und den Willen zur Naturbeherrschung gegeneinander. Die ästhetische Mimesis ist für Goethe das unerläßliche Korrektiv einer sich vom äußeren Naturzwang befreienden und dabei die eigene Natur daransetzenden Menschheit. Für das Gleichnis folgt daraus: Es ist wie keine andere mimetische Figur der Ort, wo eben die Natur, die unmittelbar zum Mittel verallgemeinert, der Totalität des Begriffs geopfert wird, als sich selber genug erscheint. Sowenig ihrerseits diese Art von Unmittelbarkeit der Gewalt entbehrt, so führt sie doch auf den Weg zur Anerkennung unseres gegenständlichen Lebens. Im Gleichnis behauptet sich einerseits die sinnliche Gegenwart gegen jeden bloß abstrakten Vorgriff auf Vollkommenheit und Freiheit. Andererseits wird mit dem Gleichnis aber auch die Distanz sichtbar, durch die die sinnkräftig ins Bild gefaßte Wirklichkeit noch von jenen hohen Zwecken entfernt ist. In diesem Spannungsverhältnis ist das Gleichnis mitteilsamer, sprechender als andere Formen mimetischer Einstellung. Ja, wie nirgends sonst wird im Gleichnis die Arbeitsteilung gegen die ihr inhärente Tendenz zur Einseitigkeit und Zerstückelung ausbalanciert. Kunst und Technik halten sich gegenseitig die Waage. Es ist diese andauernd lebendige Wechselbeziehung, die es nicht erlaubt, die ästhetische Mimesis – wie bei Hegel – einem Entwicklungsschema einzufügen, das ihr zwar Anteil an der Wahrheit zugesteht, aber stärker noch ihre Vorläufigkeit betont.

Für Hegel ist die Kunst innerhalb eines universalen Bildungsprozesses eine erste und frühe Stufe. Auf ihr ereignet sich die Versöhnung von Subjekt und Objekt in der Weise, daß der Geist noch nicht seinem ganzen Umfang nach aus der endlichen Gegenständlichkeit zu sich zurückgekehrt ist. In der Kunst kommt zunächst einmal „das Absolute zur Anschauung und Empfindung".[99] Das Wissen der Wahrheit ist damit noch unmittelbar an die sinnliche Erscheinung geknüpft. Daß Hegel über diese und andere Stufen die Subjekt-Objekt-Versöhnung schrittweise darstellen kann, hat zur Voraussetzung, daß der Vermittlungsvorgang, obgleich inhaltlich bestimmt durch die Unterschiede zwischen den Stufen, diesen gegenüber doch auch relativ unabhängig, gewissermaßen als ein Mechanismus äußerlich ist. Letztlich hat dies seine Ursache darin, daß der intendierten Einheit von System und Geschichte eine Entscheidung vorausgeht, die diese Einheit zugunsten eines Geistes präjudiziert, der auch noch durch seinen Gegensatz hindurch mit sich identisch ist. Das historisierte System, das die Folge daraus ist, weist der Kunst gerade in ihrer materiell-sinnlichsten Gestalt einen Platz in der Vergangenheit zu: die klassische griechische Kunst bildet den Gipfelpunkt überhaupt; während sie nach ihrer immateriellen Seite der Befreiung durch die Reflexion im Prozeß des sich selbst verwirklichenden Geistes entgegensieht. Die Position Goethes dagegensetzend, ließe sich zugespitzt sagen: für Goethe schlägt in der Hegelschen Gliederung eines zeitlichen Nacheinander und in dem stufenweisen Fortschritt von der Kunst zur Religion zur Philosophie eine Form von Arbeitsteilung durch, die er schon nicht akzeptiert.

Nicht daß Goethe die Kunst sich vollkommen selber Zweck sein ließe, nicht daß er ihre Historisierung ablehnte. Im Gegenteil. Zum Mittel soll sie aber nur werden, wenn sie sich ihrem wesentlichen Zweck nach mitteilen kann. Und daß heißt sehr konkret, daß sie in ihrer je bestimmten, materiell durchgebildeten Gestalt gefordert ist; geradeso wie im Paradigma der „plastischen Anatomie" die antike Marmorstatue mit ihrer gegenständlichen Außenseite korrigierend in die Entwicklung der medizinischen Produktivkräfte eingreift. Der praktische Nutzen der Kunst, ihr Mittelgebrauch, entspringt für Goethe direkt aus ihrer besonderen sinnlich-mimetischen Qualität. Im Gegensatz dazu muß sich Hegel vorhalten lassen, er zitiere, wenn er die Kunst und ihre Geschichtlichkeit abhandelt, diese gewissermaßen in der Übersetzung durch ein anderes Medium; eben das Medium des Geistes, innerhalb dessen zwar auch vom sinnlichen Scheinen und der stoffspezifischen Werkgestalt die Rede ist, aber doch unter Bedingungen und Zurüstungen, die der Eigenart mimetischer Einstellung selbst nicht entstammen. Was für Hegel der Begriff und die historische Entfaltung seiner einzelnen Momente bedeutet, das ist für Goethe das Gleichnis, die symbolisch-dichterische Darstellung. Darin sieht Goethe das originäre Zentrum der Mitteilung. Ja, er nennt das Gleichnis die „lebendige Lehre".[100] Denn hier wird nicht länger das Diesseits einem Jenseits geopfert, sondern es ist diese uns gegenwärtige, die wirkliche Welt, mit der sich das „Hohe" und „Außerordentliche", das „Unerreichbare" ins Gleiche setzt. Kraft seiner mimetischen Fähigkeit bietet das Gleichnis das sinnliche Hier und Jetzt auf, damit sich der Mensch in dem Begriff, den er sich vorgegeben hat, von mal zu mal besser und – im Sinne seines natürlichen Selbst – bestimmter wiedererkenne.

Dagegen ist bei Hegel angelegt, daß die kognitiven Anstrengungen der Sinnlichkeit übergeordnet sind. Offen zutage tritt dies unter denjenigen seiner Nachfahren, die vollends für eine politische Zweckbestimmung der Kunst eintreten. Es ist jedoch schon dort manifest, wo wir unser Interesse für Literatur mit ihrer ideologiekritischen Funktion rechtfertigen. Sinnlichkeit ist in einer solchen ästhetischen Konzeption nur ein anderes Wort für distanzlose Befangenheit in herrschenden Verhältnissen. Wir reden zum Beispiel davon, daß sich ein Leser bei der Lektüre einer Erzählung zunächst in seinem vorgängigen Selbstverständnis ausspricht, also nach Maßgabe eingelebter Erfahrungen und Vorurteile. Ideologiekritisch nennen wir dann die Intentionen des literarischen Textes, die dem Leser einräumen, sich von diesen Identifikationen wieder zu lösen und eine neue, kritisch dagegen abgehobene Identität auszubilden. Sei es, daß die Fixierung auf Ideologien mit einer Verselbständigung des emotionalen Anteils oder mit der Wirksamkeit manifester Herrschaftsmittel, auch solche der Bildung, erklärt wird; deren Überwindung ist stets abhängig von der Schlüsselrolle, die dabei das kritische Denken hat. Mimesis an das sinnlich Gegebene dient lediglich der Darstellung des korrumpierten Selbst. Das ist zwar ein wichtiges Moment in dem Prozeß, der darauf zuläuft, daß der Mensch seine Geschichte mit Bewußtsein macht. Aber vorbildlich für den Mechanismus des Fortschritts ist die Figur der Reflexion, die dialektische Bewegung des Gedankens, der, aus der Verhaftung an die äußere Welt zu sich zurückkehrend, seiner selbst innewird.

Für Goethe ist das sinnlich-mimetische Verhalten irreduzibel und in eine Logik der Reflexion nicht integrierbar. Es steht gleichgewichtig neben dem Willen zu unbedingter Freiheit, dem unterderhand alles zum Mittel gerät. Damit korrespondiert das Auseinandertreten von innerer und äußerer Natur. Keine Einstellung läßt sich auf die andere zurückführen oder ist wie in der Hegelschen Entgegensetzung von Natur und Geist einseitig vorentschieden. Mimesis, das ist die Natur unter dem Aspekt, daß sie sich selber schon genug ist. Indem sie jedoch das, was sie nicht ist, für ihresgleichen nimmt und als ihr Eigen sich gleichsam anmaßt, fordert sie Widerstand heraus. Nun, wir haben die Dialektik im Verhältnis von äußerer und innerer Natur ausführlich behandelt. Hier sei auf eine weitere und weitreichende Folgerung aufmerksam gemacht. Sie ergibt sich aus der besonderen Gegenposition ästhetischer Mimesis; eben daraus, daß sie auf Gegenwart insistierend, quer zu den Formen zeitüberspringender Verallgemeinerung steht. Denn erstens sehen wir darin Goethes künstlerisches und dichterisches Selbstverständnis gegründet. Wie auch immer wir Goethe vor dem Hintergrund des zeitgenössischen Idealismus und Systemdenkens zu begreifen versuchen, kein Unterschied ist sprechender als der, daß er nicht Theoretiker, nicht Philosoph ist. Zweitens folgt aus der fundamentalen Bedeutung mimetischer Vergegenwärtigung eine Darstellung von Geschichte, die schon äußerlich abgesetzt ist gegen die Hegelsche Konstruktion von Bildungsprozessen.

Wir haben in den *Wanderjahren* ein „Aggregat" sehr unterschiedlicher Lebensformen und Zeitstufen vor uns. Was sie zunächst verbindet, ist weniger der entwicklungsgeschichtliche Folgegang einer persönlichen Biographie, als vielmehr das streitlose Beieinander, die scheinbar keinen Teil bevorzugende Präsentation; jene Gleichzeitigkeit des Ungleichzeitigen, die sich mit unserem Verständnis eines zielgerichteten Fortschritts nicht verträgt, weil sie alles gleichberechtigt vor uns hinstellt. Gefordert ist deshalb die Historisierung, die das vielteilige Ganze im Sinne eines evolutionären Zusammenhangs perspektiviert. Bei Hegel befinden wir uns in dem umgekehrten Fall. Wie wir uns auch stellen, stets wissen wir uns in historischen Abläufen. Entwicklung, Fortschritt ist alles; jede Zeit ist Übergang, der Kritik anheimgegeben und relativ zu dem, was auf sie folgt. Die Schwierigkeit liegt darin, für jede geschichtliche Stufe sich das Ganze nach Maßgabe der schon entfalteten oder noch zu entfaltenden Momente so zu vergegenwärtigen, daß sie historisch notwendig, also nicht einfach überflüssig oder vergeblich erscheint. Die Daseinsberechtigung der einzelnen geschichtlichen Teilstücke, für deren Nachweis Hegel stets das System in seinem vollen Umfang aufbieten muß, ist bei Goethe allemal und von vornherein gegeben. Daran hat die gleichnishafte, die symbolische Darstellung entscheidend Anteil. Denn mit dem Gleichnis korrespondiert die Gegenwart aller Zeitalter und Entwicklungsstufen. Wie auch umgekehrt das singuläre Ereignis durch das Gleichnis aus dem synchronen Zusammenhang herausgehoben und in eine historische Perspektive eingerückt wird.

Mit dem Akt gleichnishafter Vergegenwärtigung springt der Horizont der Geschichte auf. Der Sinn, der Begriff, über den der einzelne Fall in ein Folgeverhältnis vergleichbarer Fälle hineingezogen wird, geht den Weg der Säkularisation. Er wird im symbolischen Bild zu unserer Aneignung ausgesetzt. Wir ergreifen inmitten unserer nächsten Verhältnisse Besitz von ihm. Was aber einerseits eine Anerkennung des Hier und Jetzt bedeutet, das ist andererseits – nach Maßgabe absolut beanspruchter Geltung – eine fühlbare Einengung und Vereinseitigung. Das läßt sich anders nicht ausgleichen, als indem wir den Begriff wieder gegen seine momentane Verkörperung verteidigen. Dadurch kehrt das, was eben noch die Aussöhnung mit dem Bestehenden zu bedeuten schien, in den perspektivischen Zusammenhang fortgesetzter Veränderung zurück. „Alles Vergängliche ist nur ein Gleichnis.“[101] Es ist ein widerspruchsvoller Vorgang: Der Mensch ergreift zunehmend Besitz von der Welt, doch genügt er dem Begriff, den er sich ursprünglich davon und von der Freiheit überhaupt gemacht hat, nur dadurch, daß er sich mit seinen besonderen, verschiedenartigen Tätigkeiten in diese Welt teilt. Das Gleichnis bringt die Dialektik von Aneignung und Gebrauch allererst zum Sprechen.

5. *„oberste Deutung" – lebenspraktisch*

Damit sind wir an dem Punkt angelangt, wo wir der Unterscheidung zwischen einer sinnlichen und einer gleichnishaften Seite des Werkes eine dritte hinzufügen können. Wir haben schon an früherer Stelle gesagt, daß diese dritte Erscheinungsweise von Goethe die „oberste Deutung"[102] genannt wird. Ohne näher erklärend darauf einzugehen, macht er immerhin deutlich, daß sie nicht jederzeit zugänglich ist. Wie in der Pädagogischen Provinz vor die Darstellung der Leiden Christi ein Schleier gezogen ist, so wird auch die „oberste Deutung" zurückgehalten, erst „zuletzt (...) entwickelt"[103] und – wie es von jener letzten Religion heißt – „einem jeden nur ausstattungsweise in die Welt mit(gegeben)".[104] Gleichwohl liegt hier keine Mystifikation vor; „kein Geheimnis",[105] das nicht in der konsequenten Verfolgung gleichnishafter Darstellung offenzulegen wäre. Denn nicht nur tritt uns im Gleichnis der Begriff als gegenwärtig und wirklich gegenüber, so daß wir „mit ihm wie mit unsersgleichen umgehen können". Es wird auch umgekehrt die Gegenwart, die uns umgebende Welt in der Perspektive des Begriffs, als dessen Verkörperung sie momentan erscheint, wieder überschreitbar.

Bezogen auf das Verhältnis von Vater und Sohn – eine der Haupthandlungen des Romans –, bezogen auf Wilhelm, der eingangs ganz um seines Sohnes Felix willen dasein will und der davon eine Erneuerung seines Lebens erwartet, bezogen also auf das Opfer, das der Vater im Sohne darbringt, heißt das: in der Sicht des dahinter sich eröffnenden Sinnes ist die Versagung, das Leiden, nicht das Letzte. Denn der Sinn des Opfers – beispielhaft angezeigt in dem Kreuztod Christi – ist die Erlösung zum besseren Leben. Und wenn dieses in den Zeiten feudaler Lebensformen und einer von jeder Generation wieder geforderten Entäußerung ans Erbe nur durch das persönliche Opfer, durch den Verzicht auf Individualität, zu erlangen ist, dann ist gleichwohl nicht das Opfer, sondern der darin manifeste Sinn, eben der Wunsch nach Verstetigung der Daseinsvorsorge die letzte Wahrheit.[106] In dieser Perspektive findet denn auch das Martyrium Christi seine folgerechte Deutung in denjenigen lebenspraktischen Vorkehrungen, die die Leiden des Menschen, seine Verletzlichkeit, kurz, seine Naturverfallenheit zu lindern helfen. Wenn am Schluß der *Wanderjahre* der Vater Wilhelm mit den Mitteln ärztlicher Technik seinem Sohn das Leben rettet, so ist das die aus dem Neuen Testament entwickelte und dessen Intention hervorkehrende „oberste Deutung". Außergewöhnlich daran ist, daß Goethe diese praktische Auslegung eines christlichen Zentralmotivs im Werk selbst Gestalt gewinnen läßt, daß er uns das, was nach einem immanent beschränkten Verständnis eher eine Umdeutung ist, direkt vor Augen führt.

In allen anderen Fällen ist es an uns, solche Umkehrungen zu vollziehen und die „oberste Deutung" zu realisieren. Oft genug gegen den Augenschein, gegen das offenkundige Wort, aber stets in der Perspektive des „einen Sinnes", von dem auch Goethe gelegentlich spricht.[107] Es ist das keine spektakuläre Neuerung, die wir einbringen, sondern die Beschreibung dessen, was hier wieder und wieder praktiziert wurde. Wenn wir zum Beispiel die harmonischen Lebensverhältnisse der Josephsnovelle und die ihr zugrunde liegenden einfachen Formen der Nachahmung relativieren und im Blick auf eine komplexere Mittelverwendung hinter uns zurücklassen, dann verfahren wir geradeso. In gleicher Weise hinterfragen wir den nach liberalen Prinzipien organisierten, aber künstlich gegen die Außenwelt stabilisierten Lebensbezirk des Oheims. Das Romanwerk Goethes ist voll von solchen in sich vermeintlich stimmigen Handlungen, die auch gegen ihren äußeren Anschein zu lesen sind. Man denke auch an das Bestattungszerimoniell Mignons, das diese unglückliche Person zu einer Art überirdischem Wesen verklären soll.

Man vergegenwärtige sich den Schluß der *Lehrjahre,* der auf seine Weise, mit den Mitteln der Verwechslungskomödie, gleichsam Hochstapelei treibt. Damit jener Euphemismus seine Wirkung zeitige und die Summe des Bildungsromans noch steigere, setzt Goethe – scheinheilig – hinzu: Er komme sich vor „wie einer, der, nachdem er viele und große Zahlen übereinander gestellt, endlich mutwillig selbst Additionsfehler machte, um die letzte Summe, aus Gott weiß was für einer Grille, zu verringern".[108] Man rufe sich die „Wahlverwandtschaften" ins Gedächtnis:: Ottilies Apotheose zu einer Heiligen. Was wird nicht dort aufgeboten, um noch im Namen der Natur die Natur selbst zu überwinden. Doch erweist sich die derart beschworene Integrität der Person und der Triumph der Moral als nicht haltbar. Wie schon an früherer Stelle bemerkt, wird die eine Deutung in die andere, dagegen abgehobene, hinübergearbeitet, indem die „echten Naturformen",[109] besonders die dramatische, auf eine für den Roman konstitutive Weise in diesen zurücktreten. Daß die Historisierung der einfachen Gattungen, die schon für den Wechsel von der unmittelbar sinnlichen Darstellung zur symbolischen entscheidend war, auch jetzt wieder bemüht wird, liegt in der Sache selbst begründet. Denn trotz der Dreiteilung, die schon aus Anlaß größerer Deutlichkeit hier vorgenommen wurde, haben wir es nicht mit einer säuberlichen Trennung in einzelne Stufen zu tun. Vielmehr ist die mittlere, die symbolisch-gleichnishafte Werkgestalt von der Art, daß sie, obgleich gegen die Extreme unterschieden, die beiden anderen mitumgreift. Die für die symbolische Einstellung wesentliche Dialektik von Besitz und Gebrauch schließt die spontan-affektive Identifikation, die den Fetisch charakterisiert, ebenso ein wie das Gegenteil: den Rückzug aus dem Symbol. Der symbolische Bezug löst sich in dem Maße auf, wie das Symbol zu erkennen gibt, daß es sich, als die vorgreifende Vergegenständlichung von Wünschen und Hoffnungen, einer gewaltsamen Privatisierung und sachfremden Isolation verdankt. Die „oberste Deutung" ist insofern nicht nur eine Umkehrung und Umdeutung des buchstäblich Gemeinten; sie ist tendenziell die Überführung des Symbols und des ihm inhärenten Verkennens ins praktische, arbeitsteilige Leben. Die verdinglichten Gestalten des Zufalls machen den Formen mittelbaren Nutzens und wechselseitiger Anerkennung Platz.

Unter den zahlreichen Implikationen, die damit verknüpft sind, sei diese besonders hervorgehoben: Eine rein immanente, an den Symbolen selbst festgemachte Interpretation gibt es nicht. Es gibt sie aus denselben Gründen nicht, aus denen auch den Romanfiguren versagt ist, ihren Lebensweg planvoll vorherzubestimmen und die Geschichte bewußt zu gestalten. Denn ein Wissen, für das die Zukunft abrufbar, eine Theorie, die der kommenden Veränderungen mächtig wäre, setzt eine Freiheit voraus, die Goethe im vorhinein niemandem konzidiert. Hegel, der einerseits auch nicht soweit geht, daß er dies den Akteuren der Weltgeschichte zugestehen würde, überbietet andererseits alle Philosophien der Freiheit vor und nach ihm, indem er durch die vorbestimmte Identität des Geistes mit der Natur die Freiheit eben dieses Geistes strukturell verbürgt. Einer derartigen Konstruktion bedürfte es jedoch, um das Symbolische als einen in sich schlüssigen Verweisungszusammenhang vorzustellen. Goethe verwahrt sich dagegen. Eine Privilegierung des Bewußtseins lehnt er ab. Statt dessen läßt er das dem symbolischen Handeln implizite Verkennen innerhalb einer Entwicklung produktiv sein, die sich praktisch-tätig gegen ihren vorgefaßten Begriff kehrt. Wenn diesem Begriff dennoch Gerechtigkeit widerfährt, dann dadurch, daß er sich den widerlegten Verallgemeinerungen, den verkehrten Identifikationen zum Trotz gleichsam perspektivisch als das „Hohe" und „Unerreichbare" erhält.

Das sei noch einmal demonstriert am Ausgang der Lenardo-Geschichte, an einem für die Modernität des Romanwerks nicht unwesentlichen Sachverhalt. Denn dort wird ausdrücklich solchen Ansichten das Wort geredet, die sich gegen das heraufziehende Maschinenwesen, gegen die zeittypische Industrialisierung aussprechen. Als wollte Goethe den technischen Fortschritt auf der Stufe handwerklicher Produktion anhalten, führt er uns als eine Folge maschineller Rationalisierung das Problem regionaler Arbeitslosigkeit und den Verlust von Werten vor Augen, die mit den herkömmlichen Arbeitsformen verbunden sind. Mit der Guten-Schönen erscheint die Heldin dieser Erzählabschnitte als das erste Opfer umsichgreifender Industrialisierung. Damit ist über den für uns heute selbstverständlichen und unverzichtbaren Schritt vom Verlagswesen zur modernen Form der Fabrikation offenbar das Verdikt gefällt.

Obgleich durch kein ausgesprochenes Wort dazu veranlaßt, behaupten wir dennoch die Gegenposition. Nicht das Maschinenwesen wird verurteilt, sondern die Bedingungen, die zu seiner lokalen Durchsetzung und Aneignung führen und die wir wegen der Konzentration von Kapital, technischem Wissen und Marktkenntnis in den Händen eines Familienclans nicht anders als kapitalistisch nennen können.[110] Dagegen wird in der Figur Lenardos ein Beispiel gegeben, wie einer das Maschinenwesen, seiner mittelbaren Dynamik folgend, für sich und zu seinem Vorteil arbeiten lassen kann, ohne daß er es als ein Instrument von Herrschaft und Besitzerweiterung benutzt. Diese Deutung, die der Text expressis verbis nicht belegt und die deshalb eher eine Umdeutung ist, stützt sich darauf, daß die Verunglimpfung der Maschine, wie nachdrücklich sie auch, vom Erzähler getragen, eine Verallgemeinerung nahelegt, aus der Sicht der unmittelbar Betroffenen, der persönlich Beteiligten formuliert ist. Damit ist die Ablehnung industrieller Produktion auch relativierbar. Vor allem ist der Bann der Unmittelbarkeit zu brechen, mit dem sich die zusammengesetztere Maschine jener entlegenen Gebirgsregionen bemächtigt. Das aber heißt, das intrigierende Vorgehen des Faktors zu durchschauen und den vielgliedrigen Mechanismus freizulegen, innerhalb dessen auch das ultimative Auftreten des hochfeierlichen Jünglings – „deine Hand", sonst „geh' ich allein, du wirst mir die Mittel dazu nicht versagen"[111] – ein kalkuliertes Glied ist. Auf diese Weise sind wir wieder dort, wo der „persönlich Handelnde" seine verborgenen Hilfsmittel bekennen muß, wo die dramatische Naturform in den mittelbaren Zusammenhang des Romans zurücktritt. Der tragische Höhepunkt, der von den Protagonisten das Opfer zu fordern scheint, verwandelt sich in eine Veranstaltung, die längerfristig den Faktor in seinem ehrgeizigen Vorhaben und Susanne in ihren Wünschen begünstigt.

Wie das reine Drama in den Roman, wie das wörtlich und sichtlich Verheißene in sein Gegenteil hinübergearbeitet wird, so bewährt sich die „oberste Deutung" dieser Erzählung daran, daß sie auch die epischen Motive in unser Industriezeitalter richtig übersetzt. Episch und alttestamentarisch ist das von dem Vater gestiftete Wiedererkennen und das auf dem Sterbelager geschlossene Band zwischen Lenardo und der Guten-Schönen. Wir haben die Zurückhaltung Lenardos, sein Schweigen, durch das er sich diesen patriarchalischen Lebensformen scheinbar unterwirft, an früherer Stelle einer fortschrittlicheren Stufe in der Entwicklung der Produktivkräfte zugeordnet. Und so verweisen wir statt dessen auf ein anders, echt episches Wort, dessen Bedeutung sich mit Blick auf die Neue Welt unterderhand verkehrt, obgleich der Wortlaut nahezu gleich bleibt. Wir meinen den letzten Ausspruch jenes frommen Mannes, den er als Vermächtnis hinterläßt: „Warum hofft der Mensch nur in die Nähe? da muß er handeln und sich helfen, in die Ferne soll er hoffen und Gott vertrauen."[112] Seine Tochter, die Schöne-Gute, stellt sich noch an seinem Totenbett – der Faktor hat gerade seinen dramatischen Auftritt beendet – hinter dieses Wort: „In die Nähe soll man nicht hoffen, rief sie aus, aber in die Ferne, das war sein letzter Segen."[113]

Was sich als kindlicher Gehorsam gegen die väterliche Autorität, als traditionsgesteuertes, nachahmendes Lernen ausnimmt, das ist mehr nicht als der Rückgriff auf eine Worthülle, während sich der Sinngehalt schon verändert hat. Denn wo der Vater sich gegen ein tätig-diesseitiges Leben und für eine jenseitsorientierte und weltnegierende Existenz entscheidet, da steht Susanne bereits vor einer anderen Alternative. Für sie ist der Gegensatz von Nähe und Ferne gleichbedeutend mit der Unterscheidung zwischen der regionalen Einführung des Maschinenwesens in Form eines kapitalistischen Familienunternehmens und dem überseeischen Programm der Auswanderer, das unter den Bedingungen kollektiver Beweglichkeit eine breitere Partizipation am technischen Fortschritt in Aussicht stellt. Auf eine Formel gebracht, heißt das: Nicht das vermeintlich bessere und ewige Leben nach dem Tode, sondern die reale Handlungsalternative zu einer auf Besitz- und Machtausdehnung gerichteten Maschinenproduktion läßt Susanne „in die Ferne hoffen".

Resümieren wir kurz: Über die Stufe spontan- emotionaler Teilnahme, die hier auch durch den Stil der Tagebucheintragung begünstigt wird, sind wir hinausgelangt, indem wir uns zu den singulären Vorgängen Distanz verschafft und die dramatischen und epischen Handlungszüge auf eine symbolisch-gleichnishafte Ebene überführt haben. Der lyrische Ton, der in der leidenschaftlich-resignativen Klage Susannes[114] und auch Lenardos[115] nicht fehlt, blieb nur zufällig unerwähnt. Die symbolische Darstellung wiederum konvergiert mit einer Deutung, die gegenüber der unmittelbaren Affektion der Sinne insofern ein höheres Niveau darstellt, als sie diese gleichsam in ihrem arbeitsteiligen Bedingungszusammenhang tätig werden läßt. Weniger poetologisch als inhaltsbezogen formuliert, heißt das: „Die „oberste Deutung" entfaltet sich hier, alternativ zum äußeren Sinnenschein, als die kritische Wendung gegen eine Form von Produktivitätssteigerung, die Eigentum und Macht in den Händen weniger konzentriert, während sie die vielen mit „Nahrungslosigkeit" bedroht. Es ist kein Zufall, daß gerade dort, wo die Erzählung ihren symbolisch-gleichnishaften Charakter vollends sichtbar macht, das prekäre Verhältnis von Besitz und persönlicher Freiheit thematisch wird. Wie schon an den *Lehrjahren* beobachtet, läßt sich Glück – das setzt persönliche Unabhängigkeit voraus – nur durch die Veräußerung von Eigentum erlangen. „Die Schöne-Gute übergibt dem Gehülfen ihr ganzes Besitztum. (. . .) Dadurch wird (sie) frei (. . .)."[116] Es ist sehr wahrscheinlich, daß sich ihre Lebenswünsche und die Hoffnungen Lenardos innerhalb der Wanderbewegung treffen.

Lenardo hält seinem jugendlichen Begriff von Freiheit die Treue, auch wenn darin nach und nach die Spuren unmittelbarer Totalisierung getilgt werden. Ebenso bedeutet für Susanne die Trennung vom erworbenen Besitz keinen Bruch mit ihren ursprünglich handlungsleitenden Grundsätzen. Das mag umso überraschender sein, als das „nußbraune Mädchen" dereinst um die Erhaltung des väterlichen Pachtbesitzes wie um ihr Leben gebeten hatte. Jetzt aber wird sie dem besseren Begriff, den sie von diesem ihrem Leben hat, gerade dadurch gerecht, daß sie sich von ihrem Eigentum, weil es sie mit sich zu entzweien droht, lossagt. Als die krisenhafte Auflösung solcher unmittelbaren Totalisierungen, unter denen vom ästhetischen Standpunkt aus das Symbol hier besonders interessierte, bildet sich perspektivisch die „oberste Deutung" heran: nicht als die Leistung kritischer Reflexion, sondern unter Bedingungen des arbeitsteiligen Lebens selbst. Das aber ist nach Goethe ein „Naturweg".[117] Denn für ihn ist es auch durch die Geschichte des Menschen hindurch die Natur, die sich in Leben und Arbeit teilend, zunehmend dahin entwickelt, im Verhältnis zu sich als Mittel und Zweck weder das eine noch das andere unmittelbar zu sein.

Damit beschließen wir die Darstellung ästhetischer Erfahrung, die wir an den *Wanderjahren* gemacht haben. Es kam uns in erster Linie darauf an, der dem Werk entnommenen Konzeption individuellen und sozialen Fortschritt auch für die Ästhetik Geltung zu verschaffen. Das führt uns, ausgehend von den einseitigen Verabsolutierungen sinnlicher Wahrnehmung auf der Stufe vorarbeitsteiliger Produktion, zu einer Historisierung sowohl der einzelnen Künste und ihrer im engeren Sinne spezifischen Leistungen als auch der verschiedenen Dichtungsarten, soweit jene sich in diesen fortsetzen. Es mündet schließlich in eine Betrachtung darüber ein, wie der Roman, die historischen Weisen der Welt- und Selbstdarstellung gleichsam unter sich verarbeitend, hervorgebracht wird. Wir verstehen das zugleich als eine Erklärung dessen, was man die Form des Romans nennt.

VIERTES KAPITEL

Die Leiden des jungen Werther im Rückblick

I. Werk und Wirkung

Über Goethes ersten Roman *Die Leiden des jungen Werther* läßt sich kaum Neues sagen. Lukács' Rekanonisierung des Werkes im Zusammenhang der europäischen Aufklärung[1] und die jüngere Wiederentdeckung der gesellschafskritischen Perspektiven[2] befreit uns davon, den *Werther* gegen obskure Deutungen, insbesondere gegen die Zeitenthobenheit einer tragischen Liebe verteidigen zu müssen. Ja, wir haben es sogar besser als jene engagierten Zeitkritiker; denn wo sie tendenziell einseitig werden, können wir gleichsam gegensteuern, ohne in den Verdacht zu geraten, wieder einem älteren Verständnis das Wort zu reden. Zur Hauptsache wenden wir uns aber an den *Werther* aus der Sicht der späteren Romane zurück. So läßt sich noch manches Schlaglicht auf Goethes lebenslange Romanproduktion und die Entwicklung seines Geschichtsbildes werfen, wie auch manche charakteristischen Züge der *Werther*-Handlung aus der Perspektive ihrer späteren Verarbeitung im *Wilhelm Meister* in einem anderen Licht erscheinen. Wir befinden uns damit in einer Reihe mit solchen Bemühungen, die sich gegen das von Zeit zu Zeit mit modischer Ausschließlichkeit auftretende Urteil stellen, daß uns heute nur das Frühwerk – und mißverständlicher noch: der revolutionäre Stürmer und Dränger – was zu sagen hätte.[3]

Eine Sensation war es schon, die der *Werther* nach seinem Erscheinen 1774 verursachte. Er begründete Goethes europäischen Ruhm. Für Deutschland aber bedeutete er, daß die Lektüre eines modernen Werks nicht ausschließlich auf die gebildeten Schichten beschränkt war. Das bis dahin breiteste Interesse wurde ihm zuteil, er regte die lebhaftesten Debatten an; und was davon an kontroversen Stimmen erhalten und überliefert ist, spricht durchaus für jene epidemisch wirkende Wertherkrankheit, von der Zeitgenossen berichten. Im Unterschied zu den späteren Romanen Goethes, die sich als immer undurchdringlichere Gebilde gegen ihre rezeptorische Vereinnahmung behaupten, ist der *Werther* mit der Wirkung auf das Publikum seiner Zeit untrennbar verknüpft.[4] Der *Werther* hat nicht nur eine Wirkungsgeschichte, wieviel lebendiger, ja, widersprüchlicher als alles Dagewesene auch immer; er selbst i s t die Diskussion, die Anteilnahme und Antipathie, die er entfacht. Um nur das schlagendste, mittlerweile zur Legende verklärte Beispiel zu nennen: der Roman endet nicht mit dem Selbstmord seines Helden, sondern mit dem seiner Nachahmer, ob sie nun wirklich – wie seltener belegt – zur Tat kamen oder diese in einem Strom sympathetischer Tränen für sich ausmalten. Dabei ist die Intensität der Zustimmung, die ähnlich auch den bürgerlichen Rührstücken zuteil wurde, allein nicht ausschlaggebend; sowenig wie die Schwärmerei für den die Gefühle rückhaltlos aussprechenden Jüngling oder das modische Nachtragen des Wertherfracks. Entscheidend für die qualitativ neuartige Einheit von Werk und Wirkung ist das unversöhnliche Auseinanderlaufen der Meinungen, die prinzipielle Unabgeschlossenheit des Streits und die Tatsache, daß sich das Werk, aus der Rolle einer richtenden Autorität entlassen, als Quelle divergierender Deutungen ständig erneuert.[5]

Die Forschung hat das erkannt, dokumentiert und – unverfänglicher läßt es sich nicht sagen – als Überwindung der Aufklärungsästhetik beschrieben. Unter Aufklärungsästhetik versteht man diejenigen Bedingungen literarischer Produktion und Rezeption, die denen der sich entfaltenden Marktgesellschaft oder ihren Antizipationen voraufgehen und die deshalb noch nicht unter den prekären Begriff der Kunstautonomie zu fassen sind. Vor dem *Werther* sei das ästhetische Werk durch eine außerästhetische Zweckbestimmung einseitig dominiert worden. Im Verhältnis zur Moral, selbst wenn sie nicht mehr die der Ständehierarchie war, hatte die Kunst allenfalls eine dienende Funktion. Sie exemplifizierte und veranschaulichte, zuletzt durch die kontrollierte Erregung von Emotionen, was von vornherein innerhalb eines Systems einander eindeutig zugeordneter Wertvorstellungen als vernünftig ausgewiesen war.[6] Eine ästhetische Wahrheit sui generis, die nicht zugleich die eines theologisch und moralisch ausgedeuteten Weltbildes gewesen wäre, war deshalb undenkbar. Diese Determiniertheit reichte tief in die Gestaltung der Werke hinein. Am kennzeichnendsten ist die über Regeln vermittelte Kunstfertigkeit. Für den Roman, der noch die ungebundenste Form ist, bedeutet es immerhin, daß die Figur des Erzählers weitgehend unselbstständig war und in den entscheidenden Fragen nach Sinn und Zweck der Kunstveranstaltung als das didaktische Sprachrohr des Autors galt. Der verläßliche Erzähler korrespondiert mit einem Lesepublikum, das sich trotz zunehmender Verbürgerlichung noch in den Grenzen der Ständegesellschaft hielt. Daß es darauf ankäme, die Geschichte selber zu machen, war sogar auf dem fortgeschrittenen Gebiet der Literatur, im Zusammenhang der erzählten Geschichte, wo sich die rein rezeptive Einstellung zuerst in die Produktivität eines an der Sinnkonstitution wesentlich beteiligten Lesers verwandelte, noch unbekannt.

Die Leiden des jungen Werther bedeuten den Bruch mit der Aufklärungspoetik.[7] Wie man hinlänglich weiß, liegt es einerseits daran, daß sich der Autor und mit ihm der Erzähler als moralisch wertende Instanz in bis dahin ungeahnter Weise aus der Geschichte zurückgezogen hat. Es werden mit dem Anspruch unüberbietbarer Authentizität die persönlichsten Lebenszeugnisse, nämlich Briefe und auch nur die Werthers, nicht die seines Briefpartners, mitgeteilt. So entsteht die dramatisch zugespitzte Perspektive eines Monologs, die auch dadurch nicht durchbrochen wird, daß auf dem Höhepunkt von Werthers Krise ein Erzähler eingeschaltet wird, der in der Rolle des Herausgebers die nachgelassenen Dokumente sammelt und zur Chronik jener „Krankhit zum Tode"[8] zusammenzieht, über die informiert zu werden, die Mit- und Nachwelt schon ein selbstverständliches Recht zu haben scheint. Der Verzicht auf ein didaktisches Korrektiv, als Gegengewicht zu der fatalen Wertherperspektive, ruft auf der anderen Seite ein Leserpublikum auf den Plan, das bei der Deutung der geschilderten Vorgänge auf eine noch unerprobte Weise sich selber überlassen ist. Was sich so leichthin sagt, bedeutet nichts geringeres als die Versetzung des Lesers von der Peripherie der Darstellung in deren bewegtes Zentrum. Nicht mehr die konventionell geregelte Rolle des Zuschauers, innerhalb derer noch die verschiedenen Grade der Rührung genau kalkuliert sind, ist für den Leser charakteristisch, sondern seine Mitautorschaft an der sinnerschließenden Gestaltung der Geschichte. Das aber heißt, daß er nach dem lebendigen Umfang seiner ganzen Person durch das ästhetische Werk gefordert ist. Als ein sinnliches Wesen, dessen leidenschaftliche Anteilnahme sich nicht einfach gegen die kognitiven Einstellungen aufrechnen läßt, ist er in der Erzählung gegenwärtig.[9] Die prinzipielle Anerkennung eines höherrangigen Tugendkanons ist nicht mehr die Bedingung, unter der Emotionen geweckt werden. Im Widerstreit der Gefühle – hier die spontane Identifikation mit Werther, dort die gegenüber dem Selbstmord gebotene Verweigerung – emanzipiert sich die Sinnlichkeit. Auf diese Weise wird die Reflexion gleichsam empirisch fundiert, wie auch umgekehrt die unverstellt auf Erkenntnis bezogene Empfindungsfähigkeit eine zusätzliche Steigerung erfährt. Keine Interpretation des Romans ist deshalb möglich, die nicht auf der Selbsterfahrung des Lesers, auf der dialogischen Auseinandersetzung gegründet wäre, die dieser mit sich in den affektiv besetzten Rollen des Wertherfreundes und Wertherkritikers führt.

Der natürlich empfindene und reflektierende Leser, der sich dadurch erst vollends als Mensch zu entdecken meint, daß er die widerstrebenden Gefühle, statt sie dem Räderwerk des Verstandes unterzuordnen, zum Gegenstznd seiner Selbsterkenntnis macht, ist jedoch nur die eine Seite. Auf der anderen Seite korrespondiert mit der Entblößung ungeschützter Intimität, mit dem Abgrund des gefährdeten Selbst die Notwendigkeit, sich mitzuteilen und im Gespräch mit anderen sich des umstrittenen Sinnes jeweils neu zu vergewissern.[10] Hier handelt es sich um die Entstehungsbedingungen eines Lesepublikums, das man bürgerlich nennt, weil – von der großen Verbreitung des *Werther* bis zu der alle Bevölkerungsteile ergreifenden Diskussion – der Prozeß der öffentlichen Werkaneignung an die Erfahrung der Subjektivität jedes einzelnen geknüpft ist. Das versteht sich für die Zeit vor der Französischen Revolution am ehesten im Medium der Natur selber. Denn wo sich jeder in seiner unveräußerlichen Natur herausgefordert und zur Behauptung seiner natürlichen Rechte aufgerufen fühlt, da kann sich eine Öffentlichkeit herstellen, die die Austragung kontroverser Meinungen weder überkommenen Autoritäten noch irgendwelchen Spezialisten überläßt. Mit seinem zentralen Thema, dem natürlichen Verlangen nach individueller Selbstverwirklichung, entspricht der *Werther* dem inhaltlich wie formal. Das Individuum, unverbogen und in sich gegründet – eben als ein Stück Natur –, das ist die Errungenschaft des bürgerlichen Zeitalters. Doch wie auch immer der Erstlingsroman Geothes diesem Leitbild zum Durchbruch verhilft, wie auch immer seine Darstellungsweise die Aufklärungspoetik überwindet und die dialogischen Strukturen bürgerlicher Öffentlichkeit aus sich heraussetzt: Ist der *Werther* deshalb schon beispielhaft für die Moderne überhaupt? Goethe selbst möchte wohl seine spätere Romanproduktion nicht in diesem ausschließlichen Sinne dem *Werther* verpflichtet wissen. Und was den durch das Werk initiierten, die Ständeschranken überspringenden Dialog angeht, den des Lesers mit sich selber wie auch den der Leser untereinander: Ist dieser Dialog so geschichtsmächtig, daß er kein Mißverstehen kennt, das er nicht wieder produktiv werden ließe? Denn es ist ja ein Charakteristikum der Moderne, daß die Fiktionalität der Kunst, ihre Schein- und Lügengestalt, auf die Machbarkeit der Geschichte und die Produktivität ihrer handelnden Subjekte bezogen ist. Dagegen scheint uns der *Werther* auf Widersprüche abzuzielen, die weder die Zukunft für sich haben noch sind sie Stigmata der bürgerlichen Gesellschaft schlechthin.[11]

Welche Widersprüche sind das? Es sind im Prinzip die gleichen, die bis heute in den Interpretationen geradezu zwangsläufig wiederkehren, auch in solchen, die die Brüche der Wertherexistenz eigens thematisieren und im Rahmen sozialgeschichtlicher Fundierungsverhältnisse bündig herleiten. Denn wie man sich bei der Beurteilung Werthers stellt, stets tut sich ein Zwiespalt auf, aus dem ehrlicherweise kein Weg herausführt. Die Positionen des Wertherkritikers sind im ganzen sowenig widerspruchsfrei wie die des sympathetischen Beobachters gleich welcher ideologischen Herkunft. Bezieht man zum Beispiel moralisch Stellung gegen Werther – das muß die Anerkennung einer epochemachenden literaturgeschichtlichen Leistung nicht ausschließen –, dann hat man erst einmal triftige Gründe auf seiner Seite; allen voran den, daß man mit kreatürlichem Schauder den Selbstmord und die darin angeblich realisierte Handlungsfreiheit ablehnt. Wie läßt sich auch das Paradoxon lösen, daß einer, um sich aus drückender Beschränkung zu befreien, den Tod sucht, wenn doch der Tod die Unfreiheit selbst ist? Man muß kein Moralapostel sein oder auf dem Boden orthodoxer Kirchengläubigkeit stehen, wenn man sich gegen den Selbstmord sperrt, also letztlich gegen jenen Mechanismus, der die Erfüllung vitaler Wünsche immer abhängiger macht von dem Rückzug auf das eigene Selbst, auf diese vermeintlich einzige Quelle wahrer Autonomie. Der Roman entfaltet von sich aus die materielle Sphäre sinnlich-diesseitigen Glücks mit viel zu großer Überzeugungskraft, als daß er nicht Spekulationen wie diese Lügen strafte: „Erst als Selbstmörder handelt er (Werther) als Realist".[12] Mag die Behauptung auch von einem anderen, besonderen Standpunkt aus aufgestellt sein, sie greift auf jeden Fall daneben. Denn der Tod, schneidend und unversöhnlich wie er im Roman das Ende markiert, erlaubt es nicht, ihm gegenüber eine didaktische Einstellung einzunehmen, als wäre er eine Form der Entlarvung, aus der es für den Desillusionierten noch etwas zu lernen gäbe. Der Tod ist endgültig, und Werther ist mit ihm allein wie kaum einer vor ihm nach einer langen Tradition gleichsam altruistischer Freitode. Was soll da Werthers provokative Beförderung zum Realisten im Moment seiner Selbstzerstörung? Nennen sich nicht diejenigen mit viel größerem Recht Realisten, die Werthers konsequente Entwicklung zum Selbstmord frühzeitig und an ihren Wurzeln kritisieren?

Vorbehalte gegen Aspekte der wertherschen Lebensweise sind die Regel, aber die Gruppe derer, die gegen das Werk von Grund auf Widerstand leisten, hat sich vor allem in der aktuellen Situation seines Erscheinens hervorgetan.[13] Klaus Scherpe hat ihre Argumente gesammelt und zu einer Selbstdarstellung bürgerlicher Ideologie abgerundet, die durch den *Werther* ihrer inneren Zwiespältigkeit überführt wird – merkwürdigerweise zu einem Zeitpunkt, da es in Deutschland eine bürgerliche Gesellschaft in jenem saturierten Sinne, dem dieser schulmeisterlich verteidigte Überbau entspräche, noch gar nicht gibt. Doch wie dem auch sei, das dem Werther entgegengehaltene Bild des fleißigen, anpassungsfähigen, versagungsbereiten Bürgers, der sich als das nützliche Glied einer nur durch ihre wechselseitige Tätigkeit zusammengehaltenen Gesellschaft versteht, ist billigerweise nicht einfach Anlaß zur Kritik. Es ist das umso weniger, als das von der protestantischen Ethik getragene Tugendbild in der heroischen Aufbauphase des Bürgertums seine historische Berechtigung daraus zieht, daß es gegen die Borniertheit und Liderlichkeit einer parasitären Adelskaste gerichtet ist. Der Vorwurf, Werther sei egoistisch, da er sich geregelter Arbeit verweigere und noch gegen das Bewußtsein ihrer Unerfüllbarkeit an seinen Leidenschaften festhalte, entlarvt solange nicht den platten Apologeten spießigen Nützlichkeitsdenkens, wie man sich erinnert, daß es gerade der Egoismus ist, der den höfischen Adel in den Augen seiner bürgerlichen Kritiker zugestandenermaßen am widerwärtigsten erscheinen ließ. Das ist zu beachten, wenn man die

Bedenken der älteren Aufklärer gegen Goethes Jugendroman erörtert. Dabei wäre dem Autor der *Miß Sara Sampson* und *Emilia Galotti* entschieden mehr Verständnis entgegenzubringen als den Nicolais, Garves und Goezes. Diese rühren mit der offensiven, da rechthaberischen Anwendung ihrer Mittel, der Zurechtweisung und der belehrenden Umdichtung, an den Punkt, wo Werthers eigene Kritik an der Hohlheit einer auf kurzatmige Bedürfnisbefriedigung abgestellten Existenz greift.[14]

Mit dem Hinweis auf das Mittelmaß des Durchschnittsbürgers, der „durch Fleiß und Sparsamkeit (. . .) wohlhabend" wird, sich „ein klein Häuschen" baut und „der ein Krauthaupt auf seinen Tisch bringt, das er selbst gezogen",[15] ist Werther nicht beizukommen. Gerade davor schreckt er ja zurück. Nichts reißt ihn mehr hin als die Erkenntnis „wie artig jeder Bürger, dem es wohl ist, sein Gärtchen zum Paradiese" macht und wie das „unverdrossen"[16] immer so weiter geht. Diese Selbstzufriedenheit in der Beschränkung ist umso unnatürlicher als sie nicht einer Notlage entspringt, sondern einer tief verinnerlichten Haltung, mit der die bürgerlich subalterne Stellung in einer unverändert ständischen Gesellschaftsordnung kompensiert wird. Die kindische Untertänigkeit, die in den herrschenden Verhältnissen den rechten „Schul- und Hofmeister"[17] sieht, führt dazu, daß nach den „wahren Zwecken",[18] die das Leben erst lohnen, nicht einmal mehr gefragt wird. „Es ist ein einförmiges Ding um das Menschengeschlecht. Die meisten verarbeiten den größten Teil der Zeit, um zu leben, und das bißchen, das ihnen von Freiheit übrig bleibt, ängstigt sie so, daß sie alle Mittel aufsuchen, um es los zu werden".[19] Die Verkümmerung, ja Denaturalisierung der besten menschlichen Fähigkeiten ist eine Folge der sich hartnäckig behauptenden Feudalhierarchie und der widerstandslosen Unterwerfung unter sie. Als ihr umfassender Kritiker ist – nach Peter Müller – der *Werther* zu verstehen.[20]

Werther macht Anspruch auf universelle Ausbildung seiner Kräfte. Gegen die deformierte Existenz setzt er das ungeteilte, seine sensitiven wie intellektuellen Organe gleichermaßen aktivierende Individuum. Erst der in seiner Totalität allseitig entfaltete Mensch ist einer Weltaneignung fähig, die ihn nicht mehr im Verhältnis zur Natur jener lähmenden Entfremdung aussetzt. Die natürliche Individualität, der sich Denken und Empfinden, Genießen und Handeln zu einer lebensvollen Einheit zusammenschließen, ist die machtvolle Entdeckung Werthers. Müller hat recht, wenn er dieses Ideal mit seiner kritischen Spitze gegen die Versteinerungen spätabsolutistischer Lebensformen gerichtet sieht. Auf entschiedene Abwehr ist er jedoch gestoßen, wo er nachzuweisen versucht, daß Werther in seiner Person die Leitidee schon annähernd verwirklicht habe.[21] Ja, es wird ihm vorgehalten, daß er das werthersche Vorbild zum „Typ des modernen Menschen" überhaupt erhoben habe.[22] Denn das Ideal des sich auf den ursprünglichen Naturzustand zurückbesinnenden Individuums sei, ungeachtet seines revolutionären Impulses, eine dem tatsächlichen sozialen Immobilismus undialektisch entgegengesetzte Vereinseitigung, die unter den Voraussetzungen künftiger Produktivkraftsteigerung sich auch gar nicht realisieren läßt. Werthers absoluter Vollkommenheitsanspruch, durch seine intensive Lebensweise angeblich schon konkretisiert, sei sinnvoll heute nicht zu beerben.[23] In der Tat rekonstruiert Müller eine Entwicklung Werthers, die, ihrer Tendenz nach antifeudalistisch, in der leidenschaftlichen Verteidigung des Selbstmords und der Beglückung durch Lottes reine Gegenwart den Helden auf der Höhe seiner Selbstverwirklichung zeige.[24] Schon die Annahme eines solchen Entwicklungsprozesses impliziert, daß Hindernisse überwunden werden; Hindernisse, die durch „die menschenfeindlichen Zustände der Feudalgesellschaft"[25] verkörpert sind. Was sich auch immer Werther in den Weg stellt und schließlich scheitern läßt, es wird auf den Feudalismus zurückgeführt: auf die „feudale Gesetzlichkeit",[26] die „feudale Arbeit",[27] die „feudale Sittlichkeit".[28] Es ist im Rahmen dieses Ansatzes nur konsequent, wenn endlich auch die Gründe dafür, daß er Lotte nicht besitzen kann, in der „ständischen Moral"[29] und in Albert, dem hartnäckigen „Verteidiger der christlich-feudalen Sittlichkeit",[30] gesehen werden. Hier setzt sich vollends der Eindruck durch, als kollidiere Werthers natürlicher Anspruch auf Liebe und Selbstvollendung mit einer überlebten, aggressiv verteidigten Sozialverfassung, die über keine Rechte mehr, aber über umso stärkere Abwehrmechanismen verfügt. Unversehens scheint man sich in einer der frühen Dramen Schillers zu befinden, in denen die Front gegen die Entartung absolutistischer Adelswelt klar gezogen ist. Aber gerade so verlaufen die Fronten im *Werther* nicht. Daß das Werk gesellschaftskritisch ist, jedoch nicht mit jener eindeutigen Intention, läßt es ja bis in unsere Zeit so ambivalent erscheinen.

Man kann sich nicht genug darüber wundern, daß der gleiche Werther einmal als Kritiker an der Feudalwelt – in dem emphatischen Wunsch nach ungeteilter Selbstverwirklichung auch vollkommen zurecht – begriffen wird und ein anderes Mal als derjenige, an dessen kompromißlosen Forderungen die Widersprüche der bürgerlichen Gesellschaft aufbrechen.[31] Die bürgerliche Gesellschaft beginnt sich auf dem europäischen Kontinent unter Berufung auf das Naturrecht erstmals auch politisch zu konstituieren. Die Natur wird dabei verstanden als der irreduzible, allen gemeinsame Ursprung ihres Menschseins. Im Blick darauf wird die Gleichheitsforderung in einem schließlich historischen Ausmaß verallgemeinerungsfähig; wie auch umgekehrt der einzelne, wenn er seine Wünsche auf die Natur gründet, ja, die Natur selbst zur wahren Quelle seiner Erneuerung macht, in seinen Rechten immer weniger abzuweisen ist. In dieser Situation sehen wir Werther mit der ganzen Leidenschaftlichkeit, derer er fähig ist, das Elementaranliegen der bürgerlichen Revolution vertreten, den

Wunsch nach „der freien und allseitigen Entfaltung der menschlichen Persönlichkeit“, wie bereits Lukács bahnbrechend für alle späteren Analysen hervorhebt.[32] Werther stellt die Forderung nicht politisch, er lebt sie vor, radikal und mit einer Ausschließlichkeit, die ein taktisch-zielorientiertes Vorgehen ausschließt. Von Anfang an entfaltet seine Hinwendung zur Natur, sei es auf ästhetischem oder ethischem Gebiet oder in Fragen der alltäglichen Lebensführung, eine Sprengkraft, die gegen die feudal-absolutistischen, aber mehr noch gegen die bürgerlichen Verhältnisse selber gerichtet ist. Daß es das zeitgenössische Erscheinungsbild des beamteten Bürgertums ist, gegen das sich Werther hauptsächlich stellt, hat seine Ursache in der Rückständigkeit der deutschen Entwicklung, besonders darin, daß es dem Adel, dem es sich der eigenen saturierten Stellung wegen verpflichtet weiß, in einer Art Stillhalteabkommen verbunden ist. Aufgrund gegenseitiger Vorteile akzeptiert man den konventionellen Platz, der jedem innerhalb der Ständeschichtung zugewiesen ist.

So kommt es, daß Werther weniger zum Adel in einer generellen Opposition steht als zu dem Bürgertum, das sich um den Preis wirklicher Selbständigkeit mit ihm arrangiert hat. Ja, der Graf, der „seinen Geist zu erweitern, über unzählige Gegenstände zu verbreiten und doch diese Tätigkeit fürs gemeine Leben zu erhalten“ imstande ist,[33] jene adlige Persönlichkeit, die Werther während seiner kurzen Amtstätigkeit am Hof kennenlernt, ist seiner Bewunderung sicher. Dagegen lehnt er den nur noch zeremoniell behaupteten Rang der unproduktiven Teile des Adels ebenso ab[34] wie die kleinliche Arbeitsteilung, mit der sich das Bürgertum in seine subalterne Rolle schickt.[35] Daß einer darin aufgeht, ein spezielles, beschränktes Geschäft zu betreiben und dieses schon für die Welt selbst zu nehmen, erregt seinen Widerwillen am meisten. Das charakterisiert aber gerade „die fatalen bürgerlichen Verhältnisse“,[36] in denen Werther selbstquälerisch seine eigene Herkunft erkennt. Denn einerseits stammt er selber daher, er weiß, „wie nötig der Unterschied der Stände ist, wie viele Vorteile er (ihm) selbst verschafft.“[37] Andererseits ist es ihm unerträglich, sich damit abzufinden, daß seine Person nur unter dem Aspekt ihrer Standeszugehörigkeit, ihrer besonderen Funktion und nicht als das lebendige Ganze, als das er sich fühlt und verstanden sein möchte, akzeptiert wird. Dieser Zerstückelung setzt Werther das Recht auf die Ausbildung seiner natürlichen Individualität entgegen; ein Recht, das sich – historisch gesehen – mit der von ihm beanspruchten Totalität erst der bürgerlichen Gesellschaft verdankt, das aber zugleich den Alltag des Bürgers an diesem seinem ursprünglich revolutionären Selbstverständnis zu messen erlaubt.

K. Scherpe nimmt in seiner 1969 verfaßten Abhandlung den *Werther* zum Anlaß, die bürgerliche Gesellhaft zur Zeit Goethes – soweit sie sich bis dahin entfalten konnte – mit ihrer Idee, mit ihren fortschrittlichen Grundlagen zu konfrontieren.[38] Der Ansatz ist deutlich beeinflußt durch die studentische Protestbewegung, die in der zweiten Hälfte der 60ger Jahre die Entwicklung der Bundesrepublik zu kritisieren begann – zum Beispiel unter dem Aspekt, wie weit sich zwischen Verfassungsanspruch und -wirklichkeit eine Kluft aufgetan habe. Sicher erweist sich die Demonstration am Fall *Werther* deshalb als so fruchtbar, weil hier ein Kernproblem der bürgerlichen Demokratie gleichsam an ihren Wurzeln aufgesucht werden konnte: Werther erhebt den berechtigten und nicht erfüllten Anspruch, sich selber zu verwirklichen, also keine „Einschränkung" gelten zu lassen, „in welcher die tätigen und forschenden Kräfte des Menschen eingesperrt sind".[39] Die ideologiekritische Intention überzeugt denn auch am stärksten, wenn es heißt, daß der *Werther* die bürgerliche Leitidee des Individuums beim Wort nehme, statt damit nur utilitaristisch, wie das Besitzbürgertum, das Streben nach Eigentum und die persönliche Leistung zu rechtfertigen.[40] Doch es ist ein schmaler Grad, auf dem sich die Argumentation bewegt. Richtig ist, daß Werther, indem er seine Wünsche lebt, die bürgerlichen Lebensumstände, wo immer er mit ihnen zusammentrifft, in ihren enggezogenen Grenzen enthüllt; weniger weil er das absichtvolle Ziel hat, sie zu entlarven, als einfach deshalb, weil sie tatsächlich so beschränkt sind, wie er sie kennengelernt hat. Daß sich seine Erfahrungen mit diesem frustrierenden, die vitalen Kräfte zersplitternden Ordnungsgefüge allenthalben bestätigen, läßt umgekehrt seinen Protest so berechtigt erscheinen. Dieser Protest beruht nicht wie seine heute geübten Formen auf Vorsatz. Erst recht provoziert er nicht erst die Sachverhalte, die er dann vorgibt, gegen ihre ideologische Verschleierung und auf eine das Unterdrückungssystem schlechthin entlarvende Weise offengelegt zu haben. Wie jener von Werther eher unwissend verschuldete Zusammenstoß mit der exklusiven Hofgesellschaft keine subjektiv herbeigeführte, sondern rein faktisch eine Herausforderung für die Ständeschichtung bedeutet,[41] so liegt in nahezu keinem Fall eine bewußte, gezielte Aggression sei einerseits vor. Denn nicht richtig ist es, in Werther jemanden zu sehen, der offensiv Ideologiekritik übt. Der Eindruck ist sogar zu vermeiden, weil der konfliktauslösende Gegensatz sogleich schief gerät. Schon der Begriff der „Verweigerung",[42] von Marcuse als Handlungsalternative den modernen Konsumzwängen entgegengestellt, enthält Elemente eines geplanten und aktiven Widerstands, die sich nicht auf Werther übertragen lassen, ohne aus ihm den Rebellen zu machen, der er nicht ist.

Auf der anderen Seite wird die Konfliktlage durch eine Darstellung der aufkommenden bürgerlichen Gesellschaft verzerrt, die in ihr – wiederum nach heutigem Vorbild – eine Disziplinierungsanstalt sieht. Es ist scheinbar nur eine Nuance, die ein durch Pflichterfüllung, Sparsamkeit, asketischen Fleiß, kurz, durch die Versagung unmittelbarer Triebregungen charakterisiertes Sozialgefüge von einem Zwangsverband unterscheidet, der über verinnerlichte Normen oder drohende Sanktionen Gewalt gegen seine Mitglieder anwendet. Doch auf dieser

Nuance ist zu beharren. Andernfalls entsteht das Bild einer auf Werther greifbar Zwang ausübenden bürgerlichen Gesellschaft. Nur noch ein kleiner Schritt ist es dann dahin, daß die „äußere(n) Zwänge“[43] auch seinen Tod ursächlich herbeigeführt hätten. Scherpes Argumentation bewegt sich jedenfalls in diese Richtung, wenn er mit Nachdruck von dem „Zwang der Umwelt“,[44] den „Zwänge(n) der bürgerlichen Verhältnisse“,[45] von einer „Zwangssituation“[46] und der „Zwangsordnung bürgerlicher Verhältnisse“[47] spricht. Unter der Hand wird so aus dem Kerker des sich pedantisch wiederholenden Alltags, in dem Werther seine Kräfte vermodern sieht, jener theoretisch oft explizierte Unterdrückungsmechanismus, der auf abweichendes Verhalten mit dessen Verfolgung und Ausschaltung – wie verborgen auch immer – reagiert. Aber es ist Goethe selbst, der eine aggressive Polarisierung zwischen Werther und der Gesellschaft, der er sich entzieht, die Spitze nimmt, indem er den Konflikt von vornherein nicht diesem Schema folgen läßt. Am deutlichsten ist es in dem Falle, wo wir eine Verteidigung der bürgerlichen Institution der Ehe erwarten. Nichts läge näher, als daß Albert sich in seinen Rechten als Verlobter und Ehemann verletzt fühlte und daß er keine Gelegenheit ungenutzt ließe, um Werther, den Eindringling in seine Intimsphäre, vor dem Hintergrund fraglos anerkannter Moralvorstellungen zur Unperson zu machen. Es ist aber ein anderer als Goethes Roman, der auf solch mittelbar gewalttätige Weise die bürgerliche Lebensordnung gegen den Abtrünnigen mobilisiert.

Neben eine Protesthaltung, die, gezielt provokativ, die uneingestandenen Repressionsformen der Gegenseite entlarvt, und neben das Bild von einer bürgerlichen „Konkurrenzgesellschaft“, deren intern gebotene Disziplin in offensiv ausgeübten Zwang umschlägt, tritt eine weitere, dritte Variante, die ebenfalls der aktuellen Gesellschaftstheorie eher als dem *Werther* entlehnt ist.[48] Es ist die These, daß Werthers übersteigerter Subjektivismus und sein – wie es heißt – sezessionistischer Weg in die Innenwelt das Resultat des ihm durch die äußeren Verhältnisse verstellten Selbstverwirklichungsstrebens sei.[49] Dahinter steht einmal mehr die Absicht, die bürgerliche Gesellschaft schon für jene frühe Entwicklungsstufe eines latenten Gewaltpotentials zu überführen. Mit der behaupteten Freiheit des Individuums stehe der Anpassungszwang im Widerspruch. Wenn wir davon ausgehen, daß die Annahme, die dem Bürgertum verweigerte politische und ökonomische Selbstbestimmung ließe nur noch „die Wendung nach innen“ übrig, für die Epoche im ganzen – obgleich als Psychologismus nach wie vor ungeklärt – Plausibilität besitzt,[50] dann heißt das nicht, daß der *Werther* diesen Zusammenhang veranschaulicht, erst recht nicht, daß eben darin Goethes darstellerische Absicht gelegen hätte. Aber dies steht im Raum: „Die Zurückweisung durch die Gesellschaft kompensiert Werther durch verstärkte Anstrengungen, seine nutzlos gewordenen Empfindungen und Seelenkräfte zu materialisieren".[51] Wir wollen an dieser Stelle, statt eines begründeten Einwandes, nur die Implikationen verdeutlichen, die in einer solchen Formulierung enthalten sind. Vorausgesetzt wird darin nämlich, daß in Goethes Roman eine Auseinandersetzung entwickelt und beschrieben ist, in deren Verlauf Werther erst zu dem wird, als den wir ihn kennen. Tatsächlich geht aber der *Werther*-Handlung der Rückzug von den „geselligen Pflichten"[52] und die Ausbildung einer empfindsamen Innerlichkeit schon voraus. „Wie froh bin ich, daß ich weg bin!"[53] so fängt das Werk an. Wenn aber der Kampf um Selbstvervollkommnung und das Ausweichen in die Innenwelt, wenn die Erringung der „innere(n) Freiheit", die „zum Ausgleich äußerer Zwänge"[54] dient, außerhalb der erzählten Geschichte liegt, ist mindestens die Frage berechtigt, ob eine derartige Auseinandersetzung überhaupt stattgefunden hat oder als solche von Goethe intendiert ist.

Die These, daß der *Werther* das Syndrom der bürgerlichen Gesellschaft, ihre Widersprüchlichkeit, entlarvt habe, versucht Scherpe gegen andere als die hier vorgetragenen Einwände zu schützen, indem er es ablehnt, soweit zu gehen, in dem Romanhelden einen Umstürzler, womöglich einen erfolgverheißenden Revolutionär zu sehen.[55] Seine Kritik an Werthers Innerlichkeitsflucht und die Feststellung, es „fehlt der Wertherhaltung das eigentlich emanzipatorische Movens",[56] hat nun den DDR-Historiker Müller, getroffen durch die aus den „eigenen Reihen" erfolgte Ablehnung seiner uneingeschränkt positiven Wertschätzung des goetheschen Helden,[57] dazu veranlaßt, Scherpe überhaupt abzusprechen, daß er den *Werther* im Zusammenhang der Aufklärung und – wie er es betitelt – einer „humanistischen Tradition" interpretiert habe.[58] Das wäre an sich der Erwähnung nicht wert, wenn nicht Scherpe (und seine Mitautoren) als Reaktion darauf in einer jüngeren Arbeit seine Position bezeichnenderweise verengt hätte. Inzwischen – man erinnere sich – hatten sich die Hoffnungen der studentischen Protestbewegung wohl zum Teil und vorübergehend an den Hochschulen, aber nicht gesamtgesellschaftlich erfüllt. Der Sturz des Kapitalismus blieb aus. Der *Werther* wird jetzt als „literarische Rebellion ohne Rückhalt in einer revolutionären bürgerlichen Klasse" ausgelegt.[59] Episch breit und für deutsche Verhältnisse fast zeitenthoben allgemeingültig wird das Panorama einer historischen Situation vorgeführt, in der sich die Klassengegensätze noch nicht revolutionär zugespitzt haben. Durch die Darlegung, daß eine Revolution trotz sozialer Antagonismen damals objektiv unmöglich gewesen sei, erhält der *Werther* den Anschein, als sei er subjektiv, von Goethe, als Revolutionsstück beabsichtigt. Im Verein mit der Sturm-und-Drang-Dichtung charakterisiert mit einem Mal ein „rebellische(r) Gestus" den Roman des „Originalgenies".[60] Das bedeutet gegenüber seiner früheren Einstellung, daß Scherpe die kritische Intention des Werkes verschärft. Stand vormals die Zwiespältigkeit der bürgerlichen Gesellschaft im Vordergrund, die an ihren fortschrittlichen Leitgedanken gemessen, sich in Widersprüche verwickelt und als Zwangsverband entlarvt, so wird jetzt, da man am Umsturz gleichsam Maß nimmt, dem *Werther* das auch als Absicht vindiziert. Das führt in anderer Hinsicht zu einer Verengung früherer Ansichten. Denn nun wird das Illusionäre der Wertherhaltung, die „losgelöste Subjektivität“[61] und die Fluchtreaktion, überproportional herausgestellt. Wenn das auch gegen die angeblich vorbildhafte Progressivität der wertherschen Persönlichkeit gerichtet ist,[62] so läßt es doch die Idee des seine Fähigkeiten allseitig aktivierenden Menschen ebenfalls fast illusorisch erscheinen. Überhaupt entfalten in diesem neuerlichen Ansatz die sozialgeschichtlichen Fakten, d. h., die Widersprüche an der Basis, eine solche Mächtigkeit, daß sie auf die Ungereimtheiten im Überbau voll durchschlagen und sich auch die Literaturproduzenten unterwerfen. Kurz und gut: die Meinung steht dahin, Goethe sei in seiner Sturm- und-Drang-Phase revolutionär gewesen, aber er hätte jener „zwangsläufige(n) Widersprüchlichkeit“[63] so wenig entrinnen können, daß auch sein *Werther,* zwischen revolutionärem Anspruch und egozentrischem Illusionismus schwankend, zwiespältig ausgefallen sei.

Resümieren wir die Schwierigkeiten, die die Interpreten auch heute mit dem *Werther* haben. Der Widerstand gegen die Feudalwelt, etwa nach dem Muster der *Emilia Galotti,* ist für das Werk nicht ausschließlich handlungsbestimmend, auch wenn ein solches Signal an exponierter Stelle gesetzt ist.[64] Ebensowenig charakterisiert Goethe die bürgerliche Gesellschaft durch jenen offenen oder versteckten Systemzwang, der mit der gleichen Schlüssigkeit, mit der heutzutage die Vergeblichkeit von Protesten beschrieben wird, zu folgern erlaubt, Werther sei durch sie in die unglückliche Lage getrieben worden, die dann in den Selbstmord einmündet. Schließlich beschwört die These, die aus aktuellem Interesse an der Zwangsläufigkeit seines Scheiterns Werther zum isolierten Revolutionär macht, ihre eigenen Probleme herauf. Allem voran die Frage, ob der überempfindsame und sezessionistische Werther das literarische Faktum sei, das der Erklärung bedürfe, oder a u c h die durch den Roman mitgestaltete Distanz zu seinem Illusionismus. Steht nicht schon für Goethe die Figur Werthers sowohl für das Selbstverwirklichungsstreben wie auch für das diesem eingeschriebene Mißverstehen? Mit anderen, zu unserem eigenen Ansatz zurückführenden Worten: Wir halten darauf, daß die für den *Werther* charakteristischen Widersprüche zuerst als von Goethe selber gestaltete Widersprüche genommen und begriffen werden und nicht – von vornherein deterministisch – als plane Spiegelungen eines historisch ungelösten Antagonismus.[65] Dahinter steht auch die Absicht, das Bild der Gesellschaft, wie es sich Goethe in seinem ersten Roman darstellt, genauer kennenzulernen, genauer sowie werk- und zeitbezogener als das durch die Übertragung aktueller Theorie möglich ist.

II. Werthers Selbstverwirklichungsstreben im Kontext der späteren Romane

Unbestritten ist eigentlich nur die Berechtiung, mit der Werther verlangen kann, sich als Individuum auf der Grundlage der in ihm steckenden Fähigkeiten zu entwickeln. Das eben ist im anbrechenden Zeitalter gesellschaftlicher Erneuerung die Elementarforderung: der einzelne soll sich als die Natur, die er ist, – selbstmächtig und unverkümmert – verwirklichen können. Es ist das Credo der bürgerlichen Epoche, radikal genug, um unüberholbar zu sein, und von einer Allgemeingültigkeit, die einen Parteienstreit darüber unzulässig erscheinen läßt. Dieser berechtigte Anspruch, von Werther mit elementarer Leidenschaftlichkeit vertreten, ist – wie bekannt – auch im *Wilhelm Meister* von zentraler Bedeutung. Doch erfährt er dort eine charakteristische Auslegung im Zusammenhang des Gegensatzes von Adel und Bürgertum. Wilhelm, der Sproß aus bürgerlichem Hause, hat den Wunsch nach allseitiger Ausbildung seiner Anlagen. Aber die Voraussetzungen dafür sieht er nur beim Edelmann, der von seiner herrschaftlichen Geburt her eine in sich gegründete harmonische Persönlichkeit darzustellen in der Lage ist; während der Bürger ein Opfer der Arbeitsteilung scheint und immer nur dahin kommt, aufgrund speziell ausgeübter Fertigkeiten einen funktionellen, bloß aus seiner Nützlichkeit abgeleiteten Wert zu haben.[66] Über die dem Begriff der „öffentlichen Person“[67] eigene Doppeldeutigkeit als politisch handelnder Repräsentant und als Schauspieler gelangt Wilhelm dazu, sich sein bürgerliches Ansinnen, das er im Adelsstand bedingungslos realisiert sähe, auf einer öffentlichen Bühne zu erfüllen. Lukács, der hier nicht dem Doppelsinn folgt, durch den sich Wilhelm leiten und verleiten läßt, sieht in dem Theater einen notgedrungenen Ersatz für die dem Bürger zu seiner Zeit versagte Mitbestimmung in den öffentlichen Staatsangelegenheiten.[68] Dagegen haben wir geltend gemacht, daß Wilhelm sein ebenso natürliches wie „unerläßliches Bedürfnis“[69] nach einer „personelle(n) Ausbildung“[70] schon auf der Ebene der Interpretation verfehlt.

Dagegen könnte man, den Standpunkt von Lukács vertretend, einwenden, daß das Ausweichen auf die Bühne für Wilhelm subjektiv gar nicht als Flucht durchschaubar sein muß, wenn nur im ganzen deutlich ist, daß das Theater objektiv, erzwungen durch die „deutsche Misere“, eine Kompensation für die dem Bürger verweigerte politische Selbstdarstellung bietet und als ein solcher „Öffentlichkeitsersatz“[71] einen „Fluchtcharakter“ hat.[72] Das heißt, schon die Interpretation der Wünsche kann gesteuert sein durch eine von Wilhelm nicht begriffene Gewalt; eine Gewalt, gegen die er sich deshalb auch nicht direkt wendet, sondern der gegenüber er in der Scheinwelt der Kunst so tun kann, als gäbe es sie nicht. Was wir hier nachvollziehen, ist die für unser Jahrhundert und für die Erklärung eines vermeintlich nicht vorhandenen Klassenbewußtseins so aufschlußreiche Rekonstruktion von Ideologiebildungsprozessen. Das aber ist, obgleich es die neuere Goetheinterpretation beherrscht, weder auf den *Werther* noch auf die *Lehrjahre* einfach übertragbar. Denn erstens sieht Goethe in der zeitgenössischen Gesellschaftsverfassung keinen Gewaltzusammenhang, der – wie verschleiert auch immer – sich nur durch die systematische Hervorbringung von falschem Bewußtsein erhalten kann, wie beispielsweise durch die kompensatorische Ausschmückung einer Innenwelt oder durch die Scheinöffentlichkeit des Theaters.

Zweitens ist der Wunsch, eine vollentfaltete Persönlichkeit zu sein, für Goethe keine Idee, die selber ohne Geschichte wäre. Obgleich in der Allgemeinheit ihrer Zielsetzung unüberholbar, ist sie für die bürgerliche Gesellschaft Goethes keine „utopisch bleibende Erfüllung“,[73] mit der konfrontiert, diese ihre kapitalistische Beschränktheit eingestehen müßte. Vielmehr handelt der *Wilhelm Meister* – und nicht nur, als eine „Insel“ in ihm,[74] die Turmgesellschaft – davon, daß sich diese Idee verwirklicht, indem zugleich die Geschichte ihrer Transformationen erzählt wird. Die Darstellung dieser Geschichte gibt – drittens – Auskunft darüber, welche Gründe es hat, daß die allgemeinen Zwecke, die am Ende substantiell erhalten bleiben, sich ursprünglich anders ausgenommen haben. Ob es sich um Wilhelm, Lothario oder Lenardo handelt, ihre Anfänge sind dadurch charakterisiert, daß sie in einer Art übereiltem Vorgriff das Ganze unmittelbar wollten. Es ist erstaunlich, da einhellig die Kontinuität in seinem Lebenswerk demonstrierend, daß Goethe schon im *Werther* mit Bezug auf den „allgemeine(n) Satz“ – und was sind die ursprünglich „wahren Zwecke“ sonst – die scheinbar widersprüchliche Folge bildet: „Übereiltes, Allgemeines, Halbwahres“.[75]

Eine besondere Herleitung für das den Wilhelm der *Lehrjahre* leitende Ideal haben wir bei der Analyse des Romans gegeben.[76] Dabei stellten wir fest, daß für die Genese des wilhelmschen Persönlichkeitsideals ein Bild von der bürgerlichen Gesellschaft bestimmend ist, nach dem dieses komplexe Gebilde, für den Verstand inkommensurabel, sich in seinen einzelnen Gliedern durch ein Selbstmißverständnis erfolgreich erneuert. Die Tatsache, daß Wilhelm seinen Wunsch nach einer „personellen Ausbildung“ irrtümlich in der Sphäre des Adels verwirklicht sieht und daß er die Kunst als den Bereich mißdeutet, in dem er, der Bürgerliche, das gleiche für sich finden kann, hat seine Begründung letztlich in eben dieser bürgerlichen Gesellschaft, wie Goethe sie im ersten Meisterroman versteht. Für die Marktgesellschaft der *Lehrjahre* ist konstitutiv, daß die Abarbeitung an vorbürgerlichen Elementen – dazu gehört auch die regressive Interpretation eines zukunftheischenden Wunsches – zu ihren besonderen Reproduktionsbedingungen zählt. Das ist ja das widerspruchsvolle Muster, nach dem Wilhelm sich irren und zugleich produktiv sein kann.

Soweit unser Rückgriff auf die *Lehrjahre*. Die Frage ist, ob die Erinnerung an Wilhelm, der sich als Bürgerlicher mißversteht, ohne etwas anderes als ein Mitglied der bürgerlichen Gesellschaft zu sein und zu werden, für die Analyse des *Werther* nützlich sein kann. Halten wir erst einmal fest, daß der Zusammenhang zwischen dem jugendlich geäußerten Wunsch und seiner Realisierung ein wesentliches strukturbildendes Element auch seiner späteren Romane ist. Halten wir ferner fest, daß Goethe nicht einfach die schlechte Wirklichkeit gegen die gutgemeinte Idee ausspielt. Er verlegt vielmehr den handlungsbestimmenden Antagonismus schon auf jene Ebene, auf der die vorgängigen Wünsche interpretiert werden. Auf diese Weise setzt sich die explizite Gestalt eines Wunsches aus Anteilen sehr unterschiedlicher Herkunft zusammen. In der Lenardo-Geschichte gehört zum Beispiel das Bedürfnis, ganz von vorn anzufangen, der Epoche der Revolution an; während der damit verschränkte Anspruch, aller Mittel selber mächtig zu sein, die Intention des technisch-wissenschaftlichen Zeitalters widerspiegelt. Beiden Leitideen ist darüber hinaus gemeinsam, daß sich ihr radikaler Impetus dem Umstand verdankt, daß Lenardo, von der Subsistenzvorsorge vorerst freigestellt, irrtümlich glauben kann, allein auf sich gestellt, sogar in Abwehr des anderen Geschlechts, sein Ziel erreichen zu müssen.[77] Über diese Frage eines unmittelbaren Gebrauchs der technischen Mittel bzw. eines unmittelbaren Eigentums an der geliebten Person wird sich dann schließlich entscheiden, wie die Idee des Neuanfangs konkretisiert wird. Jedenfalls erfüllt sich Lenardos Wunsch so, daß der Neuanfang, jetzt getragen durch einen Auswandererbund, den Gestus früher beanspruchter Unmittelbarkeit abgelegt hat.

Natürlich läßt sich von der Lenardo-Geschichte nicht umgehend auf den fünfzig Jahre früher entstandenen *Werther* schließen. Doch ist deutlich geworden, daß in den handlungsleitenden Ideen goethescher Protagonisten Gegensätze arbeiten, deren dialektische Entfaltung den Roman hervorbringt. Ja, es kann für die Besonderheit von Goethes Prosawerk überhaupt nicht hoch genug veranschlagt werden, daß er auf jene Weise die epochalen gesellschaftlichen Widersprüche in die Romanfiguren selbst hineinverlegt. Denn letztlich sichert er sich so die Möglichkeit, sein Zeitalter unter der Form der Narration von Lebensgeschichten umfassend darzustellen. Doch zurück zum *Werther*. Er thematisiert noch nicht den gesellschaftlichen Fortschritt ineins mit der Entwicklung der Produktivkräfte. Auch die Konzeption der bürgerlichen Gesellschaft, die den

Lehrjahren zugrunde liegt, charakterisiert ihn noch nicht durchgreifend. Dennoch scheinen uns die Verschränkungen von bürgerlichen und vorbürgerlichen Elementen bei der Formung von Wilhelms Persönlichkeitsideal Hinweise zu enthalten, die über eine schon festgestellte strukturelle Kontinuität hinaus auch inhaltlich für den *Werther* aufschlußreich sind. Überspitzt könnte man sagen, daß Goethes spätere Romane die handlungsgebundenen Versatzstücke des *Werther* fortgesetzt paraphrasieren. Dabei gilt generell, daß überall dort, wo Werther seinen Willen unmittelbar haben möchte, dies mehr und mehr nur dem Anschein nach Berechtigung hat. Denn Schein ist es schon in Goethes erstem Roman; wie es denn noch in dem letzten als Schein sein Recht behauptet.

Der Wilhelm der *Lehrjahre* bezieht sich bewußt und nachdrücklich auf den Adel, wenn er sein Persönlichkeitsideal verdeutlichen möchte. Nicht so Werther. Doch wann immer sich sein Wunsch, ganz zu sich selber und zu seinen „wahren Zwecken“[78] zu finden, objektiviert, geschieht das mit Rückgriff auf vorbürgerliche Lebensformen. Die allseitig entfaltete Individualität für sich fordernd, versteht er das so, daß ihm „die Züge patriarchalischen Lebens“[79] in diesem Wunschbild die liebsten sind. Wenn „die patriarchalische Idee so lebhaft um mich ist“,[80] so gesteht er seinem Briefpartner, dann fühle er sich am wohlsten. Patriarchalisch bedeutet für Werther die noch unzerstörte Rückbindung einfach-nützlicher Alltagshandlungen an den natürlichen Rhythmus des Lebens. In dem Sinne sucht er das Landleben dort, wo es ihm Szenen des Alten Testaments oder seines „geliebten Homer“ unmittelbar vergegenwärtigt: zum Beispiel am Brunnen. „Da kommen die Mädchen aus der Stadt und holen Wasser, das harmloseste Geschäft und das nötigste, das ehemals die Töchter der Könige selbst verrichteten“.[81] Ein anderes Mal führt ihn der Einfall, seine Mahlzeit selber zusammenzutragen und zuzubereiten, in homerische Zeiten zurück, und er ist begeistert, daß er die erdverbundene Tüchtigkeit der Alten „ohne Affektation in (seine) Lebensart verweben kann“.[82] Die Szenen sind nicht zu zählen, in denen Werther, wegweisend für den sich als Menschen schlechthin verstehenden Bürger versucht, seine Person – ihrem vollen, alle Kräfte ermessenden Umfang nach – in der Rückwendung auf eine ursprünglich vorgelebte Einheit des Menschen mit der Natur wiederherzustellen. Wir führen es nur an einigen, die Romanhandlung tragenden Motiven vor.

Da ist Wahlheim: ein „vertrauliche(r) Ort“ und für Werther weit genug von der Stadt entfernt, um sich dort nach seiner Art „anzubauen (. . .) und ein Hüttchen aufzuschlagen“.[83] Dieses Wahlheim ist eine idyllische Zuflucht auf halbem Wege zwischen städtischer Betriebsamkeit und unbekannter Einöde. Es gibt dort neben „Scheunen und Höfen“ unter zwei Linden genau den wirtlichen Flecken, von dem wir träumen, wenn wir ohne die Gefahr der Einsamkeit zu uns selber kommen wollen. Werther kann hier zwanglos an jener einfachen Lebensweise teilhaben, die für ihn den lebendigen Zusammenhang mit der Schöpfung verkörpert. Kinder sind es vor allem, die ihm den unverstellten Blick aufs Dasein zurückschenken. „Die Kinder sind ganz an mich gewöhnt, sie kriegen Zucker, wenn ich Kaffee trinke, und teilen das Butterbrot und die saure Milch mit mir des Abends. Sonntags fehlt ihnen der Kreuzer nie, und wenn ich nicht nach der Betstunde da bin, so hat die Wirtin Ordre, ihn auszuzahlen".[84] Es ist ungefähr so, als wenn wir auf der Reise durch ein unterentwickeltes Land eine Schar Kinder durch kleine Geschenke uns untertan machen und uns daran freuen, wie der Mensch, sich immer gleichbleibend, eigentlich sei. „Besonders ergetze ich mich an ihren Leidenschaften und simplen Ausbrüchen des Begehrens, wenn mehr Kinder aus dem Dorfe sich versammeln".[85] Wie in den Kindern so stellt sich für Werther auch in den „geringen Leute(n)"[86] und in der Landbevölkerung das Leben in seiner alten, durch keine städtische Arbeitsteilung gestörten Unversehrtheit dar. Was sie sind, sind sie ganz und mit einer Selbstverständlichkeit, die sie nach ihrer Weise in den Mittelpunkt der Welt rückt. Eine junge, von ihren Pflichten vielfältig in Anspruch genommene Mutter bietet ihm den „Anblick eines solchen Geschöpfs, das in glücklicher Gelassenheit den engen Kreis seines Daseins hingeht, von einem Tag zum anderen sich durchhilft, die Blätter abfallen sieht und nichts dabei denkt, als daß der Winter kommt".[87]

Die Natur als eine Quelle der Erneuerung, des unverfälschten Anfangs, die Natur als das zweckmäßig Einfache, als Ursprung, Weg und Ziel: dahin will Werther zurückkommen. Deshalb seine Einstimmung in die Tages-und Jahreszeiten, seine Hinwendung zur Landschaft, am besten einfühlsam geordnet als Garten, deshalb seine Nähe zu „der kleinen Welt zwischen Halmen" und Gräsern,[88] den „Würmchen" und „Mückchen". Daran will er sich regenerieren und jene Sensibilität zurückgewinnen, die ihn zu einem Teil des kleinen und großen Kosmos macht. So vor der Natur vergehen, das ist seine frühere Lieblingsvorstellung. Und er fühlt sich am wohlsten in einem solchen erfüllten Moment, wo er, den Künstler im Angesicht dampfender Morgennebel hinter sich lassend, sagen kann: Ich „bin nie ein größerer Maler gewesen als in diesen Augenblikken".[89] Die Ohnmacht der Kunst unmittelbar vor der Natur selber – sie wird doch „immer gebosselt sein"[90] – charakterisiert auch seine Einstellung zum Schreiben. Noch die Briefe sind so zu verstehen, daß sie eine Auflehnung gegen jede Reglementierung darstellen. Er will sich darin ganz selber geben als derjenige, der er gerade ist, total und ohne Rücksicht auf Kunstvorschriften. Diese uneingeschränkte Vergegenwärtigung seiner Person in jedem Moment, in jeder einzelnen Handlung – sogar die Reflexion dient hier der Intensivierung des gelebten Augenblicks, nicht seiner analytischen Zergliederung – verschafft auf eine andere Weise der Natur Geltung. Nicht der umfangenden Natur, von der wir abgefallen sind und in deren Schoß wir zurückkehren, sondern der Natur, die wir, indem wir das Eine ganz tun, vollgültig wiedererstehen lassen.

Das leisten allem voran die Leidenschaften, aber auch Grenzsituationen wie Wahnsinn und Tod. Die archaisch anmutende Leidenschaftlichkeit des Bauernburschen gehört hierher. Werther verehrt in ihm eine Existenz, die sich unbedingt der einen Geliebten hingibt und in der Aufopferung jene unerhörte Konsequenz zeigt, die Leben und Tod, Sinnlichkeit und Gewalt zu einer kreatürlichen Einheit zusammenzieht. Monolithisch wie sonst nur die Leidenschaften in der antiken Tragödie ist dieses Begehren ein Sinnbild für das zwischen den Extremen ausgespannte Ganze, das unser Leben sein sollte und das zugleich die alltäglich gelebten Gegensätze zwischen den Ständen, zwischen den Generationen und Geschlechtern der Kleinlichkeit überführt. Mit ähnlicher Intention läßt sich Werther vom Wahnsinn einnehmen. Ein offensichtlich Geistesgestörter sucht Blumen im Winter für ein Mädchen, das unerreichbar ist. In der Entrückung fügt sich ihm das fragmentierte Dasein zu einer Figur, in der das Unmögliche natürlicher erscheint als das, was zwar den Umständen nach möglich, aber doch nicht realisierbar ist.[91] Nun erst der Tod! In ihm werden die Widersprüche auf den Punkt zugetrieben, wo sich selbst noch deren Gegensätzlichkeit verliert. Der Tod: die Vollendung des Lebens. Die Natur „als ein ewig verschlingendes, ewig wiederkäuendes Ungeheuer“[92] verwandelt den „Schauplatz des unendlichen Lebens“, indem sie den Tod aus sich gebiert, in den „Abgrund des ewig offenen Grabes“.[93] Eine Rechtfertigung, die Werther für seinen Freitod sucht, kreist beharrlich um den Gedanken, daß es schließlich nur natürlich sei, sich hinüberzuretten, wenn auch „die Natur (. . .) keinen Ausweg“ findet.[94] Der Tod, ob in dieser Weise herbeigesehnt oder – wie gegen Ende – realistischer beurteilt als ein Schritt ins Ungewisse,[95] als ein letzter Schmerz, stets soll der Tod dem mit sich entzweiten Leben die „ewige Freiheit“[96] wiederschenken.

Die Erneuerung durch die Natur, die Vergegenwärtigung des Selbst in der ganzen Vielfalt seiner Anlagen, das ist das zentrale Thema des Liebesromans. Der *Werther* ist dieser Liebesroman auch gegen den abweichenden Eindruck, den zuweilen seine literaturwissenschaftliche Behandlung hervorruft. Die Liebe zu Lotte setzt in Werther einen Reichtum an Empfindungen, eine Intensität des Erlebens, eine Sensibilisierung aller seiner Kräfte frei, worauf er nicht mehr verzichten möchte. Freilich wird dieses vitale Bedürfnis wieder auffällig überlagert durch Interpretationen, die eine eigene Vorgeschichte haben. Da ist zunächst die Szene, an der sich seine Leidenschaft entzündet: Lotte, schon zum Tanz angekleidet, teilt, da für einen Augenblick noch in der Rolle der sorgenden Mutter, an ihre jüngeren Geschwister das Vesperbrot aus.[97] Es ist ein ebenso natürliches wie traditionsgestimmtes Bild. Denn dahinter steht die alte patriarchalische Vorstellung, daß ein Mädchen sich nicht schöner schmücken kann als dadurch, daß es im Haushalt und in der Verrichtung alltäglicher Notwendigkeiten nützlich erscheint. Für die Lebensgeschichte Werthers enthält es außerdem den Hinweis, daß sich jeder Schritt in Richtung auf die Erfüllung seiner Wünsche in der Rückbindung an die Mutter und sein kindliches Beziehungsverhalten zu ihr vollzieht. Es ist dann die vielköpfige Familie mit einer Schar Kinder und einem pfeiferauchenden Hausvater, die sich wie ein altdeutscher Rahmen um Lotte legt und ihm das Mädchen so anziehend macht. Auch das Wohnhaus, seine ländliche Lage, das Festhalten an einfachen Gewohnheiten deuten auf eine Bodenständigkeit hin, die das Händlertum der *Lehrjahre* schon aus Berufsgründen nicht mehr kennt oder nur noch als Sehnsucht nach den alten Zeiten. Werther aber kehrt in diese Welt ein, als hätten ihn seine Zukunftswünsche eingeholt. Alles entdeckt er zum ersten Mal. Die Säuberung eines Kindes durch Lotte verwandelt sich unverhofft in eine „Taufhandlung“.[98] Es ist nur verständlich, daß die Kommunikation in diesem familiären Universum auf einer vertrauten Gegenseitigkeit beruht, die noch im Schweigen genug Gemeinsamkeiten fühlbar macht und die zuweilen in einem einzigen Wort – „Klopstock!“[99] – entfernte Sphären zusammenklingen läßt. Mit Albert verbindet Werther trotz sich andeutender Rivalität eine „herzliche Freundschaft“.[100]

Im zweiten Teil des Romans lebt Werther, abgestoßen von seinen Erfahrungen im Gesandtschaftsdienst, immer ausschließlicher seiner Leidenschaft. Hatte er vorher – gleichsam von außen und bei anderen beobachtend – als seine Sehnsucht bezeichnet, „unser ganzes Wesen hinzugeben, uns mit aller Wonne eines einzigen, großen, herrlichen Gefühls ausfüllen zu lassen“,[101] so durchrast er jetzt die Stadien der Leidenschaft, des Irrsinns und der Todesbereitschaft. Wenn Krankheit eine Form der Unfreiheit ist, dann werden die pathologischen Zeichen an Werther immer unübersehbarer. Daß Lotte die einzige Frau ist, die er will, wird schier zum Zwang, je mehr sich „die Unmöglichkeit, (sie) zu besitzen“,[102] als Quelle seiner Liebe zu erkennen gibt. Immer eingeschränkter wird sein Realitätssinn. Immer unvermittelter wechselt er zwischen extremen Zuständen. Die Natur erscheint ihm einerseits verödet, nur mehr ein „lackiertes Bild“. Andererseits kann ihn ein Affekt völlig beherrschen. „Man möchte rasend werden“,[103] kommentiert er das Fällen der Nußbäume. Fixationen stellen sich ein. Albert wird ihm gegen die eigene Erfahrung zum satten, gleichgültigen Ehemann, der nicht mehr die Frau liebt, sondern nur noch ihren Besitz heimtükkisch verteidigt.[104] An sich selber nimmer er eine innere Vereinsamung wahr: „die heilige, belebende Kraft, mit der ich Welten um mich schuf; sie ist dahin!“[105] Der Tod wird mehr und mehr zum Fluchtpunkt seiner Existenz. Der Mordfall eines Bauernburschen dient ihm zur leidenschaftlichen Rechtfertigung seines Todeswunsches. Als er kein Verständnis für seinen unerhörten Begriff von Liebe findet, trifft ihn als ein später Blitz die Selbsterkenntnis: „ich kann nicht gerecht sein".[106] So laufen seine immer enger gezogenen Lebenslinien auf den einen Punkt zu, wo ihm die verbliebenen Bindungen ans Leben nur noch dazu gut sind, es auszulöschen. Durch Lottes Hände gehen die Pistolen, die ihm endlich den Tod bringen.

Mit dem Tod ist das Leben unwiderruflich zuende. Die sachliche Feststellung: „über dem Auge hatte er sich durch den Kopf geschossen, das Gehirn war herausgetrieben",[107] steht schroff gegen die Wiederauferstehungshoffnungen. Die lange Tradition, die darauf hielt, daß Körper und Geist fortleben, wird durch das schonungslos protokollierte Faktum zur Sentimentalität umgebildet. Mächtiger jedoch als der lebendige Glaube stimuliert sein Verlust die wehmütige Sehnsucht nach dem Unmöglichen. Das ist der Hintergrund, vor dem Werther bei seinen teilnehmenden Freunden – und welcher Leser möchte davon ganz ausgeschlossen sein? – um Verständnis für seinen Freitod wirbt. Wir kennen aus den *Wahlverwandtschaften* jenes letzte, vom Erzähler mitgetragene Wort, das den Liebenden die Wiederauferstehung und die Erfüllung ihrer Liebe in Aussicht stellt: „(. . .) wenn sie dereinst wieder zusammen erwachen".[108] Wir kennen aus den *Wanderjahren* die Stelle, wo Wilhelm den Arm einer Selbstmörderin (Motiv: „unglückliche Liebe"[109]) sezieren soll und den „Widerwillen" spürt, „dieses herrliche Naturerzeugnis noch weiter zu entstellen".[110] Hier in Goethes erstem Roman ruft Werther „nahe am Grabe" Lotte zu: „Wir werden sein! wir werden uns wieder sehen!"[111] Was bei Wilhelm in säkularisierter Gestalt als das Ethos des Wissenschaftlers wiederkehrt, der vor der Schöpfung Ehrfurcht hat und in der Rolle des Mediziners das Leben verlängern hilft, das will Werther noch unmittelbar, in eigener Person glauben machen: die Unvergänglichkeit des Lebens. Die *Wahlverwandtschaften,* die ebenso der Wiederauferstehung das Wort zu reden scheinen, enthalten freilich Hinweise, daß dies kaum buchstäblich gemeint ist und wohl eher auf die moralische Integrität Ottilies zielt. Deshalb haben manche darin eine dem romantischen Zeitgeist dargebrachte Verbeugung gesehen, die den dauerhaften Vorbildcharakter der Heldin metaphorisch unterstreichen solle. Doch selbst das haben wir begründet in Zweifel gezogen. Wie wir denn bereits für die *Lehrjahre* und die darin vorgetragenen Exequien Mignons die These formuliert haben, daß der Roman in dem Maße erst entsteht, wie die durch die Sinne unmittelbar autorisierten Eindrücke sich gegenseitig aneinander abarbeiten. Der *Werther* bildet freilich nicht auf diese Weise zusammenhängend ein Korrektiv für solche Interpretationen aus sich heraus, deren spontane Zustimmung er dem Leser erst nahegelegt hat. Vielleicht ist die Kontrastierung der wertherschen Widerauferstehungswünsche mit dem ungeschönten Bericht der Todesumstände die einzige Stelle, wo das Werk die eigene Desillusionierung betreibt. Doch auch hier – so müssen wir einschränken – ist die konkurrierende Perspektive nicht abzuweisen, in der Werther als ein neuer Christus, als Verkünder des lebendigen Lebens erscheint. Die zunehmend realistischere Darstellung der Todesstunde hat das Mysterium der leiblichen Verewigung zu einem Seelenerlebnis umgeformt. Und sind nicht auch, abgesehen von Werthers eigenen messianischen Äußerungen, die Umstände, die seinen Tod indirekt veranlassen, die Beteiligung Alberts und Lottes, ihre Bereitstellung der Todeswaffe, dem Verrat Christi durch seine Jünger nachgebildet? Solchen Doppeldeutigkeiten ist durch das Werk selber nicht schlüssig zu begegnen. Eher schon, wenn man Goethes spätere Romane als Kontext zum *Werther* liest. Dann treten allerdings markante Einzelzüge der Handlung, um deren Einverständnis der Roman den Leser unmittelbar angeht, in einem anderen Licht hervor.

Lassen wir uns leiten durch die Behauptung, daß das weitere Prosaschaffen Goethes ein unausgesetzt paraphrasierendes Umgestalten der wertherschen Themen ist. Die Behandlung von Selbstmordfällen in den *Lehrjahren* ist dann als Auseinandersetzung mit den handlungsleitenden Motiven seines Erstlingshelden zu verstehen. Auch in den *Lehrjahren* ist Goethe weit davon entfernt, den Selbstmord dem landläufigen Urteil seiner Zeit anheimzugeben und ihn als Verstoß gegen Kirche und Gesetz zu ahnden. Aber es wird doch, allein schon durch den Kontrast zu Wilhelm und der Art und Weise, wie Irrtum und Zufall zu produktiven Mustern seines Erfolgsweges werden, ein Kontext geschaffen, innerhalb dessen die Selbsttötung weder als Faktum noch argumentativ das letzte Wort hat. Durch die eigene Hand oder an Auszehrung zu sterben, widerfährt in den *Lehrjahren* denjenigen, die nicht nur in der Interpretation ihrer Bedürfnisse sich irren und zu ihrer Befriedigung einen durch verkehrte Vorbilder gewiesenen Weg einschlagen, sondern die überhaupt gegen ihre vitalen Interessen, gegen ihren lebenserhaltenden Egoismus handeln.[112] In den *Wahlverwandtschaften* wird dann die Zwangsläufigkeit, mit der die Verleugnung der eigenen Natur zu einer tödlichen Selbstrestriktion führt, auf seine sozialökonomischen und lebensgeschichtlichen Voraussetzungen hin durchschaubar. Dem *Werther* liegen diese weiterentwickelten Konzeptionen noch nicht zugrunde. Hier ist aus dem Munde Werthers äußerstenfalls von einer „Natur“ die Rede, die „so angegriffen wird, daß sie teils ihre Kräfte verzehrt, teils so außer Wirkung gesetzt werden, daß sie sich nicht wieder aufzuhelfen, durch keine glückliche Revolution den gewöhnlichen Umlauf des Lebens wieder herzustellen fähig ist.“[113] Aber angelegt ist im *Werther* doch schon, was später zu greifen und zu belegen ist: daß Goethe dadurch die Situation solcher Existenzen gekennzeichnet sieht, die die vorbürgerlichen, unmittelbar um die Person zentrierten Lebensformen nicht wirklich überwinden können.

An Werther lassen sich Züge nachweisen, die in den *Lehrjahren* entweder ganz solchen Figuren angehören, die im Sinne der bürgerlichen Gesellschaft und der geforderten Mittelbarkeit wechselseitigen Zusammenwirkens nicht anpassungsfähig sind, oder denen, die wie Wilhelm einem regressiven Selbstmißverständnis aufsitzen. Es sind Züge, die für Werther in allen lebensgeschichtlichen Beziehungen charakteristisch sind; in der Beziehung zu der geliebten Frau, zu den Eltern, zu den ihn leitenden Vorbildern und zu seinen ökonomischen Existenzmitteln.

Sein Verhalten zu Lotte läuft für Werther immer stärker auf die Forderung hinaus, ihres Besitzes sicher zu sein. Werther notiert am 22. November: „Ich kann nicht beten: ‚Laß mir sie!' und doch kommt sie mir oft als die Meine vor".[114] Gleichsam aus der Perspektive Werthers nennt sie der Herausgeber: „Einen köstlichen Besitz".[115] Lotte sagt es dann dem Rasenden: „Ich fürchte, ich fürchte, es ist nur die Unmöglichkeit, mich zu besitzen (. . .)".[116] Dagegen bietet er, schon auf der Schwelle zum Tode, als eine letzte Steigerung seines Aneignungswillens die Worte auf: „Sie ist mein! du bist mein! ja, Lotte, auf ewig".[117] Aus dem Meisterroman wissen wir, welche Verwirrung mit dem Wunsch verknüpft ist, die Geliebte unbedingt zu besitzen, sie sich zu eigen zu machen. Goethe zeigt darin deutlich, daß der absolute Besitzanspruch mit Regressionen in der Entfaltung einer natürlichen Identität korrespondiert.

Fast noch entschiedener wird von Goethe das unstillbare Bedürfnis nach Idealisierung, nach Anbetung einer Heiligen auf seine entwicklungsgeschichtliche Bedingtheit zurückgeführt. Der Zwang zu idealisierender Verklärung – so entnehmen wir den *Wahlverwandtschaften* – entspringt dem lebensgeschichtlich begründeten Unvermögen, das eigene und das andere Geschlecht richtig zu „erkennen". Der *Werther* stellt zumindest das Material bereit, das dann in den späteren Romanen unter solchen Gesichtspunkten strukturiert wird und zusammen mit ökonomischen Grundtatsachen die motivationale Verknüpfung der Handlung bestimmt. Da ist Werthers Verhältnis zu seiner Mutter. Nur scheinbar hat er sich von ihr gelöst; tatsächlich reflektiert er fast jeden seiner Schritte vor dem Hintergrund ihrer Zustimmung oder Ablehnung.[118] Es ist nicht schwer, darin, daß Werther sich in das Mädchen Lotte nicht verlieben kann, ohne in ihr die hilfreiche Mutter zu gewärtigen,[119] die unaufgelöste Primärbindung des Kindes wiederzuerkennen. Sein Narzißmus wird durch die unverhältnismäßige Fürsorge der Mutter – sie garantiert ihm bis zuletzt seinen Lebensunterhalt – ebenso gespeist wie seine Neigung zur Verherrlichung. Denn es ist dieses dominierende Mutter-Kind-Verhältnis, das die Rivalität zum Vater und die auf den Inzestwunsch folgende Strafandrohung während der ödipalen Phase in Bahnen lenkt, die die künftigen Liebesbeziehungen in das nämliche Schema preßt: Werther kann nur eine Frau begehren, auf die Ansprüche zu machen, ihm durch eine väterliche Instanz, sprich Albert, verwehrt ist. Die Idealisierung Lottes soll ihn dann davor schützen, das wirklich zu wollen, was nur unter Verletzung des Inzesttabus möglich wäre. Mit diesen laxen Formulierungen weisen wir auf Interpretationen hin, die in den späteren Romanen eine zusammenhängendere Grundlage haben und sich umfassend entwickeln lassen. Genug, daß der *Werther* Hinweise darauf reichlich enthält: angefangen bei dem emphatischen Wort: „Sie ist mir heilig“,[120] bis hin zu jener Art Marienanbetung: „Wir werden uns wieder sehen! Deine Mutter sehen! ich werde sie sehen, werde sie finden, ach, und vor ihr mein ganzes Herz ausschütten! Deine Mutter, dein Ebenbild“.[121]

Die psychoanalytisch orientierte Deutung verfolgt den Zweck, die Apotheose auf ihre Vorgeschichte hin zu durchleuchten und die imaginierte Freiheit mit den hinterrücks wirkenden Zwängen zu konfrontieren. In diesem Sinne wäre auch die Gottessohnschaft Werthers zu behandeln. Doch wollen wir hier nicht weitläufig ausführen, wie er mit dem übermächtigen Vater ringt, wie er aufgrund frühkindlicher Disposition die christliche Mythologie gleichsam noch einmal für sich hervorbringen muß: „Mein Gott! mein Gott! warum hast du mich verlassen?“[122] „Vater (. . .) rufe mich zu dir!“[123] Wir heben allein als ein Charakteristikum Werthers in seiner letzten Zeit die imitatio hervor, die beseelte Nachfolge, die er immer deutlicher für sich beansprucht und von der wir wissen, daß Goethe sie einer zurückliegenden, überwiegend von feudalen Erbschaftsverhältnissen geprägten Entwicklungsphase zuordnet: so in der Josephs-Erzählung am Anfang der *Wanderjahre,* so besonders in der *Hamlet*-Episode der *Lehrjahre,* die das Vater-Sohn-Verhältnis thematisiert.

Wie die bedingungslose Identifikation mit der Vater und die Unterwerfung unter das Erbprinzip die Ausbildung einer gefestigten Individualität verhindert, so erst recht das Opfer. Im Opfer wird jene Mittelbarkeit gegenseitiger Verhältnisse verfehlt, auf der die neue Zeit und das Streben nach einer gerechten Verteilung der Lebenschancen beruht. Das Opfer unterläuft gerade, was zunehmend die technischen Mittel leisten sollen. Denn durch die Dazwischenschaltung eines Dritten, eines Mittels, läßt sich das an sich Eigenständige und Inkompatible miteinander vergleichen, ohne daß sich das eine dem anderen bedingungslos unterwerfen müßte.[124] In diesem Sinne erscheint die Aufopferung und das davon erwartete Heil in den späteren Werken mehr oder minder deutlich als ein Anachronismus. Werther nimmt in dieser über die „Schöne Seele“ bis hin zu Eduard und Ottilie verlaufenden Reihe den ersten Platz ein. Schon die Gleichsetzung mit Christus beansprucht seine Anerkennung als Opfer. Zu Lotte sagt er dann ausdrücklich, „daß ich (Werther) mich opfere für dich“.[125]

Die Unmittelbarkeit, mit der Werther sein Leben im Tausch für ein anderes, besseres geben will, ist ebenso charakteristisch für seine Stellung in der Zirkulationssphäre. Bezeichnenderweise heißt es einmal, er wäre einer, „der gleichsam mit jedem Tag sein ganzes Vermögen verzehrte, um an dem Abend zu leiden und zu darben“.[126] Wir haben an den *Lehrjahren* gezeigt, daß die ökonomische Metaphorik und auch die knappen Hinweise zur finanziellen Situation nur scheinbar beiläufig sind. So ist es denn schon im ersten Roman kein Zufall, daß Werther vom Geld seiner Mutter lebt, also nicht selber für seinen Lebensunterhalt aufkommt und zeitweise keiner anderen Beschäftigung nachgeht, als eine Erbschaft zu regeln. Daß Werther dann nach seinem abgebrochenen Gesandtschaftsdienst offenbar von seiner Mutter unabhängiger wird, hat seine Ursache in einer gönnerhaft-mäzenatischen Geste, die besser als alles andere die feudalzeitlichen Randbedingungen seiner Existenz erkennen läßt: „Der Erbprinz hat (ihm) zum Abschiede fünfundzwanzig Dukaten geschickt".[127]

Fassen wir zusammen: Werther ist durch vieles charakterisiert, was sich in den späteren Romanen zu den Bildern jener Unglücklichen verdichtet, die sich nicht den modernen mittelbaren Verkehrsformen anzupassen vermögen. Von Wilhelm unterscheidet ihn grundsätzlich der Selbstmord; ähnlich ist er ihm aber überall dort, wo dieser seinem Selbstverständnis nach auf eine frühe Entwicklungsstufe regrediert. Wenn in den *Lehrjahren* Wilhelms fatalistische Opferbereitschaft, das Bedürfnis nach Idealisierung der unerreichbar Schönen, sein fatalistisches Besitzstreben, die Unterwerfung unter das Vaterimago und überhaupt seine Orientierung am Vorbild des Adels in die Sphäre des Überbaus verwiesen sind, gegen den sich der vorgängige Interessenausgleich der bürgerlichen Gesellschaft als dessen materielle Basis abhebt, dann ist das eine Konzeption, die in dieser dialektischen Ausgestaltung dem *Werther* noch nicht zugrunde liegt. Für den Erstroman läßt sich gerade soviel sagen: Was man Werthers extremen Subjektivismus, seine sezessionistische Flucht in die Innenwelt nennt, das stellt sich als ein Komplex von Verhaltensweisen und Einstellungen dar, die gelenkt, gleichsam vorinterpretiert sind durch jene „patriarchalische Idee",[128] von der sich Werther gleich anfangs angezogen weiß. Wann immer sich der unbestritten progressiv-bürgerliche Vorsatz, seine tätigen und forschenden Kräfte allseitig auszubilden, in Handlungen objektiviert, geschieht das in den Bahnen eines der vorbürgerlichen Zeit zugehörigen Lebens- und Selbstverständnisses. Damit bewegt sich der *Werther* immerhin auf den in den *Lehrjahren* entfalteten Antagonismus zu . Die bürgerliche Gesellschaft, die dort vorgeführt wird, zählt den Gegensatz zur Adelswelt zu ihren mittelbar-produktiven Voraussetzungen. Irrtum und Zufall sind Mittelsglieder einer antinomisch strukturierten Gesellschaftsverfassung, die sich schon im *Werther* abzeichnet, auch wenn sie noch nicht erfolgverheißend wirksam ist.

III. Die Einheit des Romanwerks

Für die Deutung des Romans ist entscheidend, daß die einzelnen Manifestationen des wertherschen Lebenslaufs nicht hinreichend unter dem Aspekt zu erfassen sind, daß sie Reaktionen auf die verweigerte Selbstverwirklichung darstellen. Tatsächlich bleibt ja dabei auch offen, warum Werther die unerfüllten Wünsche gerade in der Gestalt des unbedingt Liebenden oder des geopferten Menschensohns – um nur zwei Beispiele zu nennen – zu kompensieren sucht. Erst wenn auch inhaltlich der Zusammenhang deutlich wird zwischen dem, was man gewöhnlich und unspezifisch als erzwungene Ersatzhandlung bezeichnet, und jener Typologie vorbürgerlicher Einstellungen, erst wenn hinter Werthers vergeblichen Bemühungen der Rekurs auf entwicklungsgeschichtlich ältere Handlungsmuster hervortritt, lassen sich die für den Roman charakteristischen Widersprüche erhellen. Vor allem haben wir es jetzt mit Widersprüchen zu tun, die das Werk selber gestaltet. Das ist das Gegenteil einer Betrachtungsweise, die vorab die historisch fundierten Antagonismen zum Anlaß nimmt, um Werk und Autor als deren unfreiwillige Opfer dingfest zu machen.

Dem fortschrittlichen Ideal der vollentfalteten Individualität steht eine Konkretisierung dieses Wunsches gegenüber, die sich an Bilder einer früheren Entwicklungsstufe anlehnt. Dieser Widersinn läßt sich am besten im Blick auf die Natur klären, um die es Werther und seinen Zeitgenossen allenthalben geht. Die Natur steht einmal für den Menschen, wie er uns als Ziel und Höhepunkt der Schöpfung vorschwebt. Es ist das Bild eines Menschen, der sich seinen natürlichen Anlagen nach hat entwickeln können und der, jetzt im Vollbesitz seiner Kräfte, das Universum in seinem unendlichen Reichtum aus sich hervorbringt. Mit dieser Zielvorstellung einer ausgebildeten Persönlichkeit korrespondiert ein Gesellschaftsbild, das die Sozialisation der vielen – statt von Zwängen – von dem, was sie von Natur aus sind, abhängig macht. Dabei sind wir unversehens bei der anderen Bedeutung des Naturbegriffs. Denn Natur nennen wir andererseits auch den gemeinsamen Quellgrund unserer aller Existenz; eben die Tatsache, durch die Geburt ein Teil der Schöpfung zu sein, der als solcher in seinen Rechten keinem anderen nachsteht. Natur in diesem Sinne ist nicht Ziel, sondern Ursprung. Beide Aspekte des Naturbegriffs sind in der damaligen Naturrechtsbewegung, in der die theoretischen Grundlagen der Revolution diskutiert werden, miteinander verschränkt. Unter dem Gesichtspunkt, daß die Natur im Menschen korrumpiert und erst wiederherzustellen sei, beschreibt die Revolution jene doppelte, in sich rückläufige Bewegung: auf das Ziel einer mit sich im Einklang befindlichen Natur vorlaufend, wird der Anfang erinnert, und in der Erinnerung dessen, was der Mensch ursprünglich ist, verwirklicht sich das Ziel. Der Philosophie des Deutschen Idealismus hat sich diese widersprüchliche Doppelbewegung bis hinein in seine systembildenden Strukturen mitgeteilt. Für Goethe ist die gleiche Dialektik dort bestimmend, wo er den Menschen in zwei, einander konträren Verhältnissen sieht, sowohl im Verhältnis zu seiner inneren Natur wie auch in dem zur äußeren Natur. Die eine Natur erscheint so – zweispältig – als Mittel und Zweck.

Der *Werther* partizipiert auf seine Weise an der Doppeldeutigkeit des Naturbegriffs. Die dialektische Figur jener vor- und zurücklaufenden Entwicklungslinien kehrt in Goethes erstem Roman als das Gegeneinander zweier Perspektiven wieder: die Natur, als die Werther sich ungehindert entfalten will, stellt sich ihm in ursprungsnahen Grenzsituationen oder in den Exempeln vergangener Zeiten dar. So vermischt sich für ihn jeder Schritt nach vorn mit einem Schritt zurück. Wir haben das breit dokumentiert und zeigen nur an einem Fall noch einmal die Verwirrung auf, die daraus für das Verständnis resultiert. Die Tatsache, daß Werther in der Mordsache des Bauernburschen nicht nur für einen Bedrängten, sondern für ein Mitglied der unteren, dienenden Bevölkerungsschichten Partei ergreift, ist als Beweis für eine die ganze Nation, alle Klassen erfassende und widerspiegelnde Kunstintention genommen worden.[129] Nun ist es sicher Goethes Absicht gewesen, Werther in seiner Verbundenheit mit dem Volk zu zeigen. Aber es wird für diese zukunftweisende Solidarisierung zugleich auch eine Deutung angebahnt, die den signalisierten Fortschritt wieder zurücknimmt. Denn es ist weniger das Interesse, geschweige denn der politische Wille, dem Knecht zu helfen, als vielmehr die Möglichkeit, sich mit dem rettungslos Verlorenen zu identifizieren und – ungeachtet evidenter Unterschiede – das eigene Schicksal in dessen fatale Ausweglosigkeit zu projizieren, die Werther zur Parteinahme für den einfachen Mann anstiftet. „Du bist nicht zu retten, Unglücklicher! ich sehe wohl, daß wir nicht zu retten sind".[130]

Was immer Werther macht, ist auf die gleiche Weise ambivalent. Hinter Progressivität verbirgt sich Regression.[131] Wenn das auch – äußerlich betrachtet – in das dialektisch konzipierte Geschichtsbild Goethes paßt, so haben wir es hier mit einem Widerspruch zu tun, der unaufgelöst bleibt. Was sich in den *Meister*romanen in den Dimensionen von Individuation und Sozialisation als ein Naturweg darstellt, ist in dem Erstroman ein Weg, auf dem sich zuletzt die Natur selber annihiliert. Denn jenes Vermittlungsgeschehen, das dort die widerstrebendsten Einstellungen, Fehlinterpretationen, Verleugnungen produktiv sein läßt, greift im Falle Werthers nicht. Er bleibt auf einer Stufe, auf der er nicht davon loskommt, das Entgegengesetzte unmittelbar zu identifizieren. Ziel und Urspnung sind ihm im Spigel der einen Natur unmittelbar eins.

Wenn wir dafür jetzt eine Deutung geben, so geschieht es vor dem Hintergrund von Goethes Romanwerk. Daß der *Werther* diese Deutung nicht spontan von sich aus einsichtig macht, ergibt sich daraus, daß die Widersprüche in dem Werk ganz aus der Perspektive der Entwicklungsphase gestaltet sind, in der sie als Widersprüche zwar wirksam, aber auch undurchschaut sind. Zugleich haben wir damit unterstellt, daß Goethes Romane einen gegliederten Zusammenhang bilden, gleichsam die unterschiedlichen Stufen und auf diesen Stufen wieder die alternativen Ausformungen einer lebensgeschichtlich und gesamtgesellschaftlich gedeuteten Entwicklung. Wobei wir schon hier der Schlußfolgerung entgegentreten, Goethe hätte dieses zyklusähnliche Gebilde dann schon von Anfang an im ganzen konzipiert haben müssen. Wir meinen hingegen, daß für Goethe zu veranschlagen ist, was er auch seinen Protagonisten mitgibt: eine handlungsleitende Idee, die sich nicht anders als durch ihr Gegenteil realisiert. Das heißt, das ursprünglich und unmittelbar Intendierte verwirklicht sich als ein Zusammenhang mittelbarer Verhältnisse. Das gibt uns einerseits die Möglichkeit, davon auszugehen, daß sich das Romanwerk Schritt für Schritt herausgebildet hat und von Goethe lernend erarbeitet wurde; wie es andererseits unter dem Aspekt einer zunehmend konkreteren Bewährung des wertherschen Humanitätsideals eine kompositionelle Einheit nicht ausschließt.

Vor dem goetheschen Erzählwerk und der darin ausgelegten Naturgeschichte des Menschen nimmt sich der *„Werther“* als die Darstellung jener prekären Frühphase aus, in der sich der Weg des bürgerlichen Individuums zu entscheiden beginnt. Wie in all seinen Romanen interpretiert Goethe lebensgeschichtliche Positionen und solche der gesellschaftlichen Gesamtentwicklung wechselseitig durcheinander. Historisch gesehen, ist die Emanzipation des Bürgertums verknüpft mit dem wachsenden Bedürfnis des absolutistischen Staates, die in Bürokratie und Verwaltung immer zahlreicher anfallenden Stellen mit qualifizierten Kräften zu besetzen. So bildet sich neben Handwerkern und Kaufleuten ein bürgerlicher Stand heraus, der einerseits mit zunehmender Nähe zu den Regierungsgeschäften auch Befugnisse und Macht in sich vereinigt, andererseits aber wegen seiner fundamentalen Abhängigkeit vom adligen Dienstherrn, letztlich vom absolutistischen Fürsten, in einer auffallenden Subalternität verharrt. Der *Werther* zeigt uns den Bürger in der Tätigkeit eines Amtmanns, als Justizbeamten, in Gesandtschaftsdiensten, kurz, in Stellungen, die den Vergleich mit dem Adel und dessen Privilegien schärfen. Kritik wird schon laut, wenn – wie es Werther geschieht – der Bürgerliche aus der „vornehmen Gesellschaft“[132] gewiesen wird. Das ist eine Situation, die in Frankreich, freilich in einer ungleich größeren, auch schon politischen Dimension, das Selbstbewußtsein des Dritten Standes auf die Revolution vorbereitet. Dagegen knüpft der *Werther* lediglich an die allenthalben greifbare Tatsache an, daß es ein Bürgertum gibt, das in landesherrlichen Diensten zwar ein erstes Selbstgefühl ausbildet, aber durch die institutionelle Einbindung in den Adelsstaat jene ökonomische Eigenständigkeit entbehrt, die der reisende Kaufmann, der Verleger, der Handwerksmeister immerhin hat. Diese Diskrepanz zwischen einem gesteigerten Selbstwert und elementarer Abhängigkeit sieht Goethe individualgeschichtlich auf einer Altersstufe abgebildet, die – wie auch aus späteren Werken ersichtlich – durch die eklatantesten Widersprüche charakterisiert ist.

Es ist die Phase vor dem Eintritt in die arbeitsteilig gegliederte Berufswelt. Noch versorgt durch die Eltern oder ein Erbe, also ohne den Zwang, für sich selber aufzukommen, stellt sich anfangs das Leben so dar, als müßten sich Mittel und Menschen direkt und zwanglos um die eigene Person versammeln. Auf die Weise ist das vorauseilende Wunschdenken durch die unmittelbare Wahrheit dessen, der sich am nächsten zu sein glaubt, ebenso bestimmt wie durch den abstrakten Gegensatz zu den tatsächlichen Gegebenheiten. Der fundamentale Widerspruch zwischen zeitweiser Versorgtheit und dem damit konkurrierenden Faktum, nicht wirklich schon selber über die Subsistenzmittel zu verfügen, schlägt auf das idealisierte Selbstbild durch und kehrt in dem ambivalenten Begriff des uneingeschränkt selbstmächtigen Individuums wieder. Die irreführende Unmittelbarkeit des Anfangs hat somit objektiv einen Grund, subjektiv aber wird sie nicht durchschaut, sondern unter der Form widerstrebender Umstände oder eines sich widersetzenden elterlichen Willens gewärtigt. Das heißt: die gegebene Realität wird zuerst als Widerspruch zu den eigenen Wünschen erfahren, ohne daß in den Blick kommt, daß auch in diese Wünsche, selbst wenn sich in ihnen ein elementares Bedürfnis Recht verschafft, schon Interpretationen eingehen können, die widersprüchlich strukturiert sind. In den *Meister*romanen realisieren sich deshalb die handlungsleitenden Vorsätze zugleich mit der Korrektur tiefsitzender Fehleinschätzungen. Wilhelm kommt zu einer „personellen Ausbildung", ohne es dem Adel gleichtun zu müssen. Und Lenardo fängt tatsächlich von vorn an, aber nicht allein auf sich gestellt, sondern in Gesellschaft der Auswanderer.

Die tendenzielle Geschichtsfeindlichkeit des Anfangs, über die sich Goethes Protagonisten sonst hinausentwickeln, schlägt bei Werther um in den Prozeß der Selbstzerstörung. Für ihn lösen sich die Widersprüche nicht wie in den *Lehrjahren* dadurch auf, daß das fehlgeleitete Selbstverständnis durch Handlungserfolge gleichsam aufgewogen wird, die sich dem uneingeschränkt wirksamen Marktprinzip verdanken. Werther steht dort, wo Basis und Überbau nicht dialektisch, sondern antagonistisch aufeinander bezogen sind. Das hat eine für die goetheschen Romanfiguren einzigartige Konsequenz. Denn er ist auf die Weise der einzige, der sein Leben Schritt für Schritt so zu Ende bringt, wie es sich ihm in seinem Kopf darstellt. Von der bürgerlichen Zirkulationssphäre durch die halbfeudale Rückbindung seiner materiellen und seelischen Existenz noch beliebig suspendiert, hat für Werther der Überbau einen zwingenden Wirklichkeitscharakter.[133] Das Bild einer von Widersprüchen zerrissenen Welt – hier die lebenspendende dort die zerstörende Natur – ist für ihn unmittelbar wahr. Es ist aus dieser Überbau-Perspektive nur konsequent, wenn er im Tod, einem neuen Christus gleich, seine Idee vom Leben im Leben verwirklicht sieht. „Ich schaudre nicht, den kalten, schrecklichen Kelch zu fassen (. . .). So sind alle die Wünsche und Hoffnungen meines Lebens erfüllt".[134]

In der Figur des „*Werther*" stellt Goethe das bürgerliche Individuum im Aufbruch dar. Einerseits erhebt es den Anspruch auf universelle Entfaltung seiner besonderen Kräfte zu Recht. Andererseits fordert es in Verkennung der materiellen Grundlagen sein natürliches Recht unmittelbar. Die Totalisierung der Überbau-Perspektive hat zur Folge, daß Werther sich nicht nur in Widerspruch zu seiner Zeit stellt, die er – ob spätabsolutistisch oder bürgerlich beschränkt – ablehnt, sondern auch zu sich selber, zu den vitalen Wurzeln seiner Existenz. Die Verschränkung von Utopie und Pathologie ist charakteristisch für die in der Aufbruchphase vorläufig durch keine mittelbaren Realitätsbezüge kompensierten Verabsolutierungen. Wahrheit und Unwahrheit treten, zum Verwechseln ähnlich, in nämlicher Gestalt auf. Werther ist der real existierenden Gesellschaft ebenso voraus, wie er auch hinter sie zurückfällt. Damit „Übereiltes" und „Allgemeines" – wie Goethe es einmal nennt[135] – nicht unmittelbar beieinander sind, hätte sich beides geschichtlich, in einer lebendigen Folge von Handlungen zu besondern.

Das ist bei Wilhelm der Fall. In den *Lehrjahren* schildert Goethe den Weg eines jungen Bürgerlichen, der seinem Verständnis nach – darin Werther ähnlich – sich über sich selber täuscht; der aber durch die hinter allen Fehleinschätzungen wirksamen natürlichen Bedürfnisse, besonders jedoch durch die gegenständlichen Resultate seiner notwendig mittelbaren Handlungsweise zu Erfolgen kommt, in denen er dann – zu Recht wie zu Unrecht – seine ursprünglichen Absichten wiedererkennt. In den *Lehrjahren* haben wir es nicht wie im *Werther* mit dem beamteten, in einer subalternen Stellung gegenüber dem Adel verharrenden Bürgertum und einem sich dagegen richtenden Befreiungsakt zu tun, der, einseitig reflexionsgesteuert und ohne dialektische Verknüpfung mit der materiellen Basis, scheitern muß. Das Händler- und Kaufmannstum der *Lehrjahre,* das Goethe lebensgeschichtlich mit einer der beruflichen Spezialisierung voraufgehenden Übergangszeit korrespondieren läßt, ist jedoch auch noch nicht im eigentlichen Sinne produktiv. In die Sphäre der Produktion treten erst die *Wanderjahre* ein.

Dazwischen schaltet Goethe aber mit den *Wahlverwandtschaften* eine Geschichte ein, die das Wertherthema variiert. Sie erzählt davon, wie in einem Kreis von Adligen der „Versuch"[136] unternommen wird, sich an der Natur und den natürlichen Lebens- und Verkehrsformen einer bürgerlichen Zeit erneuernd anzupassen. Was jedoch, sollte es wirklich ein Versuch sein, Freiheit in der Wahl der Bedingungen voraussetzt, erweist sich als ein zwanghaftes, restriktives Handeln, das außer durch die zu erschließenden frühkindlichen Erfahrungen der Hauptfiguren gesteuert wird von elementar-ökonomischen Determinanten: von dem Feudalprinzip, das den verwöhnten Erbsohn Eduard zeitlebens davon entlastet, für sich selber aufzukommen,und von der Mittellosigkeit Ottilies, die, frühverwaist und großzügig ausgehalten, durch das Unvermögen, sich für einen Beruf ausbilden zu lassen, darüber nicht hinausgelangt. In den *Wahlverwandtschaften* stellt Goethe dar, wie derjenige Teil des Adels seine Erneuerung verfehlt, der die Mittelbarkeit bürgerlicher Verhältnisse nicht für sich nutzen kann, weil er individual- und gattungsgeschichtlich auf eine vergangene Zeitstufe unauflösbar festgelegt ist.

Erst die *Wanderjahre* zeigen uns in Wilhelm und Lenardo den reifen Mann, der in einem zweifachen Verhältnis, dem zur inneren Natur und dem zur äußeren Natur, eine dialektische Entwicklung durchläuft. Was Goethe in seinen progressiven Gestalten, anläßlich des Gegensatzes von sezierender und „plastischer Anatomie", über den Weg der Produktivkraftentfaltung und was er bei vordringender Industrialisierung über die neuen Produktionsverhältnisse sagt oder erkennbar macht, eröffnet eine über die zeitgenössische bürgerliche Gesellschaft weit hinausweisende Perspektive. Das konzeptionell durchgestaltete Tausch- und Marktprinzip der *Lehrjahre,* das die Arbeitsteilung gewissermaßen nur vorläufig-allgemein anerkennt, vergegenständlicht sich in der Berufssphäre der *Wanderjahre.* Widersprüchlichkeiten kommen in den Blick, die sich nicht mehr mit Rückbezug auf die Individualgeschichte lösen lassen. Deren Bemeisterung haben wir unter dem bedeutenden Wort von der Naturalisierung des Menschen und der Humanisierung der Natur dargestellt; nicht um Abhängig- oder Anhänglichkeiten das Wort zu reden, sondern um einen anderen, gegen Hegel sich abgrenzenden Traditionszusammenhang einer materialistischen Dialektik sichtbar zu machen.

Jener universelle Prozeß, in dem die Natur darüber hinausgelangt, sich unmittelbar Zweck oder Mittel zu sein, räumt dem Bewußtsein auf keiner Stufe eine geschichtsbestimmende Autonomie ein. Weder sind die „allgemeinen Zwecke", die anfänglichen Ideen einfach verkehrt – sie sind es ja, die verwirklicht werden –, noch sind sie direkt und geradezu die Wahrheit. Das führt uns zurück zum *Werther,* dessen Bild von der Einheit des tätigen und forschenden Menschen auch noch für die *Wanderjahre* beispielhaft ist, obgleich gerade nicht in jener der „patriarchalischen Idee" anhängenden Interpretation. Werther steht für den Teil des neuerungswilligen Bürgertums, der rein aus der Perspektive des Überbaus die Veränderungen möchte, die der Natur in und außer uns zu ihrem Recht verhelfen sollen.

Wie in der Frühzeit, da den Menschheitswünschen zu ihrer Erfüllung in keiner

Weise die Mittel zu Gebote standen, ist für Werther die Materialisierung des Glücks anders nicht zu haben als in der immateriellen Gestalt einer durch das Opfer bewiesenen Treue zur Radikalität des Ursprungs. Dem entspricht die analytische Figur des tragischen Dramas. Im höchsten Maße dramatisch, in Anlage und Durchführung, ist denn auch dieser erste Roman Goethes. Mit den ästhetischen Mitteln der Moderne, mit der Verabsolutierung der Erzählperspektive und der Steigerung des Dokumentarcharakters durch die Herausgeberfiktion, verschafft sich das Geschehene eine unmittelbar sinnfällige Mächtigkeit. Die Authentizität des Dargestellten vereinnahmt die didaktischen Standpunkte unter sich. Goethe, der damit erzähltechnisch frühzeitig auf einem Höhepunkt ist, begibt sich zeitlebens nicht wieder – wie vielfach angenommen – dieser Kunstmittel. Im Gegenteil, er setzt sie vor dem Hintergrund einer durch und durch historisch begriffenen Ästhetik immer gezielter ein. Die Verklärung Mignons und Ottilies, die Verunglimpfung des Maschinenwesens entspringen der gleichen sinnmächtigen Generalisierung ausschließlich einer Perspektive, deren sich bereits der *Werther* bedient. Doch soll dort die Überwindung des Dramatischen, die Dekomposition des persönlich Handelnden, den Roman erst vollends hervorbringen.[137] Dagegen macht der Erstroman das kaum als Intention kenntlich; so nachdrücklich gibt sich darin die Kunst für die Wirklichkeit aus.

Wo sich die Wirkung gegenüber dem Werk in dem bekannten gegenaufklärerischen Sinne von distanzloser Hingabe und unkritischer Zustimmung verselbständigt, bewegen wir uns auf der vollen Höhe der im *Werther* inszenierten Widersprüchlichkeiten. Es ist zugleich der Punkt, wo Goethe das eigene Gebilde inkalkulabel wird. Denn obgleich er die Illusion verbreiten wollte, ein Stück protokollierter Wirklichkeit vorzulegen, machte es ihn oft genug unwillig, wenn die Erzählung nicht mit der Geschichte endete, sondern in den aufgeregten Köpfen seiner Zeitgenossen jenes grenzenlos einfühlende und nachahmungswillige Interesse fand. Darin gipfelt die Totalisierung der Überbau-Perspektive: der *Werther* selbst schafft erst das Faktum, das zu dokumentieren er vorgibt. Goethes erster Roman steht damit in der langen, bis in unsere Gegenwart reichenden Tradition einer Verschränkung oder gegenseitigen Entgrenzung von Kunst und Wirklichkeit. Mit einem ästhetischen Werk – ob inhaltlich oder ineins mit dem dokumentarischen Charakter seiner Wirkung – ein Faktum setzen, heißt, sich den Anschein geben, noch vor der Interpretation der Wirklichkeit diese selber, wie sie ist, sprechen zu lassen. Die Tendenz, auf diese Weise sogar zu einem Politikum zu werden, steckt schon im *Werther.*[138] Obgleich Goethe sich in seinem Jugendroman dem nähert, liegt es ganz und gar nicht in seiner Absicht. Denn für ihn impliziert das eine falsche Einsicht in den dialektischen Fortschritt der Menschheitsgeschichte. Es würde den Aktivitäten im Überbau gerade jene Handlungsfreiheit unterstellen, die dem Bewußtsein und Willen unter den geschichtsbewegenden Kräften unbedingt den Vorrang einräumte; eine Position, die Goethe im *Werther* an ihren inneren und äußeren Widersprüchen scheitern läßt.

Goethes lebenslange Skepsis gegen einen aus öffentlicher Diskussion und dem argumentativen Gegeneinander hervorgehenden Fortschritt, gegen Pressefreiheit und Parteien, kurz, seine Vorbehalte gegen die mit der Ausbildung des Nationalstaats historisch fällige Demokratisierung entspringen der gleichen Erfahrung, mit der er in seinen Romanen jene Ideen und Leitgedanken, die sich in vermeintlicher Freiheit erheben, auch als Quellen der Gewalt darstellt. Dabei ist es gerade er, der das vorauseilende Bewußtsein an die tiefsitzenden Bedürfnisse zurückbindet. Aber wie wenige erkennt er auch, daß schon mit der Formulierung der Interessen eine Verleugnung ihres vitalen Ursprungs einhergehen kann. Ja, diese Selbstverleugnung herrscht, solange der Rigorismus des unbedingten Neuanfangs nicht davor haltmacht, die noch unentfaltete Besonderheit zum Opfer zu bringen. Werthers Selbstmord belegt das am deutlichsten, aber noch Lenardo ist auf dieser Linie, wenn sein Wunsch, aller Mittel selber mächtig zu sein, mit jener anfänglich vehementen Triebabwehr verknüpft ist. Was die goetheschen Protagonisten als ihr Ziel, ihre bewußte Absicht, ihr Interesse verlautbaren, ist sehr elementar mit dem Schicksal ihrer Geschlechtsidentität verschränkt. Darin ist letztlich die Ursache zu sehen, daß Goethe die Verallgemeinerungsfähigkeit von Interessen nicht so begreift, wie es dem modernen Demokratieverständnis zugrunde liegt. Es verstieße gleichsam gegen seinen fundamentalen Ansatz, würde er von mehrheitsfähigen Gruppeninteressen ausgehen und von öffentlichen Willensbildungsprozessen im Kampf um die gerechtere Verteilung des gesellschaftlich hervorgebrachten Reichtums. Wie Goethe die Interessen, gerade auch wenn sich darin die humanen Ideale einer Epoche aussprechen, auf die vitalen Grundbedürfnisse und ihre wechselvolle Geschichte zurückbezieht, so macht er auch deren Verallgemeinerungsfähigkeit von einem nicht weniger grundlegenden Faktum abhängig: von den technischen Mitteln zur Reproduktion des Lebens.

Daß einer sich in der Wahl der Mittel über sich selber täuscht, hält der Autor der *Meister*romane durch eben die Mittel, durch den mittelbaren Zusammenhang der arbeitsteiligen Zirkulationssphäre, auch für auflösbar. Wie auch umgekehrt, die privatistische Benutzung der Mittel in dem Maße, wie das darin vorgängige Selbstverkennen keine Ruhe gibt, in ihren menschheitlichen Gebrauch übergeht. Die Freilegung dieses dialektischen Geschichtsverständnisses steht im Mittelpunkt der Abhandlung. Hier sei zum Schluß noch eine wesentliche Voraussetzung für die elementare und zugleich wirklichkeitserschließende Figur der goetheschen Dialektik hervorgehoben: In Parallele sowohl wie im Unterschied zur Französischen Revolution, die einen neuen Anfang für die Zeitrechnung setzte, läßt Goethe die Welt mit jedem einzelnen von vorn beginnen. Was daran persönlicher Irrtum und epochale Wahrheit ist, tritt im Laufe der Geschichte auseinander. Man kann sagen, es ist die Geschichte selber. Daß Goethe den Menschen, der „sich ja zu gern einbildet, die Welt fange mit ihm von vorne an“,[139] radikal beim Wort nimmt, ist die Wurzel seines Humanismus.

Bleibt als ein dazu komplementärer Grundsatz zu ergänzen, daß diese Welt für ihn offen und unbegrenzt ist, wie die schrankenlose Ausdehnung der Privatsphäre in den *Lehrjahren* zeigt und später dann – realistischer – die große Wanderbewegung. Diese Offenheit ist ein Prinzip; sie verträgt sich kaum mit der Herstellung nationalstaatlicher Einheit, jenem Thema, das die Deutschen seitdem in Atem hält. Das erklärt Goethes Desinteresse an einem deutschen Nationalstaat, der später dann als ein gewaltiger und gewalttätiger Wirtschaftskörper wirklich wurde. Als hätte Goethe das vorhergesehen, stellt er sich hinter eine historische Entwicklung, die die Verhärtung zu einem System von Gegensätzen zwischen den sozialen Klassen und Nationen dadurch vermeiden soll, daß sie von der deutschen Einzelstaaterei die Vielfalt konkurrierender Zentren übernimmt.[140] Gegen Erstarrung und Geschichtslosigkeit setzt der späte Goethe die „Weltbewegung“.[141] Sie räumt ihm ein, zugleich mit der Dialektik von Individuum und Gattung an jener „Selbstbeschränkung“ der Gewalt festzuhalten, die wir heute, nachdem der Höhepunkt nationalstaatlicher Abgrenzung überschritten scheint, erst wieder von einer Annäherung der Nationen im Weltmaßstab erwarten können.

Exkurs 1

Der Mann von funfzig Jahren

Das Hinüberarbeiten der novellistischen Elemente in den Roman ist meistens mit einer Umdeutung verknüpft, in der das ausgesprochene Wort ebenso wie das sinnlich Dargestellte den Schein ungebrochener Geltung einbüßt. Damit geht eine historische Perspektivierung einher, als deren Dreh-und Angelpunkt wir – ökonomisch – den Übergang von einer auf das Erbe fixierten Existenz zu den mittelbaren, in höherem Grade arbeitsteilig organisierten Lebensformen herausgestellt haben. Dem entspricht – psychologisch – der individualgeschichtliche Ablösungsprozeß von den Eltern und die Übertragung libidinöser Wünsche auf solche Personen, in denen sich ein unabgegoltenes inzestuöses Verhältnis nicht wiederholt. Diesen Zusammenhang haben wir gelegentlich der *Lehrjahre*, besonders aber am Beispiel der *Wahlverwandtschaften* analysiert. Wir wenden das Erarbeitete noch einmal auf eine für die Novellen der *Wanderjahre* exemplarische Weise auf die Erzählung. *Der Mann von funfzig Jahren* – freilich nur stichwortartig – an.

Die Verwandtschaft dieser Novelle mit den *Wahlverwandtschaften* und durch das Motiv des Partnertausches auch mit den späten Büchern der *Lehrjahre* ist längst bekannt, ganz zu schweigen von gewissen Ähnlichkeiten mit der Hersiliehandlung, der Novelle *Das nußbraune Mädchen* usw. Charakteristisch und so offenkundig wie kaum jemals ist in *Der Mann von funfzig Jahren* die Verschränkung von Ökonomie und Psychologie, einer Erbschaftsangelegenheit mit Problemen der Partnerwahl. Gleich eingangs erfahren wir, daß der Major für seine, für seiner Familie und Kinder Zukunft materiell vorsorgt, indem er von einem Bruder ein Landgut erwirbt. Die Umstände, unter denen er sich „ökonomisch vorzusehen" versucht (Wanderj. S. 168), sind daran geknüpft, daß sein Sohn Flavio die eigene Cousine heiraten wird (Wanderj. S. 181). Die Partnerwahl seines Sohnes und, durch Verabredung mit der Schwester, auch die seiner Nichte Hilarie sind so gut wie vorbestimmt. Kommt die Heirat nicht zustande, „so ist die ganze, schöne, künstliche Vereinigung eines ansehnlichen Vermögens wieder aufgehoben" (Wanderj. S. 183).

Tatsächlich entzündet sich der Konflikt daran, daß sich die Kinder anders entscheiden. Hilarie ist in Liebe zu dem Major entbrannt, Flavio begeistert sich für eine ebenfalls zu ihm im ungleichen Alter stehende Frau, die die schöne Witwe genannt wird. Sich über die elterlichen Wünsche hinwegsetzend, scheint der Generationskonflikt die notwendige Voraussetzung, daß jeder sich zu wahrer Selbständigkeit entwickelt. Doch genau besehen, ist es umgekehrt. Die Kinder verlieben sich jeweils in gleichsam das Elternteil, auf das sie frühzeitig verzichten mußten. Hilarie in den Major, der dem Alter nach ihr Vater sein könnte und der durch ihre Mutter in diese Rolle sogar schon lange hineingedrängt ist. Denn „die Baronin hatte ihren Bruder von Jugend auf dergestalt geliebt, daß sie ihn allen Männern vorzog, und vielleicht war selbst die Neigung Hilariens aus dieser Vorliebe der Mutter, wo nicht entsprungen,doch gewiß genährt worden. Alle drei vereinigten sich nunmehr in einer Liebe, einem Behagen“ (Wanderj. S. 188). Ebenso sehen wir Flavio in einer Lage, in der er sein künftiges Glück, die Hoffnung, von der gelibten Witwe erhört zu werden, von der Gegenwart seines Vaters abhängig macht. „Ich sende meinen Vater, der soll für mich reden“ (Wanderj. S. 187). „Und niemals würde der Sohn einen so glücklichen Augenblick gefunden haben, wenn ihn der Vater nicht vorbereitet hätte“ (Wanderj. S. 187). Das ödipale Grundmuster, das dieser scheinbaren Tauschbeziehung über Kreuz zugrunde liegt, ist nur allzu deutlich sichtbar. Goethe, für den wir schon an früherer Stelle in Anspruch genommen haben, daß er die Ver- und Entwicklung von Liebesverhältnissen dem liberalistischen Tauschprinzip nachgestaltet, spricht es denn hier auch einmal wörtlich aus, – nicht ohne in diesem Fall ödipaler Regression die Unvollkommenheit des Tausches anzudeuten: „Die Männer kommen (den Frauen) vor wie Käufer im Laden, wo der Handelsmann mit seinen Waren, die er kennt, im Vorteil steht, auch sie in dem besten Lichte vorzuzeigen die Gelegenheit wahrnehmen kann; dahingegen der Käufer immer mit einer Art Unschuld hereintritt, er bedarf der Ware, will und wünscht sie und versteht gar selten, sie mit Kenneraugen zu betrachten. Jener weiß recht gut, was er gibt, dieser nicht immer, was er empfängt. Aber es ist einmal im menschlichen Leben und Umgang nicht zu ändern, ja so löblich als notwendig, denn alles Begehren und Freien, alles Kaufen und Tauschen beruht darauf“ (Wanderj. S. 193).

Wo Hilarie und Flavio, indem sie die Hoffnung auf ihre eheliche Verbindung zunichte machen, den elterlichen Willen enttäuschen, da tun sie es in Richtung auf eine noch stärkere Identifikation mit den Eltern: Hilarie liebt jetzt wirklich den Vater und Flavio eine Frau, die seine Mutter sein könnte. So ist es denn folgerecht, daß der weitere Geschichtsverlauf die Auflösung dieses Konflikts davon abhängig macht, daß es gelingt, das latent inzestuöse Verhältnis zu überwinden, aus der Identifikation mit den Eltern herauszutreten und sie als Mittelspersonen auf dem Weg zu einer freieren Partnerwahl hinter sich zu lassen. Flavio wird von der schönen Witwe abgewiesen und Hilarie erkennt, schockartig wie in einen Abgrund stürzend, in dem Major den Vater. „Es war unmöglich, den Vater zu verkennen“ (Wanderj. S. 214). Besonders an Hilarie wird gezeigt, wie sie mit ihren Wünschen, an sich fast irre werdend, zwischen dem Vater und dem Sohn hin- und herwechselt.

Die Annäherung zwischen den jungen Leuten verbindet Goethe abermals mit der Metaphorik des Warentausches. Nach einer Überschwemmung hat ein Kälteeinbruch das Land mit einer Eisfläche überzogen. Wie zwischen den abgeschnittenen Ortschaften „nunmehr auf tüchtig bespannten Schlitten die nötigsten Waren hin und wider" flogen (Wanderj. S. 212), so bewegen sich auch Hilarie und Flavio auf ihren Schlittschuhen rasch aufeinanderzu. Doch als ein unberechenbares Naturalmittel ist die kurze Eiszeit nicht geeignet, den wechselweisen Austausch der Waren hier und der Zärtlichkeiten dort dauernd zu begünstigen. Jener Erkenntnisschock, der Hilarie mit ihren inzestuösen Wünschen konfrontierte, bringt sie vorerst dahin, nicht nur das Verhältnis zu dem Vater, sondern auch zu dem Sohne, in dem sie gerade den Vater sehen gelernt hat, mit einem Tabu zu belegen. Als die Mutter in sie dringt und Flavio „als vollkommen gattliche(n) Lebensgefährte(n)" empfiehlt, der „die völlige Verwirklichung des väterlichen Daseins von der Zeit wie billig verspräche" (Wanderj. S. 219), da hebt Hilarie „das Unschickliche, ja Verbrecherische einer solchen Verbindung hervor" (Wanderj. S. 220).

Es wäre manches zu sagen über die Ähnlichkeit mit den *Wahlverwandtschaften,* als deren Gegenstück die Novelle konzipiert scheint. Wir beschränken uns auf die Feststellung, daß die Novelle zwar mit „der entschiedenen Weigerung Hilariens" endet (Wanderj. S. 224), ähnlich derjenigen Ottilies, daß aber der Roman zuletzt Flavio und Hilarie wie übrigens auch den Major und die schöne Witwe als Paare vorstellt. Doch ist das nicht die einzige Überraschung, mit der die novellistische Handlung im Roman wiederkehrt. Hilarie wird uns als eine etwas leichtfertige Person ins Gedächtnis gerufen. Wir sollen sie „von Interesse zu Interesse übergehend (...) im Laufe der Erzählung schuldig gefunden" haben (Wanderj. S. 437). Daß es jetzt heißt, „Flavio, ihr Gemahl (...) schien vollkommen ihre Neigung zu fesseln" (Wanderj. S. 437), unterstreicht indirekt jene „allzu große Leichtigkeit", jene latente Sprunghaftigkeit. Hilarie wird es wohl mit der Treue nicht so ernst nehmen.

Die Forschung hat den Abgrund, der den unschuldigen „Irrtum eines unerfahrnen Kindes" (Wanderj. S. 218) von seiner späteren, gegen das Romanende gerückten Kommentierung trennt, dem alternden Goethe zur Last gelegt, der eilig die *Wanderjahre* abschließt, um noch den Zweiten Teil des *Faust* zu schaffen. Doch nach unserer Erfahrung ist es gerade umgekehrt. Der Roman bewährt sich daran, daß die in der Novelle versammelten ursprünglichen Naturformen, allen voran die dramatische, die den tragischen Helden rein hervorbringt, in die prosaischen Lebenszusammenhänge hinübergearbeitet werden. Das bürgerliche Zeitalter bietet – nach Goethe – Ökonomie und Psychologie auf, um symbolisch faßbar zu machen, was in der Novelle eine unmittelbare Authentizität hat. Auf Hilarie bezogen, bedeutet das: Es ist eine Beziehung herzustellen zwischen ihrer „allzu großen Leichtigkeit" (Wanderj. S. 437) und der für sie charakteristischen Verarbeitung des Ödipus-Konfliktes. Daß sie zwischen dem Vater und dem Sohn wechselt und den einen in dem anderen wiedererkennt, mag in ihrem Falle, zwischen Begehren und Schulderfahrung hin- und hergetrieben, die Auswechselbarkeit der Partner überhaupt zur Folge haben. Die ödipale Identifikation mit dem Vater, die in dem Verhältnis zu dem Sohn Flavio augenscheinlich nicht überwunden ist, ist keineswegs isoliert zu sehen. Sie hat ihr ökonomisches Korrelat in jener Erbschaftsangelegenheit, die als eine Art materielles Fundament der Liebesgeschichte vom Anfang bis zum Ende zugrunde liegt. Flavio, dessen ökonomische Zukunft an eine Ehe mit Hilarie geknüpft war, tritt zuletzt als „entschieden reicher Gutsbesitzer" auf (Wanderj. S. 437). Wie die Ablösung von dem gegengeschlechtlichen Elternvorbild nicht wirklich und vollkommen gelingt, so entwickeln sich auch alle ökonomischen Vergleiche, alle geschäftlichen Umstände, die in der Novelle wiederholt erörtert werden, nicht zu einem nach liberalen und sachlichen Prinzipien geordneten Handel. Ökonomisch gesprochen, geht es in der Erzählung um die umständliche, zuletzt erfolgreiche Sicherung des Erbes. Das feudale Erbprinzip bleibt bestimmend, das von Generation zu Generation dem Kind, da es ihm unmittelbar seine Existenz schuldig ist, die eigene Individualität zu opfern auferlegt. Es geschieht ja auch mit Hilarie und Flavio nichts anderes, als die Eltern schon von Anfang an gewollt haben. Und sind nicht am Ende beide, sie reizender als jemals und er „der immer leidenschaftliche Dichter" (Wanderj. S. 437), eine genaues Abbild des Majors und seiner „Unwiderstehlichen"?

Solche Beobachtungen und die schlichte Feststellung, daß die uneingeschränkt adlige Lebensführung des jungen wie des älteren Paares die Frage nach einer beruflichen Spezialisierung nicht aufkommen läßt, legen es uns nahe, das Personal dieser Novelle gar nicht zu den Auswanderern zu zählen. Wohl statten sie, wie ein Teil der Auswanderer auch, Makarie einen Besuch ab. Aber wie an Lenardo und Friedrich, die beide schon abgereist sind, und wie an dem Oheim zu sehen ist, der nach der Begenung mit Makarie wieder auf seine Ländereien zurückkehrt, ist der Besuch bei der „würdigen Dame" nicht zugleich der erste Schritt weder zur Auswanderung noch zur Binnenwanderung. Der Roman spricht sogar aus, was denn statt dessen das Ziel des jungen und des älteren Paares ist. Man löst sich in der Beaufsichtigung des Hauses und der gutsherrlichen Ländereien ab, um zeitweise frei zu sein für eine „Reise nach dem Süden" (Wanderj. S. 438).

Wie hätten wir uns denn auch nach der hochironischen Behandlung ihrer dichterischen Ambitionen den Anteil Flavios und des Majors an dem Geschäft der Auswanderer vorzustellen? Die elegisch-lyrische Dichtung und die epische Ausgestaltung des Lehrgedichts sind Teile der Novelle und als Mittel im gesellig-erotischen Verkehr einem unmittelbaren Zweck zuweilen auch dienstbar, aber der Roman kann ihnen nicht ungebrochen willfahren. Die symbolische Deutung der Novelle *Der Mann von funfzig Jahren* bringt in der Perspektive der bürgerlichen Gesellschaft, ihrer Ökonomie und Psychologie, deren Umdeutung hervor.

Exkurs 2

Nicht zu weit

Der Zusammenhang von Symbol und Geschichte, den wir zu analysieren versucht haben, wird indirekt bestätigt durch einen markanten Fall von Allegorisierung. Denn die Allegorie leistet nicht, was das Symbol leistet: sie strukturiert nicht Erkenntnisprozesse, sie fragmentiert. Wo sich durch das Symbol, noch gegen den Widerstand der Sachen selbst und ihrer gesellschaftlichen Zweckverwendung, eine Entwicklung verfolgen läßt, da bringt die Allegorie ein bloß stückweises Nebeneinander hervor. Ein solches Nebeneinander – es ist schon eher eine Folge von Brüchen – charakterisiert Odoardos Lebenslauf. Jedenfalls steht das von ihm geleitete Unternehmen einer Binnensiedlung, nur durch einen Bruch verbunden, neben seinen früheren Ehe- und Lebensverhältnissen. Weder hätte die Ehe mit seiner vergnügungssüchtigen Frau das schwierige Wander- und Siedlungsvorhaben begünstigt noch eine Verbindung mit jener Prinzessin Sophronie, die, mit ihrer Person in umstrittene „Staats- und Erbschaftsverhältnisse" verstrickt (Wanderj. S. 398), noch ganz einer höfisch-feudalen Zeit angehört. Odoardos Geschichte unter dem Titel *Nicht zu weit* legt nahe, daß seine Ehe gescheitert ist. Wie kam es dazu?

Seine Frau Albertine bekennt den Ehebruch gewissermaßen in dem Augenblick, da sie einen ihr scheinbar gesellig verbundenen Freund in einem Liebesverhältnis überrascht. Sie fühlt sich „in der Hölle selbst" (Wanderj. S. 404). Das aber setzt voraus, daß sie gegen den Mann nicht nur die unverbindlichen Ansprüche der Gesellschaft, sondern auch die Rechte der Geliebten geltend macht. Der zufällige Unfall auf der Kutschfahrt reißt vor den scheinbar konventionell geregelten Vergnügungen den Schleier weg und schafft in einer eindeutigen Situation schlagartig Gewißheit.

Auf eine ähnlich-unähnliche Weise stellt sich mit Odoardos zweideutigem Ausruf „Au - ro - ra!" (Wanderj. S. 401) eine Gewißheit her, die uns den Mann in einem unlösbaren Konflikt zeigt. Wenn wir solange nicht glauben wollten, daß dieser Ehrenmann um die Prinzessin Sophronie geworben habe und daß er sie heimlich liebe, dann muß das Unbewiesene und nur von Böswilligen Unterstellte in dem Moment als wahrscheinlich, als gewiß erscheinen, da Odoardo jene mehrdeutige Allegorie aus einem Jugendgedicht im Anblick der Prinzessin vereindeutigt. Sophronie ist tatsächlich Aurora. Die Allegorie, ein gesellschaftlich lizensiertes Spiel mit Mehrdeutigkeiten, entfaltet auf dem Wege der Vereindeutigung ihr zerstörerisches Potential – in dieser Situation sogut wie in jener früheren. Damals war Odoardo als Verfasser eines Gedichtes in den Verdacht geraten, Sophronie „unter dem Namen Aurora allzu leidenschaftlich gefeiert" zu haben (Wanderj. S. 397). Es wurde gegen ihn, gegen seine erfolgreiche Laufbahn am fürstlichen Hof, intregiert unter dem Vorwand, daß er eine mit Sophronie verknüpfte Erbschaftsangelegenheit von staatserhaltender Bedeutung hintertreiben könnte. Daß es gerade eine Allegorie war, die seinen Widersachern als willkommener Anlaß diente, ihn zu Fall zu bringen, ist kein Zufall.

Die dichterische Allegorie als ein quasi-öffentlicher Bestandteil höfischer Unterhaltung läßt sich durch Dritte so mißdeuten, daß der Autor um die Möglichkeit gebracht ist, sich darin mit seinen Intentionen wiederzuerkennen. Zum Opfer einer Intrige entmächtigt, entzweit ihn die Allegorie und ihre konventionalisierte Mehrdeutigkeit mit sich selber. Nicht die gegenständliche Welt einer an Gebrauch und wechselseitigem Nutzen orientierten Gesellschaft korreliert mit der Allegorie, sondern eine traditionale Klassengesellschaft, in der die Stellung des einzelnen immer willkürlich bleibt. Die allegorische Vieldeutigkeit folgt deshalb einer Grammatik, deren Konventionalität dieses Moment willkürlicher Verwendung einschließt. So kann sich ein allegorisch ausgesprochenes Wort unmittelbar gegen seinen Autor Realität verschaffen. Dagegen steht im Akt der Symbolisierung der gegenständliche Bezug dafür, daß der Prozeß der Individuation nicht von dem der Sozialisation abgekoppelt ist.

Die Gefährdung durch eine zu vorsätzlichem Mißverstehen versuchte Mitwelt charakterisiert denn auch die besondere Situation der Binnensiedlung. Im Innern entsprechend straff organisiert, behauptet sie sich inmitten eines feudalistischen Staatenzusammenhangs.

Anmerkungen

Einleitung

1 Der Begriff der „bürgerlichen Gesellschaft" taucht in allen Romanen Goethes auf. Doch nicht der nähere oder weitere Kontext erklärt den Begriff hinreichend, sondern erst die fortschreitende Analyse der Romane selbst. Das heißt: wenn von der bürgerlichen Gesellschaft die Rede ist, so handelt es sich durchweg um Goethes Darstellung und Deutung dieses epochalen Geschichtsfaktums. Entsprechend sind auch die von Goethe nicht explizit gebrauchten Begriffe „vorbürgerlich" oder „feudalistisch" keine sozialgeschichtlich abgeklärten Fachtermini. Ihre Bedeutung erschließt sich relativ zu dem goetheschen Geschichtsverständnis. Zu historischen und terminologischen Begriffsklärung vergleiche unter dem Stichwort „Bürger, Staatsbürger, Bürgertum": Brunner, Conze, Koselleck (Hrsg): Geschichtliche Grundbegriffe. Historisches Lexikon zur politisch-sozialen Sprache in Deutschland. Bd. 1 A–D. 1972. bes. S. 683ff.

2 Diese Feststellung versteht sich nicht von selbst. In einem erst neuerdings wieder aktualisierten Enzyklopädieartikel Walter Benjamins wird gerade mit Bezug auf die Romane für Goethe behauptet, er habe „das Bild eines vollentwickelten Bürgertums" als das „Nachbild" einer feudal-mittelalterlichen Ordnung mit patriarchalischen Zügen gestaltet. Benjamin, Walter: Goethe. – In: Benjamin: Gesammelte Schriften II,2. Hrsg. von Tiedemann u. Schweppenhäuser. 1977. S. 732; vgl. auch S. 728 und 734.

3 Bruford, Walter H.: Kultur und Gesellschaft im Klassischen Weimar 1775–1806. 1966. S. 180 u. S. 96ff.

4 An der Erarbeitung dieses Begriffs für die Literaturwissenschaft, weniger an seiner vulgärsoziologischen Verwendung, ist wesentlich Lukács beteiligt.
Lukács, Georg: Goethe und seine Zeit. – In: Lukács: Deutsche Literatur in zwei Jahrhunderten (Lukács, Werke, Bd. 7) 1964. S. 41ff.
Lukács, Georg: Die Zerstörung der Vernunft (Lukács, Werke, Bd. 9) 1962. S. 37ff.

5 Dazu die bekannte Äußerung von Marx: „Aber die Schwierigkeit liegt nicht darin zu verstehn, daß griechische Kunst und Epos an gewisse gesellschäftliche Entwicklungsformen geknüpft sind. Die Schwierigkeit ist, daß sie uns noch Kunstgenuß gewähren und in gewisser Beziehung als Norm und unerreichbare Muster gelten." Marx, Karl: Grundrisse der Kritik der politischen Ökonomie. o. J. S. 31.

6 Stellvertretend sei hier Martin Walser zitiert, der auch gleich die scheinbar philosophisch-materialistische Letztbegründung mitliefert: „Aber verlangen wir von Goethe nicht Erfahrungen, die man als Angehöriger der herrschenden Klasse einfach nicht macht!" Walser, Martin: Goethe hat ein Programm, Jean Paul eine Existenz. – In: Literaturmagazin 2. Von Goethe lernen? Hrsg. v. H. Ch. Buch. 1974. S. 102.

7 Bürger, Christa: Der Ursprung der bürgerlichen Institution Kunst im höfischen Weimar. Literatursoziologische Untersuchungen zum klassischen Goethe. 1977.

8 Ebenda, S. 11.
9 Ebenda, S. 165.
10 Ebenda, S. 108f.
11 Ebenda, S. 67.
12 Ebenda, S. 63.
13 Goethe, Johann Wolfgang: Wilhelm Meisters Lehrjahre. – In: Goethes Werke Bd. VII. Textkritisch durchgesehen und mit Anmerkungen versehen von Erich Trunz. 6. Aufl. 1965. S. 290.
14 Vgl. dazu unsere Abhandlung zu den „Lehrjahren" S. 15ff.
15 Falsch gerät diese Beobachtung, wo sie zum factum brutum wird und der Roman zum quellenmäßig geeigneten Beleg. Es ist aber Goethe selber, der die Anlehnung des bürgerlichen Humanitätsideals an die idealisierte Totalität des vorbürgerlichen Heros zum Strukturprinzip der „Lehrjahre" verarbeitet und deshalb noch innerhalb des Romans einer distanzierten Beurteilung zugänglich macht. Diesem Zusammenhang hat Heinz Schlaffer eine Reihe von Untersuchungen gewidmet. Er kommt dem hier vertretenen Standpunkt am nächsten, und es ist sein Verdienst, die Diskrepanz von bürgerlicher Ökonomie und menschlicher Ganzheit wieder nachdrücklich und nicht nur an Werken Goethes aufgezeigt zu haben. – Schlaffer, Heinz: Der Bürger als Held. Sozialgeschichtliche Auflösungen literarischer Widersprüche. 1973. S. 43ff.
16 Vgl. Chr. Bürger, a.a.O. S. 61.
17 Hamm, Heinz: Der Theoretiker Goethe. Grundpositionen seiner Weltanschauung, Philosophie und Kunsttheorie. 1976. S. 246.
18 Ebenda, S. 70.
19 Ebenda, S. 72.
20 Ebenda, S. 72.
21 Ebenda, S. 72.
22 Zitiert nach Hamm, a.a.O. S. 75.
23 Hamm, a.a.O. S. 152.
24 Ebenda, S. 152.
25 Das feststehende Urteil darüber, was vor Marx anderen zu denken möglich oder nicht möglich war, macht ungerecht. Goethe wird jedenfalls in die Ecke des platten Idealismus abgedrängt, wenn der Gegensatz von Seele und Körper für ihn nach dem alten Schema rekonstruiert wird: „Das ‚Geistige' in der Natur, das als Wirkkraft auftritt, und das ‚Materielle', das als stoffliche Unterlage von ihm belebt wird." Es wäre „zweifellos ein logischer Widerspruch", hätte Goethe einerseits solche hierarchischen Unterscheidungen vorausgesetzt und andererseits gefolgert, daß das „Geistige" und die bewußtlose Natur „beyde gleiche Rechte" hätten. Doch sehen wir in diesem gegen Goethe gewendeten Vorwurf der Unlogik und der fehlenden „theoretische(n) Schlüssigkeit" nur den Widerstand, den der Forschungsgegenstand „Goethe" gegen die Unterwerfung unter das „logisch widerspruchslose Ideengebäude" Hamms leistet. Hamm, a.a.O. S. 155f.
26 Hamm, a.a.O. S. 152ff.

27 Ebenda, bes. ab S. 130.
Hans Mayer ist der Parallelität in den Wirkungsgeschichten Goethes und Hegels in der ersten Hälfte des 19. Jahrhunderts nachgegangen. Doch nicht nur die Kritik wirft „den gereimten und den ungereimten Knecht“ (Börne) zusammen, auch ihre gelungenste Rehabilitierung bezieht sich auf beide gemeinsam so bei Lukács, der den „Faust“ und die „Phänomenologie des Geistes“ zusammenstellt. Die Nähe von Goethe und Hegel ist in der Forschung eine opinio communis; hier werden entschiedene Differenzierungen angestrebt. – Mayer, Hans: Goethe. Ein Versuch über den Erfolg. 1973. S. 134ff. Lukács, Georg: Faust und Faustus. Vom Drama der Menschengattung zur Tragödie der modernen Kunst. Ausgewählte Schriften II. 1967. S. 144ff.

28 Mehring, Franz: Die Lessing-Legende. Mit einer Einleitung von Gruenter. 1972.

29 Harich, Wolfgang: Jean Pauls Revolutionsdichtung. 1974. Vgl. S. 436ff.

30 Autorenkollektiv sozialistischer Literaturwissenschaftler Westberlin: Zum Verhältnis von Ökonomie, Politik und Literatur im Klassenkampf. Grundlagen einer historisch-materialistischen Literaturwissenschaft. (Oberbaumverlag Berlin) 1971. S. 26–35.

31 Es ist längst bemerkt worden, daß Lukács um die „Wahlverwandtschaften“ einen weiten Bogen gemacht hat. In der den „Lehrjahren“ attestierten unübertroffenen Meisterschaft ist das auch implizit von Lukács ausgesprochen. Lukács, Faust und Faustus, a.a.O. S. 46.
Daß eine Beschäftigung Lukács' mit Goethes Romanen über die „Lehrjahre“ hinaus nicht dokumentiert ist und daß statt dessen seine Deutung des Faust-Stoffes Wirkung gezeitigt hat, dürfte wesentlich dazu beigetragen haben, daß auch heute wieder die wissenschaftliche Diskussion über Goethe am „Faust“ anknüpft. In dieser Diskussion wird denn auch vieles kontrovers behandelt, was auch uns bei der Deutung des Romanwerks beschäftigt, z. B. der „Komplex Ökonomie“. „Faust-Diskussion“ – In: Das Argument 99. Hrsg. v. Haug. Sept./Okt. 1976.

32 Programmatisch vor allem in Hinblick auf die Geschichte der Natur, deren zentrale Bedeutung Lukács für Goethe anerkennt, ohne ihr aber später in der Analyse des „Faust“ sonderlich nachzugehen. – Lukács, Georg: Der junge Hegel. Über die Beziehung von Dialektik und Ökonomie (Georg Lukács, Werke, Bd. 8) 3. Aufl. 1967. S. 692.

ERSTES KAPITEL

Die radikal-liberale Konzeption von „Wilhelm Meisters Lehrjahren“

1 Hass, Hans-Egon: Goethe. Wilhelm Meisters Lehrjahre. – In: Der deutsche Roman. Vom Barock bis zur Gegenwart. Struktur und Geschichte. Bd. 1. Hrsg. v. B. v. Wiese 1963. S. 132ff.

2 „Es ist keine Frage, daß die scheinbaren, von mir ausgesprochenen Resultate viel beschränkter sind als der Inhalt des Werks, und ich komme mir vor wie einer, der, nach-

dem er viele und große Zahlen übereinander gestellt, endlich mutwillig selbst Additionsfehler machte, um die letzte Summe, aus Gott weiß was für einer Grille, zu verringern". Goethe, Johann Wolfgang: Briefwechsel mit Schiller. – In: Goethe, Gedenkausgabe der Werke, Briefe und Gespräche. Hrsg. v. E. Beutler. S. 209 (Brief an Schiller vom 9. Juli 1796). – Noch hat niemand gewagt, dieses understatement ernst zu nehmen.

3 Goethe, Johann Wolfgang: Wilhelm Meisters Lehrjahre. – In: Goethes Werke (Hamburger Ausgabe) Bd. VII. Textkritisch durchgesehen und mit Anmerkungen versehen von Erich Trunz. 6. Aufl. 1965. S. 276; vgl. auch S. 610.– Nachfolgend zitiert als „Lehrj.".

4 Vgl. dazu diese Abhandlung S. 27f.

5 Ausführlicher als hier vgl. dazu: Blessin, Stefan: Erzählstruktur und Leserhandlung. Zur Theorie der literarischen Kommunikation am Beispiel von Goethes „Wahlverwandtschaften". 1974. S. 133ff.

6 Hegel, G.W.F.: Grundlinien der Philosophie des Rechts (Theorie Werkausgabe Bd. 7). Redaktion Moldenhauer und Michel. 1970. S. 341.

7 Daß der Roman mit den Ideen des Liberalismus in Einzelzügen konvergiert, ist übrigens seit langem bekannt, u. a. durch Lukács, neuerdings wieder durch E. Braemer (vgl. Anm. 8 u. 43).

8 Lukács, Georg: Wilhelm Meisters Lehrjahre. – In: Lukács: Deutsche Literatur in zwei Jahrhunderten (Lukács Werke Bd. 7). 1964. S. 70.

9 Löwenthal, Leo: Erzählkunst und Gesellschaft. 1971. S. 60.

10 Ebenda, S. 57.

11 Lehrj. S. 291.

12 Lehrj. S. 290.

13 Lehrj. S. 290.

14 Lehrj. S. 292.

15 Habermas, Jürgen: Strukturwandel der Öffentlichkeit. 2. Aufl. 1965. S. 22ff.

16 Lehrj. S. 291.

17 Lehrj. S. 291.

18 Lehrj. S. 291.

19 Lehrj. S. 291.

20 Lehrj. S. 291.

21 Lehrj. S. 90.

22 Goethe, Johann Wolfgang: Wilhelm Meisters Wanderjahre oder Die Entsagenden. – In: Goethes Werke (Hamburger Ausgabe) Bd. VIII. Textkritisch durchgesehen und mit Anmerkungen versehen von Erich Trunz. 6. Aufl. 1964. S. 37. – Nachfolgend zitiert als „Wanderj.".

23 Lehrj. S. 292.

24 Lehrj. S. 291.

25 Lehrj. S. 244f.

26 Lehrj. S. 58.

27 Lehrj. S. 59.

28 Lehrj. S. 59.

29 Lehrj. S. 12.
30 Lehrj. S. 291.
31 Lehrj. S. 40.
32 Lehrj. S. 12.
33 Lehrj. S. 42.
34 Lehrj. S. 38.
35 Lehrj. S. 38.
36 Lehrj. S. 12.
37 Lehrj. S. 277.
38 Lehrj. S. 40.
39 Das wendet sich vor allem gegen H. Mayer, der an der Vaterfigur eine nur psychoanalytische und schließlich biographisch gewendete Interpretation festmacht. Mayer, Hans: Goethe. Ein Versuch über den Erfolg. 1973. S. 25 ff.
40 Lehrj. S. 38.
41 Lehrj. S. 39.
42 Lehrj. S. 155.
43 Braemer, Edith: Zu einigen Problemen in Goethes Roman „Wilhelm Meisters Lehrjahre". – In: Studien zur Literaturgeschichte und Literaturtheorie. Hrsg. v. Thalheim und Wertheim. 1970. S. 166 ff.
44 Lehrj. S. 245.
45 Lehrj. S. 246.
46 Lehrj. S. 308.
47 Lehrj. S. 296.
48 Lehrj. S. 307.
49 Lehrj. S. 307.
50 Lehrj. S. 307.
51 Lehrj. S. 244.
52 Lehrj. S. 286 f.
53 Lehrj. S. 322.
54 Dieser Besitz, der von dem Schwager Werner in Geld aufgelöst wird, diente dem Vater dazu, sich mit dem Glanz feudaler Lebenshaltung zu umgeben und als solchen wollte er ihn auch für seine Kinder erhalten wissen, wie aus dem bereits angeführten Zitat hervorgeht: „Nichts wünschte aber der alte Meister so sehr, als seinem Sohne Eigenschaften zu geben, die ihm selbst fehlten, und seinen Kindern Güter zu hinterlassen, auf deren Besitz er den größten Wert legte". Lehrj. S. 40.
55 Lehrj. S. 323.
56 Lehrj. S. 353.
57 Lehrj. S. 353.
58 Lehrj. S. 323.
59 Lehrj. S. 289.
60 Lehrj. S. 289.
61 Lehrj. S. 276.
62 Vgl. auch Lehrj. S. 40. – Auch darin löst sich Wilhelm entschieden vom Vater, von dem es heißt, daß „er auf der Welt wenig gelebt und (. . .) wenig genossen habe".

(Lehrj. S. 284). Das Philine-Abenteuer mit dem reuelosen Genuß auf dem Höhepunkt geselligen Treibens (Philine hält ihren Namen, nicht ihre Person zurück) bildet dazu einen deutlichen Kontrast. Diese Art folgenlos ausgelebter Sinnlichkeit koinzidiert ferner damit, daß in der Marktgesellschaft der Konsum durchweg bejaht wird.

63 Lehrj. S. 284.

64 Lehrj. S. 434.

65 Lehrj. S. 434.

66 Lehrj. S. 132 ff.

67 Wo dagegen von Wilhelm das Geld nicht als Kapital angelegt wird, da werden wie im 2. Buch Verhältnisse gestiftet, die mit der „unkapitalistischen Verwendung des Geldes" die Katastrophe schon in sich tragen. Das ist der Fall, wenn Wilhelm Mignon loskauft und anstatt sich ihrer „Arbeitskraft" nach Art einer geldvermittelten Dienstleistung zu bedienen, mit ihr direkt und persönlich in eine Vater-Kind-Beziehung tritt. Feudalistisch ist auch die Art zu nennen, in der Wilhelm dem Harfner für sein Spiel „eine richtige Belohnung in die Hand" gibt (Lehrj. S. 131). Auch dieses Mäzenatentum, weit entfernt von der fortschrittlichen Auffassung der Kunst als Ware, endet für den Alten zuletzt tödlich.

68 „‚Vergebens klagen wir Menschen uns selbst, vergebens das Schicksal an! Wir sind elend und zum Elend bestimmt (. . .)' " Lehrj. S. 607. „‚(. . .) ich weiß, daß ich ein Glück erlangt habe, daß ich nicht verdiene (. . .)' ". Lehrj. S. 610.

69 Lehrj. S. 572.

70 Vgl. in dieser Abhandlung S. 15 ff.

71 Lehrj. S. 547.

72 Lehrj. S. 550.

73 Vgl. das Gespräch zwischen Jarno und Wilhelm, in dem dieser die sentenziöse Redeweise abwehrend, jenen bittet: „erzählen Sie mir, klären Sie mich auf!" Lehrj. S. 551.

74 Braemer, a.a.O. S. 178.

75 Vgl. Lehrj. S. 507 f.

76 Vgl. Lehrj. S. 563 f. – Es deutet sich hier an, daß das Eigentum als Grundlage für die Freiheit der Person selber noch einer Sicherheit bedarf, die dem unbedingten Anspruch des Eigentümers auf freie Verfügungsgewalt Grenzen setzen kann.

77 Lehrj. S. 456.

78 Lehrj. S. 265.

79 Vgl. Lehrj. S. 456 f.

80 Lehrj. S. 263.

81 Lehrj. S. 265.

82 Lehrj. S. 260.

83 Lehrj. S. 260.

84 Lehrj. S. 264.

85 Lehrj. S. 264.

86 Mitscherlich, Alexander und Margarete: Die Unfähigkeit zu trauern. 1968. S. 79.

87 Lehrj. S. 278.

88 Lehrj. S. 431.

89 Lehrj. S. 431.

90 Vgl. Lehrj. S.439; 442; 462.
91 Lehrj. S.452.
92 Lehrj. S.608
93 Lehrj. S.527.
94 Lehrj. S.527.
95 Lehrj. S.527.
96 Lehrj. S.406.
97 Lehrj. S.405.
98 Lehrj. S.406.
99 Lehrj. S.406.
100 Man vergleiche das mit den konträren Ansichten Adornos zum Tauschprinzip der Marktgesellschaft. Adorno, Theodor W.: Negative Dialektik. 1966. S.147f.
101 Lehrj. S.406.
102 Lehrj. S.553; S.607.
103 Vgl. Lehrj. S.518.
104 Lehrj. S.565.
105 Vgl. Lehrj. S.609.
106 Mayer, Hans, a.a.O. S.35ff.
107 Macpherson, C.B.: Die politische Theorie des Besitzindividualismus. Übers. Wittekind. 1973. S.21ff.
108 Lehrj. S.39.
109 Lehrj. S.39.
110 Wie wir gezeigt haben, ist in den „Lehrjahren" der Markt bedroht nicht durch Akkumulation von Kapital, sondern von immobilem Eigentum. Dadurch wird das , was den Markt sprengen könnte, interpretierbar als partieller Rückfall in den Feudalismus. Die spätere Kapitalismuskritik sieht dagegen in dem Markt grundsätzlich das manipulierbare Mittel einseitiger Herrschaftsausübung.
111 Euchner, Walter: Egoismus und Gemeinwohl. 1973.S.29.
112 Ebenda S.28.
113 Lehrj. S.39.
114 Lehrj. S.56.
115 Habermas, Strukturwandel der Öffentlichkeit, a.a.O. S.64ff.
116 Macpherson, a.a.O. S.297.
117 Es ist nur konsequent, wenn es in den „Lehrjahren" auch keine Verträge gibt, die wirklich eingehalten werden können. Denn Verträge müssen interpretiert und durchgesetzt werden; das aber ist nur möglich mit einem staatlich gesicherten Rechtsapparat. Die Unmöglichkeit, Verträge zu erfüllen und dauerhaft einzuhalten, wird am Beispiel des Gelübdes gezeigt. Das Gelübde kann aufgefaßt werden als ein Vertrag, den eine Person mit sich selber schließt. Weder Wilhelm noch Natalie können ihre Gelübde halten. Vgl. auch Lehrj. S.280.
118 Mit der Ablehnung einer „öffentlichen Gewalt" hängt schließlich zusammen, daß Goethe sich gegen den Gedanken eines Nationalstaates sperrt und statt dessen auf Internationalität und auf die Ausbreitung des Marktes über den Kontinent und nach Übersee setzt.

119 Lehrj. S. 582.
120 Lehrj. S. 560.
121 Lehrj. S. 530.
122 Macpherson, a.a.O. S. 303.
123 Ebenda S. 70.
124 Ebenda S. 300.
125 Lehrj. S. 499.
126 „ ‚Geliebter, da man mir Ihren Besitz rauben oder wenigstens erschweren will!' " Lehrj. S. 535. Vgl. ferner S. 536; 565; 568.
127 Vgl. Lehrj. S. 538; 610.
128 Lehrj. S. 530 ff.
129 „Ach, warum muß sich zu diesen Empfindungen, zu diesen Erkenntnissen das unüberwindliche Verlangen des Besitzes gesellen? und warum richten ohne Besitz eben diese Empfindungen, diese Überzeugungen jede andere Art von Glückseligkeit völlig zugrunde?" Lehrj. S. 568.
130 Lehrj. S. 568.
131 Vgl. Lehrj. S. 562.
132 Hegel, Grundlinien der Philosophie des Rechts, a.a.O. S. 107.
133 Ebenda S. 107.
134 Lehrj. S. 571.
135 Lehrj. S. 571.
136 Lehrj. S. 596.
137 Lehrj. S. 597.
138 Lehrj. S. 552. – In jüngster Zeit hat Dieter Borchmeyer Wilhelms Brief über Bürger und Edelmann zum Mittelpunkt einer Interpretation der „Lehrjahre" gemacht. Indem er aber Wilhelms Wunsch nach „personelle(r) Ausbildung" ausschließlich auf die höfisch-aristokratische Sphäre zurückbezieht und nicht – wie schon Lukács – erkennt, daß mit dem Bedürfnis nach allseitiger „harmonische(r) Ausbildung" auch das natürliche, bürgerlich-fortschrittliche Ideal eigentümlich verschränkt ist, entgeht ihm die Dialektik von Wilhelms Irrtümern und Irrwegen. Er interpretiert die „Lehrjahre", kurz gesagt, als einen Desillusionsroman (eine Interpretation, die allenfalls die „Theatralische Sendung" abdeckt). Folglich scheint ihm im 5. Buch Wilhelms „Lob des Adels (. . .) fast ein wenig zu spät" zu kommen (S. 131), nachdem er schon in der Rolle eines Dichters auf dem Grafenschloß eine herbe Enttäuschung erlitten hatte. Borchmeyer durchschaut nicht, wie in Wilhelms Versuch, als Schauspieler in der Rolle Hamlets gleichsam den Adel zu beerben, seine Psychobiographie (Ablösung vom Vater) und Grundtatsachen seiner bürgerlich-ökonomischen Existenz (Erbschaft des verstorbenen Vaters) widersprüchlich ineinandergreifen. Statt dessen verfolgt er den Weg der Desillusionierung bis an den Punkt, wo sich Wilhelm „vom bourgeois zum citoyen" wandelt (S. 185 ff). Daß Wilhelm sich dazu bekennt, sein Kind Felix zu erziehen, soll ihn zum citoyen machen! (Vgl. dazu unsere Abhandlung zu den „Wanderjahren" S. 120). So wenig das schon den citoyen charakterisiert, sowenig schließt sich Wilhelm dem „Gemeingeist" Lotharios an (S. 187). Die Absicht, das grundherrliche Land zu besteuern, entspringt dem Wunsch, es als ein bewegliches

Gut im kapitalistischen Verkehr verkäuflich zu machen. Nicht aber ist die „Steuer als Symbol des Gemeinsinns" aufzufassen (S. 187). Ganz im Sinne der radikal-liberalen Konzeption der „Lehrjahre" und der darin fast uneingeschränkt wirksamen Privatsphäre fragt Borchmeyer an anderer Stelle denn auch selber, „wo in Goethes Roman der Staat denn bleibt." (S. 189). – Borchmeyer, Dieter: Höfische Gesellschaft und französische Revolution bei Goethe. Adliges und bürgerliches Wertsystem im Urteil der Weimarer Klassik. 1977.

139 Vgl. Blessin, Erzählstruktur und Leserhandlung, a.a.O. S. 149f.

140 Wie am Beispiel des Grafen hinzuweisen, wir hier nachholen. Vgl. den parodistischen Ausruf Lotharios: „Hier oder nirgend ist Herrnhut!" Lehrj. S. 432.

141 Wenn im Laufe des 19. Jahrhunderts immer deutlicher wird, daß auch die menschliche Arbeitskraft nur eine Ware ist, ist es genau dasjenige Argument, das der Forderung zugrunde liegen wird, den Markt im ganzen außer Kraft zu setzen. Für Goethe jedoch, der noch nicht sieht, daß die Masse der Menschen bald nur mit ihrer Arbeitskraft als Anbieter auf dem Markt erscheinen wird, kann die Bedrohung und Entmächtigung durch den Markt noch als ein Prinzip funktionieren, das eine wechselvolle Gleichheit aller Eigentümer untereinander garantiert.

142 Lehrj. S. 314.

143 Vgl. die Novelle „Nicht zu weit". Darin spielt ein Gedicht mit dem Titel „Aurora" die dargestellte Rolle. Wanderj. S. 393. – Vgl. auch Wilhelm in den „Lehrjahren", der in einem typisch barocken Verwechslungsspiel mit der Absicht, der Gräfin zu nahen, sich für die Person des Grafen ausgibt und dadurch diesen in eine geistige Verwirrung stürzt, für die er sich immer schuldig fühlen wird.

144 Lehrj. S. 59.

145 Goethe, Johann Wolfgang: Die Wahlverwandtschaften. – In: Goethes Werke (HA) Bd. VI. 6. Aufl. 1965. S. 242. (v. Verf. gesp.).

146 Lehrj. S. 248.

147 Lehrj. S. 355.

148 Z. B. Storz, Gerhard: „Wilhelm Meisters Lehrjahre". – In: Storz: Goethe-Vigilien. 1953. S. 78f.

149 Lothario entwickelt sich ähnlich wie seine Schwester Natalie zum selbstbewußten Mitglied der bürgerlichen Gesellschaft, wie an der ebenso gelassenen wie richtigen Einschätzung jener verwickelten Schlußsituation zu demonstrieren wäre.

150 Lehrj. S. 463.

151 Lehrj. S. 463ff, bes. S. 470f.

152 Lehrj. S. 471.

153 Lehrj. S. 532.

154 Lehrj. S. 587.

155 Lehrj. S. 452.

156 Lehrj. S. 452.

157 Lehrj. S. 453.

158 Lehrh. S. 453.

159 Lehrj. S. 452.

160 Lehrj. S. 453.

161 Lehrj. S. 451.
162 Lehrj. S. 448.
163 Lehrj. S. 461.
164 Lehrj. S. 454.
165 Lehrj. S. 212.
166 Es sind nicht nur Therese und Lothario, die in der Rolle des Erzählers auftreten, auch der Marquese, die alte Barbara, Jarno usw. tragen selbständige Geschichten vor. Was wir an früherer Stelle das Zurücktreten des auktorialen Erzählers nannten, ist die Tendenz zur Aufhebung einer neben den Romangestalten existenten und zugleich vom Autor unterscheidbaren Erzählerpersönlichkeit. Dieser Rückzug auf die Funktion des Arrangeurs ist freilich in den „Lehrjahren" noch nicht so weit fortgeschritten wie in den „Wanderjahren", in denen die Herausgeberfiktion zu einer eigenständigen Figur wird. Die „Lehrjahre" nehmen in den letzten beiden Büchern höchstens annäherungsweise diese Richtung, so daß das Verfahren der Widerspiegelung im ganzen Roman eine Entwicklung durchläuft.

Im 1. Buch muß Wilhelm, damit seinem Theaterenthusiasmus in der Figur des desillusionierten Melina der Spiegel vorgehalten werden kann, noch selber in Begleitung des auktorialen Erzählers auf Reisen gehen und dieser amusischen Schauspielerexistenz höchstpersönlich begegnen. Später würde diese Episode eher als eine eigenständige Erzählung aus dem Munde einer Romanfigur ins Werk integriert und dadurch zugleich von der aufdringlichen Funktion einer Kontrasterhellung befreit. Selbstdeutungen, in denen die bildliche Darstellung auf ihren übertragenen Sinn reduziert und deren Quintessenz dem Leser nicht nur perspektivisch vorgestellt, sondern erschöpfend vorinterpretiert wird, verlieren sich im Laufe der „Lehrjahre". Jene frühe Szene, in der Friedrich einen eifersüchtigen Streit um Philine führt und damit Wilhelm – so weiß es der Erzähler – das Bekenntnis entlockt, wie er selber an dem leichtfertigen Mädchen hänge, ist untypisch für den Roman im ganzen: „Wilhelm stand nachdenklich und beschämt vor dieser Szene. Er sah sein eignes Innerstes; auch er war von einer unüberwindlichen Eifersucht entzündet". (Lehrj. S. 140). Wie hier im Falle Friedrichs ein Exempel statuiert wird und dazu dient, Wilhelm über sich und den Leser über ihn aufzuklären, stellt das sowohl eine „Entwertung" des narrativen Gegenstands dar, der nur ein Zeichen für etwas anderes ist, als auch eine „Bevormundung" des Lesers, dem, ohne selber produktiv zu sein, die richtige Interpretation vorgesetzt wird. Beides wird aber durch die vollentfaltete Technik der Widerspiegelung gerade vermieden.
167 Darin verbirgt sich ein umfangreiches erkenntnistheoretisches Programm, das, obwohl es hier nicht weiter expliziert werden kann, als eine Gegenposition zu Adorno zu beschreiben wäre, der den Begriff als die gewaltsame Subsumtion des Ungleichartigen unter eine hypostasierte Identität auffaßt.
168 Lehrj. S. 553.
169 Novalis, Aus den „Fragmenten". 1798–1800. Zitert nach: „Wilhelm Meisters Lehrjahre" im Urteil Goethes und seiner Zeitgenossen. Hrsg. v. Trunz. – In: Goethes Werke (HA) Bd. VIII. S. 570.

170 Goethe, Briefwechsel mit Schiller, a.a.O. S. 204.
171 Lehrj. S. 549 (v. Verf. gesp.).
172 Lehrj. S. 543.
173 Lehrj. S. 543.
174 Lehrj. S. 543.
175 Lehrj. S. 543.
176 Lehrj. S. 576.
177 Lehrj. S. 543.
178 Lehrj. S. 573.
179 Lehrj. S. 573.

ZWEITES KAPITEL

„Die Wahlverwandtschaften": „sociale Verhältnisse und die Conflicte derselben symbolisch gefaßt"

1 Nürnberger, Richard: Das Zeitalter der Französischen Revolution und Napoleons. – In: Propyläen Weltgeschichte. Hrsg. v. Golo Mann. Bd. VIII. 1960. S. 136ff. Daß trotz der Liquidierung des Deutschen Reiches, unter geographisch günstigen Umständen, das Gefühl einer „problematischen Sicherheit" begünstigt wurde, teilt Goethe in den Annalen von 1806 mit. „Die Interimshoffnungen, mit denen wir uns philisterhaft schon manche Jahre hin gehalten, wurden so abermals im gegenwärtigen genährt. Zwar brannte die Welt an allen Ecken und Enden, Europa hatte eine andere Gestalt genommen. Zu Lande und See gingen Städte und Flotten in Trümmer, aber das mittlere, das nördliche Deutschland genoß noch eines gewissen, fieberhaften Friedens, in welchem wir uns einer problematischen Sicherheit hingaben." Goethe, Johann Wolfgang: Tag- und Jahreshefte. Als Ergänzung meiner sonstigen Bekenntnisse. – In: Goethe: Gedenkausgabe der Werke, Briefe und Gespräche. Hrsg. v. E. Beutler. 11. Bd. 1950. S. 785.

2 Böhme, Helmut: Prolegomena zu einer Sozial- und Wirtschaftsgeschichte Deutschlands im 19. und 20. Jahrhundert. 2. Aufl. 1968. S. 19ff.

3 Staroste, Wolfgang: Raumgestaltung und Raumsymbolik in Goethes „Wahlverwandtschaften". – In: Etudes germaniques 16 (1961) S. 221.

Eine ausführliche Auseinandersetzung mit der Sekundärliteratur zu den „Wahlverwandtschaften" findet sich auf den ersten Seiten meiner Dissertation: Blessin, Stefan: Erzählstruktur und Leserhandlung. Zur Theorie der literarischen Kommunikation am Beispiel von Goethes „Wahlverwandtschaften". 1974. S. 12ff. – Weil darin ästhetische Fragestellungen im Vordergrund stehen, haben wir keine umfassende Interpretation des Romans geleistet, wohl aber gründliche Vorarbeiten, deren Ansatz hier inhaltlich konsequent weiterverfolgt wird. So stehen wir auch noch zu der dort entwickelten kritischen Einschätzung der Sekundärliteratur.

4 Dettmering, Peter: Reglose und entfesselte Natur in Goethes „Wahlverwandtschaften". – In: Dettmering: Dichtung und Psychoanalyse II. 1974. S. 33.

Die Funktion der Zeit in den „Wahlverwandtschaften" ist vielfach untersucht worden. Kolbe hat am eindringlichsten gezeigt, wie sich der Zeitroman zugleich mit dem „Bewußtsein von der Not der Zeit" konstituiert. Dennoch: der Eindruck von der „verlorenen Zeit", von dem „Vergessen der Gegenwart" ist ein abgeleiteter; auf der Ebene der Romanfiguren geht ihm der vielfältige Wunsch nach Erneuerung voraus. Erst in bezug darauf, wie sich diese Neuerungswünsche ausnehmen und wie man mit ihnen, oft noch bevor sie scheitern, an der Zeit vorbeilebt, wird der Blick für die merkwürdige Zeitenthobenheit und Gegenwartslosigkeit jener Adelsgesellschaft geschärft. Kolbe, Jürgen: Goethes „Wahlverwandtschaften" und der Roman des 19. Jahrhunderts. 1968. S. 38.

5 Benjamin, Walter: Goethes Wahlverwandtschaften. – In: Benjamin: Schriften. Bd. I. Hrsg. v. Th.W. und G. Adorno. 1955. S. 112.

6 Goethe, Johann Wolfgang: Die Wahlverwandtschaften. – In: Goethes Werke Bd. VI (Hamburger Ausgabe). Mit Anmerkungen versehen von Benno v. Wiese (und E. Trunz). 6. Aufl. 1965. S. 242. – Nachfolgend abgekürzt zitiert als „Wahlv."

7 Wahlv. S. 243.

8 Wahlv. S. 242.

9 Wahlv. S. 247.

10 Wahlv. S. 248.

11 Wahlv. S. 251.

12 Wahlv. S. 250.

13 Das richtet sich auch gegen solche Interpretationen, die – mit unterschiedlichen Resultaten – von einer Charakteranalyse der Hauptfiguren ausgehen und daraus den Roman im ganzen erklären wollen. Vgl. u. a. Barnes, H.G.: Goethe's „Die Wahlverwandtschaften". A literary Interpretation. 1967. Und: Wolff, Hans M.: Goethe in der Periode der Wahlverwandtschaften. 1952.

14 Wahlv. S. 275.

15 Wahlv. S. 333.

16 Wahlv. S. 309.

17 Wahlv. S. 314.

18 Wahlv. S. 326.

19 Wahlv. S. 328.

20 Wahlv. S. 331.

21 Wahlv. S. 329.

22 Vgl. Wahlv. S. 270 ff.

23 Wahlv. S. 252.

24 Wahlv. S. 242.

25 Wahlv. S. 295.

26 Wahlv. S. 358 f.

27 Wahlv. S. 358.

28 Friedrich Wilhelm Riemer, Tagebuch vom 28. August 1808. Zitiert nach: Goethes Werke (Hamburger Ausgabe) Bd. VI. A.a.O. S. 620.

29 Eine extreme Position vertritt hier: Wolff, Hans M.: Goethes Novelle „Die Wahlverwandtschaften". Ein Rekonstruktionsversuch. 1955. – Ohne die gleiche negative Wertung vgl. auch: Hankamer, Paul: Zur Genesis von Goethes Wahlverwandtschaften. – In: Festschrift für Berthold Litzmann. 1921. S.32–62.
30 Wahlv. S.360
31 Wahlv. S.357.
32 Wahlv. S.372.
33 Wahlv. S.418.
34 Wahlv. S.429.
35 Böhme, H., a.a.O. S.28f.
36 Wahlv. S.418.
37 Wahlv. S.418.
38 Habermas, Jürgen: Naturrecht und Revolution. – In: Habermas: Theorie und Praxis. 2. Aufl. 1967. S.61.
39 Ebenda, S.74f.
40 Wahlv. S.363.
41 Wahlv. S.363.
42 Wahlv. S.322.
43 Wahlv. S.362.
44 Wahlv. S.362.
45 Goethe in der Selbstanzeige des Romans am 4. Sept. 1809. Zitiert nach: Goethes Werke (Hamburger Ausgabe) Bd.VI. A.a.O. S.621.
46 Wahlv. S.363.
47 Wahlv. S.362.
48 Wahlv. S.479.
49 Wahlv. S.374.
50 Wahlv. S.403.
51 Wahlv. S.392.
52 Wahlv. S.447.
53 Diesen Vergleich legt Ottilies Darstellung der heiligen Maria mit dem Kind auf dem Arm nahe. In ihrem Anblick äußert Charlotte die Hoffnung, daß „sie ein ähnlich liebes Geschöpf bald auf ihrem Schoße" haben werde. (Wahlv. S.404.).
54 Vgl. Wahlv. S.455.
55 Wahlv. S. 455. „Das Kind ist aus einem doppelten Ehbruch erzeugt! es trennt mich von meiner Gattin und meine Gattin von mir, wie es uns hätte verbinden sollen. Mag es denn gegen mich zeugen, mögen diese herrlichen Augen den deinigen sagen, daß ich in den Armen einer anderen dir gehörte (. . .)."
56 Wahlv. S.445.
57 Wahlv. S.463.
58 Wahlv. S.463.
59 Das wird z. B. problematisiert von May, Kurt: Goethes „Wahlverwandtschaften" als tragischer Roman. – In: Jahrb. d. Fr. Dt. Hochstifts. 1936–40. S.154f. – Und: Amman, Peter: Schicksal und Liebe in Goethes „Wahlverwandtschaften". 1962. S.77.
60 Wahlv. S.464.

61 Gespräch mit Riemer. Weimar Dez. 1809. Zitiert nach: Goethes Werke (HA) Bd. VI. A.a.O. S. 622.
62 Wahlv. S. 467.
63 Vgl. dazu Barnes, der im Zentrum des Romans die Liebe Ottilies sieht, die sich solange noch nicht vollendet, wie sie sich nicht von allem Gesellschaftlichen im weitesten Sinne gereinigt hat. Barnes, H. G.: Ambiguität in den „Wahlverwandtschaften". – In: Goethes Roman „Die Wahlverwandtschaften" (= Wege der Forschung Bd. XIII). Hrsg. v. Ewald Rösch. 1975. S. 317f.

Vor Barnes interpretiert Stöcklein Ottilies Entwicklung als „die Selbstentfremdung eines ursprünglichen Wesens durch den Zeitgeist". Stöcklein, Paul: Nachwort (zu den „Wahlverwandtschaften"). – In: J. W. Goethe. dtv.-Gesamtausgabe Bd. 19. 2. Aufl. 1965. S. 229.

64 Weniger in der Argumentation als in dem Ziel, Ottilie unbedingt zu erhöhen, stimmen unter anderen solche Arbeiten überein:

Wiese, Benno v.: Einleitung (in die „Wahlverwandtschaften"). – In: Goethes Werke (HA) Bd. VI. A.a.O. S. 653–670.

Schelling-Schär, Esther: Die Gestalt der Ottilie. Zu Goethes „Wahlverwandtschaften". 1969.

Helbig, Louis Ferdinand: Der Einzelne und die Gesellschaft in Goethes „Wahlverwandtschaften". 1972. S. 45f.

Nemec, Friedrich: Die Ökonomie der „Wahlverwandtschaften". 1973. S. 305ff.

65 Vgl. zum Beispiel Goethe an Zauper am 7. Sept. 1821. Zitiert nach: Goethes Werke (HA) Bd. VI. A.a.O. S. 625.
66 Die Quelle für die Hilflosigkeit der Interpreten ist Goethes Rückgriff auf den Katholizismus. Nach Th. Mann ist es „nichts als ein konzilianter Schnörkel", eine ironische Adaption des Zeitgeistes. Mann, Thomas: Phantasie über Goethe. – In: Th. Mann: Neue Studien. 1948. S. 55.
67 Wahlv. S. 462.
68 Wahlv. S. 462.
69 Wahlv. S. 475.
70 Wahlv. S. 478.
71 Wahlv. S. 479.
72 Wahlv. S. 477.
73 Wahlv. S. 477.
74 S. 477.
75 Wahlv. S. 489.
76 Vgl. Anm. 66.
77 Goethe in der Selbstanzeige des Romans am 4. Sept. 1809. Zitiert nach: Goethes Werke (HA) Bd. VI. A.a.O. S. 621.
78 Wahlv. S. 484.
79 Benjamin, a.a.O. S. 113. „Untragischer kann nichts ersonnen werden als dieses trauervolle Ende".
80 Benjamin, a.a.O. S. 133. „Die Kunstkritik hat nicht die Hülle zu heben, vielmehr durch deren genaueste Erkenntnis als Hülle erst zur wahren Anschauung des Schönen sich zu erheben".

81 Wahlv. S. 407.
82 Wahlv. S. 488.
83 Wahlv. S. 405.
84 Nach einer Mitteilung Riemers. Zitiert nach: Goethes Werke (HA) Bd. VI. A.a.O. S. 622.
85 Ebenda, S. 622.
86 Wahlv. S. 478.
87 Wahlv. S. 427.
88 Vgl. Blessin, Erzählstruktur und Leserhandlung, a.a.O. S. 40ff. und 78ff.
89 Wahlv. S. 283.
90 Wahlv. S. 487f.
91 Wahlv. S. 461.
92 Wahlv. S. 467.
93 Wahlv. S. 466.
94 Wahlv. S. 358.
95 Wahlv. S. 357.
96 Wahlv. S. 358.
97 Wahlv. S. 461.
98 Wahlv. S. 462.
99 Wahlv. S. 477.
100 Wahlv. S. 477.
101 Wahlv. S. 460.
102 Diesem wohl verbreitetesten Deutungsansatz ist schon Goethe entgegengetreten, indem er Eduard vor seinen Kritikern zu retten suchte. Das wiederhergestellte Gleichgewicht zu Ottilie sollte dem moralisierenden Rigorismus entgegenwirken. Vgl. Goethe an Karl Friedrich von Reinhard am 21. Febr. 1810. Zitiert nach: Goethes Werke (HA) Bd. VI. A.a.O. S. 624.
103 Wahlv. S. 399; auch sonst von Goethe wiederholt gebrauchte Wendung.
104 Wahlv. S. 478.
105 Wahlv. S. 478.
106 Wahlv. S. 490.
107 Wahlv. S. 490.
108 Vgl. meine Abhandlung zu den „Lehrjahren" S. 49ff.
109 Battegay, Raymond: Psychoanalytische Neurosenlehre. Eine Einführung. 1971. S. 41ff.
Brenner, Charles: Grundzüge der Psychoanalyse. 1976. Besonders S. 96ff.
110 „Das liebe Kind eilte, sich ihr (Charlotte) zu nähern, warf sich ihr zu Füßen und umfaßte ihre Kniee". Wahlv. S. 281.
111 Dettmering, Reglose und entfesselte Natur in Goethes „Wahlverwandtschaften", a.a.O. – Andere Arbeiten, die psychologisierend vorgehen, haben nicht annähernd das analytische Niveau. So auch nicht Fink, der, den Zeitbeziehungen im Roman nachgehend, immerhin feststellt: „Indem Goethe der Psychologie der Verdrängung und des Vergessens nachspürte, beging er neue, unerforschte Wege." Fink, Gou-

thier-Louis: Goethes „Wahlverwandtschaften". Romanstruktur und Zeitaspekte. – In: Rösch (Hrsg.), a.a.O. S. 457.

112 Wahlv. S. 249.

113 Vgl. Wahlv. S. 252. „So war meine Mutter. Solange ich als Knabe oder Jüngling bei ihr lebte, konnte sie der augenblicklichen Besorgnis nicht los werden."

114 Wahlv. S. 249.

115 Wahlv. S. 249.

116 Wahlv. S. 246.

117 Wahlv. S. 311.

118 Wahlv. S. 246.

119 Wahlv. S. 312.

120 Dettmering, a.a.O. S. 42.

121 Wahlv. S. 292f.

122 Freud, Sigmund: Vorlesungen zur Einführung in die Psychoanalyse. Und Neue Folge. (Studienausgabe) Bd. I. Hrsg. v. A. Mitscherlich, Richards, Stachey, 2. Aufl. 1970. S. 522f.

123 Wahlv. S. 293.

124 Wahlv. S. 355.

125 Wahlv. S. 355.

126 Wahlv. S. 296.

127 Wahlv. S. 270.

128 Freud, Sigmund: Zur Einführung des Narzißmus. – In: Freud: Psychologie des Unbewußten. (Studienausgabe) Bd. III. Hrsg. v. Mitscherlich u. a. 1875. S. 43.

129 Freud, Sigmund: Der Untergang des Ödipuskomplexes. – In: Freud: Sexualleben. (Studienausgabe) Bd. V. Hrsg. v. Mitscherlich u. a. 1972. S. 248.

130 Wahlv. S. 354.

131 Wahlv. S. 354.

132 Wahlv. S. 312.

133 Als Eduard die „Bildung des Majors" in den Zügen des Kindes entdeckt, heißt es im Text: „‚Nicht doch!' versetzte Ottilie, ‚alle Welt sagt, es gleiche mir.'" Wahlv. S. 455.

134 Wahlv. S. 457.

135 Wahlv. S. 457f.

136 Vgl. dazu auch Freud, Anna: Das Ich und die Abwehrmechanismen. 7. Aufl. o.J.

137 Ebenda, S. 130.

138 Vgl. die Metaphorik des Brautschmucks: Wahlv. S. 483.

139 Battegay, a.a.O. S. 172–175.

140 Wahlv. S. 483.

141 Dettmering, a.a.O. S. 56f.; S. 66.

142 Wahlv. S. 478.

143 Wahlv. S. 478.

144 Ottilie nennt sich selber – der Doppelsinn ist nicht zu überhören – „eine geweihte Person". Wahlv. S. 467.

145 Wahlv. S. 283.

146 Wahlv. S. 283. Über die heilige Odilie vergleiche Goethe: Aus meinem Leben. Dichtung und Wahrheit. – In: Goethes Werke (HA) Bd. IX. 2. Aufl. 1957. S. 497.
147 Wahlv. S. 289.
148 Zur Odyssee des Glases im Roman vgl. Blessin, a.a.O. S. 51 ff.
149 Freud, Sigmund: Das Unheimliche. In: Freud. Psychologische Schriften (Studienausgabe) Bd. IV. A.a.O. S. 254 ff.
150 Wahlv. S. 435.
151 Zum Zusammenhang der Augenmetaphorik mit dem Ödipuskonflikt, ja mit der Geschichte des Ödipus selbst vergleiche: Freud, Das Unheimliche, a.a.O. S. 254.
152 Wahlv. S. 485.
153 Wahlv. S. 487.
154 Wahlv. S. 485.
155 Wahlv. S. 485.
156 Wahlv. S. 437.
157 In dem Zusammenhang sei daran erinnert, daß Wilhelm sich in Mariane verliebt, als sie in der Verkleidung eines Offiziers auf der Bühne steht. Natalie erscheint ihm zuerst als Amazone, also in einer Reit- und Jagdkleidung mit männlichem Zuschnitt.
158 Wahlv. S. 436.
159 Wahlv. S. 477.
160 Wahlv. S. 436.
161 Wahlv. S. 447.
162 Wahlv. S. 456.
163 Vgl. Wahlv. S. 280; 339; 345.
164 Wahlv. S. 286.
165 Wahlv. S. 286.
166 Vgl. meine Abhandlung zu den „Lehrjahren“ S. 15 ff.
167 Wahlv. S. 437.
168 Wahlv. S. 328 f.
169 Wahlv. S. 248; 250.
170 Wahlv. S. 248.
171 Wahlv. S. 256.
172 Vgl. unsere stichwortartige Interpretation der Novelle „Der Mann von funfzig Jahren“ im Exkurs 1. S. 302 ff. Die Verschränkung von Ökonomie und Psychologie ist dort beispielhaft greifbar. Die Fixierung auf das Erbe, der Umstand, daß man sich nicht spezialisieren muß, korrespondiert mit der nicht erfolgten Ablösung von den Eltern.
173 Vgl. meine Abhandlung zu den „Lehrjahren“ S. 35; bes. Anm. 117.
174 Wahlv. S. 477.
175 Wahlv. S. 267. – Eine Deutung, die vom Klassenstandpunkt Eduards und Charlottes, von ihren „Klassenirrtümern“ und den „Klassenwidersprüchen“ ausgeht und die in der Volksverbundenheit Ottilies diese Widersprüche utopisch aufgehoben sieht, hat Geerdts gegeben. Geerdts, Hans Jürgen: Goethes Roman „Die Wahlverwandtschaften“. (= Beiträge zur Deutschen Klassik Bd. 6). Weimar 1958. Besonders S. 136–145; S. 153; 179.
176 Vgl. Blessin, Erzählstruktur und Leserhandlung, a.a.O. S. 85 ff.

177 Mitteilung Riemers nach einem Gespräch mit Goethe, Dez. 1809. Zitiert nach: Goethes Werke (HA) Bd. VI. A.a.O. S. 622.

178 Ebenda, S. 622.

179 Ebenda, S. 622.

180 Nicht als ihr Exponent, aber als einer, der die Standpunkte einer idealistischen Goetheinterpretation kompiliert hat, sei hier Benno v. Wiese genannt. Wiese, Einleitung (in die „Wahlverwandtschaften"), a.a.O.

181 Blessin, a.a.O. S. 191 f.

182 Ebenda, S. 94 ff.

183 Ebenda, S. 145 ff.

184 Vgl. unsere Abhandlung zu den „Lehrjahren" S. 55 ff.

185 Wahlv. S. 488.

186 Wahlv. S. 484.

187 Wahlv. S. 485.

188 Wahlv. S. 488.

189 Vgl. Blessin, a.a.O. S. 86 ff.

190 Ebenda, S. 74 ff.

191 Ebenda, S. 123 ff.

192 Ebenda, S. 116 f.

193 Vgl. dort das Kapitel Historisierung der „Naturformen".

194 Wanderj. S. 231.

195 Goethe: Noten und Abhandlungen zu besserem Verständnis des West-Östlichen Divans. – In: Goethes Werke (HA) Bd. II. Hrsg. v. Trunz. 7. Aufl. 1965. S. 187.

196 Vgl. dazu eine Bemerkung in unserer Abhandlung zu den „Wanderjahren". S. 120.

197 Goethe, Noten und Abhandlungen zu besserem Verständnis des West-Östlichen Divans. A.a.O. S. 187.

198 Wir diskutieren hier auch die Einwände, die E. Rösch gegen den ideologiekritischen Deutungsansatz in der Dissertation des Verfassers erhebt. Einerseits nehmen wir die Kritik an der antinomischen Entlarvungsstruktur des Romans sehr ernst und sind bemüht, Goethe gegen eine Verabsolutierung Hegelscher Reflexionsmechanismen in Schutz zu nehmen; andererseits können wir Rösch nicht den Vorwurf ersparen, daß er hinter die in der Dissertation geleistete Problematisierung gängiger Interpretationsansätze wieder zurückfällt. Das halbherzige Zugeständnis ist nicht ausreichend: „Es ist ein besonderer Vorzug dieses Buchs, daß es unsere Schwierigkeiten mit dem Romanende nicht länger verharmlost." Die Kategorie des Widerspruchs, die nicht nur in der spitzfindigen Atomisierung des Werkzusammenhangs, sondern auch in der Deutung und Umdeutung des Romanschlusses zur Anwendung kommt, hätte eine sachliche Erörterung verdient. So aber bleibt Röschs Kritik perspektivelos. Um nicht selber argumentieren zu müssen, scheut sie nicht davor zurück, Äußerungen des Autors in einem Kontext zu isolieren, in dem diese durch das einfache Mittel der Wiederholung schon überzogen erscheinen. Von einer Rettung der „Wahlverwandtschaften" vor dem Zugriff neoidealistischer Interpretation ist denn auch in der von Rösch getroffenen Auswahl der Literatur über den Roman ebensowenig zu spüren wie von der längst fälligen Anstrengung, dieses Werk in den aufklärerischen Zusammenhang der Meisterromane hineinzustellen.

Wenn wir richtig sehen, steht Rösch selber hinter einer Interpretation, die „die hyperbolische Bahn des besonderen Individuums Ottilie“ im Mittelpunkt sieht. Wie alle Deutungen, die nicht die prekären Bedingungen von Ottilies Sozialisation analytisch zurückverfolgen, steht Rösch vor der Schwierigkeit, daß er den Prozeß der „tragischen Vereinzelung“ und „die Zuspitzung des Individualitätsprinzips“ anders als metaphorisch oder mystifizierend auf die „sociale(n) Verhältnisse“ nicht zurückbeziehen kann: „Es ist aber in der vermeintlich nur privatistischen Bestimmung (Ottilies) zugleich der strikte Hinweis auf den Zustand des Gesellschaftlichen verborgen“.

Den gesellschaftlichen Bedingungszusammenhang in den „Wahlverwandtschaften“ gründlicher darzulegen, hat uns dagegen die leider unveröffentlichte Rezension von Hans Jürgen Geerdts ermutigt.

Rösch, Ewald: Buchbesprechung zu Stefan Blessin, Erzählstruktur und Leserhandlung, a.a.O. – In: Zf.f.dt.Ph. 1977. S. 294–298.

Rösch, Ewald (Hrsg.): Goethes Roman „Die Wahlverwandtschaften“. A.a.O. S. 9.

DRITTES KAPITEL

Arbeitsteilung und Fortschritt in „Wilhelm Meisters Wanderjahren“

(Die Zählung der Anmerkungen beginnt mit jedem Oberkapitel von vorn. Das Kapitel I schließt die Anmerkungen „Zur Einführung: Arbeitsteilung und Entsagung“ mit ein.)

I. Der „Brief an Natalie“ (II,11) als Leitfaden der Interpretation

1 In dieser Funktion erscheint in dem Gespräch zwischen Wilhelm und Jarno das Theater. Lehrj. S. 433f.
2 Lehrj. 276.
3 Goethe, Johann Wolfgang: Wilhelm Meisters Wanderjahre oder die Entsagenden. – In: Goethes Werke (HA) Bd. VIII. Textkritisch durchgesehen und mit Anmerkungen versehen von Erich Trunz. 6. Aufl. 1964. S. 142. – Nachfolgend zitiert als „Wanderj.“
4 Hegel, G.W.F.: Grundlinien der Philosophie des Rechts. Werke Bd. 7. Redaktion E. Moldenhauer u. K. M. Michel. 1970. S. 346.
5 Wanderj. S. 439.
6 Wanderj. S. 387.
7 Wanderj. S. 37. – Wenn wir gleich zu Anfang das Thema der Entsagung mit dem der Arbeitsteilung zusammenführen und die ganze Abhandlung hindurch nicht mehr gesondert aufnehmen, dann mag das schroff erscheinen. Tatsächlich setzen wir es unter dem problematischeren und weitreichenderen Aspekt der Arbeitsteilung fort. Aber wir suspendieren uns davon, die ethischen und weltanschaulichen Implikationen der Entsagung allzu sehr zu gewichten. Zugleich erspart es uns, in der Tradition der Geistesgeschichte fortzufahren und unter dem Titel der Entsagung die Versöhnung von

Individuum und Gesellschaft didaktisch aufbereitet zu finden. Eigentlich steht auch noch Peschken in dieser Linie, der zwar die Entsagung entschieden weniger harmonisch sieht, der aber unter dem Begriff der „Erhebung" eine Art geistiger Kompensation einführt. Peschken, Bernd: Entsagung in „Wilhelm Meisters Wanderjahren". 1968.

Dagegen ist die Darstellung der Arbeitswelt in den „Wanderjahren" eines der Hauptthemen in der von der Mitte des vorigen Jahrhunderts einsetzenden „sozialistischen" Goethe-Interpretation. Vgl. dazu Mandelkows höchst informative Einleitung zur Wirkungsgeschichte Goethes: Goethe im Urteil seiner Kritiker. Dokumente zur Wirkungsgeschichte Goethes in Deutschland. Teil II. 1832–1870. Herausgegeben, eingeleitet und kommentiert von Karl Robert Mandelkow. 1977. S. XLII–XLVII.

8 Lehrj. S. 434.

9 Wanderj. S. 268.

10 Wanderj. S. 426.

11 Hegel, G.W.F.: Wissenschaft der Logik II. Werke Bd. 6. Redaktion Moldenhauer und Michel. 1969. S. 453.

12 Habermas, Jürgen: Dialektischer Übergang zum Materialismus – geschichtsphilosophische Folgerungen aus Schellings Idee einer Contraction Gottes. – In: Habermas: Theorie und Praxis. 2. Aufl. 1967. S. 157.

13 Wanderj. S. 37.

14 Solche positivistischen Tendenzen sind vorgebildet in der Verherrlichung der Arbeit an sich, wie sie zum Beispiel Gregorovius gibt, der hier an Hegels höherwertigen Begriff des werkzeugproduzierenden Gattungswesens anknüpft. „Denn jede Arbeit ist Manifestation des reinen Menschen, Ausfluß seiner wesentlichen Kraft, welche die eine, das Allgemeine producierende Kraft ist". Wird die Arbeit prinzipiell gepriesen, so beurteilt Gregorovius die Organisationsformen der Auswanderergesellschaften, weil er sie für utopische Idealvorstellungen Goethes hält, durchweg kritisch. Dagegen erkennen wir darin mehr oder weniger pragmatische Anstalten, die je nach den Gegebenheiten erforderlich sind, verhängnisvollen Konsequenzen der Arbeitsteilung zu begegnen. Die Arbeit, deren thematische Entdeckung für den Roman bis heute häufig genug zu ihrem abstrakten Lobpreis führte, sehen wir in den „Wanderjahren" tiefgreifend problematisiert. – Gregorovius, Ferdinand: Göthe's Wilhelm Meister in seinen socialistischen Elementen. 2. Aufl. 1855. S. 195.

Eine andere Form der gewissermaßen unproblematischen Behandlung der Arbeitswelt findet sich bei Max Wundt, der, seinem positivistischen Ansatz folgend, klassifizierend vorgeht und Handwerk, Bergbau, Hausindustrie jeweils ein Kapitel widmet, ohne aus deren Verflechtung mit den Lebensgeschichten Wilhelms oder Lenardos die jeweils prekäre Entwicklungssituation durchschauen zu können. Zugleich ist das Buch von Max Wundt ein Beispiel dafür, daß solch ein handbuchartiges Werk mit seinen reichen Kenntnissen und sachlichen Klarstellungen nicht zu ersetzen ist. Wundt, Max: Goethes Wilhelm Meister und die Entwicklung des modernen Lebensideals. 1913.

Solch ein unentbehrliches, obwohl in mancher Hinsicht kritisierbares Hilfsmittel ist auch der von Trunz zusammengestellte Kommentar in der Hamburger Ausgabe von Goethes Werken, a.a.O.

Ferner: Herting, Robert: Wilhelm Meister und Faust und ihre Gestaltung im Zeichen der Gottesidee. 1952.

15 Wanderj. S. 268.

16 Wanderj. S. 268.

17 Wanderj. S. 28.

18 Wanderj. S. 269.

19 Wanderj. S. 16.

20 Die gewissermaßen unkritische Rezeption der Josephsgeschichte hat ihren extremen Vertreter in Schrimpf, der hier auf den ersten Seiten das Lebensideal der „Wanderjahre" vollentwickelt sieht. „Ein ‚Musterbild' stellen die Wanderjahre mit der Geschichte von Sankt Joseph dem Zweiten an den Anfang. Ihr Gegenstand ist der Mensch; der Mensch, wie er in eine wirklliche Welt als ein Ganzer eingelassen ist. Man wird sie darum auch nicht einfach als die Darstellung eines bestimmten Zustandes der Vergangenheit, etwa des katholischen Mittelalters, historisch sehen dürfen". Schrimpf, Hans Joachim: Das Weltbild des späten Goethe. Überlieferung und Bewahrung in Goethes Alterswerk. 1956. S. 148.

Eine ungebrochen positive Deutung der Josephsgestalt, deren vorgelebte Werte Wilhelm erst auf dem entsagungsvollen „Umweg" erreichen soll, tritt uns auch in der Arbeit von Gonthier-Louis Fink entgegen. „Die ‚Menschwerdung des Heiligen' scheint Goethe denn auch bei der Gestalt Sankt Joseph des Zweiten vorgeschwebt zu haben, als der männlichen Verkörperung des neuen, wahren Christentums". Fink, Gonthier-Louis: Die Tradition in „Wilhelm Meisters Wanderjahren". – In: Recherches Germaniques. 5. 1975. S. 115.

Und der DDR-Historiker Bastian schreibt: „Goethe verbindet mit der Idylle nicht die Gestaltung des Gesellschaftsflüchtig-Illusorischen, sondern des Utopisch-Futurischen. (. . .) Die Idylle repräsentiert in den Augen des Dichters das ideale Zukünftige". Bastian, Hans-Jürgen: Zum Menschenbild des späten Goethe. Eine Interpretation seiner Erzählung „Sankt Joseph der Zweite" in „Wilhelm Meisters Wanderjahren". – In: Weimarer Beiträge. 3/1966. S. 488.

Kontrapunktisch dagegen abgehoben die treffende Formulierung von Karl August Varnhagen: „Goethes ganze Dichtung ist fast nur das Bild der Zerrüttung einer mit sich selber in Zwiespalt geratenen Welt, und wenn er auf der einen Seite die Gestaltungen dieses Zwiespalts durch den Zauber und die Anmut seines künstlerischen Genius mildert, jedes Vorhandene durch die ihm innewohnende Wahrheit in seiner Berechtigung zum Dasein darstellt, und somit gleichsam versöhnt und harmonisiert, so wird ihm von anderer Seite nicht erlassen, kraft eben derselben Kunst und Wahrheit auch manchen noch im Verborgenen ruhenden Widerstreit aus dem geheimen Dunkel hervorzuziehen und grell und scharf an das Tageslicht zu bringen". Varnhagen von Ense, Karl August: Im Sinne der Wanderer (1832). – In: Goethe im Urteil seiner Kritiker. Teil II. Hrsg. v. Mandelkow, a.a.O. S. 28f.

21 Wanderj. S. 22.

22 Wanderj. S. 19.

23 Wanderj. S. 10.
24 Wanderj. S. 17.
25 Wanderj. S. 28.
26 Lehrj. S. 610.
27 Lehrj. S. 607.
28 Wanderj. S. 17.
29 Vgl. die Auseinandersetzung mit der alten Barbara in Kapitel VII, 8 der „Lehrjahre".
30 Wanderj. S. 15.
31 Lehrj. S. 497.
32 Wanderj. S. 26.
33 Wanderj. S. 26.
34 Lehrj. S. 504.
35 Lehrj. S. 498.
36 Lehrj. S. 502.
37 Lehrj. S. 498.
38 Wanderj. S. 19.
39 Lehrj. S. 501.
40 Lehrj. S. 502.
41 Lehrj. S. 502.
42 Lehrj. S. 502. Es sei darauf hingewiesen, daß diese zentrale Stelle, die wir im Kontext unserer eigenen Deutung der „Lehrjahre" hier für die „Wanderjahre" interpretiert haben, gewöhnlich anders ausgelegt wird. Üblicherweise nimmt man dieses Selbstbekenntnis zu den „Tugenden des Bürgers" undialektisch beim Wort und sieht darin Wilhelms Reifeprozeß und seine erworbene Bildung dokumentiert; so zuletzt Borchmeyer, Dieter: Höfische Gesellschaft und französische Revolution bei Goethe. Adliges und bürgerliches Wertsystem im Urteil der Weimarer Klassik. 1977. S. 188.
43 Wanderj. S. 28.
44 Wanderj. S. 15.
45 Vgl. Wanderj. S. 225.
46 „Jener Thron (auf dem Gemälde) war in meiner Jugend noch recht gut zu sehen, und an den Resten der einen Seite werden Sie bemerken können, daß am Schnitzwerk nichts gespart war, das freilich dem Maler leichter fallen mußte, als es dem Zimmermann gewesen wäre, wenn man es von ihm verlangt hätte. (...) Schon hatte ich das Vergnügen, auf meinen Wanderungen manches Haus zu sehen, das ich mit aufgeführt, das ich verziert hatte. Denn besonders dieses letzte Einkerben der Balken, dieses Einschneiden von gewissen einfachen Formen, dieses Einbrennen zierender Figuren, dieses Rotmalen einiger Vertiefungen, wodurch ein hölzernes Berghaus den so lustigen Anblick gewährt, solche Künste waren mir besonders übertragen, weil ich mich am besten aus der Sache zog, der ich immer den Thron Herodes' und seine Zieraten im Sinn hatte." Wanderj. S. 19f.
47 Wanderj. S. 28.
48 Lehrj. S. 228.
49 Lehrj. S. 228.
50 Lehrj. S. 546.
51 Lehrj. S. 429.

52 Lehrj. S. 546.
53 Lehrj. S. 546.
54 Lehrj. S. 546.
55 Marx, Karl: Das Kapital. Kritik der politischen Ökonomie. Erster Band (Nach der vierten von Friedrich Engels durchgesehenen Auflage. Hamburg 1890). 1968. S. 86f.
56 Vgl. Wanderj. S. 40.
57 Lehrj. S. 38.
58 Lehrj. S. 38.
59 Wanderj. S. 40.
60 Lehrj. S. 290.
61 Hegel, Grundlinien der Philosophie des Rechts, a.a.O. S. 107.
62 Wanderj. S. 281.
63 Wanderj. S. 315. Auf eine Problematisierung der „Besitzfrage" in den Romanen weist schon Rosenkranz hin: „Göthe hat den Bewegungen des Besitzes in seinen Socialromanen die mannigfachste Wendung gegeben, um nämlich den Besitz nur als Mittel zur Bildung der Individualität gelten zu lassen. (...)." Rosenkranz, Karl: Goethe und seine Werke. 2. Aufl. 1856. S. 358.
64 Wanderj. S. 281.
65 Die Übernahme der Berufsrolle, die Eingliederung in die Gesellschaft „in einer bestimmten positiven Weise, durch eine besondere Fertigkeit" steht bei den Interpreten schon lange in dem Verdacht, gegen den Vorwurf des Positivismus geschützt werden zu müssen. Doch statt zu verfolgen, wie der Roman von sich aus das Thema der Arbeitsteilung behandelt, versucht man die Beschränkung auf einen Beruf durch eine idealistische Erfassung des Entsagungsmotivs zu kompensieren. Darin ist den jüngeren Arbeiten von Arthur Henkel und Deli Fischer-Hartmann besonders vorausgegangen die Abhandlung von Jung, Alexander: Göthe's Wanderjahre und die wichtigsten Fragen des 19. Jahrhunderts. 1854. S. 51ff. „Wenn alle aus Sittlichkeit entsagen, so wendet sich dieser Prozeß, da die Neigung zum Besitze schon natürlicher Weise jedem Menschen eigen ist, plötzlich zum Vortheile Aller so, daß Keiner unbedingt zu entsagen braucht, und es regelt sich eine Ordnung, von der wir jetzt in der Wirklichkeit oft noch himmelweit, aus eigenem Verschulden, entfernt sind, weil die Cultur noch nicht so weit vorgedrungen ist, um Alle zur freiwilligen Entsagung gebracht zu haben." Ebenda S. 54.
66 Lehrj. S. 493.
67 Wanderj. S. 426.
68 Wanderj. S. 426.
69 Wanderj. S. 279.
70 Wanderj. S. 269f.
71 Wanderj. S. 274.
72 Wanderj. S. 273.
73 Wanderj. S. 276ff.
74 Wanderj. S. 272.
75 Wanderj. S. 270.
76 Wanderj. S. 277.

77 Wanderj. S. 458ff.

78 Wanderj. S. 281. „Die Kranken müsse man den Ärzten überlassen“, heißt es bei Goethe in demselben Zusammenhang. Dagegen ist es die Gefährdung der Gesundheit durch den „Zufall“, die die Wundarztthematik in einen grundsätzlichen Bezug zur Arbeitsteilung setzt.

79 Vgl. S. 16ff.

80 Wanderj. S. 459. Die ausdrückliche Erwähnung des antiken Vorbildes schließt nicht aus, daß die Schlußszene, auf den Anfang des Romans zurückbezogen, wesentlich in einem symbolischen Zusammenhang mit der biblichen Tradition steht.

81 Wanderj. S. 459.

82 Wanderj. S. 164.

83 Wanderj. S. 164.

84 Wanderj. S. 163.

85 Wanderj. S. 204.

86 Wanderj. S. 167.

87 Wanderj. S. 164.

88 Wanderj. S. 164. Vielleicht ist dieser Zusammenhang besonders geeignet zu verdeutlichen, daß die Lehre der Pädagogischen Provinz (ebenso wie die Bemerkungen zur Organisation der Auswandererbünde) nicht schon den ganzen Roman resümiert, wie die inhaltsbezogene Erforschung dieses vermeintlichen Konzentrats goethescher Altersweisheit glauben machen will. Vgl. dazu auch Peschken, a.a.O. S. 91ff.

89 Wanderj. S. 426.

90 Wanderj. S. 155.

91 Wanderj. S. 155.

92 Wanderj. S. 156.

93 Wanderj. S. 157.

94 Wanderj. S. 155.

95 Wanderj. S. 155.

II. Die „plastische Anatomie“

1 Bartels, Klaus: Arbeit, Technik, Kunst. Untersuchung über die Wandarztthematik in Goethes Wilhelm Meister. 1974 (Diss. Masch. noch nicht veröffentlicht).

2 Wanderj. S. 333.

3 Wanderj. S. 332.

4 Wanderj. S. 332.

5 Wanderj. S. 331.

6 Wanderj. S. 328.

7 Wanderj. S. 323.

8 Wanderj. S. 324.

9 Wanderj. S. 323.

10 Wanderj. S. 323.

11 Wanderj. S. 326.

12 Wanderj. S. 330.

13 Wanderj. S. 324.
14 Wanderj. S. 330.
15 Wanderj. S. 328.
16 Wanderj. S. 328.
17 Vgl. Wanderj. S. 325.
18 Wanderj. S. 332.
19 Wanderj. S. 323.
20 Wanderj. S. 325.
21 Wanderj. S. 15.
22 Wanderj. S. 332. „Dieser Konflikt, den ich ankündige zwischen Toten und Lebendigen, er wird auf Leben und Tod gehen".
23 Wanderj. S. 326.
24 Wanderj. S. 329.
25 Wanderj. S. 329.
26 Wanderj. S. 329.
27 Wanderj. S. 329.
28 Wanderj. S. 329.
29 Wanderj. S. 329.
30 Wanderj. S. 323.
31 Wanderj. S. 329.
32 Wanderj. S. 459.
33 Wanderj. S. 332.
34 Wanderj. S. 328.
35 Wanderj. S. 329.
36 Wanderj. S. 329.
37 Wanderj. S. 329.
38 Wanderj. S. 326.
39 Wanderj. S. 329.
40 Wanderj. S. 330.
41 Wanderj. S. 331.
42 Anneliese Klingenberg, die sich dezidiert mit den ökonomischen Anschauungen der „Wanderjahre" befaßt, bleibt diese prinzipiell über die Lehre von Adam Smith hinausführende Erweiterung des Themas verborgen. Wir meinen, daß das in ihrem methodischen Vorgehen begründet ist. Denn indem sie sich – zurecht – der Meinung entgegenstellt, Goethe sei in diesem späten Roman nur seinen Altersphantasien gefolgt, wendet sie ihre Aufmerksamkeit doch nur einseitig daran, für alle Teile des Werkes empirische Belege zu sichten und überall Goethes lebendiges Wechselverhältnis mit den Zeitereignissen und -bestrebungen nachzuweisen. Ein solches Verfahren hat seine Rechtfertigung in der Ausbreitung von Sachwissen, hinter das niemand ungestraft zurückfällt. Im Falle der „plastischen Anatomie" erinnert A. Klingenberg zum Beispiel wieder daran, daß sich Goethe noch wenige Wochen vor seinem Tod nach Berlin an den Geheimen Oberfinanzamt Beuth mit der Bitte um eine realistische Prüfung dieser „kosmopolitischen Angelegenheit" wendet (S. 122f.). Das unterstreicht die Wichtigkeit dieses Kapitels für den Roman wie für

die Fortschrittskonzeption. Die Gefahr besteht jedoch, daß auf diesem Wege der Text selber nicht immer hinreichend befragt wird. Klingenbergs quellenkritische Methode läßt den Liberalismus von Adam Smith als die für den ganzen Roman grundlegende Lehre erscheinen (S. 109ff.). Dagegen sehen wir Goethe in dem Kapitel über die „plastische Anatomie" gerade die Grenzen des Marktprinzips erörtern. – Klingenberg, Anneliese: Goethes Roman „Wilhelm Meisters Wanderjahre oder die Entsagenden". Berlin und Weimar 1972.

43 Wanderj. S. 331.
44 Wanderj. S. 331.
45 Wanderj. S. 332.
46 Wanderj. S. 334.
47 Wanderj. S. 260ff.
48 Wanderj. S. 473.
49 Wanderj. S. 332.
50 Wahlv. S. 281.
51 Vgl. Wanderj. S. 330ff.
52 Wanderj. S. 331.
53 Wanderj. S. 332. – Parallel dazu schreibt Goethe 1832 in einem Brief an Christian Daniel Rauch, als er ihn für die „plastische Anatomie" zu gewinnen sucht: „ich finde mich fast zum ersten Mal auf propagandistischem Wege". Brief an Christian Daniel Rauch vom 20. Febr. 1832. – In: Goethes Werke (Weimarer Ausgabe). Hrsg. im Auftrag der Großherzogin Sophie von Sachsen (Weimar) 1909. IV. Abteilung, 49. Bd. S. 243.
54 Wanderj. S. 333; Goethes Einstellung zum Mehrheitsprinzip vgl. Mommsen, Wilhelm: Die politischen Anschauungen Goethes. 1948. S. 197ff.
55 Lehrj. S. 220.
56 Wanderj. S. 407.
57 Wanderj. S. 407.
58 Wanderj. S. 409.
59 Wanderj. S. 409.

III. Auf dem Weg zu einer Weltgesellschaft

1 Wanderj. S. 410.
2 Wanderj. S. 116.
3 Wanderj. S. 473.
4 Wanderj. S. 450.
5 Wanderj. S. 452.
6 Wanderj. S. 451. Vgl. als Gegenbeispiel die harmonische Interpretationsweise sowohl in bezug auf Makarie wie auch auf Montan: Fischer-Hartmann, Deli: Goethes Altersroman. Studien über die innere Einheit von „Wilhelm Meisters Wanderjahren". 1941. S. 99ff.
7 Wanderj. S. 446.
8 Wanderj. S. 34.

9 Wanderj. S. 34.
10 Wanderj. S. 37.
11 Wanderj. S.37.
12 Wanderj. S.35.
13 Wanderj. S.452.
14 Wanderj. S.409.
15 Wanderj. S.406.
16 Wanderj. S.406.
17 Wanderj. S.386.
18 Das hat Wilhelm Mommsen klar ausgesprochen. „Die ‚Wanderjahre‘ sind (. . .) auch nicht, wie es oft geschehen ist, in die Reihe der Staatsutopien einzuordnen, da sie gar kein Ideal eines zukünftigen Staates und seiner Formen enthalten“. Mommsen, a.a.O. S.212.

Auch Peschken lehnt es ab, im Zusammenhang mit den Siedlungsplänen von Utopien zu sprechen. „Beide Entwürfe (sind) insofern nicht utopisch, als ihre Planungen sich innerhalb der Grenzen der Bedingungen von Ort und Zeit bewegen“. Das führt bei Peschken folgerichtig dazu, daß der Roman aus der Perspektive der „Erzählstränge“ – wie er es nennt – gedeutet wird und nicht wie üblicherweise aus der Sicht solcher Stellen, wo Goethe die Quintessenz seines Altersdenkens zu geben scheint. Peschken, a.a.O. S.196ff.
19 Wanderj. S.444.
20 Mit dieser Deutung bewegen wir uns immer noch innerhalb der Bildlichkeit des Kapitels über die „plastische Anatomie“. Der auf seine abstrakte Körperlichkeit reduzierte Mensch, das ist der Gegenstand der sezierenden Anatomie.
21 Wanderj. S.451.
22 Goethe gebraucht diese Formulierung unter Anspielung auf die darin verborgenen Antinomien in der Selbstanzeige der „Wahlverwandtschaften“ im „Morgenblatt für gebildete Stände“ (1809). Zitiert nach dem Kommentar der Hamburger Ausgabe. Goethes Werke, Bd. VI. A.a.O. S.621.
23 Schmidt, Alfred: Der Begriff der Natur in der Lehre von Marx. Überarbeitete, ergänzte und mit einem Postscriptum versehene Ausgabe. 1971. S.205.
24 Vgl. Marx, Karl: Frühe Schriften. 1. Bd. (Ökonomisch-philosophische Manuskripte). Hrsg. v. Lieber u. Furth. 1962. S.593ff.
25 Schmidt, a.a.O. S.77.
26 Marx, Karl: Die Frühschriften. Hrsg. v. S. Landshut. 1968. S.339.
27 Habermas, Jürgen: Erkenntnis und Interesse. 1968. S.75.
28 Habermas, Jürgen und Luhmann, Niklas: Theorie der Gesellschaft oder Sozialtechnologie – Was leistet die Systemforschung? 1971. S.179.
29 Zitiert nach: Habermas, Jürgen: Dialektischer Idealismus im Übergang zum Materialismus – Geschichtsphilosophische Folgerungen aus Schellings Idee einer Contraction Gottes. – In: Habermas: Theorie und Praxis. 2. Aufl. 1967. S.160.
30 Ebenda, S.160.
31 Wanderj. S.470.
32 Wahlv. S.416.

33 Vgl. Schmidt, a.a.O. S. 74ff. und Habermas, Erkenntnis und Interesse, S. 45f. Ebenfalls Habermas, Theorie und Praxis, a.a.O. S. 152ff. und 336ff.
34 Schmidt, a.a.O. S. 77.
35 Das wird uns im Zusammenhang der Lenardo-Geschichte interessieren.
36 Wanderj. S. 409.
37 Wanderj. S. 384.
38 Wanderj. S. 68.
39 Wanderj. S. 69.
40 Wanderj. S. 332.
41 Wanderj. S. 387.
42 Wanderj. S. 390.
43 Wanderj. S. 385.
44 Vgl. auch Wanderj. S. 331: „Ein Vorhaben wie das ausgesprochene kann vielleicht nur in einer neuen Welt durchgeführt werden". – In einem Brief an Chr. D. Rauch spricht Goethe in bezug darauf von einer „Weltangelegenheit". Brief an Chr. D. Rauch vom 20. Febr. 1832. – In: Goethes Werke (Weimarer Ausgabe), a.a.O. S. 242f.
45 Wanderj. S. 243.
46 Wanderj. S. 405.
47 Vgl. den Aphorismus 142 aus „Makaries Archiv" (Wanderj. S. 482): „Ich denke, Wissenschaft könnte man die Kenntnis des Allgemeinen nennen, das abgezogene Wissen; Kunst dagegen wäre Wissenschaft zur Tat verwendet; Wissenschaft wäre Vernunft, und Kunst ihr Mechanismus, deshalb man sie auch praktische Wissenschaft nennen könnte. Und so wäre denn endlich Wissenschaft das Theorem, Kunst das Problem".
48 Wanderj. S. 471.
49 Wanderj. S. 483.
50 Wanderj. S. 406.
51 Maximen und Reflexionen Nr. 99. – In: Goethes Werke (HA), Bd. 12. A.a.O. 1963. S. 378.
52 Wanderj. S. 385.
53 Wanderj. S. 242.
54 Wanderj. S. 332.
55 Wanderj. S. 405.
56 Wanderj. S. 406.
57 Wanderj. S. 407. Zu den quellengeschichtlichen Hintergründen von Goethes Amerikabild vgl. Beutler, Ernst: Von der Ilm zum Sesquehanna. Goethe und Amerika in ihren Wechselbeziehungen. In: Beutler: Essays um Goethe. Bd. 1. 3. Aufl. 1946. S. 462–520.
58 Wanderj. S. 409.
59 Wanderj. S. 409.
60 Wanderj. S. 409.
61 Wanderj. S. 410.
62 Wanderj. S. 411.
63 Wanderj. S. 412

64 Wanderj. S. 411.
65 Wanderj. S. 408.
66 Wanderj. S.413.
67 Wanderj. S.335. „(...) ohne Maß zu nehmen, schneidet sie aus dem Ganzen und weiß dabei alle Flecken und Gehren dergestalt zu nutzen, daß großer Vorteil daraus entsteht, und das alles ohne Papiermaß".
68 Wanderj. S.442.
69 Wanderj. S.408.
70 Daß die kosmopolitischen Intentionen Goethes mit dem voranschreitenden 19. Jahrhundert immer häufiger zu einem Stein des Anstoßes werden, kann man zum Beispiel daran ablesen, wie Alexander Jung das Wandermotiv auf seinen patriotischen Kern zurückzuführen versucht. „Die Wanderungen deutscher Handwerker und Männer des Geistes sind bereits Auswanderungen eines Theils der Nation geworden. Dieß deutet mit unserm Roman auf die wahre große Zukunft unserer Nation hin, welche den Samen der zuverlässigen Arbeitskraft und den des Geistes über die ganze Erde verbreiten soll und verbreiten wird." Jung, a.a.O. S.321.

Wie der goethesche „Humanismus mit dem erwachenden Nationalgefühl" verknüpft wird, dazu vgl. Mandelkow, Goethe im Ureil seiner Kritiker. Teil II. A.a.O. S.LVIff.

Von einer grundsätzlich anderen Position aus ist auch für Lukács eine Kritik an der entsagungsvollen Einstellung des späten Goethe verknüpft mit der „Deutschen Misere", d. h. mit dem zentralen Problem des zurückgebliebenen deutschen Bürgertums, der „zu schaffende(n) nationale(n) Einheit". Vgl. Lukács, Georg: Goethe und seine Zeit. – In: Lukács: Deutsche Literatur in zwei Jahrhunderten. S. 41 ff.
71 Wanderj. S.326.
72 Wanderj. Kap.III,9.
73 Wanderj. S.386.
74 Wanderj. S.388.
75 Wanderj. S.387.
76 Als ein Beitrag zur aktuellen Diskussion über eine aus ökologischer Sicht ähnlich dringende „Weltangelegenheit" sei genannt: Harich, Wolfgang: Kommunismus ohne Wachstum? Babeuf und der „Club of Rome". Sechs Interviews mit Freimut Duve und Briefe an ihn. 1975.

IV. Die Lenardo-Handlung: Naturbeherrschung versus Triebleugnung

1 Wanderj. S.439. Die Lenardo-Handlung, erst in die zweite Fassung der „Wanderjahre" aufgenommen, ist eine Erzählung des späten Goethe. Obgleich sie sich durch den ganzen Roman hindurchschlingt, gehört sie zu den am stärksten vernachlässigten Teilen des Werkes, wenn man davon absieht, daß sie als Beleg für Goethes Warnung vor dem Industriezeitalter vielfach angeführt wurde. Die Verlegenheit der Forschung dokumentiert schon Hothos frühe Rezension von 1830. Auf die Lenardo-Handlung zurückkommend schreibt er: „doch wir müssen uns die nähere Mittheilung aus Man-

gel an Raum versagen“ (S. 381). Aber es ist wahrscheinlich nicht der „Mangel an Raum“, sondern die stückweise und gewissermaßen kombinatorisch zu erschließende Erzählung, die das zur Folge hat. Wo immer zusammenhängend erzählt wird und wo die Altersweisheiten bündig versammelt scheinen, gibt Hotho einen klar gegliederten Überblick. Dagegen interessiert uns gerade die in dieser Geschichte verborgene Dialektik, die sich mit der Perspektivierung der einzelnen Teilstücke zunehmend darstellt. – Hotho, Heinrich Gustav: Rezension von Goethe, Wilhelm Meisters Wanderjahre oder die Entsagenden. Zweite Ausgabe. 1829. – In: Jahrbücher für wissenschaftliche Kritik. Berlin 1829. Nr. 108–112; 1830. Nr. 41–48.

2 Wanderj. S. 443.

3 Wanderj. S. 147.

4 Maximen und Reflexionen, Nr. 124. – In: Goethes Werke (HA) Bd. 12. A.a.O. S. 380.

5 Wanderj. S. 133.

6 Wanderj. S. 142.

7 Wanderj. S. 142.

8 Wanderj. S. 131

9 Wanderj. S. 144.

10 Wanderj. S. 130.

11 Wanderj. S. 129.

12 Wanderj. S. 130.

13 Wanderj. S. 71.

14 Wanderj. S. 434. Es ist hier an die sehr treffende Darstellung zu erinnern, die Gregorovius vor fast anderhalb Jahrhunderten von der „Welt des Oheims“ gegeben hat. Wie beweglich in der Argumentation, wie kenntnisreich setzt sich der Hegelianer in diesen Abschnitten mit den kommunistischen Intentionen eines Karl Grün auseinander. Gregorovius nennt den Oheim einen „doctrinären Philantropen“, sein Unternehmen „philantropisch liberal“. „Das Kapital wird als ein Unteilbares und Unanzutastendes behauptet, um die Tragkraft der Interessen nicht zu schwächen, aber indem diese Interessen dem socialen Zwecke der Gemeinnützlichkeit Preis gegeben werden, soll der Besitzende sich als der Verwalter des Kapitals betrachten, und somit die Ausschließlichkeit des Besitzes zur Gemeinschaftlichkeit der Nutznießung sich mildern.“ (S. 105).

Wenn wir den „wohlmeinenden Aristokratismus“ des Oheims noch im Zusammenhang mit dem aufgeklärten Spätabsolutismus sehen, so ist das aus der größeren zeitlichen Distanz sozialgeschichtlich wohl auch vertretbar. Darüber hinaus bestätigt Gregorovius unser eigenes Vorgehen, wenn er die französischen Frühsozialisten, die Proudhon, die Saint-Simonisten usw. nacheinander durchgeht und als Vorbilder für die Anschauungen des Oheims ablehnt. Allenfalls sieht er in Louis Blanc und dessen „System des industriellen Unitarismus“ eine Fernperspektive eröffnet, mehr nicht. Wie aus unserem Ansatz hervorgeht, läßt sich der Sinn der „Wanderjahre“ auch nicht entfalten, wenn man sich damit beruhigt, daß hier ein Einfluß, dort eine nachweisliche Übernahme gegeben sei. Entscheidender sind der Grad und die Intention der Verar-

beitung im Erzählzusammenhang. – Gregorovius, Ferdinand, Göthe's Wilhelm Meister in seinen socialistischen Elementen, a.a.O. S. 98–110.
15 Wanderj. S. 69.
16 Wanderj. S. 439.
17 Wanderj. S. 128.
18 Wanderj. S. 139.
19 Wanderj. S. 72.
20 Wanderj.S. 242.
21 Wanderj. S. 136.
22 Wanderj. S. 241.
23 Wanderj. S. 241.
24 Wanderj. S. 241.
25 Wanderj. S. 241.
26 Wanderj. S. 241.
27 Wanderj. S. 337.
28 Wanderj. S. 337.
29 Wanderj. S. 338.
30 Wanderj. S. 336.
31 Wanderj. S. 336.
32 Wanderj. S. 336.
33 Wanderj. S. 336.
34 Wanderj. S. 336.
35 Wanderj. S. 337.
36 Wanderj. S. 337.
37 Wanderj. S. 337.
38 Wanderj. S. 337.
39 Wanderj. S. 337.
40 Wanderj. S. 337.
41 Wanderj. S. 350 (v. Verf. gesperrt).
42 Wanderj. S. 142.
43 Wanderj. S. 337.
44 Wanderj. S. 225.
45 Wanderj. S. 341.
46 Wanderj. S. 225.
47 Wanderj. S. 429.
48 Wanderj. S. 337.
49 Wanderj. S. 342.
50 Wanderj. S. 430.
51 Wanderj. S. 430.
52 Wanderj. S. 430.
53 Wanderj. S. 351.
54 Wanderj. S. 446.
55 Wanderj. S. 121.
56 Wanderj. S. 121.

57 Wanderj. S. 430. Zu den wenigen, die für Goethes Roman keine grundsätzliche Ablehnung des modernen „Maschinenwesens“ voraussetzen, gehört Anneliese Klingenberg. Freilich beruft sie sich dabei lediglich auf Einzelstellen. Eine mehr inhaltlich-systematische Begründung – wie wir sie im Folgenden versuchen – gibt sie nicht. Klingenberg, a.a.O. S. 75 f. und S. 111.

Welchen Anteil Goethe zwischen 1826 und 1830 an der Industrialisierung, besonders an der Einführung der Dampfmaschine, auch im Zusammenhang mit der Baumwollindustrie, nahm, hat neuerdings wieder Heinz Hamm anhand von Goethes Lektüre der französischen Zeitschrift „Le Globe“ nachgewiesen. Hamm, Heinz: „Le Globe“ und Goethe. – In: Weimarer Beiträge. 5/1977. S. 165–176.

58 Wanderj. S. 447.

59 Wanderj. S. 447.

60 Wanderj. S. 454.

61 Zum Beispiel Wundt, a.a.O. S. 432 f.

62 Schiller an Goethe, 8. Juli 1796. – In: Der Briefwechsel zwischen Schiller und Goethe. Hrsg. v. Stapf. 1960. S. 173.

63 Wo jedoch der Wilhelm der „Lehrjahre“ gewissermaßen außer sich ist durch ein „Glück“, das er seiner Meinung nach „nicht verdiene“ (Lehrj. S. 610), da findet Lenardo, ohne sein Glück schon gemacht zu haben, zu sich selber.

64 Wanderj. S. 337.

65 Wanderj. S. 351.

66 Wanderj. S. 351.

67 Wanderj. S. 351.

68 Wanderj. S. 351.

69 Wanderj. S. 343.

70 Wanderj. S. 351.

71 Wanderj. S. 351.

72 Wanderj. S. 422.

73 Wanderj. S. 416.

74 Wanderj. S. 432.

75 Wanderj. S. 425 f.

76 Wanderj. S. 434.

77 Vgl. Wanderj. S. 433 ff. und 446 f.

78 Wanderj. S. 242.

79 Vgl. Wanderj. S. 72 ff.

80 Wanderj. S. 142.

81 Wanderj. S. 337.

82 Vgl. Wanderj. S. 337.

83 Wanderj. S. 432.

84 Wanderj. S. 447.

85 Wanderj. S. 430.

86 Wanderj. S. 430.

87 Wanderj. S. 447.

88 Wanderj. S. 446.

89 Wanderj. S. 435.

90 Wanderj. S. 446.
91 Wanderj. S. 447.
92 Wanderj. S. 431.
93 Wanderj. S. 446.
94 Vgl. Wanderj. S. 434 f. Das Ineinander von Dramatisierung und Täuschung ist auch für die Ästhetik der „Wanderjahre" folgenreich: vgl. dazu das Kapitel „‚oberste Deutung' – lebenspraktisch". S. 266 f.
95 Wanderj. S. 431.
96 Wanderj. S. 332.
97 Wanderj. S. 15.
98 Wanderj. S. 324.
99 Wanderj. S. 439.
100 Wanderj. S. 276.
101 Wanderj. S. 17.
102 Wanderj. S. 19.
103 Wanderj. S. 270.
104 Wanderj. S. 430.
105 Vgl. Anm. 62.
106 Wanderj. S. 431.
107 Wanderj. S. 425.
108 Wanderj. S. 415.

V. Verschränkung von Individual- und Universalgeschichte

1 Zitiert nach Hannah Arendt, die treffend, aber ohne genaueren Beleg Goethe anführt. Ahrendt, Hannah: Über die Revolution. 1963. S. 67.
2 Lehrj. S. 290.
3 Die strukturellen Entsprechungen sind schon lange gesehen und hervorgehoben worden, zuletzt von Peschken, a.a.O. S. 153. Eine grundsätzliche Beschäftigung damit ist jedoch bisher unterblieben.
4 Wanderj. S. 279.
5 Lukács, Georg: Der junge Hegel. Über die Beziehung von Dialektik und Ökonomie (Werke Bd. 8) 3. Aufl. 1967. S. 575.
6 Habermas, Erkenntnis und Interesse, a.a.O. S. 27.
7 Lukács, Der junge Hegel, a.a.O. S. 632.
8 Vgl. Mayer, Hans: Goethe. Ein Versuch über den Erfolg. 1973. S. 134 ff.
Lukács, Georg: Faust und Faustus. Vom Drama der Menschengattung zur Tragödie der modernen Kunst (Ausgewählte Schriften II) 1967. S. 128 ff.
9 Wanderj. S. 336.
10 Wanderj. S. 337.
11 Wanderj. S. 337.
12 Vgl. Wanderj. S. 72–78.
13 Wanderj. S. 341.
14 Wanderj. S. 342.

15 Wanderj. S. 350.
16 Hegel, G.W.F.: Phänomenologie des Geistes (Theorie Werkausgabe Bd. 3). Redaktion Moldenhauer und Michel. 1970. S. 33.
17 Lukács, Der junge Hegel, a.a.O. S. 669 ff.
18 Habermas, J./Luhmann, N., a.a.O. S. 176 ff.
19 Ebenda. S. 179.
20 Lukács, Georg: Geschichte und Klassenbewußtsein. Studien über marxistische Dialektik. (Sonderausgabe der Sammlung Luchterhand). 1970. S. 267.
21 Wanderj. S. 410.
22 Wanderj. S. 336.
23 Vgl. Wanderj. S. 315 f.
24 Wanderj. S. 336.
25 Wanderj. S. 336.
26 Vgl. diese Abhandlung S. 179 f.
27 Wanderj. S. 270.
28 Vgl. Anm. 22 zu dem Kapitel „Auf dem Weg zu einer Weltgesellschaft".
29 Was diesen Aspekt der Lenardo-Handlung angeht, besonders seine begriffliche Erfassung, so folgen wir darin dem, was wir zu den „Lehrjahren", vor allem aber zu den „Wahlverwandtschaften" erarbeitet haben.
30 „‚Ich hoffe', sagte Lenardo, ‚wenn ich das Mädchen glücklich weiß, bin ich s i e los'". (Wanderj. S. 144; v. Verf. gesp.). Grammatisch zu erwarten wäre: bin ich „es" los. Aber Goethe macht sich hier eine umgangssprachliche Verwechslung zwischen dem Neutrum und dem Femininum zunutze, um Lenardos ambivalente Einstellung deutlich zu machen.
31 Hegel, G.W.F.: Enzyklopädie der philosophischen Wissenschaften III (Theorie-Werkausgabe Bd. 10). Redaktion Modenhauer und Michel. S. 25.
32 Wanderj. S. 326.
33 Marx, Das Kapital, a.a.O. S. 85 ff.
34 Plessner, Helmuth: Zur Frage der Vergleichbarkeit tierischen und menschlichen Verhaltens. – In: Plessner: Diesseits der Utopie. S. 186.
35 Habermas, Jürgen: Arbeit und Interaktion. Bemerkungen zu Hegels Jenenser „Philosophie des Geistes". – In: Habermas: Technik und Wissenschaft als „Ideologie". 1968. S. 13 ff.
36 Habermas, Jürgen: Zur Rekonstruktion des Historischen Materialismus. 1976. S. 104.
37 Henrich, Dieter: Hegel und Hölderlin. – In: Henrich: Hegel im Kontext. 1971. S. 9–40.
Habermas, Arbeit und Interaktion, a.a.O. S. 16 f.
38 Hegel, Georg Wilhelm Friedrich: Jenenser Realphilosophie II. In: Hegel: Sämtliche Werke. Bd. XX. Hrsg. v. Georg Lasson. S. 201.
39 Vgl. Habermas, Arbeit und Interaktion, a.a.O. S. 11 ff. Und: Henrich, Dieter: Hegels Logik der Reflexion. – In: Henrich, Hegel im Kontext, a.a.O. S. 98 ff.
40 Habermas, Jürgen: Hegels Kritik der Französischen Revolution. In: Habermas: Theorie und Praxis, a.a.O. S. 89–107, bes. S. 105 f.
41 Wanderj. S. 439.

42 Gehen wir mit Goethe davon aus, daß von der Natur im allgemeinen zu sprechen, eine dem Paradoxon weit geöffnete Abstraktion bedeutet, daß sie vielmehr nur in der Vereinzelung wirklich existent ist und sich aus dieser Sicht als in die innere und äußere Natur verdoppelt darstellt. Selber verletzbar, sterblich, entwinden wir uns dem Naturzwang, indem wir im Stoffwechsel mit der äußeren Natur unser Leben erhalten. In dieser Perspektive erscheint die Natur als Mittel, das benutzend, wir gegenüber der Natur unsere Freiheit erweitern; eine Freiheit, die in dem Maße, wie die Natur instrumentalisiert wird, die Abhängigkeit von ihr, ja, vorgreifend sogar die Erinnerung, daß wir von Haus aus Naturwesen sind, überhaupt zu tilgen verspricht. Aber Naturwesen sind und bleiben wir unserer inneren Natur nach gleichwohl.

Hinsichtlich seiner inneren Natur sieht sich zunächst jeder direkt am Ziel, jeder scheint sich unmittelbar Zweck zu sein. Aber wie im Verhältnis zur äußeren Natur hat der Mensch auch in der Dimension seiner Sinnlichkeit eine Geschichte. Seine Triebnatur zeigt es beispielhaft. Daran ändert auch nichts, daß der einzelne, darauf gestoßen, seine besondere Natur auszubilden, dies zuerst einmal als Entzweiung mit sich erfährt und seine vermeintliche Autonomie dagegenstellt. Unter dem Titel der Freiheit konvergieren zwei Standpunkte miteinander: der, von dem aus die Natur unmittelbar zum Mittel funktionalisiert wird, mit dem ihm entgegengesetzten, von dem aus sich die Natur unmittelbar Zweck ist. Das eine Mal ist es die unter dem Aspekt technischer Naturbeherrschung erscheinende Freiheit, das andere Mal ist es die Freiheit, mit der sich der einzelne unvermittelt absolut setzt. Beide Freiheiten, die in der Konsequenz des subsumierenden Begriffs und die in der Pespektive der Selbstbespiegelung, sind in Beziehung auf die Natur, sie mal als Mittel, mal als Zweck erschöpfend, eine gewaltsame Anmaßung. Es entspringt daraus jenes doppelte Verkennen, jenes irregeleitete Vorgehen, als welches sich der jugendlich-radikale Aufbruch ins Leben darstellt.

Einerseits mißversteht einer, der auf der Schwelle ins selbständige Leben steht und ihm unvermittelt vorgreift, unter dem Anschein eigener Selbstvollkommenheit seine Beziehung zur inneren Natur. Als hätte er in dieser Hinsicht keine Geschichte, verhält er sich zu seiner Triebnatur wie einer, der ein Stück äußere Natur seinen persönlichen Zwecken instrumentell beugt. Das heißt, er verkennt seine besonderen sinnlichen Bedürfnisse, insofern ihre wirkliche Befriedigung gerade nicht-instrumenteller Art und erst recht das Gegenteil technischer Naturbeherrschung wäre. Andererseits mißversteht er sein Verhältnis zur äußeren Natur und bleibt vorläufig hinter dem Niveau zurück, auf dem der vergesellschaftete Mensch bereits seine materielle Existenz erfolgreich reproduziert. Der unmittelbare Werkzeuggebrauch erfolgt nach Maßgabe jener eigensinnigen Machtvollkommenheit, aus der heraus der einzelne zumal sein Verhältnis zur inneren Natur mißversteht.

43 Hegel, Wissenschaft der Logik II. A.a.O. S. 453.

44 Wenn dem tatsächlich so ist, wenn wir gleichsam mit Goethe die idealistische Dialektik, sie materialistisch umkehrend, auf ihren natürlich-widernatürlichen Ursprung zurückverfolgen können, dann ist es auch möglich, sie von daher noch einmal korrigierend zu erschließen.

Die erste Korrektur bringen wir dort ein, wo Hegel die Allgemeinheit von der Einzelheit dadurch unterscheidet, daß er jene, weil sie ein von aller Bestimmtheit abstrahierendes Verhalten ist, „nicht unmittelbar“, diese aber „unmittelbar“ nennt. Zugleich sieht er diese Unterscheidung in der „Natur des Ich“ begründet, die eine dialektische ist, insofern „jene absolute Allgemeinheit (. . .) ebenso unmittelbar absolute Vereinzelung ist“ (Hegel, Wissenschaft der Logik, II. A.a.O. 253). Diese im Ich beschlossene Einheit als die Einheit der Einheit und Differenz, für Hegel zumal die des Begriffs , ist für Goethe nicht positiv gegeben, sondern existiert nur als Schein, als Täuschung, als verkennende Gewalt. Wenn wir dort, wo Hegel in der „Subjektiven Logik“ vom Ich spricht, für Goethe von der sich ins einzelne Leben teilenden Natur sprechen, dann stellt sich als deren Einheit die jeweilige Totalisierung der einseitig widergespiegelten Natur dar. Auf der Grundlage der mit jedem einzelnen sich erneuernden Verdoppelung der Natur in eine innere und äußere gibt es für Goethe Einheit nur als Einheit der Perspektive, also als Schein bzw. Gewalt. Und doch ist trotz aller Entgegensetzung Goethes und Hegels der Unterschied zwischen beiden im Grundsätzlichen gerade nur so groß, daß dort, wo Hegel die Allgemeinheit als „nicht unmittelbar“ bezeichnet, Goethe diese zudem auch für unmittelbar ansieht und ebenso die Einzelnheit sowohl für unmittelbar wie für nicht unmittelbar. Seinen Grund hat es darin, daß Goethe nicht wie Hegel mal dem Ich die Natur gegenüberstellt und mal deren Objektivität in ihm aufgehoben sein läßt, sondern daß er davon ausgeht, daß mit jedem Selbst eine Zweiteilung und Entzweiung der Natur statthat. Dadurch ist die Verallgemeinerung der Natur zu einem Mittel in bezug auf die innere Natur, die nicht wirklich zum Mittel gemacht werden, sondern nur als Mittel mißverstanden werden kann, unmittelbar zu nennen. Ebenso ist die Vereinzelung, in der das Selbst sich vollkommen genug zu sein behauptet, mit dem gleichen Recht auch „nicht unmittelbar“, insofern sie sich zugleich auf die äußere Natur, sie in die Gewalt nehmend, dadurch bezieht, daß sie ihr ausschließlich als Mittel der Selbstdarstellung erscheint.

45 Vgl. Habermas, Hegels Kritik der Französischen Revolution, a.a.O. S. 104f.

46 Diese goethesche Formulierung will sagen, daß sich das Leben der einen unter der Bedingung des Todes anderer reproduziert.

47 Das richtet sich auch gegen die Hegelsche Kategorie der Besonderheit, die Lukács in einem vorläufigen Stadium seiner Beschäftigung mit der Ästhetik auf Goethe anzuwenden versucht hat. Lukács, Georg: Über die Besonderheit als Kategorie der Ästhetik. – In: Lukács: Probleme der Ästhetik (Werke Bd. 10). 1969. S. 639ff.

48 Wanderj. S. 407.

49 Von Goethe paradigmatisch gefaßt in jener Entwicklungsreihe, die wir als Ausdifferenzierung der besonderen Geschlechtsrolle beschrieben haben. (Vergleiche auch die Abhandlung über die „Wahlverwandtschaften“) Das eben unterscheidet ihn von Hegel, der die Leiblichkeit des Menschen, statt sie zu einem Erkenntnisorgan zu erheben, in den subjektiven Zwecken, in dem mehr oder weniger geschichtsindifferenten Wunsch nach Befriedigung der Bedürfnisse und des Genusses aufgehen läßt. Jedenfalls ist es bei Hegel qualitativ nicht diese Seite der Natur des Menschen, sondern die „List der Vernunft“, durch die die Individualgeschichte mit der Gattungsgeschichte dialektisch verknüpft ist. Marx geht darin zwar über Hegel hinaus, daß er den Sinnen des Menschen eine Geschichte zuerkennt, aber er sieht sie nicht ausdrücklich unter

dem Aspekt ihrer „Produktivität". Erst recht wird in der Nachfolge von Marx Sinnlichkeit – überwiegend reaktiv – als das weite Feld der Entfremdung und Verdinglichung erfaßt.

50 Vgl. Goethes Dramen „Der Bürgergeneral" oder „Die Aufgeregten".

51 Wanderj. S. 142.

52 Wanderj. S. 241.

53 Wanderj. S. 391.

VI. Historisierung der „Naturformen"

1 Wanderj. S. 326.

2 Wanderj. S. 329.

3 Riemer, Friedrich Wilhelm: Mitteilungen über Goethe. Hrsg. v. Arthur Pollmer. 1921. S. 347.

4 Wanderj. S. 329. Dazu die Bemerkung in der Pädagogischen Provinz, „daß Kunst eben darum Kunst heiße, weil sie nicht Natur ist" (Wanderj. S. 250).

5 Wanderj. S. 329.

6 Wanderj. S. 329.

7 Hegel, G.W.F.: Vorlesungen über die Ästhetik I (Theorie Werkausgabe Bd. 13) Redaktion Moldenhauer und Michel. 1970. S. 142.

8 Hier sind vor allem die Beiträge Ernst Blochs und Adornos zur Ästhetik hervorzuheben. Im Zusammenhang ihrer jeweiligen Philosophie informiert darüber: Paetzold, Heinz: Neomarxistische Ästhetik II. 1974. S. 65ff; bes. S. 71f.

9 Oelmüller, Willi: Hegels Satz vom Ende der Kunst und das Problem der Philosophie der Kunst nach Hegel. – In: Philosophisches Jahrbuch 73. 1965.

10 Wanderj. S. 332. Wir halten solche Äußerungen im Erzählzusammenhang der „plastischen Anatomie" für sprechender und weiterführender als Goethes Beschäftigung mit den Künsten im Kapitel über die Pädagogische Provinz, die gewöhnlich den Mittelpunkt bildet, wenn die ästhetischen Anschauungen in den „Wanderjahren" erörtert werden. Nicht daß dieses gleichsam abgezogene Wissen, das das Kapitel über die Pädagogische Provinz mitteilt, mit der in die Zweitfassung des Romans eingebrachten Einstellung zur Kunst im Widerspruch stünde. Aber die Erzählhandlung bringt solche Äußerungen, die dort eher die Form des Paradoxons haben, gewissermaßen erst gegeneinander in Bewegung.

11 Stellvertretend für die nachfolgende Kritik sei erinnert an Heines Diktum vom „Ende der Kunstperiode", mit dem er zwischen Goethe und der anbrechenden Zeit der Moderne die Grenzlinie zieht.

12 In Anknüpfung an den Marxschen Begriff der Entfremdung, auch unter dem Einfluß von Adornos Schriften zur Ästhetik sind Kunst und ihre ideologiekritischen Funktion vielfach zu Synonymen geworden.

13 Vgl. unsere Abhandlung zu den „Lehrjahren" S. 55f.

In der Pädagogischen Provinz heißt es in der Absicht, die beiden Künste gegeneinander zu unterscheiden: „Der Musikus müsse immer in sich selbst gekehrt sein, sein Innerstes auszubilden, um es nach außen zu wenden. Dem Sinne des Auges hat er nicht zu schmeicheln. Das Auge bevorteilt gar leicht das Ohr und lockt den Geist von innen nach außen. Umgekehrt muß der bildende Künstler in der Außenwelt leben und sein Inneres gleichsam unbewußt an und in dem Auswendigen manifestieren (Wanderj. S. 251).

14 Vgl. Wanderj. S. 317.
15 Wanderj. S. 231.
16 Nietzsche, Friedrich: Die Geburt der Tragödie. – In: Nietzsche: Werke in Drei Bänden. II. Bd. Hrsg. v. Karl Schlechta. 2. Aufl. 1960. S. 92f.
17 Wanderj. S. 317.
18 Wanderj. S. 317.
19 Wanderj. S. 318.
20 Goethe, J. W.: Noten und Abhandlungen zu besserem Verständnis des West-Östlichen Divans. – In: Goethes Werke (HA) Bd. II. Textkritisch durchgesehen und mit Anmerkungen versehen von E. Trunz. 7. Aufl. 1965. S. 188.
21 Ebenda, S. 187.
22 Ebenda, S. 187.
23 Unter dem Titel „Gegenwärtige prosaische Zustände“ behandelt Hegel die Kollisionen in den frühen Dramen Schillers und Goethes. Hegel, Vorlesungen über die Ästhetik I. A.a.O. S. 253ff.
24 Goethe, Noten und Abhandlungen zu besserem Verständnis des West-Östlichen Divans. A.a.O. S. 187.
25 Goethe und Schiller: Über epische und dramatische Dichtung. In: Goethes Werke (HA) Bd. XII. Mit Anmerkungen versehen von H. J. Schrimpf. Textkritisch durchgesehen von Weber und Schrimpf. 5. Aufl. 1963. S. 249.
26 Ebenda, S. 249.
27 Ebenda, S. 251.
28 Ebenda S. 251.
29 Vgl. unsere Abhandlung zu den „Lehrjahren“ S. 25ff.
30 Goethe und Schiller, Über epische und dramatische Dichtung, a.a.O. S. 249.
31 Ebenda, S. 251.
32 Schiller an Goethe am 26. Dez. 1797. – In: Der Briefwechsel zwischen Schiller und Goethe, a.a.O. S. 404.
33 Schiller und Goethe, Über epische und dramatische Dichtung, a.a.O. S. 251.
34 Ebenda, S. 251.
35 Ebenda, S. 251.
36 Goethe, Noten und Abhandlungen zu besserem Verständnis des West-Östlichen Divans, a.a.O. S. 188.
37 Ebenda, S. 187.
38 Ebenda, S. 187f.
39 Szondi, Peter: Poetik und Geschichtsphilosophie II. Von der normativen zur spekulativen Gattungspoetik. Schellings Gattungspoetik. Hrsg. v. W. Fietkau. 1974. S. 93.

Vgl. dagegen die ersten Versuche von Lukács, die Diskussion zwischen Goethe und Schiller über Formprobleme historisch zu fassen: Lukács, Georg: Der Briefwechsel zwischen Schiller und Goethe. – In: Lukács: Deutsche Literatur in zwei Jahrhunderten (Werke Bd. 7). 1964. S. 89–124.

40 Vgl. dazu auch den Exkurs 1. S. 302ff.
41 Vgl. unsere Abhandlung zu den „Wahlverwandtschaften" S. 105f.
42 Wanderj. S. 158.
43 Wanderj. S. 158.
44 Wanderj. S. 160.
45 Wanderj. S. 15.
46 Goethe und Schiller, Über epische und dramatische Dichtung, a.a.O. S. 251.
47 Wanderj. S. 28.
48 Wanderj. S. 13.
49 Wanderj. S. 13.
50 Wanderj. S. 28.
51 Wanderj. S. 161.
52 Wanderj. S. 160.
53 Wanderj. S. 160.
54 Wanderj. S. 268. Das ist auch der Grund, weshalb wir Wilhelms Brief an Natalie (II,11) eingangs zum Leitfaden der Interpretation gemacht haben.
55 Lehrj. S. 502.
56 Siehe Exkurs 1 über die Novelle „Der Mann von funfzig Jahren". S. 306.
57 Vgl. Blessin, Erzählstruktur und Leserhandlung, a.a.O. S. 123ff.
58 Wanderj. S. 44.
59 Wanderj. S. 44.
60 Wanderj. S. 44.
61 Wanderj. S. 44.
62 Wanderj. S. 43.
63 Wanderj. S. 32.
64 Wanderj. S. 34.
65 Wanderj. S. 145ff.
66 Wanderj. S. 378.
67 Wanderj. S. 457.
68 Wanderj. S. 457.
69 Wanderj. S. 458.
70 Wanderj. S. 378.
71 Wanderj. S. 42.
72 Vgl. zum Beispiel die Kommentierung von Trunz, der sogleich den Anlaß wahrnimmt, eine rationale von einer irrationalen, sinntieferen Sphäre zu unterscheiden. Im Gegensatz zu unserem methodischen Vorgehen stellt er fest, daß „die Bedeutung des Kästchens nicht damit erschöpft (ist), daß es als realer Gegenstand in der Geschichte mitspielt. (. . .) Hier scheint eine Verbindung zu bestehen, die für das Empfinden ganz junger Menschen bezeichnend ist, die noch nicht das trennende, erkältende, rationale Denken des späteren Lebens haben; hier waltet noch die Assoziation des Gefühls, des Traums, der Magie". Goethes Werke (HA) Bd. VIII. Mit Anmerkungen versehen von E. Trunz. A.a.O. S. 615f.
73 Wanderj. S. 41.
74 Wanderj. S. 35.
75 Wanderj. S. 42.

76 Wanderj. S. 42.
77 Wanderj. S. 320.
78 Wanderj. S. 42.
79 Wanderj. S. 42.
80 Wanderj. S. 43.
81 Wanderj. S. 341.
82 Dieser Klärungsversuch richtet sich gegen eine ontologische Bestimmung des Symbolischen, wie wir sie schon an anderer Stelle durch Emrich repräsentiert fanden, der auch dem Kästchensymbol in den „Wanderjahren" einen programmatischen Aufsatz widmete. Dort wird in dem Ausdruck „Symbol des Symbolischen" jene von uns herausgearbeitete geschichtliche Dimension wieder kassiert, zu der ihn seine Entdekkung antinomischer Sinnbezüge eigentlich hätte hinführen müssen. Emrich, Wilhelm: Das Problem der Symbolinterpretation im Hinblick auf Goethes „Wanderjahre". – In: Emrich: Protest und Verheißung. 1960. S. 64.

Zur Kritik vgl. auch: Blessin, Erzählstruktur und Leserhandlung, a.a.O. S. 127ff. – Zur weiteren Verdeutlichung des Zusammenhangs von Symbol und Geschichte vgl. unseren Exkurs 2 zu dem Gebrauch einer Allegorie in der Novelle „Nicht zu weit" S. 306f.

83 Wanderj. S. 161.
84 Wanderj. S. 161.
85 Wanderj. S. 161.
86 Wanderj. S. 163.
87 Wanderj. S. 162.
88 Wanderj. S. 162.
89 Wanderj. S. 162.
90 Wanderj. S. 410.
91 Wanderj. S. 410.
92 Wanderj. S. 163.
93 Wanderj. S. 410.
94 Wanderj. S. 162.
95 Wanderj. S. 162.
96 Wanderj. S. 69.
97 Wanderj. S. 162.
98 Vgl. Hegel, Wissenschaft der Logik II, a.a.O. S. 249.
99 Hegel, Vorlesungen über die Ästhetik I, a.a.O. S. 139.
100 Wanderj. S. 162.
101 Goethe, Johann Wolfgang: Faust II. – In: Goethes Werke (HA) Bd. III. Textkritisch durchgesehen und mit Anmerkungen versehen E. Trunz. 3. Aufl. 1957. S. 364.
102 Wanderj. S. 158.
103 Wanderj. S. 158.
104 Wanderj. S. 164.
105 Wanderj. S. 164.
106 Vgl. diese Abhandlung zu den „Wanderjahren" S. 131ff.
107 Goethe an Sulpiz Boisserée am 23. Juli 1821. In: Goethes Werke (HA) Bd. VIII. A.a.O. S. 574.

108 Der Briefwechsel zwischen Goethe und Schiller, a.a.O. S. 177.
109 Goethe, Noten und Abhandlungen zu besserem Verständnis des West-Östlichen Divans. A.a.O. S. 187.
110 Vgl. diese Abhandlung zu den „Wanderjahren" S. 179f.
111 Wanderj. S. 435.
112 Wanderj. S. 433.
113 Wanderj. S. 435.
114 Vgl. Wanderj. S. 430.
115 Vgl. Wanderj. S. 425f.
116 Wanderj. S. 446f.
117 Wanderj. S. 439.

VIERTES KAPITEL

„Die Leiden des jungen Werther" im Rückblick

1 Lukács, Georg: Die Leiden des jungen Werther. – In: Deutsche Literatur in zwei Jahrhunderten (Lukács Werke Bd. 7) 1964. S. 53–68.
2 Scherpe, Klaus R.: Werther und Wertherwirkung. Zum Syndrom bürgerlicher Gesellschaftsordnung im 18. Jahrhundert. 1970. – Müller, Peter: Zeitkritik und Utopie in Goethes „Werther". 1969.
3 Die Polarisierung zwischen dem jungen „revolutionären" Goethe und seinem späteren indifferenten Ästhetizismus geht meist einher mit einer Rekonstruktion der Literaturgeschichte in den Alternativen der Weimarer Klassik hier und den Schriften eines Forster, des Jungen Deutschland und eines Heine da. Spätestens mit Heine selbst beginnt, wie Jost Hermand zeigt, die Auftrennung des „Werther"-Romans in eine sentimentale Liebesgeschichte und seine gesellschaftskritischen Erzählteile. Hermand, Jost: Von Mainz nach Weimar (1793–1919). 1969. S. 164ff.
4 Vgl. Scherpe, a.a.O.
5 Vgl. Mandelkow in seiner Einleitung zu: Goethe im Urteil seiner Kritiker. Dokumente zur Wirkungsgeschichte Goethes in Deutschland. Teil I. 1773–1832. Herausgegeben, eingeleitet und kommentiert von K. R. Mandelkow. 1975. S. XLI.
6 P. Müller, a.a.O. S. 22ff.
7 Mandelkow, a.a.O. S. XLf.
8 Goethe, J. W.: Die Leiden des jungen Werther. – In: Goethes Werke (HA) Bd. VI. Mit Anmerkungen versehen von E. Trunz. 4. Aufl. 1960. S. 48. – Nachfolgend zitiert als „Werther".
9 P. Müller, a.a.O. S. 60f.
10 Habermas, Jürgen: Strukturwandel der Öffentlichkeit. Untersuchungen zu einer Kategorie der bürgerlichen Gesellschaft. 2. Aufl. 1965. S. 55ff.
11 Das ist einerseits gegen Müller (a.a.O. S. 62f.) und andererseits gegen Scherpe (a.a.O. S. 31) gewendet.
12 Scherpe, a.a.O. S. 67.

13 Zum Beispiel: Christian Garve: Über die Leiden des jungen Werthers" (1775). – In: Goethe im Urteil seiner Kritiker. Teil I. Hrsg. v. Mandelkow. A.a.O. S. 62ff.
14 Werther, S. 13.
15 So bei Nicolai, der hier Werthers eigene Worte mit der Selbstgefälligkeit des Spießers wiederholt. Friedrich Nicolai: Freuden des jungen Werthers. Leiden und Freuden Werthers des Mannes. Voran und zuletzt ein Gespräch. – In: Goethe im Urteil seiner Kritiker. Teil I. Hrsg. v. Mandelkow. A.a.O. S. 27ff.
16 Werther, S. 14.
17 Werther, S. 13.
18 Werther, S. 17.
19 Werther, S. 11.
20 P. Müller, a.a.O. S. 29.
21 Kortum, Hans und Weisbach, Reinhard: Unser Verhältnis zum literarischen Erbe. Bemerkungen zu Peter Müllers „Zeitkritik und Utopie in Goethes ‚Werther'". – In: Weimarer Beiträge (1970). H. 5. S. 214ff.
22 Werner, Hans-Georg: Peter Müller, Zeitkritik und Utopie in Goethes „Werther" (Rezension). – In: Weimarer Beiträge. (1970). H. 7. S. 193ff.
23 Ebenda. S. 195.
24 P. Müller, a.a.O. S. 94ff.
25 Ebenda, S. 120.
26 Ebenda, S. 121.
27 Ebenda, S. 119.
28 Ebenda, S. 132.
29 Ebenda. S. 234.
30 Ebenda, S. 140.
31 Diese Diskrepanz wird nur noch deutlicher, wenn man das fast gleiche Erscheinungsdatum der Arbeiten von Müller und Scherpe berücksichtigt: 1969/70.
32 Lukács, Die Leiden des jungen Werther. A.a.O. S. 57 und S. 64.
33 Werther, S. 62.
34 Vgl. Werther, S. 63.
35 Vgl. Werther, S. 68f. Werther sagt mit Blick auf den bürgerlichen Stand, dem er selbst angehört: „wir Subalternen".
36 Werther, S. 63.
37 Werther, S. 63.
38 Scherpe, a.a.O. S. 55.
39 Werther, S. 13.
40 Scherpe, a.a.O. S. 31.
41 Vgl. Werther, S. 67f.
42 So eine Kapitelüberschrift bei Scherpe, a.a.O. S. 30ff. Marcuse, Herbert: Triebstruktur und Gesellschaft. Ein philosophischer Beitrag zu Sigmund Freud. 1968. S. 168f. und S. 233.
43 Scherpe, a.a.O. S. 54.
44 Ebenda, S. 69.
45 Ebenda, S. 33.

46 Ebenda, S. 33.

47 Ebenda, S. 69.

48 Scherpe spricht vom „Zwang bürgerlicher Erwerbstätigkeit“ (a.a.O. S. 39.) Vgl. auch den Vorwurf der Unproduktivität: Scherpe, a.a.O. S. 37f. – „Mit dem Eintritt in die bürgerliche Gesellschaft verliert der Mensch seine natürlichen Rechte. Von dieser Erkenntnis ist der Verfasser des ‚Werther‘ ebenso durchdrungen wie seine republikanisch gesinnten Zeitgenossen“. Scherpe, a.a.O. S. 90.

Auch Gerhard Kaiser macht gegen Scherpe den Einwand, daß sein Begriff von der bürgerlichen Gesellschaft unhistorisch sei. Aber im Gegensatz zu uns führt er das nicht auf verkehrte Aktualisierungen zurück, sondern darauf, daß Scherpe gegenüber der bürgerlichen Gesellschaft die Einstellung „absoluter Negation“ (S. 190) hätte. Dieser Radikalismus übersehe jedoch, „ob und wie weit Arbeit, Arbeitsteilung, Institutionalisierung, Verhaltens- und Denknormierung, Vermittlung usw. Bedingungen der Möglichkeit einer moderenen Gesellschaft sind“ (190). Darin geht Kaiser zu weit: Denn nun konstruiert er die überzeitlich tragische Situation des Menschen zwischen seinen berechtigten Totalitätsansprüchen und dem unerläßlichen Faktum der Arbeit und Arbeitsteilung, die – da unaufhebbar – ein für allemal die Ursache dafür sind, daß „die Gesellschaft (...) Absolutheit und Unmittelbarkeit“ nicht zuläßt (192). Das führt zu jener bekannten Interpretation des „Werther“, die unhistorisch darin ist, daß sie den Widerspruch zwischen Individuum und Gesellschaft anerkennt und auf Dauer stellt: „Der ‚Werther‘-Schluß ist tragisch in dem Sinne, daß darunter ein notwendiges Scheitern an einer unaufhebbaren Antinomie der menschlichen Existenz zu verstehen ist (...)“ (S. 193).

Unsere Interpretation bemüht sich dagegen zu zeigen, daß es Goethes Absicht ist, diese vermeintlich unaufhebbaren und vom jugendlichen Werther sicher so erlebten Antinomien historisch zu orten: sowohl im Zusammenhang des charakteristischen Verlaufs von Individualgeschichten als auch hinsichtlich der Sozialgeschichte der bürgerlichen Gesellschaft. – Kaiser, Gerhard: Zum Syndrom modischer Germanistik. Bemerkungen über: Klaus Scherpe, Werther und Wertherwirkung. – In: Kaiser: Antithesen. Zwischenbilanz eines Germanisten. 1970–1972. 1973. S. 185–1966.

49 Scherpe, a.a.O. S. 53ff. Scherpe folgt hier wieder Lukács, wenn dieser für den Wilhelm der „Lehrjahre“ das Theater in der Rolle einer Zuflucht und eines Selbstverwirklichungsersatzes sieht. Lukács, Wilhelm Meisters Lehrjahre, a.a.O. S. 69ff.

50 Lepenies, Wolf: Melancholie und Gesellschaft. 1969. S. 79ff.

51 Scherpe, a.a.O. S. 64

52 Werther, S. 7.

53 „Die Einsamkeit ist meinem Herzen köstlicher Balsam in dieser paradiesischen Gegend. (...) Die Stadt selbst ist unangenehm“. Werther, S. 8.

54 Scherpe, a.a.O. S. 54.

55 Ebenda, S. 87ff.

56 Ebenda, S. 91.

57 Kortum und Weisbach, a.a.O. Schärfer noch Werner, a.a.O. (Siehe Anm. 21 und 22).

58 Müller, Peter: Angriff auf die humanistische Tradition. – In: Weim. Beitr. 1973. Teil I (1973) H. 1. S. 109–127; und Teil II (1973). H. 3. S. 92–109.

59 Mattenklott, Gert und Scherpe, Klaus R. (Hrsg.): Westberliner Projekt: Grundkurs 18. Jahrhundert. Die Funktion der Literatur bei der Formierung der bürgerlichen Klasse Deutschlands im 18. Jahrhundert (=Reihe Literatur im historischen Prozeß. Bd. 4/1. 1974. S. 207. – Das Kapitel 6 ist überschrieben: Natürlichkeit und Produktivität im Gegensatz zur bürgerlichen Gesellschaft. Die literarische Opposition des Sturm und Drang: Johann Wolfgang Goethes „Werther".
60 Ebenda, S. 197.
61 Ebenda, S. 199.
62 Wie Peter Müller (a.a.O.) vertritt.
63 Grundkurs 18. Jahrhundert, a.a.O. S. 199.
64 Vgl. Werther, S. 124.
65 Grundkurs 18. Jahrhundert, a.a.O. S. 199.
66 Vgl. dazu unsere Abhandlung über die „Lehrjahre" S. 15 ff.
67 Lehrj. S. 290.
68 Lukács, Wilhelm Meisters Lehrjahre, a.a.O. S. 70. – Nur scheinbar gehen wir in diesen pointierten Formulierungen über Lukács hinaus, ist er es doch, der – völlig zu Recht – die erzwungene Rückständigkeit der bürgerlichen Gesellschaft in Deutschland in den Mittelpunkt seiner Untersuchungen gerückt hat und damit die Folie schuf, gegen die sich Wilhelms theatralischer Umweg als eine Art Kompensation abheben konnte. So jedenfalls wird heute die Funktion des Theaters mit Bezug auf die historische Realität gedeutet: „Was in England Teil einer Nationalkultur ist und Schauspieler wie Zuschauer damit verbindet, wird in Deutschland Instrument, sich jenen Ausgang aus der Isolation, den die Gesellschaft nicht bietet, in Selbstbestätigung und elegischem Trost zu verschaffen". Schulz, Gerhard: Bürgerliche Epopöen? Fragen zu einigen deutschen Romanen zwischen 1790 und 1800. – In: Deutsche Literatur zur Zeit der Klassik. Hrsg. v. Conrady. 1977. S.200.
69 Lehrj. S. 291.
70 Lehrj. S. 290.
71 Habermas, Strukturwandel der Öffentlichkeit, a.a.O. S. 24.
72 Lukács, Wilhelm Meisters Lehrjahre, a.a.O. S. 76.
73 Ebenda, S. 75.
74 Ebenda, S. 76.
75 Werther, S. 45 f.
76 Vgl. unsere Abhandlung über die „Lehrjahre" S. 15 ff.
77 Vgl. unsere Abhandlung über die „Wanderjahre" S. 161 ff.
78 Werther, S. 13.
79 Werther, S. 29.
80 Werther, S. 10.
81 Werther, S. 10.
82 Werther, S. 29.
83 Werther, S. 14.
84 Werther, S. 17.
85 Werther, S. 17.
86 Werther, S. 10.
87 Werther, S. 17.

88 Werther, S. 9.
89 Werther S. 9.
90 Werther, S. 18.
91 Werther, S. 88 ff.
92 Werther, S. 53.
93 Werther, S. 52.
94 Werther, S. 50.
95 Werther, S. 100.
96 Werther, S. 71.
97 Werther, S. 21.
98 Werther, S. 36.
99 Werther, S. 27.
100 Werther, S. 44.
101 Werther, S. 29.
102 Werther, S. 102.
103 Werther, S. 80.
104 Werther, S. 94.
105 Werther, S. 85.
106 Werther, S. 97.
107 Werther, S. 124.
108 Wahlv. S. 490.
109 Wanderj. S. 324.
110 Wanderj. S. 325.
111 Werther, S. 117.
112 Vgl. dazu unsere Abhandlung über die „Lehrjahre" S. 37.
113 Werther, S. 48.
114 Werther, S. 87.
115 Werther, S. 93.
116 Werther, S. 102.
117 Werther, S. 117.
118 Vgl. Werther, S. 101.
119 Werther, S. 21 ff.
120 Werther, S. 39.
121 Werther, S. 117.
122 Werther, S. 86.
123 Werther, S. 90 f. – Neuerdings hat Meyer-Kalkus eine an Lacan angelehnte psychoanalytische Deutung des „Werther" gegeben. Wenn wir die Arbeit richtig verstehen, folgt sie dem Bedürfnis, den Ödipus-Konflikt (und daran anknüpfend die Konzeption der Ich-Psychologie) in seiner zentralen Stellung für die Erklärung von Lebensgeschichten zu entlasten und dadurch zu ersetzen, daß die ursprünglichere Mutter-Kind-Dyade seinen Platz einnimmt. Der Vater ist in dieser Zweierbeziehung vor allem in der Vermittlung durch die Mutter anwesend, die einerseits den Vater und die durch ihn symbolisierte Ordnung verwirft und andererseits ihren Sohn begehrt. „Dieses mütterliche Begehren kehrt wieder in Gestalt des Narzißmus des Sohnes, der mit den ‚Welten in sich', mit der ‚Fülle des Herzens' sich spiegelbildlich identifiziert,

während ihm die reale Welt ‚verdämmert' und zum ‚Phantom' wird" (S. 122). Durch die „Verwerfung des ‚symbolischen Vaters'" „wird im Bedeutungssystem des Kindes eine Lücke klaffen bleiben, die es" sowohl „haltlos an die imagines der mütterlichen Allmacht ausliefert" (S. 121), wie es auch das Kind lebenslang auf der „Suche nach dem abwesenden Vater" (S. 125) sein läßt. Das „Geschick Werthers" ist „der Effekt einer matriarchalen Codierung des Begehrens unter den Bedingungen eines paternalistischen Regimes in Familie und Gesellschaft" (S. 123).

Es fällt uns schwer zu begreifen, daß die Reformulierung der Psychoanalyse durch Lacan für das Verständnis des „Werther" mehr leistet als der Freudsche Ödipuskomplex. Wenn Meyer-Kalkus beansprucht, daß er nicht nur Werthers Liebe zu der „mütterlichen" Lotte erklären kann, sondern auch sein Todesverlangen, insofern es ihm gerade „von einer Geliebten erfüllt" werden soll (S. 135), dann trauen wir gerade an dieser wie an anderen Stellen Freud die bessere Deutung zu. Denn wenn man schon einer psychoanalytischen Interpretation den Vorzug gibt, was liegt dann näher, als die in der ödipalen Phase nicht richtig aufgelöste Mutterbindung dafür verantwortlich zu machen, daß Werther jede spätere Liebesbeziehung nur nach dem Schema einer drohenden Verletzung des Inzesttabus gewärtigen kann.

Im übrigen ist es so, daß der Lacansche Ansatz als Gegenbild zur schlechten Wirklichkeit das Bild einer „absoluten Familie" (S. 132) nahezulegen scheint, von der wir allerdings bezweifeln, daß Goethe – absichtlich oder unabsichtlich – dahinter steht. Gerade um den „Werther" wie auch den frühen Goethe von der Zweideutigkeit eines solchen „Romantizismus" zu befreien, sind wir um eine gründlichere Historisierung des Romans im Zusammenhang des goetheschen Erzählwerks und der darin dargestellten bürgerlichen Gesellschaft bemüht. Meyer-Kalkus, Reinhart: Werthers Krankheit zum Tode. Pathologie und Familie in der Empfindsamkeit. – In: Urszenen. Literaturwissenschaft als Diskursanalyse und Diskurskritik. Hrsg. Fr. Kittler und H. Turk. 1977. S. 76–138.

124 Vgl. dazu unsere Abhandlung über die „Lehrjahre" S. 37.

125 Werther, S. 104; vgl. S. 123.

126 Werther, S. 93.

127 Werther, S. 72.

128 Werther, S. 10.

129 P. Müller, Zeitkritik und Utopie in Goethes „Werther", a.a.O. S. 230ff.

130 Werther, S. 97.

131 Dazu auch: Oettinger, Klaus: ‚Eine Krankheit zum Tode'. Zum Skandal von Werthers Selbstmord. – In: Der Deutschunterricht. 28. 1976, 2. S. 55–74.

132 Werther, S. 69.

133 In gewisser Hinsicht gilt das jedoch auch für Ottilie. Denn was den Anlaß betrifft, so ist es Mittlers Wort, das sie tötet (Wahlv. S. 482f.). Daß außer für solche tödlich endenden Existenzen das Wort unmittelbar Wahrheit hat, hat der antiidealistische Goethe niemals zugegeben. Vgl. dagegen Turk, Horst: Goethes „Wahlverwandtschaften": „der doppelte Ehebruch durch Phantasie". – In: Urszenen, a.a.O. S. 202–222.

134 Werther, S. 123.

135 Werther, S. 45.
136 Wahlv. S. 252.
137 Vgl. dazu unsere Abhandlung über dic „Wahlverwandtschaften" S. 104 ff.
138 Der aus dem Streit mit Lessing bekannte Pastor Goeze glaubte, nicht ohne Grund hoffen zu dürfen, daß in Leipzig der „Werther" konfisziert ist. Goeze, Johann Melchior: Kurze aber nothwendige Erinnerung über die Leiden des jungen Werthers ... 1775. Zitiert nach dem Faksimile-Abdruck bei Scherpe, Werther und Wertherwirkung, a.a.O. Im Faksimile S. 15.
139 Wanderj. S. 123.
140 Vgl. Goethes Abneigung gegenüber der Gründung einer Hauptstadt in den „Wanderjahren" S. 407.
141 Wanderj. S. 387.

Bibliographischer Anhang

1 *Quellen und Quellensammlungen*

Goethes Werke. Hamburger Ausgabe in 14 Bänden. Hrsg. v. Erich Trunz. Hamburg 1948ff.

Goethes Briefe. Hamburger Ausgabe in 4 Bänden. Hrsg. v. Karl Robert Mandelkow. Hamburg 1962ff.

Goethe. Gedenkausgabe der Werke, Briefe und Gespräche. 24 Bde. Hrsg. v. Ernst Beutler. Zürch 1948ff.

Goethes Werke. Hrsg. im Auftrag der Großherzogin Sophie von Sachsen. Abth. I–IV. 133 Bde. (in 143). Weimar 1887ff.

Goethe, J. W.: Die Leiden des jungen Werthers. Leipzig, in der Weygandschen Buchhandlung 1774. (Facsimile- Neudruck). Leipzig 1907.

Goethe, J. W.: Wilhelm Meisters theatralische Sendung. Nach der Schultheß'schen Abschrift zum ersten Male hrsg. v. Harry Maync. Stuttgart 1911.

Goethe, J. W.: Wilhelm Meisters Wanderjahre oder Die Entsagenden. Ein Roman. Nach der ersten Fassung des Jahres 1821. Hrsg. v. Max Hecker. Berlin 1921.

Der Briefwechsel zwischen Schiller und Goethe. Hrsg. v. Paul Stapf. Berlin, Darmstadt, Wien 1960.

Johann Peter Eckermann, Gespräche mit Goethe in den letzten Jahren seines Lebens. Hrsg. v. Fritz Bergemann. Wiesbaden 1955.

Riemer, Friedrich Wilhelm: Mitteilungen über Goethe. Auf Grund der Ausgabe von 1841 und des handschriftlichen Nachlasses hrsg. v. Arthur Pollmer. Leipzig 1921.

Der Briefwechsel zwischen Goethe und Zelter. Nach den Hss. hrsg. v. Max Hecker. 3. Bde. Leipzig 1913–1918.

Fambach, Oscar: Goethe und seine Kritiker. Die wesentlichen Rezensionen aus der periodischen Literatur seiner Zeit, begleitet von Goethes eigenen und seiner Freunde Äußerungen zu deren Gehalt. Düsseldorf 1953.

Mandelkow, Karl Robert: Goethe im Urteil seiner Kritiker. Dokumente zur Wirkungsgeschichte Goethes in Deutschland. Teil I 1773–1832. Herausgegeben, eingeleitet und kommentiert von K. R. Mandelkow. München 1975.

Mandelkow, Karl Robert: Goethe im Urteil seiner Kritiker. Dokumente zur Wirkungsgeschichte Goethes in Deutschland. Teil II 1832–1870. Herausgegeben, eingeleitet und kommentiert von K. R. Mandelkow. München 1977.

2 *Zitierte Schriften (ohne die Sekundärliteratur zu Goethes Romanen)*

Adorno, Theodor W.: Negative Dialektik. Frankfurt a. M. 1966.

Adorno, Theodor W.: Ästhetische Theorie (Gesammelte Schriften Bd. 7). Hrsg. v. G. Adorno u. R. Tiedemann. Frankfurt a. M. 1970.

Ahrendt, Hannah: Über die Revolution. München 1963.
Battegay, Raymond: Psychoanalytische Neurosenlehre. Eine Einführung. Bern 1971.
Benjamin, Walter: Goethe. – In: Benjamin: Gesammelte Schriften. II. 2. Hrsg. v. Tiedemann u. Schweppenhäuser. Frankfurt a. M. 1977.
Böhme, Helmut: Prolegommena zu einer Sozial- und Wirtschaftsgeschichte Deutschlands im 19. und 20. Jahrhundert. 2. Aufl. Frankfurt a. M. 1968.
Brenner, Charles: Grundzüge der Psychoanalyse. Frankfurt a. M. 1976.
Bruford, Walter H.: Kultur und Gesellschaft im klassischen Weimar 1775–1806. Göttingen 1966.
Brunner, Conze, Koselleck (Hrsg.): Geschichtliche Grundbegriffe. Historisches Lexikon zur politsch-sozialen Sprache in Deutschland. Bd. 1. A–D. Stuttgart 1972.
Bürger, Christa: Der Ursprung der bürgerlichen Institution Kunst im höfischen Weimar. Literatursoziologische Untersuchungen zum klassischen Goethe. Frankfurt a. M. 1977.
Euchner, Walter: Egoismus und Gemeinwohl. Frankfurt a. M. 1973.
Faust-Diskussion. Probleme der Ästhetik V. – In: Das Argument 99. Hrsg. v. F. Haug. 18. Jg. Sept./Okt. 1976.
Freud, Anna: Das Ich und die Abwehrmechanismen. 7. Aufl. München o. J.
Freud, Sigmund: Vorlesungen zur Einführung in die Psychoanalyse. Und Neue Folge. (Studienausgabe). Bd. I. Hrsg. v. A. Mitscherlich et al. 2. Aufl. Frankfurt a. M. 1970.
Freud, Sigmund: Zur Einführung des Narzißmus. – In: Freud: Psychoanalyse des Unbewußten. (Studienausgabe) Bd. III. Hrsg. v. Mitscherlich et al. Frankfurt a. M. 1975.
Freud, Sigmund: Der Untergang des Ödipuskomplexes. – In: Freud: Sexualleben. (Studienausgabe) Bd. V. Hrsg. v. Mitscherlich et al. Frankfurt a. M. 1972.
Habermas, Jürgen: Theorie und Praxis. Sozialphilosophische Studien. Neuwied u. Berlin 2. Aufl. 1967.
Habermas,Jürgen: Erkenntnis und Interesse. Frankfurt a. M. 1968.
Habermas, Jürgen: Arbeit und Interaktion. Bemerkungen zu Hegels Jenenser „Philosophie des Geistes“. – In: Habermas: Technik und Wissenschaft als „Ideologie“. Frankfurt a. M. 1968.
Habermas, Jürgen u. Luhmann, Niklas: Theorie der Gesellschaft oder Sozialtechnologie – Was leistet die Systemforschung? Frankfurt a. M. 1971.
Habermas, Jürgen: Zur Rekonstruktion des Historischen Materialismus. Frankfurt a. M. 1976.
Hamm, Heinz: Der Theoretiker Goethe. Grundpositionen seiner Weltanschauung, Philosophie und Kunsttheorie. Kronberg/Ts 1976.
Hamm, Heinz: „Le Globe“ und Goethe. – In: Weim. Beitr. 5 (1977).
Harich, Wolfgang: Jean Pauls Revolutionsdichtung. Reinbeck 1974.
Harich, Wolfgang: Kommunismus ohne Wachstum? Babeuf und der „Club of Rome“. Sechs Interviews mit Freimut Duve und Briefe an ihn. 1975.
Hegel, Georg Wilhelm Friedrich: Werke in zwanzig Bänden. (Theorie Werkausgabe) Auf der Grundlage der Werke von 1832–1845 neu edierte Ausgabe. Redaktion Eva Moldenhauer und Karl Markus Michel. Frankfurt a. M. 1969/70.

Hegel, Georg Wilhelm Friedrich. Jenenser Realphilosophie II. In: Hegel: Sämtliche Werke. Bd. XX. Hrsg. v. Georg Lasson.
Henrich, Dieter: Hegel und Hölderlin. – In: Henrich: Hegel im Kontext. Frankfurt a. M. 1971.
Henrich, Dieter: Hegels Logik der Reflexion. – In. Hegel im Kontext. Frankfurt a. M. 1971.
Hermand, Jost: Von Mainz nach Weimar (1793–1919). Stuttgart 1969.
Korff, Hermann August: Geist der Goethezeit: Versuch einer ideellen Entwicklung der klassisch-romantischen Literaturgeschichte. Teil I. 4. durchges. Aufl. Leipzig 1957.
Lepenies, Wolf: Melancholie und Gesellschaft. Frankfurt a. M. 1969.
Literaturmagazin 2. Von Goethe lernen? Hrsg. v. H. Ch. Buch. Hamburg 1974.
Löwenthal, Leo: Goethe – die bürgerliche Entsagung. – In: Löwenthal: Erzählkunst und Gesellschaft. Die Gesellschaftsproblematik in der deutschen Literatur des 19. Jahrhunderts. Neuwied u. Berlin 1971.
Lukács, Georg: Geschichte und Klasenbewußtsein. Studien über marxistische Dialektik (Sonderausgabe der Sammlung Luchterhand). Neuwied u. Berlin 1970.
Lukács, Georg: Der junge Hegel. Über die Beziehung von Dialektik und Ökonomie (Lukács Werke Bd. 8). Neuwied u. Berlin. 3. Aufl. 1967.
Lukacs, Georg: Probleme der Ästhetik (Lukács Werke Bd. 10). Neuwied u. Berlin 1969.
Lukács, Georg: Goethe und seine Zeit. – In: Lukács: Faust und Faustus. Vom Drama der Menschengattung zur Tragödie der modernen Kunst. Ausgewählte Schriften II. Reinbek 1967.
Macpherson, C. B.: Die politische Theorie des Besitzindividualismus. Übers. v. Wittekind. Frankfurt a. M. 1973.
Marcuse, Herbert: Triebstruktur und Gesellschaft. Ein philosophischer Beitrag zu Sigmund Freud. Frankfurt a. M. 1968.
Marx, Karl: Frühe Schriften. 1. Bd. (ökonomisch-philosophische Manuskripte). Hrsg. v. Lieber und Furth. Stuttgart 1962.
Marx, Karl: Die Frühschriften. Hrsg. v. S. Landshut. Stuttgart 1968.
Marx, Karl: Grundrisse der Kritik der politischen Ökonomie. Frankfurt a. M. o. J.
Marx, Karl: Das Kapital. Erster Band. (Nach der vierten, von Friedrich Engels durchgesehenen und herausgegebenen Auflage Hamburg 1890). Frankfurt a. M. 1968.
Mayer, Hans: Goethe. Ein Versuch über den Erfolg. Frankfurt a. .M. 1973.
Mehring, Franz: Die Lessing-Legende. Mit einer Einleitung von R. Gruenter. Frankfurt a. M. 1972.
Mitscherlich, Alexander und Margarete: Die Unfähigkeit zu trauern. München 1968.
Mommsen, Wilhelm: Die politischen Anschauungen Goethes. Stuttgart 1948.
Nietzsche, Friedrich: Die Geburt der Tragödie. – In: Nietzsche: Werke in Drei Bänden. II. Bd. Hrsg. v. Karl Schlechta. 2. Aufl. München 1960.
Nürnberger, Richard: Das Zeitalter der Französischen Revolution und Napoleons. – In: Propyläen Weltgeschichte. Hrsg. v. Golo Mann. Bd. VIII. Berlin, Fkf., Wien 1960.
Oelmüller, Willi: Hegels Satz vom Ende der Kunst und das Problem der Philosophie der Kunst nach Hegel. – In: Philosophisches Jahrbuch 73 (1965).
Paetzold, Heinz: Neomarxistische Ästhetik I u. II. Düsseldorf 1974.

Plessner, Helmuth: Zur Frage der Vergleichbarkeit tierischen und menschlichen Verhaltens. – In: Plessner: Diesseits der Utopie. Ausgewählte Beiträge zur Kultursoziologie. Köln 1966.
Schlaffer, Heinz: Der Bürger als Held. Sozialgeschichtliche Auflösungen literarischer Widersprüche. Frankfurt a. M. 1973.
Schmidt, Alfred: Der Begriff der Natur in der Lehre von Marx. Überarbeitete, ergänzte und mit einem Postscriptum versehene Ausgabe. Frankfurt a. M. 1971.
Schulz, Gerhard: Bürgerliche Epopoën? Fragen zu einigen deutschen Romanen zwischen 1790 und 1800. – In: Deutsche Literatur zur Zeit der Klassik. Hrsg. v. Conrady. Stuttgart 1977.
Szondi, Peter: Poetik und Geschichtsphilosophie II. Von der normativen zur spekulativen Gattungspoetik. Schellings Gattungspoetik. Hrsg. v. W. Fietkau. Frankfurt a. M. 1974.

3 *Ausgewählte Schriften zu den Romanen Goethes*

Eine Bibliographie zu den Romanen unter inhaltlich-sachlichen Gesichtspunkten bietet bis zum Jahre 1954:

Pyritz, Hans: Goethe-Bibliographie (Unter redaktioneller Mitarbeit von Paul Raabe). Fortgeführt von Heinz Nicolai und Gerhard Burkhardt (Unter redaktioneller Mitarbeit von Klaus Schröter). Heidelberg 1965. –

bis zum Jahre 1964:

Goethe-Bibliographie. Begründet von Hans Pyritz. Fortgeführt von Heinz Nicolai und Gerhard Burkhardt. Unter redaktioneller Mitarbeit von Klaus Schröter und Helmut Riege. Bd. I. 1955–1964. Heidelberg 1968.

Eine Auswahlbibliographie für die „Wahlverwandtschaften“ in chronologischer Folge bis 1973 gibt:

Rösch, Ewald (Hrsg.): Goethes Roman „Die Wahlverwandtschaften“ (= Wege der Forschung Bd.CXIII). Darmstadt 1975.

Die Abkürzungen in der hier vorgelegten, stark auswählenden und alphabetisch vorgehenden Bibliographie, die das gegenwärtige Schrifttum dichter dokumentiert, folgen dem Siglenverzeichnis der Goethe-Bibliographie von Pyritz; vgl. aber auch das entsprechende Verzeichnis in: Germanistik. Internationales Referateorgan mit bibliographischen Hinweisen.

Gesamtdarstellungen zum Romanwerk Goethes:

Reiss, Hans S.: Goethes Romane. Bern und München 1963.
Blackall, Eric A.: Goethe and the novel. Ithaca and London 1976.

Die Leiden des jungen Werther

Alder, Robert: Werther im Spiegel seiner Zeit. Schweizerisches Gutenbergmuseum 42 (1956). (Buchausgabe: Bern 1956).
Ames, Carrol: Competition, class, and structure in „Die Leiden des jungen Werther". – In: GQu. 50 (1977).
Appelbaum Graham, Ilse: Minds without medium. Reflections on „Emila Galotti" and „Werthers Leiden". – In: Euph. 56 (1962).
Appell, Johann Wilhelm: Werther und seine Zeit. Zur Goethe-Literatur. 4. Aufl. Oldenburg 1896.
Arnsperger, Walther: Die Entstehung von „Werthers Leiden". NHeidelbJbb. 10 (1900).
Atkins, Stuart Pratt: The testament of Werther in poetry and drama. Cambridge 1949.
Ayrault, Roger: Werther. – In: Goethe. Etudes publiées pour le centenaire de sa mort. Paris 1932.
Bach, Anneliese: Über Goethes Werther. Eine Studie zum Aufbau der Dichtung. – In: Dem Tüchtigen ist diese Welt nicht stumm. Jena 1949.
Bennet, Benjamin: Werther und Chandos. – In: MLN. 91 (1976).
Berg, Ruben G.: Goethe in schwedischen Urteilen. – In: Goethe. Hrsg. v. Karl Wache. Wien 1932.
Beutler, Ernst: Wertherfragen. 1. Das ertrunkene Mädchen. 2. Religiöse Hintergründe. 3. Frankfurter Szenerie. – In: Goethe 5 (1940).
Bickelmann, Ingeborg: Goethes „Werther" im Urteil des 19. Jahrhunderts: Romantik bis Naturalismus 1830–1880. Gelnhausen 1937.
Birznieks, Paul: The two worlds of Goethe's and Richter's epistolary novels. Diss.Masch. Baltimore 1963.
Blumenthal, Hermann: Ein neues Wertherbild? – In: Goethe 5 (1940).
Blumenthal, Hermann (Hrsg.): Zeitgenössische Rezensionen und Urteile über Goethes „Götz" und „Werther" (= Literaturhistorische Bibliothek 14) Berlin 1935.
Brinkmann, Richard: Goethes „Werther" und Gottfried Arnolds „Kirchen- und Ketzerhistorie". Zur Aporie des modernen Individualitätsbegriffs. – In: Festschr. f. E. Heller. Heidelberg 1976.
Burger, Heinz Otto: Die Geschichte der unvergnügten Seele. Ein Entwurf. – In: DVjS. 34 (1960).
Diez, Max: The principle of the dominant metaphor in Goethe's „Werther". – In: PMLA. 51, II (1936).
Diskussion um Plenzdorf. „Die neuen Leiden des Jungen W. (Mit Beitr. von) Robert Weimann: Goethe in der Figurenperspektive. (Diskussionsbeitr. von) Herzfelde et al. – In: Sinn und Form 25 (1973).
Dohrn, Wolf: Die künstlerische Darstellung als Problem der Ästhetik. Untersuchungen zur Methode und Begriffsbildung der Ästhetik mit einer Anwendung auf Goethes Werther. (=Beiträge zur Ästhetik. 10.) Hamburg 1907.
Doke, Tadamichi: Zur literarischen Methode der „Leiden des jungen Werther". – In: Goethe Jb. 91 (1974).

Düntzer, Heinrich: Goethes „Leiden des jungen Werthers". Erläuterungen zu den Deutschen Klassikern. 2. neu durchgesehene u. vermehrte Aufl. Leipzig 1880.
Düntzer, Heinrich: Nicolais Handexemplar von „Werthers Leiden". – In: Aflg. 10 (1881).
Dux, Adolf: Die Werther-Periode in Ungarn. – In: Dux: Aus Ungarn. Literatur- und culturgeschichtliche Studien. Leipzig 1880.
Dye, Robert Ellis: Man and God in Goethe's „Werther". – In: Symposium. 29. 1975.
Feise, Ernst: Lessings „Emila Galotti" und Goethes „Werther". In: MPh. 15 (1917/18).
Feise, Ernst: Goethes Werther als nervöser Charakter. – In:GR. 1 (1926).
Ferguson, Robert: Goldsmith and the notions „Grille" and „Wandrer" in Werthers Leiden. – In: MLN. 17 (1902)
Fittbogen, Gottfried: Die Charaktere in den beiden Fassungen von Werthers Leiden. – In: Euph. 17 (1910).
Forster, Leonard: Werther's reading of „Emilia Galotti". – In: PEGS. NS. 27 (1958).
Freschi, Marino: Il „Werther" e la crisi dello „Sturm und Drang". Roma 1972.
Fricke, Gerhard: Goethe und Werther. – In: Fricke: Studien und Interpretationen. Ausgewählte Schriften zur deutschen Dichtung. Frankfurt a. M. 1956.
Friedrichs, Ernst: Werthers Einwirkung auf den russischen „Original"-Roman. – In: NSpr. 29 (1921).
Gerhard, Melitta: Die Bauernburschen-Episode im „Werther". In: ZfÄsth. 11 (1916).
Goethes „Werther" als Modell für kritisches Lesen. Materialien zur Rezeptionsgeschichte. Zus.gest. u. eingel. von Karl Hotz (= Literaturwissenschaft und Gesellschaftswissenschaft) Stuttgart 1974.
Göres, Jörn: 200 Jahre Werther. – In: Inselalmanach 1973.
Göres, Jörn (Hrsg.): „Die Leiden des jungen Werthers". Goethes Roman im Spiegel seiner Zeit. Eine Ausstellung des Goethe-Museums Düsseldorf. Katalog: Christina Kröll und Hartmut Schmidt. Düsseldorf: Goethe-Museum 1972.
Gose, Hans: Goethes „Werther". Halle 1921.
Graber, Gustav Hans: Goethes Werther. Versuch einer tiefenpsychologischen Pathographie. – In: Acta psychotherapeutica, psychosomatica er orthopaedagogica 6 (1958).
Graefe, Johanna: Die Religion in den „Leiden des jungen Werther". Eine Untersuchung auf Grund des Wortbestandes. – In: Goethe 20 (1958).
Graham, Ilse: Goethes eigener „Werther". Eines Künstlers Wahrheit über seine Dichtung. – In: SchillerJb. 18. (1974).
Grunwald, Stefan: Drei romantische Vergangenheitssymbole in Goethes „Die Leiden des jungen Werthers". GRM. 47. (1966).
Hashimura, Yoshitaka: „Die Leiden des jungen Werther". Um seinen Gott, Liebe und Tod (Jap. mit dt. Zusammenfassung). In: Dt. Lit. 16. (1971).
Hass, Hans-Egon: Werther-Studie. – In: Gestaltprobleme der Dichtung. Hrsg. v. Allwyn et al. Bonn 1957.
Hermenjat, Louis: Werther et les frères de Werther. Etude de littérature comparée. Diss. Lausanne 1892.
Herrmann, Max: Einleitung zu Goethes „Werther". – In: Goethes Sämtliche Werke: Jubiläumsausgabe. Bd. 16. Stuttgart und Berlin 1906. S. V–XLI.

Hertling, Gunter H.: Die „Werther“ Kritik im Meinungsstreit der Spätaufklärer. GQ. 36 (1963).

Hillebrand, Karl: Die Werther-Krankheit in Europa. – In: Hilbrand: Culturgeschichtliches. Aus dem Nachlasse. Hrsg. v. Jessie Hillebrand. Berlin 1885.

Hirsch, Arnold: „Die Leiden des jungen Werthers“. Ein bürgerliches Schicksal im absolutistischen Staat. – In: EtGerm. 13 (1958).

Hohendahl, Peter Uwe: Empfindsamkeit und gesellschaftliches Bewußtsein. Zur Soziologie des empfindsamen Romans am Beispiel von „La vie de Marianne“, „Clarissa“, „Fräulein von Sternheim“ und „Werther“. – In: SchillerJb. 16 (1972).

Hösle, Johanna: Die französische „Werther“-Rezeption. – In: Arcadia. II. (1976).

Ittner, Robert T.: Werther and „Emilia Galotti“. – In: JEGPh. 41 (1942).

Jäger, Georg: Die Wertherwirkung. Ein rezeptionsästhetischer Modellfall. – In: Historizität in Sprach- und Literaturwissenschaft. Hrsg. v. Müller-Seidel. München 1974.

Kaiser, Gerhard: Zum Syndrom modischer Germanistik: Bemerkungen über Klaus Scherpe, Werther und Wertherwirkung. – In: Kaiser: Antithesen. Zwischenbilanz eines Germanisten 1970–1972. Frankfurt a. M. 1973.

Kayser, Wolfgang: Die Entstehung von Goethes „Werther“. – In: DVJs. 19 (1941).

Keenan, Randell Hughes: Goethe's „The sorrows of young Werther“. New York 1966.

Kimpel, Dieter: Entstehung und Formen des Briefromans in Deutschland. Interpretationen zur Geschichte einer epischen Gattung des 18. Jhs. und zur Entstehung des modernen deutschen Romans. Diss. Wien 1962.

Klock, J. J.: De vroege Nederlandse „Werther“-vertalingen: een bibliografisch onderzock. – In: De niewe taalgids. 67. Groningen 1974.

Kluge, Gerhard: „Die Leiden des jungen Werthers“ in der Residenz: Vorschlag zur Interpretation einiger Werther-Briefe. In: Euph. 65 (1971).

Kortum, Hans und Weisbach, Reinhard: Unser Verhältnis zum literarischen Erbe. Bemerkungen zu Peter Müllers „Zeitkritik und Utopie in Goethes ‚Werther‘“ (Rezension). – In: Weimarer Beiträge (1970). H. 5.

Lange, Victor: Die Sprache als Erzählform in Goethes Werther. In: Formenwandel. Festschr. f. P. Böckmann. Hrsg. v. Müller-Seidel und Preisendanz. Hamburg 1964.

Lauterbach, Martin: Das Verhältnis der zweiten zur ersten Ausgabe von Werthers Leiden. (= Quellen und Forschungen zur Sprach- und Culturgeschichte der germanischen Völker. 110) Straßburg 1910.

Lenz, Jakob Michael Reinhold: Briefe über die Moralität der Leiden des jungen Werthers. Eine verloren geglaubte Schrift der Sturm- und Drangperiode aufgefunden und hrsg. von Ludwig Schmitz-Kallenberg. Münster 1918.

Löwenthal, Leo: Vom Werther zum Wilhelm Meister. – In: Löwenthal: Das Bild des Menschen in der Literatur (= Soziologische Texte Bd. 37) Neuwied u. Berlin 1966.

Lukács, Georg: Die Leiden des jungen Werther. – In: Lukács: Deutsche Literatur in zwei Jahrhunderten (Lukács, Werke, Bd. 7) Neuwied u. Berlin 1964.

Mandelkow, Karl Robert: Der deutsche Briefroman. Zum Problem der Polyperspektive im Epischen. – In: Neophilologus. 1960.

Mann, Thomas: Goethes Werther. – In: Mann: Altes und Neues. Kleine Prosa aus fünf Jahrzehnten. (Stockholmer Gesamtausgabe) 1953.

Mattenklott, Gert und Scherpe, Klaus R. (Hrsg.): Westberliner Projekt: Grundkurs 18. Jahrhundert. Die Funktion der Literatur bei der Formierung der bürgerlichen Klasse Deutschlands im 18. Jahrhundert (= Reihe Literatur im historischen Prozeß. Bd. 4/1.) 1974. (Darin Kap. 6: Natürlichkit und Produktivität im Gegensatz zur bürgerlichen Gesellschaft. Die literarische Opposition des Sturm und Drang: Johann Wolfgang Goethes: „Werther".).

Maurer, Karl: Die verschleierten Konfessionen. Zur Entstehungsgeschichte von Goethes Werther. (Dichtung und Wahrheit, 12. und 13. Buch.). – In: Die Wissenschaft von deutscher Sprache und Dichtung. Methoden, Probleme, Aufgaben. Festschr. für Friedrich Maurer. Hrsg. von S. Gutenbrunner et al. Stuttgart 1963.

Menne, Karl: Goethes „Werther" in der niederländischen Literatur. Ein Beitrag zur vergleichenden Literaturgeschichte. Leipzig 1905.

Merker, Erna, et al.: Wörterbuch zu Goethes „Werther". Berlin 1966 (Deutsche Akademie der Wissenschaften zu Berlin. Institut für deutsche Sprache und Literatur).

Meyer-Kalkus, Reinhart: Werthers Krankheit zum Tode. Pathologie und Familie in der Empfindsamkeit. – In: Urszenen. Literaturwissenschaft als Diskursanalyse und Diskurskritik. Hrsg. v. Fr. A. Kittler und H. Turk. Frankfurt a. M. 1977.

Michels, Josef: Goethes Werther – Beiträge zum Formproblem des jungen Goethe. Kiel 1936.

Migge, Walter: Goethes „Werther". Entstehung und Wirkung. – In: Insel Almanach 1973.

Mittner, Ladislao: Il „Werther", romanzo antiwertheriano. – In: Mittner: La litteratura Tedesca del Novecento e altri saggi.Torino 1960.

Mog, Paul: Ratio und Gefühlskultur. Studien zur Psychogenese und Literatur im 18. Jh. Tübingen 1976.

Mojašević, Miljan: „Die Leiden des jungen Werthers". Ein Vortrag. – In: Mojašević: Deutsch-jugoslawische Begegnungen. Aufsätze. Wien 1970.

Müller, Peter: Zeitkritik und Utopie in Goethes „Werther". Berlin (Ost) 1969.

Müller, Peter: Angriff auf die humanistische Tradition. – In: Weimarer Beiträge 1973. H. 1 (Teil I); und 1973. H. 3 (Teil II).

Oettinger, Klaus: „Eine Krankheit zum Tode". Zum Skandal von Werthers Selbstmord. – In: Der Deutschunterricht 28. 1976, 2.

Ôgochi, Ryôgi: Gedanken über „Die Leiden des jungen Werther". In: GoetheJb Tôkyô 9. (1967).

Pageard, Robert: Werther en Espagne. – In: Gesammelte Aufsätze zur Kulturgeschichte Spaniens. Bd. 11. In Verbindung mit E. Schramm et al. Münster 1955.

Parry, Idris: Werther and Lord Chandos. PEGS. NS. 33 (1963).

Pfaff, Peter: Das Glücksmotiv im Jugendwerk Goethes. Beihefte zum Euphorion, 2. Heidelberg 1965.

Pniower, Otto: Werthers Leiden. – In: Pniower: Dichtungen und Dichter. Essays und Studien. Berlin 1912.

Prinz, Friedrich E.: „Die Leiden des jungen Werthers". A reconsideration. MIQ. 20 (1959).

Rieß, Gertrud: Die beiden Fassungen von Goethes „Die Leiden des jungen Werthers". Eine stilpsychologische Untersuchung. Breslau 1924.

Rose, William: The historical background of Goethes „Werther". In: Rose: Men, myths, and movements in German literature. London 1931.

Rothmann, Kurt: Johann Wolfgang Goethe: „Die Leiden des jungen Werthers". Erläuterungen und Dokumente. Stuttgart 1971.

Ryder, Frank G.: Season, day, and hour time as metaphor in Goethe's „Werther". – In: JEGPh. 63 (1964).

Salm, Peter: Werther and the sensiblity of estrangement. – In: GQu. 46 (1973).

Scherpe, Klaus R.: Werther und Wertherwirkung. Zum Syndrom bürgerlicher Gesellschaftsordnung im 18. Jahrhundert. Vier Wertherschriften aus dem Jahre 1775 in Faksimile. Bad Homburg 1970.

Schmidt, Erich: Richardson, Rousseau und Goethe. Ein Beitrag zur Geschichte des Romans im 18. Jahrhundert. Jena 1875. (Anastatischer Neudruck 1924).

Schöffler, Herbert: „Die Leiden des jungen Werther". Ihr geistesgeschichtlicher Hintergrund (= Wissenschaft und Gegenwart 12) Frankf. a. M. 1938.

Schumann, Detlev W.: Some notes on „Werther". – In: JEGPh. 55 (1956).

Schultz, Werner: Goethes Werther-Erlebnis und der moderne Nihilismus. – In: Archiv für Kulturgesch. 44 (1962).

Schmidt, Hartmut: Goethes „Werther" als Schule der Leidenschaften. Werther-Rezensionen im Horizont der Populärästhetik um 1775. – In: Insel Almanach 1973.

Seuffert, Bernhard: Philologische Betrachtungen im Anschluß an Goethes Werther. – In: Euph. 7 (1900).

Sigal, Nina A.: Sprache und Stil des jungen Goethe. – In: Weim. Beitr. 6 (1960).

Staroste, Wolfgang: Werthers Krankheit zum Tode. Zum Aufbau des epischen Vorgangs in Goethes „Werther". – In: Staroste: Raum und Realität in dichterischer Gestaltung. Studien zu Goethe und Kafka. Heidelberg 1971.

Stapfer, Paul: Werther. – In: Stapfer: Etudes sur Goethe. Paris 1906.

Stephan, Arndt und Inge: „Werther" und „Werther"-Rezeption – Ein Unterrichtsmodell zur Aufarbeitung bürgerlichen Selbstverständnisses. – In: Projekt Deutschunterricht 9. Literatur der Klassik II. Hrsg. v. B. Lecke. Stuttgart 1975.

Storz, Gerhard: Der Roman „Die Leiden des jungen Werthers". In: Storz: Goethe-Vigilien oder der Versuch in der Kunst, Dichtung zu verstehen. Stuttgart 1953.

Storz, Gerhard: Zwei Beispiele des Tagebuch-Romans. Goethe: „Die Leiden des jungen Werthers". Bernanos: „Tagebuch eines Landpfarrers". – In: Storz: Goethe-Vigilien. Stuttgart 1953.

Thorlby, Anthony: From what did Goethe save himself in „Werther"? – In: Festschr. f. E. Heller. Heidelberg 1976.

Trunz, Erich: Quellen und Daten zur Geschichte des „Werther"-Romans. Anmerkungen. – In: Goethes Werke (Hamburger Ausgabe) Bd. 6. Textkritisch durchgesehen v. Trunz. 6. Aufl. Hamburg 1965. S. 514–595.

Voisine, J.: Des „Délices du sentiment" au „roman de formation". L'influence de la „Nouvelle Héloise" sur la génération de „Werther". – In: EtGerm. 5 (1950).

Voss, Ernst Theodor: Erzählprobleme des Briefromans, dargestellt an vier Beispielen des 18. Jahrhunderts. (La Roche, Goethe, Hermes, Wieland). Diss. Masch. Bonn 1958.

Wagner, Gertrud: Die Entwicklung des psychologischen Romans in Deutschland von der Mitte des 18. Jahrhunderts bis zum Ausgang der Romantik. Diss. Wien 1965.
Weber, Carl Maria: Zur Vorgeschichte von Goethes „Werther". – In: JbGGes. 14 (1928).
Welz, Dieter: Der Weimarer Werther. Studien zur Sinnstruktur der zweiten Fassung des Werther-Romans. Bonn 1973.
Werner, Hans-Georg: Peter Müller, Zeitkritik und Utopie in Goethes „Werther" (Rezension). – In: Weim. Beitr. (1970) H. 7.
Weymar, Ilse: Der deutsche Briefroman: Versuch einer Darstellung von Wesen und Typenformen. Diss.Masch. Hamburg 1942.
Wilson, James D.: Goethe's „Werther": A Keatsian quest for self-annihilation. – In: Mosaic. 9 (1975/76).
Witkowski, Georg: Chodowieckis Werther-Bilder. – In: Zeitschrift für Bücherfreunde 2, I (1898/99).
Wrangel, Ewert: Werther und das Wertherfieber in Schweden. – In: GJB. 29 (1908).
Yamaguchi, Kazuo: Die Stellung der „Leiden des jungen Werthers" in der neueren Romangeschichte (Jap. mit dt. Zus.) – In: GoetheJb. Tôkyô. 15 (1973).
Zimmermann, Georg: Werthers's Leiden und der literarische Kampf um sie. – In: Archiv 45 (1869).

Die Wahlverwandtschaften

Allemann, Beda: Zur Funktion der chemischen Gleichnisrede in Goethes „Wahlverwandtschaften“. – In: Festschr. für B. v. Wiese. 1973.

Ammann, Peter: Schicksal und Liebe in Goethes „Wahlverwandtschaften“. Bern 1962.

Andreae, Gabriele: Die Thematik des Todes in den „Wahlverwandtschaften“. Diss. Marburg 1963.

Aulhorn, Edith: Der Aufbau von Goethes „Wahlverwandtschaften“. In: ZfdU. 32 (1918).

Aytaç, Gürsel: Goethe'nin Klassizmi ve „Die Wahlverwandtschaften“. – In: Ankara Universitesi (. . .) Cilt 2, Sayi 2 den aryibasim. Ankara 1971.

Barnes, H. G.: Bildhafte Darstellung in den „Wahlverwandtschaften“. – In: DVjS. 30 (1956).

Barnes, H. G.: Ambiguity in „Die Wahlverwandtschaften“. – In: The Era of Goethe. Essays presented to J. Boyd. Oxford 1959.

Barnes, H. G.: Goethes „Wahlverwandtschaften“ vor der katholischen Kritik. – In: LitwissJb. NF 1 (1960).

Barnes, H. G.: Goethe's Wahlverwandtschaften. A literary interpretation. Oxford 1967.

Benjamin, Walter: Goethes Wahlverwandtschaften. – In: Benjamin: Schriften Bd. I. Hrsg. v. Th. W. und G. Adorno. Frankfurt a. M. 1955.

Binder, Wolfgang: Zum Ironie-Problem in den „Wahlverwandtschaften“. – In: Binder: Aufschlüsse. Studien zum Verständnis der deutschen Literatur. Zum 60. Geburtstag. Hrsg. v. Tarot. München 1976.

Blessin, Stefan: Erzählstruktur und Leserhandlung. Zur Theorie der literarischen Kommunikation am Beispiel von Goethes „Wahlverwandtschaften“. Heidelberg 1974.

Böckmann, Paul: Naturgesetz und Symbolik in Goethes Wahlverwandtschaften. – In: JbFDH. (1968).

Brinkmann, Hennig: Zur Sprache der „Wahlverwandtschaften“. In: Brinkmann: Studien zur Geschichte der deutschen Sprache und Literatur. Bd. 2. Düsseldorf 1966.

Clark, Robert T.: The Metamorphosis of Character in „Die Wahlverwandtschaften“. – In: GR. 29 (1954).

Dettmering, Peter: Reglose und entfesselte Natur in Goethes „Wahlverwandtschaften“. – In: Dettmering: Dichtung und Psychoanalyse II. München 1974.

Dickson, Keith: Spatial concentration and Themes in „Die Wahlverwandtschaften“. – In: Forum for Modern Languages Studies I (1965).

Dickson, Keith: The temporal structure of „Die Wahlverwandtschaften“. – In: GR. 41 (1966).

Düntzer, Heinrich: Erläuterungen zu Goethes Wahlverwandtschaften (= Erläuterungen zu den deutschen Klassikern, Bd. 10) 2. Aufl. Leipzig 1878.

Ehwald, Rudolf: Wesen und Bedeutung Ottiliens in den Wahlverwandtschaften. Würzburg 1941.

Fink, Gonthier-Louis: Goethes „Wahlverwandtschaften“. Romanstruktur und Zeitaspekte. – In: Goethes Roman „Die Wahlverwandtschaften“. Hrsg. v. Ewald Rösch. (= Wege der Forschung Bd. CXIII.) Darmstadt 1975.

François-Poncet, André: Goethes Wahlverwandtschaften. Versuch eines kritischen Kommentars. Mainz 1951.

Geerdts, Hans Jürgen: Goethes Roman „Die Wahlverwandtschaften". Analyse seiner künstlerischen Struktur, seiner historischen Bezogenheiten und seines Ideengehaltes. Weimar 1958.

Gelley, A.: Symbolic setting in the novel. Studies in Goethe's „Wahlverwandtschaften", Szendhal and George Eliot. Diss. Masch. New Haven 1965.

Gould, Robert David: Elective Affinities. An investigation of the influence of Goethe's scientific thinking on Die Wahlverwandtschaften. Diss. Princeton Univ. 1970.

Gould, Robert David: The critical reception of „Die Wahlverwandtschaften" in the French Press: an unknown review of ‚Ottilia, ou le pouvoir de la sympathie'. In: Seminar 9 (1973).

Gould, Robert David: Goethe's „Die wunderlichen Nachbarskinder": narrative structure and morphological theory. – In: Neoph. 59 (1975).

Grothe, Wolfgang: Ironie, Präfiguration und Ambiguität im Roman „Die Wahlverwandtschaften". – In: Studia Neophilologica 42 (1970).

Günther, Werner: Goethe und Kleist. Die Novelle „Die wunderlichen Nachbarskinder" – eine Umdeutung des Penthesilea-Motivs? – In: Günther: Form und Sinn. Bern 1968.

Hajek, Siegfried: Goethes Wahlverwandtschaften. – In: Der Deutschunterricht (Stuttgart) 11 (1959) H. 4.

Hankamer, Paul: Zur Genesis von Goethes Wahlverwandtschaften. In: Festschr. f. Berthold Litzmann. Bonn 1920.

Hankamer, Paul: Wahlverwandtschaften. – In: Interpretationen 3. Deutsche Romane von Grimmelshausen bis Musil. Hrsg. v. J. Schillemeit. Frankfurt a. M. 1966.

Hammer Jr., Carl: Goethe and Rousseau. Resonances of mind. Univ. Pr. of Kentucky 1973.

Harnik, J.: Psychoanalytisches aus und über Goethes Wahlverwandtschaften. – In: Imago 1 (1912).

Hatfield, Henry C.: Towards the interpretation of „Die Wahlverwandtschaften". – In: GR. 23 (1948).

Helbig, Louis Ferdinand: Der Einzelne und die Gesellschaft in Goethes „Wahlverwandtschaften". Bonn 1972.

Hochheimer, Wolfgang: Zur Psychologie von Goethes „Wahlverwandtschaften". – In: Psyche 7 (1953).

Hühold, Hildegard: Studien zum Romanschauplatz in Goethes „Wahlverwandtschaften", Mörikes „Maler Nolten" und Eichendorffs „Dichter und ihre Gesellen". Diss. Masch., Kiel 1967.

Jaeger, Hans: Goethes „Novelle" Die Wahlverwandtschaften. – In: GR. 34 (1959).

Kahn, Ludwig W.: Erlebte Rede in Goethes „Wahlverwandtschaften". – In: PMLA 89 (1974).

Killy, Walther: Wirklichkeit und Kunstcharakter. Über die „Wahlverwandtschaften" Goethes. – In: Neue Rundschau 72 (1961).

Kleinewefers, Antje: Licht und Dunkel in Goethes „Wahlverwandtschaften". – Hommage à Marache. Nice 1972.

Köhnke, Klaus: Untersuchungen zur Deutung der Welt in Goethes „Wahlverwandtschaften". In: Acta Germanica. JB. des Südafrikanischen Germanistenverbandes 3 (1968).

Kolbe, Jürgen: Goethes „Wahlverwandtschaften" und der Roman des 19. Jahrhunderts. Stuttgart 1968.

Korff, H. A.: Geist der Goethezeit. Bd. 2. Leipzig 1930. S. 374–392.

Lockemann, Theodor: Der Tod in Goethes Wahlverwandtschaften. In: JbGGes. 19 (1933).

Loeb, Ernst: Liebe und Ehe in Goethes „Wahlverwandtschaften". In: Weim.Beitr. 16 (1970).H. 8.

Mann, Thomas: Zu Goethes „Wahlverwandtschaften". – In: Th. Mann: Reden und Aufsätze I. Stockholmer Ausgabe. Oldenburg 1965.

Mannack, Eberhard: Raumdarstellung und Realitätsbezug in Goethes epischer Dichtung. Frankfurt 1972. S. 163–194.

Marahrens, Gerwin: Narrator and narrative in Goethe's „Die Wahlverwandtschaften". – In: Essays on German Literature in honour of G. J. Hallamore. Toronto 1968.

Maurer, Karl Werner: Goethe's „Elective Effinities". – In: MLR 42 (1947).

Mazzucchetti, Lavinia: Le affinità elettive di Goethe. – In: Mazzucchetti: Chronache e saggi. Milano 1966.

Meessen, Hubert J.: Goethes Polaritätsidee und die Wahlverwandtschaften. – In: PMLA 54 (1939).

Milch, Werner: Ottilie. – In: Milch: Kleine Schriften zur Literatur- und Geistesgeschichte. Hrsg. v. G. Burkhardt. Heidelberg 1957. S. 138–144.

Milfull, John: The ‚Idea' of Goethe's Wahlverwandtschaften. In: GR. 47 (1972).

Muschg, Walter: Goethes Glaube an das Dämonische. Stuttgart 1958.

Nemec, Friedrich: Die Ökonomie der Wahlverwandtschaften. München 1973.

Nisbet, H. B.: Die Wahlverwandtschaften. Explanation and its Limits. – In: DVjS. 43 (1969).

Olschner, Leonard Moore: Zur frühen amerikanischen Rezeption von Goethes „Wahlverwandtschaften". – In: Archiv. 212 (127). 1975.

Paecock, Ronald: The ethics of Goethe's „Die Wahlverwanndtschaften". – In: MLR 71 (1976).

Pörksen, Uwe: Zur Metaphorik der naturwissenschaftlichen Sprache. Dargestellt am Beispiel Goethes, Darwins und Freuds. In: Neue Rundschau 89 (1971). H. 1.

Praschek, Helmut: Zur Druckgeschichte der Wahlverwandtschaften. Ein bisher unbekannter Goethe-Druck. – In Goethe 23 (1961).

Prinz, Friedrich: „Werther" und „Wahlverwandtschaften". Eine morphologische Studie. Diss.Masch. Bonn 1954.

Reiss, Hans: Mehrdeutigkeit in Goethes „Wahlverwandtschaften". In: JbSchillerGes. 14 (1970).

Reitz, Gertrud: Die Gestalt des Mittlers in Goethes Dichtung. Frankfurt 1932 (Repr. Nachdruck: Hildesheim 1973).

Rösch, Ewald (Hrsg.): Goethes Roman „Die Wahlverwandtschaften". (= Wege der Forschung Bd.CXIII.) Darmstadt 1975.

Schaeder, Grete: Die Idee der „Wahlverwandtschaften". – In: Schaeder: Gott und Welt 1947.

Schelling-Schär, Esther: Die Gestalt der Ottilie. Zu Goethes „Wahlverwandtschaften". Freiburg und Zürich 1969.

Schiff, Julius: Mignon, Ottilie, Makarie. Im Lichte der Goetheschen Naturphilosophie. – In: JbGGes. 9 (1922).

Schlaffer, Heinz: Namen und Buchstaben in Goethes „Wahlverwandtschaften". – In: Jb. d. Jean-Paul Ges. 1972.

Schmitt, Albert R.: Wielands Urteil über Goethes „Wahlverwandtschaften". Mit bisher ungedruckten Briefen Wielands an Carl August Böttiger. – In: JbSchillerGes. 11 (1967).

Scholte, Jan Hendrik: Die Urfassung von Goethes Wahlverwandtschaften. – In: Neoph. 40 (1956).

Sommerfeld, Martin: Goethes Wahlverwandtschaften im 19. Jahrhundert. – In: JbFDH 1926.

Spielhagen, Friedrich: Die Wahlverwandtschaften und Effi Briest. – In: Spielhagen: Neue Beiträge zur Theorie und Technik der Epik und Dramatik. Leipzig 1898.

Spranger, Eduard: Der psychologische Perspektivismus im Roman. – In: Zur Poetik des Romans. Hrsg. v. V. Klotz (= Wege der Forschung Bd. 35.) Darmstadt 1965.

Stahl, Ernest L.: „Die Wahlverwandtschaften". – In: Publications of the English Goethe Society NF 15 (1946).

Staroste, Wolfgang: Raumgestalt und Raumsymbolik in Goethes „ Wahlverwandtschaften". – In: Etudes Germaniques 16 (1961).

Steig, Reinhold: Daniel Engelhard, der Architekt der Wahlverwandtschaften. – In: JbFDH. 1912.

Stöcklein, Paul: Die Wahlverwandtschaften. – In: Stöcklein: Wege zum späten Goethe. 2. Aufl. Hamburg 1960.

Stöcklein, Paul: Stil und Geist der „Wahlverwandtschaften". In: ZfdPh. 71 (1951).

Stöcklein, Paul: Nachwort (zu den Wahlverwandtschaften). – In: Johann Wolfgang Goethe, dtv-Gesamtausgabe Bd. 19. 2. Aufl. München 1965. S.221–233.

Stopp, F. J.: „Ein wahrer Narziss". Reflections on the Eduard-Ottilie relationship in Goethe's „Wahlverwandtschaften". In: PEGS.NS 29 (1960).

Stock, Irvin: Goethe's tragedy: a view of „Elective Affinities". In: Mosaic. 7 (1973/74).

Stopp, Elisabeth: A Romantic Reaction to „Die Wahlverwandtschaften": Zacharias Werner and Goethe. – In: LitwissJb. NF. 11 (1970).

Suhrkamp, Peter: Goethes „Wahlverwandtschaften" – In: Rösch (Hrsg.): Goethes Roman „Die Wahlverwandtschaften (= Wege der Forschung Bd.CXIII.) Darmstadt 1975.

Turk, Horst: Goethes „Wahlverwandtschaften": „der doppelte Ehebruch durch Phantasie". – In: Urszenen. Literaturwissenschaft als Diskursanalyse und Diskurskritik. Hrsg. v. Kittler und Turk. Frankfurt a. M. 1977.

Walzel, Oskar: Goethes Wahlverwandtschaften im Rahmen ihrer Zeit. – In: GJb. 27 (1906).

Wassermann, Jakob: Einige Notizen zu Goethes Wahlverwandtschaften. – In: Wassermann: Bekenntnisse und Begegnungen. Hrsg. v. P. Stöcklein, Bamberg 1950.

Wiese, Benno v.: „Die Wahlverwandtschaften" im Urteil Goethes und seiner Zeitgenossen. Anmerkungen Einleitung. – In: Goethes Werke (Hamburger Ausgabe) Bd. VI. Mit Anmerkungen versehen von B. v. Wiese und E. Trunz. 6. Aufl. Hamburg 1965. S. 620–713.

Wolff, Hans M.: Goethes Novelle „Die Wahlverwandtschaften". Ein Rekonstruktionsversuch. Berkeley 1955.

Wolff, Hans M.: Goethe in der Periode der „Wahlverwandtschaften" (1802–1809). Bern 1952.

Wilhelm Meisters Lehrjahre

Ammerlahn, Hellmut Hermann: Natalie und Goethes urbildliche Gestalt. Untersuchungen zur Morphologie und Symbolik von Wilhelm Meisters Lehrjahren. Diss. Austin/ Texas 1965.
Ammerlahn, Hellmut Hermann: Mignons nachgetragene Vorgeschichte und das Inzestmotiv: Zur Genese und Symbolik der Goetheschen Geniusgestalt. – In: Monatshefte 64. 1972.
Atkins, Stuart: Wilhelm Meisters Lehrjahre: novel or romance? In: Atkins: Essays on Europ. lit. In houor of L. Dieckmann. Ed. by Hohendahl et al. St. Louis/Missouri 1972.
Baioni, Giuliano: La rivoluzione francese nell'opera di Johann Wolfgang Goethe. Atti dell'Instituto veneto di scienze, lettere ed arti, Classe di scienze morali e lettere 121, 1963.
Baioni, Giuliano: Classisiismo e revoluzione. Goethe e la Revoluzione francese. Napoli 1969.
Baioni, Giuliano: „Märchen" – „Wilhelm Meisters Lehrjahre" – „Hermann und Dorothea". Zur Gesellschaftsidee der deutschen Klassik. – In: GoetheJb. 92 (1975).
Baumgart, Wolfgang: Goethes „Wilhelm Meister" und der Roman des 19. Jahrhunderts. – In: ZfdPh. 69 (1944/45).
Baumgart, Wolfgang: Wachstum und Idee. Schillers Anteil an Goethes „Wilhelm Meister". – In: ZfdPh. 71 (1951).
Baumgart, Wolfgang: Philine. – In: Lebende Antike. Symposion für R. Sühnel. Hrsg. v. Meller u. Zimmermann. Berlin 1967.
Baumhof, Heinz: Die Funktion des Erzählers in Goethes „Wilhelm Meisters Lehrjahre". Diss. Heidelberg 1958.
Berendt, Hans: Goethes „Wilhelm Meister". Ein Beitrag zur Entstehungsgeschichte. Dortmund 1911.
Berger, Albert: Ästhetik und Bildungsroman. Goethes „Wilhelm Meisters Lehrjahre". Wien 1977.
Beriger, Hanno: Goethe und der Roman. Studien zu „Wilhelm Meisters Lehrjahre". Zürich 1955.
Bettermann, Wilhelm: Goethes Bekenntnis einer schönen Seele und die Religion. – In: Zeitschrift für Brüdergeschichte 6 (1926).
Billeter, Gustav: Goethe, Wilhelm Meisters theatralische Sendung. Mitteilungen über die wiedergefundene erste Fassung von Wilhelm Meisters Lehrjahren. Zürich 1910.
Blackall, Eric A.: Sense and nonsense in Wilhelm Meisters Lehrjahre. – In: Deutsche Beiträge zur geistigen Überlieferung. Hrsg. v. Stefan Schultz. Bd. 5. Bern 1965.
Blessin, Stefan: Die radikal-liberale Konzeption von „Wilhelm Meisters Lehrjahren". – In: DVjS. 49 (1975) (Sonderheft).
Bollnow, Otto Friedrich: Vorbetrachtungen zum Verständnis der Bildungsidee in Goethes „Wilhelm Meister". – In: Sammlung 10 (1955).
Bolze, Erich: Däs Klasäische in der Struktur von Goethes Weltdichtung „Wilhelm Meisters Lehrjahre". Diss.Masch. Erlangen 1941.

Borchmeyer, Dieter: Höfische Gesellschaft und französische Revolution bei Goethe. Adliges und bürgerliches Wertsystem im Urteil der Weimarer Klassik. Kronberg/Ts. 1977.

Braemer, Edith: Zu einigen Problemen in Goethes Roman „Wilhelm Meisters Lehrjahre". – In: Studien zur Literaturgeschichte. Hrsg. v. Thalheim und Wertheim. Berlin (Ost) 1970.

Bruford, Walter Horace: Goethe's „Wilhelm Meister" as a picture and a criticisme of society. – In: PEGS. NS. 9 (1933).

Bruford, Walter Horace: The German tradition of self-cultivation. „Bildung" from Humboldt to Thomas Mann. London 1975.

Burger, Heinz Otto: Europäisches Adelsideal und deutsche Klassik. – In: Burger: „Dasein heißt eine Rolle spielen". Studien zur deutschen Literaturgeschichte. München 1963.

Castens, Ernst: „Wilhelm Meisters theatralische Sendung". – In: NJbb. 49 (1922).

Cillien, Ursula: Die Ironie in Goethes Wilhelm Meister. – In: Neue Sammlung 5. 1965.

Cohen, Gustav: Mignon. – In: JbGGes. 7 (1920).

Conrad, Hermann: „Wilhelm Meisters theatralische Sendung". In: PrJbb. 148 (1912).

Diamond, William: Wilhelm Meister's interpretation of Hamlet. In: MPh. 23 (1925/26).

Donner, Joakim Otto Evert: Der Einfluß Wilhelm Meisters auf den Roman der Romantiker. Akademische Abhandlung Helsingfors 1893.

Dornheim, Alfredo: Goethes „Mignon" und Thomas Manns „Echo". Zwei Formen des „göttlichen Kindes" im deutschen Roman. In: Euph. 46 (1952).

Düntzer, Heinrich: Wilhelm Meister's Lehrjahre. – In: Düntzer: Studien zu Goethe's Werken. Elberfeld u. Iserlohn 1849.

Duncan, Bruce: The Marchese's story in „Wilhelm Meisters Lehrjahren". – In: Seminar. 8 (1972).

Dürr, Volker: „Wilhelm Meisters Lehrjahre": Hypotaxis, abstraction and the „realistic symbol". – In: Festschr. f. E. Heller. Heidelberg 1976.

Eichner, Hans: Zur Deutung von „Wilhelm Meisters Lehrjahren". In: JbFDH. 1966.

Emmel, Hildegard: Was Goathe vom Roman der Zeitgenossen nahm. Zu „Wilhelm Meisters Lehrjahren". Bern, München 1972.

Enright, Dennis Joseph: „Wilhelm Meister" and the ambiguity of Goethe. – In: Cambridge journal 6 (1952/53).

Enright, Dennis Joseph: „Wilhelm Meister" and the ambiguousness of Goethe. – In: Enright: The apothecary's shop. Essays on literature. London 1957.

Ermatinger, Emil: Goethes Frömmigkeit in „Wilhelm Meisters Lehrjahren". – In: Ermatinger: Krisen und Probleme der neueren deutschen Dichtung. Aufsätze und Reden. Zürich 1928.

Fadrus, Viktor: Goethes sozialpädagogisches und sozialpolitisches Vermächtnis. Betrachtungen über Goethes Werdegang und „Wilhelm Meisters Lehr- und Wanderjahre". – In: Schulreform 11 (1932).

Farrelly, Daniel J.: Goethe and inner harmony. A study of the „schöne Seele" in the „Apprenticeship of Wilhelm Meister". 1973.

Fink, Gonthier-Louis: Die Bildung des Bürgers zum ‚Bürger'. Individuum und Gesellschaft in „Wilhelm Meisters Lehrjahren". – In: RevGerm. 1972.

Flashar, Dorothea: Bedeutung, Entwicklung und literarische Nachwirkung von Goethes Mignongestalt. Berlin 1929.

Fries, Albert: Stilistische Beobachtungen zu Wilhelm Meister (Theatralische Sendung. Lehrjahre) mit Proben angewandter Ästhetik. Berlin 1912.

Furness, Raymond: The androgynous ideal: Its significance in German literature. – In: MLR. 60 (1965).

Gerhard, Melitta: Der deutsche Entwicklungsroman bis zu Goethes „Wilhelm Meister". Halle 1926.

Gerhard, Melitta: Goethes „geprägte Form" im romantischen Spiegel. Zu Friedrich Schlegels Aufsatz „Über Goethe's Meister". – In: On romanticism and the art of translation. Studies in honor of Edwin Herman Zeydel. Ed. by G. F. Merkel. Princeton 1956.

Gille, Klaus F.: „Wilhelm Meister" im Urteil der Zeitgenossen. Ein Beitrag zur Wirkungsgeschichte Goethes. Assen: Van Gorcum 1971.

Glagau, Hans: Die moderne Selbstbiographie als historische Quelle. Eine Untersuchung. Marburg 1903.

Gockley, Gordon E.: Goethe's stylistic presentation of the main women characters in Wilhelm Meisters Lehrjahre. Diss. Bloomington/Indiana 1963.

Gottbrath, Konrad: Der Einfluß von Goethes „Wilhelm Meister" auf die englische Literatur. Diss. Münster 1932.

Gregorovius, Ferdinand: Göthe's Wilhelm Meister in seinen socialistischen Elementen entwickelt. 2. Aufl. Schwäbisch Hall 1855.

Gronau, Georg: Das „Bild vom kranken Königssohn" im Wilhelm Meister. – In: ZfbildKunst. 50 (1915).

Haas, Rosemarie: Die Turmgesellschaft in „Wilhelm Meisters Lehrjahren". Zur Geschichte des Geheimbundromans und der Romantheorie im 18. Jahrhundert. Bern u. Frankfurt a. M. 1975.

Halpert, Inge D.: Hermann Hesse und Goethe with particular reference to the relationship of „Wilhelm Meister" and „Das Glasperlenspiel". Diss New York 1957.

Harris, W. T.: Goethe's Wilhelm Meister. – In: Poetry and philosophy of Goethe. Ed. by M. V. Dudley. Chicago 1887.

Hartenstein, Liesel: Idee und Funktion des Theaters in „Wilhelm Meisters theatralischer Sendung". Diss.Masch. Tübingen 1958.

Hass, Hans-Egon: Goethe. Wilhelm Meisters Lehrjahre. – In: Der deutsche Roman. Vom Barock bis zur Gegenwart. Struktur und Geschichte. Hrsg. v. B. v. Wiese. Bd. 1. Düsseldorf 1963.

Hatch, Mary Gies: The development of Goethe's concept of the calling in „Wilhelm Meisters Lehrjahre" and the „Wanderjahre". – In: GQ. 32 (1959).

Hatfield, Henry: „Wilhelm Meisters Lehrjahre" and „progressive Universalpoesie". – In: GR. 36 (1961).

Hecht, Wolfgang: Von der „Theatralischen Sendung" zu den „Lehrjahren". Studie zur Umarbeitung des Wilhelm-Meister-Romans. Diss.Masch. Halle 1952.

Hellersberg-Wendriner, Anna: Soziologischer Wandel im Weltbild Goethes. Versuch einer neuen Analyse von Wilhelm Meisters Lehr- und Wanderjahren. – In: PMLA. 56 (1941).

Henkel, Arthur: Versuch über den „Wilhelm Meister“. – In: Ruperto-Carola 31 (1962).

Hennig, John: Englandkunde im „Wilhelm Meister“. – In: Goethe 26 (1964).

Herrmann, Max: Wilhelm Meisters theatralische Sendung. – In: Neues Archiv für Theatergeschichte 2 (1930).

Heselhaus, Clemens: Die Wilhelm-Meister-Kritik der Romantiker und die romantische Romantheorie. – In: Nachahmung und Illusion. Hrsg. v. H. R. Jauß. München 1964.

Himmel, Helmuth: Die Urmeister-Frage. – In: GoetheJbWien. 77 (1973).

Hinze, Klaus Peter: Zu Goethes Spiegeltechnik im Bereich seiner Erzählungen. – In: OrbLitt. 25 (1970).

Höfer, Karl-Heinz: Wilhelm Meister und der romantische Roman. Diss.Masch. Leipzig 1955.

Howe, Susanne: Wilhelm Meister and his English kinsmen. Apprentices to life. New York 1930.

Immerwahr, Raymond: Friedrich Schlegel's essay „On Goethe's ‚Meister'“. – In: Monatshefte 49 (1957).

Jakobs, Jürgen: Wilhelm Meister und seine Brüder. Untersuchungen zum deutschen Bildungsroman. München 1972.

Jahn, Kurt: Wilhelm Meisters theatralische Sendung und der humoristische Roman der Engländer. – In: GRM. 5 (1913).

Janko. Samuel Leo: Zur Entwicklungsgeschichte von Goethes Stellung zum Theater. Eine Studie zum „Wilhelm Meister“. Diss. Bern 1913.

Janz, Rolf-Peter: Zum sozialen Gehalt der „Lehrjahre“. – In: Literaturwissenschaft und Gesellschaftsphilosophie. Festschr. f. W. Emrich. Berlin u. New York 1975.

Kaschnitz, Marie Luise: Mignon. – In: Kaschnitz: Zwischen Immer und Nie. Frankfurt 1971.

Kassner, Rudolf: Der Stil in Goethes „Wilhelm Meister“. – In: Kassner: Der goldene Drachen. Gleichnis und Essay. Erlenbach-Zürich 1957.

Keferstein, Georg: Philine. – In: Goethe 3 (1938).

Köster, Albert: Wilhelm Meisters theatralische Sendung. – In: ZfdU. 26 (1912).

Kommerell, Max: Wilhelm Meister. – In: Kommerell: Essays, Notizen, poetische Fragmente. Aus dem Nachlaß. Hrsg. v. I. Jens. Freiburg 1969.

Kornbluth, Martin L.: The reception of „Wilhelm Meister“ in America. – In: Symposium 13 (1959).

Krauß, Paul: Mignon, der Harfner, Sperata. Die Psychopathologie einer Sippe in „Wilhelm Meisters Lehrjahren“. – In: DVjS. 22 (1944).

Krogmann, Willy: Die Anfänge des „Wilhelm Meister“. – In: ZfdPh. 57 (1932).

Krogmann, Willy: Das Ziel des „Urmeister“. – In: NeuphMitt. 34 (1933).

Kruse, Irmgard: Charakter und Bedeutung der Gestat der Natalie in Goethes „Wilhelm Meister“. Diss.Masch. Frankfurt a. M. 1944.

Kuntze, Franz: Das Bild vom kranken Königssohn in Wilhelm Meisters Lehrjahren. NJbb. 33 (1914).

Lachmann, Fritz R.: Goethes Mignon. Entstehung, Name, Gestaltung. – In: GRM. 15 (1927).

Larratt, William: Wilhelm Meister and the Amazons. The quest of Wholeness. – In: PEGS. 39 (1969).
Leitzmann, Albert: Studien zum Urmeister. – In: Goethe 10 (1947).
Lösel, Franz: Das Menschenbild in Goethes „Wilhelm Meisters Lehrjahren" und in Mörikes „Maler Nolten". Diss.Masch. Frankfurt a. M. 1955.
Löwenthal, Leo: Erzählkunst und Gesellschaft. Berlin u. Neuwied 1971.
Lüthi, Hans Jürg: Das deutsche Hamletbild seit Goethe. Bern 1951.
Lukács, Georg: Wilhelm Meisters Lehrjahre. – In: Lukács: Deutsche Literatur in zwei Jahrhunderten (Lukács, Werke, Bd. 7). Neuwied u. Berlin 1964.
Mähl, Hans-Joachim: Novalis' Wilhelm Meister-Studien des Jahres 1797. – In: Neoph. 47 (1963).
Mähl, Hans-Joachim: Goethes Urteil über Novalis. – In: JbFDH. 1967.
Martini, Fritz: Der Bildungsroman. Zur Geschichte des Wortes und der Theorie. – In: DVjS. 35 (1961).
Martini, Fritz: Ebenbild, Gegenbild. „Wilhelm Meisters theatralische Sendung" und Goethe in Weimar 1775 bis 1786. – In: GoetheJb. 93 (1976).
May, Kurt: Weltbild und innere Form der Klassik und Romantik im „Wilhelm Meister" und „Heinrich von Ofterdingen". – In: May: Form und Bedeutung. Interpretationen deutscher Dichtung des 18. und 19. Jahrhunderts. Stuttgart 1957.
May, Kurt: „Wilhelm Meisters Lehrjahre", ein Bildungsroman? In: DVjS. 31 (1957).
Mayer, Gerhart: „Wilhelm Meisters Lehrjahre". Gestaltbegriff und Werkstruktur. – In: GoetheJb. 92 (1975).
Meusch, Robert: The ethical development of Wilhelm Meister. In: PEGS. 5 (1890).
Meyer, Eva Alexander: Goethes Wilhelm Meister. München 1947.
Minor, Jacob: Die Anfänge des Wilhelm Meister. – In: GoetheJb. 9 (1888).
Molnár, Géza von: „Wilhelm Meister" from a Romantic perspective. Aspects of Novalis' predisposition that resulted in the initial preference for Goethe's novel. – In: Festschr. f. Heller. Heidelberg 1976.
Montégut, Emile: Philosophie du Wilhelm Meister de Goethe. In: Revue des deux mondes 2.pér. 48 (1863).
Müller, Günther: Gestaltung – Umgestaltung in Wilhelm Meisters Lehrjahren. Halle 1948.
Müller, Herwig: Ende und Idee des „Ur-Meister". Dresden 1936.
Müller, H. F.: Zur Geschichte des Begriffs „schöne Seele". – In: GRM. 7 (1915/19).
Müller, Joachim: Phasen der Bildungsidee im „Wilhelm Meister". In: GoetheJb. 24 (1962).
Müller, Joachim: Goethes Romantheorie. – In: Deutsche Romantheorien. Bd. I. Reinhold Grimm (Hrsg.). Frankfurt a. M. 1974.
Muthesius, Karl: Beruf und Berufserziehung in Goethes „Wilhelm Meister". Eine Untersuchung über den Wandel in Goethes Bildungsideal. – In: Kölner Blätter für Berufserziehung 1 (1925).
Nef, Karl: Die Musik in Goethes Wilhelm Meister. – In: Musik 6,I (1906/07).
Olzien, Otto Heinrich: Der Satzbau in „Wilhelm Meisters Lehrjahren". Eine sprachstilistische Untersuchung. Leipzig 1933.

Ostermann, Walter: Das Bild des Menschen in Goethes „Wilhelm Meister", Kellers „Grünem Heinrich" und R. Rollands „Jean-Christophe". – In: NHeidelbJbb. 1928.
Pascal, Roy: Johann Wolfgang von Goethe. „Wilhelm Meister's Apprenticeship". – In: Pascal: The German novel. Studies. Manchester bzw. Toronto 1956.
Pascal, Roy: „Bildung" and the division of labour. – In: German studies. Presented to W. H. Bruford. London 1962.
Petritis, Aivars: Die Gestaltung der Personen in Goethes „Wilhelm Meisters Lehrjahre" und „Wilhelm Meisters Wanderjahre". Köln 1967.
Pielow, Winfried: Die Erziehergestalten der großen deutschen Bildungsromane von Goethe bis zur Gegenwart. Diss. Masch. Münster 1951.
Pilling, Dieter: „Wilhelm Meisters Theatralische Sendung". Ein Lebensdokument. Diss.Masch. Leipzig 1964.
Pirker, Max: Zu „Wilhelm Meisters theatralischer Sendung". In: Jb. der Grillparzer-Gesellschaft 27 (1924).
Pohlmeier, Heinrich: Untersuchungen zum Begriff der schönen Seele im 18. Jahrhundert und in der Goethezeit. Diss.Masch. Münster 1954.
Prodnigg, Heinrich: Goethes Wilhelm Meister und die ästhetische Doctrin der älteren Romantik. Programm Graz 1891.
Radtke, Peter: Goethes Mignon und Baudelaires „L'invitation au voyage". – In: Arcadia 8 (1973).
Rasch, Wolfdietrich: Die klassische Erzählkunst Goethes. – In: Rasch: Formkräfte der deutschen Dichtung vom Barock bis zur Gegenwart. Vorträge. Göttingen 1963.
Rausch, Jürgen: Lebensstufen in Goethes „Wilhelm Meister". – In: DVjS. 20 (1942).
Reis, Ilse H.: Gerhart Hauptmanns Hamlet-Interpretation in der Nachfolge Goethes. Bonn 1969.
Reiss, H. S.: On some images in „Wilhelm Meisters Lehrjahre". In: PEGS. NS. 20 (1951).
Reiss, Hans: Wilhelm Meisters Theatralische Sendung – Ernst oder Ironie? – In: Jb. d. Dt. Schillergesellschaft 11 (1967).
Rilla, Paul: Wilhelm Meisters Theatralische Sendung. – In: Rilla: Essays. Berlin 1955.
Roberts, David: Wilhelm Meister and Hamlet. The inner structure of Book III of „Wilhelm Meisters Lehrjahre". – In: PEGS. 45 (1974/75).
Roethe, Gustav: Goethes Helden und der Urmeister. – In: Roethe: Goethe. Gesammelte Vorträge und Aufsätze. Berlin 1932.
Röder, G.: Glück und glückliches Ende im deutschen Bildungsroman. Eine Studie zu Goethes „Wilhelm Meister". München 1968.
Rosenbaum, Richard: Mignon. – In: Preuß. Jbb. 87 (1897).
Ruprecht, Erich: Das Problem der Bildung in Goethes „Wilhelm Meister". – In: Ruprecht: Die Botschaft der Dichter. Stuttgart 1947.
Saine, Thomas P.: Über Wilhelm Meisters „Bildung". – In: Lebendige Form. Festschr. f. H. E. K. Henel. München 1970.
Saine, Thomas P.: Wilhelm Meister's homecoming. – In: JEGP. 69 (1970).
Sàito, Nello: La vocazione teatrale di Guglielmo Meister. – In: Sàito: Due saggi. Roma 1967.
Sarasin, Philipp: Goethes Mignon. Eine psychoanalytische Studie. – In: Imago 15 (1929).

Schiff, Julius: Mignon, Ottilie, Makarie im Lichte der Goetheschen Naturphilosophie. – In: JbGGes. 9 (1922).
Schlechta, Karl: Goethes Wilhelm Meister. Frankfurt a. M. 1953.
Schmidt, Erich: Der erste „Wilhelm Meister". Auszüge und Bemerkungen. – In: Internationale Monatsschrift 6 (1911/12).
Schmitt, Paul: Zu „Wilhelm Meisters Lehrjahren". – In: Schmitt: Religion, Idee und Staat. Aus dem Nachlaß hrsg. v. H. v. Roques-von Beit. Bern 1959.
Scholte, Jan Hendrik: Der „Angelpunkt" in Goethes „Theatralischer Sendung". – In: Neoph. 1 (1916).
Scholz, Felix: Der Brief Wilhelm Meisters an Mariane (Wilhelm Meisters theatralische Sendung, Buch I, Kap. 22). Eine stilistische Untersuchung. – In: JbFDH. 1928.
Schravesande, C.: Die psychische Struktur des Bürgers in „Wilhelm Meister". – In: Neoph. 22 (1937).
Schubert, Johannes: Die philosphischen Grundgedanken in Goethes Wilhelm Meister. Leipzig 1896.
Schütze, Martin: „Das zusammenbrennende, zusammentreffende Ganze" in „Wilhelm Meister". – In: MPh. 26 (1928/29).
Schweitzer, Christoph E.: Wilhelm Meister und das Bild vom kranken Königssohn. – In: PMLA. 72 (1957).
Seki, Tetsuo : Friedrich Schlegels Rezension „Über Goethes Meister" (Jap. mit dt. Zus.fassg.). – In: GoetheJb Tôkyô 15 (1973).
Seuffert, Bernhard: Goethes Theater-Roman. Festtagsgruß an Konrad Zwierzina. Graz 1924.
Staroste, Wolfgang: Zur Ding-„Symbolik" in Goethes „Wilhelm Meister". – In: Staroste: Raum und Realität in dichterischer Gestaltung. Studien zu Goethe und Kafka. Heidelberg 1971.
Staroste, Wolfgang: Zum epischen Aufbau der Realität in Goethes „Wilhelm Meister". – In: Staroste: Raum und Realität (. . .) Heidelberg 1971.
Steer, A. G.: The wound and the physician in Goethe's „Wilhelm Meister". – In: Studies in German Literature of the Nineteenth and Twentieth Centuries. Festschr. f. Coenen. 1970.
Steiner, Jacob: Sprache und Stilwandel in Goethes Wilhelm Meister. Zürich 1959.
Stock, Irvin: A view of „Wilhelm Meister's Apprenticeship". In: PMLA 72 (1957).
Storck, Joachim W.: Das Ideal der klassischen Gesellschaft in „Wilhelm Meisters Lehrjahren". – In: Festschr. f. E. Heller. Heidelberg 1976.
Storz, Gerhard: Wilhelm Meisters Lehrjahre. – In: Storz: Goethe-Vigilien oder der Versuch in der Kunst, Dichtung zu verstehen. Stuttgart 1953.
Storz, Gerhard: Mignons Bestattung. – In: Storz: Goethe-Vigilien (. . .) Stuttgart 1953.
Storz, Gerhard: Aurelie. – In Storz: Goethe-Vigilien (. . .). Stuttgart 1953.
Storz, Gerhard: Zur Komposition von „Wilhelm Meisters Lehrjahren". – In: Festschr. f. Schadewaldt. 1970.
Storz, Gerhard: Wieder einmal die „Lehrjahre". – In: Festschr. f. Heller. Heidelberg 1976.

Trunz, Erich (Hrsg.): Anmerkungen (zu den „Lehrjahren“). – In: Goethes Werke (HA) Bd. VII. 6. Aufl. Hamburg 1965. S. 611–651.

Trunz, Erich (Hrsg.): „Wilhelm Meisters Lehrjahre“ im Urteil Goethes und seiner Zeitgenossen. – In: Goethes Werke (HA) Bd. VIII. 6. Aufl. Hamburg 1964. S. 517–572.

Thüsen, Joachim von der: Der Romananfang in „Wilhelm Meisters Lehrjahren“. – In: DVjS. 43 (1969).

Turner, David: Wilhelm Meister's apprenticeship and German Classicism. – In: Periods in German Literature. Vol. 2. London 1969.

Tykesson, Elisabeth: Shakespeare-analysen in Goethes Wilhelm Meister. – In: En Goethebok till Algot Werin. Red av C. Fehrmann et al. Lund 1958.

Ukawa, Yoshinosuke: Die symbolische Interpretation des „Wilhelm Meister“ (Jap. mit dt. Zs.fssg.). – In: Dt.Lit. 14 (1969).

Vietor, Karl: Goethe: Wilhelm Meisters Lehrjahre. – In: Deutsche Romane von Grimmelshausen bis Musil. Hrsg. v. J. Schillemeit. Bd. 3. Frankfurt a. M. 1966.

Wagner, Walter: Goethes Mignon. – In: GRM. 21 (1933).

Waldemann, Walter: Zu einigen Problemen der Perspektivegestaltung in „Wilhelm Meisters theatralischer Sendung“ und in „Wilhelm Meisters Lehrjahren“. Diss.Masch. Rostock 1967.

Walser, Martin: Goethe hat ein Programm, Jean Paul eine Existenz. – In: Literaturmagazin 2. Von Goethe lernen? Hrsg. v. Buch. Reinbek 1974.

Walser, Martin: Über Verbindlichkeit, bzw. Tendenz des Romans. Am Beispiel des „Wilhelm Meister“. – In: Kontext. I. (1976).

Wilkinson, E. M./Willoughby, L. A.: Having and being, or bourgois versus nobility. Notes for a chapter on social and cultural history or for a commentary on „Wilhelm Meister“. – In: GLL. 22 (1968/69).

Winkler, Hans: Die Berufsbildungsidee im pädagogischen Vermächtnis Goethes. (= Gehlens berufspädagogische Schriften 5.) Berlin 1938.

Wittich, Werner: Der soziale Gehalt von Goethes Roman „Wilhelm Meisters Lehrjahre“. – In: Hauptprobleme der Soziologie. Erinnerungsgabe für Max Weber. Bd. 2. Hrsg. v. M. Palyi. München 1923.

Wolff, Eugen: Mignon. Ein Beitrag zur Geschichte des Wilhelm Meister. München 1909.

Wundt, Max: Goethes Wilhelm Meister und die Entwicklung des modernen Lebensideals. Berlin 1913.

Zinkernagel, Franz: Goethes Ur-Meister und der Typusgedanke. Eine akademische Rede. Zürich 1922.

Wilhelm Meisters Wanderjahre oder Die Entsagenden

Arndt, Karl J. R.: The Harmony Society and Wilhelm Meisters Wanderjahre. – In: CompLit. 10 (1958).

Bahr, Ehrhard: Goethe's „Wanderjahre" as an experimental novel. In: Mosaic. 5 (1971/72).

Bahr, Ehrhard: Die Ironie im Spätwerk Goethes. „. . .diese sehr ernsten Scherze . . .". Studien zum „West-östlichen Divan", zu den „Wanderjahren " und zu „Faust II". Berlin 1972.

Bartels, Klaus: Arbeit, Technik, Kunst. Untersuchungen über die Wundarztthematik in Goethes „Wilhelm Meister". Diss. Masch. Hamburg 1974.

Bastian, Hans-Jürgen: Zum Menschenbild des späten Goethe. Eine Interpretation seiner Erzählung „Sankt Joseph der Zweite". In: Weim. Beitr. 3 (1966).

Bastian, Hans-Jürgen: Die Gesellschaftsproblematik in Goethes Roman „Wilhelm Meisters Wanderjahre oder Die Entsagenden". Diss. Halle 1966.

Bastian, Hans-Jürgen: Die Gesellschaftsproblematik in Goethes Roman „Wilhelm Meisters Wanderjahre oder Die Entsagenden". In: Weim. Beitr. 5 u. 6 (1966).

Bastian, Hans-Jürgen: Die Makrostruktur von „Wilhelm Meisters Wanderjahren". – In: Weim. Beitr. 3 (1968).

Bauer, Georg-Karl: Makarie. – In: GRM. 25 (1937).

Baumgarten, Konrad: Die Quellen der „Pädagogischen Provinz" in Wilhelm Meisters Wanderjahren von Goethe. Diss. Masch. Jena 1922.

Bimler, Kurt: Die erste und zweite Fassung von Goethes „Wanderjahren". Diss. Breslau 1907.

Böckmann, Paul: Voraussetzungen der zyklischen Erzählform in „Wilhelm Meisters Wanderjahren". – In: Festschr. f. Schumann.München 1970.

Bollnow, Otto Friedrich: Die Ehrfurcht. Frankfurt a. M. 1947.

Bollnow, Otto Friedrich: Vorbetrachtungen zum Verständnis der Bildungsidee in Goethes „Wilhelm Meister". – In: Die Sammlung 10 (1955).

Beutler, Ernst: Von der Ilm zum Sesquehanna. Goethe und Amerika in ihren Wechselbeziehungen. – In: Beutler: Essays um Goethe. Leipzig 1941.

Brown, Jane K.: Goethe's cyclical narratives. „Die Unterhaltungen deutscher Ausgewanderten" und „Wilhelm Meisters Wanderjahre". Chapel Hill: Univ. of North Carolina 1975.

Bruford, W. H.: Goethes „Wilhelm Meister" as a picture and criticism of society. – In: PEGS. NS. 9 (1933).

Burkhardt, Wilhelm Georg: Darstellung und Besprechung der Pädagogischen Provinz in Goethes Wilhelm Meisters Wanderjahren. Diss. Jena 1903.

Cohn, Jonas: Wilhelm Meisters Wanderjahre, ihr Sinn und ihre Bedeutung für die Gegenwart. – In: Logos. Internationale Zeitschr. f. Philosophie der Kultur. I,2 (1910).

Cohn, Jonas: Der Erziehungsplan in Goethes „Wanderjahren". – In: Die pädagogische Hochschule 4 (1932).

Creizenach, Wilhelm: Einleitung zu „Wilhelm Meisters Wanderjahre". – In: Goethes Sämtliche Werke. Jubiläumsausgabe. Stuttgart, Berlin 1902–1912. Bd. 19. S. V-XXXII.
Croce, Benedetto: Una novella del Goethe. Il secondo San Giuseppe. – In: La Critica 31 (1933).
Dahl, Hermann: Goethes sozialer Staat. – In: Tat, 11 (1919/20).
David, Claude: Goethes „Wanderjahre" als symbolische Dichtung. In: Sinn und Form 8 (1956).
Deiters, Heinrich: Goethes Gedanken über Jugenderziehung in „Wilhelm Meisters Wanderjahren". – In: Goethe 22 (1960).
Dichler, Gustav: Wilhelm Meisters Wanderjahre im Urteil deutscher Zeitgenossen. – In: Archiv 162 (1932).
Dichler, Gustav: „Wilhelm Meisters Wanderjahre" und ihre Aufnahme. – In: ChrWGV. 44 (1939).
Düntzer, Heinrich: Wilhelm Meister's Wanderjahre. – In: Düntzer: Studien zu Göthe's Werken (= Erläuterungen zu den deutschen Klassikern. Bd 9). 2. Aufl. Leipzig 1876.
Dzialas, Ingrid: Auffassung und Darstellung der Elemente bei Goethe. – In: Germanische Studien 216.
Emrich, Wilhelm: Das Problem der Symbolinterpretation im Hinblick auf Goethes „Wanderjahre". – In: Emrich: Protest und Verheißung. Studien zur klassischen und modernen Dichtung. Frankfurt a. M./Bonn 1960.
Esau, Helmut: Die Landschaft in Goethes „Wilhelm Meisters Wanderjahren". Zur Bedeutung eines Strukturprinzips in der Landschaftsgestaltung – In: CollGerm. 1973..
Fähnrich, Hermann: Goethes Musikanschauung im „Wilhelm Meister". In: Goethe 23 (1961).
Fink, Gonthier-Louis: Goethes „Neue Melusine" und die Elementargeister. Entstehungs- und Quellengeschichte. – In: Goethe 21 (1959).
Fink, Gonthier-Louis: Die Auseinandersetzung mit der Tradition in „Wilhelm Meisters Wanderjahren". – In: RevGerm. 5 (1975).
Fischer-Hartmann, Deli: Goethes Altersroman. Studie über die innere Einheit von Wilhelm Meisters Wanderjahren. Halle 1941.
Flitner, Wilhelm: Sinn und Tat in „Wilhelm Meisters Wanderjahren". Versuch einer neuen Deutung. – In: Die Erziehung 13 (1938).
Flitner, Wilhelm: Die „Pädagogische Provinz" und die Pädagogik Goethes in den „Wanderjahren". – In: Die Erziehung 16 (1941).
Flitner, Wilhelm: Aus Makaries Archiv. Ein Beispiel Goethescher Sprachkomposition. – In: GKal. 36 (1943).
Flitner, Wilhelm: Goethe im Spätwerk. Hamburg 1947.
Flitner, Wilhelm: Goethes Erziehungsgedanke in „Wilhelm Meisters Wanderjahren". – In: Goethe 22 (1960).
Foerster, Wilhelm: Zur Geschichte einer astronomischen Episode in „Wilhelm Meisters Wanderjahren". – In: Westermanns Monatshefte 46 (1879).

Franz, Erich: Goethes Lehre von den drei Formen der Religion und der Ehrfurcht. – In: Christl. Welt 41 (1927).

Freytag, Gustav: Wilhelm Meister im Verhältniß zu unserer Zeit. In: Grenzboten 14,2 (1855).

Garnett, Richard: Die Neue Melusine. – In: PEGS. 2 (1887).

Geiger, Ludwig: Goethe und Pustkuchen. 2. Aufl. Berlin 1913.

Gidion, Heidi: Zur Darstellungsweise von Goethes „Wilhelm Meisters Wanderjahre". Göttingen 1969.

Gilg, Andre: „Wilhelm Meisters Wanderjahre" und ihre Symbole. Diss. Zürich 1954.

Goerlitz, Adelheid: Der Bund der Wanderer und Entsagenden in Goethes Roman „Wilhelm Meisters Wanderjahre oder Die Entsagenden". Diss.Masch. Marburg 1945.

Gregorovius, Ferdinand: Göthe's Wilhelm Meister in seinen socialistischen Elementen entwickelt. 2. Aufl. Schwäbisch Hall 1855.

Grün, Karl: Über Göthe vom menschlichen Standpunkte. Darmstadt 1846.

Günther, Guido Wolf: Goethes sozialpädagogische Ansichten in Wilhelm Meisters Wanderjahren im Lichte der Gegenwart. Leipzig 1920.

Haas, Albert: Wilhelm Meisters Wanderjahre. (Goethes Theorie vom Standorte der Industrie und den menschlichen Wanderungen als Grundlage der gesellschaftlichen Entwicklung.). In: Phönix (Buenos Aires) 15 (1929) und 16 (1930).

Halpert, Inge D.: Vita activa und vita contemplativa. – In: Monatshefte 53 (1961).

Halpert, Inge D.: Wilhelm Meister und Josef Knecht. – In: GQ. 34 (1961).

Hatch, Mary Gies: The development of Goethe's concept of the calling in „ Wilhelm Meisters Lehrjahre" and „Wilhelm Meisters Wanderjahre". – In GQ. 32 (1959).

Haupt, Gertrud: Goethes Novellen. Sankt Joseph der Zweite. Die Pilgernde Törin. Wer ist der Verräter. Diss. Greifswald 1913.

Hecker, Max (Hrsg.): Goethe, J W. v.: Wilhelm Meisters Wanderjahre oder Die Entsagenden. Nach der ursprünglichen Fassung des Jahres 1821. Berlin 1921.

Hellersberg-Wendriner, Anna: Soziologischer Wandel im Weltbild Goethes: Versuch einer neuen Analyse von Wilhelm Meisters Lehr- und Wanderjahren. – In: PMLA 56 (1941).

Henkel, Arthur: Entsagung. Eine Studie zu Goethes Altersroman. Tübingen 1954.

Hering, Robert: Wilhelm Meister und Faust und ihre Gestaltung im Zeichen der Gottesidee. Frankfurt a. M. 1952.

Hettner, Hermann: Goethe und der Socialismus. – In: Deutsches Museum. Hrsg. v. R. Prutz. 2. Jg. 1. Bd. Leipzig 1852. – Wiederabdruck: Hettner: Schriften zur Literatur. Zusammengestellt und Textrevision von Jürgen Jahn. Berlin 1959.

Hinze, Klaus Peter: Kommunikative Strukturen in Goethes Erzählungen. Köln, Wien 1975.

Horwarth, Peter: Zur Namensgebung des „nußbraunen Mädchens" in „Wilhelm Meisters Wanderjahren". – In: GoetheJb. 89 (1972).

Hotho, Heinrich Gustav: Rezension über die „Wanderjahre". – In: Jahrbücher für wissenschaftliche Kritik. Jg. 1829 u. 1830. – Wiederabdruck: Fambach, Oscar: Goethe und seine Kritiker. Düsseldorf 1955.

Jabs-Kriegsmann, Marianne: Felix und Hersilie. Eine Studie zu „Wilhelm Meisters Wan-

derjahren". – In: Studien zu Goethes Alterswerken. Hrsg. v. E. Trunz. Frankfurt a. M. 1971.
Jahn, Kurt: Zu den Wanderjahren. – In: GJb. 26 (1905).
Jantz, Harold: Die Ehrfurchten in Goethes „Wilhelm Meister". Ursprung und Bedeutung. – In: Euph. 48 (1954).
Jessen, Myra R.: Spannungsgefüge und Stilisierung in den Goetheschen Novellen. – In: PMLA. 55 (1940).
Jung, Alexander: Göthe's Wanderjahre und die wichtigsten Fragen des 19. Jahrhunderts. Mainz 1854.
Jungmann, Karl: Die „Pädagogische Provinz" in „Wilhelm Meisters Wanderjahren". Eine Quellenstudie. – In: Euph. 14 (1907).
Karnick, Manfred: Wilhelm Meisters Wanderjahre oder die Kunst des Mittelbaren. Studien zum Problem der Verständigung in Goethes Altersepoche. München 1968.
Kettner, Gustav: Goethes Novelle „Der Mann von funfzig Jahren". In: NJbb. 33 (1914).
Klingenberg, Anneliese: Zur ökonomischen Theorie Goethes in den „Wanderjahren". – In: GoetheJb. 32 (1970).
Klingenberg, Anneliese: Goethes Roman „Wilhelm Meisters Wanderjahre oder Die Entsagenden". Berlin, Weimar 1972.
Kohlmeyer, Otto: Die Pädagogische Provinz in Wilhelm Meisters Wanderjahren. Langensalza 1923.
Krause, Johanna: Goethes Lehre von den drei Ehrfurchten. Diss. Kiel 1928.
Krogmann, Willy: Goethes dramatischer Entwurf „Der Mann von funfzig Jahren". – In: Archiv. 77 (1940).
Krüger, Emil: Die Novellen in „Wilhelm Meisters Wanderjahren". Diss. Kiel 1926.
Küntzel, Gerhard: „Wilhelm Meisters Wanderjahre" in der ersten Fassung 1821. – In: Goethe 3 (1938).
Küntzel, Gerhard: Einführung in Wilhelm Meisters Wanderjahre. In: Johann Wolfgang Goethe. Gedenkausgabe. Hrsg. v. E. Beutler. Bd. 8. Zürich 1949.
Lange, Victor: Zur Entstehungsgeschichte von Goethes „Wanderjahren". – In: GLL. 23 (1969/70).
Lange, Victor: Nationalliteratur und Weltliteratur. – In: Goethe 33 (1971).
Langguth, Ad.: Goethes Pädagogik historisch-kritisch dargestellt. Halle 1886.
Lissau, R.: Wilhelm Meisters Wanderjahre. A critical re-examination and revaluation. Diss. London 1941.
Löwenthal, Leo: Erzählkunst und Gesellschaft. Berlin u. Neuwied 1971.
Lorentz, Paul: Die vierfache Ehrfurcht. Ein zeitgemäßes Kapitel aus Goethes Weltanschauung. – In: Ethische Kultur 38 (1930).
Ludwig, Albert: Das Motiv vom kritischen Alter. – In: Euph. 21 (1914).
Maaß, Ernst: „Der Mann von funfzig Jahren". – In: NJbb. 37 (1916).
Maurenbrecher, Max: Goethes Altersweisheit über den Gekreuzigten. – In: Glaube und Deutschtum 1 (1924).
Merbach, Paul Alfred: Zu „Wilhelm Meisters Wanderjahren". – In: Euph. 22 (1915).
Meyenburg, Erwin: Der Mann von funfzig Jahren. – In: GJbJapan. 1 (1932).
Mickel, Karl: Die Entsagung. Vier Studien zu Goethe. – In: Sinn und Form 20 (1968).

Monroy, Ernst Friedrich von: Zur Form der Novelle in „Wilhelm Meisters Wanderjahren". In: GRM. 31 (1943).
Müller, Joachim: Phasen der Bildungsidee in „Wilhelm Meister". In: Goethe 24 (1962).
Mundt, Theodor: Rezension über die „Wanderjahre". – In: Blätter für literarische Unterhaltung. Jg. 1830. – Wiederabdruck: Goethe im Urteil seiner Kritiker. Dokumente zur Wirkungsgeschichte Goethes in Deutschland. Teil I 1773–1832. Hrsg., eingel. u. kommentiert von Karl Robert Mandelkow. München 1975. S. 452ff.
Muthesius, Karl: Neue Quellen zu Goethes Pädagogischer Provinz. In: Die dt. Schule 27 (1923).
Neuhaus, Volker: Die Archivfiktion in Wilhelm Meisters Wanderjahren. – In: Euph. 62 (1968).
Nitschke, Otfried: Goethes pädagogische Provinz. Eine Deutung von Goethes Erziehungsbild. Würzburg 1937.
Oberdieck, Wilhelm: Vom Glück der Entsagenden. Goethes „Wilhelm Meister" und Raabes „Horn von Wanza". – In: RaabeJb. 1973.
Ohly,Friedrich: Goethes Ehrfurchten – ein ordo caritatis. – In: Euph. 55 (1961).
Ohly, Friedrich: Zum Kästchen in Goethes „Wanderjahren". – In: ZfdA. 91 (1961/62).
Peschken, Bernd: Entsagung in „Wilhelm Meisters Wanderjahren". Bonn 1968.
Peschken, Bernd: Literatur und Politik im Wechselverhältnis. Zu Ferdinand Gregorovius' Goethe-Bild 1849. Eine Außenbetrachtung. – In: SchillerJb. 14 (1970).
Peschken, Bernd: Goethe, bürgerlicher Schriftsteller, in sozialgeschichtlichem Zusammenhang. – In: Literaturmagazin 2. Von Goethe lernen? Hrsg. v. Buch. Reinbek 1974.
Petritis, Aivars: Die Gestaltung der Personen in Goethes „Wilhelm Meisters Lehrjahren" und „Wilhelm Meisters Wanderjahren". Diss. Köln 1967.
Pustkuchen, Joh. Fr. W.: Wilhelm Meisters Wanderjahre. Wortgetreuer Neudruck d. neuen verbesserten Auflage v. 1823–1828. Berlin 1913.
Raabe, August: Das Dämonische in den „Wanderjahren". – In: Goethe 1 (1936).
Radbruch, Gustav: Wilhelm Meisters sozialistische Sendung. – In: Radbruch: Gestalten und Gedanken. Leipzig 1944.
Rausch, Jürgen: Lebensstufen in Goethes „Wilhelm Meister". In: DVjS. 20 (1942).
Remak, Henry H.: Amerikanischer Geist in Goethes „Wilhelm Meisters Wanderjahren". – In: Festschr. f. Werner Neuse. Berlin 1967.
Reiss, Hans: Wilhelm Meisters Wanderjahre. Der Weg von der ersten zur zweiten Fassung. – In: DVjS. 39 (1965)
Reiss, Hans: Bild und Symbol in „Wilhelm Meisters Wanderjahren". In: Studium Generale 6 (1953).
Reiss, Hans: Goethe als realistischer Romandichter. – In: Coll Germ. 1971.
Röder, Gerda: Glück und glückliches Ende im deutschen Bildungsroman. München 1968.
Rosenkranz, Karl: Göthe und seine Werke. Königsberg 1847.
Ruthenberg, Grete: Der Schlüssel in „Wilhelm Meisters Wanderjahren". – In: Erziehungskunst 25 (1961).
Ruthenberg, Grete: Goethes Philadelphia oder die Kunst des Spinnens und Webens in „Wilhelm Meisters Wanderjahre". – In: Erziehungskunst 26 (1962).

Sagave, Pierre-Paul: L'Economie et l'Homme dans „les Années de voyage de Wilhelm Meister". – In: EtGerm. 7 (1952).

Sagave, Pierre-Paul: Les Années de voyage de Wilhelm Meister et la critique socialiste (1830–48). – In: EtGerm. 8 (1953).

Sarter, Eberhard: Zur Technik von „Wilhelm Meisters Wanderjahren". Berlin 1914.

Schädel, Christian Hartmut: Metamorphose und Erscheinungsformen des Menschseins in „Wilhelm Meisters Wanderjahren". Marburg 1969.

Schiff, Julius: Mignon, Ottilie, Makarie im Lichte der Goetheschen Naturphilosophie. – In: JbGGes. 9 (1922).

Schlechta, Karl: Goethes Wilhelm Meister. Frankfurt a. M. 1953.

Schmidlein, Bruno: Das Motiv des Wanderns bei Goethe. Winterthur 1963.

Schmidt, Julian: Wilhelm Meister im Verhältnis zu unsrer Zeit. In: Die Grenzboten 14/2 (1855). S. 441–455. – Wiederabdruck (Auswahl): Realismus und Gründerzeit. Manifeste und Dokumente zur deutschen Literatur 1848–1880. Bd. 2. Stuttgart 1975.

Scholz, Heinrich: Goethes pädagogische Provinz. – In: Vjs. f. wiss. Päd. 5 (1929).

Schrimpf, Hans Joachim: Das Problem der Bewahrung und des Bleibenden beim späten Goethe mit besonderer Berücksichtigung von Wilhelm Meisters Wanderjahren. Diss. Münster 1951.

Schrimpf, Hans Joachim: Gestaltung und Bedeutung des Wandermotivs bei Goethe. – In : WirkWort. 1952/53.

Schrimpf, Hans Joachim: Das Weltbild des späten Goethe. Stuttgart 1956.

Schubert, Johannes: Philosophische Grundgedanken in Goethes Wilhelm Meister. Leipzig 1896.

Schütz, Friedrich Karl Julius: Goethe und Pustkuchen oder: Über die beiden Wanderjahre Wilhelm Meister's und ihre Verfasser. Ein Beitrag zur Geschichte der deutschen Poesie und Poetik. Halle 1823.

Schütz, Willy: Die Staatsidee des „Wilhelm Meister". Diss. Heidelberg 1934.

Schulz-Marmeling, Gisela: Die Erschließung der Goethe'schen Alterswerke (1819–1952). Ein Beitrag zur Geschichte der Literaturwissenschaft. Münster1953.

Schweißer, Gerhard: Goethes Novelle „Der Mann von funfzig Jahren" und ihre literarische Nachfolge. Diss. Wien 1956.

Simon, Lili: Verantwortung und Schuld in Goethes Roman. Erlangen 1934.

Spranger, Eduard: Die sittliche Astrologie der Makarie in Wilhelm Meisters Wanderjahren. – In: Die Erziehung 14. H. 10/11. (1939).

Spranger, Eduard: Wilhelm Meisters Wanderjahre. – InsSch. 23 (1942).

Spranger, Eduard: Goethe und die Metamorphose des Menschen. In: Spranger: Goethes Weltanschauung. Wiesbaden 1946.

Spranger, Eduard: Goethe über die Welt der Arbeit. – In: Goethe 14/15 (1952/53).

Staroste, Wolfgang: Raum und Realität in dichterischer Gestaltung. Studien zu Goethe und Kafka. Heidelberg 1971.

Stephan, Dieter: Das Problem des novellistischen Rahmenzyklus. Untersuchungen zur Geschichte einer Darbietungsform von Geothe und Keller. Diss. Masch. Göttingen 1960.

Sticker, Georg: Der Mann von funfzig Jahren. – In: Forsch. u. Fortschr. 8 (1932).

Stöcklein, Paul: Wege zum späten Goethe, Dichtung, Gedanke, Zeichnung, Interpretation. Hamburg 1949.

Stolte, Heinz: Utopia. Gedanken über eine romantisch-klassische Antithese bei Gelegenheit von Goethes Roman „Wilhelm Meisters Wanderjahre". – In: Dem Tüchtigen ist diese Welt nicht stumm. Festschrift. Jena 1949.

Strelka, Joseph: Goethes „Wilhelm Meister" und der Roman des zwanzigsten Jahrhunderts. – In: GQ. 41 (1968).

Thalmann, Marianne: J. W. Goethe. „Der Mann von funfzig Jahren". Wien 1948.

Trunz, Erich (Hrsg.): Goethe über „Wilhelm Meisters Wanderjahre" und Anmerkungen. – In: Goethes Werke (Hamburger Ausgabe) Bd. VIII. 6. Aufl. 1964. S. 572–730.

Varnhagen von Ense, Karl August: Im Sinne der Wanderer. – In: Über Kunst und Altertum VI,3. 1832.– Wiederabdruck: Goethe im Urteil seiner Kritiker. Dokumente zur Wirkungsgeschichte Goethes in Deutschland. Teil II 1832–1870. Hrsg., eingel. u. kommentiert von Karl Robert Mandelkow. München 1977. S. 26–31.

Vietor, Karl: „Ist fortzusetzen". Zu Goethes Gedicht auf Schillers Schädel. – In: PM LA. 59 (1944).

Vietor, Karl: Zur Frage einer Fortsetzung von „Wilhelm Meisters Wanderjahren". (Antwort). – In: PMLA. 60 (1945).

Wachsmuth, Andreas Bruno: Goethes naturwissenschaftliche Erfahrungen und Überzeugungen in dem Roman „Wilhelm Meisters Wanderjahre". – In: Weim. Beitr. 6 (1960).

Wadepul, Walter: Goethe's interest in the New World. Jena 1934.

Waidson, Herbert Morgan: Death by water: or, the childhood of Wilhelm Meister. – In: MLR. 56 (1961).

Wiese, Benno von: Johann Wolfgang Goethe. Der Mann von funfzig Jahren. – In: Wiese: Die deutsche Novelle von Goethe bis Kafka. Interpretationen II. Düsseldorf 1962.

Wolff, Eugen: Die ursprüngliche Gestalt von Wilhelm Meisters Wanderjahre. – In: JbGGes. 34 (1913).

Wolff, Eugen (Hrsg.): Goethe, J. W. v.: Wilhelm Meisters Wanderjahre. Ein Novellenkranz. Nach dem ursprünglichen Plan herausgegeben. Frankfurt a. M. 1916.

Wundt, Max: Goethes Wilhelm Meister und die Entwicklung des modernen Lebensideals. Berlin 1913.

Wundt, Max: Aus Makariens Archiv. Zur Entstehung der Aphorismensammlung in den Wanderjahren. – In: GRM. 7 (1915).